诚义文化 上

河北人民广播电台五百集本土文化系列节目

王智 ◎ 主编

河北出版传媒集团
河北教育出版社

图书在版编目（CIP）数据

燕赵传奇：诚义文化：全2册/王智主编. — 石家庄：河北教育出版社，2016.3

ISBN 978-7-5545-2095-6

Ⅰ.①燕… Ⅱ.①王… Ⅲ.①文化史—河北省 Ⅳ.①K292.2

中国版本图书馆CIP数据核字（2015）第314457号

燕赵传奇之 诚义文化（上、下）

选题策划：	王 智　杨 才　郝建国
主　编：	王 智
副 主 编：	郭西昌　王广文　梁 勇　孙文洁
编　辑：	严红霞　韩 伟　张 甜　范岩炎
	梁 爽　马茜楠　卢慧兰　张梦婕
主　讲：	张瑞静　梁 勇　韦占斌
责任编辑：	王艳荣　杨 乐
装帧设计：	梁羽佳
出版发行：	河北出版传媒集团　河北教育出版社
	http://www.hbep.com
	（石家庄市联盟路705号，050061）
印　刷：	山东临沂新华印刷物流集团有限责任公司
开　本：	787毫米×1092毫米　1/16
印　张：	35.75
字　数：	590千字
版　次：	2016年3月第1版
	2016年3月第1次印刷
书　号：	ISBN 978-7-5545-2095-6
定　价：	80.00元

序言

梳理燕赵历史
增强文化底气

河北人民广播电台台长　王智

"穿行历史长河、讲述河北往事",以当代视角呈现河北历史,以大众传媒弘扬燕赵文化,这是创作大型系列文化节目《燕赵传奇》的初衷。这档五百集节目播出后在听众中引发强烈共鸣,现在文字版又结集与大家见面了。

"燕赵自古多慷慨悲歌之士"语传天下,这只是燕赵文化大树的一条枝干。大河之北,燕山之南,幽幽燕赵,浩浩东方,漫长的历史岁月,积淀起河北文化的深厚底蕴,书写了中华优秀传统文化的重要篇章:东方人类在这里孕育,中华文明在这里开启,新中国从这里走来……

文化是我们的血脉,是我们的精神家园。挖掘、弘扬燕赵历史文化,传承优秀文化基因,增强民众的文化认同感和文化凝聚力,是主流媒体肩负的历史责任。正是基于这种文化担当,河北电台从2013年初春开始谋划如何发挥广播特长,以喜闻乐见的形式向广大听众展现燕赵文化的独特魅力。在与中国纪录片学会学术委员会副秘书长、央视著名导演郭西昌,我省著名社科专家梁勇等专家学者几番观点碰撞之后,节目理念逐渐清晰:立足本土根基、站位民族高度、创新节目形态、整合优质资源、展现燕赵精华。以此为指导,我们组织台内外文化学者与媒体人一起,认真研读以往有关河北地域文化的著述和资料，经反复切磋商讨、论证修改，《燕赵传奇》之"根脉文化"系列于2013年4月20日率先成型并正式播出，与此同时，这一大型本土文化广播节目的整体框架也基本形成。

《燕赵传奇》由"根脉文化"、"皇家文化"、"民俗文化"、"诚义文化"、"长城文化"五个系列组成，每个系列一百集，每集二十五分钟，选取燕赵历史上的典型事例，运用搜集来的权威史料，采取独家视角、通俗语言、故事化表达和动听的配乐，讲述发生在燕赵大地上的传奇故事。从开播到2014年9月19日播出第五百集，在近一年半的时间里，每天都陪伴着听众，系统梳理了河北五千多年的历史文化，展示了燕赵儿女生生不息的丰厚滋养和精神风骨。

让我们感到欣慰的是，在娱乐风行、"快餐"当道的当下，颇具阳春白雪品味的《燕赵传奇》一播出即惊喜不断。无论是大学教授、知性白领，还是出租司机、路边摊主，节目聚集了各阶层各职业的大批忠实听众。地域上已突破河北扩至京津。还有很多听众朋友热情参与、主动提供采访线索和史料。在河北电台一百多档节目中，它的收听率始终处于靠前位次。河北档案馆预约收藏节目讲稿及光盘，中国人民大学、河北师范大学等高校希望合作开展相关学科建设，河北教育出版社主动寻求合作。该节目先后获得2013年河北省文艺振兴奖和中广协会"全国广播电视节目创新创优奖",其优良品质和不俗影响得到专家领导肯定。之所以有如此反响,关键还是契合了广大听众的精神文化需求,实现了声声入耳。

在广播播出的同时,《燕赵传奇》还通过网络播出并可以点播回放。应听众强烈要求,此次以图书形式结集出版,就是要通过全媒体方式进一步扩大传播效果,更好地实现传承燕赵文化的目的。我们期待广大读者像对这档节目一样给予更多的支持和关注。

《燕赵传奇》虽然记述的是昨天的故事,但对共筑"中国梦"的今人来说,具有重要意义。我们将肩负大家期望,不懈不辍,孜孜以求,像习近平总书记要求的那样,"让收藏在禁宫里的文物、陈列在广阔大地上的遗产、书写在古籍里的文字都活起来",讲好燕赵故事、传承历史文脉,为行进在中华民族伟大复兴征程中的民众带去富有营养的文化食粮,为增强国人的骨气和底气提供能量超强的精神力量。

目 录

001	第 1 回	悬壶诊百病　神医扬美名
006	第 2 回	医术世无比　疾苦置心中
012	第 3 回	神医悲命休　蓬山留神头
017	第 4 回	中山树美名　功臣叹奈何
022	第 5 回	报君黄金台　名将振燕国
027	第 6 回	奸佞进谗言　将军终离走
032	第 7 回	少主接重任　发奋志远谋
037	第 8 回	挥师图进取　伟业被泽后
042	第 9 回	美人拥揽怀　余恨满沙丘
048	第 10 回	国栋廉将军　完璧蔺相如
053	第 11 回	渑池护赵王　知耻而后勇
058	第 12 回	长平留悲情　战将恨长天
064	第 13 回	临阵换大将　英雄志难酬
069	第 14 回	李牧拒强秦　谋略显军威
074	第 15 回	太行战秦兵　英雄竟遭陷
079	第 16 回	荆轲入燕地　倾心谋大计
084	第 17 回	只身刺秦王　行侠易水寒
089	第 18 回	慷慨西门豹　治邺伐中山
095	第 19 回	赵奢真名将　马氏尊始祖
101	第 20 回	秦皇拓南疆　赵佗赴陆梁
106	第 21 回	秦亡烽烟起　南越自为王
112	第 22 回	文帝修赵陵　赵佗俯称臣
118	第 23 回	董子出广川　治学待时机
123	第 24 回	仲舒应选举　入朝说伦理
128	第 25 回	举步进都城　再授天地人
133	第 26 回	刘德惜古籍　毛公讲诗经

页码	回数	标题
138	第 27 回	毛诗千古传　胜迹留河间
144	第 28 回	悲悯一清官　慷慨赵广汉
149	第 29 回	鲍宣一诤臣　刚正敢直谏
155	第 30 回	耿纯出宋子　忠良辅明主
161	第 31 回	冲锋又陷阵　平叛逞英豪
167	第 32 回	安平有崔氏　士节千古效
173	第 33 回	卢植出涿郡　刚正有节操
178	第 34 回	仗义敢直言　正身立丰碑
183	第 35 回	刘备起涿郡　云长紧相随
189	第 36 回	汉后投荆州　入蜀建政权
194	第 37 回	张飞熊虎将　诚义现忠魂
200	第 38 回	赵云出真定　虎威四将军
205	第 39 回	血战长坂坡　赵云威名震
210	第 40 回	祖逖大英雄　舍身收失地
216	第 41 回	刘琨出无极　爱国展豪气
221	第 42 回	束皙文学家　握管著宏文
226	第 43 回	秉笔写青史　崔浩遭杀身
232	第 44 回	高允真义士　慷慨勇担任
237	第 45 回	崔氏传家风　安平一名门
243	第 46 回	赵郡李安世　正直家风淳
249	第 47 回	测算圆周率　执着求理真
254	第 48 回	为官廉且威　治学守诚信
260	第 49 回	北朝大才子　邢邵倡无神
266	第 50 回	苏琼一廉吏　爱民积德馨
273	第 51 回	隋朝第一相　耿直遭杀身
279	第 52 回	挥笔改文风　李谔一谋臣

285	第53回	隋朝第一秘	耿直李德林
291	第54回	史家李百药	秉笔泾渭分
297	第55回	得失问魏徵	千古一诤臣
303	第56回	贞观大文豪	颖达孔家门
309	第57回	大唐一名相	高氏出良臣
314	第58回	毁誉各参半	张说也忠贞
320	第59回	名相张嘉贞	刚正表忠魂
325	第60回	仗义救忠良	李峤名相尊
330	第61回	开元拜相卿	宋璟有风骨
336	第62回	耿直宋庆礼	勤勉姜师度
341	第63回	首要篆书家	仗义救诗仙
346	第64回	大唐拥烈士	李绛入名簿
352	第65回	诗豪刘禹锡	耿耿显傲骨
358	第66回	赞皇李栖筠	大唐忠臣谱
364	第67回	山乡出吉甫	当朝倾心诉
370	第68回	名相李德裕	狷介无媚骨
376	第69回	北宋一名将	曹彬真英雄
382	第70回	国危有战神	曹玮威猛行
388	第71回	母仪曹皇后	执言救词星
394	第72回	大名一柳开	忠贞爱国情
400	第73回	吕端不糊涂	大宋有相名
405	第74回	千古一圣相	李沆贯域中
411	第75回	忠魂照崖山	南宋一世雄
416	第76回	真定白仁甫	元曲一大家
422	第77回	李杲大孝子	仁德医天下
428	第78回	赞皇赵良弼	赴日身挺拔

003

页码	回次	标题
434	第79回	真定沙克什　廉洁真潇洒
440	第80回	清官苏天爵　山重厉执法
445	第81回	明朝一诤臣　王翱写奇葩
451	第82回	沙河出清官　朱裳无愧亭
457	第83回	勤廉一忠臣　石珤成经典
463	第84回	南和朱家营　牌坊标品行
469	第85回	英雄朱正色　美誉传佳话
475	第86回	容城杨继盛　丹心照汗青
481	第87回	刚正解民困　真定梁梦龙
487	第88回	扶正抑奸邪　高邑赵南星
493	第89回	高阳孙承宗　花甲安辽东
499	第90回	老骥再伏枥　以身殉社稷
505	第91回	乱世一圣贤　义士孙奇逢
511	第92回	明末大义士　定兴鹿太公
516	第93回	堂堂大君子　烈烈鹿善继
521	第94回	清初一名相　柏乡魏裔介
527	第95回	包公现清初　蔚州魏象枢
533	第96回	直隶于成龙　清明显忠诚
538	第97回	义士梁绿野　为民御状呈
544	第98回	深泽王肇谦　剿匪保太平
549	第99回	英雄郭继昌　平叛斥横行
555	第100回	爱国有人骏　东沙披霞红
561	后记	

第一回 悬壶诊百病 神医扬美名

燕赵自古多慷慨悲歌之士,每一个朝代,每一段历史,都留下河北男儿豪侠仗义的身影,写下了燕赵豪杰的赤胆忠心。诚实守信、义薄云天,成为流淌在燕赵大地上的文化血脉,诚义燕赵,成为河北人独有的精神名片。

被后人尊为神医的扁鹊,堪称中国传统医药学的开山鼻祖,也是头一位留名史书的医生。这位神医有着怎样的人生经历,留下了哪些为后世称道的故事?

前些年,电视剧《神医喜来乐》的热播,让大家都知道了沧州神医"喜来乐"。这位喜来乐是个虚构的人物,而在沧州历史上,真有一位大名鼎鼎的神医,后人都叫他扁鹊。

扁鹊大约生于公元前5世纪,渤海郡鄚人,也就是现在河北任丘北一带。扁鹊原本姓秦,名越人,可后来怎么就被人称为扁鹊了呢?

古代的医生,都是流动办公,哪里有需要就去哪里治病救人,给人带来健康,就好比是专门传喜讯的喜鹊,所以,古人就把那些医术高超的医生统称"扁鹊"。秦越人走南闯北,足迹遍及河北、河南、陕西等地,救人无数,留下许多成功的医学案例,"扁鹊"这个名号可谓是当之无愧。人们总这么叫他,久而久之,他的本名反而被淡忘了,甚至,《史记》都用"扁鹊"这个名字给他列传。

在中国历史上以医生身份进入《史记》列传的,扁鹊可是头一位。那么他究竟有怎样了不得的医术和成就,又是怎样走上了学医这条路呢?

小时候的扁鹊还叫秦越人。离他家不远的地方,有位名叫长桑君的老大夫,医术高明,在十里八乡都很出名。这位老大夫发现秦越人这孩子聪明伶俐、才华出众,就想把一生所学传授给他。

这天长桑君把秦越人叫到跟前，开门见山地说："你跟我学医吧，先到南山采药，一年之后再来见我。"秦越人点了点头，第二天一大早就带着工具上山采药去了。一年过去了，扁鹊认识了许多药材，掌握了这些药材的药性和采挖规律。

秦越人兴冲冲地回来了，长桑君又说："你现在走家串户去给百姓切脉，不完成5000例，不能回家。"听话的学生又是二话没说，背起药箱，走南闯北给人看病切脉。从脉象的变化中，他细细揣摸各种病症，积累了不少经验。

秦越人完成作业返回老师家中，却见老师躺在床上呻吟不已。原来，长桑君不幸中风偏瘫，右半身不能动了。秦越人见状马上熬汤煎药，又端来一大盆热水，蹲在床前给长桑君洗脚，洗着洗着，长桑君左脚一蹬把洗脚盆踢翻了，秦越人的衣服、鞋子被浇了个水湿。这孩子性格真好，他好像没事人似的，转身铲来一些灶灰，撒到地上，又忙着安顿长桑君入睡。没承想，状况又来了，长桑君清了清嗓子，"呸"的一口痰吐到越人的脸上。这孩子依然不作声，默默把痰擦掉，继续照顾老师。就这样，日夜服侍，长桑君慢慢恢复了健康。

这天夜深，长桑君把秦越人叫到床前，说："你经受住了三次考验：上山采药，帮你识药用药；按脉切诊，增加了临床经验；现如今，我又亲眼看到你对病人体贴入微，胜似亲人，具备了起码的医德。做一个好医生必须具备的条件你都有了，我可以放心了。"说到这里，老人从怀中摸出珍藏的医书交给学生。从此，秦越人一边钻研理论，一边加强实践，医术越来越好。

妙手回春，秦越人如何治病救人？
药到病除，虢太子怎样起死回生？

经过长期的医学实践，秦越人最终成为一代名医，扁鹊成了他的代表名号。此时，他开始收徒传艺，由此成为中医学一代宗师。

传说扁鹊所收的十个弟子，每个人都各司其职，比方说子豹主管开方，子明主管司药，子容主管针灸，子术主管手术，子同主管火灸，子阳主管诊脉，子仪主管按摩，像今天我们所说的妇科、五官科、小儿科等，都是在那个时期创立的。

扁鹊还创造了望、闻、问、切四诊法，奠定了中医临床诊断和治疗方法的基础。《史记·扁鹊仓公列传》说，天下谈论诊脉这个事，是从扁鹊开始的。那么，扁鹊的医术究竟有哪些神奇之处呢？

《史记》中记载，晋国六卿之一的赵简子突然患上重病，已经昏迷了五天五夜，不省人事，大夫们一个个束手无策。正巧这时候扁鹊来到晋国，赵简子的家人连忙把他请了过来。扁鹊通过切脉，察觉到赵简子的心脏还在轻微跳动，又通过问诊，了解到当时晋国内部的政治斗争非常激烈，于是他断定，赵简子是在处理政务时用脑过度，造成暂时昏迷，还有救。

扁鹊对赵简子的家人说，你们别担心，不出三日，他一定能够醒来。果然，两天半过后，赵简子醒了，经过扁鹊精心调理，几天就见好了。为此，赵简子很是感激，将邢台内丘蓬山40000亩土地赐封给扁鹊。扁鹊便在这里住下来，上山采药，入乡巡医，内丘成为他的第二故乡。

除了脉诊之外，扁鹊还凭借着出神入化的医术，让虢太子"起死回生"，这又是怎样一段故事呢？

《史记》中记载了这么一件事儿，有一次，扁鹊带着几个学生路过虢国，也就是西周分封的诸侯国，听到大街小巷都在议论虢太子晕厥而死的消息。

扁鹊来到虢国王宫门前，向一位中庶子（君主、太子的侍卫大臣）问起此事，那人就把太子死前的症状描述一番。扁鹊感到太子不是真死，又听闻太子死了不到半天，还没有入殓，觉得还有希望，就郑重地说："请禀告你们的国君，我是齐国渤海的秦越人，以行医为业，我能使太子复活！"

中庶子瞥了扁鹊一眼，不屑地说："我们治了一个上午，也没有什么起色。你居然说能救活太子，简直是痴人说梦！"

扁鹊长叹一声："我行医四方，治过许多这样的病人。你们太子得的病叫作尸厥，这是内在的阴气不能向外发散，外在的阳气不能向里回归，气血不能循环造成的。如果你不信，可以顺着太子两腿摸到阴部，应当是温的；仔细听一听太子的鼻息，或者用一缕毛发测验一下，他应当还有微弱的气息。如果是这样，就有生还的可能！"

中庶子听完，吃了一惊，匆匆进宫，按照扁鹊所说，在虢太子身上一试，果然如扁鹊所料！他慌忙报告虢君，虢君一听这话，鞋都顾不着穿就往外跑，来到扁鹊面前，连忙施礼，请求扁鹊出手相救。

扁鹊师徒来到太子的病榻旁边，经过简单的诊察，立即取出治病的工具，大家一起忙了起来：扁鹊一边进针，一边让弟子准备艾灸，紧接着吩咐煎煮汤药。经过一番治疗，虢太子慢慢睁开了眼睛。半个月后，太子恢复了健康，众人都称扁鹊能让死去的人活过来。"起死回生"的成语就是从这里来的。

面对众人的赞誉，扁鹊说："我秦越人不能让死人复生！只能帮助病人恢复健康。虢太子本来就是能够恢复的病例，我不过尽了一个医生应尽的责任而已！"

虢太子从鬼门关走了一圈，觉得荣华富贵，不过是过眼烟云，想拜扁鹊为师，救死扶伤。经过长途跋涉，虢太子一行人来到了河北省内丘县，听说扁鹊就在附近为人治病，就派人前去打听。他停留的这个地儿得到了一个名字"且停"，后来人们在这儿修建了一座"且停寺"。

虢太子费了九牛二虎的劲，好不容易才找到扁鹊，谁料想竟吃了个闭门羹。原来，扁鹊认定官宦子弟吃不了苦没有恒心，订了个规矩：不教官宦豪门子弟医术。虢太子却是吃了秤砣铁了心非要拜师，凭着一股子不达目的不罢休的执着，终于让扁鹊破了例，收下他这个徒弟。

望闻问切，神医扁鹊怎样流芳千古？
讳疾忌医，齐国国君如何命丧黄泉？

在中医四大诊法当中，望诊是医疗实践的第一步。大家都知道，如果人有病，往往会使脸色、皮肤、神色发生变化。望诊就是察看气色，以便了解疾病的部位以及轻重程度。扁鹊不仅诊脉的能力非同寻常，望诊的技术更是出神入化，史书里《扁鹊见蔡桓公》的故事人尽皆知。

故事说的是，扁鹊路过齐国都城临淄时，三次拜见齐国国君蔡桓公，通过望诊判定出蔡桓公已经生病了，而且病情在逐渐加重。他一而再，再而三的好言相劝，希望蔡桓公赶紧医治，可是蔡桓公根本就不当回事儿，愣说自己没病，一再拒绝。

等到扁鹊第四次来见蔡桓公，只瞥了一眼，就慌忙转身跑开了。蔡桓公觉得很奇怪，就派人前去询问。扁鹊说："病在肤表，用烫熨可以治好；病进入血脉，用针灸可以治好；病到了肠胃，用汤药也能治愈。现如今桓公的病已深入骨髓，再也没法治了。"

又过了五天，蔡桓公果然病重，赶紧派人请扁鹊，可扁鹊早已经逃离齐国。而蔡桓公耽误了治病的最佳时机，不久就死了。

扁鹊不但医术高超，而且医德高尚。他谦虚谨慎，从不居功自傲。根据古代典籍记载，扁鹊行医到魏国时，魏文王曾求教扁鹊说："你们家兄弟三人，都精于医术，谁是医术最好的呢？"

扁鹊："大哥最好，二哥差些，我是最差的。"

魏文王有些纳闷，扁鹊解释说："大哥治病，是在病情发作前，那时候病人还不觉得有病，大哥就下药铲除了病根，所以他的医术难以被世人认可，也就没有什么名气。二哥治病，是在病人发病之初，病人也没觉得痛苦，二哥药到病除，所以乡里人都认为二哥只是治小病很灵。我治病，都是在病人病情十分严重、痛苦不堪的时候，在他们的经脉上穿刺，用针放血，或在患处敷药，缓解他们的病情，所以我才名闻天下。"

魏文王恍然大悟，十分佩服扁鹊的一番高论。扁鹊究竟有没有两个哥哥，现在无从考证。但是这个故事告诉人们，良医治未病，治理国家或做事情也是如此，一定要防微杜渐、防患于未然。

这正是：

长桑传授神医术，扁鹊诊病走四方。

妙手救得虢太子，桓公无疾见阎王。

第二回 医术世无比 疾苦置心中

上一回说到，神医扁鹊悬壶济世，美名传扬。他还苦心研究药理，从牛肚子里发现了一味中药，这味药叫作牛黄，直到现在还被广泛应用。因为医术高超，医德高尚，扁鹊被越传越神，甚至有人说，他还能做换心手术，这些说法究竟是真是假？

大家都知道，牛黄是重要的中药材，具有清热解毒的功效，以牛黄配置的成药非常多，很多人都吃过。牛黄是怎样被发现的？民间有种说法，牛黄是扁鹊在无意间发现的。

说是有一天，扁鹊从药罐里面取出炮制好的青礞石，准备配药。这时候邻居阳宝家传来一阵喧闹声，原来阳宝家中养的一头十几年的老黄牛，不知道生了什么病，越来越瘦，没法继续耕地了。阳宝一看这头牛又老又病不中用，就把牛给宰了。

剖开牛肚子，竟然发现牛胆里有块石头，大家都不知是怎么回事。扁鹊得知后，很感兴趣，就把石头要了过来，回到家，把石头和桌上的青礞石放在了一起，准备研究研究。

正在这时，阳宝的老爹阳文犯了病，阳宝连忙请扁鹊过去看看。扁鹊赶到的时候，阳文双眼上翻，喉咙里呼噜呼噜直喘，情况十分危急。扁鹊一边扎针一边叮嘱阳宝："快！去我家把桌上的青礞石拿来！"阳宝气喘吁吁地拿来药，扁鹊很快研成细末，给阳文灌下。不一会儿，病人停止了抽搐，气息也变得平稳了。

等扁鹊回到自己的屋里，发现青礞石还在桌上，牛结石不见了，忙问家人："谁动了牛结石？"家人回答："刚才阳宝取过！"

"难道牛的结石也有祛痰定惊、清热解毒的作用？"

于是，扁鹊有意识地将阳文药里的青礞石改换为牛结石使用。三天后，阳文奇迹般地痊愈了，喜得阳文连声称谢。扁鹊说："不用谢我，还得谢谢你家公子呢。"于是扁鹊将阳宝错拿牛结石的经过讲了一遍，阳文感慨地问道："这药叫什么名字呢？"

扁鹊想了想，说："这结石生在牛身上，凝于肝胆而且呈现黄色，干脆叫它'牛黄'吧！牛黄有这样的神奇功效，堪称一宝，牛属丑，再给它取个别名，叫'丑宝'吧。"就这样，牛黄一直沿用到今天。

如果说扁鹊发现牛黄是歪打正着，听起来还算靠谱，那么，这位神医为病人换心的故事就有点牵强附会了。要知道，那可是在2000多年前的战国时期，这个故事从何而来呢？

《列子》记载了扁鹊为两个人实施换心手术的故事。这两个人，一个是鲁国的公扈，一个是赵国的齐婴，两人都有病，一块儿找扁鹊医治。经过治疗，两人表面症状没有了，可扁鹊说，他们两个人的身上还潜藏着娘胎里带出来的病，得接着治。公扈和齐婴一听有点着急："我们想听听这种病有些什么症状，再作决定。"

扁鹊先对公扈说："你志向远大，又善于思考，可在关键时刻优柔寡断，容易坐失良机。"接着，他又转向齐婴："你正好相反，想法比较简单，为人处事少用心计，却独断专行。我给你们换换心，你们就完美无缺了。"

这两个人一听，说的在理啊，表示愿意接受手术。扁鹊让二人分别喝下一种麻醉药酒，将二人的胸腔打开，取出心来，交换安放。手术完毕之后，又在伤口处敷上神药，等他们醒来后，依旧健康强壮。他们辞谢扁鹊之后，就各自回家了。

可是，由于换了心，公扈回到了齐婴的家，齐婴回到了公扈的家。这两家的老婆孩子都不认识回家的人，闹出了大乌龙。公扈、齐婴只好请扁鹊出面解释，这才平息了麻烦。

从这个故事本身看，无疑是神话，扁鹊换心，按照当时的科学技术是不可能的。为什么人们编出这个故事呢？这则寓言故事是借用神医扁鹊的名义，用换心术来打比方，说明每个人都有各自的长处和短处，要学会取长补短。换心术表现了人们追求完美的愿望，谁有能力来完成这个愿望呢？把这种神力附加到扁鹊身上，反映出人们对这位神医的无限敬仰。

六条原则，如何彰显扁鹊个性？
一根银针，怎样拯救两条人命？

俗话说，妙药难治冤孽病，好话莫劝糊涂虫。治病救人，不但在于医生的医术，还在病人的配合程度。扁鹊在多年的行医问药过程中，积累了不少经验，于是提出了有名的"病有六不治"说法，也就是有六种病人你没法给他治。哪六种病人呢？

第一种人，"骄恣不论于理"，什么意思呢？就是自以为是、蛮不讲理，根本不听人劝。蔡桓公就是这种人，扁鹊指出他有病了，可他偏偏不听，说扁鹊是给没病的人看病，无非是想要图个好名声，这就是不讲理的表现。这种情况下，医生也没有办法治疗。

第二种人，"轻身重财"，也就是看重钱财、不爱惜身体。有这样一种说法：40岁之前拼命挣钱，40岁之后花钱买命。殊不知，等到那个时候，人的元气已经透支太多，再想花钱买命，不见得就能买来。这种人也不好治！

第三种人，"衣食不能适"，说白了就是饮食不节制、生活没规律，好吃懒做的人。很多人都知道饮酒过度不好，伤肝伤肾，却偏偏戒不掉。医生让他注意饮食、注意健康的生活方式，他都不肯听。医生对这种人也没有办法。

第四种人，"阴阳并，藏气不定"，也就是体内气血错乱、脏腑功能严重衰竭的。如果病人曾经被庸医下错药，弄得阴阳错乱，藏气不定，即使找到扁鹊，扁鹊也没法治。

第五种人，"形羸不能服药"，病人的身体差得连汤药也服不进去，也没法治了。

第六种人，"信巫不信医"，就是病人只相信巫师，不相信医生。在扁鹊那个年代，巫术盛行，鬼神之说也耽误了不少人性命，扁鹊对此深恶痛绝，所以提出了这一条。

如今看来，扁鹊提出的这"六不治原则"依旧发人深省。

在春秋战国时代，医生也是草根阶层，地位并不高。在历史资料记载中，扁鹊妙手回春的成功病例患者大都是帝王将相、王公贵族。那么，扁鹊在民间的声望又是怎样树立起来的呢？他又是如何给平民百姓看病的？

话说有一次，扁鹊行医途中路过一个村庄，传出阵阵哭声，一打听才知道是死了年轻女人。他刚要继续赶路，却听哭声越来越近，有几个中年人抬着棺材走了过来。扁鹊扭头一看，不禁大吃一惊，只见有几滴污血正从那薄薄的棺材里往外流。扁鹊连忙叫人们放下棺材，说道："有道是人死方可入棺，你们这里怎么时兴埋活人呢？"

大家怀疑他十有八九是个疯子，谁也没有理他，抬起棺材继续往前走。扁鹊急切地说："众位赶快放下，倘若我没有说错的话，棺材里是个孕妇，由于难产而出现长时间昏迷，她这叫'假死'（休克），还有救！"

众人都吃了一惊，半信半疑地打开棺盖。扁鹊掏出针包，在那个女人的人中上按摩了一会，然后在中脘穴扎下一针，只见她身子动了动，眼睛慢慢睁开了。人们赶忙把她扶出棺材，不一会儿，就生了一个大胖小子。

一针救了两条命，众人齐声称赞他是个神医。女人的丈夫说啥也要把扁鹊请回家喝一壶，还拿出银两要酬谢扁鹊，扁鹊笑着拒绝了："救死扶伤是行医人的本分，罢了罢了，我还要继续赶路呢。"要说这样的事儿可不止这一桩，这不是，这天外出行医的路上，扁鹊又遇到事儿了！

有一次扁鹊外出行医，走到半路天就黑了。他准备投宿一家客店，刚要敲门进去，可巧一个妇人端着一盆污水走出门来，"哗"地泼了扁鹊一身。

妇人连忙道歉："这位先生，是奴家有眼无珠，实在对不起，快请先生进店换件干净衣服吧。"扁鹊不以为意地笑了笑，随着妇人一同走进客店。客店的男主人正在屋里喝茶，见扁鹊进屋，连忙起身让座。

扁鹊一见店主，低低叫了一声："不好，你家男人不出今夜便有丧生之危。"妇人一听，好不气恼："你这野郎中，我不是就溅你身上几滴污水吗，也不该这样诅咒我们呀。"她用手一指门外："还是请你另投他店吧。"

眼瞅着店主大动肝火，扁鹊没机会解释，只好转身走出客店，住在对门的

位于任丘鹊山的扁鹊庙

一家小店里,躺下后一直没合眼,悄悄听着动静。午夜时分,那个客店果然骚动起来。扁鹊连忙过去,只见店主躺在炕上,一面打滚,一面不住地呻吟。

那妇人一见扁鹊气得浑身打哆嗦。扁鹊解释说:"大嫂先莫生气,你丈夫患得乃是绞肠痧(属于心腹绞痛),昨天我到这里,就看他气色有些不对了。不要紧,待我给你的丈夫治疗一番也就无事了。"

说完,扁鹊开始为店主按摩、针刺。时间慢慢过去,店主的疼痛慢慢减缓,好了起来。夫妻二人对扁鹊感恩不尽,总觉得对不住这位好心郎中,说什么也叫他留下姓名,扁鹊只好告诉了他们。当店主听说扁鹊救了他一条性命的时候,激动得说不出话来:"神……神医,药王啊!"

都说医者父母心,正是因为扁鹊对老百姓们都怀着一颗仁爱的心,才在民间有了如此高的声望。

走南闯北,神医扁鹊历经几多风雨?

德高望重,历代百姓留下几许怀念?

上回说过，扁鹊治好了晋国赵简子的病，赵简子感激万分，在蓬山一带（今河北省内丘县城西60里）赐给他田40000亩，以后扁鹊就把这当成行医的大本营，收徒传医，周游他国治病救人。

扁鹊的足迹遍及齐、赵、周、秦、晋、卫、虢等国家，也就是现在山东、河北、河南、陕西、山西等省。根据扁鹊陵墓和庙宇等遗存分布看，他的行程在4000里以上，在古代那种"传话基本靠嘴、赶路基本靠腿"的条件下，可想而知，吃了多少苦头。

扁鹊脑子活络，懂得入乡随俗，他行医到邯郸，发现当地人很关心妇女，他就在那里做了"带下医"，也就是妇科医生。后来他行医到洛阳，看到洛阳人们非常尊重老人，又做了"耳目痹医"，也就是五官和神经科医生，着重治疗耳聋、眼花和肢体无力等疾病。到秦国都城咸阳，看到秦国人非常宠爱孩子，又做了儿科医生，给孩子们看病。

扁鹊一生走南闯北，为无数患者解除疾病痛苦，被人们称为能起死回生的"神医"。在他行医经过的路途上，历代百姓为他立碑石、筑庙宇、朝香火，其中以邢台市内丘县的扁鹊庙最为著名，这是后话。

在游医的生活中，扁鹊广泛吸取了民间医学的精华，著有《扁鹊内经》九卷，《外经》十二卷，《扁鹊镜经》等书，可惜都失传了，流传下来的只有《黄帝八十一难经》，简称《难经》二卷。《难经》是扁鹊广集前人和民间医学经验，填补《内经》不足的杰作，大大便利了后世学者。

这正是：

扁鹊偶然得牛黄，二人换心求健康。

一针挽救两条命，救死扶伤美名扬。

第三回 神医悲命休 蓬山留神头

上一回说到，扁鹊周游列国，行医问药，成为百姓心中的神医。可是天有不测风云，这"神医"的名头却为扁鹊招来了杀身之祸。扁鹊究竟被何人所杀，他死后又葬在了哪里呢？

扁鹊周游列国最后到了哪儿？咸阳。据《战国策》记载，秦武王头部患有疾病，一发病就会耳鸣眼花，头晕目眩，寝食不安。他听说扁鹊医术十分厉害，就请他来给自己看病。

秦武王身边有个御医李醯，他医术平庸，一直治不好秦武王的病。作为同行，李醯当然知道扁鹊的厉害，担心扁鹊治好了秦武王的病，自己会失宠，就向秦武王进谗言，说道："大王您的病是在耳朵前面，眼睛下面，以您尊贵的身份，如果请一个江湖郎中来给您治病，万一治坏了，让您耳聋眼瞎，那可如何是好！"

秦武王把这话告诉了扁鹊，说不吃扁鹊开的药。扁鹊听了非常生气，说："君王同懂医术的人商量治病，又同不懂医道的人一道讨论，干扰治疗，就凭这，可以了解到秦国的内政。你与有识之士共事可以得天下，治天下；与无知之辈同谋，将会失去天下。如果再这样下去，秦国随时都有亡国的危险！"

扁鹊心直口快，他的话批评了秦武王，同时也得罪了一些近臣，更让太医令李醯恨得咬牙切齿。果不其然，扁鹊治好了秦武王的病，李醯败下阵来，他恼羞成怒，派了两个刺客，准备刺杀扁鹊，没料到行凶之前被扁鹊的弟子发觉，扁鹊暂时躲过了一劫。扁鹊沿着骊山北面的小路走，想要离开秦国避难，可是李醯再一次派杀手扮成猎户的样子，在半路上杀了扁鹊。

秦国的老百姓恨透了李醯。有一次，李醯乘着马车从咸阳近郊经过，一群人认出了他，就一齐挥舞棍棒将他团团围住，高呼着要为扁鹊报仇申冤。李醯吓得浑身哆嗦躲在车帷中不敢出来。如果不是随从拼死护卫，李醯当时就被众人剁成肉泥了。尽管李醯暂时逃过了老百姓的惩罚，却永远被钉在了历史的耻辱柱上。

神医西归，鄚州百姓如何建造衣冠冢？

感念恩德，乾隆皇帝怎样重修扁鹊祠？

扁鹊被刺杀以后，家乡人十分怀念扁鹊，在鄚州为他建造了高数丈，方圆盈亩的衣冠冢。元朝时，人们在衣冠冢前建造了扁鹊祠，到了明世宗嘉靖年间，任丘知县周佑、王齐重修扁鹊祠。

另外，据《鄚州重修鄚州药王庙碑》和《敕建三皇殿碑》两碑文记载，明朝万历十二年（1584年）重修了药王庙，万历十九年（1591年）八月又添造了三皇殿，直到万历二十一年（1593年）十月竣工。竣工后，神宗皇帝又敕令兴办鄚州庙会，召天下人前来赶会。起庙第一年，大太监魏忠贤曾陪伴皇太后和皇姑前来降香。有了名人效应，鄚州庙会一下子火了，千百里以外的善男信女也来这里烧香。

到了清朝，鄚州大庙好几次都毁于火灾。据《任丘县志》记载，康熙年间着过两次火，乾隆五十三年（1788年）又着火了，那一次的火势很猛，把大庙烧得不像样，后来，乾隆帝下令重修扁鹊祠。

说到这儿，还有一个小插曲。据《京畿志》记载，有一次乾隆生病了，久治不愈，冀国太长公主推荐许希给他治病。许希用银针治好了乾隆的病，得到了很多赏赐，叩谢皇恩之后，他又朝南恭恭敬敬地叩首，乾隆有些纳闷，就问他为什么。许希说："我的针灸之术，都是从神医扁鹊的《难经》81篇中所学，岂敢忘本？现在扁鹊祠被大火烧了，望圣上能够修复它！"乾隆一听这话，立刻下旨重修扁鹊祠。

乾隆曾经到山东登泰山祭拜孔子，还曾经南巡江南，路过任丘时即兴赋诗。在他的《河间道中咏古》中留下了很多关于扁鹊的诗，其中有一首这样写道："脉理在平不在奇，存亡那得望而知。神医既有回生术，鄚北何来故宅遗。"

到了1928年，国民政府倡导"拉神像，废私塾，兴学堂"，将十大名医全部拉倒，不过在百姓请求下，扁鹊的塑像得以保留。1936年，山东军阀韩复榘到扁鹊祠还愿，又重新塑像彩画一次。不过，到了1938年，排场的庙宇被日本人一把大火烧得干干净净。一张老照片清晰地记录下当时惨相：三个孤零零的山门，并排屹立于旷野，四周一片荒凉。

到了1992年，任丘市重修鄚州大庙，新建的扁鹊祠位于鄚州城北约2公里的古州村西，毗邻风景秀丽的白洋淀，扁鹊祠恢复了昔日的风光。

鄚州安葬的是扁鹊的衣冠，那么扁鹊的遗体究竟葬在哪儿呢？话说扁鹊死后，他的第二故乡内丘蓬山的百姓也很难过，就和他的弟子们商量如何将扁鹊的遗体运回蓬山安葬。

虢太子率领众弟子去见秦武王，秦武王一开始倒还挺客气，亲自领着他们去偏殿拜奠扁鹊。扁鹊被盛殓在一个巨大的红柏木棺材内，看来秦武王是打算以国礼厚葬。众弟子扶着棺材痛哭，虢太子向武王请求说："感谢大王对师傅的厚爱，只是师傅生前曾经嘱咐过，百年之后要安葬蓬山，还请大王允许我们将恩师遗体运回蓬山安葬……"

没等虢太子说完，秦武王已经变了脸色，"神医在我秦国遇害，寡人在天下人面前已经失去一次信誉，如果我大秦再不厚葬神医，岂不失信在前，又失礼于后，被天下诸侯嘲笑吗？神医的后事寡人已经安排妥当，你们不必多言！"

武王话说得这么绝，大伙都愣住了，还是虢太子反应快，赶紧上前请求道："既然大王不肯将恩师遗体归葬蓬山，那就请大王恩准我们今夜为恩师守灵，以尽孝心。"

秦武王不想节外生枝，转念一想，皇宫戒备森严，谅他们也玩不出什么花样，不如做个顺水人情："好，本王就准许你们今夜守灵！"

秦武王一走，众弟子把虢太子好生埋怨，只为师傅守灵，运不回师傅的遗体，怎对得起恩师一生教诲，怎么向蓬山的乡亲们交代！可是虢太子却说，咱们不能强夺，只能智取，你们只管听我的安排！那么，虢太子究竟想出了什么法子呢？

弟子们为师傅点灯烧纸，跪拜哭灵。一直哭到了深更半夜，侍卫们见他们诚心守灵，也就放松了戒备，一个个溜到暗处打盹去了。一连几天高度戒备，侍卫们早就累坏了，不一会儿就睡得死沉死沉的。

众弟子们趁机打开师傅棺材，可是运全尸目标太大，根本出不了秦宫，大伙儿又犯难了。虢太子狠了狠心，含泪说道："师傅乃是天下人的神医，运回蓬山，秦武王还会派人追赶。我们取师首，留师身，这样容易脱身，也对得起秦国人对恩师的一片情意。"众弟子将扁鹊的头取出来，用孝布包裹好，悄悄混出了秦王宫，骑着马一路向蓬山奔驰而去。

第二天一早，秦武王的侍卫发现大事不妙，神医的头竟然不翼而飞，就要骑马追赶。秦武王拦住了他们，说："难得神医弟子和蓬山人一片苦心，就让他们去吧！"

秦武王命人铸了个金头，与身子合为一体，选定了吉日，为扁鹊举行了国葬，还在咸阳城为扁鹊修建了高大的陵墓。如今咸阳城的扁鹊墓仍然存在，每年三月初一扁鹊蒙难那天，当地人都会举行庙会来纪念这位神医。

尸首分家，鲁班爷如何妙手刻木身？
两村合并，神头村怎样感念办庙会？

蓬山的百姓盼星星，盼月亮，盼来的竟是神医一颗孤零零的人头！扁鹊生前在蓬山行医几十年，救活了成千上万的老百姓，这么大的恩德，死后却落了个尸首分家的下场，蓬山的老百姓心里怎么过意得去呢？

众人正犯嘀咕，这时从人群里走出来个干巴瘦的老头，开口说："我知道你们愁啥，不就是不忍心神医没个全尸吗？这好办，咱们给他雕个木头身子！"

乡亲们置办了一桌酒席，平常过年过节都吃不上的好东西全端出来了。那老头也不客气，吃饱喝足，让人去蓬山顶上砍来一根几十年的大楠木抬进灵房，又让人把灵房的窗户全部封死。然后手拈三根香，恭恭敬敬地朝扁鹊灵位鞠躬，口里念念有词："你是神医，我是神匠，楠木刻身，以表敬意！"敬完了香，老头把人全赶了出去，说："只需三个时辰，我就能给神医配好躯体，你们瞧好吧！"说完，就把门给插上了。

屋门外，蓬山的乡亲们围了好几圈，竖着耳朵听，刚开始还能听到刨木头的嚓嚓声，没一会儿，屋里就没动静了。有人沉不住气要往里闯，老人们给拦住了："人家师傅说了等三个时辰，咱们不要太性急，碍了师傅的事！"大伙儿耐着性子等呀，等呀，眼瞅着三个时辰过去了，那里面还是一点儿动静也没有。人们沉不住气了，就去撞门。怪了，关得严严实实的门一碰就开了！

进去一瞧，那老头早就没了影子！这时候，眼尖的人指着灵床嚷开了："快来看呀！神医的身体配好了！"众人上前一看，那身量，那手，那脚，和真人没啥两样，不就是扁鹊在世的样子吗！谁能有这等好手艺！

有个木匠师傅想起了老头上香时念叨的话——"你是神医，我是神匠"，恍然大悟扑通跪下，"是祖师爷显灵啊！是鲁班爷给扁鹊神医配的身啊！"众人这才知道是神人相助，鲁班爷为神医扁鹊雕刻木身的故事就流传了下来。

人们选了九龙山与凤凰岗交口处的一块平地，将神医安葬。为了让子孙后代铭记扁鹊的业绩和恩德，蓬山人将焦子村和郎家庄并为一村，取名为"神头村"，每到三月初一扁鹊遇害的日子和十月初一扁鹊下葬的日子这两天，方圆数百里的人都来祭奠扁鹊，形成了神头村的传统庙会。

在邢台市内丘县城西北22公里处，还有一个占地3700平方米的扁鹊庙。据《内丘县志》记载，扁鹊庙汉唐时期就有了，历代均有修葺，现存的是元代建筑，是河北省重点文物保护单位。由于扁鹊对医学发展的重大贡献，2002年8月20日，国家邮政局发行"中国古代科学家"纪念邮票一套，共四枚，其中第一枚便是名医扁鹊。

这正是：

医术高超被人妒，骊山小路遭埋伏。

魂归故里身安在，医者仁心留史书。

第四回 中山树美名 功叹奈何

上一回说到，名医扁鹊救人无数，却因为仗义执言，遭遇小人构陷，客死他乡。燕赵自古多豪杰，接下来要出场的是一位古代的大将军乐羊。他驰骋沙场战功赫赫，在对中山国一战中不惜舍弃亲生的儿子，这个痛苦的选择却给他带来更多的风雨是非，这究竟是怎样的一段故事呢？

乐羊是战国时魏国的大将，曾经担任统军大元帅，一举消灭了中山国，被魏文侯封侯灵寿，死后就葬在了现在石家庄灵寿县中倾井村村东南。

历史上有一个著名的《乐羊子妻》的故事，人们常常把这个靠着妻子成名的乐羊子混为乐羊，其实这个乐羊子是东汉时人，跟大将军乐羊完全不沾边。

乐羊的故事，《史记》、《资治通鉴》、《战国策》上都有记载，其中《战国策》描述得最为详细。说的是，乐羊作为魏国的将领攻打中山国，当时他的儿子乐舒就在中山国内。中山国国君把乐舒煮成人肉羹送给他，恐吓乐羊，没想到乐羊坐在营帐中，面不改色心不跳，将一杯肉羹全喝完了，然后率领着魏军向中山国发起了猛烈进攻，中山国就这样被灭掉了。

这个举动让魏王大为感动："乐羊为了我的国家，竟然吃了自己儿子的肉。"然而，魏王身边一位叫睹师赞的谋士却不阴不阳地来了一句："连儿子的肉都吃了，还有谁的肉他不敢吃呢！"

这话一出口，魏王惊出一身冷汗，对乐羊起了戒心，虽然奖赏了他的战功，却再也没有重用他。从那以后，乐羊在人们的心中也成了六亲不认、残忍无情的人，并且留下了"啜羹"这个冷酷残忍的名词。那么，乐羊其人到底是怎样的呢，"啜羹"事件又有怎样的前因后果呢？

这事儿还得从头说起。话说春秋末期，英勇善战的宋国大司马乐喜立下战功无数，让乐氏家族名闻天下。后来宋国衰落，乐氏族人迁徙到了晋国，在晋国世家大族魏氏的领地做了普普通通的庄稼人。

战国初年，乐氏家族又出了一个军事奇才，他就是乐羊。乐羊聪明好学，小小年纪把家中两车藏书读了个滚瓜烂熟。就在他20岁那年，晋国被魏、赵、韩三家瓜分，那时魏国正在开疆拓土，战事不断，乐羊觉得是个机会，想去行军打仗，干出一番事业。乐氏族人有钱出钱、有力出力，为他打造了一辆战车和一副上好甲胄，又给他买了两匹上等的好马。上了战场，乐羊凭着出色的本领，为魏国征战四方，立下了赫赫战功，十年后当上了魏国上将军。

魏国君主魏文侯野心很大，想要成为第一大国，可面前有只拦路虎，就是中山国。战国初年，中山国的疆土包括现如今河北保定地区南部、石家庄地区大部、邢台地区北部及衡水地区西部，方圆500里，恰恰卡在魏国、赵国、燕国、秦国之间，是个关键要塞，只要攻下中山国，魏国就能北通阴山，南抵淮水，雄霸四方。

魏文侯要攻打中山国，需要一个借口，刚好中山国国君不争气，荒淫无道，不得人心，魏文侯就打着拯救中山国百姓的旗号出兵讨伐。这一仗很关键，派谁去呢？丞相翟璜举荐了一个人，乐羊。可是这个建议遭到魏国很多大臣的反对，理由是："乐羊的儿子乐舒在中山国做官，万一他跟儿子里应外合，掉过头来攻打魏国，那岂不是灭顶之灾？"

魏文侯看中了乐羊的能力，吃了秤砣铁了心，坚持要派他去。乐羊接到命令，又该如何抉择呢？

家国大义，大将乐羊怎样做出艰难抉择？
进退两难，众口铄金如何推上风口浪尖？

攻打中山国对于乐羊来说，的确是个烫手山芋，乐羊有些犹豫。这时候翟璜又动用了他出众的嘴皮子功夫，他对乐羊说："贤弟啊！你向来是识大体、讲大义，今天怎么可以因私忘公呢？你又怎么忍心中山国百姓受苦，眼睁睁看着中山国军队蹂躏残杀咱们魏国百姓呢！"

乐羊被说动了，进宫领命，还向魏文侯表了决心，誓死效忠魏国。魏文侯任命乐羊为大将，西门豹为副将，进攻中山国。这位副将的名字大家不陌生，西门豹治邺的故事其中的主人公正是这位。两位统帅组成黄金搭档，对中山国开战，第一仗就打了个开门红。

两军对垒，中山国在营前骂阵，乐羊不理不睬，可西门豹听不下去了，决定前去迎战，却被乐羊制止了。原来，乐羊熟读兵书，知道这是敌人的调虎离山之计，他来了个将计就计，私底下派人走小路跑到中山国军队后营去烧粮草。中山国的人大吃一惊，连忙掉头回去救火，却被西门豹率领的军队堵在了半路上，西门豹和后来赶来的乐羊前呼后应，杀的对方措手不及，逃进城内。

魏国的军队把城池包围了，中山国君心急火燎，老奸巨猾的大臣公孙焦来出主意："主公，都说虎毒不食子，乐羊是乐舒的父亲，不如叫乐舒去求乐羊退兵！"

开战之前，乐羊曾经给儿子写了封信，让他火速离开中山国，不要助纣为虐、残害百姓，没承想信落入了公孙焦的手中，他找了个罪名，说乐舒勾结魏国，把乐舒关进了牢里。现如今，乐舒成了他们手上的筹码。身处乱世没得选择，乐舒只得领命，来到城楼上，跟父亲乐羊相见，一把鼻涕一把泪请求父亲退兵，结果换来了乐羊的一番痛骂："回去告诉那个昏君，赶紧投降！"乐舒说道："求父亲给我们一点时间，商量一下投降方案。"

魏国的军队连番征战，也非常疲劳，乐羊下令暂停攻城，让大伙休息一下。其实，中山国君早就打好了小算盘，他们能拖就拖，拖到魏军粮尽，围城之危就不战而解。乐羊会中他们的圈套吗？

乐羊停战的消息传到魏国，各种质疑声和流言蜚语铺天盖地，大臣们联表上奏说，乐羊之所以围而不攻，是为了保护儿子，应当撤职严办。就这样，乐羊被推到了风口浪尖上。

还好有个明白人翟璜，他连忙上奏，说自己很熟悉乐羊的为人，他绝不会背叛魏国，现在按兵不动那是用兵之计。虽说暂时稳住了魏文侯，可这样一拖再拖也不是事儿，最后连西门豹也沉不住气了，一个劲地催问："将军还打不打算攻城？"不得已，乐羊道出实情："咱们是为了中山国君虐待老百姓才来征伐，要是性子太急，老百姓会说咱们同样凶暴。我两次三番地答应中山国君放宽期限，让他两次三番地失信，为的是让老百姓知道谁是谁非，这不是为了保全我儿子乐舒，为的是要收服中山国民心。"

中山国的诚信最终破产。乐羊率军开始攻城，惊慌失措的中山国君故技重施，命人把乐舒五花大绑挂在城门楼台上要挟乐羊，说："乐羊，你要是再不退兵的话，我就杀了他！"

父子连心，见自己的儿子被吊在城门楼上，一把鼻涕一把泪地喊救命，乐羊心里像刀割一般，连马儿都坐不稳了。可是，他不仅是一个父亲，更是一个身负国家使命的大将军。怎么办呢，乐羊把心一横，弯弓搭箭，对着对面城门上的乐舒射了出去。

虽说这一箭没射中，还是让中山国君大惊失色。原本以为有乐舒在手，可以制衡乐羊，现在看来失算了！眼瞅着乐舒没了利用价值，干脆一刀杀死。这还不算，一计不成，再施一计，为了对付乐羊，他们想出了更为狠毒的招数！

中山国国君把乐舒的肉做成了羹汤，派人送到了乐羊的营帐中，还附带着报菜名："将军您率军攻城，可是令公子却不能退兵，已经被我主公赐死，现送上他的肉羹请您品尝。"

中山国君以为，用这种非人的手段就可以把乐羊心理防线摧垮，彻底磨灭他的斗志，让他没有心思再打仗。可没想到，乐羊悲痛万分，气愤地指着罐子里儿子的肉骂道："你一心伺候中山国的无道昏君，这也是你罪有应得。"说完之后，他一口气喝完了肉羹汤，将瓦罐摔在地上，对使者说道："我们的兵营里也有大锅，正候着你们的昏君呐！"

接着，乐羊带领手下将士们对中山国发起猛攻，中山国国君见这阵势，抹脖子自杀了，公孙焦出城投降，被乐羊一刀杀死。为了安抚中山国的百姓，西门豹带领5000人驻守，乐羊带着大部分人马凯旋，将中山国的地图献给了魏文侯。

疑虑重重，魏文侯得偿所愿为何心生嫌隙？

人言可畏，灵寿侯战功赫赫缘何反遭唾弃？

乐羊立了大功，魏文侯本来很感动，可谋士睹师赞的话让魏文侯心里有了疙瘩。

论功行赏的时刻到了，魏文侯给了乐羊一只封得挺严实的箱子，照乐羊的贡献，这里头不是黄金，就该是白银。可回家打开箱子一瞧，乐羊傻了眼。原来箱子里装的全是朝廷里大臣们批判他的奏章！奏章上写着："人情莫过于父子，他怎么忍心伤害自己的亲骨肉？"

乐羊心里这个难受就别提了，痛定思痛，他做出了理智的举动，第二天上朝谢恩，面对魏文侯封赏再三推辞，谦逊地说："中山能够打下来，全是大王的力量。"魏文侯顺水推舟，收回了乐羊的兵权，把他封为灵寿侯，封地就在现如今的石家庄灵寿。

乐羊食子，类似的故事在历史上并不少，比如说周王朝的周文王，就曾经吃过自己儿子伯邑考的肉。战国时期，吴起为了取得鲁国国君的信任，不惜杀掉了身为齐国人的妻子，从而成为鲁国的大将军！乐羊忍痛食子羹，这个是取舍问题，事关国家大义，纵然不被赞赏，也应该被理解。

乐羊最后怎么死的？史书没有记载，也许是不得志郁郁而终。一身本事的乐羊没有像唐雎、张仪、孙膑、商鞅那样，去别的国家谋求发展，他最终采取了认命的态度，像折翼的鸟儿，默默死在了封地灵寿！他的选择很悲壮，人生很悲情，可是，这世上的很多事，是说不清的，只能交给历史，是非功过，自有后人评说。

这正是：

魏将乐羊战中山，一战功成威震天。

惨遭谗言不得志，郁郁而终义如山。

第五回 报君黄金台 名将振燕国

上一回说到，魏国大将军乐羊舍亲情取大义，帮魏文侯灭了中山国，却遭到猜忌，在他的封地灵寿度过郁闷又寂寥的一生。多年后，灵寿的乐氏家族又出了一位名将，在乱世之中，他辅佐燕昭王，统率五国联军大破齐国，他是谁呢？

乐羊在灵寿郁郁而终，多年以后，这个家族又出了一位军事奇才——乐毅。

乐毅从小练就一身好武艺，渴望像祖上乐羊那样建功立业。可他生不逢时，中山国的残余势力成了气候，重新复国，乐氏家族遭到清算。报国无门，乐毅只能投奔其他国家寻找出路，到哪里去呢？

北面是赵国，南面是魏国。魏国疆土辽阔，统治者却没有什么进取之心；赵国地方不大，赵武灵王却不乏雄才大略。经过一番思索，乐毅最终投奔了赵国，在攻打中山国的时候出了不少力，得到赵武灵王的赏识。

原本乐毅还想在赵国大展拳脚，可好景不长，赵武灵王没有处理好王位继承人的问题，引发一场内乱，自个儿被困死在沙丘宫，好好一个国家成了一盘散沙，乐毅只能离开赵国，再谋出路。这一回，他要到哪个国家发展呢？

战国时期不需要护照签证，各诸侯国可以自由往来。乐毅离开赵国，径直去了魏国，当了士大夫。正赶上东边的燕国在招兵买马，乐毅看中了燕国国君燕昭王的能力，做出了人生中一个重要的决定，前往燕国发展。

说起燕昭王姬职，他的身世比较凄惨，爹不疼娘不爱，小小年纪就被送到了韩国当人质，美其名曰为促进两国和平。这位小王子身处异国他乡，在别人屋檐下，经历几多风雨几度春秋，长成一个少年老成、沉稳持重的人。

想当初，燕国实力强大，国泰民安，却摊上了一个不靠谱的君王——燕王哙。他脑子里想的不是富国安民，而是长生不老！脑子一热，想模仿唐尧虞舜，把王位禅让给宰相，自己去深山老林里修炼。

有这么一位大仙级的君王，燕国从上到下乱了套："原来金銮殿上的王位，外姓人也能坐，宰相能够当一国之君，我们为什么就不行？"第一顺位继承人燕国太子最恼火，燕国的将领们也都起了谋反之心。燕国朝廷里整天钩心斗角，厮杀打斗，谁还有心思打理朝政。

燕国南边的齐国看准了这个天赐良机，发兵攻打燕国。忙着窝里斗的一众人马被杀了个措手不及，燕国的宰相和太子全都一命呜呼。眼瞅着燕国要亡国，作为邻居的赵武灵王拔刀相助。他静观局势，感觉到这是控制燕国的好机会，连忙派人马不停蹄到韩国迎回小王子姬职，一路护送回到燕国，通过各种渠道通告全国。燕国的老百姓一看，正宗的王位继承人回来啦，又有了希望，有了盼头，纷纷投奔到姬职的麾下。

这个姬职，就是大名鼎鼎的燕昭王。燕昭王从登上王位的第一天起，就发誓要振兴燕国，灭掉齐国，报仇雪恨。说起来容易做起来难，现如今燕国就剩下一个空壳子，怎么样收拾这乱成一片的旧山河呢？

百废待兴，老臣郭隗如何出谋划策？
礼贤下士，年少君王怎样招揽人才？

年少的燕昭王有些苦闷，不知道该从哪下手。这时候，有个老臣出马了，他叫郭隗，老家就在河北定兴县河内村。看到年轻的君王心事重重，郭隗献出一计："大王应该启动人才计划，上门寻访治国之才，天下的贤能大德听说大王如此爱才，一定会争着往咱们燕国来。"

燕昭王说："您说的是，可是怎么知道人才都在哪呢？"

郭隗思索片刻，开口讲了个故事。从前，有个国君想得到千里马，许诺一匹马1000两黄金，派人四处寻找，找了三年也没有找到。身边有一个臣子说："让我去试试吧。"这个臣子找了三个月，找到了一头刚刚死去的千里马，就花费500两黄金买回了尸骨。这位国君一见他带回来匹死马，气得想骂人。这位臣子却不着急不着慌地说："死了的千里马都值500两黄金，那么活的呢？天下人知道了这件事情，何愁没有人把千里马送来。"果然，不到一年，好几匹千里马相继被送到宫中。

郭隗接着说："大王如果真的要招纳有才能的人，那就从敬重我开始。我这样才能不高的人都能受到礼遇，那些比我有本事的人能不来投奔你吗？"

燕昭王一听这话，心中顿时敞亮起来，马上动手给郭隗修建了一座宫殿，称他为师，每天请安求教，态度谦卑恭顺。这事很快传开了，资质平平的郭隗都成了燕昭王的宝儿，各国人才库里的人才都坐不住了。齐国的邹衍、赵国的剧辛，纷纷跳槽来到燕国，正是这时候，乐毅也辞了魏国的工作前来应聘。

来的都是客，燕昭王为各路人才修筑了黄金台，每天亲自向他们行弟子礼，好吃好喝好招待。其中，乐毅最受重视，被拜为燕国的亚卿，也就是副国相。在燕昭王看来，讨伐齐国在燕国大事中排在第一位，他每天虔诚地向乐毅请教攻打齐国的大计，可乐毅却躲躲闪闪，说不出个所以然。燕昭王见乐毅拿不出什么好点子，渐渐心灰意冷，大事小情也不跟他商量了。乐毅在燕国被晾了起来，他倒是一副没心没肺的样子，没事儿跟朋友们喝喝小酒钓钓鱼。日子一天天过去了，乐毅这心里头到底是怎么想的，他在燕国还有出头之日吗？

乐毅在燕国的情况很快传到了魏王、齐王的耳朵里，他们嘲笑说："祖上是名将，子孙可就未必，我们没有用乐毅还真是对了，要不然，岂不是白白浪费国库的银子？"

被别人白白看了笑话，燕昭王心中也窝着火。原以为乐毅有两把刷子，可现如今却成了白吃混喝的摆设，他有些后悔，想要罢免乐毅的副国相一职，把他封到小县城去做安乐公。主意打好了，燕昭王就等着第二天跟乐毅摊牌，没承想，这天晚上乐毅竟然主动上门求见。

燕昭王不知道乐毅葫芦里面卖的什么药，宣他进来。乐毅一改平常闲散的样子，一身笔挺的戎装，进来就跪下请罪。这个亮相把燕昭王弄得云里雾里半天反不过味儿，这乐毅唱的到底是哪一出呢？

乐毅恭恭敬敬地说："大王之前曾经几次询问小臣破除齐国的战略，现在臣可以回答了。燕国地处偏远，国力弱小，我们不能以卵击石，首先要保全自己，韬光养晦，才能图谋大计。"

燕昭王一听这话在理儿，让乐毅接着说下去。乐毅逐条分析，拿出一个三步走的计划："第一步，要顺应齐国，让他们觉得我们燕国没有报仇的心思。第二步，派一个能说会道的人鼓动齐国出兵楚国、赵国、秦国，这样的话，齐国就会成为众矢之的，各个诸侯国就会联合起来对付它。"

燕昭王着急地问道："那第三步呢？"

乐毅胸有成竹地说："第三步，我带着人马帮您攻下齐国，您就等着瞧好吧！"

燕昭王这才明白，原来乐毅之前做的那一切是在麻痹外人，让齐国放下戒备之心。有了乐毅的这个剧本，燕昭王照本宣科投入表演，一场群雄参演的大戏就此拉开。

四面出击，齐王如何成为众矢之的？

五国联纵，乐毅怎样布下百万雄兵？

按照乐毅的部署，苏秦这个大纵横家也出场了。他被燕昭王派到齐国去当卧底，靠着三寸不烂之舌，把齐闵王忽悠得脑瓜一热，大旗一挥开了战。他往南占领了楚国的重丘、杀死了楚将唐眛；往西打败了三晋，又攻打秦国；接着又进攻赵国，占领了中山。这一路打下来，齐国连连获胜，齐闵王越发膨胀起来，跟赵国、魏国、韩国、秦国都结下了仇怨，甚至连实力强大的秦国也不放在眼中，成了各国公敌。

这边齐闵王打得热闹，那边燕昭王却按兵不动，一面搞经济建设，一面暗中部署作战计划。等到齐国成了人人喊打的过街老鼠，燕昭王依照乐毅的主意，开始拉帮结派，把赵国、韩国、魏国拉拢过来，还许诺了很多好处。赵国、韩国、魏国一看燕昭王挺大方，许的都是真金白银，都加入了燕昭王的阵营。

有了这三个同盟军，燕昭王心里踏实了许多。可这还不够，他又想方设法把遥远的秦国也绑在了这辆隆隆开动的战车上。

公元前284年，得到燕昭王授权之后，乐毅统领燕、秦、韩、赵、魏五国军队，开始了伐齐之战。燕昭王派出了燕国所有的将士，任命乐毅为元帅，而与燕昭王一直关系密切的赵惠文王，任命乐毅为赵国的宰相，秦国、韩国、魏国，也都尊奉乐毅为大将军。乐毅身佩相印，威风凛凛地骑马上阵，指挥百万军队，向着齐国发起了猛烈的攻击。

眼瞅着到了紧要关头，燕昭王的心中又犯开了嘀咕。这些年来燕国一直在休养生息，没打过几场仗，乐毅也没什么实战经验，这一上阵，就领军百万，这个宝，押得对不对，这一场仗，能不能打赢呢？

这正是：

燕王招贤黄金台，复兴燕国乐毅来。
深谋远虑练精兵，挥兵百万展风采。

第六回 奸佞进谗言 将军终离走

上一回说到，乐毅指挥五国联军向齐国挺进。大仗在即，燕昭王心里七上八下，乐毅能打赢这场仗，帮着自己报仇雪恨吗？

乐毅带领着百万雄兵杀进齐国，在边境跟齐国将军触子交手了。乐毅指挥军队将齐国军队分割成数段，然后派出一支轻骑兵，直捣敌人的指挥部。触子一看大事不妙，连忙驾着一辆战车狼狈逃跑。手下的士兵们一看大将军都跑了，也呼啦啦鸟兽散了，乐毅打了个开门红。

齐闵王一看情势不妙，派另一位将军达子去对抗乐毅。达子在寿张城济水东岸安营扎寨，这里水流湍急，形成天然屏障，乐毅指挥大部队进攻多次都没有成功。齐国的军队士气大振，朝齐王要封赏，齐闵王一口拒绝了。大伙一看，拼死拼活打仗还没有好处，也没啥心劲儿了，等到乐毅再次杀过来的时候，谁也不肯卖命。就这样，兵败如山倒，齐闵王后悔也来不及了，只能狼狈地逃到了山东东南部的莒城。

刚打败了齐国，那四个盟友就嚷嚷着分行李散伙。燕昭王也不勉强，开始给大家结算工钱，给秦国和韩国的是许好的真金白银，给赵国和魏国的是大片的土地，把盟友们欢欢喜喜打发走了。乐毅却没给自己放假，他带着燕国的军队，再度攻打齐国。乐毅带着燕国的复仇大军一鼓作气，攻下了齐国的都城临淄，将皇宫里的奇珍异宝全都运送到燕国。眼瞅着乐毅为自己报了国仇家恨，燕昭王高兴极了，亲自来到齐国边境迎接，犒赏他的军队，还将昌国赏赐给了乐毅。就这样，乐毅和他先祖乐羊一样，成为一代名将。

久攻不下，大将乐毅如何面对棘手局面？

暗箭难防，忠臣良将为何招来无妄之灾？

乐毅率领军队在半年之内一连攻下了70多座城池，全都纳入了燕国的版图，燕国前所未有的强大起来。眼瞅着胜利在望，却遇到了两块难啃的骨头——莒城和即墨。这两座城的百姓奋起反抗坚决不投降，乐毅久攻不下，双方僵持起来。

其实，齐国也有自己的盟友，那就是南边的楚国。当时，秦国和韩国、赵国、魏国、燕国是一派，楚国和齐国是一派。双方一开战，秦、韩、赵、魏四国见好就收了，从燕国那里拿到了实实在在的好处，楚国看着眼气，也想从盟友齐国那得点好处，可齐闵王连连溃败，连自己的都城都丢了，哪儿还有钱给楚国？

没有好处的事儿，楚王也不干，楚军以勤王为名不走了，占领了齐国淮北大片土地。齐闵王一看楚军实力强大，只能看人家的脸色行事，还拜楚国的大将淖齿为宰相。

淖齿野心很大，早在心里打起了小算盘：齐国辽阔富庶，要是自己能够得到齐国一半土地，弄个王位坐坐，该多威风！于是，他找个机会杀死了齐闵王，派人跟乐毅私下里沟通，讨好燕国，打算跟燕国平分齐国的天下。没想到，他的如意算盘很快被一个15岁的少年给打破了。

这个少年就是齐闵王身边的仆人王孙贾。这孩子岁数不大，心眼倒不少。他目睹了淖齿杀齐闵王的场景，赶紧藏起来保住了一条小命，然后跑到大街上，解开扣子，露出右胳膊，大声喊道："淖齿乱我齐国，杀我国君，有想报仇的，就跟我一起杀了淖齿。"

齐国的老百姓们一听国君被楚国人杀掉，气不过，拿起锄头、铁锹跟在王孙贾的身后，把淖齿给杀了。

国不能一日无君，齐闵王死后，王孙贾等人拥立齐闵王之子田法章为王，是为齐襄王，他带领着百姓们死守莒城，誓死不投降。墨城中的百姓在大将田单的带领下，也死守城池。莒城和即墨的城墙又高又厚，燕军久攻不下。面对这样棘手的局面，乐毅该怎么办呢？

乐毅心想，靠着武力硬拼的话，兴许能攻下这两座城，可是民心不服，就算把齐国全都占领了，又有什么用呢？

他采用了"围而不攻"的策略，在莒城和即墨的城外屯田养兵。一场举世闻名的战争，变成了一场拉锯战。

阻断了交通之后，莒城和即墨就成了两座孤城，粮草越来越少，老百姓迟早有一天得饿死。乐毅不愿意用无辜老百姓的生命来换取胜利，就颁布了一个人性化的规定——城里跑出来的百姓，爱去哪儿就去哪儿，不要抓他们；不愿意出城逃命的人，就送给他们粮食，不能把人饿死了。乐毅想要采用怀柔政策，让莒城和即墨不战而降。

这样一来，就出现了一件怪事儿：白天，燕军把满载粮食的车子停放在通往莒城和即墨的路口，到了晚上，齐军出来把粮车推回去。一晃三年过去，这两座城池还是没有攻下来。乐毅是好心，不忍心让平民百姓遭殃，可是好人没好报的事情也时有发生。好人乐毅遇到了怎样的窝心事呢？

在乐毅围困莒城和即墨的第三年，燕国有个奸佞小人，向燕国太子进谗言说："乐毅半年内就攻下齐国70多座城池，不是没有能力，可现在三年过去了，他竟然攻不下齐国两座小城。为什么呢？他是想在齐国树立自己的威信，收买民心，自己称王。"

燕国太子原本就看乐毅不顺眼，把这传言说给了父亲燕昭王，结果换来老爸一顿训斥。燕昭王指着太子的鼻子说："你这个忘恩负义的东西，先王的仇是谁给咱们报的？乐毅的功劳数都数不清，是咱们燕国的恩人，你还要说他的坏话！就是他真做了齐王，也是应该的。"

燕昭王打了太子一顿，接着派使者拿节杖去见乐毅，封乐毅为齐王，并按照诸侯王的礼节，为乐毅家修建宫殿。乐毅一看燕昭王这样信任他，十分感动，拒绝封赏，对天起誓说："君就是君，臣就是臣，做臣子的永远不会觊觎国君的位子。"人们看到乐毅这样做，更加佩服乐毅的为人。

没多久燕昭王去世了，太子即位，就是燕惠王。因为当初父王的那通训斥，小心眼儿的燕惠王记恨上了乐毅，想着找个理由把他给办了。

足智多谋，田单怎样妙用反间计？
防不胜防，齐军如何部下火牛阵？

燕惠王上台，也让即墨城中的齐国守将田单暗喜，除掉乐毅的机会来了！

田单用了一招反间计，他派人大肆散布谣言，说："乐毅早就跟齐国签好了协议，要南面称王。他现在围困莒城和即墨，一是拖延时间，等待齐国人心归附；二是做样子给燕惠王看。所以，我们不怕乐毅，反而害怕燕惠王另外派人来，那样的话，即墨就要遭殃了。"

谣言传到了燕国，燕惠王坐不住了，马上责令乐毅回国复命，另外派了他的心腹骑劫为将军，代替乐毅攻打莒城和即墨。乐毅明白，自己这次回去估计性命不保，无奈又投奔了曾经的老东家赵国。

镇守即墨城的田单一看，乐毅走了，拍手大笑。最大的绊脚石去掉了，复兴齐国就有希望了！

燕惠王派去的骑劫是个愣头青，他把那些投降的齐国士兵全都找出来，割掉了他们的鼻子，又刨了齐国人的坟墓，把尸体架在火堆上焚烧。原本想要给齐国人一个下马威，可没想到适得其反，那些守城的士兵们看到这一幕，个个恨得咬牙切齿，把燕军恨到骨头里，恨不能马上拼个你死我活。

田单一看，大家斗志昂扬，机会大好。不过对付这个没脑子的骑劫，不用蛮干，他又使了一计，假装投降。他派几名富商带着千两黄金悄悄来到燕军营中，见到骑劫，说："即墨城中已经没有粮食了，田单马上就要投降，您的军队进入即墨城以后，一定要对我们高抬贵手啊。"骑劫不知这是诈降，得意扬扬地接下了这些黄金，答应了他们的请求。燕国的士兵们听说田单要投降，也都放松了警惕，放心睡大觉去了！

到了晚上，城墙底处突然开了几十个洞，1000多头牛冲了出来，庞大的牛群穿五彩龙纹绛红色牛衣，牛角上绑着锋利的尖刀，牛尾巴上捆着浸满油脂的芦苇。紧跟在牛后面的是5000多名壮士，他们掏出火种点燃芦苇。上千头牛被火一烧，朝着燕军的营寨狂奔而去。城上灯火齐鸣，老弱妇孺一齐敲锣打鼓，喊杀声响彻夜空。

睡梦中的燕军被惊醒，吓得魂飞魄散，被牛撞到不是死就是伤，四处溃逃，死伤无数，主帅骑劫也一命归西。田单的火牛阵大获全胜，齐军乘胜追击，把当年乐毅辛苦打下来的70多座城池全都收回，恭迎齐襄王进入临淄。齐襄王封田单为安平君，官拜宰相。

位于邯郸丛台公园内的望诸榭

第六回 奸佞进谗言 将军终离走

乐毅听说燕军大败的消息，心痛不已，吐了一口血，自此卧床不起。燕惠王好生后悔，担心乐毅记恨自己，帮着赵国攻打燕国，就厚着脸皮给乐毅递了个话："将军功高盖世，您对我燕国的恩情我一天都不敢忘。只因为我刚即位，被大臣们误导了，我找您回来，是因为您行军打仗多年太辛苦了，想让您歇一歇。您现在投奔了赵国自有原因，只是这么做将军何以报答我父亲的知遇之恩呢？"

明知燕惠王很虚伪，乐毅还是彬彬有礼地回信一封说："燕昭王的知遇之恩永世不忘，请惠王放心，我会尽一己之力维系好燕、赵两国的关系，成为燕、赵两国的和平使者。"乐毅最终死在赵国，留下忠厚仁义的美名。赵王封乐毅为望诸君，在邯郸的丛台公园内，有一座望诸榭的建筑，就是纪念乐毅的建筑。

这正是：

昭王一去楼台空，乐毅遭谗罔为功。
披肝沥胆空怀志，回归赵地留英名。

第七回　少主接重任　发奋志远谋

上一回说到乐毅历经一世纷争，回到赵国安身立命。战国的政治舞台上又有哪位豪杰登场亮相？他将要担纲领衔演出怎样一场惊心动魄的历史大戏？

战国的历史上写着一个了不起的名字，就是号称战国七雄之一的赵国第六代国君——赵武灵王赵雍。赵雍落地的时候，正赶上战国最乱的那段时期。秦国有商鞅变法，一跃成为战国第一号巨头；齐国有邹忌变法，也成为战国第二强；老牌的日不落帝国魏国因为丢了核心人物吴起，已经是日薄西山；曾经的南霸天楚国也在楚怀王的手里变得一天不如一天。这时候，赵国的身边围着一圈虎视眈眈的老对头，谁都想着趁着乱子咬一口肥肉。乱世里长起来的赵雍自小就看过了这么多的是是非非，把天下的大事都装进了自己的脑袋里了。

公元前326年，赵雍的老爸赵肃侯驾鹤归西，这个刚满15岁的小伙子登上了赵国的王位。国界线上的魏惠王瞅准了这个空子，拉上楚国、秦国、燕国和齐国组成五国联军大兵压境，说是要给故去的赵王送上一程，可是，他们心里的小算盘又有谁看不懂呢？

赵雍成了赵武灵王，立马显出来一国之君的智慧和谋略，他下令全军进入一级战备，全国进入戒严状态。同时，他还联合韩国、宋国，三足鼎立对抗敌军。谁要打算来找茬，赵国时刻准备着！赵雍导演的这场戏可把魏惠王给看呆了，他怎么也没想到，那个毛头小子的心里居然装着这么大的一盘棋。眼瞅着人家全副武装，魏惠王的队伍也就悄没声地咽下了占便宜的念头。

赵雍经过这一番历练，也成熟了不少，他把自家的白事操持完了，好好地计划起国家的未来。小伙子琢磨着，自己刚刚当起这个家，首先得确立威信，巩固地位，以免有人打什么歪主意。主意打定了，他先是给先王重臣肥义加官晋爵涨工资，一举赢得了老干部的支持。接下来，就要把好事做遍全天下，赵雍下令，每个月都要给全国80岁以上的老人赠送礼物，树立起尊老敬老，爱护国民的风尚。这么一来，赵国上下的男女老少都挑着大拇哥儿直夸赵雍年少有为。

赵国国内的政治局面一片大好，国外的糟心事却是一件连着一件，中山国没事找事，齐国落井下石，秦国也跟着起哄架秧子，谁见了赵国也少不了使个绊子踹两脚。这样的日子一过就是十几年，赵国损兵折将丢地盘，在赵雍28岁那一年，国家已经成了一个彻头彻尾的受气包。

面对这么一个烂摊子，赵雍打碎了牙齿咽下肚，做梦都想着让赵国来个咸鱼翻身，成就一番惊天伟业。他日日夜夜地盼着让梦想照进现实，可是，这事到底该从哪入手呢？

机缘巧合，旧日宿敌如何化干戈为玉帛？
审时度势，赵武灵王如何变弱国为强国？

赵武灵王赵雍可不是一个只会做梦的君王，他走遍全国进行考察，深入民间掌握民情，在外交上致力于发展睦邻关系，花心思，动脑子，跟韩国、燕国结成了坚固的战略同盟。赵雍把国内外这一大团乱麻仔仔细细理过一遍，终于做出一个重要决定——改革。中国人办事讲究天时、地利、人和，赵雍当然明白这个理儿，改革这么大的事情，自然要挑选一个最好的时机。他耐下心来等待，终于等到了这么一个机会。

那一年，赵国的老对头秦武王办了一件缺心眼儿的事。不知他是哪根筋闲得痒痒，非要举鼎。这一举可不要紧，他老人家的膝盖折了，眼珠子也冒开了血，大大地伤了元气，没过多久就进了坟墓。

一国的君主归了西，接下来准得有一场争权夺势的宫廷内斗，秦国当然也不例外。秦武王前脚刚走，他的亲妈惠文后就发表声明，要让先王的亲弟弟公子壮上位。宫里另一个女人宣太后不干了，说我儿子公子稷才是能担大任的好材料。这一场混战有头没尾,斗得宫里昏天黑地,秦国的局势也是乱七八糟。赵武灵王赵雍冷眼看着,瞧准了秦国不会再有闲工夫插手国外的事,就着这个时机拉开了改革的大幕。

赵雍忙着自家的营生,也没忘了在秦国的事情上留了个心眼。多年之后,赵国已经在中原崛起,秦国还是那一锅粥。赵雍派人把流亡燕国的公子稷送回秦国,立为秦昭王,一举化敌为友,把秦国拉进了自己的朋友圈。从那以后,只要赵雍还有一口气在,秦国再没有动过赵国半根汗毛。

话说回来,赵国的改革究竟是怎样一卷风起云涌的历史呢?

赵武灵王赵雍审时度势,把大小的事情排排队,在他看来,改革路上的第一道坎就是打击三胡,再给宿敌中山国一点颜色。这倒不是由于赵雍个人的复仇心理,而是因为他从不敢忘先祖"开拓胡地"的遗愿和"中山国侵地残民,宿仇未报"的誓言。展开地图看一看,西北边境上三胡没事就来撒点野,还有中山国横插一杠子,要是这样的局面持续下去,赵国的安定富强根本就是个泡影。这口恶气在赵雍的心里堵了好些年,总有一天要一吐为快。

那时候,要想在战国群雄之中立住脚,就得看你的家底有多少,拳头有多硬。赵雍在位这些年,老百姓的日子过得挺不错,国内生产总值也是直线上升,可是,赵国要跟人家硬碰硬,军事上的实力还是挺没底,这事又该怎么办呢?

针对这个问题,赵雍做出一个重要决定——着胡服,学骑射,建立一支新式骑兵部队。他在位的这些年,跟三胡交手也不是一两回了,赵雍从反骚扰的历史中总结经验,得到启发,想着开辟一条以胡制胡,强国强兵的新路子。

不过,改革这事从来都不容易,尤其是还没到那亡国灭种的危急时刻,谁愿意改变传统,换个法子过日子呢?对于社会上流人士来说,改革本来就让他们不大乐意,而且还要改成胡人那样,实在是丢人现眼,把老祖宗的脸面都给扔了。再说,中国有句老话:佛靠金装,人靠衣装。宽袍大袖的衣裳标志着身份、地位,象征着权力、富贵,穿上宽袍大袖的衣裳就像现代人开上一辆玛莎拉蒂,心理上立马高人一等。

正因为这样,赵雍的改革方针一经出台,就被人拍了不少的板砖。在赵国的朝廷里放眼望去,除了拥有胡人血统的楼缓、肥义等人,高层之中投的都是反对票，其中呼声最高的就是赵雍的亲叔叔公子成。

其实，赵雍早就想到改革面临的阻力，可是他没想到阻力竟然会有这么大。他愁得整宿整宿睡不着觉，心里那些话也只能跟肥义嘟囔嘟囔："办大事的人总跟世俗小民说不到一块去，有点创意就得遭人白眼，真理有时候就掌握在你我这种少数派的手中。改革军队的事情倒还好点，要是让全国人民换上胡人的衣服，实在不大好办。"

肥义听了这话，立马给出一剂心灵鸡汤："办大事的时候优柔寡断，成功永远不会来敲你的门；该行动的时候顾虑重重，理想永远就是个梦想。大王要是还犹豫，您就想想尧舜禹，当年，他们大刀阔斧地改革，才成就了一番伟业。想过去，看今朝，事情都是一样的，明眼人就得高瞻远瞩，想到别人想不到的，看懂别人看不懂的，不然的话怎么能成大事呢？"

话虽如此，可是改革的事情不是小菜，它就像一只翩翩飞舞的蝴蝶，谁也无法预测它那双翅膀到底会引起多大的波澜。赵雍打定了主意要革新，不过，具体问题需要具体分析，他就着赵国的现状通盘考虑，决定来个和风细雨的"和平改革"。改革的第一步究竟要怎么走呢？

春风化雨，赵武灵王如何破解死结？

东风正劲，改革大幕如何徐徐拉开？

赵雍的计划表上头一件事是要去说服有权有势的公卿贵族，最大限度减少阻力，把他们拉到改革的统一战线里来。另外，这样也能降低改革的风险，预防改革进程中的恶意破坏，结党营私，实现新政的软着陆。做大事之前，先务虚，再务实，这是上上之策。

说干咱就干，赵雍先拿自家的亲叔叔，位高权重的公子成开刀。自从胡服骑射的话头一出，公子成就倚老卖老，没事就说点风凉话，还装着病号不上朝。他放出话来，说："我堂堂赵国地大物博，人杰地灵，仁义施行，安定团结，轮哪条都是别国学习的榜样，如今大王居然要去学什么胡人，穿什么胡服，实在是大逆不道，一点正经也没有了！"

位于邯郸的赵武灵王胡服骑射雕塑

这话说得可是够损的，可是赵雍赵武灵王耐下心来讲道理："圣人因地制宜做衣裳，因事制宜定礼仪，所以才能做出利国利民的善举。按着眼下的时代潮流做出有益于老百姓的事情，肯定是有好处没坏处的。"

公子成这个顽固派终于给解冻了，他表示："我老糊涂了，听不懂大王你在说什么，你既然说要干大事，我也没什么可说的。"老赵家的亲叔叔没了话说，可是，赵国的其他贵族还有话讲，当面锣对面鼓地表示反对。赵雍一次又一次地分析形势，耐心疏导，终于把这些贵族都给说通了。赵雍瞧着他们软了下来，就挑了个日子亲自穿上胡服上了朝，给文武百官来了一场实施改革的现场直播。

也正是从这天起，赵国胡服骑射的改革正式落地，赵雍以远见卓识推动了赵国的发展，推进了历史的脚步。他的改革措施让赵国的军事实力增长了一大截，把从前那个窝窝囊囊的战国病夫变成了可以跟齐国、秦国抗衡的军事强国。

这正是：

少主丧父国势危，列强伺机作奸贼。
攘外安内兴改革，韬光养晦有作为。

第八回 挥师图进取 伟业被泽后

上一回说到赵武灵王大刀阔斧开拓创新，一场史无前例的改革席卷赵国。这一改究竟会改出怎样一片新天地，这一变到底会变出怎样一场新的传奇？

赵国这场革新的关键词就是四个字——胡服骑射。赵武灵王赵雍带头做榜样，自上而下把这一方针推广开来。说到底，问究竟，"胡服骑射"包含着什么样的内容呢？

第一，把从前那种连衣裙似的长袍子压进了箱底。因为这种衣裳中看不中用，两个大袖子呼呼的兜风，看上去仙风道骨飘飘然，可是要穿着它骑马您就等着摔跟头吧。从前的衣裳不穿了，全国人民都改穿窄袖口的短上衣，下身再来一条利索的长裤，腰间扎上一条结实的皮带，皮带上还能挂几件短兵器。这么一打扮，整个人的精气神立马就不一样了。

第二，把丝绸布料做成的低帮鞋子换成胡人穿的那种长筒皮靴。这种靴子结实耐用又跟脚，还带着一种酷酷的骑士风范，赶上情况危急，直接飞腿踢人也有很强的杀伤作用。

第三，把士兵们穿的重甲改成了皮子做成的轻甲。因为那时候，骑马打仗拼的就是一个机动性，身轻如燕跑得快，比穿上一身厚盔甲要重要得多，谁的速度快一点，战场上的胜算就大得多。

第四，把布料做成的冠冕改良成皮革做成的帽子。这么一来，保暖指数成倍增长，也不会在跑跑颠颠的时候弄掉了。士兵们带上了改装的爪牙帽，将军们带上插着野鸡翎子的"武冠"，威风凛凛很是好看，就连赵武灵王本人也换上了定制款的新帽子。

赵国人照着胡人的样子从头到脚武装起来。那时候，谁也没想到，这种被强制执行的流行风尚一直风靡了上千年，到了李唐王朝，胡服依然是经典的时尚元素。看来，赵武灵王的确独具慧眼，一早预见了历史的大趋势。说完了"胡服"说"骑射"，这两个字眼又包含着什么样的含义呢？

"骑射"指的就是训练骑兵。那个年头，骑马的汉子会射箭，这么一股力量是战场上最牛的王牌。为了打造这样一支王牌军，赵武灵王下令在全国范围内征召骑兵，只有40岁以下，1.7米以上，身体好，能力强，马上的功夫一等一，这样的人物才算是符合标准。这么严格的标准筛选出来的骑士，待遇也特别优越，一年就能拿到黄金百两的报酬，谁要能入选赵国的骑兵阵营，立马就能化身有钱人。多年以后，赵武灵王精心培养的骑兵队里冒出了不少出色的人物，比如说大名鼎鼎的廉颇、李牧、赵奢，履历表上都有一段骑兵的经历。

赵武灵王选好了兵丁，又在都城邯郸建了一座高高大大的丛台，为的是登高望远，临场观看骑兵训练。有一句古诗说到当年的情景——"台上弦歌醉美人，台下扬鞭耀武士"。遥想当年，赵武灵王在丛台之上看美女、品美酒、观军威、训骑士，真是风流潇洒，没有白做一回君王。

杀声阵阵，马鸣嘶嘶，赵国养兵千日，终有用兵一时。眼看着骑兵已经训练好了，就等着战场上大显神威。赵武灵王剑指何方，哪个敌人就要遭殃？

开疆扩土，赵武灵王如何挥师北上打击三胡？
烽火连天，一代明主如何运筹帷幄谋求出路？

那一年里，赵雍正式开始实施他的战略蓝图——击三胡，灭中山，巩固边防，统一疆土。

三胡指的是赵国东北的东胡、西北的林胡和楼烦的游牧部落。这几家个个都不是省油的灯，但凡赵国遇上个大小的乱子，他们就要从背后插上一刀，走的就是乘人之危，趁火打劫的路子。

赵雍三次挥师北上，狠狠地灭了三胡的威风，收编了好些兵马。吃过亏的三胡也就学乖了，再不敢来碰赵国的边。这一回，赵国不但报了三胡的旧仇，也顺带着解决了长期困扰胡服骑射可持续发展的两大难题——骑兵和战马短缺。赵雍接受了林胡王献上的好马，把赵国一部分步兵改编为骑兵，还招募了一些当地的胡人来当兵，又特意选了一块自然环境和人文环境两样都好的地方建成赵国的骑兵训练基地。赵国让自己的兵骑上胡人的马，这一批骑马的汉子为军队的战斗力加了不少的分。

老话说了，开疆容易守疆难。赵雍对这句话的理解很是深刻，他在边疆地区设置了云中、雁门、九原三郡，又在郡下划分县制，打造起立体的边疆政权机构，这是这一地区历史上最早的郡县两级地方政权。

赵雍想着，要想把边防稳住了，还得让这一带好好发展。他从中原地区向三胡大量移民，在这里开垦边疆。这么一来，就把奴隶主手下的奴役变成农民，削弱了中原的奴隶制残余，给封建制的发展进程加了一针助推剂，也增加了边地的劳动力，使赵国的生产总值直线上升。

三胡的问题理顺了，下一个要啃的硬骨头就是横在赵国中间的心腹大患——中山国。复仇中山，统一全境，谈何容易？这个难上加难的目标就是赵雍的一生所求。

中山国的问题难在哪？这就得说说它的后台老板，也就是财大气粗的齐国。齐国是当年函谷关以东第一大霸主，雄踞东方，跟各个诸侯国的关系盘根错节，利害相连，和秦国并驾齐驱，堪称当时的两大强国。有这么一棵大树来撑腰，中山国从来都是硬气得很。赵雍为着中山国的事情愁了好些年，就是担心牵一发而动全身，攻不下山头，再惹出一大堆的麻烦。

就在赵雍打击三胡的时候，顺便也对中山国进行了一番试探，小试牛刀拿下了中山国国都附近的宁葭，也就是如今石家庄鹿泉北部那一片。当时，赵国的军队见好就收，没有进行更大的动作。不过，这一回的战利品也很关键，占下了这个地方，就能直接控制穿越太行的井陉关，为后面的军事计划开辟了通道。

都说无巧不成书，就在这一年里，机会送到了赵武灵王的眼前。楚怀王灭掉了越国，楚国一举成为长江边上的巨无霸。一时间，楚国边上的齐国、韩国、魏国、秦国都成了饿狼嘴边的肥肉，形势骤然紧张，好几拨的势力都忙着找起了后路，齐、韩、魏、秦向赵国请求外援，楚国也向赵国派出了使者。面对着这么乱的一局棋，赵武灵王又该怎样落子呢？

赵武灵王是个少有的聪明人，他最明白借力使力，坐收渔翁之利的道理。面对各国送来的求援表，赵武灵王一一做出答复，他把几位心腹大臣派到了齐、韩、魏、秦四个国家，表示要同心协力跟楚国斗争到底，同时又给楚怀王送出一根橄榄枝，说是要跟楚国结为同盟。赵武灵王在明里暗里两面给力，只盼着这场混战尽量多耗上一些日子，好给自己腾出手来办大事。

就在那五国打得昏天黑地，不可开交的时候，赵武灵王筹划着要对中山国动手了。他往胡人那边派出了探子，又让李疵潜伏到中山国去做卧底。等到把敌人的老底儿摸透了，赵武灵王一声令下，挥师曲阳，朝着中山国吹响了号角。赵国的军队一路过关斩将，一直打到了中山国的国都，也就是现在石家庄灵寿这一带。

眼瞅着胜券在握，赵国的军队都等着凯旋，可是，就在中山国国都的大门前面，他们又吃了一个大亏。中山国的军队拼死顶住城门，派出来一支名叫"吾丘鸠"的"特种部队"前来应战，这一队人马拿出了独门秘器"泥弹丸"和"流星石锤"，把赵军打了个落花流水。

这一场战争实在惨烈，两国的军队都伤了元气。不过，此时的中山国已经是强弩之末，再也扛不住了，终于在城门上竖起了白旗，说赵国已经拿下的地盘我们全都不要了，咱们就此停战，行是不行？赵武灵王一看，这事要再进行下去对自己也没有什么好处，于是答应了中山国的请求，下令班师回朝。

两年之后，赵武灵王又把军队派到了中山国的边上，这一回又重演了上次的情节，赵国还是没有占到便宜。一而再的挫折让赵武灵王明白了一件事——消灭中山，为时尚早；不如韬光养晦，再谋大计。

再攻中山，赵国大军能否高歌凯旋？
风云变幻，赵武灵王能否一统江山？

公元前 301 年，历史又给了赵武灵王一个机会。楚国战场失利，跟秦国结成了同盟，这两大巨头一联手，齐国就给乱了营，孟尝君傻乎乎地去跟楚国交手，把整个齐国拖进了战争的泥潭。从这以后，齐国就成了泥菩萨过河，连自身都难保，更顾不上它的小兄弟中山国了。这时候，潜伏在中山国的卧底也传来线报，说孟子的仁义之学成了中山国的主流思潮，早先那些敢打敢拼的人物已经不吃香了。

赵武灵王把各方面的消息一汇总，当机立断做出决定，带上部队杀到了中山国的国都。这一回，赵国终于攻下了城门。中山王流亡齐国，最终死在了异国他乡。

赵武灵王满以为这回能够大获全胜，可中山国的问题还是留了个小尾巴。就在赵国大军马上要得手的当口，齐国那边传来了胜利的消息，这么一来，中山国又有粗腿可抱了，又有大树可靠了，这仗自然也不能再这么打了。赵武灵王脑瓜一转，停止军事攻势，转用怀柔策略，他换上一副和和气气的笑模样，扶持一个名叫尚的人物在中山国里做起了国王。可是，这个尚打心眼儿里不乐意扮演傀儡的角色，他稍微缓过劲儿来，又开始跟赵国对着干。

好在赵武灵王有的是耐心，一次不成还有二次，二次不成还有第三次，三次还不成，咱就接着等。等到齐国再次卷进了战乱，赵国趁着乱子一举灭掉了中山。可怜这中山国历经200年的风雨沧桑，就在赵国手下断送了社稷江山。

赵武灵王花了12年的时间，在夹缝中求生存，在战乱中谋发展。他打击三胡，消灭中山，为赵国铺设了沟通南北的大道，建设了统一安定的局面。赵国有幸遇明主，终于成为东方头一号大国。

这正是：

胡服骑射变新风，强国强军伟业成。

千方百计谋发展，终得夙愿成一统。

第九回 美人拥揽怀 余恨满沙丘

上一回说到赵武灵王推新政、成一统，登上了事业的最高峰。可是，不论古今中外，衡量成功的标准不但要看事业，还得考量爱情和家庭。赵武灵王在感情上有着怎样的经历，他的后宫中出现了什么样的女人？

俗话说："一个成功的男人背后，一定有一个默默无闻的女人支持。"赵武灵王生命中第一个女人是韩宣惠王的亲闺女，这姑娘长得好看又贤惠，是居家过日子的不二人选，可是，这一对郎才女貌的好搭档并不是因为爱情走到了一起。

那一年，赵武灵王还不满18岁，就把老韩家的姑娘娶进了门，这一切的一切都出自于赵家老爸赵肃侯生前的一番良苦用心。那时候，赵国的日子不好过，把韩夫人迎娶过来，就能跟韩国搭上亲戚，对于赵国来说，这是生存发展的重大利好。赵武灵王拿自己的婚事做赌注，为国家的前途押下了宝。

这一场十足的政治联姻为赵国挣来了不少的实惠，韩夫人也给老赵家添了个大胖小子，这就是太子赵章。孩子的性格随他爹，从小就带着一股子野心勃勃的劲头，年纪不大，就跟着老爸南征北战，东讨西伐，谁都认定他就是赵国社稷的准继承人。可是，这板上钉钉的事情愣是在忽然之间拐了个弯，原因居然是赵武灵王的一场春梦。这又是怎么回事呢？

轻纱卷帘细罗帐，梦里飞花最难忘。在朦胧又真切的梦境之中，赵武灵王遇见了一位楚楚动人的女子，那美人轻启朱唇，轻声吟唱，唱一曲年华正好待闺中，叹一声如花美眷无人懂，临了还留下一个名字叫作嬴女。赵武灵王看得入神，听得入迷，醒来之后还念念不忘地惦记着梦里的姑娘，没事就跟身边的臣子们念叨上两句。

终于有一天，赵武灵王又一次说起这事。忽然有一个名叫吴广的小官站起身来，小心翼翼地说了一句："大王，这事听您说了好多回，臣私下里想，莫非您梦里的那个人正是我家小女。"赵武灵王的眼睛立马亮了，拉着吴广让他说个究竟。吴广回答说："自家的姑娘年方十四，小字娃嬴，唱歌跳舞样样出挑，模样也跟大王讲得差不多。"

这真是众里寻她千百度，得来全不费功夫。赵武灵王一声令下，把吴广的女儿请进了宫。只见这姑娘年纪轻轻，却带着一种与众不同的优雅，虽然是初次进宫，却看不出半点慌张，她气定神闲像是仙子下凡，轻飘飘地站在大殿中央。赵武灵王把眼神定在姑娘脸上，仔仔细细那么一瞧，心里就像过电似的酥了半边。

吴家的女子进了赵王的后宫，真是郎情妾意，甜甜蜜蜜。几年之后，又有一个宝贝儿子降临人间，赵武灵王为他取名赵何。赵何，也就是后来战国雄主——赵惠文王。

生离死别，枕边人一朝故去留下几多悲剧？
手足相残，亲兄弟反目成仇引发几番风雨？

赵何出生的那一年，赵王宫里的太子章已经到了十三四岁，不论是政坛的威望，还是战马上的功劳，哪样都很能拿得出手，赵国的江山舍他其谁呢？可是，今时今日不比从前，赵章的亲妈韩夫人早就过世了，小弟弟赵何的娘亲正当红。赵武灵王的婚姻生活里，桃花开了二度。太子赵章的命运却急转直下，来了个180度的大转弯。随着赵何一天天地长大，他的人气一天天地升高，长兄赵章的心中做何感想？又有谁能说得明白？

公元前301年，赵国的国际地位一路飙升，成了东方一霸。就在这段光辉岁月里，赵武灵王的梦中仙子枕边人突然驾鹤西去。这事就像是一颗重磅炸弹，把他强大的内心硬生生地撕成了两半。赵武灵王那份伤心难过实在没处说，他就觉得自己的心里憋得慌，好容易遇见这么一个真心相爱的女人，爱都没有爱够，就遇上了生离死别。

赵武灵王的眼泪终于流干了，他想起吴夫人临终留下的那句话——希望赵何可以继承王位。为了成全爱人的遗愿，赵武灵王冒天之大不韪，一道旨意夺了太子赵章的封号，改立小儿子赵何做储君。此话一出，吴夫人是可以瞑目了，可是人家赵章没招谁惹谁，从来都是好好地去做该做的事，如今平白无故地受了委屈，这难道就是活该吗？

因为这件事，赵国上上下下都埋怨大王被爱情冲昏了头脑，对于这一类的批评，赵武灵王一律当作耳边风。两年之后，这一波还没平静，另一场波澜再度兴起，赵武灵王发表声明：要把国君的宝座正式传给刚满12岁的赵何，自己在年富力强的时候就退居二线。要说这也并不全是为了赵何，主要还是出于政治上的打算。这样，一方面可以让赵何早成大器；另一方面，他自己也能静下心来，一门心思地收拾三胡，打击秦国，进而一统天下，笑看风云。

赵何成了赵惠文王，也就成了赵国这个小宇宙的核心，国内的政治势力一一围拢过来。新任大王赵何端端正正地坐在金銮殿上，曾经的太子赵章只能捧着一杯凉茶靠边站。

对于赵章来说，这样的日子一定不好过。幸好，在他的血脉之中流淌着老爸的理智，老妈的温和，他明白这世界从来就不公平，因为这人间的好事一共就那么多，你的多了，他的自然就少了。对于这样的事情，如果一定要给出一个解释，只能说是命运。这时候，赵章已经认命了。

人世间的事情永远是那么难以捉摸，野火烧尽的青草还会有重生的时候。谁能想得到呢？有一天，赵章垂死的野心又一次被点燃，而手持火把的那个人，正是他的父王。这其中又有怎样的曲曲折折？

赵雍卸下了国君的名头，成了赵国的"主父"。这位中国历史上最年轻的"太上皇"走南闯北，干了好几件惊天动地的大事。他乔装打扮到了秦国，把那里的地理、政治了解得清清楚楚，把商鞅变法的来龙去脉弄得明明白白，甚至还跟秦昭襄王面对面地过了几招，他见招拆招，一招比一招更高，最后安然无恙地回到了赵国，把秦王气得是猴子看戏——干瞪眼。

要比情商，论智商，赵雍绝对能占领战国时代的制高点。可是，这事情就

第九回 美人拥揽杯 余恨满沙丘

位于邯郸的武灵丛台

应了那句老话：智者千虑，必有一失。英明盖世的赵雍回国之后，就做出了一个无厘头的决定。这话又是从何说起呢？

话说这赵雍出门溜达了一大圈，从前的事情也都看淡了一些。平静下来的他重新用一个父亲的身份想过去，看今朝，自己都觉得曾经的自己有点过分了。每一次，他看见过去那个意气风发的长子赵章在弟弟面前恭恭敬敬，在皇宫内院谨小慎微，那份说不出来的可怜劲儿让他这个当爹的心里很是难受。

正如后人所说：无情未必真豪杰，怜子如何不丈夫？顶天立地的大丈夫赵雍心里也知道疼儿子，就在赵国灭掉中山国的那一年，他把废太子赵章封在代地，封号安阳君，又计划着把刚刚统一的国土一分为二，不偏不向地给俩儿子一人一半，让他们兄弟共享富贵，共坐江山。

要从血脉亲情的角度来说，赵雍的做法也不是不能理解，毕竟两个儿子都是亲的，他老人家的心里也是盼着孩子们好呢！可是，用政治眼光来看，这事办得不靠谱。老话说了：一山不容二虎。就算是一家两个亲兄弟，也不带这样安排的，当爹的这么办事，相当于在自己的国家里埋下了隐患。这条祸根究竟会生出怎样的恶果？刚刚统一的赵国又将经历怎样一场风雨巨变？

一路北去，父子同行为何引发杀机？
一场动荡，家国大计为何付之东流？

果不其然，没过多久，赵雍亲手埋下的雷就炸了。赵惠文王赵何摆明立场，对父亲的做法坚决抗议。王位上的赵何对这事投了否定票，赵雍的想法也只能保留。可是，这阵风却把废太子赵章的野心吹得死灰复燃，朝廷里那些不受重用的臣子们也瞧见了机会，重新聚到了赵章的身边。

眼看着自家的两个儿子剑拔弩张，明争暗斗，赵雍这个做父亲的愁得不行，他思来想去，琢磨着怎么才能化解这点家务事。就在这一年的夏天，赵雍说是要出门选墓地，让两个儿子陪着一块去，想着借这个机会跟孩子们好好聊聊。他哪里想得到，这一次竟然是有去无回，真正走向了坟墓。

父子一路同行不同心，一直走到了沙丘宫，那位置就在如今的邢台广宗西北边。刚刚到了目的地，赵章就把自己人聚到了一堆，又派人把弟弟赵何请了过来，打算先下手为强，要了赵何的性命。赵何也不傻，没等着赵章动手，提前一步调兵遣将，把赵章的住处围了个水泄不通。赵章一看大事不好，一溜烟儿躲进了父亲赵雍的行宫。赵何一看，哥哥躲进了父亲的翅膀底下，你以为我就没辙了，咱们走着瞧吧。

赵何的人马把行宫围得铁桶一般，部队里的几个大将凑在一起发牢骚，说是早就看不惯赵雍的做法，不如趁着这个机会，帮着大王赵何彻底清理门庭，先杀了赵章，再把赵雍那个老家伙送上西天。人心险恶到了这般田地，包围圈里赵雍和赵章上天无路，入地无门。赵章和他的手下全都落了个一命呜呼，留下弹尽粮绝的赵雍在行宫里受苦。前前后后三个月，曾经英明神武的赵武灵王过得连乞丐都不如。有一段日子，他实在饿得受不住了，只好捉了小鸟来填肚子。后来，赵雍连小鸟也捉不住了，只带着悔青了的肠子离开人间。

赵国王室的腥风血雨终于落下大幕，赵武灵王的改革成果就此付诸东流，国家的富强之路戛然而止，彻底丧失了超越秦国，成为战国头号霸主的大好时机。

几十年后，长平之战降临赵国，这一场史无前例的血腥战争夺走了赵国40多万条人命。赵国社稷日落西山，江山大业化作浮云。

这正是：

赵武灵王有伟略，锐意改革称豪杰。
求得美人怀中抱，祸乱沙丘性命绝。

第十回 国栋廉将军 完璧蔺相如

上一回说到，赵武灵王戎马一生，英雄一世，临了却遭遇了骨肉相残的人间惨剧，留下了千古憾事。他死后，儿子赵惠文王继续人才兴国战略，赵国的人才库引进了哪些尖端人才，他们如何协助赵国治国安邦，又留下哪些传世的故事呢？

首先出场的这位大将军就是廉颇。很多人都是从中学课文《将相和》里知道廉颇，他以一个倔强、豪爽而又知错能改的可爱老头形象出场，戏份不重，是一名配角。

事实上，历史上的廉颇是一位常胜将军，在很多真实的战争大戏中是绝对主角。就连司马迁都在《史记》中不吝笔墨写下廉颇的丰功伟绩："赵惠文王十六年（前293年），廉颇为赵将，伐齐，大破之，取阳晋，拜为上卿，以勇气闻于诸侯。"正是因为廉颇，才让赵国蒸蒸日上，不但打败了齐国，甚至能对抗强大的秦国。

廉颇从小就喜欢兵法武术，到了七八岁上，刀枪棍棒无所不能，稍大一点，就远离家乡拜师学艺去了。

传说他的师傅是个修行很高的隐士，叫山岳大师。大师觉得这孩子是个好苗子，就把毕生所学全都教给他。廉颇聪明能吃苦，他明白一个道理，要想在乱中站稳脚跟，靠的是实打实的真功夫。他一点都不敢懈怠，白天学习武艺和排兵布阵，晚上开始苦练技能。

师傅不光教他武艺，还教他文化。有一天，师傅给他讲了姜太公钓鱼的故事：商纣暴虐，周文王决心推翻暴政，太公姜子牙受师傅之命，下界帮助文王成就天下大业。廉颇被这个故事深深感动，立志成为姜子牙那样的贤臣，辅佐君王，为百姓谋利。

冬去春来，勤学苦练，廉颇练就一身武艺，积攒了满腹才学。他辞别了师傅，来到了赵国都城邯郸，正赶上赵国面向全国招揽人才。听说赵惠文王知人善任，廉颇主动投了简历，赵惠文王会相中他吗？

赵惠文王在厚厚一摞求职简历中左挑挑，右拣拣，忽然间看到了廉颇的画像。只见他相貌堂堂，十八般武艺样样都会，决定亲自面试。

他派人把廉颇叫到跟前，进行第一项能力测试——射箭。廉颇走到弓架前，一连取了好几张弓都不满意，对赵惠文王说道："启禀大王，这些弓力量太小，恐怕射不太远。"

赵惠文王问："你平常用多少力的弓？"

廉颇回答："回大王，平日里我以500斤最好，若是弓箭得心应手，射500步绝对没问题。"

考场上最大的弓只有200斤，赵惠文王的弟弟、平原君赵胜连忙出来解围："大王不要着急，我府中有500斤弓，我已派人去取了。"

不一会儿，弓取回来了。廉颇摆好了架势，弯弓搭箭，连射18支箭，像风一样"呼呼呼"射出去，每一支都射中靶心。

赵惠文王激动不已："我赵国要是能够得到这个人才，必定兴盛。"众位大臣见廉颇如此神勇，也竖起了大拇指。

一片叫好声中，廉颇又展现了最擅长的剑术。他拔剑起舞，敏捷的身姿，让人叹为观止。赵惠文王当场拍板留下了这位高级人才。

骁勇善战，大将廉颇立下哪般功勋？
足智多谋，门客相如提出何种对策？

赵惠文王的父亲赵武灵王在位期间，魏国率先崛起，成为实力最强大的国家。仗着国库里的银子多，魏国到处东征西讨，连年征战让百姓苦不堪言，无力发展生产，魏国逐渐衰落下去。那时候赵国还很弱小，只能看着旁边其他几个国家刀光剑影，轮番交战、轮流坐庄，赵武灵王明白，发展才是硬道理，国家强盛了才能不挨打，经过"胡服骑射"的改革，赵国家底逐渐殷实起来。

等到赵惠文王即位，廉颇登上历史舞台的时候，东边的齐国和西边的秦国正处于上升期，都野心勃勃想当老大。秦国想要往东去，赵国成了拦路虎；齐国想要往西扩大地盘，赵国也碍事儿。齐国和秦国如狼似虎，都想吞下赵国这块肥肉。

不过，此一时彼一时。此时的赵国羽翼渐丰，再加上廉颇这样的一批得力人才，赵惠文王的脊梁骨也硬起来了，不再任人宰割。在这种情况下，齐国和赵国的矛盾首先浮出水面。

赵惠文王深知"先下手为强，后下手遭殃"这个理儿，趁着齐国还没有动作，派廉颇出兵攻打齐国。赵惠文王十六年，廉颇披挂上阵，带领着大部队朝齐国挺进。廉颇熟读兵书，行军打仗神出鬼没，打得齐国军队节节败退，一举攻克了阳晋。

仗赢得漂亮，赵惠文王扬眉吐气，把廉颇封为上卿，相当于后来的宰相，廉颇迈进了赵国的核心阵营中。

眼瞅着赵国把齐国打败了，秦国也不敢轻举妄动。赵国踏踏实实地一手抓生产，一手抓国防，日渐强大。后来，廉颇曾经多次率兵出征，只要他一出马，没有打不赢的仗，没有守不住的城，成为赵国的战神，更成为最有影响的明星战将。

廉颇在马上纵横驰骋杀敌无数，可对后世而言，他这一生最耀眼的故事，并不是他的赫赫战功，而是"将相和"的故事。

故事还要从一块玉石说起。春秋时期，有一个楚国人名叫卞和，一次偶然的机会，看见几只凤凰落在了荆山的一块青石板上，他断定这附近一定有宝。为什么呢？当时有个说法，叫作"凤凰不落无宝之地"。功夫不负有心人，经过一场耐心细致的搜宝行动，卞和终于发掘了一块上好的玉石，这就是大名鼎鼎的"和氏璧"，后来成了楚国的镇国之宝。

几百年后，这块和氏璧辗转到了赵惠文王的手中。和氏璧的名气实在是太大了，没几天这个消息就传到了秦国。当时秦国的国君是秦昭王，也就是秦始皇的太爷爷。他听说和氏璧落到了赵惠文王的手里，十分眼热，马上派使者赶到赵国，对赵惠文王说，想用15座城池换取和氏璧。

赵惠文王看了信，心里犯了嘀咕。答应吧，只怕肉包子打狗一去不回；不答应吧，又怕秦国借口出兵攻打赵国。要知道，秦国惦记赵国这片地儿已经不是一天两天的事情了。这该如何是好呢？

赵惠文王思来想去，拿不定主意，没办法，又把平原君赵胜、大将军廉颇等人叫过来一起商量对策，却始终拿不出一个万全之策。这时候，赵国的宦者令，也就是大内总管缪贤想到了一个人，向赵惠文王进谏道："大王，我的门客蔺相如，一定有办法！"

赵惠文王说："你怎么知道？"

缪贤说："以前我跟随大王在边境跟燕王相会，当时燕王曾经拉住我的手，表示愿意跟我交朋友。上回我犯了罪，打算逃往燕国，可蔺相如劝阻我说：'当时赵强燕弱，燕王之所以想亲近您，是因为您在赵王跟前得宠；现在您犯了罪逃过去，他们担心得罪赵王，一定会把您送回赵国。您不如直接脱光衣服，伏在刀斧上向赵王请罪，争取宽大处理。'我采纳他的建议，果然得到了大王的宽恕。可见他这个人料事如神，能谋大事。"

赵惠文王听了这话，把蔺相如叫来，问他有什么办法。蔺相如说："秦国强赵国弱，咱们拒绝，是咱们理亏；给他玉璧，他若不给城池，那就是他们失信。两下比较，还是让他们失信的好。如果没有合适的人选，我愿意带着玉璧出使秦国。他们要是给城池，我就把玉璧留下；他们要是不给，我一定完璧归赵！"

言而无信，秦昭王如何虚意逢迎？
一言九鼎，蔺相如怎样完璧归赵？

蔺相如作为赵国派来的使臣，理应受到秦国的隆重接待，可秦昭王根本没把蔺相如当回事儿，随随便便在自己的休闲之地——章华台接见蔺相如。

秦昭王如此失礼，蔺相如也没有办法，还是把"和氏璧"拿了出来，让秦昭王欣赏。秦昭王很兴奋，自己把玩半天还不算完，又把和氏璧交给妃嫔宫女传来看去，就是绝口不提以前答应的事——用15座城池换取这块和氏璧。

蔺相如看出来了，秦昭王根本就没诚意，站起来说："这块玉看着好，可是还有个小小的瑕疵，您拿过来，我指给您看！"等到接回玉璧，蔺相如靠在柱子上，怒发冲冠，高声说道："一开始您要求用城池交换和氏璧，赵国上下都怕上当受骗。我想，平常百姓交朋友都不会相互欺骗，何况堂堂一个大国？况且，为了一块璧玉就让秦国不高兴，也是不应该的。于是赵王斋戒五天，派我奉送玉璧，在朝堂上拜递国书，彰显大国的威仪。可是大王您呢？接见我的礼节不合规矩，得到玉璧还传给美人，这不是戏弄我吗？所以我才要回玉璧。如果你们硬抢，那我的头和玉璧，将一块交代给眼前这根柱子！"

秦昭王一看，这还了得，赶紧派人拿来地图，指示那15座城池的方位。这可糊弄不住蔺相如。他说："和氏璧是天下的共宝，赵王送璧时，特意斋戒五天，大王您也要斋戒五天，用最高规格的外交礼节，派九个官员迎宾赞礼，引导上殿，我才能给您！"

没办法，秦昭王只能乖乖接受。蔺相如回到住处，悄悄安排随从乔装打扮，抄小路快马加鞭把和氏璧送回了赵国。过了五天，秦昭王才知道和氏璧已经被送回赵国，非常愤怒，可是转念一想：即便杀了蔺相如，也不能得到和氏璧，还会导致两国关系破裂，何必呢？于是放蔺相如回去了。

蔺相如智斗秦王，成就了"完璧归赵"的故事，成了赵国的英雄，职场上也火箭式上升，从一文不名的门客一下子当上了上大夫。后来，秦国再没有提起过用15座城池换取和氏璧的事情，和氏璧一直存放在赵惠文王的宫殿里，蔺相如"完璧归赵"也成了赵国外交的成功案例。

这正是：

廉大将军始用兵，伐齐得胜任上卿。
门人相如担大任，完璧归赵举国惊。

第十一回 渑池护赵王 知耻而后勇

上一回说到，廉颇征战沙场立下战功，蔺相如完璧归赵不辱使命。同为朝廷重臣，廉颇心中很是不服，自己出生入死、身经百战，蔺相如不过一介书生，凭借口舌之功被火箭提拔，得来未免太容易了。此时正值外敌当前，秦国时而进犯，廉颇能否放下心结，与蔺相如一致对外呢？

蔺相如完璧归赵，保全了赵国的面子，可秦昭王没有善罢甘休，第二年就找了个借口出兵攻打赵国了。公元前281年，秦国攻下了石城（今河南林州东南）；公元前280年，秦国再次攻打赵国，杀20000人，拿下代郡（今河北张家口蔚县）。

秦国不光在军事上打压赵国，还想在外交上控制赵国。公元前279年，秦王派使者通知赵王在渑池（今河南渑池县西）见面，说是要做一次友好会谈。很显然，这是一场鸿门宴，赵惠文王打心眼里不想去，蔺相如劝道："大王现在不去会盟，就显得您胆小怕事，秦国很有可能继续毫无顾忌地入侵赵国。"

赵惠文王点点头，虽然秦国强大，可堂堂赵国君主也不能太懦弱啊！他收拾行李准备出行，廉颇和蔺相如做了分工，廉颇率领赵国的大部队在赵国、秦国的边境严阵以待，以武力威慑秦国，而蔺相如陪同赵王深入虎穴，去赴渑池之约。

临走前，廉颇说道："大王这次去赴约，算上来回路程，前后不过30天。要是过了30天您还没有回来，就请让我们立太子为王，用以断绝秦国扣留您作为要挟的念头。"

这话一般人根本不敢说出口，在别人看来，拥立年少的太子即位，廉颇就有机会把持朝政，甚至篡国谋权、杀了太子取而代之。万一赵惠文王不相信他，认为他居心叵测，再给他治个罪、砍了头，岂不是很冤枉？那么，赵惠文王听了这话有什么反应呢？

赵惠文王吃了一惊，可他也明白一个理儿，疑人不用，用人不疑，他相信廉颇的忠诚。尽管这一招非常险，可也是保存赵国的唯一方法。为了保存祖宗的基业，也只能如此了。他把国家安危全都托付给廉颇，带着蔺相如去赴约了。

在秦国，两国元首举行了昭告天地、宣读誓词等一系列的仪式，之后，秦国设国宴款待赵王一行。推杯换盏，酒到浓处，秦昭王对赵惠文王说："寡人听说赵王擅长音律，能否鼓瑟助兴呢？"

赵惠文王推辞不过，弹了一首。他刚刚弹奏完，秦国随行史官立刻就写："某年某月某日，秦王和赵王会饮，命令赵王鼓瑟。"赵王丢了面子，正在懊丧，蔺相如走到秦王面前说："赵王私下听说秦王善于演奏秦地的乐曲，请允许我献缶给秦王，互相娱乐吧！"秦王大怒，扭过头去不理睬。没想到蔺相如横眉怒目，举着缶大声喊道："五步之内，请以臣颈血溅大王。"

老话说得好，愣的怕横的，横的怕不要命的。秦昭王一看这架势，只能勉强在缶上敲了一下。蔺相如立刻要赵国史官记下："某年某月某日，秦王为赵王击缶。"如此一来，赵国又扳回一局。

又过了一会儿，双方敬酒，秦国群臣突然提出要赵国割让15城为秦王祝酒，又是蔺相如一步向前，回敬道："请秦王割咸阳为赵王祝酒。"一句话就让秦昭王的脸变了色。

秦国最终也没有占上风，再加上廉颇率领大部队把守边境，秦国也不敢把赵惠文王怎么样。就这样，赵惠文王安全回国。由于蔺相如三番五次帮自己挽回面子，赵惠文王不光赏了他很多金银珠宝，还拜他为上卿，官职比廉颇还要高一些。这个任命，让老将军廉颇闹起了情绪。

义愤难平，大将廉颇如何针锋相对？
知错就改，耿直将军怎样负荆请罪？

廉颇寻思着自己出生入死许多年，还不如蔺相如陪老板出趟差。廉颇是个直肠子，他把心里的不痛快，公开抖搂出来，说："我是赵国的大将，有攻城野战、对敌作战的功劳，可蔺相如就凭着嘴皮子上的功夫，反而爬到了我的头上。况且，蔺相如原本是别人家的门客，出身卑贱，我不服他！我要是碰着蔺相如，一定要当面给他点儿难堪，看他能把我怎么样！"

这话很快传到了蔺相如的耳朵里。蔺相如什么反应呢？躲！他平常总是称病不上朝，免得跟廉颇碰头，还吩咐手下人，叫他们以后碰着廉颇手下的人，千万要让着点儿，不要因为这件事，与对方起争执。

大家毕竟都是同事，抬头不见低头见，谁也不见谁根本不可能。有一天，蔺相如刚一出门，就碰上了廉颇的车驾。蔺相如连忙让手下人把车退到小巷子里，将大路让给老将军。

他这样的举动，让手下的门客纷纷抗议，说："您的地位比廉将军高，他骂您，您反而躲着他，让着他，这也太窝囊了吧！"

蔺相如心平气和地问他们："廉将军跟秦王相比，哪一个厉害呢？"大伙儿说："当然是秦王厉害。"蔺相如说："我见了秦王都不怕，难道还怕廉将军吗？要知道，秦国现在不敢来打赵国，就是因为国内文官武将一条心。我跟廉将军好比是两只老虎，两只老虎要是打起架来，必有一伤，这就给秦国造成了进攻赵国的好机会。你们想想，国家的事儿要紧，还是私人的面子要紧？"

这番话让廉颇顿感羞愧，他又该如何面对蔺相如呢？

廉颇英勇善战，威震朝野，这是实情。甚至在"渑池之会"中维护国家尊严，这功勋章里也有他一半功劳，但是，廉颇对蔺相如的认识，却不太公平。蔺相如没有真刀实枪地上战场，可他的唇枪舌剑，同样为赵国保住了尊严。何况，在"完璧归赵"和"渑池之会"中，他都豁出自己的性命来逼秦王，出入的是没有刀光剑影的战场。

想明白了这个理，硬汉廉颇越发觉得过意不去，挑个蔺相如大宴宾客的时候，脱光上身，背负荆条，来到蔺相如府前。

蔺相如正在家招呼客人，听说廉颇将军来了，急忙走出府门出迎。不过眼前的一幕让他大吃一惊：只见门口的廉颇脱下战袍，光着膀子，背后绑着荆条站在那里。周围的老百姓全都来这儿瞧稀罕，把蔺相如家门口围得水泄不通。

在赵国老百姓的心中，廉颇这个名字就意味着胜利、尊严和光荣，是赵国的守护神。可现如今，这位一级战斗英雄竟然背着荆条到蔺相如的府上，这唱的又是哪一出呢？

廉颇见到蔺相如出来，恭恭敬敬地下拜谢罪："我廉颇是个大老粗，没什么见识，您却如此宽宏大量，实在惭愧！"他双手捧着荆条，请蔺相如鞭打自己。在战场之外，老将军再度表现出了自己的勇敢与诚义。

蔺相如也被廉颇的举动深深震撼了，急忙上前两步，把荆条扔在地上，用双手扶起廉颇，给他穿好衣服，拉着他的手请他到府中坐下。两个人握手言和，成为一对好朋友，好搭档，"负荆请罪"这个故事也成了一段千古佳话。

几度合作，将相携手留下何种佳话？
几番出征，廉颇跨马开拓哪般疆土？

从那以后，将相和睦，忠心报国，赵国一度强盛，成为东方诸侯阻挡秦国东进的屏障，就连秦国也不敢小瞧。秦昭王还把孙子异人送到赵国作为质子，以制造虚假的和平气氛，以后十年间都没敢进攻赵国。

公元前 278 年，廉颇率军向东攻打齐国，将齐国的军队打得落花流水。公元前 276 年，他再次披挂上阵讨伐齐国，一口气攻陷了九座城池。第二年，廉颇又率军攻打魏国，占领了防陵、安阳两座城池（今河南安阳一带），立下了赫赫战功。

就在这时候，赵国还发生了一场著名的战争，那就是阏与之战。话说公元前 270 年，秦国进攻韩国，围困了阏与（今山西和顺西部）。阏与的地理位置十分险要，它地处太行山山脊，居高临下，东有大道通往赵都邯郸，向西直达韩国的上党。秦军攻打这里，可谓一石三鸟，表面对韩国用兵，其实盯的却是赵国。

接到韩国的求援信，赵王把廉颇、乐乘等大将叫来，询问对策。这两个人的观点完全一致："这段路险阻狭窄，想要出兵相救，很难取胜。"赵王不甘心，又问赵奢，赵奢却给了不一样的答复："狭路相逢勇者胜！"赵王一听这话，很高兴，立即派赵奢领兵出征。

赵奢采纳谋士许历意见，抢占北山的制高点，占了有利的地势。这样一来，赵军居高临下，打得秦军四下逃散，解了阏与之围，也成就了赵奢的英勇之名。

阏与之战的第二年，秦王不死心，又派人攻打赵国。这一次的战场在平原，很适于骑兵作战，廉颇主动出征，大败秦军。秦国吃了几次亏，再也不敢轻易进攻赵国了。

这正是：

负荆请罪将相和，精诚团结定邦国。
攻城拔地拓疆域，阏与之战强敌破。

第十二回 长平留悲情 战将恨长天

上一回说到廉颇、蔺相如一文一武将相和,家和万事兴,赵国再次呈现出安定团结的大好局面。在这之后的十多年里,老对头秦国再也没敢上门找茬。这稳稳当当的好日子到底能过多久?风平浪静的水面之下又藏着怎样的波澜?

公元前266年,赵惠文王一命归西,赵国的大将赵奢也离开人世。数数赵国这点家底,只有一位执掌军政的廉颇还算是王牌。就在这个青黄不接的节骨眼上,一场不期而遇的灾祸就要来敲门。

那时候,战国第一巨头秦国南征北战,占下了不少的地盘。韩国跟秦国水土相连,更是被人家看作了嘴边的鸭子,不狠狠地咬上一口,根本就对不起那铁嘴钢牙。随着秦国的一再扩张,领土连上了韩国的上党。秦王想着,一不做二不休,打算把上党一块揣到自己的兜里。韩国的大王看着形势逼人,心里疼得直滴血,可是胳膊到底拧不过大腿,上党早晚也是个丢,不如把这块地方主动献给秦国,至少还能落个好态度,往后求人家退兵的时候也好有话说。

韩国跟秦国这一场没头没尾的官司打得莫名其妙,这里面根本没什么道理可讲,总而言之一句话——弱国就得受着这份窝囊气。话说回来,这事本来是韩国跟秦国之间的问题,赵国又是怎么被拖进这个烂泥潭的呢?

当时,韩王把割地求饶的话头一说,上党的老百姓可是不干了,早听说秦国不是什么善茬,谁乐意在他们手下过日子呢?上党太守靳黈把人民群众的心声反映上去,还顺便发表了一下自己的看法,说我对大王的做法也是坚决反对。韩王一听,还反了你们了!如今的韩国到底是谁在当家做主,你们都知道不?靳黈不听话,我换个听话的来,你的太守别干了，让冯亭接任你的职务。

这位名叫冯亭的接到命令，一路到了上党，他坐在自己的办公室里思来想去，觉得大王交代的事情确实没法干。我要是照着这个主意把上党献给秦国，百姓们还不得指着我的脊梁骂大街，可是就这么把事情拖下去，那也不是个办法。冯亭坐折了板凳熬干了灯，脑子里面终于冒出了一条思路——上党不仅有秦国一个邻居，北面还有一个赵国。虽说赵国的实力比不上秦国，可是论人品，论名誉，赵国比秦国强得不是一点半点。与其把地盘送给秦国，还不如跟赵国团结起来。冯亭的主意打定了，就派出使者面见赵王，把事情的来龙去脉讲了一讲，表示甘愿把上党城池敬献赵国，我们都乐意做您的子民。

对赵国来说，这个买卖看上去是干赚不赔，不过，上党这块送上门的肥肉到底能不能吃呢？

排兵布阵，两军相对杀出怎样一场战局？
妖言惑众，风言风语引出怎样一场风波？

赵国君臣在上党的问题上展开了一系列的研讨。以平阳君赵豹为代表的一派这样分析："上党这个地方不能要。秦国惦记了这么久的地盘，最终没有拿到手，反而跟着咱们姓了赵，这道理怎么说也说不通。咱要是拿了这块地，明摆着是要得罪人。这送上门来的上党压根不是大礼包，而是一颗定时炸弹。"

另一派的核心人物是战国四公子之一平原君赵胜，他说："秦赵之间必有一战，无非是早或者是晚。既然脸皮迟早是要撕破的，不如先把上党这块战略要地拿到手里，决不能白白便宜了秦国。"

辩论赛结束之后，赵王心里那杆秤偏向了赵胜，伸手接住了这块天上掉下来的馅饼。因为在这时候，他多少还有点底气，毕竟有许多年来都没吃过秦国的亏了，我堂堂赵王，难道还怕你秦国不成？于是，赵王派出老将廉颇到了上党，正式接受这块地盘。

这个消息传到秦国，秦王拍桌子瞪眼发了一通脾气，他一向骄横惯了，哪能咽得下这口恶气？他命令左庶长王龁带兵进入上党，去跟赵国来个面对面的交锋。

两军对垒，先要分析一下军事情况：秦国的优势在于兵多将强，劣势则在于长途行军，粮草方面有些跟不上。赵国正好相反，虽然兵丁少点，战斗力差点，不过胜在粮草充沛，吃喝不愁。

秦赵两国排兵布阵，在春夏之交打响了战争。廉颇在北边的空仓岭一线布防，王龁在南边的沁河沿线准备突击。第一个回合下来，秦国凭着兵强马壮先胜一局，赵国第一道防线空仓岭成了人家的战利品。

眼瞅着到了七月，正是一年里最热的时节，上党地区的战斗也打得火热。空仓岭南北几十里防线被秦军全部拿下，廉颇带着赵国的部队退到了丹河的另一边，就用这河水做城墙跟秦军隔河对峙，不管敌人怎么撒泼放狠地挑衅，赵国的军队就是不理那个茬。

这么一来，战争就进入了黏黏糊糊的胶着期，两方的人马就在河边上干耗着，这一耗就是两年多。上党的战况究竟会如何发展？

秦赵两国兵马不动，可是那粮草却是蹭蹭地见少。过了一段日子，赵国的仓库也见了底，赵国的孝成王赵丹没辙了，只好去跟齐国求支持。齐国才不想蹚浑水，根本就没接这个话茬。赵孝成王在外人面前受了气，回来就跟自己人廉颇发了飚，催着他赶紧出兵把事了了。虽然这赵孝成王缺心眼，幸好廉颇不糊涂，他装聋作哑接着按兵不动，因为他心里明白，丹河对岸的秦军比自己更着急。

没错，对面的秦军早就急得火上了房。赵军在家门口作战，好歹占了个主场的便利，人家耗得起，秦军可耗不起，在这待上一天，就要在粮草运输线上扔出大把大把真金白银。眼看着对面的赵军迟迟不出手，秦国又会生出什么样的点子呢？

秦国派出间谍到邯郸城里去吹风，说廉颇那个老头年纪越大，胆子越小，不管敌人怎么骂阵，他就会躲在大营里面当他的缩头乌龟，让他担纲领衔做主帅，赵国根本打不了胜仗。他们还说了：秦军的克星不是别人，正是赵国名将赵奢之子赵括。老话说了：将门出虎子。赵括就是个典型，那小伙子精通兵法，武艺高强，要是有他出马，早就把秦军收拾了。

这阵妖风吹到了赵孝成王的耳朵里面，他觉得这话说得挺在理，怪不得这仗打得窝窝囊囊，原来是廉颇这个老家伙不给力啊。这时候，赵国也有不少人对廉颇的持久战术有点意见，好些人建言建议说是要换人，有人推荐田单上场，有人提议蔺相如出马，当然，也有说赵括最为合适。赵孝成王被这一阵阵的小风吹得头脑发热，他心里已经把赵括定为替代廉颇的最佳人选。

赵孝成王的心思刚一挑明，就有人站出来反对。其中头一位就是蔺相如，他说："赵括这个人呢，兵法确实学得不错，可是实践的能力实在不行。大王就凭着赵括的名气任用他，可是您了解他带兵打仗的作风吗？我给您打个比方，赵括在战场上的做派就像是弹奏粘了胶水的瑟，那声音曲调根本就没个变通，他根本就不明白随机应变这个理。"

蔺相如这番话说得很是中肯，赵括的兵书背得挺溜，但是实战能力确实不行，后人讲的"纸上谈兵"说的就是这位。可是，在赵孝成王的时代，蔺相如已经不再是从前的香饽饽，他的话在朝廷里没有多大的分量，自然也没有打动赵王的心思。

蔺相如垂头丧气地打道回府，又有一位女将来到了赵王宫中，她正是赵括的亲妈。她开门见山，进门就说："赵括做不了大将军，这事可万万使不得！"赵孝成王觉得挺奇怪，老太太您怎么出口就砸自家的招牌呢？这位接着说道："想当年，我家爷们赵奢做将军的时候，他一心想着广交天下豪杰，为国建功立业，根本不在乎钱的事。可是赵括不一样，他一个心眼儿地就知道攒钱置家产，从来不跟哥们弟兄去交心，跟他爹是一点都不像。您想想，这孩子，这性格，他哪是做将军的料呢？"

赵孝成王等她把话说完，慢悠悠地告诉她："赵括的事情您就别操心了，封他做将军的事情我已经决定了。"老太太一听："这事已经落定了？再没得商量了？那我还有最后一个请求——如果赵括打了败仗，希望不要株连家属。"赵孝成王点头答应，派人把老太太送回了家。

君心难测，老将廉颇为何解甲还朝？

民心似水，家国沉浮如何镌刻史书？

一拨接一拨的人谁也没把赵王说通，他铁了心地要启用赵括，这到底是为什么呢？第一，赵括出身名门，家里有赵奢这块金字招牌，再加上他从小熟读兵书，理论方面确实拔尖。第二，赵国的现状不如从前，从前的名将死的死，老的老，要不就是守在边疆动不了地，实在没有几个能委以重任。第三点也是最重要的一点，很多人都认为廉颇擅于指挥平原战役，大山之间的行军作战不是他的长项。

因为这三点，以及其他说不清道不明的原因，廉颇被一道旨意夺了兵权。当时，这位老将的心情很是低落，但也没忘了国家大计，他把帅印交给赵括的时候，苦口婆心地嘱咐他坚守防线，千万不要鲁莽冒进，还把精心绘制的"守势图"交到赵括的手中。可是赵括年轻气盛，又是新官上任，压根不把廉颇的话放在心上。老前辈好心好意地跟他交代事情，他在这一边翻着白眼装作没有听见。廉颇也是个暴脾气，他压着火跟赵括说了半天，看这孩子实在不懂事，干脆扔下帅印跨上战马，头也不回地走了。

廉颇一路打马向前，半路上经过一个村子，远远地就瞧见当地的老百姓们已经朝着自己跪成一片。这时候，他才发现自己头上还带着帅盔，身上还披着铠甲，脚下还蹬着战靴。老人家看着这一身戎装伤透了心，如今自己已经不是将军，还要这身行头做什么呢？他把三件装备换了下来，就留在这个村子里面，于是这个小村落就得了一个三甲村的名字。

脱下戎装不是难事，要把忧国忧民的心事丢在一边，那可是难上加难。廉颇一路走，一路叹，走得越远，越是放心不下。赵括那小子万一有个大意，部队就得吃大亏，国家也得跟着遭殃。是不是该回去再嘱咐赵括几句？廉颇在路边徘徊了好几趟，直到赵孝成王来信催他回朝，他这才长叹一声，返回邯郸。当初他徘徊往返的那个地方，也被当地的百姓们起了个徘徊村的名号。

廉颇去意已决，朝廷的大方针也已经敲定，可是这一路上还是有不少的老乡拦下廉颇的战马，求他回头保家卫国。廉颇的心里挺不是滋味，真恨不得把这一切都抛在脑后，他琢磨着：这戎装也换了，头盔也摘了，怎么还会有人认出自己呢？估计是这匹高头大马暴露了身份。于是，廉颇把自己这匹宝马良驹换成了一匹普通的小马，又给这附近的村子留下了"换马村"的名字。

这一段一段的传说有些并不是信史，但是，在百姓们口口相传的故事之中也能看出人心向背。民心所向的忠臣义士中了流言的枪，归根结底是统治者没有看清未来的方向。

　　最终，因为没有廉颇，这场战争因赵括纸上谈兵，导致赵军惨败，40万赵军成了秦军俘虏，被残暴地全部坑杀。这就是历史上著名的长平之战，极大地削弱了赵国的实力，成为战国形势的转折点，加速了秦国统一中国的进程。

　　这正是：

老将出马战长平，决胜韬略藏心中。

赵括纸上空谈兵，赵国损兵国势倾。

第十三回 临阵换大将 英雄志难酬

上一回说到廉颇出师未捷,赵王临场换将。新官上任的赵括接手兵权,满心沮丧的廉颇打马还乡。在这之后,上党地区的战局会如何转变?赵国的命运又将走向何方?

后人一提起赵括,首先想到的就是词语"纸上谈兵"。要说这一点也没冤枉他,赵括的兵法都是嘴皮子上的本事,到了真刀真枪的战场上,他就玩不转了。有这么一位主帅,赵军能赢才怪。赵国的大部队兵败如山倒,赵孝成王被这盆凉水泼得醒了过来,赶紧使了一招离间计忽悠秦国撤兵,又趁着这个机会招兵买马,巩固城防。

秦国回头想了想,觉得事情不对劲,又上门来要求赵国按着之前的合约割城献地。这时候,赵孝成王也长心眼了,知道秦国一向是占便宜没够,所以这回打定了主意要做个铁公鸡。秦王一看这架势,立马就怒了,派出五大夫王陵带兵直奔赵国的都城邯郸。

是可忍,孰不可忍。秦国一而再,再而三地欺负人,赵国再也不愿意当个软柿子被人捏了,举国上下全民皆兵,宁可战死也不投降。此时此刻,大伙都盼着有人牵头跟秦国决一死战,这个堪当大任的人物又会是谁呢?

这时候,赵国的大权到了平原君赵胜的手中,他当机立断,请出了老将廉颇。要说这廉颇到底是个深明大义的英雄,对于从前那些是是非非,人家一点也不计较,在这样社稷攸关的大事上,他全心全意地想着国家大局。不过,眼前的大局可是够乱的,廉颇把这一团乱麻仔仔细细地理了一遍,先把各地的军事力量集中到一起,又把粮草攒到了一堆,备着打一场持久战。有了廉颇这一番努力,再加上赵国上下齐心,愣是顶住了邯郸的城门。虽然这国都之内伤员遍地,可是军队的士气还是挺高。

廉颇有勇有谋，一方面鼓舞官兵抵抗秦军，一方面给秦国使出了障眼法。传说有这么一回，廉颇带着一支小分队到了邯郸城外的小山底下，这里依山傍水，是秦军进攻邯郸的必经之路。他带着人马把大堆的粮草摞在山上，还派人把这块地方围得严严实实。秦国的探子看见这么大的动静，到处打听怎么回事。怎么回事呢？廉颇的手下贴出了告示，白纸黑字地写了个明白——粮草重地，闲人勿近，违令者斩。秦国的探子把这事报给主子，秦国主将听得是糊里糊涂，压根不信这码事。他乔装打扮亲自去视察了一圈，发现赵军的营房连成一片，山上的粮草摞成一堆。这可把秦军吓坏了，再也不敢向前半步。

秦王眼瞅着大军不动地方，一着急就把主将换了下来，又增兵十万，下令直取邯郸。可是，这战场上的事情可不是由他说了算，秦国的大将一个接着一个地换，再瞧那邯郸，还是铁板一块。这时的秦国损兵折将，这时的赵国又请来了外援，种种因素，战争终于接近了尾声。

危难解除，不过，赵国的警报并没有就此解除，秦国依然虎视眈眈，可赵国却再没有力量可以抵抗强敌。面对这样的情况，赵国的邻居燕国有点坐不住了，这其中又有什么样的缘故呢？

燕国献礼，黄金五百包含怎样一番祸心？
两国交战，大军压境杀出怎样一场烽烟？

燕国和赵国挨着边，邻里邻居的这些年了，表面上瞧着关系还不错，不过要赶到事上才能看出人心。在赵国受苦受难的时候，燕国揣着手冷眼旁观，等到赵国击退了秦军，燕王才假模假式地派使者送来了五百金，说是为赵孝成王买酒祝寿。要是平常百姓拿这些钱来送礼，那倒算个大数；但是要放到外交层面，这点钱实在可怜，甚至有点可笑。可是，燕国的本意也不是单纯的送礼，那礼物当中还藏着一个坏心眼。这又是怎么回事呢？

但说那燕国的使者回了国，在燕王面前作了一番汇报："赵国经历了那场兵荒马乱，现如今就剩下一群老弱病残，大王要想开疆扩土，眼下正是最好的时机。"燕王听了哈哈大笑，赶紧把大臣召到一起开了个碰头会。与会的人员众说纷纭，可是燕王心里早就打定了主意要发兵攻打赵国。

不久之后，燕王派丞相栗腹作为主将，带上60万大军兵分两路，奔着赵国的代地和鄗地去了。兵来将挡，赵王也请出大将廉颇、乐乘保卫边疆。这就是史书上所说的鄗代之战，这是赵国命运中又一个转折点，也是廉颇人生当中的制高点。

这回，赵国的兵力跟敌人差得挺远，这仗要怎么打才能取得胜算？廉颇在地图前面研究了大半天，命令50000人马坚守代地，自己领着80000人的部队去鄗地迎战燕军主力。廉颇一路走着一路琢磨着对策，燕国大军的弱点究竟在哪？他把情况分析了一遍又一遍，发现燕军虽然人多势众，不过那主将却有点骄傲自满，根本不把赵军放在眼中。

老话说：骄兵必败。这话一点也没错。廉颇趁着燕军打盹儿的时候主动出击，把趾高气扬的燕国大军打得落花流水、节节败退。宜将剩勇追穷寇，廉颇的军队一鼓作气，一直追到了燕国国都蓟。燕王还在王宫里等着凯旋的消息，没想到等来的却是赵国大军压境。人家手里的刀子已经横到了自己的脖子上，燕王也只好答应用五座城邑来求饶。

这一战大大地提升了赵国的国力，锻炼了赵军的战斗力，一批良将贤才在战斗中脱颖而出，老百姓的也对国家的未来充满了信心，赵国的复兴似乎又有了希望。

鄗代之战让赵国扬眉吐气，也让廉颇登上了事业的巅峰。他收获了战场中的胜利，重获政坛上的光环。廉颇回国之后，受封信平君，坐上了代理相国的交椅。他在这个位置上兢兢业业地奋斗了六七年，身先士卒地南征北战，不但为人民挣来了面子，也给国家占下了地盘。

几度春秋人未老，回首往事俱沧桑。廉颇的人生之路起起落落，那其中的滋味只有他一人明了。早年意气风发的时候，身边聚了一大群的小哥们；在事业的低谷之中，明白了什么叫树倒猢狲散，人走茶就凉；如今东山再起，自己府上的人气又是水涨船高。要说这也没什么稀奇，不过是人世之中的常理。廉颇私心想着，经历了这些个世事纷飞，总该过上一阵安生日子了吧？谁承想，就在这时候，赵国又发生了一件惊天动地的大事。

赵国好不容易再次走上正轨，眼看着人心渐稳，地盘见涨，政治上的影响力也开始与日俱增。可是那位刚刚成熟起来的赵孝成王忽然离开了人世，他儿子赵悼襄王赵偃接过了赵国的权柄。也不知这新老板他是怎么想的，一上来就把廉颇的兵权拿掉，让乐乘接替廉颇的职位。

这回的信任危机确实让人窝火，廉颇心里那座火山终于爆发了。他在交接兵权的时候跟乐乘来了一场火拼，把乐乘吓得一溜烟逃跑了。因为这事，廉颇把领导、同事之间的面子全都撕破了，也给自己招了一身的麻烦，只好到魏国的大梁去寻求政治避难。

可是，异国他乡的日子也不好过。魏国迎来了这么一位赵国名将，魏王对廉颇倒是挺尊敬，可是又不敢任用这个出了名的暴脾气。廉颇在魏国享受着好吃好喝好待遇，但他的心里总是空落落的不是个滋味，梦里都是从前那金戈铁马的生活。这样的日子究竟什么时候是个头呢？

奸臣当道，一条毒计如何暗箭伤人？
英雄暮年，一生壮志为何付之东流？

廉颇出走以后，赵国也乱了套，秦国三天两头地找麻烦，赵国只有挨打受气的份儿。到了这样的时刻，赵悼襄王又想起了廉颇，想着重新任用这位对秦战场上战无不胜的大将军。他拉下脸来派出使者，专程到魏国去看望廉颇，想旁敲侧击地探探廉颇的口风，问问他身体怎么样，精神好不好，能不能再上战场，再建军功。

赵悼襄王的想法刚刚透出风来，一个名叫郭开的大奸臣就紧张起来。要知道，他跟廉颇可是一对天敌，俩人的关系就是有你没我，万一廉颇回归政坛，他的权势就得玩完。郭开的眼珠转了一转，立刻冒出了一个鬼主意，他揣着大把的金子去了使者家里，要用这钱做上一笔黑心的买卖。有钱能使鬼推磨，更不用说买通一个使者。郭开跟使者如此这般嘱咐了一番，使者心领神会地去了魏国。

廉颇一听说赵国来人了，从前那些不愉快都给丢到了九霄云外。其实他从来都没想过要背叛自己的国家，就盼着有一天回归祖国，发挥余热。他心里想着：大王专门派人前来，一定是要给我机会，我廉颇也要借这个时机好好表现。他把使者迎进门来，招呼下人摆上一桌饭菜，他在席上风卷残云地扫掉了一斗米饭、十斤肉，用饭量传达着这样一个信息——我虽然已经年过花甲，不过，依然是牙好，胃口更好，身体倍儿棒，战斗力强！这一场大胃王现场秀结束之后，廉颇又披上戎装，跨上战马，展示了一番依然飒爽的英姿。

廉颇满以为这样的发挥绝对能赢得赵王的返聘证书，可是，他怎么能想到，使者回国之后，在赵悼襄王面前讲了这么一段鉴定结论："廉颇将军虽然是上了年纪，不过那饭量还真是惊人，马上的功夫也一点没丢，不过，他到底是老了，一会的工夫上了三趟茅房。"就因为这么一番砸锅话，赵悼襄王放弃了起用廉颇的念头，廉颇永远地失去了为国尽忠的机会，空留下一段"廉颇老矣，尚能饭否"的遗憾。

回头再说廉颇在魏国抻着脖子等消息，一双眼睛望穿了秋水，也没见着赵国的人。后来，楚国大王听说了这事觉得挺可惜，想给廉颇一个用武之地，就把这位老将接到了自己的身边，任命他为楚国的将军。也许是水土不服，也许是英雄迟暮，廉颇在楚国再也没有做出什么堪入史册的功劳。赶上没人的时候，他经常自言自语,想着有朝一日再回故国。可是，这个梦想最终还是化作了泡影。

廉颇戎马一生驰骋疆场，一个勇字声震战国，一个信字留名千古。可叹的是他有情有义忠心报国，可惜的是他宝刀未老不遇明君，他一颗红心可称颂，一生传奇写青史。

这正是：

运筹帷幄救邯郸，鄗代抗燕战犹酣。
廉颇老矣能饭否？背井离乡终抱憾。

第十四回 李牧拒强秦 谋略显军威

上一回说到大将廉颇壮志未酬，背井离乡空留憾事。廉颇走后，秦国可算逮着了机会，想趁机吞掉赵国。国难当头，一位大将临危受命力挽狂澜，这位新生代的战神姓甚名谁，有着怎样的传奇人生？

李牧是战国时期四大名将之一，他驰骋疆场，北驱匈奴，西抗强秦，被赵王称为"赵国的长城"，这是何等的荣誉！多年以后，不胜匈奴困扰的汉文帝感慨："唉，要是我有廉颇、李牧这样的大将，还怕匈奴做什么呢？"

李牧可以说是继廉颇之后，赵国的又一位战神。他究竟创造了怎样的传奇呢？咱们从头说起。

李牧出生在柏仁，也就是现在的邢台隆尧。他天生残疾，手臂有些短，还有鸡胸，身子有些佝偻，那可真是其貌不扬，好多人都瞧不起他。然而，李牧脑子很好使，每次一帮孩子们玩打仗的游戏，最后获胜的一准儿是李牧那拨儿。双方交换人马，获胜的还是李牧的一方，人们觉得这孩子是个用兵打仗的好材料。长大之后，因为有勇有谋成为当地名人，李牧被当作人才推荐到赵王面前。

天生残疾的李牧又将如何面见赵王呢？《战国策》中记载，李牧担心在下跪时无法用手撑地，得罪赵王，不得不用木头做了个假肢，把自己的手臂接长一些，保证自己下跪的姿势比较端正，表示对国家元首的尊重。

赵王一见到李牧，心里就犯起了嘀咕。看这个人的样子，和勇士是一点也不沾边，可这推荐书上写得明明白白，说他勇猛善战，好汉一枚。怀疑归怀疑，赵王也明白一个理儿，不能以貌取人，就给他安排了一个职位，什么职位呢？

赵王让李牧做了一个宫廷卫队的小队长。在宫廷卫队锻炼了三年，李牧的指挥才能逐渐显现出来，赵王也对他另眼相看。当匈奴人侵犯赵国北部边境的时候，赵王就委任他做雁门太守，对抗匈奴。李牧在北部边境抗击匈奴十多年，曾经大破匈奴十万骑，匈奴人很是忌惮他。

挑拨离间，秦国如何坐收渔翁之利？
山穷水尽，赵国怎样迎来柳暗花明？

公元前246年，秦国大军攻取了赵国故都晋阳。赵孝成王一看自己的起兵之地被人攻占，气得吐了血，从此卧床不起，连忙把大将李牧从边疆召回，封为相国，治理国政。

李牧回来之后，将朝廷内外的大事小情管理得井井有条。可赵孝成王的身子骨一天不比一天，他知道自己时日无多，就派李牧出使秦国，与秦相吕不韦订好了合约，两国暂时修好，并接回了质子赵偃。第二年，赵孝成王去世，太子赵偃即位，这就是赵悼襄王。

这位年轻的君王刚一上台，就想重整领导班子。他瞅着廉颇岁数大了，就想用乐乘换掉他。这个举动把老将军的心伤得哇凉哇凉的，廉颇一怒之下出走大梁，再也没有回来。乐乘终究还是稍显嫩了点，面对燕国时不时挑起的战火，根本应付不来。赵悼襄王傻眼了，谁还能带兵打仗呢？他想到了李牧。

公元前243年，赵悼襄王任命李牧为将，统兵伐燕。李牧旗开得胜，轻轻松松攻取了燕国的武遂（今河北徐水）、方城（今河北固安），着实帮着赵悼襄王出了一口心头恶气。

虽说长平之战后，赵国的实力大大衰退，不过，有李牧等大将撑着门面，秦国也奈何不得赵国。怎么办呢？秦国想起了燕国。原本一直哥俩好的燕国和赵国，现如今闹掰了，秦国在燕国煽风点火，很快就达成了秘密协议——燕国送太子丹到秦国当质子，秦国则打算派将军张唐到燕国当相国。如果秦燕就此结好，赵国必然会成为风箱里的老鼠，两头受气。

赵国一看燕国要跟秦国联手，再也坐不住了，这边稳住了跟秦国的关系，那边已经发兵攻打燕国。

春秋无义战，战国更是如此。每一场战争，都是某一方的崛起宣言，与正义无关。赵国万万没有想到，这次攻打燕国是典型的火中取栗。从实际结果来说，这一场火拼，唯一的赢家只能是秦国。

公元前236年，赵国攻打燕国，由庞暖担任主将。他率领赵军刚刚占了点小便宜，大战尚未爆发，黑压压的秦军已经逼近了赵国的国门。

秦国此次出兵，打着个冠冕堂皇的旗号：援救燕国。实际上，秦国想趁机侵占赵国的领地。赵国的军队攻克了阳城（今河北保定西南），正在他们为胜利欢呼时，却发现秦军已经杀进了赵国的领土，拿下了赵国河间六城，还在邺城和安阳的城头插上了秦军的旗帜。

消息传来，赵国人震惊了！秦军动作如此之快，势头如此之猛，实在出乎意料。庞暖立即下令，全军掉头，对燕军设置好警戒，迅速回师，保卫祖国。

赵国和燕国掐了一架，虽然攻占了北方边境的几座城池，却丢失了南方、西方的大片领土，捡了芝麻丢了西瓜，绝对是个赔本买卖。赵国的领土进一步萎缩，亡国的阴影越来越清晰。赵悼襄王急火攻心，公元前235年抑郁而终。很快，赵王迁即位，不过他贪图美色、昏庸无能，整天只知道提笼架鸟，声色犬马，丝毫不把国家大事儿放在心上。

第二年，秦国大将樊於期又带着大军杀过来，攻破了赵国的平阳（今河北省邯郸市磁县东南一带）、武安（今山东省武城西）。赵国十万多士兵被杀，大将军扈辄也不幸身亡。

面对此情此景，赵迁急得像是热锅上的蚂蚁。赵国损兵折将，秦军来势汹汹，还有谁救赵国于危亡，挽社稷之将倾呢？

赵迁终于想起来北方边境还有一位战无不胜的大将军李牧，连忙下诏书，让李牧带领主力部队日夜兼程，迅速南下，对抗秦军。李牧被冷落了这么多年，封官加爵的时候想不起他，现如今国家有难了，国君才想起他，换成谁都会觉得窝火。可李牧丝毫没有抱怨，他立即点齐主力，挥师南下，紧急灭火。

李牧率领的精锐部队，是赵军最后的希望。他们在对抗匈奴的战争中，夺取了大量战马。主帅一声令下，三军将士扬鞭纵马，向南疾驰。

很快，李牧率领的边防军主力与邯郸派出的赵军会合，在宜安附近跟秦军相遇，双方展开了一场生死较量。宜安在哪里？就在河北藁城西南25里处。秦国军队虎视眈眈，想着一举吞下赵国这块肥肉，李牧能应付吗？

危在旦夕，大将李牧如何对付虎狼之师？
运筹帷幄，一代战神怎样书写不败传奇？

秦国军队兴师动众，远道而来，害怕夜长梦多，想要速战速决。这次秦国的主帅是谁呢？就是樊於期。他也想着快点打完这场仗，给秦王交上一份漂亮的答卷。

眼瞅着秦军杀到眼皮子底下，赵王迁都急得火上房了，可是李牧却不着急不着慌，你有你的千条计，我有我的老主意，四个字：以守为攻。李牧认为，现如今秦军连连获胜，正在兴头上，士气高昂，这个时候不能跟秦军硬碰硬，要改变策略，以守为攻，等到敌人被耗得疲惫不堪时再迎头痛击。

李牧下令修筑堡垒，坚守不出，等到所有的军事防御工程完成后，安排了弓箭手对抗敌阵，全军将士像在雁门关那样，每日操练不止。至于训练科目，还是老一套，骑马射箭，冲锋布阵。

樊於期心中着急啊，好几次来到李牧的阵营前叫阵，可李牧都爱答不理。樊於期心想，李牧要采取长平之战中廉颇对付王龁的手段——打持久战！秦国的军队耗不起啊！

樊於期决定主动出击，调虎离山。他率领大部队进攻肥下，企图诱使赵军前来救援，趁机歼灭赵军。他的这点小心思早已经被李牧看透，手下人担心肥下被秦军攻破，建议李牧出兵。李牧却不慌不忙地说："敌攻而我救，只能受制于人，这是兵家大忌。"

大部分秦军都出兵肥下，大本营里只留下了薄弱的兵力，再加上这些日子赵军拒不出战，所以秦军放松了警惕。李牧看准了时机，派出精锐部队突然出击，攻占了秦军的大本营。

樊於期听到这个消息，连忙带着兵马掉头回来营救，正好陷入了李牧的包围圈。李牧布兵三万，利用地形列阵，吸引十万秦军攻击，另以两万步兵在侧翼攻击秦军，再以三万骑兵以雷霆万钧之势，席卷了秦军后背，形成三面包围，只留下南方缺口。秦军只觉得四面八方都是敌人，士气大跌，最终全军覆没。

樊於期看大势已去，带领着少量亲随冲出重围，却又害怕秦王嬴政怪罪，就逃到了燕国。嬴政勃然大怒，发布通缉令，悬赏千两黄金要樊於期的人头。后来樊於期经过好友荆轲劝说，自愿奉上人头，让荆轲当成见面礼刺杀秦王去了，当然，这是后话。

李牧这一仗打得非常漂亮，给秦国带来沉重的打击，也让赵国得到了喘息的机会。自长平之战，赵军屡战屡败，丢人失地，总算扬眉吐气了一回。赵迁呢，自然也是大喜过望，随即封李牧为武安君，封地就在今天的河北武安县。

这正是：

燕赵互掐战事酣，两败俱伤成国难。
李牧抗秦战功赫，君王大悦封武安。

第十五回 太行战秦兵 英雄竟遭陷

上一回说到，李牧受命于危难之时，大败秦军，让低谷中的赵国扬眉吐气。李牧的存在，是秦王嬴政吞并赵国的最大绊脚石，那么，秦国又将如何铲除李牧，对付赵国呢？

宜安之战，赵军斩杀了十万秦军，大获全胜，给了秦王嬴政一记响亮的耳光。嬴政哪儿能咽下这口恶气？赵王迁四年，也就是公元前232年，嬴政命秦军兵分两路进攻赵国，想把邯郸做成夹心饼干。秦军主力从太原进兵井陉，攻下了番吾（今河北省平山县附近），准备向邯郸以北攻击前进；另外一路人马从邺城和安阳出发，攻击邯郸南部。

面对来势汹汹的秦军，李牧站在地图前冥思苦想迎战策略，考虑到南路有漳河以及南长城为依托，秦军一时半会儿难以拿下，他命令司马尚带领手下的军队前往邯郸以南阻挡秦军。他自己，率领主力部队迅速北上，迎战河东的敌人。等到破敌之后，再率军南下跟司马尚会合，一起对抗南边的秦军。

李牧的部队骑兵多，灵活性强。主帅一声号令，所有的士兵们随即拔营起寨，一路向北而去，跟秦军在番吾附近碰上了。秦军一看见李牧的旗号，心里早已经怯了三分。等到两军正式接战，赵军噼里啪啦一顿猛揍，打得秦军晕头转向，丢盔弃甲。李牧一看北边的秦军收拾得差不多了，短期内不可能再对赵国构成威胁，立刻带着大部队向南边开进。

这时候，驻守邺城的秦军早已经得知了北边溃败的消息，再一看李牧的帅旗高高飘扬，队伍气势如虹，心理先输了几分。两军刚一交手，秦军就溃不成军，就这样，漳河沿岸的阵地，全都回归赵军的手中。

虽说李牧打了胜仗，可是赵国连年对秦作战，早已元气大伤，地盘不断缩小，国防日渐吃紧。这次胜利，只能打跑了秦军，没有消灭优势部队，赵国暂时得到了喘息。秦国连续两次被打败，嬴政的面子上挂不住，他会善罢甘休吗？

嬴政不得不重新调整战略，他明白，赵国的实力虽然在不断削弱，可秦国要想一口吞下赵国还为时过早。在这种情况下，他得逐个击破，先把其他的国家给灭了。

这一回他选中的对象是谁呢？都说柿子要挑软的捏，嬴政挑中的软柿子就是韩国。韩国是战国七雄中实力最弱的国家，已经被秦国蚕食的只剩下巴掌大的地方了。韩王安一听到这个消息，更加不安，因为实力弱，他对秦国一直毕恭毕敬、步步退让，没想到还是逃不过被吃掉的命运。怎么办呢？既然武的不行，那就来文的，派公子韩非出使秦国，劝说秦王掉转枪口，还是对准赵国。

韩王这一招其实也不怎么地道，他的如意算盘能打成吗？

尸骨遍野，赵国遭遇何种天灾人祸？
风云突变，秦国等到哪般天赐良机？

韩王的小算盘最终还是落空了，番吾之战失败以后的三年里，秦军再也没有攻打过赵国，目光全都落在了韩国的版图上。只要拿下了韩国，秦国和赵国之间就没有了缓冲带，到时候秦赵一开战，战线就会直接推到赵国的边境。

这时的秦王嬴政，已经把天下的局势看得越来越清楚。他打定主意要灭掉六国，平定天下。这时，大梁人尉缭也前来投奔，给嬴政出了个主意——要想更快兼并六国，一统天下，光靠武力不顶用，得花钱！只要花重金买通六国的重臣，从根儿上把六国的内政给搅乱，那就好办多了。嬴政明白，舍不得孩子套不住狼，他投出去了30万两黄金，专门做策反、行刺、贿赂等秘密活动的经费，果然取得了不错的成效。

很快韩国乖乖投降了。韩国一灭，赵国已在秦国面前暴露无遗了。现如今赵国的局势如何呢？宜安之战后，赵国虽然在李牧的领导下打了几场漂亮仗，可老话说得好，杀敌一千，自伤八百，赵军也付出了相当惨重的代价。尽管秦军的损失更大，可人家地盘大、人口多，完全可以慢慢消化。赵国就不一样了，眼瞅着地盘越来越小，人口越来越少，再这样打下去根本撑不住！趁着这三年秦军没有打过来，赵国赶紧休养生息，努力搞发展。

屋漏偏逢连夜雨，这个节骨眼上，赵国又摊上了一件倒霉事儿。公元前229 年，也就是赵王迁七年，赵国的代地发生了八级以上的大地震。土地开裂出一道深沟，东西宽达 130 步，自乐徐以西，北至平阴，一大半的房屋都塌了，老百姓死的死，伤的伤，尸骨遍野，无家可归。

赵王迁也发愁啊，可是他拿不出赈灾的粮食和钱财，又得不到其他国家的援助，只能干瞪眼。老百姓们一看赵王不顾他们的死活，顿时民怨沸腾。

嬴政一看，这不是上天赐给的大好机会嘛！此时不出兵，更待何时。这一次秦国做了更加充分的战前准备，兵力也大大超过以往。他们兵分三路，西路由主帅王翦率 20 万主力从上党出发，要跟驻扎在井陉关的李牧主力进行一场决战；南路由杨端和率军十万从河内出发，攻击赵国的南长城，直接威胁邯郸南部；北路由大将李信率军十万从太原出发，攻击代地，牵制赵国的边防骑兵，使他们没办法分身南下救援李牧。

赵王迁一看秦军气势汹汹地杀过来，任命李牧为主将，司马尚为副将，倾全军抵抗入侵秦军。这一仗，李牧能打赢吗？

李牧率领手下兵马跟秦军对抗了一年，没有让秦国的军队占到便宜。王翦知道自己不是李牧的对手，如果不除掉李牧的话，秦军根本就打不赢。于是就花费重金收买了赵王迁身边的宠臣郭开，想让他设法说服赵王迁召回李牧。

这个郭开是个擅长溜须拍马懂得钻营的小人，当年廉颇在一次宴会上当众斥责过他，从此就对廉颇怀恨在心，后来在赵悼襄王那儿嚼舌根，把廉颇给挤对走了。等到秦军攻打赵国时，赵悼襄王想要重新起用廉颇，又是他重金贿赂使者，说廉颇光能吃饭，老不中用了，导致廉颇不能重返沙场。

现如今，这个郭开又开始祸害李牧了。其实李牧跟赵王迁也有过节，想当初，赵悼襄王宠爱赵迁，想要废掉太子，立赵迁为继承人。太子赵嘉忠厚实诚，很有才干，是个当领导的料子；赵迁品行不端，再加上赵迁的母亲原本是个娼妓，如果他成了继承人，那么他的母亲自然要成为王太后。一个娼妓怎么能成为王太后呢？于是，朝廷里的大臣们形成两派。一班元老重臣坚决支持太子赵嘉，反对赵迁，大将李牧、司马尚等人虽然驻守边疆，也声援朝中老臣，坚决不同意赵迁当太子。

有反对的，就有赞成的，郭开就是赵迁的支持者。郭开虽然是奸臣，却生的伟岸挺拔，高大魁梧，充满了男性的阳刚之美，这个相貌与他的阴险奸诈作风，简直是大相径庭。郭开就对赵悼襄王说："立储君是大王自己家的家事，哪里轮得上那些大臣甚至边关守将来指手画脚？俗话说得好，知子莫若父。大王的儿子哪个好，大王自己会不知道？公子迁聪明能干，有王者之风。"

就这样，赵悼襄王听了郭开的话，不顾朝廷上下反对，废掉了太子赵嘉，将国家大事交给了不成器的赵迁。赵迁继承王位以后，郭开就成了他手底下的大红人。

当初李牧没有站到赵迁的队伍中，不仅得罪了奸臣郭开，更要命的是得罪了赵王迁，早已经结下了梁子。现在秦军杀过来，赵王迁只能靠李牧来领兵打仗，可是稍微有个风吹草动的闪失，李牧的帅位能保得住吗？

王翦派人带着金银珠宝来找郭开，金光闪闪晃得郭开睁不开眼。拿人钱财，替人消灾，郭开明白这个理儿，正好他瞅着李牧也不顺眼，就不断在赵王迁跟前儿败坏李牧的名声，说李牧要造反。另外一个佞臣韩仓也跟着起哄架秧子，说李牧的副将司马尚也不地道，他跟李牧正在密谋，随时可能投降秦军。密谋投降那可是杀头的大罪，要想让赵王迁相信这事儿，口说无凭，得有证据啊！他们又制造了哪些证据败坏诬陷李牧呢？

王翦先给李牧写信，假意表示要和谈，这可是大事儿，李牧当然要回复，如果不理不睬，往小里说，赵国失礼于秦国；往大里说，可能会耽误国家大事。就这样，李牧回一封，王翦再写一封，你来我往，两人通了十几次信。

这事成了郭开和韩仓手中的把柄。他们俩这样对赵王迁说："现在全国的军队基本都掌握在李牧手中，他跟秦国正在谈判，准备投降，秦王答应封他为代王！"

这个说法实在太突然，赵迁刚开始不相信。两人接着说："李牧多么厉害的人物，过去把匈奴人收拾得服服帖帖，再也不敢生事。上回樊於期、王翦来犯，也被他全歼。可这回呢？王翦的人马并不多，李牧却迟迟不动手，这里头肯定有猫腻。我听说他跟王翦早就勾结上，经常通信！"

赵王迁赶紧派人到前线了解情况，一问才知，李牧跟王翦果然通了好多次书信。赵王迁的后脊梁开始嗖嗖冒冷汗，这还了得？他立刻下令免除李牧的职位，派赵葱和颜聚接手李牧的工作。那么，手握重兵的李牧又会遭遇怎样的结局呢？

晴天霹雳，李牧忠心耿耿为何惨遭杀害？

鬼迷心窍，赵迁鼠目寸光为何自毁长城？

李牧万万没有想到，他的耿耿忠心，再加上几十年的不败战功，竟然抵不上郭开的几句谗言。这位将军心中愤慨不已，可是大敌在前，他心中想的是赵国的生死存亡和老百姓的安危。

为了江山社稷，李牧做出了一个大胆的决定，那就是公然对抗赵王迁的命令，拒绝交出兵权。这个决定使得赵王迁更相信李牧要造反，再加上当初废立太子的时候，李牧根本就不支持他，于是新仇旧恨一起算，赵王迁脑子一发蒙，亲口下达了一个命令，那就是杀掉李牧。就这样，李牧被赵王迁派去的人残忍杀害，副将司马尚也被就地免职。

李牧死后，赵国的黎民百姓都哭了，秦国的上上下下都笑了。王翦和杨端和也得意地蹦了起来，他们立马挥师攻赵。在没有李牧的赵国，他们杀了赵葱，打败颜聚，如入无人之境，仅仅用了三个月就扫平了赵国，攻克了邯郸，活捉了赵王迁，赵国彻底灭亡。

这时候，赵王迁才良心发现，不由得痛哭流涕："要是李将军还在的话，我赵国又怎么会这么快亡国呢？"

这正是：

金梁一柱可擎天，列国匈奴皆胆寒。

可恨奸臣不明主，长城自毁太行山。

第十六回 荆轲入燕地　倾心谋大计

上一回说到赵王昏庸冤死了李牧，赵国走上了一条不归路。燕赵之地又将发生什么样的故事，又是谁在这里唱响了那段经久不衰的壮士悲歌？

战国末期，群雄逐鹿。各国的君主，各路的势力，都把人才战略当成了大事，想尽办法往自家门里收拢人才。战场上狼多肉少，为了争权夺势，各路的人马免不了要出点邪招，所以，除了要寻觅武士、政客，也把挖掘刺客当作人才计划中不可或缺的一部分。

根据司马迁的记载，春秋战国时期，刺客这一行里出了很多的高手，前五位——劫持齐桓公的曹刿、谋杀吴王的专诸、对赵襄子动手的豫让、干掉侠累的聂政、刺杀秦王的荆轲。因为这五人不同凡响的大动作，他们在《史记》之中也占了一席之地。

瞅瞅这一份人名单，里面名头最响的就是荆轲。一提到荆轲，估计您的脑海当中立马会浮现出风萧萧兮易水寒的场景，响起那一段慷慨激昂的歌词。不过，荆轲为什么要刺杀秦王？

当年，燕国是战国七雄之中最为低调的一个。赶上什么大事小情，它都很少出头露面；在群雄角逐之中，它从没闹出什么大动静；在联合纵横之际，它一直不是个积极分子；各国你一拳我一脚地欺负赵国的时候，它也没有占到什么便宜。

这么看来，燕国似乎成了战国时代无足轻重的小角色，可是事实并没有这么简单。早年间，燕国本是西周安插在北方的诸侯国，到了战国时期，燕国打击东胡，开疆扩土，修筑了北方的长城，建设起辽河这一带，在边境问题和边疆建设上做出了重要的成绩。

可是，到了燕王喜当政的时候，这个缺心眼的大王做了好多没溜的事，其中最不靠谱的就是没头没脑地侵略赵国，把自己暴露在头号强敌秦国的鼻子底下。这个错误的政策一再推进，一直到了赵国日落西山的时候，燕国人才发现一场大祸已经来到眼前。

在燕国和秦国的边境线上，虽然是山雨欲来风满楼，不过那秦国毕竟还没有实施什么具体的动作。在这样紧张的空气之中，好像擦个火星就能引出一场燎原大火。这时候，有个人已经耐不住性子了，他到底是谁呢？

时过境迁，旧日兄弟为何化身仇敌？
杀机暗起，燕太子丹如何谋划大计？

刚刚说到的这个急火攻心的人物正是燕国的太子丹。多年以前，他曾经跟秦王嬴政一起在赵国做人质，以表国家结盟的诚意和决心。那时候，这一对难兄难弟同病相怜，处得还算不错。后来，他们各回各家，走上了两条决然不同的路。嬴政时来运转，混得风生水起，燕太子丹在事业上一直没有什么起色，不久之后又被转送到秦国接着做人质。

燕太子丹到了秦国，满心想着当上了秦王的嬴政能念念旧情，不至于太过为难自己。可是，这情况根本不是他想的那样，政治巨头秦国压根就没把燕国的太子当成一盘菜，没事就给他个脸色看。从前那个称兄道弟的哥们嬴政见了燕太子丹就跟陌生人没什么两样，对他的态度好像比对别人还要恶劣上一成。

这样的遭遇让燕太子丹觉得很受伤，他堵着气提出来要回燕国，可是秦王嬴政就拿这话当作风过耳边，从来都不以为然，还半开玩笑半当真地说了一句："你想回家，就等着乌鸦变白，骏马长角吧！"燕太子丹虽然在小国里长大，可是他到底也是一位太子，从小没受过这么大的委屈，他气得眼冒金星头发热，干脆从秦国溜回了自己的家。

太子丹回到燕国之后，一想起跟秦国之间的国恨家仇就恨得牙根痒痒，白天黑夜地琢磨着怎么样才能彻底地报复嬴政。他明白要论实力，拼拳头，燕国绝不是秦国的对手，要想达成复仇计划，只能是剑走偏锋，对秦王嬴政实行秘密刺杀的斩首行动。

这个行动事关重大，燕太子丹首先找到了自己最信任的老师鞠武商量。鞠老师听了他这一番话，立刻表示强烈反对，说这样做实在太冒险，不如跟别的国家组成统一战线一起对付秦国。可是，燕太子丹心里的熊熊烈火已然是压不住了，他红着眼睛对鞠老师说："秦王一天不死，我这心里就一天不能安生！"话已经说到了这个份上，鞠老师也没辙了，只好为燕太子丹推荐了一个有勇有谋的刺客人选，这位他究竟是谁呢？

鞠武向燕太子丹推荐的人选并不是荆轲，而是一个名叫田光的武士。太子丹急火火地把田光召到大殿之上，当面对他委以重任。可是田光却回了这么一番话："太子有所重托，我的心里也挺激动，可是激动归激动，我实在是心有余而力不足。如果说当年的我是一匹千里马，如今已经是风烛残年的一匹老马，再担不起这么重大的任务了。"

听了这样一个回答，燕太子丹难免有些灰心丧气，不过，田光后面这段话又让他的信心壮了起来。田光说了，自己虽然是帮不上忙，不过还有个人选可以推荐，这个了不起的人物就是荆轲。就这样，荆轲这个名字进入了燕国高层人物的视野，被燕太子丹纳入了刺杀秦王的计划。

田光奉了燕太子丹的旨意，一溜小跑找到了荆轲，说是有件大事到了眼前。荆轲在忽然之间摊上了这么大的事，他本人又会做何感想呢？

话说从前，荆轲本是浪迹街头的一介平民，只有一个志同道合的好朋友就是高渐离。高渐离是个街头艺人，就靠着一把筑来混饭吃，虽然他能奏出高山之音，流水之响，可是从来没有遇到有谁赏识。他在卖艺的日子之中遇见了荆轲，俩人一见如故，成了无话不说的好哥们，后来这二位又跟田光凑到了一起。这仨人在一起谈人生，谈理想，谈得越来越投缘。田光在言谈话语之间发现荆轲正是一块闪闪发光的金子，他言必信、行必果，骨子里面就是个大侠，绝对是个能成大事的人物，只可惜从来没有遇见合适的机会。所以，就在天降大任的关键时刻，田光把荆轲推上了历史的舞台。

这么多年来，荆轲满怀着雄心壮志，只愁没有正经的用武之地，这一回他终于等到了实现抱负的机会。他握着田光那一双大手热泪盈眶，怎么也没想到接下来会发生的这一幕。田光开口又讲了一番话,说:"我这里还有一句话要告诉你——临出门的时候我答应了太子丹,绝不会把这件事情泄露出去,为了确保万无一失,现在我就要杀人灭口。"

荆轲脸色一变,脑子也有点发懵,没闹明白这又是怎么回事。只见田光把刀横在自己的脖子上,说:"放心,我要杀的并不是你,而是我自己。我死以后,除了你和太子丹,世上再没有别人知道这个秘密。"话刚说完,就是一片血光冲天,田光倒在了荆轲面前。

荆轲目睹了这样一番场景,他那强大的内心也被震得颤了两颤。最好的朋友,最铁的哥们,就这样死在眼前,荆轲心里的火光燃了起来。不过,田光至死还留下了一个悬念,并没有把刺杀秦王的计划告诉荆轲。荆轲一旦知道了事情的来龙去脉,他又会做出怎样的反应呢?

赤诚相见,燕太子丹如何吐露心绪?
忠诚以对,义士荆轲能否担当重任?

荆轲面见了燕太子丹,眼含热泪报告了田光的死讯,又转达了田光临终的遗言。太子丹站起来躬身一拜,再拜,扑通一声跪在了地上,再抬头起身的时候,眼泪已经连成了片。过了好一会儿的工夫,太子丹自言自语似的说道:"没想到啊没想到,田先生竟然以死明志,这哪里是我的本意呢?"

荆轲和燕太子丹默然相对,又过了半晌,太子才回过神来,请荆轲就座。等到荆轲坐稳了,太子走上前来向他叩了个头。这可把荆轲给惊着了,他赶紧扶着太子起来。可是,燕太子丹怎么说也不起身,在荆轲耳边发表了这样一番大论:"田光先生他不知道我是个没出息的人,所以才把您请到了这里。如今,我也把心事说上一说,求您给指点一二。如今,秦国是占便宜没够,不把别人碗里的全拢到自己跟前,他们心里就过不去。眼下这秦国抓了韩国的大王,占了韩国的地方,又掉头向南边去打楚国,朝北边去欺负赵国。照这样发展下去,赵国一准是扛不住,等到赵国投降了秦国,燕国就是下一个赵国。燕国人少底子薄,这些年又受了不少的窝囊气,哪有那么多的人力物力去跟秦国掰腕子?

再说如今这世道，谁都是软的欺硬的怕，根本没人乐意跟燕国联手对付秦国。我就想着拼上一把，用全天下最勇敢的壮士出使秦国，表面上是要给他送上一份大礼，到时候就动手劫他一道，逼着他把吃下去的吐出来，抢了我们的全都送回来。要是那老小子不答应，就一刀结果他的性命。这事要是成了，秦国肯定会乱套，到时候，各国联手一起出兵，准能把秦国给灭了。这就是我的理想。不过，这理想要交给您去实现，不知先生您意下如何？"

荆轲把这一堆海量的信息消化下去，半天憋出来这样一句话："这事实在重大，我这个人手里没有金刚钻，怕是揽不下这桩瓷器活儿。"他盼星星盼月亮盼来的用武之地，为什么又要往外推呢？

其实，荆轲并不是一个莽夫，他在脑子里把燕国所处的形势分析了个遍，死他是不怕的，只怕时机尚未成熟，把这件大事给办砸了。虽然有这样的忧虑，可他的心里依然在谋划着效忠燕国的大计。

荆轲想起了过去，想到了未来，想到了今天死在他面前的田光。他终于重重地点了一下头，答应了太子丹的要求。

这正是：

荆卿游历到燕地，结交知己高渐离。

田光力荐担重任，共图刺秦谋大计。

第十七回 只身刺秦王　行侠易水寒

上一回说到燕太子丹复仇心切，请来荆轲谋划大业。刺秦，这一场战国历史上惊天动地的大戏究竟要如何开场？

荆轲点头答应要跟燕太子丹同心同德共谋大计，太子丹的心里满满当当地都是感激和感动。他把荆轲尊为上卿，还专门为他建了一座大宅子名叫荆馆。据说，这栋豪宅的所在地就是如今沧州肃宁县里的荆轲村。

相传，那些年，荆轲在这里过的是锦衣玉食的富贵日子，身边不缺吃不缺穿，还有美女伺候着，更有太子丹鞍前马后地帮着张罗大事小情。说是有这么一回，荆轲和太子丹在湖边遛弯，荆轲随手捡了个瓦片打水漂，太子丹赶紧说了一句："怎么能让先生拿这破瓦片玩呢？"于是，他招呼了手下用纯金做成瓦片的形状送给荆轲拿着玩。还有一次，荆轲随口说了一句："不知道那千里马的肝是怎么个滋味，想想应该挺不错的。"这一句话就让太子丹记在了心里，转过天去，荆轲的饭桌上就多了一道精制的千里马肝。

燕太子丹掏心掏肺的一番举动绝对看得出诚意，荆轲也不糊涂，他明白太子丹的一份真心，所以，日日夜夜都在琢磨刺秦的大计，等待着动手的时机。杀人，而且要杀的还不是一般二般的人，这事到底该怎么办呢？

日子过了一天又一天，各国的局势又有了新变化。秦国大将王翦打到了赵国，俘虏了赵王，占领了赵地，一路来到了燕国的边境线。这可把燕太子丹给吓坏了，他对荆轲说："看这架势，秦国的军队早晚得过了易水，到时候，咱们的安稳日子恐怕就再也没有了。"荆轲回答："即便您不说这话，我也要向您请示，准备行动了。这些日子我一直在琢磨，想着用什么样的信物来卸下秦王的防备。太子您想，现如今，秦王最想要的东西究竟是什么呢？一是别人的地盘，二就是咱们燕国樊将军的项上人头。要是拿着督亢的地图和樊将军的首级做幌子，不愁见不到秦王。"

督亢就是如今保定涿州、定兴和廊坊固安这一带，是当年燕国最值钱的战略要地，也是秦国最眼馋的一块肥肉。荆轲说的樊将军又是谁呢？他名叫樊於期，本来是秦国的大将，早先在战场上输给了赵国，就逃到了燕国来避难。秦王嬴政对这个人很是恼火，曾经公开通缉他，还明码标价要拿黄金千两和万户侯的官位来买樊於期的人头。

督亢的地盘可以迎合秦王的贪心，樊於期的人头可以了结秦王的宿怨。这两件大礼绝对能送到秦王嬴政的心窝里。可是，对于燕太子丹来说，这两件东西也着实让他心疼。督亢的地图也就罢了，无非是拿来做个幌子；至于人家樊将军，是因为走投无路前来投奔，一番苦心天地可鉴，如今要为了自己的私事去伤人家的性命，实在不是个办法。

眼看着太子丹低着头不说话，眼眶里面还泛起了泪光，荆轲也不忍心跟他再提这事。隔了两天，荆轲私下里找到了樊将军，把事情的来龙去脉跟他讲了一遍。古人说了：死生亦大矣。面对这性命攸关的大问题，樊将军又将如何作答呢？

一路西去，易水河畔唱响怎样一曲壮士悲歌？
一番周旋，咸阳宫里上演怎样一幕历史大戏？

面对荆轲的慷慨陈词，樊将军的眼泪连成了串，他说："秦王当年杀我家人，如今又要买我的头颅，每回想起这一件接着一件的事情，我的心早就凉透了，只是不知道该怎么做才能报了大仇。"荆轲的眼中燃着熊熊烈火，说："如今我受命去刺杀秦王，只要一刀刺穿他的心脏，将军的大仇就能报了，燕国也能一雪前耻！"樊将军撸起袖子握住了荆轲的手，满腔满腹的心意就在血管里流淌，他挥刀自尽，以死作答。

这事传到了太子丹那，他抹着眼泪飞奔过来，趴在樊将军的尸体上好好哭了一场。事已至此，就像箭已离弦，接下来只剩下一条路，无论如何也要走到底。

燕太子丹派人找到了全天下最锋利的匕首，这匕首是著名铸造高手徐夫人的杰作。徐夫人的名号虽然柔情似水，可人家却是一位百分之百的纯爷们，之所以得了这么一个称号，想来也是因为他心灵手巧。

太子丹和他的刺秦小分队把要命的毒药抹在匕首上面，用它做了一次活体实验，实验的结果是见血封喉。他把这匕首送到荆轲手上，让他收拾行装，准备动身。可是，荆轲却回话说："不急，再等等。"他这又是在等待什么呢？

荆轲痴心苦等的是一位鼎鼎大名的剑客——盖聂。多年以前，他们本是一对旧相识，俩人不打不成交，一过手就成了知己。盖聂知道荆轲脾气直率，荆轲也了解盖聂武艺高强，他正等着盖聂赶到身边，两人一行去刺杀秦王。

太子丹生怕错过了刺秦的好时机，劝着荆轲抓紧上路，说："先生要是缺个助理，我可以给你推荐一人。"此人又是谁呢？他是燕国大将秦开的孙子，这孩子继承了祖传的血性，12岁的时候就动手杀过人，据说，他那一脸的霸气特别吓人，谁见了他都不敢直视。可是，荆轲对秦舞阳并没有什么了解，在这生死大事上面，他一点也不敢马虎，觉得还是找个知根知底的人才靠谱，不如过上一阵，再等等盖聂。

这一耽误又是好几天，太子丹实在等不了了，他在自己的宫殿里面瞎琢磨，想着这荆轲不会是要反悔吧？这可怎么办呢？于是，太子丹使了一招激将法，他对荆轲说："时间紧迫，您要是不打算去了，我就派秦舞阳去解决大事。"这话可把荆轲惹火了，他也大声讲出了自己的心里话——"如果我今天出发，有去无回，那就是因为这个秦舞阳。我之所以没有动身，不过是因为等待着一个可靠的人。既然太子您等不了了，那么，我就此跟您诀别了！"

荆轲启程到了易水河畔，太子带着宾客前来送行。浩浩荡荡的送行队伍在河边祭拜过路神，高渐离奏响了悲怆的乐曲，荆轲和着曲调高歌一首，这正是那段："风萧萧兮易水寒，壮士一去兮不复还！"一曲终了，荆轲飞身上马，头也不回地奔向秦国。

话说荆轲到了秦国，先用大堆的礼物买通了秦王身边的宠臣蒙嘉。有钱能使鬼推磨，更何况是这个见钱眼开的蒙嘉呢？他在秦王嬴政面前进了一番美言，说："大王的威严震住了燕王，他根本不敢跟您对抗，情愿对您俯首称臣，逢年过节的再送上贡品来孝敬您。可是，燕王实在胆小，他不敢到大王跟前表达忠心，只好派来了使者，为您献上督亢的地图，外加樊於期的脑袋。"

这一番话让秦王嬴政的心里美滋滋的，他指示说："既然燕王有心归降，我也得给他这个面子，就让使者上殿来说话吧。"咸阳宫里金碧辉煌，大殿之中杀机暗藏。这一幕大戏究竟会如何收场呢？

秦王嬴政在大殿中央坐得端端正正，一双眼睛紧盯着面前的荆轲。荆轲恭恭敬敬把督亢的地图举过头顶，又把樊於期的人头献了上来，一切都在按照计划顺利进行，只是秦舞阳却在这个节骨眼上抖得像是筛糠。秦王殿上的文武群臣把这个细节瞧在眼里，都在一边嘀咕起来。荆轲心里一颤，怕这小子坏了大事，赶紧解释了一句，说："我们小地方来的人没见过大世面，在秦王面前失礼了，您可别见怪。"荆轲担心夜长梦多，再露出什么破绽，紧接着上前几步，把地图送到了秦王的眼皮子底下。

秦王嬴政把地图接在手里，荆轲又往前凑了几步，他一只手帮着秦王展开地图，另一只手在图上指指点点，地图看到了头，卷轴之中的匕首也露了出来。说时迟那时快，荆轲左手抓着秦王的衣袖，右手抽出匕首刺向了秦王的胸脯。还没到秦王身前，秦王大惊跳起，把衣袖都挣断了。秦王撩起袍子闪到了柱子后面，荆轲也不罢休，兜兜转转地四处追着秦王。

这一幕把秦王殿上的大臣都给惊呆了，他们干瞪着眼睛谁也没动手，这又是为什么呢？因为秦国有个规定，不许大臣在上朝的时候携带兵器，再说了，没有秦王的命令，他们谁也不敢动手。这时候，秦王嬴政也慌了神，只顾着东躲西藏满处跑，连拔剑防身的事都忘了，哪还顾得上招呼帮手？

有个大臣远远地招呼了一声，说："大王，快快拔剑！"秦王这才想起来自己的宝剑。又有人一声高喊："大王，快下令捉拿刺客！"秦王才想起来发号施令。一时间，秦王的部下七手八脚按住了荆轲和秦舞阳，猛士荆轲就死在了秦王殿上。

青山绿水，见证怎样一场风烟旧事？

古往今来，留下怎样一段壮士传奇？

荆轲刺秦一招失手，壮士悲歌却在千百年间流传。荆轲武艺高强，却从不草菅人命；他勇气过人，却从不无事生非；他盼望着能有一席用武之地，却没有忘记凡事三思；他真心热爱生活，却不贪生怕死，从没有忘记对太子丹的承诺。

当年，燕国的百姓在荆馆附近的山上修了一座宝塔，纪念这位了不起的大英雄。在保定易县还留下了一座荆轲山，相传，当初荆轲打马西去，燕太子丹深知他这一去是凶多吉少，就在易水河边为他建了一座衣冠冢。事过千年，孤零零的坟冢已经成了一座30多米高的小山。山上一座13层高的宝塔像匕首一般直指苍天，宝塔始建于辽代，又在明清两朝再加修葺，直至今天依然彰显着燕赵豪杰的侠义之气。

从这里走不远，就到了一个名叫血山村的地方。这个小村落因为一座血山塔而得名，血山塔下面的小山本名樊馆山，据说这里就是樊於期从前的府第。相传，当年樊於期在此了结生命，一腔热血就洒在这小山之上，后人有所感怀，就把这里命名为"血山"。

一代豪杰逝去千年，此地空留绿水青山。风烟旧事堪记青史，燕赵诚义万古流传。

这正是：

易水河畔悲歌行，壮士一去似孤鸿。
荆卿刺秦显壮举，暴秦一怒燕国倾。

第十八回 慷慨西门豹 治邺伐中山

上一回说到风萧萧兮易水寒，荆轲刺秦英名传。今天出场的这一位也是个了不起的角色，他是战国时代的政治家、军事家，文武双全还不算，更是一位响当当的水利专家。这一串"家"字冠名的大人物到底是谁呢？

今天的主角是魏国的一位县令，他的大号就是西门豹。魏文侯在位的时候，在国内划分了郡县，西门豹就在邺县做起了县令。这邺县在哪呢？就在如今的邯郸临漳邺城镇。想当年，西门豹在这个小县城里做出了一番不得了的大事业，所以，后来的很多文献典籍中都留下了他的名字。后人一提起西门豹，都说他"名闻天下，泽流后世"。

说西门豹"名闻天下"，凭的是他一心为民办实事；夸他"泽流后世"，说的是他带着百姓开运河。提起西门豹的好人好事，一时半会可说不完，不过，要在这其中选出一个最著名的大事件，就得说到西门豹治邺的故事。

话说西门豹领了指示，到了邺县，刚踏上这块地面，他就发现了一件怪事。就看这地方地肥水美，啥也不缺，可是老百姓的日子过得却挺困难。西门豹一场微服私访，一通费劲地打听，这才知道眼前的乱子全是让"河伯娶妇"的事给闹的。

原来，邺县是个烂了底的腐败窝，县衙里的小官和当地的乡官没有一个好东西，他们勾结着巫婆、巫师，一年到头地折腾幺蛾子，打着给漳河河神娶媳妇的幌子敲百姓的竹杠。按着他们的说法，这事要是耽搁了，甭管是老人小孩，个个都得遭报应，整个邺县都得被大水冲垮了。他们这么一吓唬，谁又敢说个不字呢？老百姓只好乖乖地拿钱出来。等着银子到手了，他们拿出个零头装模作样地撑个场子摆摆样子，大头全都放进了自己的兜里。

更可恨的是，这伙恶人不光坑钱，他们还害人。平时就贼眉鼠眼地到处打量漂亮姑娘，一瞅准了就打着河神的名义给姑娘家里送上一份聘礼，说是要把这姑娘嫁给河神。到了规定的日子，他们给姑娘穿上嫁衣，备上被褥家具，把姑娘跟这些东西一起漂到河里沉下去，就算是婚礼礼成了。

这样的邪乎事一看就是瞎胡闹，可是因为这帮人有权有势，又能忽悠，多少年来都没人捅破。按说，谁家不盼着孩子长大成人呢？但是，在邺县这里，谁家要是生了个女儿，"女大十八变，越变越好看"就成爹妈最最担心的事情。就为这个，好多百姓拖家带口地背井离乡，就为了给自家的姑娘留条活命。剩下的人家也不好过，日日夜夜地担惊受怕。

事情的来龙去脉全都弄清楚了，西门豹恨的是咬牙切齿，他恨这些丧尽天良的贪官污吏，更可怜那些有善心却没脑子的老百姓。可是，强龙惹不起地头蛇，这些地方势力盘根错节，的确是块难啃的硬骨头，这事究竟该从哪入手呢？

将计就计，西门豹如何破除迷信习俗？
见招拆招，小县令如何赢得一方民心？

西门豹为了拆穿"河伯娶妇"的闹剧，出了一个将计就计的高招。他给当地的恶人团伙发了一个通知，说是要请他们在河神娶媳妇的大日子里到漳河边上一起见证这场盛事。恶人帮的成员们一听说这事，心里都乐得开了花，他们想着：还当这新官有什么大本事，看来也是个糊涂蛋，这下，我们可以放心大胆地挣大钱了！这伙人私下里抓紧了张罗，他们告诉主持婚礼的巫婆说："这一回一定要把事情往大处搞，一定要把钱往多里赚。"

眼瞅着就到了"河伯娶妇"的日子，西门豹一早就到了河边，他冷眼瞧着这群恶人的嘴脸，明面上还客客气气地跟他们点头行礼。就听着鞭炮一响，父老乡亲们在河岸上聚了起来。西门豹看着人山人海，忽然冷笑了一声，讲了这么一番话："为了今天这件大事，我昨晚早早地就睡下了，谁知道就在睡梦之中见到了河伯大人。他告诉我说——因为这回找的媳妇不好看，他老人家很生气，后果很严重！还说要亲自问问你们这些当官的怎么办的事，再问问那个巫婆要怎么跟他交代！"话音一落，恶人帮的那伙人全都吓傻了眼，还没等他们醒过味儿来，西门豹就招呼手下把那几个坏心眼的家伙全都推进了漳河。

这事消停之后，西门豹把事情跟百姓们说了个一清二楚，从此，再没人提起"河伯娶妇"的荒唐事。对于西门豹的执政理念，后人都说是极好的，在《韩非子·外储说左》之中，也称赞他一心为公，不谋私利，而且还讲了这么一段故事：

这事同样发生在邺县，说是这里的百姓被当官的欺负惯了，一提起官府衙门就浑身打战，受了委屈根本不敢去告状。西门豹一想，这不是事呀，得想个主意改变局面。于是，他就设了一个局，说是自己丢了东西，要求管事的官员限期破案。等着期限到了，案子还是没破，他立马用办事不力的理由给那个官员下了处分。后来，这丢了的东西终于冒了头，就在西门豹府上的下人那里找了出来。西门豹亮出不护短的姿态，依法办事，处理了这个下人。老百姓看过了一场戏码，才知道这位县令真是来给咱做主的，往后有事咱就找他。

正是因为破除迷信的勇气，为民做主的担当，这一位清正廉明的县令西门豹得到了百姓的尊敬，后人的赞扬。

古人讲究"破而后立"，西门豹打破了邺县的旧世界，下一步就是改善民生，发展经济，为当地的百姓建立新的生活。他变通政策，重分土地，保证了庄稼汉的吃喝，再来就是要解决河伯没有办成的事，根治漳河水患。这话好说，事难办，漳河泛滥了好多年，让它乖乖地听话造福人民，又谈何容易呢？

西门豹下着心思仔细研究，终于想出了一个法子。他发动百姓开挖水渠，引着漳河的河水灌溉农田。起初，西门豹的助手担心工程浩大，劳民伤财，这事恐怕行不通，万一老百姓们再起了怨言，西门大人您的仕途可就不好走了。可是，西门豹说："跟老百姓的安居乐业比起来，我的仕途根本不算事。再说了，群众的眼睛是雪亮的，我一心为大伙办好事，百姓一定会支持我。"

西门豹这话还真没说错，他牵头设计建造的"漳水十二渠"功在当代，利在千秋，留下了千年的美名，不单是当时当代的百姓念他的好，就连后人也世世代代地祭祀这位为官一任，造福一方的好人。在邯郸临漳县邺城遗址西便就有一座显赫的西门豹祠，历朝历代都有人维修重修。曹操到了邺城之后，还进

位于临漳县的邺城三台遗址

一步利用这位先贤的大作,把十二渠的水流引入邺城三台,使邺城成了黄河流域最富饶的鱼米之乡,最美丽的生态城市。

战国时代,群雄争锋,谁也不能在这乱世之中独善其身。因为邺县正处在魏国的边境线上,想要关起门来过日子,这事更是不现实。西门豹一方面忙着造福百姓,一边还要忙着组织民兵,没承想,就在这时候,西门豹又遭了小人的陷害。这又是怎么回事呢?

西门豹办事高瞻远瞩,为人却挺低调,他处处想着老百姓,很少想到自己,从不在国君面前自卖自夸,更不愿意跟领导身边的马屁精们套近乎,他这脾气就给自己惹来了麻烦。因为西门豹行的是藏富于民,寓兵于民的政策,把银钱和兵器全都发给了老百姓,官府的钱粮仓库和兵器库里都没多少存货。于是,魏文侯身边的小人就嚼起了舌根,说西门豹把邺县的家底都给祸祸光了,那真是要钱没钱,要粮没粮,连兵器都给弄丢了。

魏文侯听着这话是半信半疑,决定亲自到邺县视察一趟。到了地方一查看,果然是半点家底也没有。魏文侯气得胡子都竖起来了,要求西门豹立即给个说法。西门豹面不改色心不跳,把自己的道理讲了一讲:"大家好,才是真的好;

百姓强，国家才能强；老百姓的日子过好了，大王您才能高枕无忧。正是因为大王您心怀大志，爱民如子，我就照着您的品行来做事，把值钱的东西，打仗的家伙全都分给了百姓，您要是不信，那就随我来。"

西门豹带着魏文侯登上城楼，号令手下敲响战鼓，他唱的又是哪一出呢？

挥师北去，众民兵如何收复失地？

再战疆场，西门豹如何报效祖国？

魏文侯跟着西门豹登上城楼，他搭眼往下一瞧，这一片场面可把他给镇住了。只见那城门之下密密麻麻，全城的百姓披着铠甲，带着牛马，挑着粮草，排成队列，真叫一个士气高昂。魏文侯看过了这场阵势，他的心里又是高兴又是惭愧，喜的是国家有西门豹这样的栋梁之材，愧的是自己偏听偏信，差点冤枉了这个好官。

魏文侯好一番感叹，对西门豹好一番表扬，说这下我就放心啦，请你们鸣金收兵吧！西门豹却没有见好就收，他说："对待百姓咱得讲诚信，一个信字倒下去容易，立起来难。如果我今天用军令为号召集百姓，然后又随随便便地让他们各回各家，这不就成了烽火戏诸侯吗？将来还怎么取信于民呢？不如请您就此下令，允许我带领部队挥师燕国，收复失地。"

这可是让魏文侯万万没想到，区区一个县的民兵怎么能对抗燕国的虎狼之师呢？可是，西门豹的话也着实在理，军令无戏言，实在也不好就此作罢。于是，西门豹带领军队杀到了燕国，一路过关斩将，收复了魏国的领土。

这事让西门豹名声大振，也让魏文侯雄心再起，他回去就念叨着一件事，要北伐灭了中山国。兴兵打仗，那得师出有名，魏文侯的理由就是中山国君做人主不办人事，就知道吃喝玩乐，根本不拿百姓当回事。理由想好了，任务又该派给谁呢？这时候，丞相翟璜举荐了一个人，他就是乐羊。因为翟璜正是西门豹的推荐人，魏文侯对他的建议也很放心，就任命乐羊为主将，西门豹为副将，率领大军进攻中山国。

这两员英勇大将，一对黄金搭档，出师就收获了一场胜仗。乐羊和西门豹

第十八回 慷慨西门豹 治邺伐中山

凯旋，受到了夸奖，这又让那些个小人红了眼睛，接二连三地跑到魏文侯那里去给他们捅刀子。好在魏文侯还算是个明白人，没搭理这些闲茬。可是，在魏文侯驾鹤西去之后，新上任的魏武侯没能架住奸臣的忽悠，冤死了西门豹。可怜一代忠良之士，贤德之人，也没逃过一朝天子一朝臣的千古魔咒。

这正是：

慷慨正直西门豹，惩治腐败有节操。

寓财于民讲诚信，刚正不阿功德高。

第十九回 赵奢真名将 马氏尊始祖

上一回说到魏国名士西门豹，诚信仁义德行高。在燕赵之地，走出了多少豪杰之士，留下了多少传奇的往事？这一回的故事要从邯郸名胜紫山说起，那青山绿水之中流淌着怎样一段沧桑往事？历史的画卷中又是哪位英雄的名字闪闪发光？

2008年9月，邯郸第一山紫山见证了一场盛会，这是以"寻根、圆梦、交流、合作、和谐、发展"为主题的第五届世界马氏恳亲大会。600多名来自世界各地的马氏后人齐聚一堂，共同祭拜马氏祖先。

在紫山的脊梁上，最显赫的文化地标就是那一片开阔的中华马氏文化园。其中供奉的中华马氏祖先正是历史上的豪杰，战国时的名将——赵奢。

赵奢马上安天下，驰骋定乾坤，英雄一世，豪情一生，要提起他"战国名将"的称号，那绝对是一点问题也没有。不过，他明明姓赵名奢，为什么会被尊为中华马氏的祖先呢？

要把这事弄清楚，先要从赵奢的封号说起。想当年，赵奢凭着盖世的军功被赵王封为马服君，他的后人把这个光荣称号沿袭下来，称为马氏。连带着赵奢的墓地紫山也被称作了马服山。赵奢戎马一生，纵横驰骋，就像是一匹堪当重任的千里马，恰好符合了"马"的精神内涵。

要把赵奢的传奇故事从头说起，就得把史书翻到赵武灵王时期。那时候，赵奢年纪还不大，官职也不高，不过，他却深深地明白天下兴亡的大道理。当年，他一马当先支持胡服骑射，却在赵武灵王去世之后被人算了后账，不得已流落到燕国。可是，金子到哪都发光，赵奢在燕王手下也得了一片用武之地，做上了上谷郡守的位置。

后来，赵国弄权作乱的奸臣因为以权谋私被罢了官，赵奢放弃异国他乡的高官厚禄，再次回到祖国。他从地方上管理税务的小干部做起，在平凡的岗位上兢兢业业，工作很是出色，不管面对的是平头百姓还是皇亲国戚，赵奢从不看人下菜碟，一律按着规章制度来办事。

话说有这么一回，赵奢到了平原君赵胜的家门口，请这位相国履行纳税人的义务。他刚到门口，就被一众家丁给拦下了。赵奢把收税的文书一亮，说明了来意。可是，相国府的下人有点不知好歹，他们仗着平原君的名号，根本不理赵奢这个茬，说什么也不交税。

赵奢面对着这么一群张牙舞爪的家伙，不卑不亢地讲了一番道理，那话说得是入情入理，井井有条。没承想，这番话就像是火上浇油，把相国府里的管家惹急了，他嚷嚷着说："这个不知天高地厚的家伙是从哪冒出来的？还不把他打出去！"接下来，相国府的大门前就上演了一出暴力抗法的闹剧。赵奢向来不是个胆小怕事的人，尤其不怕这种无理搅三分的官司，他依法行事，把那几个捣乱的家伙逮捕到衙门里面，一一砍了脑袋。

事情传到了平原君那，他立马就给怒了，气头上还说早晚得要了赵奢的命。这样的口风一传出来，有好多人都劝着赵奢"三十六计，走为上"。可是赵奢却不信这个邪，他说："我秉公执法，何罪之有？如今我不但不能跑，还要去找平原君论论这个理！"

赵奢的脾气一上来，家人、朋友谁也拦不住。他一路到了相国府，见到了平原君，义正词严地发表演说："平原君您身为相国，应该带头做个遵纪守法的好榜样。要是当官的都不拿法律当回事，一准就得失了民心，国家还怎么能有个好？如果国家倒了霉，您这个做相国的还能过上好日子吗？"

这话把平原君噎得没词了，可是他毕竟是个要面子的人，黑着脸憋了半天，挤出一句来："无论如何，你也不能随随便便地处置我的人！为什么不事先向我请示呢？"

赵奢还是那句话："我这是依法办事！"

这一下，平原君彻底服了。眼前这汉子办事磊落，为人正直，绝对是国家的栋梁之材。这两位也算是不打不相识，一场交锋过后，就成了惺惺相惜的朋友。

后来，平原君把赵奢推荐到朝廷之中主管国家财税。再后来，赵奢又成了威风凛凛的大将军。

要说这赵奢真是个人才，他在文职工作岗位上是一把好手，到了疆场之上也是一员好将。接下来又发生了什么样的故事？

棋高一着，狭路相逢如何制胜强敌？

居高临下，以少胜多如何控制战局？

赵奢弃文从武改了路数，在赵惠文王的时代做了将军。他带着人马跟齐国干了一仗，一举拿下了麦丘的地盘，也就是如今山东商河县西北那一带。这一战告捷给赵国长了脸，赵王乐得开了花，认定了赵奢就是个天生的将才。

这事过去了有几年，秦国又给赵国找茬，用军队围住了赵国重镇阏与，就是现在的山西和顺。赵王赶紧把手下的大将招呼到一块，打算商量个对策。这一回的问题着实麻烦，被秦军围住的地方是出名的天险，再说，那里距离邯郸的路途也不近，别说打仗了，就是路上的粮草也不好办。面对这个难题，就连老将廉颇也摇头说没辙，另一位大将乐乘也没了办法。

赵王愁得眉毛都拧到了一块，又把赵奢请到了跟前。赵奢到了大殿之上，开口只有一句话："狭路相逢勇者胜。"这话一下说到了赵王的心坎上，他立马下令让赵奢率领大军挥师阏与。

秦军打听到赵军的动静，早做了后手，断了赵军增援的后路。赵奢的心眼也不少，他弄清了秦军的部署，安排了一着妙棋。赵奢出了邯郸，在武安附近安营扎寨，装出来一幅不思进取的模样，还公开发表声明："我就要在这歇着，谁要是有胆反对，我就砍了他的头！"

赵奢的部队在武安住了28天，秦军终于耐不住性子，派出来一个探子在赵军的阵营边上溜溜达达。赵军明知道他安着什么心思，还装成呆头呆脑的木头人，大大咧咧地把探子请进了大营，好吃好喝地热情招待，之后又是一通热烈欢送。

探子回到主子那里，把这几天里听到的，看到的事情如实汇报。秦国的大将听完以后，心里呼地一下松了下来，他心想：这赵国的大将不过如此，就是个白吃干饭的二混子。既然这样，就等着我们大展身手吧！

这时候，赵奢正在想什么？赵军又在做什么呢？

蒙在鼓里的秦军悠然自得，赵军这边已经开始紧急集合。赵奢带着部队急行军，两天一夜的工夫就到了阏与城下。这时候，驻守武安的秦军才发现上当了，急急忙忙地赶到山西去增援。眼看着两方剑拔弩张，就要生出一场恶战，秦军人多势众，还没开打就占了上风。势单力薄的赵军又该怎么办呢？

这时候，赵军之中一位名叫许历的战士建议赵奢集中优势，打击秦军。赵奢觉得有理，又追问了一句："仗要怎么打？许历你怎么看？"许历回答说："咱们人力不足，就要占下最好的位置，我看那北山顶上就是战略要地。我们先下手为强，霸住那块地方，就有胜算的把握。"

赵奢按着许历的主意把秦军打得落花流水，打出了赵国的军威，打掉了秦国的霸气。正是这一战为赵奢赢来了马服君的名号，赢来了战国名将的地位。这一连串的鲜花和荣誉却让另一个人的心里有点不得劲，这又是怎么回事呢？

此人不是别人，正是赵奢的伯乐平原君。他担心赵奢的风头盖过自己，从此再也没有请他担过什么重任。在燕国和赵国的战争之中，平原君为了避开赵奢这个名字，甚至绕着圈子跑到齐国去借了田单做将军。这事办得挺别扭，结果自然也不那么好，赵国在这一战之中丢了地盘又丢人，输得是一塌糊涂。

这样的局面让赵奢看不下去了，他顾不上考虑平原君高兴不高兴，又去相国府来了一场演说——"为什么要让一个外人带兵出征，不让赵国的大将领兵打仗？为什么不顾脸面地割地求和，这跟支援敌人有什么区别？为什么不许我为国尽忠？我要横刀立马，扫平燕国！"

这几个问号和一个叹号戳进了平原君的心窝子，他干张着嘴巴没话说。赵奢又进一步摆事实讲道理："你用田单的理由无非就是他和燕国有隔夜仇，可是他毕竟不是赵国人，不可能切身处地为我们着想，让赵国称霸东方。他带着我们的军队上战场，结果无非是糟钱糟家底，把赵国的人力、物力、财力全部都给祸祸光。"

这一番真知灼见没有说动平原君，在他看来，谁要是拿着国家的兴亡成败来说事，影响到自己荣华富贵的光明前途，那他可是不答应。这一场博弈之中可以看得出来，正是赵姓贵族的小家子气使得赵国的江山社稷走向了灭亡。

一生磊落，燕赵英豪如何留名青史？
一脉相传，马氏宗族如何感怀祖先？

赵奢虽然不是科班出身的军事家，可是，他在战场上的摸爬滚打中积累出了过硬的实战能力，再加上他这个人凡事好动脑子爱钻研，不论是理论还是实践，哪一样都不输人。

有一回，田单跟赵奢论兵法，他摆明了瞧不上赵奢的套路，说："从前的帝王出兵打仗，三万人就能制胜疆场；如今，赵将军你动不动就打人海战术，一下子就是十万、二十万地用兵，我看也没什么了不起的。"

赵奢微微一笑，讲出了自己的道理："从前，各国都是人少地盘小；如今，你放眼望去，哪个国家没有几十万人呢？田将军您拿老眼光看新问题，这道理恐怕讲不通吧。"

赵奢的一席话说得田单只有佩服的份儿。要讲到他平时的为人做派，那更是让人称道。赵奢这一辈子吃过苦，受过罪，可是曾经的是是非非就像水中的沙子，把他这一块美玉打磨得更加透亮。他从没因为私情迷了眼，就是对待自己的亲生儿子，也从来没有做出护犊子的事来，临终还留下一句话，说是不让那个"纸上谈兵"的赵括上战场，怕他耽误了国家大计。对于身边的将士们，赵奢却用上了十二分的感情，但凡有点好吃的东西，值钱的玩意，他都跟大伙一起分享。

正是因为刚正磊落的品格，高风亮节的情操，赵奢聚下了一群生死兄弟，杀出了一番惊天伟业。就连很少对人发表好评的曹操也公开表扬过赵奢，说他是自己的精神偶像。

赵奢一生忠烈，一世英雄，这样的精神一脉相传，他的后辈之中也出了好多杰出的人物，比如说收复海南岛的东汉名将马援，光武帝云台二十八将之一的马武，还有唐代名臣马周……都是燕赵名将赵奢的后人。

马氏一族人才辈出，也难怪马英九的父亲马鹤凌先生在 2005 年到邯郸祭祖的时候题写了这样一通诗碑——"台马宗亲共立碑，墓前倾诉远人归。中华一统安天下，千万儿孙誓力为。"

这正是：

名将赵奢一忠良，清正廉洁正气扬。

抗秦制胜展军威，马氏始祖留故乡。

第二十回 秦皇拓南疆 赵佗赴陆梁

上一回说到一代名将赵奢的故事。赵国名将辈出,无奈王朝江河日下,颓势难挽,最终强者胜出,秦王嬴政统一六国,继续开疆拓土。在开发岭南的过程中,一位河北人走上历史舞台,这位被称为"南下干部第一人"的年轻将领经历了怎样跌宕起伏的人生?

"南下干部第一人"赵佗,在岭南地区可是大有名气,他曾是两广及南越一带的"拓荒者",同时,也是第一代"南越王"。赵佗跟河北有什么渊源呢?他又为何千里迢迢到岭南地区做官呢?

这位赵佗是恒山郡真定人,就是现如今的石家庄正定人。他有勇有谋,年纪轻轻就成了秦军的将领。秦始皇灭了六国、统一了中原以后,觉得这领土面积还不够大,还想继续扩张。从哪开始呢?如果往北边走,就要遭遇强大的匈奴,现如今他不打匈奴,匈奴反而时不时地来骚扰,秦始皇想出一个办法,抽调了大批的壮丁去修长城,阻挡匈奴入侵。往北扩张不太现实,也占不到什么便宜,赔本的买卖谁愿意做呢?秦始皇目光一转,盯上了岭南这块地儿。

秦朝以前,岭南地区居住着众多的南越族部落,被称为"百越之地"。那里山高皇帝远,交通又不发达,经济文化都很落后,很多部落的族人都还生活在原始状态,人们住在树枝、茅草搭成的小棚子里,过着刀耕火种、茹毛饮血的日子,各个部落之间经常为了争夺猎物和土地相互残杀。

岭南地区地广人稀,还是蛮荒之地,武器装备、军事力量跟大秦国相比,根本就不是一个档次!在秦始皇看来,要想拿下岭南地区,简直就是小菜一碟。公元前218年,也就是秦始皇二十九年,他任命大将屠睢为主帅、赵佗为副帅，率领着 50 万大军，驾驶着高大的楼船，浩浩荡荡地向着岭南地区开进。

因地制宜，南越部落如何布下天罗地网？
以德服人，大将赵佗怎样平定百越之邦？

攻打南越的主帅屠睢，是秦朝元老级的大将，后来又被拜为国尉，相当于国防部长，是一员统领千军万马的老将。再看看赵佗，那时候还不到 20 岁，在屠睢的眼里只不过是个乳臭未干的小毛孩儿，要是论起行军打仗的话，赵佗还嫩得很。

主帅屠睢将 50 万人马兵分五路，任命赵佗为副将，率领 30000 兵马先行出发，又动用 20 万犯人，输送辎重粮草。他自己呢，率领秦军主力，从南岭进攻，心想只要越过南岭的林地，一举平定陆梁之地，那就是头等功。屠睢越想越激动，给手下的将士们加油鼓劲儿说："兄弟们，使劲给我杀，只要占领岭南地盘，就会封官晋爵，要什么有什么。"

那个时代，当兵打仗都是脑袋别到裤腰带上，哪个当兵的不想封官晋爵，光宗耀祖呢？大伙儿听了屠睢的话，个个英勇杀敌，强攻冒进。进入岭南以后，见人就杀，见到牛羊就抢，南越地区遍地都是尸骨。

这时候，赵佗站出来劝阻，说："既然我们要占领这里，南越人也是我们的兄弟姐妹，这样的大屠杀使不得啊！"可屠睢杀红了眼，根本不把赵佗的劝阻当回事儿。

南越各个部落虽说平常也相互争斗，可现如今看到秦军这么残酷，杀了他们的亲人，毁了他们的家园，抢了他们的地盘，心里那个恨啊。原本是一盘散沙的南越部落空前团结，他们在关隘路口举行了隆重的誓师大会，抛下以前的仇怨，抱成团扭成绳，齐心协力对抗秦军。

别看南越部落在武器装备上比不过秦军，可人家的智商也不低，打仗的策略也不差。岭南地区树林密集，山高水险，道路崎岖，南越人充分发挥自己善于跋山涉水的本领，在各个路口部下了天罗地网，就等着秦军自投罗网。

一个烈日炎炎的下午，天上像下了火。屠睢带领着手下来到西江畔的三罗地区，路经一个大树林，将士们又累又热，腿上像是灌了铅，走两步喘三喘，一步一挪的艰难前进。他们没想到，走着走着就进了南越部落的包围圈。

突然间，铜鼓齐鸣，乱箭齐发，南越人从四面八方冲出来，将秦军团团包围。秦军慌了神，连忙反击。别看屠睢身手不凡，可在这荒山野岭之中也施展不开，明枪易躲，暗箭难防，一个不留神，屠睢身上中了两支箭。这些箭是用蛇蝎剧毒浸泡过的，屠睢当场从马背跌落，坠地死亡。

没了主帅，秦军乱了阵脚。这节骨眼儿上，有个明白人站出来，对将士们说："咱们再横冲直撞的话，全都得死在这儿。屠睢大将军为什么被杀？就是因为他有勇无谋。你们想想当初赵佗将军怎么说的，咱们如果像对待兄弟姐妹一样对待他们，还需要相互残杀吗？咱们要想活着回到中原，就得按照赵佗将军的办法办事儿。赶紧撤兵，听赵将军号令。"

将士们一听这话在理，大队人马全都汇集在赵佗麾下。赵佗说："岭南百越地区的越人，跟咱们一样，也是父母养的，冤冤相报何时了，咱们相互残杀，杀到何时能罢手呢。所以，我宁愿贻误战机，也要爱民如子。不能杀，要像对待自己的兄弟姊妹一样善待他们，让他们自愿跟咱们走。"

赵佗想的挺好，可南越人心中的仇恨不可能一时半会儿就抹平了。在漫长的等待期间，几十万秦军的吃喝拉撒睡都需要解决，眼瞅着粮草等军需物资出现短缺，秦军的将士们人心涣散，恨不能立即卷铺盖回家。

是撤兵回到中原，还是继续坚持，等待时机，取得越人的信任？赵佗内心也是翻江倒海。经过一番思索，他决定继续坚守，并向秦始皇寻求援助，解决军需。秦始皇很支持，先是派了贴身太监史禄主持押运粮草，结果这里山高路险，运送粮草的车辆无法通行。山路走不通怎么办？那就走水路呗！秦始皇给太监史禄派了得力的工程师，进行实地考察，决定在南岭开凿一条水道，沟通与岭南的水运，把粮草运到百越之地。这一下子，居然成就了中国历史上一条伟大的水利工程，灵渠。

粮草送过去了，穿的用的也送过去了，可左等右等，南越还是没有攻下来。秦始皇有些不耐烦了，他下令秦军迅速占领百越之地，这事儿没得商量。秦始皇下了死命令，赵佗知道不能再拖下去了。要是触碰了秦始皇的底线，只会吃不了兜着走，连累所有人。但是，要是跟南越人硬碰硬，一定会落得两败俱伤。面对这个两难的命题，赵佗左思右想，终于想出了解决的办法。

赵佗找到一些越族部落的头人、酋长，带着礼品主动示好，向他们讲述秦朝多民族和睦的主张，逐步得到越人的信任。赵佗的主张得到了大家的认同，他也赢得了越人的尊敬。

公元前214年，在赵佗的率领之下，秦国恩威并重，终于成功地平定了百越之地，在岭南的少数民族地区设立秦朝政权。秦始皇一听没有发生激烈的战争，就平定了岭南，秦军直达南海，高兴极了，颁诏在岭南设置了三个郡，分别是南海郡、桂林郡、象郡。

赵佗趁热打铁，又向秦始皇奏上一本，说："为了秦国的万代基业，为了让中原将士世代戍守岭南，请求向岭南移民。"

怎么个移民法呢？秦始皇稍一琢磨，就有了主意。他先是把那些有管理经验、却又犯了罪的官员派过去，紧接着，又把那些入赘的姑爷派了过去，让他们带着妻儿、带上中原的牲口农具，到了岭南好开荒种地。

还有一个火烧眉毛的问题没解决。如今战争结束了，当初那几十万秦军也都改制成建设兵团，一边种地一边戍守边疆，可这些大老爷们的婚姻大事怎么解决呢？总不能让人家一辈子打光棍儿吧！

有人给秦始皇出主意了。说，您不是一再要求臣民要早婚早育，多生多育，加快发展人口吗？可总有一些女子不听您的指示，都16岁了还不出嫁，一个个都成了大龄剩女。岭南地区不是缺女人吗？干脆，把这些剩女迁移到岭南，将士们就能娶老婆了。

秦始皇一听，这主意还真不赖，他立即颁诏："户部按照甲册登记的户口，把罪徒、赘婿及16岁以上未婚女子凑够共计50万人，迁往岭南。"

冥思苦想，始皇如何选择南下干部？

功不可没，赵佗如何获封龙川县令？

饭要一口一口吃，日子要一天一天过。岭南地区的人口问题解决了，秦始皇开始谋划着进行人事安排，他把那些在朝廷里资格比较老，却又没有合适位置安排的官员扒拉扒拉，看看谁适合南下。

秦始皇这一扒拉，还真相中了一位。这位叫任嚣，是个河南人，攻打百越之地的时候屠睢死后，他被任命为主将，也立下了不少的功劳，可总也提拔不了，这回逮着机会，就给了他一个省级待遇——在岭南当南海尉，统领南海三个郡的军事、行政和文化。至于赵佗，毕竟还年轻，要进一步考察，先安排个南海郡龙川县令，如果干得好，可以提拔。

结果，任嚣奉命来到南海郡治所番禺，就是现在的广州市。赵佗呢，那真是襟怀坦荡，忠君爱民，一看到秦始皇的圣旨，连忙叩首谢恩，陪同任嚣视察岭南，从南岭灵渠一直走到南海雷州半岛，从广西百色，一直走到香港、澳门这些小渔村。任嚣命令随从画出了岭南的地图，然后八百里加急，送到了秦始皇手中。

始皇帝一看这版图，西涉流沙，东有东海，南到北向户，都是我大秦的天下了。

有人问，那个最南面的北向户在哪里啊？北向户，就是北回归线以南的地区，或者接近赤道的地方。到了夏季，那里北面是阳面，南面是阴面。窗户、门子都向北开户，所以叫北向户。

当时的香港就隶属于南海郡番禺县，这是中原王朝最早在岭南地区建立的行政区划，也是有文献记载以来最早确立的政权。岭南地区正式列入了中国统一的版图，赵佗功不可没。

这正是：

始皇出兵平岭南，屠睢强攻命归天。
赵佗和平进南粤，大秦疆域南海边。

第二十一回 秦亡烽烟起 南越自为王

上一回说到，秦军平定百越以后，秦始皇委派资深政治家任嚣出任南海郡尉，当上了一把手，年轻的赵佗被任命为南海郡龙川县令。这没能阻挡住赵佗干出大成就，这又是怎样的一番创业传奇呢？

秦始皇死后，残暴的胡亥继位当上了二世皇帝。

胡亥上台没多久，陈胜、吴广带领农民造了反。群雄并起，天下大乱，六国贵族乘着这个机会纷纷复辟，争抢地盘，中原战火四起，民不聊生，乱成一锅粥。在这种纷乱的局面下，任嚣病重。

任嚣知道自己时日不多，写好了遗嘱，派人把赵佗请过来，把南海尉的官印交给他，说："如今形势危急，中原地区扰攘动乱，豪杰们背叛秦朝，相互对立。南海郡偏僻遥远，我怕强盗的军队侵夺土地，打到这里，想早作防备，但我病重了，这里的一切就交给你了，你一定要保护好几十万中原将士和父老乡亲身家性命啊。"没几天，任嚣在对家乡的思念中离开人世。

赵佗为任嚣办理了丧事，紧接着就调兵遣将，准备战略物资，在各个关口设置重兵把守，防止中原战火波及岭南。不就，秦朝灭亡了，一个旧时代结束了，在你方唱罢我登台的乱世之中，在遥远的岭南，赵佗领导的一个新时代悄然拉开了帷幕，这又是一番怎样的历史图景呢？

有了任嚣的嘱托，再加上各路将士的拥戴，赵佗开始大展身手。他派兵占领了桂林郡、象郡，统一了岭南，以番禺为都城，建立南越国，自立为南越王。为了拉近跟越人的距离，赵佗继续推行民族融合政策，还给自己起了个绰号，叫"蛮夷大长老"，穿着越人的服装，把头发盘到头顶，打扮得跟越人一样。这还不算，赵佗还起用了一大批能干的百越人到自己手下当官。

其中有这么一位叫吕嘉，能说会道，精通汉语和粤语，他原本是越人部落长老的大管家，因为说服越人部落长老归顺赵佗而得到重用。赵佗委任他为南越的相国，管理岭南越人的事务，又委派汉族的丞相管理岭南汉人的事务，有这么一对得力的帮手，岭南地区被打理得井井有条。

虽说岭南地区发展还不错，可从中原来的百姓打心眼儿里没有把岭南当成自己的家。为了稳定人心，赵佗想了一个办法，让中原人跟越人通婚，成为一家人，就会踏踏实实过日子了。

打定了主意，赵佗首先做出了表率，从自家儿女开始，要儿子娶吕嘉相国的女儿，让女儿嫁给吕嘉相国的儿子。这个决定得到妻儿的支持，相国吕嘉也举双手赞成。双方选好了良辰吉日，为赵佗的儿子和相国的女儿举行了隆重的婚礼，有岭南本地各界名流，也有来自中原的头面人物，婚礼现场是和和气气的南北一家亲。婚礼过后，很多南越人想，看来这些中原人是真打算在这里扎根了，可以放心和他们攀亲家，还有很多中原的将士心想，找越人当老婆也不错，跟首脑一样，多有面子。

这场婚礼，开创了一个岭南的新时代，也开创了中原汉人与少数民族亲如一家、自然融合的局面。

时局动荡，汉高祖刘邦怎样平定叛乱？
深明大义，南越王赵佗如何归顺西汉？

就在赵佗提倡汉越通婚，带领南越百姓致富奔小康的时候，中原地区的战争终于打出了结果。楚霸王项羽在乌江拔剑自刎，刘邦当上了皇帝，定都长安，史称汉高祖，这个王朝被后世称为西汉王朝。

刘邦得了天下，也没有亏待那帮好哥们，给他们各自封了王，封地分赏。没想到，这些异姓王占山为王，纷纷造反，从战友变成对头。汉高帝十年（前197年），刘邦率领大军来到了东垣（今石家庄市东古城）平定叛军，改东垣为"真定"，求的就是"真正安定"。这场战争的胜利，基本上稳定了汉王朝在中原的

位于石家庄市赵陵铺赵佗公园的南越王赵佗像

统治，也让刘邦想起了一个人，谁呢？就是从河北真定走出去的南越王赵佗。

平定了异姓王的叛乱，刘邦松了一口气，可要想一统天下，岭南那块地儿也不能撒手啊。他问丞相陈平："如何才能收复岭南地区，一统天下呢？"陈平说："要想收复岭南，我给陛下推荐一个人。"这个人是谁呢，就是陆贾。

陆贾是个爽快人，见到刘邦以后也不拐弯抹角，直接说："陛下只需要颁给微臣一张圣旨，诏封赵佗为南越王，其他的事情，微臣凭着三寸不烂之舌就可以搞定。"

刘邦一听这话，脸又耷拉下来，他刚刚除掉了那些异姓王，让老刘家的子孙们封王封侯。现如今，陆贾又让他封一个异姓的赵佗为王，这不是明摆着跟他唱对台戏！

陈平一看刘邦脸色不好，连忙出来打圆场："这个赵佗带兵数十万，控制岭南方圆千里，易守难攻。如果我们不和平招抚，大汉江山就会再起战火，以微臣之见，赵佗这个南越王可以继续当，皇上只是认可，不是诏封，表现出我大汉天子的仁爱。不过，赵佗必须每年给我大汉天子进贡。他的相国、郡守，都要陛下审定。这样的话，咱们不动一兵一卒，就能安抚岭南三郡。"

听到这，刘邦才反过味儿来，那张乌云密布的脸立时多云转晴了："好，就按你们的意见办吧！拟旨，诏封赵佗为南越王。"

这边刘邦给赵佗写诏书，那边陆贾打点行装。汉高帝十一年（前196年）五月，陆贾带着圣旨，马不停蹄地朝南越国而去。陆贾来到了岭南地区的关卡，把汉朝的通关文牒递给了守关的将士。将士们连忙派了信使八百里加急去给赵佗通风报信。

赵佗忙了一天，正准备上床休息，手下来报，说大汉朝钦差御使已经到了南越国的边境，让立刻派人前去迎接。这一晚上，赵佗翻来覆去睡不踏实，他明白，这次大汉派使者来，摆明了就是跟他谈判的，明天还有一场硬仗要打！

第二天，陆贾来到了赵佗的府邸。这位钦差大臣头上戴着汉朝大夫的紫巾冠，穿着黑色红襟的汉服，儒雅大气，气宇轩昂，一下车就高声宣布："南海尉赵佗听旨。"

圣旨里说了什么？都是些夸奖表扬的话，说赵佗把岭南地区管理得井然有序，还将文化传播到这里，改掉了那些野蛮的陋俗，发展了生产，这都是他的功劳。伸手不打笑脸人，赵佗把陆贾请进府中，敬茶、敬酒。

一上来，陆贾就说："越王殿下，你是咱们大汉的臣子，要注意自己的仪表，堂堂大汉王爷，岂能这身打扮？换了换了。来人，给南越王更衣。"还没等赵佗说不，这汉服就呈了上来，赵佗只能将身上的越人服装换下，穿上汉服。

陆贾是位天才演说家，这场谈判怎么进行早在心里打好腹稿，他先是跟赵佗拉家常联络感情，说你是中原人，兄弟、族人、祖坟都在真定，你的根儿就在中原，咱们都是兄弟，唤起赵佗的思乡情怀。紧接着，又滔滔不绝地讲述大汉王朝的政策，吹捧刘邦的治国策略，陈述自立为王还是归汉的利害关系。话里话外，是让赵佗知道，刘邦接受他这个异姓王来得有多么不容易。

一番话入情入理，恩威并举，拿捏得恰到好处。最终，赵佗双手抱拳："赵佗不才，我之前自立为王，那是形势所逼。但我懂得君君臣臣，知道仁义廉耻，所以什么都不必说了，以国家统一大业为重，我愿意世世代代忠于汉朝，接受朝廷的封号。"

打这以后，岭南边疆少数民族地区建立了中国多民族统一史上第一个具有民族区域自治性质的稳定政权。赵佗带领着人们不断学习中原文化，与中原密切联系，使岭南地区的经济、文化迅速发展。

生死由命，富贵在天。公元前195年，赵佗归汉的第二年，打了一辈子仗，还没过上几天安稳日子的汉高祖刘邦就驾崩了。他一死，朝野上下闹起了大地震，余震还波及了岭南，到底发生了什么事呢？

刘邦死后，吕后把揽了朝政。她独断专权，残害皇子，排挤忠臣良将，凡是她看不上眼的，统统想法儿给收拾掉了。

这个时候，赵佗的岭南地区发展势头良好，南越国的势力一天比一天强大，也引来了朝廷的猜忌。更糟糕的是，吕后还听信了小人郦食其的耳边风，担心南越国会威胁到大汉疆土，就暗地里给赵佗小鞋穿。从哪儿下手呢？当然是从经济上进行打压。

岭南地区的农耕产业发展快，靠的都是牲畜和铁制农具。吕后让惠帝颁布诏书，说为了大汉的边疆安全，不再给南越国这个蛮夷之地提供金属农具。不但如此，吕后还想出了更为狠辣的一招，那就是给南越国的马、牛、羊等牲畜，只给公的，不给母的。

消息传到了赵佗那里，他气得差点掀了桌子。金属农具如果被禁运，马、牛、羊绝了种，那还了得？这个吕后不是明摆着欺负人吗？他又该如何是好呢？

飞扬跋扈，狠毒吕后为何步步相逼？

忍无可忍，忠义赵佗怎样自立为帝？

赵佗一方面安抚岭南各族老百姓，防止不同民族之间闹纷争，另一方面先后委派了内史、中尉、御使三次赴京上书，主题就是自证心迹，表达对汉高祖的感恩和自己的爱国思乡之情。

赵佗想要晓之以理，动之以情！可是，吕后根本就不看赵佗这些情真意切的奏章，反而把赵佗派去的人给扣压下来。

这事儿很快就被别有用心的人拿出来做文章了。那六国贵族的后裔们，巴不得吕后赶紧倒台，汉朝赶紧灭亡，就派人到南越国传播谣言，还到南越王的府邸，跟赵佗攀亲戚，一把鼻涕一把泪地说："吕后这个狠毒的老女人，居然派人把咱们老赵家在真定赵陵铺的祖坟给平了！她还秘密下诏，让长沙王招兵买马，准备出兵攻打南越。"

忍气吞声那么久，一听祖坟被人刨了，赵佗心里这把火可就再也压不住了。正在这时，探马来报："大王，长沙王正在边境调兵，每天都是尘土飞扬。戍边大将赵将军请示，是否增加兵力，以备不测。"赵佗怒火攻心，"老虎不发威，你当我是病猫啊！来人，传令出兵！给他们点颜色看看。"

公元前182年，赵佗不得已发兵攻打长沙国边邑，以示抗议。其实这赵佗还是很有政治素养，做做样子仗不能真打，南越国和长沙国两国交兵，死的是将士，渔翁得利的还是吕后，做做样子就行了。

可是吕后太过狠辣，赵佗忍无可忍，既然你不遵守游戏规则，逼得我无路可走，那么我也不跟你玩了。就这样，赵佗跟大汉朝划清了界线，在南越国称帝，史称"南越武帝"。

这正是：

一代名将真英雄，奉汉称臣显忠诚。

吕后篡权乱国策，赵佗思汉对月空。

第二十二回 文帝修赵陵 赵佗俯称臣

上一回说到，赵佗原本归附了汉朝，可刘邦死后，吕后武力打压加政治迫害，逼得赵佗跟汉朝划清界限，黄袍加身自立为王。十几年后，祸乱朝政的吕后撒手西归，代王刘恒即位，天下又回到了老刘家的手中。这个时候，赵佗和他的南越国又将何去何从？

这位刘恒本来是一位诸侯王，在河北省蔚县代王城修身养性。吕后和她的亲戚们把老刘家的江山折腾的实在不像话，太尉周勃忍无可忍，出兵平定了吕氏叛乱，把刘恒接到了京城，送上了皇帝宝座，史称汉文帝。

当了皇帝，就得操心国家大事，还好刘恒身边有个得力帮手，丞相陈平。吕后祸乱朝政的时候，这位老丞相一直装傻不言声，实际上心里跟明镜似的，后来帮着刘恒接手王朝，从头收拾旧山河，第一件事就是废除吕后一系列荒谬的政策，安抚各地诸侯和边境少数民族地区。

陈平说，我朝高祖皇帝好不容易安定了岭南千里江山，封了赵佗南越王，可是吕后愣把人家逼得称了帝，现如今咱们要稳定南部江山，还得招安南越王。汉文帝觉得这话在理儿，可吕后当年做的那些事太不厚道，伤了赵佗的心，现在想要安抚人家，可就没那么容易了。

陈平却说，这事儿好办！您就颁诏，在真定为赵佗的父母双亲修建诸侯等级的墓冢，派兵给他置守邑，安排一个警卫班守着，每年清明节上坟烧纸。另外，把真定赵佗的叔伯弟兄们请到长安城，封官加爵，再赠送一些金银财宝。咱们让赵佗看看，大汉朝的天子对他的一番真心。

陈平这番话头头是道，说到汉文帝的心坎里去了。他连忙派人着手实施，就这样，一项轰轰烈烈的大工程在常山郡开工了。

有了皇帝的特批，常山郡的郡守不敢马虎大意，开始给赵佗的爹娘修建坟墓。坟墓占地50亩，封土就跟诸侯王一样高，旁边还修了一座部队营房，又派了六七名士兵看守。区区的平头百姓死后能够享有这样的待遇，也算是前无古人、后无来者了。一个月以后，赵佗先人的墓拔地而起，成为西汉王朝维护祖国统一的重要象征。

历代的真定府、获鹿县官吏和地方文人，都十分重视这座墓，把它保护得非常好。直到明清时期，这里还有着高大的封土，庄严的祠堂，苍翠的树木。庙祠庄严，这座墓称为"赵陵"。明清时期的地方志书中都将赵佗列位帝王，并收录大批凭吊赵佗先人墓、赞誉赵佗功绩的诗词歌赋，"烟树苍茫锁赵陵"，"赵陵"还曾是获鹿县八景之一。

让人想不到的是，这座赵佗先人墓旁边那个小兵营，后来居然成了一个大村子，叫"赵陵铺"。"陵"是皇帝后妃的墓葬，一般诸侯王的墓葬是不能称为陵的，由此可见历代王朝对赵佗的尊崇。

汉文帝花了那么多银子把赵佗先人的墓修好了，他的叔伯兄弟们也都封了官，可怎么让赵佗知道自己的良苦用心呢？这时候陈平又说话了："皇上不必忧心，我早就想好了，只要请一个人出山，带着赵佗的兄弟到南越走一圈，立马能把赵佗摆平。"这个人是谁呢？

舌灿莲花，一张巧嘴怎样抵挡千军万马？

赤诚相待，一封书信何以架起和平桥梁？

此人就是当初刘邦派去游说赵佗的陆贾。为了国家统一的大业，汉文帝恭恭敬敬地邀请陆贾再度出山，说："陆爱卿，朕封你为太中大夫，命你携带朕的诏书再南下番禺吧。咱们这一回，还是诏封赵佗南越王，你觉得如何？"

已经风烛残年的陆贾听汉文帝这么一说，不住摇头叹气。往事不堪回首啊，想当初他带着汉高祖刘邦的诏书去岭南，汉朝正处在百业待兴的上升期，他自己也正是英姿勃发的年纪，可后来，骄横的吕后愣逼着赵佗没了活路，不得已占据一方当了皇帝。现如今又想让人家归降，这话难出口啊。

皇命难违，为了维护大汉王朝的统一，陆贾决定放下所有顾虑，带着汉文帝的亲笔书信，一路快马加鞭赶往岭南。陆贾见到赵佗之后，开门见山地说："你也是炎黄子孙，真定名门。既是大汉臣子，岂能言而无信，悖逆祖宗？我知道吕后当权的时候，让你受了不少委屈，你若还当自己是大汉臣子，就立刻看看汉文帝的亲笔书信吧！"

赵佗打开了汉文帝的《赐南越王赵佗书》，上面字字句句都是汉文帝的诚恳歉意，他陈述了战争给人民造成的灾难，也柔中带刚地申明了汉王朝对南越的宽容态度，更表示愿意放下以前的恩恩怨怨，跟赵佗重修旧好，只要赵佗罢兵，就立刻恢复他的南越王封号。

汉文帝这一番话，打动了赵佗，汉文帝的雄才大略和仁德胸怀，让他叹服。赵佗也是个明白人，他立刻收兵，再次称臣，还当着陆贾的面，挥毫泼墨给汉文帝回了一封饱含深情的书信。

信中，赵佗追忆了高祖皇帝的厚赐和信任，陈述了吕后篡权对南越的歧视和排挤，更表达了自己的委屈和无奈。他说，自己称帝实属无奈，自己在岭南40多年来，儿孙满堂，可心中时时刻刻都在眷恋故土，想念家乡，现如今有了汉文帝这样的明主，他决定回归，了却心中憾事。

这字里行间，表达了他对祖国和故乡的忠诚。近代有些史家，根本没有读懂赵佗的《上文帝书》，更没有考证赵佗愤然称帝的背景，就妄加断言，说赵佗的南越国是岭南地方割据势力，这是十分荒谬的。

有人说，赵佗十几岁就领兵打仗，分明是大老粗一个，他能对南越国做出什么贡献呢？

此话谬矣！赵佗对南越国的贡献，实在是了不得！

赵佗是秦汉以来第一个接受中央王朝封赐、维护国家统一的少数民族地区的领袖，他引导岭南百越部落从原始氏族社会迅速走向文明时代。

赵佗大力推广汉字和汉语，还用中原先进的文化和伦理道德教育越人，迅速推动岭南地区文化的发展和社会进步。他还把中原地区先进的耕作技术、打井灌溉技术、冶金技术、纺织技术、玉器制作技术带到了岭南，发动官兵帮着老百姓凿水井、修水渠，推动了农耕的发展。直到今天，广州市内发掘出的越王井，仍然被作为南越国时期重要的文化遗址来保存。

不仅如此，赵佗还大力发展造船业和海洋捕捞业。《汉书·南越王赵佗传》等史料中记载，赵佗将很多珍贵的海底珊瑚、珍珠贝、紫贝进贡给大汉朝廷。赵佗派人制造的大船能够容纳3000人，可见当时的造船业已经相当发达。

后人还在越王墓中发掘出了来自非洲的香料，难道赵佗时代的大船已经到过非洲吗？以前我们都认为明代的三宝太监郑和是第一个下西洋到达非洲的人。如果赵佗当年的航船就到过非洲，又将打破原有的记录。

考古学者在非洲东岸发现了西汉早期的中国陶瓷，由此认定，南越国的航船早已经到达了非洲东岸，改写了汉代海上航行最远到达斯里兰卡的记录，把海上丝绸之路的开拓年代和最远距离大大推进一步。

更有意思的是，赵佗还开创了最早的定额管理模式。南越王墓中出土的竹简记载，南越皇帝宫殿中有老鼠，赵佗就命令太监杂役齐上阵去抓老鼠，每天逮住三只老鼠，算是完成定额，逮的多了有赏，少了要受罚。有一个太监一天没逮住一只老鼠，所以挨了板子，被打了屁股。南越王赵佗的定额管理法比美国20世纪20年代出现的定额管理法要早2000年。

难怪毛泽东曾经夸赞赵佗是"南下干部第一人"，他领导岭南人民摆脱了愚昧落后，走上了发展的快车道，功不可没！可是一代英才南越王，却留下了一个千古谜团，那就是他的年龄，赵佗到底活了多少岁呢？

赵佗经历了秦、汉两朝八个帝后的统治，直到汉武帝四年（前137年）才去世。这位充满神秘色彩的南越王，究竟活了多大岁数？只可惜，司马迁没有把赵佗的出生年月记录下来，也给后人留下了太多遗憾。

作为南越国的创始人，赵佗从公元前218年率兵来到百越之地，到公元前137年去世，进驻岭南百越81年。按照正常人的经历来看，即使赵佗率兵进军岭南的时候只有18岁，那么，他寿终的年龄至少是99岁。

有人说了，赵佗怎么能18岁就当上大将呢，简直是天方夜谭？其实这并不是什么稀罕事儿，秦汉时期18岁当上将兵主帅的人物不乏其人，霍去病、李广等人，都是青年时代就成为将兵的主帅。

赵佗既然能被秦始皇任命为平定岭南的副将，说明他之前必有过人的战功，不可能是赵国地盘上的愣头青，一下子中了彩票当上了将军。赵佗担任副将的时候年龄应该大于18岁，他的寿命应该在99岁以上。在当时人均寿命很低的条件下，赵佗活了100岁左右，的确充满了传奇色彩，他也成为西汉历史上寿命最长、为王时间最长的一代诸侯。

震惊世人，越王墓何种发现颠覆史书记载？
平定叛乱，汉武帝哪般政策收复南越属地？

赵佗去世之后，南越王的王位传给谁了？

司马迁在《史记》里记载，赵佗把王位传给了孙子赵胡，史称南越文王，而赵佗被尊奉为南越武王。赵佗的王位为什么没有传给他的儿子呢？这个问题很简单，赵佗活的年头太长，儿子没有熬过老子，就像明太祖朱元璋的太子朱标一样，死在老子前头了。

2000年了，人们都认为第二代南越王就叫赵胡。没想到，1983年，广州市越秀山公园西面的象岗发掘出了第二代南越王墓葬，一下子颠覆了司马迁的记载。这是怎么回事呢？

原来，人们在随葬品中发现了一枚"文帝行玺"金印和一枚"赵眜"玉印，确认这位墓主就是第二代南越王，原来名叫"赵眜"，愚昧的昧。难道是司马迁老人家稀里糊涂，把人名给弄错了？经过专家们一系列的考证，这才给司马迁老人家翻了案。原来，"赵胡"就是司马迁笔下的汉文名字，"赵眜"很有可能是赵胡的越族名字。他们其实是一个人！

赵眜死后，他的儿子、孙子没有成什么气候，南越国的大权实际上都落在了相国吕嘉手中。这个老相国也算得上是三朝元老，虽说胡子一大把了，可野心越来越大，再加上家族里面70多个人都在朝廷当官，吕嘉企图谋反叛乱，弄个皇帝当当过把瘾。

公元前112年，吕嘉杀掉主张归汉的南越王赵兴，发动叛乱。汉武帝得知消息，连忙派去十万兵马，歼灭叛军，维护了国家统一。平定叛乱之后，汉武帝将原来的南越国属地设置了九个郡，包括广东、广西等广大地域，又设置了交趾刺史部统领九郡。这样，由赵佗创立的南越国经过93年五代南越王之后，终于归入大汉的直接管辖之下。

这正是：

赵佗治越八十载，维护统一情不改。
传位五世生变故，武帝平乱归去来。

第二十三回 董子出广川 治学待时机

上一回说到南越王赵佗成就伟业,河北人南下开创新篇。燕赵之地人才辈出,在汉武大帝打下江山的历史时刻,河北又出了一位了不起的思想家。他包装营销先贤孔子的儒家学说,制造了"罢黜百家,独尊儒术"的成功案例,奠定了中国封建正统思想的理论基础,撰写了堪称封建社会之"圣经"的《春秋繁露》,他就是汉代思想家董仲舒。这位大师级的人物经历了怎样传奇的一生?

董仲舒出生在广川县,就是如今衡水景县的广川镇。当年,老董家的日子过得还不错,吃穿不愁,而且还存下了不少的余粮。家里新得了这么一个胖小子,老辈人都对他寄托了很大的希望,这孩子也挺争气,从小就知道好好念书,多长本事。

董仲舒自小就在多种文化的熏陶中成长,再加上他自己的脑瓜灵活,底子好,最擅长的就是分析辩论,年纪轻轻就成了一个超级侃客,正是这样的资本成就了未来的政治玩家。

董仲舒的学问在十里八乡出了名,不少的文人学子到他门下来拜师,董仲舒也不是小气人,挺乐意跟大伙切磋切磋,于是收了不少的学生。相传,他在山东德州留下了一处读书台,在衡水故城也留下了一处讲学之地。古人讲究"学而优则仕",学问顶呱呱的董仲舒在仕途上又有怎样的经历呢?

汉景帝在位的时候,董仲舒在朝廷里领到了经学博士的头衔。这个博士跟今天的博士不一样,那可是当时国家顶级的知识分子,是皇帝身边的智囊团,有时候可以化身游走外国的使者,有时候又能担当各级检察官的重任。作为经学博士的董仲舒样样优秀,门门精通,最拿手的就是

《春秋》公羊学；也正是因为董仲舒，这一类思想主张才得以弘扬。

细说当年，董仲舒并不是一个人在战斗，他还有一个志同道合的好战友名叫胡母生。胡母生又是何许人呢？他生在齐国，年纪要长上董仲舒几岁，是汉代传播《春秋》公羊学的第一批人，也是首先把这门学问写在书简之上的教书先生，他还把这套理论的主要观点编辑成书，写成了《公羊条例》。胡母生跟董仲舒志趣相投，而且又是同事，俩人在朝廷里同为博士，辅佐皇帝。

有人说，文化人都有个毛病，那就是文人相轻，谁都看不起别人。可是，董仲舒和胡母生偏偏是个例外，他们之间十分敬重，关系也是特别要好，也许正是因为这样的雅量，才成就了他们在学术上的造诣。因为这两位的关系挺近，甚至有后人认为董仲舒就是胡母生的亲传弟子。这个说法到底靠不靠谱呢？

根据司马迁的记载：在齐鲁之地论起《春秋》公羊学的大师，就得说是胡母生；在赵地这一片来讲，头一个就是董仲舒。这么看来，他们二位只是同行，并没有什么师生关系。再往深里说一层，胡母生算是这门学问里的理论家，董仲舒则要算是理论联系实际的思想家。正是因为董仲舒学以致用的大智慧，才让他的名字在中华大地上流传了千百年。

都说不经历风雨，见不到彩虹，董仲舒的人生之路上经历了怎样的风风雨雨？

生不逢时，窦太后如何大力打压儒学思潮？
韬光养晦，董仲舒如何潜心学术静待时机？

汉景帝当政的时候，儒学并不吃香。要把这个问题说究竟，还得提到一个老太太，她就是汉景帝的亲妈窦太后。这老人家喜欢黄老那套理论，爱好"清静无为"的主张，她对孔子的思想特别排斥，一提起《五经》就把眉毛拧成了一堆。

有一回，窦太后给一个研究《诗经》的博士提问题，问他懂不懂《老子》的精妙之处。这个博士没看出老太太的眉眼高低，愣头愣脑地回了一句："《老子》又浅薄又三俗，就是一套自我陶醉的糊涂话。"窦太后一听就怒了，破口大骂说《五经》才是彻头彻尾的胡说八道。老太太嚷嚷了一通还没消气，又出了一个幺蛾子，非让这个博士去赤手空拳地对阵野猪，一定要让他为自己的言论付出代价。多亏了汉景帝的心里还算明白，偷偷摸摸地塞给这博士一把利剑，才让他在斗兽场上逃过了一死。

这场闹剧让爱好儒学的博士们看在眼里，怕在心里，从这往后，谁还敢提儒学俩字呢？他们之中有人被窦太后算了后账发配郡国，有人找个借口辞职回家，胡母生也在这个节骨眼上告老还乡。

董仲舒是个识时务的明白人，自然不会在风口浪尖上给自己找麻烦。他回到家里做了个宅男，教书治学，韬光养晦，只待来日有所作为。在这段日子里，董仲舒带出了不少的好学生，其中最为著名的就是太史公司马迁，也正是因为董仲舒的言传身教让司马迁发愤图强写下了《史记》这部千古名著。

董仲舒一心研究圣贤书，两耳也听着窗外事，他的心里有个梦想，那就是要打造一个前所未有、兼容百家的新儒学体系，在西汉大一统的天地之间创造辉煌。董仲舒明白：是金子总会发光，可是，这闪光的日子需要耐心等待，他在熬人的等待之中从热血青年变成了中年汉子，又从中年等到了白发苍苍的老年。岁月不饶人，一天天的日子在董仲舒的脸上刻下了纹路，说话这就过了半百之年。他等着盼着的那一天到底会不会来临呢？

当年，由于汉景帝清静无为地"大撒把"，好些个地方势力坐地起家，国境线上也乱成了一团糟，虽说国民生产总值看起来还不错，可是歌舞升平的背后藏着一连串的大问题。那时候，西汉的江山急需一个敢作敢为的君主，还缺一大批敢想敢干的改革家，为经济发展出点子，为国家富强出力量。这个历史使命落在汉武帝的肩膀上，也落在河北人董仲舒的头上。

汉景帝驾崩，汉武帝继位，天子宝座上的大变革为国家带来了新气象，也为儒学复兴带来了新希望。董仲舒深藏不露的那把宝剑整整磨了30年，终于赶上了亮剑的好时机。

少年天子继承大统，雄心勃勃的汉武帝撸起袖子准备大干一番，他把人才战略放在一等一的位置，一上任就忙着招兵买马，广聚贤才。小皇帝一道诏令要求各级官员推荐能人，一大摞的人名单经过层层筛选，最后剩下了100多人。

在汉武帝的眼中，什么样的人才能算得上是真正的人才呢？他明白，打着商鞅、韩非的旗号说法家之言的人物已经过气了,学苏秦、张仪纵横之术的人们也派不上用场,只有那些有学问、懂教化、求稳定、知发展的大家才是国家栋梁。按着这个路子找一找,董仲舒正是当之无愧的人才。

董仲舒等了这么多年,终于等到了东风,他究竟是在何年何月出山的呢?后世一直是众说纷纭。按着司马光在《资治通鉴》上的记载,董仲舒是在建元元年(前140年)见着了汉武帝,来了一场对策;可是,班固的《汉书·武帝纪》之中却说这事发生在六年之后。到底哪种说法是真相?还得听听董仲舒他本人怎么说。

当年,董仲舒和汉武帝对策的时候亲口说过:"如今,距离高祖元年已经有70多年了。"按着这个时间点算上一算,高祖元年也就是公元前206年,把这个数字加上70,正符合班固的记载。至于司马光为什么会把时间往前推了好几年,估计是因为他想着董仲舒才高八斗,一定是在汉武帝继位的时候就被推举到了皇宫大殿上。可是,想当年,交通不便,通讯也不发达,消息一道一道的从中央传到地方,这就得花上不少的工夫,而且,这个事件的背后还有更深刻的历史背景。汉武帝要想请董仲舒这样的儒学大师登堂入室,着实要好好研究一下时机。在他刚刚坐上皇位的时候,招聘人才没问题,可是要让儒学之道登上大雅之堂,那还不是时候,这其中又有什么样的原因呢?

波澜迭起,儒家学派能否一路顺风?

乱象丛生,一代大师能否等到黎明?

刚才这话头还要回到窦太后的身上,在汉武帝登基之后,老太太的身板还挺硬朗,已经被尊为太皇太后,朝廷上有个什么大事小情的都要她点头才行。在老太太面前,儒学还是个不能说的敏感词。

那个年头里,汉武帝刚刚把尊崇儒学的窦婴和田蚡提拔上来,又委任了两位这一派的人物。这几个儒生一入朝廷,就开始倡导儒学理论,还大张旗鼓地把自己的儒学导师接到了皇城,说是要跟朝廷商量商量治国理政的大事。这其中有一个名叫赵绾的儒生一时得意,跟汉武帝说了这么一番话:"朝廷大事就别跟太皇太后说了，咱们好好推广儒学，成就事业。"

天下没有不透风的墙，没过几天，这话就传到了窦老太太的耳朵边。老太太岁数大了，气性还是不小，她拍着桌子下了一道绝密的指示，让手下人在暗地里调查赵绾他们那俩人。结果，这两个儒生虽然学问不错，修养上却差点事，被人一查就查出了问题。

这下，窦老太太可有话说了，她当面锣对面鼓地质问汉武帝："你瞧瞧，这就是你所谓的栋梁之材，不过是黑了心的势利小人。我大汉的江山怎么能让他们随便祸祸呢？"这一问可把汉武帝给问住了，他嘴里有话说不出，心里有气吐不出，只好把这俩人关进了大狱。可是，老太太还是不依不饶，硬是逼着他们自杀谢罪才算了事，连带着刚刚提拔的窦婴和田蚡也给跟着停职反省。

多年前的局面再次上演，把刚到京城的山东大儒申公也给惊着了，他赶紧声明："我岁数大了，不能掺和国家政治大事。我这就跟各位告辞，明天就打道回府。"

这一出接着一出的闹剧闹得人心惶惶，董仲舒怎么可能在这样的时候跟汉武帝堂而皇之地探讨儒学之道呢？

直到建元六年（前135年）五月，太皇太后窦老太太撒手西去，儒学终于迎来了春天。时势造英雄，天下第一号思想领袖即将登上历史的舞台，开启中国封建正统思想的新时代。这个迎风而来的人物正是董仲舒，他的朝堂对策就是历史新篇的第一章。

这正是：

广川才子董仲舒，少年有志通今古。

下帷讲学育桃李，教书育人传儒术。

第二十四回 仲舒应选举 入朝说伦理

上一回说到汉武帝励精图治,选拔人才。一时间,天地之间风雷动,各路精英奔都城,河北才子董仲舒能不能赶上这阵东风?他又在历史上留下了什么样的故事?

想当年,汉武帝平定边疆万里,开辟丝绸之路,把国家治理得井井有条,国民生产总值也蒸蒸日上,真正是雄才大略,文治武功。在这样一个时代,想成就大事,就得攒下大批的人才,汉武帝一声号令,招揽了各方面的奇才——文章盖世的有司马相如、司马迁,上知天文的有唐都、洛下闳,领兵打仗的有卫青、霍去病,外交高手有张骞、苏武,管理专家有桑弘羊,精通诗乐的有李延年……真可谓人才济济,群星璀璨,谱写了大汉王朝的辉煌篇章。

东风劲,四海平,各路的人才就像雨后春笋似的冒了出来。汉武帝的事业大步向前,军功章上也有董仲舒的一份。根据史书上的说法,正是他建言建议,主张推行儒家教育,建立选举制度,这才有了西汉帝国的兴盛发达。董仲舒这块闪闪发光的金子,究竟是怎样绽放了他的光芒?

在西汉时期,走上仕途的路有很多种,官二代可以世袭职位,富二代可以花钱买官,读书人可以靠人举荐,还可以把治国理政的想法提交政府,没准就能获得一片用武之地。再有,就是对策。这又是什么意思呢?

对策就是皇帝提问,臣子作答,就某一件国家大事展开头脑风暴,相当于政界的高峰论坛。皇帝通过各位的言谈话语了解他们的水平,决定是不是要给安排官位。董仲舒就在这件事上好好做了一番功课,凭着高端的学问,大气的主张,用上档次的言论赢得了君心。

根据《汉书·董仲舒传》的记载,在一场对策之中,汉武帝首先抛出了这样的问题——广招英才的意义何在?

如何治国才能政通人和？这一问正对董仲舒的路数，他观察政坛风云，研究民生根本，再加上深知孔孟之道，多年为人师表，这些年积累的真知灼见终于要在这一刻喷薄而出。

董仲舒开篇先论天地人，把家国命运，帝王人生和天意神权融合在一起，说天有天道，人亦有道。作为君主，应当遵循天意，有所作为，不然的话，别说老百姓不拥护，就是老天爷也不赞成，一定会降下灾难作为警告，这就是所谓的"天人感应"。

这一番鸿篇巨论迷住了汉武大帝，镇住了文武群臣。汉武帝一边听一边想，这位的水平这么高，口才这么好，不如请他来做我的御用笔杆子，皇家发言人，往后的社会舆论导向就不用我来发愁了。就着这个想法，汉武帝又出了一连串的问题——三皇五帝如何赢得了天意？夏商周的君主凭什么主宰江山？历朝历代的皇帝为什么历经兴衰？

这一系列的问题最是考研智商和情商，说得好了，皆大欢喜；说得不好，就要倒霉。既要顺着皇帝的心意，也不能丢了人格拍马屁；既要表达自己的主见，又要让人人听得进去。面对这个题目，董仲舒又要如何作答呢？

谈天说地，一问一答展现哪般锋芒？
借古论今，有来有往体现何种思想？

董仲舒面对汉武帝的提问，开口先引《尚书》的说法："古时候，周武王兴兵讨伐纣王，大军过河的时候有白色的大鱼蹦到船上，还有火光在周武王的宅子上面飞过，转眼就成了红色的大鸟，这一切的一切都是上天降下的好兆头。不过，祥瑞可不是凭空掉下来的大馅饼，它是对于美德的报答，是君主行善的结果。孔子他老人家说了——德不孤，必有邻。讲的就是这个道理。"

眼见着汉武帝听得津津有味，董仲舒又开始分析下一个命题："刚刚咱们说过了好事，下面就谈谈天灾。天灾之所以会出现，是因为君主对百姓有做得不到的地方，这么一来，民间怨气丛生，国家上下不和，阴阳失调，灾难也就难免了。"

董仲舒借着古人的故事说历史的兴亡，借着从前的事情说当下的时局，把重新包装过的儒家思想讲给了汉武大帝。他在言谈之间传达了这么一个意思：帝王的君权至高无上，不过，可别忘了这是上天授予的大权，天意又是从何而来呢？这又是由民意所决定的。总而言之一句话，作为一朝天子，首先得把百姓当回事。

再论万古人心向背，百年朝代兴衰，这跟帝王的德行息息相关。董仲舒这么说："人的命是天给的，与之而来有德行，也有欲望。天命咱们管不了，人事还是能控制的。德行需要发扬，欲望需要克制，人品高低贵贱就看你怎么要求自己。"他又引用了一段孔子语录，说："君王的德行就像是清风，百姓的德行就像是小草，当皇帝的先把这根上梁修正了，百姓的德行自然也会越来越好。尧舜修身养德，国家四海清平；纣王荒淫无道，国家也跟着遭殃。这历朝历代的历史，就是摆在眼前的例子。"

汉武帝边听边点头，只觉得这一字一句全都说到了自己的心里，越听越觉得脑子清亮。董仲舒话音落地，汉武帝又出了一道题——我大汉王朝应该如何顺天而为，定国兴邦呢？

汉武帝关于时事政治的问题早在董仲舒的预料之中，他胸有成竹地说出了四策——"法天"、"正始"、"教化"、"更化"。这八个字里又有着怎样的含义呢？

"法天"就是遵从上天旨意，遵循自然规律。

"正始"就是按照孔子撰写的《春秋》创立王道的开端。董仲舒在这一点上又引经据典，加以解说："道生一，一生二，二生三，三生万物。这个一就是万物的根本，万事的开端。正本清源，又要从哪说起呢？政治之本在百官，百官之本在朝廷，朝廷之本在君主，君主之本在修德。所谓正始，就是要求君王自省、自正。那么，老百姓的德行又该如何端正呢？这就是我所说的第三点——教化。"

董仲舒又提出一个论点——教化不立而万民不正。他说："百姓追逐利益就像是水往低处流，虽然是它的天性使然，不过，做皇帝的要是放任不管，就像是洪水绝了口子，大坝破了洞，真正是倒霉挡不住了。"这又该怎么办呢？董仲舒给的建议是国家设立大学，郡县设立学校，教育从娃娃抓起，从基层抓起，传播仁义道德，提高全民素质。

再有，就是"更化"。要想打破旧世界，建立新世界，光靠理想可不行，必须紧握时机，推行变革，革掉秦朝的暴政，革掉从前的恶习，让仁义礼智信的思想主导整个社会。

这一番大论赢了一个满堂彩，不管是论点还是论据，样样都精彩又得当，深刻又务实。也难怪《论衡》之中有这样的看法，说汉武帝百官对策，最拔尖的就是河北的董仲舒。起初，谁会想得到，汉武帝的人才计划中冒出来的黑马竟然是一位来自河北的识途老马。接下来，董仲舒经过中场休息，又登场上演了第二回好戏，这又是怎样一段故事呢？

经过头一回的当朝策问，汉武帝认准了董仲舒是个不得了的栋梁之材，接下来，他又问一策，想试试这块金子到底价值几何。这一回，汉武帝又搬出了几个问题，他问道："在国家大事上，到底是勤俭务实的好，还是应该重视礼仪呢？"

董仲舒回答："这事不能一概而论，咱得讲究分寸。该讲究的不能省，没必要的一律不要。"他给出这么一个建议：按着《春秋》中的说法，顺应天意，遵从五德，根据金木水火土这五行，把象征土德的黄色定义为汉朝的文化标志。从这以后，汉朝的官员一律穿上了黄衣裳，官印也照着五德的规范统一成了五个字。这项改革事关重大，对后世产生了很大的影响。

汉武帝上任也有一段时间了，有个问题让他觉得挺挠头：刑罚制度到底该怎么定？宽了吧，怕不管事；严了呢，又怕百姓不满意。董仲舒来了个具体问题具体分析："西周王朝的君主行大义，推礼乐，十年不用刑法，依然是国泰民安。秦始皇当政的时候，横征暴敛，把天下搞得一团糟，老百姓不得已只好去做贼，他再用什么残酷的刑法，也没改变这样的局面，说到底就是因为君主缺少德行，人民缺少教化。我大汉王朝应该吸取历史教训，以德为先，这才是平定天下的根本。"

汉武帝沉思片刻，又提了一个现实的问题："我已经把农业大计、人才问题、社会道德等当成重中之重，可是总觉得离政通人和的目标还差得挺远，这到底是为什么呢？"

董仲舒给了三点答案：一是没有用儒家的仁德之道教化百姓，二是官员队伍的整体素质和行政能力有所欠缺，三是教育资源不足，人才数量不够。

董仲舒一连串的出彩表现让汉武帝暗暗叫绝，估计就连这位皇帝也没想到，接下来的事情更叫一个绝！

针砭时弊，一番大论如何解剖政治问题？

把脉开方，一剂良药如何实现宏伟目标？

董仲舒的对策让汉武帝大开眼界，没想到大汉王朝还有这样的高端人才。在第三场对策之中，汉武帝来了个激将法："你说话有点太含蓄了，到底要说的是什么？你敢不敢讲出来？难道你还怀疑我想听真话的心意吗？"

董仲舒微微一笑，侃侃而谈："皇帝您梦想的是大一统的盛世，可是您有没有想过，要想一统天下，先要统一人心，给老百姓树立一个标准化的是非观，这放之四海而皆准的王道又该是什么呢？讲究礼仪道德的儒学最是当之无愧！当然，这样的理论绝不是孔夫子的老一套，而是融会贯通了道家之长，又超越于道学之上的思想。"

面对董仲舒的讲演，汉武帝只觉得心眼里一下就亮了，董仲舒讲的正是自己苦思冥想却没有想到的点子，寻找了千百次却没有找到的方向。三场对策引发了汉武帝的思考，激发了他的理想和抱负。少年天子汉武帝就要在董仲舒的辅佐之下吹响前进的号角。

这正是：

少年天子初登基，招募贤良明事理。

朝堂问策选英才，董子应诏论天机。

第二十五回　举步进都城　再授天地人

上一回说到董仲舒当堂对策惊世人，高谈妙论定乾坤。有了这一而再，再而三的出彩表现，董仲舒成了汉武帝心里分量最重的栋梁之材。大汉王朝将在这一君一臣的精心谋划之下走向何方？董仲舒又将在这个广阔的舞台上出演怎样的角色？

经过之前的三场对策，汉武帝对董仲舒的学问和见识打出了百分之二百的好评，对于这么一个重量级的人才，究竟该给他安排个什么职位呢？汉武帝在这个问题上思来想去，实在不知道什么样的位置才不算委屈了这位惊世大才。汉武帝白天想了晚上想，终于想出了答案，就是要把董仲舒安排到国家最需要的地方去，这个地方既需要胆识，又需要心计，更需要一心一意地效忠朝廷，最要紧的就是得有颗大一统的心。

这个地方离着都城可不近，是在江都易王刘非的身边。董仲舒此行带着一个重大任务，要去框住刘非的野心，让他老老实实地守纪律，规规矩矩地过日子。话说回来，这个刘非又有什么样的来历呢？

刘非是汉景帝的亲儿子，汉武帝的亲哥哥，正宗的皇室血统，正经的皇室成员。他十来岁的时候当过汝南王，15岁就上书要求带兵打仗，收拾吴王。当时，汉景帝觉得这个孩子有出息，就点头答应了他的请求。要说刘非也挺争气，头一回出师就大获全胜，平定了叛乱。因为这件军功，汉景帝把吴王的地盘划给了刘非，又把他封作江都王，还赏了一面象征着荣誉的天子旗。因为经历过这样的光辉岁月，刘非的性子里就生出了一股傲气，没事就在自己的地面上兴兵操练，还在江都境内大兴土木建设宫殿，大张旗鼓招兵买马，让人瞧着实在有点不像话了。

汉武帝之所以把董仲舒安排到江都王刘非身边做相国，一是为了考验董仲舒的执政能力，二是希望董仲舒化身自己的眼睛和耳朵，监督刘非的一举一动。董仲舒身兼重任到了江都，他不辱使命，该做的事情一点也不马虎，就连傲气十足的刘非也对他特别敬重。

江山易改，本性难移。刘非规矩了没几天，就觉得心里发痒，耐不住性子了。他旁敲侧击地跟董仲舒搭茬："孔子他老人家曾经说过：在殷周时代，殷纣王身边有微子启、比干、箕子帮着他来定天下；在勾践那时候，越国也有泄庸、文种、范蠡帮他推翻了吴国。要说齐桓公当政的时候，天下能人就数管仲；现如今，大汉王朝就我最行！"

董仲舒一听，这话头不对劲，他没有针尖对麦芒的硬碰硬，也兜了个圈子提起了历史，说勾践用阴谋诡计咸鱼翻身，那根本不是正事，文种、范蠡走旁门左道，也不能算是君子。真正的仁人志士不该谋求私利，而要以道德为先。刘非也是个聪明人，他从董仲舒的话中咂摸出了道理，把从前那些非分之想全都抛到了九霄云外。

董仲舒四两拨千斤，用智慧和人格安定了江都一带，预防了一场大乱。这位旷世奇才还有什么了不起的大作为呢？

一朝蛇咬，董仲舒如何吃一堑长一智？
一生清正，后世人如何尊董子传美名？

据说，董仲舒不光了解人的心理，还能揣摩老天爷的心思；他不但能用儒家思想治国理政，还能用阴阳五行学说求风求雨，在他的著作《春秋繁露》中还有两个章节讲的就是求雨和止雨的事。用现代的眼光来看，这事恐怕有点可笑，不过，也能从侧面看出董仲舒忧国忧民的良苦用心。

话说有这么一回，那是董仲舒刚刚从江都回到了京城长安的时候，正赶上国内好几处重要建筑发生了火灾。董仲舒借这个时事热点写了一篇论文，以天人感应的观点论证天灾与人道的关系。文章刚刚收尾，汉武帝身边的大臣主父偃进了董仲舒的家门，正好瞄见了这篇大作，就顺手揣进了自己的衣襟。主父偃回家之后，关上门就是一通抄袭，接着就用自己的名义把稿子呈给了汉武帝。

汉武帝把这篇文章从头到尾看了一遍，就挥手让主父偃把稿子拿给朝廷上的儒生们传阅。这一群当官的个个狡猾得很，读过了文章全都不出声，就盯着汉武帝的脸色一个劲地看，只有董仲舒门下一个名叫吕步舒的弟子没有搞清状况，他不明白其中的蹊跷，更不知道这文章是自己老师的手笔，开口就说这文章分明是在蛊惑朝廷。

汉武帝听见有人表态了，就回头去问主父偃这稿子的作者到底是谁。你说这主父偃的心有多坏？他立马指名道姓地说是董仲舒所为，那老头根本就是在攻击皇帝您呢！汉武帝立即变了脸色，把董仲舒判了个死罪关进大狱。幸好，皇帝还没有糊涂到底，不久之后就翻过味儿来，觉得无论如何不能冤死了这个人才，于是，他下了一道赦免令，董仲舒也逃过了这一劫。

从这以后，董仲舒长了心眼，再不敢随随便便地议论什么天灾人祸。可是，人红是非多。董仲舒朝堂对策出了大名，好多人在背后憋着给他使坏呢。没过多少日子，董仲舒又遇到一个小人出绊子，这人又是谁呢？正是他的老同事，《春秋》博士公孙弘。

要说起公孙弘，那是个出了名的两面派。论学问，他远远赶不上董仲舒，早先就是凭着那点小聪明混了个博士；不过要说起溜须拍马的事，这位可是门儿清。公孙弘有《春秋》博士的头衔装点门面，又有见风使舵的本事，一路青云直上成了汉武帝身边的红人，他表面上看着挺老实，实际上那一肚子都是坏水。

董仲舒跟公孙弘算得上是老相识了，他顶瞧不上公孙弘玩的那套把戏，公孙弘也嫉恨董仲舒的才能，这俩人一见面就有点别别扭扭。公孙弘早就惦记着给老董捅上一把暗刀子，他到底会生出怎样一条毒计呢？

话说当年，汉武帝开疆拓土占了不少的地盘，这么大的地方，这么多的事，国家最缺的就是人才，山东的胶西王身边就少一个国相。公孙弘瞅了个机会就给汉武帝进了一言，说董仲舒才能盖世，最适合胶西国相的位置。这事看上去顺理成章，内里却含着一把毒箭，这又是为什么呢？

因为这胶西王刘端心思歹毒，为人残暴，与前面提到的刘非相比，根本就不是一个段位，彻头彻尾就是个杀人魔王，好多基层的小干部都在他的手下丢

位于景县广川镇的董子祠

第二十五回 举步进都城 再授天地人

了性命。公孙弘心里想着,董仲舒这一去就相当于羊入虎口,不是被人下毒药,就是掉进阴谋的陷阱,没准直接就丢了脑袋。

公孙弘万万没想到,人世之间一物降一物,董仲舒愣是凭着人格魅力和学问见识让胶西王刘端服了气。不过,董仲舒的心里明镜似的,知道在这里待着不是事,过了一段时间就说自己岁数大了身体差,辞职回到了京城。往后的日子,他又该怎么过呢?

经历了这么多的是是非非,董仲舒明白了伴君如伴虎的道理,再不愿意到名利场上跟人斗心眼。他回归书房,冷眼旁观世事纷飞,潜心写作理论著作。

董仲舒离开了朝廷,离开了汉武帝,这样的距离产生了美,汉武帝把身边的人物捋了一遍,最终还是认准了董仲舒,觉得这全天下只有他的本事最大。国家一旦有个大事,汉武帝还是要请董仲舒来当顾问。

有一天,董仲舒正在书房用功,汉武帝又把廷尉张汤派到了董府。张汤带来了宫里的赏赐,还带来了汉武帝的难题。当时,董仲舒不再是朝廷中人,反而更有旁观者清的超脱和来自民间的地气。他给出的见解有理有据,中肯而又务实,涉及刑罚典狱、祭祀礼仪、灾害防治、农业种植、土地改革、政治改良,这其中有不少的好点子被汉武帝付诸实践,收到的效果很是不错。

甚至在跟匈奴和谈这样的军政大事上面,汉武帝也特地征求过董仲舒的意见。董仲舒在这个问题上看得很是明白,他认定了匈奴一门心思地投机钻营,只知道眼前那点利益,绝不会把礼义诚信当回事。具体问题具体分析,他给汉武帝出了这么一招:首先,要舍得花钱买个太平,再用和亲的方式加个双保险。接下来,双方共同签个睦邻友好的协议,再让匈奴把亲生的孩子送到长安作抵押,像风筝线似的牵着他们的心。这个法子果然奏效,在这之后的好些年里,匈奴那边再也没有起过乱子。

了却君王天下事,赢得生前身后名。董仲舒一朝故去,安眠在长安胭脂坡下,后世的官员到了这里,个个都要下马致敬,所以,这块地方也就得名下马坡。对于这位思想界的宗师,后人又有怎样的评说呢?

一代圣贤,承前启后留下怎样一部鸿篇?
一脉相传,燕赵故土留下怎样一段情缘?

董仲舒一生之中都没有停下他的笔杆子,给后人留下了不少的著作。根据班固的说法,董大师的大作可以分作这两部分,一是儒学方面的著述,另外一部分是文学作品。如今,还有《春秋繁露》、《董子文集》、《公羊治狱》等等存于天地之间。

在西汉时代,著名学者刘向说"董仲舒有王佐之材",东汉的班固也对董仲舒大加好评,同处于东汉时期的王充说"文王之文在孔子,孔子之文在仲舒",更是把董仲舒视为圣人。千百年后,康有为的评说更是直白,他曾经这么讲:"如果没有董仲舒的发扬光大,孔夫子的理论压根成不了气候。"

董子一去2000年,燕赵故土永怀念。在衡水景县的广川镇,当地人建起了董子文化园;在广川镇上的汉代长河边,后世人建起了董仲舒纪念冢。在董子故里,年复一年地举行着祭祀董仲舒的活动。

这正是:

一代鸿儒董仲舒,思想宏论传千古。
广川古镇留遗迹,《春秋繁露》成巨著。

第二十六回 刘德惜古籍 毛公讲诗经

上一回说到,汉武帝时代,董仲舒掀起了一场"罢黜百家,独尊儒术"的运动,朝廷上下开始搞儒学复兴。这时候,河间有一对研究儒学的叔侄在学界崭露头角,他们有怎样不凡的才华,为后人留下了怎样的文化遗产?

"管管雎鸠,在河之洲。窈窕淑女,君子好逑。"说到《诗经》中的名句,人们都会背诵几句;提到《诗经》的编写人,人们都会想到儒学的鼻祖孔圣人。不过,我们今天要说的不是孔子,而是另外两个人,如果没有他们,后人也许就读不到今天的《诗经》。这两个人是谁?他们就是"毛诗"的传承人——毛亨、毛苌。

燕赵、中山故地,自古就是歌舞和音乐盛行的地区。只可惜,由于历史久远,久经战乱,再加上人口的流动,很多音乐都失传了。幸亏孔子这位文学家有着超前的眼光,他把西周以来各个地区的诗歌收集整理、汇集成了诗歌总集,原本叫作《诗三百》,后来称为《诗经》。

读过《诗经》的人都知道,《诗经》分为风、雅、颂三类。那个时候,燕赵之地分布着邶国、鄘国、卫国三个国家,《国风》中的《邶风》、《鄘风》、《卫风》就是燕赵之地的民歌。

孔子编纂了《诗经》,传给了弟子子夏,子夏又传给了山东人曾申,就这样一代一代往后传,最后传到了毛亨那里。只可惜,毛亨赶上了多事之秋。秦始皇上台后,有些儒生跟他唱反调,秦始皇一怒之下"焚书坑儒",诸子百家的文献藏书都被毁掉了。在这种白色恐怖下,平头百姓要是私藏或者传播儒学典籍,那可是要掉脑袋的,对于《诗经》的传人毛亨来说,手里的《诗经》无疑成了烫手的山芋,他又该何去何从呢?

毛亨预感到大难临头作。为了躲避搜查,他悄悄地带着妻儿老小离开家乡，隐姓埋名，一路向北，开始了他的流浪生涯。漂泊的日子不好过，有点风吹草动，就得收拾行李赶紧搬家。

好不容易挨到秦始皇去世了，这天下又是一番你争我夺，混乱厮杀，等到刘邦建立西汉王朝，才算是消停下来。刘邦的儿子刘盈当了皇帝，撤掉了秦始皇的"挟书令"，天下太平了，毛亨才敢拿出自己的藏书，光明正大地整理《诗经诂训传》30卷，传授给侄子毛苌。再后来，他们举家来到河北的河间国，在这里传播《诗经》，成就了"毛诗"学派，毛苌还成了河间献王刘德的经学博士。世人把毛亨称为"大毛公"，把毛苌称为"小毛公"。

这两位毛公的老家在哪儿呢？山东人说，古代的郑玄清清楚楚地记载说毛亨是鲁国人，那当然就是山东人了。不过，河北著名的《诗经》研究和收藏家、河间市文化学者田国福考证，毛亨就是河北河间人，毛家的家谱有记载，不容置疑。河北省邯郸的学者们也有自己的说法，他们经过一番考证认为，毛亨的祖籍应该是邯郸市鸡泽县人，还是赵国成语人物"毛遂自荐"主人公毛遂的后代，在鸡泽县还流传着毛遂如何送毛亨拜荀子为师的故事，毛苌既然是毛亨的侄子，这两位大小毛公都应该是鸡泽人。

毕竟历史久远，历史文献记载不详，关于两位毛公的籍贯问题，公说公有理，婆说婆有理，到现在也没有确切的结论。这个问题姑且放下，说一个大家更感兴趣的话题。为什么毛亨当年不去别的地方，偏偏选中了河间这个地方传授诗经呢？

四处漂泊，毛亨叔侄如何选择栖身之所？
崇学重教，河间献王怎样打造文化高地？

话说毛亨一直拖家带口到处流浪，始终没找到一个踏踏实实的落脚地。他也在琢磨，这岁数越来越大，腿脚越来越不灵便，走不动了，究竟要在哪儿扎根儿呢？那时候，河北这一带有好多诸侯国，毛亨跟侄子毛苌一个个过筛子，想要找一个最好的落脚地儿。

河北南边有常山王刘舜，都城就在元氏，也就是现在元氏县故城村。这个刘舜是汉景帝的小儿子，汉武帝的弟弟。他仗着自己最得宠，飞扬跋扈，胡作非为。上梁不正下梁歪，他这个诸侯王没个正形，儿子们也不走正道，干了很多伤天害理的事儿。这一脉兄弟子侄，让汉武帝刘彻都感到头疼，他曾经派张骞亲自去处理。毛亨叔侄心想，跟着这样一个诸侯王，能有什么好儿？这个地儿不能去。

再往西边的定州瞅瞅，周边是中山靖王刘胜的封地。这个刘胜也是不学无术的主儿，成群妻妾给他生了120多个儿子，他自己都认不大清。他整天花天酒地，奴役百姓给他开凿矿山、铸造青铜器和金玉饰物，老百姓被作践的没法儿过，这儿也不能长住！

往北边走又是哪儿呢？那是燕王的封地。三代燕王从刘泽到他的儿子刘嘉、孙子刘定国，一代不如一代。刘定国更是荒淫无耻，竟然跟父亲的姬妾勾搭在一起，还生了孩子！更离谱的是，他竟然霸占自己的弟媳妇儿，还强占了自己的三个女儿，干的都是禽兽不如的事儿！在燕国的地盘上，那些个正人君子根本没法活，有些耿直的官员实在看不下去了，把刘定国的罪行上报朝廷，结果惹来了杀身之祸。后来，汉武帝知道了刘定国的这些恶行，召集大臣们讨论如何处置他，大伙众口一词，纷纷说道："刘定国败坏人伦，违背天理，砍了他的头都不屈他！"刘定国得到了消息，知道自己逃不过惩罚，畏罪自杀了！

河北的地盘上还有一个胶西王刘端，也是汉武帝的兄弟，为人残暴凶狠，觉得这天下是他们老刘家的，根本就不把王法当回事儿，屡次触犯天子法令，朝廷的大臣们忍无可忍，多次请求诛杀他。汉武帝不忍心杀自己的兄弟，刘端更加猖狂了。看他实在太不争气，汉武帝削夺了他的大半封地，刘端由此恨上了汉武帝，想方设法地迫害朝廷派来的官员，要么就是故意找茬欺负人家，要么就是用毒药毒死人家。这样一个四六不懂的诸侯王，居然在位47年才去世，去世后，他的封国也被废除了。

毛亨"拔剑"四顾心茫然，觉得这些诸侯国都不是理想之地。纵观河北大地，还剩下一个地儿，那就是河间国。相对于其他诸侯国乌烟瘴气的政治气候，河间国又怎样呢？

河间献王叫刘德，是汉武帝的弟弟。他跟我们前面说过的那些游手好闲、不务正业的兄弟子侄相比，简直就不像一家人，毫无相似之处。刘德打小就喜欢读书，为人宁静淡泊，不喜欢争权夺势，长大以后，被封为河间王，仍然不改初衷，在自己的一亩三分地儿上，安安静静做学问，研究历史文献。

秦始皇搞了一次焚书坑儒，毁掉了不少先秦的历史文献古籍，河间王刘德觉得非常可惜，想要把那些失传的、被毁的古籍重新搜集整理。刘德的奶奶窦太后不喜欢儒学，不想让他干这些事儿，可刘德是个倔脾气，认准的事情绝不回头。

他在自己的封地到处张贴告示，从民间大量搜集春秋以来留下的文献典籍。凡是有人给他送来珍贵的书简，他就把人家当成贵宾好吃好喝招待着，不仅赠送给金银珠宝和丝帛，还要让手下人抄写一份新的，送给原来的主人作为交换。

这样一位慷慨解囊、重视文化的诸侯王，实在是难得一遇，各地的儒生、文人、有点家学积淀的学子们，都不远千里前来投奔。甚至有人把祖先几代传下来的旧书，全部拿来捐献。很快，刘德藏书的规模赶上了国家图书馆。经过艰苦的校勘整理，刘德携手一批文人整理出大批的正本书籍，对于当时文学典籍十分匮乏的汉朝廷来说，简直就是雪中送炭。

毛亨、毛苌一看，河间献王刘德如此贤德，当下拍了板，就去河间国发展吧！河间献王刘德到处寻找遗失的古籍，听说在他的管辖区，有一位儒学大师毛苌，不仅能背诵《诗经》，还能逐篇讲解，高兴得不得了，三番五次登门造访。对于居无定所的毛苌叔侄来说，遇到这样一位尊重知识爱惜人才的明主，自然也是求之不得。

刘德请毛苌出山，封他为经学博士，不仅如此，还专门在河间国都城的东边建造了一座日华宫（今泊头市西严铺），又在北面的君子馆村建了一座招贤馆，让毛苌在这里讲经，传授弟子。据《嘉靖河间府志》记载，现在的河间诗经村西北面三里处的君子馆村，就是毛苌当年讲经的地方，人们一直尊称那个地方为"君子馆"。君子馆的旧址曾经出土了汉代的方砖，上面还有"君子"二字。

汉武帝即位以后，采纳董仲舒的建议，"罢黜百家，独尊儒术"，把儒学定为国家指导思想，统一了学术。这时候，刘德就把《毛诗》和其他重要的先秦文献一起呈送给汉武帝。

时运不济，毛诗备受冷落因何故？

格格不入，毛苌辞官回乡为哪般？

在汉武帝那个时代，传播《诗经》的主要有四大家。齐国和鲁国的学派，分别被称为齐诗、鲁诗。河北的地面上，以常山太傅韩婴为代表的学派，称为韩诗，以毛亨、毛苌叔侄俩为代表的学派称为毛诗。

当时，汉武帝已经立了经学博士。齐、鲁、韩这三家诗都是用当时的语言和文字整理的，学起来非常方便，这三家诗的传承人受到汉武帝的充分肯定，被封作朝廷的学官，成为文化名人，他们的学问也成了封建文人进身仕途的必修课。尤其是在汉武帝以儒学为治国之学的时代，学习经学，就跟功名利禄挂上了钩，因此，鲁诗、韩诗、齐诗都红极一时。

相比之下，毛亨、毛苌叔侄治学显得过于严谨，他们一直用孔子时代的古文讲授毛诗，被称为古文《诗》。虽然毛家的学问很受河间王的赏识，可汉武帝觉得不够通俗，也不怎么喜欢毛诗。毛苌在京城没有更好的发展空间，只能继续在河间国传授毛诗。就这样毛诗在民间流传起来，也成为燕赵地区特有的诗经学派。

河间王刘德认为毛苌是个优秀人才，多次向汉武帝举荐毛苌当官。汉武帝不好意思驳了兄弟的面子，就让毛苌到今山东省长乐市东南去做北海国的国相。可毛苌这个人做学问有一套，当官却不在行，他干不来那些个曲意逢迎的差事，又辞了官回到河间国做了太傅，就是给河间王的子孙们做师傅。

毛苌和河间王刘德整理历史文献、传承儒学文化经典的作为，被视为统治者与文人默契的一种楷模，因此，越来越多的年轻学子们慕名来到河间，一是虚心向毛苌求教，二是感受王爷对文化的重视。慢慢地，毛苌的弟子们把这种学问传授到各地，毛诗的影响反而越来越大。

这正是：

河间献王真才华，毛亨毛苌得安家。

传播诗经垂青史，毛诗经典留佳话。

第二十七回 毛诗千古传 胜迹留河间

上一回说到,毛亨、毛苌这两位毛公在河间国传播《诗经》,得到了河间献王刘德的大力支持。那么,两位毛公传播的《诗经》,后来如何红遍全国,成为流传后世的经典呢?

俗话说,真金不怕火炼。虽说汉武帝嫌毛诗太过古板,太过严谨,打心眼儿里不待见,不过这也挡不住毛诗本身的光彩。历史就是一个大浪淘沙的过程,是金子总会闪耀光芒。

随着西汉王朝的灭亡,汉武帝时期曾经兴盛一时的鲁、齐、韩三家诗经流派逐渐衰落,魏晋以后大都失传了。唯有河间学派毛公的毛诗,成为《诗经》传承的主流和标志性的经典,甚至学者们用"毛诗"作为《诗经》的代表。毛诗究竟有怎样的魅力呢?毛诗靠的是实打实的真学问。

举个例子来说,现在网络发达,很多人没什么文学素养,东拼西凑抄来文章忽悠人,还有一些自命不凡的文人,动不动就开讲国学传统思想,因为缺少基本的历史学功底,错误百出,人还活着,就被批的一塌糊涂。

历史往往惊人的相似,古代也是如此。鲁诗、齐诗、韩诗虽然通俗,却没什么内涵,很多学子都是为了获取功名、走上仕途才把三家诗奉为经典。等到汉朝灭亡之后,原本大红大紫的三家诗就成了过气明星,人们咂吧咂吧之后觉得没啥滋味,就没人学了,三家诗就渐渐失传了。

再来说曾经备受冷落的河间国的毛诗。毛亨、毛苌两位毛公做学问非常扎实严谨,他们按照《诗经》的国别和篇次认真梳理,给每篇诗都确立了时代,把历史背景仔仔细细地交代出来,涉及一些先秦时代的社会制度、名人的逸闻趣事、历史资料,他们生怕后人不知道,都详详细细地做了补充,简直就像是一部文学百科大辞典,成为人们学习《诗经》的典范。

好酒不怕巷子深,毛诗被尘封多年之后,终于掀开了瓶盖,那醇香迷醉了世人,两位毛公的名头也越来越响亮。这叔侄二人究竟给后人留下了怎样的一坛好酒呢?

我们上学的时候,学习每一篇课文,老师都会讲解作者、时代背景、主题思想、修辞手法等等。其实,这可不是现代人创造的,早在2000多年前,两位毛公就已经用这样的方法来讲授《诗经》了。另外,《毛诗诂训传》中补充了很多重要的历史资料,涉及先秦和秦汉社会生活的各个方面,而且其中有许多资料所引用的原书早就失传了,后人只能从毛诗的记载看到相关的内容。毛诗的学术价值和史料价值,是其他三家诗无法比拟的。

求贤若渴,刘德尊崇儒道修建哪些舍馆?
妙趣横生,毛苌狂怒休妻留下哪番笑谈?

毛亨、毛苌两位毛公在河间国传道授业,讲解《诗经》,整个河间国都充满了浓浓的儒学风情。那么,这二位又在河间留下了哪些重要的遗迹和传说呢?

想当年,河间献王刘德封毛苌为毛诗博士,在河间国的都城乐城东面专门建造了一座日华宫,位置就在今泊头市西严铺。他又在日华宫的北面创建了招贤馆,这地方如今叫君子馆村。根据明朝嘉靖年间的《河间府志》记载,河间市东北12公里的君子馆村,就是毛苌当初讲经的地方,因为跟随毛苌学习诗经的学子,都是谦谦君子,所以,当地人们一直尊称这地方为"君子馆"。

在君子馆附近,还有个村子,就叫诗经村。这村子可是不一般,它竟然用《诗经》来命名,必定是非同一般的文化圣地。另外,这个诗经村还出了一位大名鼎鼎的人物,他就是民国时期的代总统冯国璋。不管历史上对冯大总统有多少非议,他在逼迫袁世凯取消帝制、反对复辟复建帝制的过程中,旗帜鲜明,很有气节。现如今,诗经村已经分为东、西诗经村。

千百年来,在诗经村和君子馆村附近,陆续发现了很多印有"君子馆"字样的汉代青砖,成为一种重要而珍贵的文物。其中在天津博物馆内保存着一块诗经村出土的"君子馆"汉代灰砖。

另外，据《畿辅通志》记载，河北肃宁县先后有苗学植、刘溯等文人们在河间市的毛公祠附近找有"君子"、"君子大吉"、"君子长生"等字样的砖。那个时代，这种文字砖还没有市场，值不了俩钱，所以不可能是文人们伪造的。专家们都认为，这些文字砖的出土，为毛苌讲授诗经的遗迹提供了重要的实物证据。

在河间市城北有个村子，叫三十里铺，这个村儿也大有来头。原本，古人为了表示对毛公和河间献王刘德的崇敬，给这个村子起名叫"崇德里"，直到清朝的雍正三年（1725年），因为在这里设置了一座递铺，距离县城30里，才改称三十里铺。

这个村还有一座毛公祠。民间传说毛苌在这里讲授《诗经》积劳成疾，死后就葬在这里。也有的说他死了以后，安葬在河间国国都乐城附近。这一带的乡亲们非常敬仰这位有文化的毛公，就在君子馆的西北面修建了这座毛苌衣冠冢，当地俗称"毛精垒"。

河间献王刘德扶持毛公传播《诗经》留下了历史佳话，也受到后代帝王将相的追捧。

元代至正年间，河间路的总管王思诚为了纪念毛公传播诗经的历史贡献，在崇德里毛精垒遗址上创建了一座"毛公书院"。元末混战时，书院被毁，不过，明代正德十年（1505年），明武宗下诏在遗址上重新建堂修祠，祠内供奉毛公像。

清朝的乾隆二十二年（1757年），乾隆皇帝南巡的时候路过河间，派遣重臣祭祀毛公祠，他还亲笔写了一首纪念毛公的诗，镌刻成御题碑记，目前保存在河间市文保所。转年，河间知县吴凤山扩建书院，想把书院建得像岳麓、嵩阳、白鹿洞书院一样名垂千古。到近代，毛公书院修葺得更加完备，前为学堂，后为祠堂，古柏森森，祠内供奉着毛公像，匾额上写着"六义宗公"，成为当地著名的学府。如今，这里成为河间三十里铺中学。

河间一带不光留下了关于毛公的遗址，还流传着很多民谣和传说故事，其中有个"毛苌休妻"的故事广为流传。都知道这毛苌是个出了名的谦谦君子，怎么会做出休妻的事儿呢？

第二十七回 毛诗千古传 胜迹留河间

位于河间府衙内的诗经斋

关于毛苌休妻的故事,老百姓们是这么传的。说当初毛苌学问名声很大,出仕为官绝对没问题。偏偏毛苌视功名如粪土,整天编纂《诗经》,并收纳门生传授,也赚不来几个钱儿,家中常常吃了上顿没下顿,为了买竹简绢帛,毛苌还典卖了不少衣物,甚至把妻子的金簪也卖了。

毛苌妻子正在气头上,偏巧还有人添油加醋:"全是让那个破经闹的,一把火给他烧了不就完了!"这女人一怒之下,真把一部分《诗经》竹简填进了灶火膛里。这下如同挖了毛苌的眼珠子,他盛怒之下写了休书,打发人把妻子送回了娘家。

老丈人是个知书达理的明白人,很支持毛苌搜集整理《诗经》,女儿把事情一说,父亲把女儿教训了一顿。眼瞅着女儿懊悔不已,老丈人想帮着女儿女婿破镜重圆,他在休书的背面挥笔写了些什么,交给女儿道:"你拿着这个回去找他吧,此法准灵。"

毛苌因为妻子烧了诗文,正在伤心,没想到妻子竟然回来了,先赔了不是,接着把休书递过去。毛苌以为让他收回休书，不接。妻子把休书翻了个儿，毛苌一看，上面写着一首诗："苌泽苌泽，莫休绮罗，臂膀割刈，序诗奈何？纳吾娇女，《诗经》长泽……"

毛苌一看这首诗，冷静下来，老丈人说的对，编写《诗经》，妻子的确帮了不少忙，可是休书既出，哪有收回的道理。毛苌摘不下这个面儿来，正犹豫，妻子亮出了父亲交给的最后王牌，毛苌抖开白纱一看，也是一首诗："关关雎鸠，在河之洲。窈窕淑女，君子好逑。"

毛苌一看大惊，连呼："妙妙！这样绝妙好诗是哪里来的？"妻子说："是家父给的，他那里也搜集了不少诗文呢！"

毛苌大喜过望，拱手给妻子行了个礼，两个人重归于好。后人说，这叫作"天上下雨地下流，《诗经》使他们不记仇"。后来毛苌编纂《诗经》，妻子和岳父都帮了不少忙，那首"关关雎鸠"的诗，就成了《诗经·周南》的开篇第一章，流传至今。当然，这都是当地的传说，不过也说明了《诗经》在小毛公心中的分量无可取代！

战火纷飞，毛氏后人经历几番迁徙？
世代传承，毛氏家谱记录几多风雨？

毛亨、毛苌二人传播《诗经》影响巨大，可是毛公世系从毛苌之后就断了，史书和地方志中也没有记载，诗经村、君子馆、三十里铺及方圆数十里，没有一户姓毛的。那么，西汉时期的毛氏后裔到哪里去了呢？

河间市文化局原局长田国福先生，研究《诗经》几十年，深入沧州周围各县查访毛公及其后人的遗迹。功夫不负有心人，他终于在泊头市毛三庄、东毛村找到了毛氏后裔。这两个村，大600户人家，3000口人，其中四分之一的人姓毛。村子的毛氏家族，保存着康熙、咸丰、光绪以来多次续修的《毛氏家谱》。其中1920年重修的《思瀛轩毛氏家谱》中的"诗瀛"、"思瀛"字样，引起了田国福的关注。毫无疑问，这个"瀛"，就是古代的瀛洲，也就是如今河间市。原来，毛氏先祖因为传播毛诗有功，受封于瀛洲。他们的先祖是谁？就是大小毛公。

东毛庄村南存有明正德十年（1435年）的《毛氏先茔碑》，正面上部为"毛氏先茔"四个大字，下为"苌——知之——敏安、思明"等毛氏先祖名讳。立碑人为七世毛连，这就清晰地证明了毛氏家族传承的脉系。

那么，毛氏后人为何从三十里铺迁到今天的毛三庄了呢？

《毛氏家谱》有着清晰的记载，说是元末明初，战乱纷争，殃及故里，毛氏子孙无奈背井离乡，上祖毛知之率家小迁到交河的小河嘴，传了三代以后又搬到了五孝乡定居，到了清代，五孝乡改为毛三庄。现如今，毛氏家族已经传到了27世，是个大家族。

另外，《毛氏家谱》还记载说，八世有安、泰二兄弟迁到了山东泰安，还有一支转迁河北的唐山。这些毛氏后裔的分支和交河县的毛诗家族都有往来。此外，在河北省盐山、沧县一带的毛姓，都是河间毛诗的后裔。凡是毛苌公的后人，都承认他们的祖籍是河间三十里铺。

当地乡民，每逢祭祀之日，便杀猪宰羊，祭祀毛苌公。从元代到民国初年，祭祀活动久盛不衰。明代重建的毛公祠、毛公衣冠冢还有毛公书院都保存完好，这里一直是书声琅琅，古柏森森，毛氏后人面对祠内"汉博士毛苌公讲经处"大碑，心里自然怀着一种崇仰追思之情。

这正是：

河间毛公传诗经，君子馆里读书声。

毛公祠堂香火传，诗经馆内金石铭。

第二十八回 悲悯一清官 慷慨赵广汉

上一回说到毛家叔侄爱好古籍，亲力亲为传播毛诗。说过了这两位文学爱好者，今天要讲的是一位铁骨铮铮的硬汉，他一心一意造福百姓，忧国忧民死而无怨，这位名垂青史的河北好人究竟姓甚名谁？

公元前72年，汉宣帝登基已经过了一年多。那年那月那一天，长安城里细雨绵绵，皇宫之前哭声一片，好几万的老百姓聚在这里，就是为了给一个人送行。此人一身正气，两袖清风，把身上的责任看得比天还大，把天下的百姓看得比亲人还亲，他正是京兆尹赵广汉。这么一个了不起的清官竟然被判了腰斩，马上就要被执行死刑，那刀子还没有落下来，百姓的心已经疼得不行了。好人赵广汉为什么落下了这样的结局呢？

理从头论，话从头说。赵广汉本是涿郡蠡吾人，也就是保定博野的老乡。他这一辈子光明磊落，清正廉洁，绝对是官场上的精神楷模，西汉朝的道德榜样。这个好人又是如何成长为好官的呢？

当时，正赶上西汉王朝皇位交替的时候，20出头的汉昭帝一病不起，18岁的刘询当上了汉宣帝。京兆尹赵广汉在刘询称帝的事上出了力，有了功，被封为关内侯，到颍川郡去担任太守，手底下管的是如今河南禹州这一片。

这位赵大人新官上任三把火，为了整治当地的恶势力，他还有一个小发明，这就是中国历史上最早的举报箱。举报箱设到了衙门口，好些个当地的百姓都把坏人坏事写在纸上往里面塞，一些不对眼的地方势力也互相揭短披露黑幕。

赵广汉带着手下把这些海量的信息汇总到一块，列出了一个颍川恶霸黑名单，其中牵头的就是原氏、褚氏两大家族。这两大家子有钱有势有历史，在汉武帝那时候就成了气候。早些年，他们结成了亲家，两坏合一坏，成了大块头的大坏蛋，他们仗着财大，哪管什么王法，就是一门心思地把土地和票子往自己的兜里揣。多少任的地方官对他们都是不敢怒也不敢言，只敢收点好处费，自己就乖乖地闭上了嘴。

赵广汉偏偏不信这个邪，他宁可豁着命去得罪恶人，也不甘心让国家和老百姓接着吃亏。他带领锄奸小分队擒贼先擒王，掐住了原氏、褚氏这两条地头蛇的七寸，把罪大恶极的那几个家伙斩首示众。接下来，就是一阵风卷残云，把颍川的上上下下收拾得干干净净。

这么一来，颍川这地方安定了，赵广汉的名声也叫响了。当朝天子汉宣帝知道了这事，觉得赵广汉的确是个有勇有谋的人才，又下诏让他回到自己身边，回归京兆尹的位置。

为官一任，京兆尹如何造福一方？
勤勉一生，赵广汉为何美名远扬？

京兆尹守着天子脚下，面对文武百官，这个位置象征着权力，更需要能力。从前，赵广汉也管过这摊事，如今故地重温，更要有一番新的作为。他用铁腕治理腐败，在长安城里鼓起了一阵清风。

那年头，有个大案特别出名，案子里的大反派是元老级的工程监造杜建，他的职务就相当于吃公家饭的大包工头。杜建白叫了这么个名字，他平生只认识一个钱字，从来不知道防微杜渐，清正廉明，一有什么能贪钱的机会，他就跟苍蝇似的叮上去。早在汉昭帝时期，他就管着昭帝陵寝的工程建设，这么一块大肥肉可让杜建吸足了油水。

赵广汉听说了杜建做下的坏事，悄没声地攒够了证据，先是警告他好自为之，可是那杜建彻底黑了心，他仗着自己上头有关系，下面有爪牙，根本就不思悔改，从来就把赵广汉的提醒当成是耳旁风。

赵广汉何许人也？他不怕硬的，不怕横的，更不怕杜建这样狗仗人势挖国家墙脚的。终于有一天，赵广汉正式批捕杜建，把这个贪官拉进了大狱。这一下，就像是捅了马蜂窝，当朝的达官显贵，当地的名门大户都派人到赵广汉的家里来说情。说客不断往赵府里进，赵广汉是一拨一拨地往外面请，谁的面子也不看，谁的账都不买。

杜建那伙人一看软的不行，干脆来硬的，他们合计了一个阴谋，要把杜建从大牢里面劫出来。这伙人哪知道？这个见不了光的计划早被赵广汉给掌握了。没等他们动手，就有人上门提出警告：劫持案犯，依法灭门！这一句话镇住了这伙人，谁也不敢再帮着杜建打什么鬼主意。

赵广汉撸起袖子彻查到底，把杜建的犯罪事实查得一清二楚，大白于天下。杜建罪有应得，掉了脑袋；赵广汉智斗贪官，为民除害；百姓们拍着巴掌叫着好，都说咱的京兆尹赵大人真是响当当的一位好官！

全天下的好官各有各的好，可是，赵广汉却把很多人的优点结合到了一块。他有学问、有良知、有勇气、有骨气、有谋略、有担当，勤勤勉勉，兢兢业业，为了百姓的事情真是废寝忘食，稍微有点工夫就在那琢磨着手头的案子，只为了给百姓打造一片透亮的蓝天。《汉书》上提到赵广汉精通"钩距"，这个字眼又有什么样的含义呢？

"钩距"指的是一种逻辑推理，它包含着数学运算的内容，也有心理学的意义。比方说，你本来打算去买马，先要问狗的价钱，再去问羊的卖价，问过牛的叫价，最后再去问一匹马要多少钱，这样相互比照，相互参考，就能拿到合情合理的价目。古时候有个成语"问牛知马"说的就是这个意思。故事的主角赵广汉又是怎样把这个理论付之于实践的呢？

那时候，长安城也不太平，经常有入室抢劫的恶性事件，这些案子有头无尾，吊了好些日子，弄得城里城外人心惶惶。赵广汉到了任上，把这些案件从头到尾理了一遍，把整理好的卷宗放在一边，并没有什么动作。有这么一天，赵广汉招来手下，在一处没人住的空屋子边上守了半天，就瞧见几个吊儿郎当的小伙子接二连三地进了屋，叽叽咕咕地说起了抢钱抢东西的事。赵广汉一声令下，几个嫌疑人全都被捉拿归案。他们还没有弄清是怎么回事，就给分别关进了小黑屋。京兆尹赵广汉升堂问究竟，对他们来了一场各个击破。几个回合下来，案犯把自己干的那些勾当全都吐了个底朝天。赵广汉用"钩距"的方法一判断，事情的来龙去脉都清清楚楚地浮出了水面，长安城里终于平静下来。

安生的日子过了没多久，城里又出了一起大案要案。这一回的乱子可不小，把皇宫里的侍卫都搅了进去。话说这皇宫大内有个侍卫名叫苏回，他就在自己的家里遭了绑票，莫名其妙地消失得无影无踪。苏回去哪了？他的家人哭天抹泪，皇宫里面也很担心，这到底是怎么回事？

赵广汉接了报案，他不急着东查西找，以免打草惊蛇。他先是派人私下里寻找蛛丝马迹，又把线索条分缕析，终于摸到了劫匪的老窝。他前脚刚带着手下埋伏到那里，就见着两个黑衣人绑着苏回进了院子。这时候，赵广汉下令："收网！"他把兵丁安排好了，自己来到大门前边讲道理："京兆尹赵广汉在此，专程来劝告你们二位。我负责任地告诉你俩，这人质是皇宫侍卫，要是伤了他的性命，你们就得倒大霉，要是现在投案自首，还能得到宽大处理。"

这劫匪一听见赵广汉的名字，胆子先颤了两颤，再听后面这一番话，心里已经认了栽。他们打开大门，磕头谢罪，把苏回交到了赵广汉的手上。赵广汉也挺讲理，他一看这苏回浑身上下哪都好，也吩咐手下人好好对待这两个绑票的罪犯，给他们好吃好喝。一直到了这年冬天，两个劫匪要被处以死刑，赵广汉也没忘了给他们预备好了后事。这两个罪犯虽然没逃过一死，还是对赵广汉心服口服，临终还留下一句话，说："这条命交给赵广汉，我们死而无憾！"

真心真意，赵广汉如何赢得一片赞誉？
恶言恶语，治贪官为何招来一场冤屈？

金杯银杯不如好口碑，赵广汉赢得上上下下的一致好评，靠的就是一片真心，一颗良心。他对待身边的同事和下属就像是对待自家的亲弟兄，出了坏事自己担着，有了功劳都给大家。

因为他这一副肩膀，衙门里的大小官员都从心底里把赵广汉当成了老大哥，齐着心地为百姓办好事。百姓一提起赵广汉，都把他称作是汉代最佳京官。汉宣帝也了解赵广汉的美誉度，把他当成了身边的顶梁柱。

赵广汉一路披荆斩棘，跟恶人斗智斗勇，为了治腐败，抓贪官，赵广汉得罪了京城里一号大腕——大将军霍光家族。要说这霍光那可是三朝元老，他的亲闺女还是汉宣帝的皇后，老霍家要是打个喷嚏，长安城也要晃上一晃。就在霍光去世之后，赵广汉查到他们家族有人从事非法酿酒和非法屠宰的买卖，他带人抄了违法经营的铺子，屋里屋外都贴上了封条。这事就跟长了翅膀似的飞进了霍皇后的耳朵眼，这个资深泼妇在汉宣帝面前一哭二闹，就差没有上吊，弄得皇帝也没了脾气，只好把赵广汉训了一通。

这一回，赵广汉算是开罪了皇室宗亲，有些嫉恨他的小人开始想着法给他使绊子。当朝丞相魏相早就眼红赵广汉的名声，一直搜罗陷害他的黑材料。赵广汉为了防着魏相的黑手，一早派了卧底到魏府里去看大门。

有一天，这人送信来说，魏相这一家子实在心黑手狠，他老婆为了一点小事就把使唤丫头逼死了。赵广汉觉得这丫头死得冤枉，就亲自到了丞相府里请魏夫人问话。这一回，算是点着了魏相的尾巴尖，他腾的一下蹦了老高，窜到皇帝跟前去说赵广汉的坏话，说这人无法无天，没事找事，欺负朝廷命官，藐视天家尊严。

魏相这一把火正连上了皇帝后院那把火，汉宣帝也给急了，拍着桌子说："这个赵广汉实在不像话！"有人瞧着风头转了向，就跟着说起了赵广汉的不是，说魏相家那点事不过是丫头小心眼儿，和魏夫人半点关系也没有，是那赵广汉滥用职权诬陷同僚，大逆不道蒙骗天子。魏相一看有人帮腔，也给赵广汉编排了一大串的罪名。汉宣帝怒火攻心，下了诏令，对赵广汉处以死刑。这就出现了开头所说的那一幕。

千秋功过，自有评说。汉宣帝冤死了赵广汉，历史却给他正了名，后人对于赵广汉给出了这样的评价：清廉刚正，爱民如子。一朝逝去，百姓追思。

这正是：

西汉清官赵广汉，刚正不阿锄豪奸。

不畏权贵严执法，蒙羞被杀悲长安。

第二十九回 鲍宣一诤臣 刚正敢直谏

上一回说到，西汉时期，河北博野出了一任清官赵广汉，他一身清正、两袖清风，却遭人构陷，惨遭杀害。赵广汉之后，又一位河北忠臣留下英名，才子鲍宣历经怎样的宦海沉浮，书写怎样的传奇人生？

说到鲍宣，不得不提他的妻子桓少君。桓少君是古代著名的贤妻，鲍宣的贤内助，她的事迹被收到了《后汉书·列女传》中。

桓少君出身名门，是个富家女。她生得花容月貌，还知书达理，而鲍宣出身寒门，是桓少君的父亲桓老先生的学生。老先生看中鲍宣的才华，把女儿少君许配给他，同时陪嫁了很多嫁妆，送去了20个婢女。

一脚踏入豪门，这简直是鲤鱼跳龙门、天上掉馅饼，这样的好事儿，换成一般人，还不高兴得跳起来，可鲍宣却心事重重地对新媳妇说："你生在富贵人家，过惯了锦衣玉食的生活，我家境清贫，不想接受岳丈的馈赠，也担心你不适应粗茶淡饭。"桓少君早有思想准备，她深明大义地说："我父亲正是看中你的才学和品德，才让我嫁给你。既然嫁给你，什么事还是由你做主！"

就这样，刚过门的桓少君把成箱的嫁妆、成群的丫鬟婢女全都退回娘家。她换掉了华丽的衣服，洗去脂粉铅华，穿上荆钗布衣，跟鲍宣一起赶着鹿车回家拜见婆婆。婚礼一结束，少君就挽起袖子，去打水烧饭，这可不仅仅是做样子，从这天起她一直恪尽妇道，相夫教子。丈夫鲍宣日夜苦读，终于取得功名。

要说这桓少君的父亲还真是有眼力，鲍宣当年不过是个一无所有的穷书生，他能抛却门第之见，把如花似玉的女儿嫁给他，即便是放到现在，也不是那么容易做到的事情。那么，鲍宣究竟是凭借什么打动老丈人，并且让妻子死心塌的一生追随呢？

鲍宣，字子都，渤海高城（今河北盐山东南）人。他出生在贫寒的农家，从小就勤奋好学，熟读诗书，崇拜那些精忠报国、刚正不阿的英雄，打小就立志当一名为国为民的好官。

因为鲍宣聪颖不凡，满腹诗书，成了当地有名的才子，经人推荐，先是在乡里担任刀笔吏，后来代理过州官副职，还被调到郡府做功曹吏。虽说这些都是芝麻绿豆大的小官，可鲍宣却从不敷衍塞责，对工作是满腔热忱，全情投入，在每个平凡的岗位上干出不平凡的业绩。

慢慢地，他的名字传到了大司马王商的耳朵里，王商觉得这个年轻人大有可为，就一手提拔他做了议郎。后来，鲍宣又升为豫州牧，就是河南的省长，掌管地方军政大局，权力很大。

贫苦的出身，再加上多年的基层工作，使得鲍宣始终有一种平民情结。他经常说，我一介布衣，世代耕夫，大不了归家种地，而他的妻子桓少君坚决支持自己的丈夫做好人、不媚权贵。

清正廉洁的鲍宣，招来了同僚们的嫉恨，觉得鲍宣跟他们不是一路人，就想方设法陷害他。有一次鲍宣巡视地方的时候，因为乘坐的车子和住宿很简朴，不符合汉朝的典章制度，那些人可算逮着了机会，连忙跑到皇帝跟前打小报告，弹劾鲍宣有失朝廷体面，皇帝一怒之下，罢了鲍宣的官。

我行我素，哀帝独宠董贤酿成何种祸端？

仗义执言，鲍宣冒死进谏留下哪般美谈？

直到汉哀帝即位以后，鲍宣的仕途才算是柳暗花明有了转机。大司空何武听说鲍宣那段经历，又是同情又是欣赏，把他叫过来，一番笔试面谈之后，发现这个年轻人有正气有才气，是个栋梁之材。何武在新皇帝面前对鲍宣一通猛夸，举荐他做了谏大夫，相当于后世的谏议大夫，专门议论朝廷的决策、得失，评价大臣的行为。这个职位正好发挥了鲍宣的专长，他如鱼得水，不辱使命，干出一番为国为民的成就。

当时，外戚专权非常严重，很多皇亲国戚霸占老百姓的耕地，导致许多百姓流离失所，家破人亡。鲍宣看在眼里，急在心里，决心为民请命。

鲍宣发挥自己笔杆子特长，给皇帝写了一封奏折，晓之以理，动之以情，劝说皇帝要把老百姓放在心中，不然会招来百姓怨恨，动摇统治根基。汉哀帝起初还能听进去，可是后来，随着一个花样美男闯进了汉哀帝的视线，汉哀帝的政治生涯就像是踩了刹车，走不动了。

这个美男子是谁呢？董贤。董贤原本是个太子舍人，因为长得太漂亮，被汉哀帝给看上了，把他收在身边当男宠，两个人形影不离。有一次，董贤压着汉哀帝的衣袖睡着了，汉哀帝要起身，看董贤睡得正香，不忍心惊醒他，就把自己的衣袖割断了，这就是成语"断袖之癖"的由来。

董贤靠着漂亮的脸蛋得到了皇帝的宠爱，迅速上位。22岁就当上了大司马，受封为高安侯，掌管了军政大权。此时的董贤，可谓是权倾一时，甚至随意决定朝廷官员的任命，他喜欢谁，谁就升官发财，他讨厌谁，谁就没有好结果，好些个正直爱民的好官都遭到排挤。

一人得道，鸡犬升天。因为有皇帝当后台，董贤愈加为所欲为，他大兴土木，修建豪宅，给祖宗建造奢华的坟墓，耗费的钱财不计其数。董贤的父亲、弟弟，也都加官晋爵，就连他家的宾客、仆人也过着花天酒地，一掷千金的奢靡生活。这家人仗着朝廷里有人，干了不少欺压百姓的缺德事儿。

鲍宣看不下去了，他冒着掉脑袋的风险，给皇帝上书一封，说道："现如今老百姓连口饱饭都吃不上，冻死饿死的不计其数，可您却给董贤那么多赏赐，实在是不应该！朝廷里面奸臣当道，皇上要尽快撤了那些奸臣的职位，让原来的大司马傅喜、大司空何武、丞相孔光等人官复原职，为国家出力。不然的话，皇上会失了天下百姓的心啊！"

鲍宣这样直截了当地指出汉哀帝的过错，这皇帝的脸面往哪儿搁？也禁不住让人为他捏把汗，这皇帝大人会不会一怒之下让鲍宣脑袋搬家呢？

鲍宣的这篇奏章情真意切，可是字字句句都戳到汉哀帝的痛处，处处都犯了忌讳。被人当面揭了短，汉哀帝心中很不痛快，可鲍宣是天下名儒，忠义之臣，威望很高，汉哀帝也不想把事儿闹大，打了个马虎眼儿，这事儿就算过去了。

过了没多久,赶上了一场地震,民间谣言四起,太史令预言将会发生日食,说大汉朝出现了不祥之兆,这是上天的警告。这下子汉哀帝害怕了,他连忙采纳了鲍宣部分建议,把孔光请回来拜为光禄大夫,把鲍宣指责的两个"奸人之雄"免了职,还罢免了外戚和不学无术、没有功德的官员数十人。打从这之后,鲍宣名声大振,在朝中的威望进一步提升。

这一次的人事调整虽说起到了一些成效,可董贤依然是汉哀帝的心头宝,把持朝廷大权,胡作非为。眼瞅着董贤祸乱朝纲,鲍宣再一次直言进谏,矛头直接对准了董贤。他说:"皇帝如此宠爱他,实际上是害他。如果免了他的官,或许还能让他有个善终。不然的话,他恐怕会死得很难看。"

汉哀帝爱江山更爱美男,哪里听得进去?不过,他也知道自己理亏,知道要想治理好国家,身边不能没有干事的人,他提拔鲍宣做了司隶,专门督察京城附近三辅三河等地官吏的得失。又把何武、师丹等贤臣官复原职。那么,少年得志,风光无限的董贤究竟落得什么下场呢?

哀帝死后,外戚王莽以太后名义把董贤赶出皇宫,罢了他的大司马官职,赐他自尽,是年这位著名的美男子才22岁,这个下场果然应验了鲍宣的预言。

鲍宣这个人脾气耿直,眼里不揉沙子,遇见违法乱纪的事儿,他就上奏弹劾,任谁也不给留情面。没想到,一心为公的他最终却招致了杀身之祸。这起祸端背后,又有着怎样的缘由呢?

有一次丞相孔光巡视辕陵,随从的官吏为了图方便,居然不遵守大汉的规制,不从旁道走,直接驾着马车在中央驰道乱跑。这在当时是对死去皇帝的大不敬,是犯法的行为。正巧被鲍宣遇见,他就命令左右把孔光的手下给抓了起来,还没收了他的车马。

这件事惹怒了孔光,打狗也要看主人,我堂堂当朝丞相,你竟然抓我的人,这不是扇我脸吗。他当时没辩驳,私底下却告到汉哀帝面前。汉哀帝也觉得鲍宣不近情理,这件事处理得太严苛了,就派人到司隶府去抓鲍宣手下的官吏。鲍宣闭门拒命,不让抓人,这下触怒了皇帝,给他治了个大不敬之罪,逮捕下狱,判了死刑。

这事儿惊动了太学的博士学子们。鲍宣作为一代鸿儒,他的气节和学问让学生们敬重有加。听说皇帝要杀鲍宣，大伙都不干了，1000多人聚集到一起示威抗议，趁着早朝的时候拦住了丞相孔光的车马，大伙纷纷斥责道："你孔光忘恩负义，当初你被罢官生不如死的时候，是鲍大人慨然上书，为你鸣冤，你才得以复职。能有今天，你应该保护忠义之士，而不能做恩将仇报的小人，逸害忠良，遗臭万年。"

学生们这一席话，臊得这位孔光丞相羞愧难当，连连说是。这些太学生们，还赶到皇城门口给皇帝呈送请愿书，皇帝如果不赦免鲍宣，千名太学生就将长跪不起。汉哀帝一看事儿闹大了，干脆借坡下驴，把孔光斥责一番，免了鲍宣的死罪，把他贬到上党长子，就是山西长子县。

狼子野心，外戚王莽怎样谋权篡位？
有情有义，忠良鲍宣为何惨遭杀害？

外戚王莽专权以后，大肆网络党羽。他知道鲍宣鸿儒义士，威望很高，就让自己的叔叔以河北同乡的名义，拉拢鲍宣到自己的阵营。

王莽的叔叔是谁呢？就是前面说的那位曾经提拔过鲍宣的大司马王商。原本是自己的老上司，见了面聊得很开心，等到王商表明来意，鲍宣的脸立马冷下来，说："我是大汉忠良，敢于弹劾董贤，也不会攀附任何奸佞。"

后来，王莽残忍地杀掉了很多不肯攀附他的人，摆明了要杀鸡给猴看，可鲍宣依旧不肯屈服。等到王莽显露出篡汉野心的时候，鲍宣愤然上书，指责王莽篡逆不道，奉劝他尽快悬崖勒马，不然就是千古罪人。

王莽岂能罢休？3年，王莽指使党羽，捏造了很多的罪名，把鲍宣与大司空何武关进了狱中，一代刚正义士鲍宣就这样死在了王莽手中。

鲍宣死后，长安城数千太学生和百姓为他举行祭悼，哭声震天。25年，东汉光武帝刘秀登基，大赦天下，下诏褒扬鲍宣，还让鲍宣的子孙承袭鲍宣的官职，以示对鲍宣忠义精神的敬仰。

在山西长子县有一个南鲍村，就是鲍宣被贬长子县以后的安身之处。2007年，一个建筑队在工地施工，发现了一个墓葬。墓葬一进三室，占地50多平方米，从墓室已经松动和散落的青砖可以看出墓葬已被盗过。考古人员在墓地附近发现了一块残碑,上面写有"汉司隶鲍公宣"字样。考古专家初步考察,确定这块碑就是宋代祭奠鲍宣的神道碑,这里就是一代义士鲍宣墓葬。

这正是:

河北鲍宣一鸿儒,凛然正气谏大夫。

慷慨直言斥奸佞,高风亮节颂千古。

第三十回 耿纯出宋子 忠良辅明主

上一回说到,忠臣鲍宣被外戚王莽残忍杀害。王莽篡权,龙椅还没有坐热,又被刘秀赶下台。都说一个好汉三个帮,刘秀能成就大业,身边少不了几个死心塌地的好兄弟,这其中就有河北大将耿纯。耿纯是如何帮着刘秀打江山的呢?

今天我们要说的这位东汉开国元勋耿纯,是个地地道道的河北人。他的家在哪儿呢?河北赵县东北有一座规模宏大的宋子故城遗址,这就是中国宋氏家族的根儿,耿纯的家就在这里。

耿家是豪门大户,父亲耿艾饱读诗书,很有才华。王莽篡权建立新莽王朝以后,耿艾被派到山东定陶一带的济平郡出任济平尹,也就是那里的最高行政长官。这样一来,耿氏家族在宋子城的地位更高了。

耿纯从小就勤奋好学,老爹见他是个读书的好料子,决定重点培养,花钱把儿子送到京城长安上学。这昂贵的学费没有白花,耿纯没让老爹失望。他品学兼优,处处拔尖儿,被举荐到朝廷里当官。只可惜,官袍刚穿到身上,各地就闹起农民起义,刘秀等人扶持老刘家的后代刘玄当上了皇帝,史称更始帝。

顶头上司换了人,耿纯父子只能投奔新主。耿艾被任命为济南太守,耿纯被任命为骑都尉,派回河北巨鹿管理那边的琐事。就在那里,耿纯迎来了他人生中的一位贵人——刘秀。

话说更始帝刘玄能坐上天下第一把交椅,刘演、刘秀这兄弟俩功不可没。可是功高盖主也招来猜忌,刘玄找了个借口把刘演给杀了。哥哥被杀,刘秀心中岂能好受?他只能忍气吞声以退为进,找了个理由,说河北的老百姓还生活在水深火热之中,请让我去镇守河北吧。就这样,他被更始帝授为破虏大将军，进驻河北。

耿纯早就听说过刘秀的大名，刘秀前脚刚到邯郸，耿纯后脚就去拜见。两个人一见面，相见恨晚，刘秀觉得耿纯是个人才，耿纯也觉得刘秀是个干大事儿的人。第一次登门拜访，耿纯也没有空着手来，献给刘秀很多战马和丝绸绢帛，二人很快成了交心的好哥们。

就在这关头，邯郸城里的算命先生王朗发动叛变，假托自己是汉成帝的私生子，在邯郸自立为皇帝。河北各地的不少官吏捧他的臭脚，王朗就成了河北的地方霸主。他到处张贴布告，一路追杀刘秀，拉开了王朗赶刘秀的大幕。

三十六计走为上，刘秀寡不敌众，只能带领部队从现在北京的蓟城一路南逃。就在他最艰难、最狼狈的时候，耿纯来了，不仅带着自己的军队，还带上自己宋子城的宗族宾客 2000 多人，老弱病者都带着棺木相随，赶到今辛集市西南的贳县迎接刘秀。

眼瞅着这一幕，刘秀握住耿纯的双手，眼窝子都湿了，立马拜耿纯为前将军，让他带领将士们安抚宋子县周边地区，北上攻占下曲阳，就是现在的晋州市。耿纯也不负所托，为刘秀收罗了好几万人马。

当时河北不少郡国都站到了王朗那边。面对这种局面，耿纯干了一件前无古人后无来者的稀罕事儿——派弟弟耿忻回到老家宋子城放了一把火，把他们老耿家所有族人的房子烧了个精光。

这事儿闹得太大了，一下子震惊了常山郡和真定国。刘秀连忙把耿纯叫过来，问他为什么要这样做。耿纯回答："我虽然带领耿氏家族投奔主公，却担心有人心怀二志，叛逃回家，毁了我一生诚义之名，更毁了主公的大业，所以狠下心烧了他们的家，断了他们的后路，让他们死心塌地的跟随主公。"刘秀一听，感动得说不出话来，打那起对耿纯更加信赖。

借力真定，耿纯怎样力促双刘联姻？

如虎添翼，刘秀如何逆转河北战局？

刘秀虽然得到耿纯等人的辅佐，可还是势单力薄，处处被动。就在刘秀一筹莫展的时候，耿纯给他出了个主意：要对抗邯郸王朗，必须搞新的统一战线，跟真定王联姻。

真定王刘扬，是汉景帝的后代，他根红苗正，家财万贯。在新朝王莽统治时期，刘扬就已经招募了十万兵马。这股势力在河北是一个重要的砝码，要是刘秀能跟他攀上亲，对付王朗就增加了更多的胜券。

可刘扬家的女儿都嫁人了，让刘秀娶谁呢？其实，耿纯看中的不是刘扬的女儿，而是刘扬的外甥女郭圣通，那可是藁城赫赫有名的才女。而且，老郭家也是藁城的大家族。

刘秀一听这主意，死活不同意。他已经有了深爱的妻子阴丽华，如果堂堂真定王的亲外甥女嫁给自己，肯定不能做小妾，如此一来，阴丽华即使不被休掉，也只能退为妾。刘秀用情专一，这种背叛妻子的事儿，他可做不来。可要是不娶的话，不可避免要迎来一场大混战，无异于以卵击石。还是阴丽华深明大义，成大事者不拘小节，她忍着委屈，劝说刘秀娶郭圣通，自己甘愿从正妻变成小妾。

派谁去提亲呢？这件婚事要想说成，耿纯自然是最好的提亲媒人。要知道，耿纯的祖母也是老真定王家的女儿，他跟刘扬家是老表亲，很容易说上话。耿纯亲自去拜访真定王刘扬，先说些个家长里短套近乎，紧接着说到家国大事。耿纯说了，邯郸王朗就是个骗子，根本就不是什么刘子舆，跟你们老刘家没有一点关系。刘秀是高祖皇帝的后裔，跟你们刘氏王爷才是一家子。你总不能帮着外人打自己人吧！

真定王被耿纯的话说得动了心，将外甥女郭圣通嫁给刘秀，在真定王府里为刘秀和郭圣通举办了隆重的婚礼。刘秀得到了真定王刘扬和藁城郭氏家族的支持，如虎添翼，很快就在真定、信都一带站稳了脚跟。等到洞房花烛夜一过，他立刻率兵攻下了河北的定州、高邑等地，在内丘的柏人城和隆尧的广阿城，与邯郸王朗的军队决战，大获全胜。

第二年四月，刘秀率领大部队南下，进攻王朗的老窝邯郸。经过柏乡县北面的鄗城（今柏乡县北的固城店）时，刘秀命令队伍就地驻扎。当地的老百姓们一看当兵的又来了，吓得不得了，没想到刘秀的军队纪律严明，大部队都住在街上，谁都没有去打扰老百姓的生活。

柏乡县固城店古鄗城遗址

    邯郸城的王朗听说刘秀杀过来，连忙派大将李恽率领邯郸的主力部队北上，到了鄗城，埋伏在城外。鄗城有一个名门大户，人称苏公，是王朗的铁杆粉丝和支持者。李恽派人偷偷摸摸进了鄗城，找到苏公，准备里应外合，打开城门，杀了刘秀。

    苏公很配合，到了深更半夜时候，骑着马非要出城。守门的士兵不肯，苏公就拿出白花花的银子贿赂他。就在守门的士兵打开城门的瞬间，苏公一刀砍了他的脑袋，把李恽的军队放了进来。李恽率领手下迅速冲进城里，四处寻找刘秀的住处。这个时候，刘秀早已经睡着了，丝毫不知道危险已经悄然来临。就在命悬一线之时，又是谁帮刘秀化解了这场灾难？

    还是大将耿纯。老话说得好，小心驶得万年船，大战在即，处处要留个小心，加个戒备。耿纯作为刘秀的高级参谋和智囊团成员，心思比别人要更细。话说这天夜里，刘秀等人都睡下了，耿纯还是不放心，带着人出来巡视，忽然发现苏公带领敌人的军队偷偷摸进城来，正在寻找刘秀的住处。于是耿纯大喝一声，发布号令，手下的将士们迅速集合起来，关门打狗，把进了城的敌军全部消灭。

    第二天早上，刘秀起床以后，将士们向他禀报昨天夜里的激战，吓得刘秀出了一身冷汗，后怕不已，他紧紧握着耿纯的手说："这次又多亏了你，我才能死里逃生啊！"

王朗偷鸡不成反蚀一把米，惹恼了刘秀。这回刘秀也不客气了，集中兵力围攻巨鹿。巨鹿城的守将王饶也是条硬汉，他誓死守城，刘秀的军队攻了一个多月都没攻下来，士兵们死的死，伤的伤，损失惨重。王朗一看，这是个反攻的好机会，派了两位大将率领几万人，从邯郸杀了过来，想要从背后袭击刘秀，解救巨鹿之围。

这时候，又是耿纯给刘秀献上一计，说："巨鹿是个难啃的骨头，与其在这里腹背受敌，不如率领大部队，直逼邯郸。都说擒贼先擒王，只要我们杀掉邯郸城里的王朗，这个冒牌皇帝一死，树倒猢狲散，巨鹿城的将士们就会不战而降。"

这真是个好主意！刘秀采纳耿纯的建议，留下一个小分队拖住王朗派来的援军，率领精锐部队迅速向邯郸进军。经过几次大战，在农历五月，刘秀的军队攻克了邯郸城，杀掉了伪皇帝王朗。

惶恐不安，更始帝刘玄为何设下层层圈套？
瓜熟蒂落，光武帝刘秀如何建立东汉王朝？

更始帝刘玄一看刘秀灭了王朗，又有那么多人支持，生怕刘秀在河北的势力太大，难以控制，连忙派人到河北，封刘秀为萧王，让他罢兵回朝，还诏令刘秀手下的诸位将领一起到长安去当官。

刘秀的大将们都觉得这是个圈套，要是没了兵权，岂不是羊入虎口？耿纯也说："现如今，万万不能回京，既然更始帝封主公为萧王，那咱兄弟们就要辅佐萧王平定天下！"

刘玄一看刘秀不肯回京城，背地里又搞起了小动作。他一边派人再次召刘秀回京城，另一边却委任苗曾为幽州牧，就是河北北部最高行政长官，统领各郡，对抗刘秀；还密令各州郡不得听刘秀征调，想用这个法子逼着刘秀回京城。眼瞅着被逼的没了路，刘秀彻底跟刘玄决裂，派各路大将在河北、山东消灭土匪武装和农民起义军，队伍达到了几十万人。

在对敌作战的过程中，耿纯几次受伤，始终不下火线，刘秀感动不已，等到滹沱河一带安定下来，立刻把耿纯的家族亲戚安置到平山境内的蒲吾定居。很可惜，这座故城遗址在1958年修筑黄壁庄水库的时候淹没在水库之中。如今平山县黄壁庄水库一带，还有搬迁到平山县城附近的蒲吾县村周边的耿姓家族，就是耿氏的后裔。

刘秀在河北深得民心，手下大将们纷纷劝他自立为皇帝，可刘秀总是不听。最后，大伙把耿纯请了出来。耿纯说了："这些将士来自五湖四海，跟随你南征北战，就是为了辅佐你当上皇帝，我们这些人才能攀龙鳞、附凤翼，封官晋爵，光宗耀祖。如今，天时地利人和都具备了，只要主公点头答应就行了。这就叫天人亦应、时不可留、众不可逆啊。"

耿纯这一番话，在中国历史上留下了"攀龙附凤"的成语，也说动了刘秀。25年六月，刘秀在鄗城创建千秋亭，祭天祷告，大赦天下，封侯拜将，建元建武。这一年十月，刘秀打败了更始帝刘玄，占领洛阳，建立了一个新的王朝，史称东汉。

这正是：

耿纯救主大智谋，辅佐明君巧运筹。

刘秀登基创基业，耿纯平叛写春秋。

第三十一回 冲锋又陷阵 平叛逞英豪

上一回说到，大将耿纯辅佐刘秀坐上天子宝座，可是没几日，新皇帝刘秀遇到了新麻烦：夫人郭圣通的亲娘舅、真定王刘扬意图谋反！关键时刻，耿纯又站了出来，他如何巧施妙计化解这场危机呢？

虽说做了皇帝，可刘秀的江山基业还不牢固，各地大大小小的叛乱此起彼伏，一同打天下的兄弟耿纯须臾不敢放松，四处奔波剿匪平叛，攻克了定陶，又平定了山东。

常年征战沙场、鞍马劳顿，耿纯的健康出现了问题。当年，耿纯带着兵马进攻邯郸王朗的时候，从马上摔下来，摔断了肩膀，留下风湿痛的老毛病。这年冬天，耿纯肩病复发，疼痛难耐，不得不回到洛阳调养身体。可是，这耿纯该着是个劳碌命，安生日子没过两天，病还没养好，他的顶头上司刘秀又摊上大事儿了！

什么大事儿呢？刘秀的媳妇郭圣通的亲舅舅、真定王刘扬想造反，这件事证据确凿，事实清楚。

当初，刘秀娶了藁城美人郭圣通，借着媳妇的娘家和舅舅家的势力，在河北站稳了脚跟。现如今刘秀当上了皇帝，郭圣通又给他生了个儿子，母凭子贵，她的地位也是扶摇直上，成了后宫里的一把手。

外甥女春风得意，当舅舅的更是得意忘形，甚至做起了皇帝梦。真定王刘扬的脖子上长了一个红色的肉瘤子，有个算卦的道士忽悠他说："这叫作'赤九之后，瘿扬为主'，是天子之象。"

这话说到刘扬的心坎上，他借着算命先生的嘴，让几个兄弟给自己制造舆论，甚至，皇帝梦做的走火入魔的刘扬还把真定王府的摆设弄得跟皇宫一样。

没有不透风的墙，这事儿很快传到刘秀的耳朵里，那叫一个头疼！刘扬想要造反，按照律法应该诛灭九族，可他是自己媳妇的亲舅舅，皇长子的亲舅姥爷，抛开这层亲戚关系，之前还实实在在得过人家的好处，这个事究竟该怎么处理，刘秀犯了难。

建武二年（26年）春节刚过，刘秀派了骑都尉陈副、游击将军邓隆到真定传圣旨，征召刘扬入京面圣。刘扬一听说刘秀派人来请他进京，知道凶多吉少，干脆关闭真定的城门，把两位钦差大臣挡在城门外。

吃了闭门羹，刘秀一时间又没了主意，他想起了正在休病假的智多星耿纯，赶紧派人去请。姜还是老的辣，见面之后，耿纯跟刘秀耳语一番，刘秀的脸上慢慢有了笑模样。第二天上早朝的时候，刘秀安排了近期的重点工作，耿纯北上幽州、冀州，颁布赦令，大赦天下，顺便慰问各地王侯。耿纯和刘秀编剧导演的一场大戏，就要上演。这出戏有哪些精彩看点？

一生一死，危急关头做出何种决定？

一唱一和，君臣携手上演哪出好戏？

耿纯手里握着一张王牌，那就是皇帝的密令。临走前刘秀说，要见机行事，找机会逮捕刘扬，必要时，可以灵活处理，也就是说就地处决还是秋后问斩耿将军你看着办。

耿纯带领一百多骑兵，到了位于元氏的常山郡城，跟留守大将陈副、邓隆会合，秘密安排了任务，之后一行人转身去了真定，停留在驿馆中。按理说，皇帝派来了钦差大臣，地方诸侯应该主动拜见热情接待，可狡猾的刘扬却关闭了城门，说自己生了重病，不能拜见使者。不过，刘扬跟耿纯是老表亲，这亲戚的情理还得讲，他派人给耿纯传信，邀请耿纯到家中相见。

耿纯感觉这是个圈套，回复说："我奉了皇帝的旨意，接见各地王侯及行政长官时，先往拜候，不合规制。老表哥，咱们先公事公办，还是您受累到驿馆中来一趟吧！"

刘扬心想，不管怎么说，自己的外甥女是刘秀的老婆，那是正经的亲戚，再说老刘家人多势众，他弟弟刘让、堂兄刘细每人手里都有好几万兵马，谅刘秀也不敢对他怎么样。去就去，有什么可怕的！刘扬心一横，前往驿馆见耿纯，不过他留了一手，让弟弟刘让和堂兄刘细带人守在外头，以防万一。

驿馆内，耿纯早早摆好了酒宴，又把从京城带来的礼物送给了刘扬，说这是郭贵人孝敬您老人家的。两个人聊起了郭贵人还有小皇子，越说越热乎，等到开始进酒的时候，耿纯就说了："这寒冬腊月的，别让刘让老弟和刘细表哥在外面冻着，一起进来喝杯酒，暖和暖和。"

刘扬见没什么危险，就招呼他的二位兄弟进了驿馆。等他们一进来，耿纯马上下令把驿馆的大门关上，以摔杯子为暗号，陈福等人闪电行动把刘扬三兄弟给绑了。

耿纯说："你们要是随我进京面君，老老实实承认你们的罪状，请求皇帝原谅，还可以留下一条命，在京城安度晚年。不然的话，性命难保。"

原本刘秀看在亲戚的分上，想给他们留条活路。可是刘扬兄弟很猖狂，狂呼要灭了刘秀，杀尽大汉的臣子，门外真定王的将士们也在使劲敲击大门，想要冲进来。

生死攸关，容不得半点犹豫。耿纯立刻下令，把刘扬三兄弟就地处决，之后命人打开驿馆大门，把刘扬三兄弟的人头摆在那一群吵吵闹闹要报仇的刘氏将领眼前，说："我受大汉天子密诏，惩处密谋造反的真定王刘扬及其死党。你们都是大汉有功将士，为光复汉室立下过战功，只要听从调遣，一切官职照旧。"

那些将士们听罢，纷纷放下武器。这头都没了，还闹个什么劲儿呢。就这样，耿纯大将军快刀斩乱麻，不费一兵一卒，平定了真定动乱，给光武帝刘秀绝了后患，也保了真定一方太平。

耿纯将一切安排妥当，拎着刘扬三兄弟的人头回京城复命，把事情的前前后后告知刘秀。眼瞅着耿纯帮自己除掉了心头大患，刘秀心里着实高兴，攘外也需安内，刘扬毕竟是自己媳妇郭贵人的亲舅舅，接下来的事情有点麻烦。

耿纯明白刘秀的心思，他就说："为了大汉江山和皇家血脉的传承，我作为臣子，愿意承担所有的责任，杀刘扬是我一人干的，和皇上您没关系。为了安抚郭贵人和她的家人，请皇帝当堂责骂我，并把我贬出京师，不奉诏永不得进京。"

这番话让刘秀心里打翻了五味瓶般不是个滋味，他含泪对耿纯说："这太委屈爱卿了，我怎么忍心。"耿纯坚定地回答："身为臣子，为明主赴汤蹈火，在所不辞。古云士为知己者死，我无憾。"

第二天朝堂之上，这出君臣二人自编自导自演的苦情戏上演了，耿纯跪下来一再磕头，说误杀真定王，实在事出无奈，有悖皇帝的初衷，向郭贵人谢罪，请求皇上责罚自己。刘秀也给足了郭圣通面子，把郭圣通封为皇后，厚葬了她的舅舅刘扬，又封刘扬的儿子刘得为真定王。不过，经过这一场，这个真定王也只不过是个摆设而已。

既然要做戏，那就得做足了。耿纯担下了所有的罪名，刘秀还当着大臣们的面把耿纯斥责一番，两个人一唱一和配合默契。耿纯还主动申请，让皇帝把他贬到偏远地区去做官，以此向皇帝和皇后谢罪。那么，耿纯被刘秀贬到哪儿去了？

耿纯配合光武帝刘秀为郭圣通演了一场苦肉计的戏，被贬出了京城洛阳，到东郡去当一个小小的太守。东郡在哪儿呢？东郡就是秦始皇占了魏国的地盘设置的郡，地理位置相当于现在河北省大名府、山东东昌府和长清区以西的地域，郡城治所就在如今河南省濮阳县南。

当时东郡这一带土匪盗贼活动频繁，老百姓们日子很不安宁。耿纯上任以后，立即投入平叛和剿匪，几个月时间平息了叛军和盗匪，方圆几百里内都清静安宁了，老百姓的日子也太平了。

耿纯在东郡任职四年，他惩治贪官、反腐倡廉、深得民心。不过，有件事儿却让耿纯很懊悔，什么事儿呢？原来，有人检举东郡所属的发干县（如今的山东冠县）县长贪赃枉法，耿纯派人调查，举报属实，被举报的县长也认了罪。耿纯按照律法罢了他的官，下了大狱，并上奏朝廷，准备给他治罪。没想到那人心眼小想不开，在监狱里面自杀了。

这件事让耿纯很内疚，他觉得自己有过错，主动请求皇帝罢了自己的官职。虽说耿纯离开了京城当了小小的地方官，可他还是光武帝心里的贴心人。借着这个机会，光武帝就下诏书免了耿纯的东郡太守职位，召他回到京城洛阳，以东光列侯的身份参加朝廷会议。刘秀心疼耿纯，想要让他好好休息一阵子，然而天不遂人愿，耿纯刚刚回京不久，军情急报，山东的董宪叛乱了。

出生入死，忠义耿纯如何平息叛乱？
爱民如子，东郡太守怎样赢得民心？

董宪何许人啊？这个人，是农民起义军赤眉军的头头，在东海郡割据一方。刘秀建立东汉之后，董宪率领的起义军成为山东最大的割据势力，经常出兵惊扰官民，让刘秀很是头疼。建武五年（29年），董宪派兵包围东平郡的桃城，公然跟刘秀叫板。

刘秀忍无可忍，先是派大司马吴汉对付董宪，后来又决定亲自出征，还带上了自己的老搭档耿纯一起去。刘秀和耿纯带领大军路过东郡的时候，出现了感人的一幕——东郡的男女老少好几千人，都跟着刘秀的车驾，一边哭一边喊："请求皇帝还我耿君。"

这一幕，不光让耿纯湿了眼窝子，更让刘秀感动得不得了，他说，耿纯不管是打仗还是当官都是一等一，实在是没得挑啊！为了东郡的百姓，耿纯请求继续留任。刘秀好不容易把耿纯召回京师，哪里肯再放他走。此时，前线战事已经有了结果，叛匪董宪被杀，首级被送到了洛阳。刘秀得到消息，和耿纯一同班师回朝。

江山安稳之后，刘秀觉得那些开国元勋们都养在京城不是个事儿，想让他们带着家属到各自的封地去安家，这叫"就国"。当时耿纯被封为高阳侯，按说应该到高阳县去就国，可耿纯有点顾虑。什么顾虑呢？

原来，耿纯担任东郡太守的时候，秉公执法，得罪了不少人。当时，涿郡太守朱英的一位亲属在东郡犯了法，托人给耿纯送礼说情，结果耿纯没理他这茬，依法处死了朱英的亲属。从那起，朱英心里恨上了耿纯，几次在朝廷上找耿纯的茬儿。

耿纯受封的高阳县属于涿郡，耿纯担心朱英给穿小鞋，就跟刘秀商量说，要不您给换个地方呗！刘秀一听就明白了，把耿纯改封为东光侯，让他到河北省东光县来就国。耿纯高高兴兴地带着一家老小去了东光，在当地发展生产，造福百姓，过上了难得的太平日子。

耿纯原以为可以在这儿养老了，可没过两年，山东、河南交界一代的东郡、济阴又爆发了农民起义。刘秀派出了两员大将，心里还是不踏实，又请耿纯再次出山。

东郡百姓一听耿纯大将军又回来了，四处奔走相告，那些农民起义军也自动放下武器，耿纯不战而胜，平定了东郡。刘秀一看这个场景，干脆顺应民意，让耿纯回东郡吧。就这样，耿纯又在东郡当了五年太守，他一如既往地辛苦干工作，最后积劳成疾在这里病逝，当时，好几千百姓自愿给耿纯守灵，场面也非常感人。

后来，汉明帝追感前世功臣，在尚书省南宫的云台图画二十八将，史称云台二十八将，东光侯耿纯位列第十三。

这正是：

一代名将耿伯山，维护统一勇承担。

为官楷模得民心，宋子故乡美名传。

第三十二回 安平有崔氏 士节千古效

上一回说到耿纯亲力亲为造福人民，高风亮节美名留存。在河北这片地方，史书上留名的大人物可不是一位两位，其中有这么一大家子都是历史上的名人，这究竟是怎样一串闪光的名字？他们又经历了怎样的人生？

在中国人看来，有家才有国，有国才有家，家风关系到民风，民风影响到政治风气，政治上的风向标就是国家发展的大方向。这一串关系捋下来，就能看出家风到底有多重要。如果要在燕赵之地选一个家族做代表，讲讲士节精神的家族传承，少不了要说到东汉时期的安平崔氏。瞧这一家子，到底留下了什么样的故事呢？

话说当时，掌权的都是乌七八糟的人物，受罪的就是全国各地的百姓。好在还有一群忧国忧民的文人士大夫，他们有学识、有家世，关注民生，关心政治，时时刻刻地琢磨着家事国事天下事。衡水安平的崔氏家族就是其中的杰出代表，这一群人经历了哪些事？他们的抉择又在历史上留下了怎样的影响呢？

自从西汉时代，老崔家就成了河北这一片的名门望族。那时候，崔家有个名叫崔舒的历任四郡太守，做官清正廉明，做人通情达理，办事更叫一个漂亮，他给自家的子子孙孙开了好头，树了一个十全十美的榜样。

俗话说，虎父无犬子。这话一点也没错，崔舒的儿子崔篆就跟老爸一样棒。论文笔，他的才华没得挑；论为人，更是刚正不阿的一条好汉。当时，无极县里有个太保名叫甄丰，攀着王莽那棵大树享上了富贵。这人瞧着崔篆有本事，要推荐这小崔到朝里去当官。崔篆可没有被这点名利弄昏了头，他哪能跟甄丰这样的小人为伍，自然是没答应这茬。

后来，王莽建立新朝，成了皇帝，他还记得崔篆的名字，一道诏令就把崔篆派到了如今山东高青县那一带的千乘郡里去当官。崔篆心里是一百个不乐意，临出家门的时候还发了这么一番感慨："我生不逢时，赶上这么个倒霉时候，遇上这么一群恶人当政，不听他们的话就得伤着我的家人，听他们的话呢，就不能独善其身。"

话是这么说，事也不能不办，崔篆万般无奈到了衙门，领了官位。本想着泡个病号，少掺和事，可是，架不住同事们一个劲儿地劝，说是千万不能惹恼了朝廷，让大伙跟着遭殃。崔篆没辙，只好开始办理公事。他到了当地的监狱里一看，就看着好些人蒙着冤屈在大牢里受罪，这可把崔篆心疼坏了，他把案子一个一个地从头整理，把2000多个受了委屈的好人全都放回了家。

崔篆办事得了民心，却把他的助理吓破了胆，那人磕头劝着崔篆，说："当朝的方针是严刑峻法，可是大人你心肠太软，这不是跟朝廷对着干吗？"崔篆偏偏不听这个劝，他说了："要能拿我这一个脑袋换来2000多人的性命，这买卖挺值！"

没过多久，王莽的新朝就灭亡了，东汉的朝廷里有很多人都念叨起了崔篆的好，建议请他入朝为官。可是，崔篆这个人讲良心，讲脸面，他觉得自己无论如何也算是为王莽的新朝效过力，怎么好意思再到大汉的朝廷吃皇粮。从这以后，他就回到老家，关起门来思考人生，研究学问，撰写了64篇《周易林》，临终还给自己作了一篇《慰志赋》，写出了一片高远的情怀。

一门风雅，家学深厚如何经世致用？

一族刚正，直言敢谏如何惹恼权臣？

安平老崔家世世代代都有出挑的人物，崔篆的亲孙子崔骃也是文坛一杰。《后汉书》上说他的学问顶呱呱，跟班固都有一拼。这位是个百分百的文学青年，从来都对名利场上的事情不感兴趣。

据说有这么一回，崔骃听见别人议论说他自命清高，名不副实，要不然的话为什么没人请他当官呢？崔骃听了这话，微微一笑，并没有去跟这人过话，而是模仿三国才子扬雄的《解嘲》写了一篇《达旨》。他在这里面写道："君子不是不爱当官，而是不愿意自吹自擂，请客送礼；君子不是不喜欢豪宅，而是讨厌炫富斗富。克己复礼，治学修身，讲究忠孝，宣扬仁义，歌颂太平，倡导正道，这才是文化人该干的正经事。"

崔骃这话绝不是说说就算了，后来汉章帝巡狩五岳，崔骃专门写了一篇《四巡颂》，为的就是颂扬天下太平，阐述治国思想。这篇文章得到了汉章帝的赏识，再加上皇帝听了班固的举荐，就给崔骃派了个职位，让他在皇后的哥哥，车骑将军窦宪的手下做了管家。可是，窦宪有眼不识金镶玉，根本就没把崔骃当成一盘菜。汉章帝一看他那眼神，就说了："你看重班固，却把崔骃忽略了，这就说明你没什么眼力，这人我就交给你了，回去你们好好聊聊吧。"

后来，窦宪跟崔骃好好聊了一回；再后来，崔骃就成了窦宪的座上宾。过了一段日子，汉章帝到窦宪家里去做客，一落座就说要见崔骃。窦宪在边上说了这么一句："您贵为天子，怎么能随便跟崔骃这个平头百姓见面聊天呢？"汉章帝听出来了，这俩人处得挺不错，窦宪说这话是给崔骃要官呢。

崔骃的官职还没安排，窦宪就捅出一个大娄子，他钻了钱眼迷了心，非要压价去买公主的地产。这事传到汉章帝的耳朵里，皇帝立马就怒了，说窦宪不知天高地厚，没准存着野心要夺权！崔骃就着这事给窦宪写了封信，劝他兢兢业业，克勤克俭。

崔骃这番话讲得在理，窦宪也听进了心里去，这场乱子总算是归于平静，汉章帝也在这件事上看出了崔骃的为人。汉章帝这回下定了决心要给崔骃好好派个官职，给他一个用武之地，可是事没落定，汉章帝就驾鹤归西了。

大汉王朝皇权更替，刚满十岁的汉和帝坐上了龙椅，天下的大事攥到了窦太后的手心，国舅窦宪把住了权力的遥控器。早先的汉章帝一点也没看错，窦宪确实不是个省油的灯，如今，他野心勃勃，为非作歹，好话听不进，坏事做得绝。崔骃看不惯他这作死的节奏，道理讲了一大车，意见提了一大摞。起初，窦宪还耐着性子听一听，后来，干脆朝着崔骃翻了脸。

苦口婆心的崔骃让窦宪恨得牙根痒痒，可是，窦宪也明白崔骃有才气，有名气，这个人是打不得，骂不得，更是杀不得。他心眼一转出了个招，让汉和帝把崔骃派到天高皇帝远的长岑去做县长。崔骃接到这道旨意，他心里哇凉哇凉的，知道这大汉王朝已经不是从前的模样，于是就叶落归根，回了老家。崔骃在余生之中再也没有出仕为官，因为这个乱了套的世界已经不属于仁人志士。

安平崔氏一脉清正，世代刚直，这家里个个都是顶天立地的人物。崔骃的侄子辈儿里有个才子名叫崔琦，一瞧那学问和做派就是老崔家的人。崔琦年轻的时候在京师游学，先是被推举为孝廉，后来又做了郎官。

那时候，河南尹的位置上是个名叫梁冀的家伙，他仗着自己的妹妹是汉顺帝的皇后，三天两头地做坏事。这人名声不好，眼光却不错，他看好了崔氏的名头，相中了崔琦的才华，就跟这个年轻人套开了词。

崔琦到底还是年轻，他当这梁冀是一片真心，是一个好人，就诚心诚意地给他提起了意见，引古论今地给他摆事实，讲道理，还专门写了一篇《外戚箴》提醒他规规矩矩做事，老老实实做人。理儿也讲了，话也说了，这效果到底怎么样呢？

要说这梁冀那可是古今中外第一奸臣，堪称恶人中的战斗机，就连秦桧都比不上他一个指头。汉质帝就因为说了他一句"跋扈将军"，隔年就被他要了性命。说起来，这可不是梁冀头一回蓄谋弑君，就在那一年之间，他已经杀了大汉朝三个皇帝。从那往后，梁冀扶持着15岁的汉桓帝做着傀儡，自己就在大幕之后指手画脚，结党营私。

这么一个恐怖的杀人魔王让谁提起来都是胆战心惊，只有崔琦不信这个邪，敢于当面锣对面鼓地对着梁冀讲了这么一番话："将军您有权有势，但是不施德政，反而使得黎民涂炭。不听苦口良言，反而堵塞言路，长期下去，必致国难。"这话把梁冀噎得没了脾气，他明着也不好发作，只好派人把崔琦送回老家，又在暗地里派出刺客取他的性命。

话说这刺客一路出了京城，偷偷摸摸地到了崔琦的身边，他瞧着崔琦不是耕地就是读书，比起那梁冀强得可不是一点半点。刺客越看越下不去手，干脆走上前去把这事的来龙去脉一五一十都吐了出来。崔琦逃过了这一劫，可是那黑了心的梁冀又下毒手，一代奇才崔琦最终死在了奸人的手中。

饱经挫折，安平崔氏如何出淤泥而不染？

历经沧桑，一篇《政论》如何过百年而留名？

安平崔氏一门人才辈出，再从崔骃这往下论，他的孙子崔寔也很值得一提。想当年，崔寔的家道不怎么好过，可是崔家人没钱却有骨气，他爹去世之后留下话，说是白事上头概不收礼。于是，这崔寔不得已就变卖了田地和宅子，安葬了自己的老父亲，他自己就在父亲的墓前守孝，靠着卖酒过日子。

就这样过了几年，前面说过的那个梁冀的幕府大搞招聘，想让崔寔出山做官，崔寔全当是没有听见。要说这世上还是好人多，朝廷上一些有良知的官员跟皇帝说了崔寔的事情，皇帝也很看重他的文采，请他参与了《汉记》的撰写工作。

崔寔在这个职位上干得挺出色，不久之后又被提拔为五原太守，管着如今内蒙古包头市西边的一片地方。他为官一任，造福一方，把自己的家底全都拿了出来，教导百姓种植、纺织。可是，吃饱了，穿暖了，并不代表这日子就过好了。五原地处边疆之地，常常受到胡人的骚扰。多亏了崔寔花了心思加强战备，修整边防，把胡人吓得闻风丧胆，再也不敢来找茬。

崔寔的威名传八方，为了安定国家的边境线，这位文武全才被朝廷派到了辽东做太守，目的就是"不战而屈人之兵"。可这事情不赶巧，正在这时候，崔寔的母亲没了，因为孝字当头摆在眼前，他只好回到故乡料理丧事，暂时告别了官场。

三年过后丧期满，朝廷里又有人提起了崔寔的名字，要请他来做尚书。崔寔打马上任到了京城，可是这烂泥潭一样的朝廷实在让他失望，没过多久就递交了一份辞职信，回家接着过他那清贫的生活。到了他临终的日子，那真叫一个赤条条来去无牵挂，崔寔的家里要啥没啥，就连安葬的费用都是老同事们帮着凑出来的。

斯人已逝，崔寔的思想依然闪着光芒。他继承深厚家学，见证祖辈人生，历经官场沉浮，洞察社会时弊，这几样难得的阅历凑到一块，铸就了一篇名垂青史的《政论》。那其中历数朝代兴衰，指摘政治利弊，评判历史得失，提出中兴主张，对后世产生了巨大的影响。

后世之人如曹丕身边的谋士仲长统，他就说过这样一番话："崔寔的《政论》实在好，应当被帝王当成座右铭。"

崔寔编著的《四民月令》，也是他悯农思想的具体体现，展示了耕读结合的社会状况，是两汉农事之书的集大成者，是中国最早系统记载节俗的专著。

这正是：

安平崔氏一名门，忠义家风百代存。
世有英才传千古，忠厚刚正做好人。

第三十三回 卢植出涿郡 刚正有节操

上一回说到安平崔氏仁义刚正，文承武蔚名传千古。这一回的故事要从保定涿州说起，有着"天下第一州"美誉的涿州有怎样一段沧桑往事，又出了哪些留名史册的英雄志士？

在涿州城东拒马河畔有一座卢氏祖祠，这里是世界卢氏祖先的基地，每年都有数以万计的卢氏后裔来到这里祭拜祖先，被他们奉为范阳卢氏始祖的就是东汉一代忠良卢植。

卢植出生在涿县卢家场村，是刘备的老师，在历史上声誉极高，曹操曾经称赞他是"士之楷模，国之桢干"。宋朝太宗皇帝也为他写下过"尚书光耀千年史"的句子。

卢植为什么能获得这么高的评价呢？

俗话说名师出高徒，卢植少年时候，遇上了一位名师——马融。马融是儒学大师、文化名流，当时很多世家子弟投师他的门下，虽然比不上孔子弟子三千，马融门下的学生也有一千多。这样庞大的班级容量，老师的课要怎么讲，而学生又要怎样学才能脱颖而出呢？

卢植从小聪明好学，年轻的时候自学了一些儒家经典，虽说无师自通，但在学习中难免遇到一些拦路虎。为了让学问更进一步，他四处探访名师，这时有人向他推荐说陕西的扶风有一位儒学大师，他即刻动身去拜师。这位大师就是马融。

马融相貌英俊，学识渊博，家世显赫，他的姑姑是汉明帝刘庄的皇后马皇后。虽说是大知识分子，马融却没有迂腐之气，吹拉弹唱样样精通，吃穿住行样样考究。因为很多读书人对这位风流倜傥的高富帅趋之若鹜，他的主业就成了传道授业的教授。

马融有学生1000多人,在没有扩音器的年代,扯着嗓子上课大家也不见得能听见。马融想到了一个方法,先教几个人,然后这几个人再去教别的人。其实,真正能得到马融亲自面授的弟子并没有多少,在这些数量有限的学生当中,就有来自河北涿州的卢植。

马融讲课的方式古往今来独树一帜。每次讲课的时候,他坐在高堂大殿上,用粉红色纱帐作隔段,一边让学生静坐听课,一边让歌妓奏乐起舞。在这种环境下,一般的人都受不了靡靡之音以及美女的诱惑,难免想入非非,精神涣散,但卢植却无动于衷、目不斜视,几年如一日专心学习。马融很喜欢这个学生,对他很器重,不久便把助教的职位交给了卢植。后来,马融经常以卢植为榜样教育其他弟子,要居于闹市而心无旁骛。

卢植学成之后,回到涿州老家收徒讲学,教书育人。当时慕名而来的人很多,不少都是社会名流,像刘备、公孙瓒,还有后来成为著名经学家的高诱等,他们都是卢植的弟子。除了研究学问,卢植还有个爱好,喜欢喝酒,史书上说他能饮酒一石而不醉,典型的北方好汉。

卢植作为一名学者,并不局限在书斋中死读书,他对政治异常敏感和关注,忧国忧民,以天下事为己任。不久,东汉政坛发生变故,这又引发了怎样的一场风波?

指点江山,一介书生怎样大胆进谏?
激扬文字,教书先生如何毛遂自荐?

汉桓帝死了以后,皇太后窦氏临朝称制,窦太后的父亲窦武在朝廷里很有威望,人缘也好,他策划、组织文武大臣迎立河北安国市东北解渎亭侯刘宏当了皇帝,这就是汉灵帝。

168年,汉灵帝登基,为了感谢窦武的拥立之功,他诏封窦武为大将军,掌管全国军队,把持朝政,可以说是一人之下,万人之上。朝堂上的文武大臣们都见风使舵上赶着巴结窦武,请汉灵帝给窦大将军加封爵位。

卢植听说了这件事,给窦武写了一封信,在信里他高度评价了窦武对汉室的重大贡献，然后引经据典，说皇帝去世以后按照亲近等次另立新帝，是理所当然的事情，作为大臣的窦大将军您做的是分内之事，怎么能说是功高盖世呢？如果因为这件事，被那些阿谀奉承的人歌功颂德，岂不是有贪天之功的嫌疑！

卢植建议窦武，最好辞绝朝廷大赏，同时还提出了"强干弱枝"的建议，他认为几代皇帝都不能子承父业，从外封的诸侯中寻找嗣王，这是一件很危险的事情。而且目前各地都不安宁，叛贼虎视眈眈，朝廷应该按照古礼给各王侯的儿子，还有宗族当中一些才能出众的人加官封爵，安抚天下，才能强干弱枝、巩固统治。

卢植的一番规劝，发自肺腑出自公心，相当有预见性，可野心勃勃的窦武把这番话当成了耳旁风，他一心想借加封的机会壮大外戚势力，改变宦官专权的局面，肃清朝政。要说窦武的思路也没有错，可他的想法太急了，而动作又太慢了，导致计划全盘落空，还招来杀身之祸。这又是怎样一场血雨腥风呢？

当时宦官专权，窦武作为外戚的代表人物，一心想除掉宦官以绝后患。但是他也明白，现在窦氏一族根基浅，势力薄，还得继续在朝廷内寻找同盟。很快他发现太傅陈蕃也有这个意思，有一天他们开会的时候，陈蕃悄悄地对窦武说："中常侍曹节、王甫等人，在先帝时就操弄国家政权，把天下搞得乌烟瘴气，现在不杀他们，以后就难办了。"窦武一听，这话说到自个的心坎里，随即与陈蕃一拍即合，各自找来一帮亲信商议计策。

谋事在人，成事在天，中国人办事讲究天时、地利、人和。这一年五月，东汉上空出现了日食，窦武以此为由，请窦太后诛杀宦官，他下手很快，请示还没批下来，就抢先杀了两个宦官，可窦太后却有些迟疑，计划就有点拖拉。这时就有人写信劝窦武，事不宜迟，应该立即行动，免得夜长梦多生出变故，可窦武这个人也有些优柔寡断，这么一犹豫一拖延，就出了岔子。

宦官朱瑀偷看了窦武给窦太后的奏章，知道了宦官要被满门抄斩的事情，特别生气，他骂道："宦官放纵当然可以杀，但我们这些人有什么罪呢，为什么要赶尽杀绝？"他把这事透露给了曹节以及其他的宦官，这些人听了又惊又怕，自然不肯坐以待毙！他们第一时间挟持了汉灵帝，夺了窦太后的玺书，派人去抓窦武。当时宦官的势力比窦武大，他们一造反，谁还敢跟着窦武干？窦武成了孤家寡人，走投无路只好自己了断，他的家人也相继被杀。

经历这场风波，卢植对时局精准地分析把控、对是非曲直的公正评价，引起朝野关注，各地官员纷纷邀请他出来做官做幕僚。因为窦武事件余波未平，淡泊名利的卢植一一婉言回绝。不过，卢植最终还是走上仕途，打动卢植的究竟是怎样的一个职位呢？

当时，东汉朝廷设立了太学，经朝廷批准，蔡文姬的父亲蔡邕、李巡等人成立一个工作室，对《周易》、《尚书》、《诗经》等七种经典进行校对，并将这七种典籍用隶书刻在石碑上放在太学门口，作为经书的标准版本，这也就是历史上著名的"熹平石经"或"太学石经"。

在涿州老家当老师的卢植听说了这件事，非常兴奋。因为在平常的教学中，他有意将自己教学儒家经典的讲义进行整理，有丰富的经验和积累，他觉得弘扬儒学，自己也应该尽一份力，于是主动给朝廷写了封信，毛遂自荐，请求参与校点《五经》的工作。

在这封自荐信中，卢植表达了弘扬儒学的强烈愿望，他从学术的角度阐述了对儒学五经的理解，指出《五经》、《周礼》等儒学经典中重复和错误的地方。他说因为条件有限，自己没有能力全部梳理缮写呈送朝廷，如果可以的话，他愿意带着两个书童到京城专心校对古代圣典。此外，他还建议皇帝设置博士、立学官，也就是普及儒学教育，让天下人明白圣意。

卢植的这封求职信到了朝廷里，引起了皇帝和朝中大臣的重视，他们为这位学者的治学精神感动。皇帝立即下诏征召卢植到京城来任职，此外还按照卢植的建议设置了博士，从此这位涿郡的书生，开始步入官场。不过，卢植这人真是命运不济，做官没多长时间，国家发生了动乱，本来是一介书生的他被人推到了风口浪尖之上。这又是怎样的一场变故？

遇人不淑，文弱官员遭遇何种暗算挂帅出征？

仕途险恶，性情中人历经哪般风雨宦海沉浮？

熹平四年，也就是175年，江西九江发生军事动乱。本是文人的卢植照理说和这件事八竿子打不到一块，可没想到，朝廷里好几个官员为了自保不去出征，他们居心叵测地到处造舆论说卢植文武双全，建议皇帝任命他为九江太守，率兵镇压造反。皇帝听信了左右大臣的建议，任命卢植为九江太守。君令难违，卢植真的披挂出征，他倾其所能，恩威并重，利用出兵围剿和劝降相结合的方法，平息了动乱。不过，卢植也为此费尽心血，心力交瘁，他随后称病辞去官职。

可还没消停多久，国家又遇到了南夷反叛。因为朝廷实在派不出得力大将和官员，皇帝伤了脑筋，这时有人又建议说："卢植曾经在九江镇压有功，还是请他出征，马到成功。"于是皇帝又下诏任命卢植为庐江太守，卢植再次领命出征。来到庐江上任之后，卢植深知为政的要诀，坚持"务存清静"的理念，我不和你兵刃相见，咱就好好坐下来摆事实讲道理，受到他独特人格魅力和出众的才华的感召，当地造反的部落纷纷归顺，不战而和、一派和谐的局面。

一年以后，卢植因为业绩突出，又调到了京城，升官做了议郎，也就是咨询建议的官员，和马日䃅、蔡邕等文人们一起入驻东观，开始整理、校点皇宫中收藏的《五经》，并承担补续《汉记》的工作，终于干上自己的老本行，卢植心里这才踏实下来。可是还没好好做上几天学问，他又被皇帝惦记上了。

汉灵帝觉得，卢植做的都是不当紧的事情，当务之急，还是把他纳入朝廷的智囊团，参与治国理政。因此，皇帝又下诏让卢植担任尚书，做了皇帝身边的要臣。

这正是：

涿郡少年行千里，师从马融求真谛。
弘扬儒学育桃李，仗义执言展诚义。

第三十四回 仗义敢直言 正身立丰碑

上一回说到卢植进京校点五经，这位才子吸引了好些人的眼睛，同事们对他交口称赞，皇帝也对他青眼有加。眼看这就是一帆风顺的好光景，风平浪静的水面之下又藏着怎样的波澜？

中国人对于成功早有研究，这研究成果分为三点，就是天时、地利、人和，其中头一位的天时，卢植就没有赶上。他进京当官那时候，正是东汉最乱套的时期，外戚专权，宦官作乱，皇帝不成器，国家不像样，简直就是个彻头彻尾的烂摊子。

卢植忧国忧民，总想着找个机会劝劝皇帝，他等着盼着，这个机会终于来了。178年，天上的太阳少了一块儿，世界暗了半天的光景，咱们现代人都知道这种现象叫作日食，不过，在古人看来，这可不是什么正常的事，而是老天爷摆脸色的表现。卢植就着这事用上了董仲舒天人感应的理论，给汉灵帝进了一言，劝他好好工作，替天行道，不然的话，您看见没有，天象已经给出了预警，再不把事当个事，咱的国家必定会遭受天灾。

卢植借着董仲舒的大论开了头，接下来就要具体问题具体分析，讲讲他的政治见解，说说他的理政方针，他这一套说法分作八条，其中又有怎样的真知灼见呢？

卢植开篇就提出了人才战略，说治国理政，以人为本，没有过硬的人才队伍，怎么能操持起这么一大摊子事？人才上哪去找呢？这就是发动全国之力，让各地的官员举荐贤才，给国家攒上一个满满当当的人才库。

第二点说的是要禁止暴政和酷刑。从前那些受了委屈的好人，必须要给人家平反昭雪，尤其是因为所谓"党争"下了大狱的那些人，更应该得到赦免。

再有，就是预防传染病。这条意见听上去有点古怪，好像跟国家大政没什么干系，实际上，卢植这句话是为冤死的宋皇后在叫屈。这又是从何说起呢？

卢植所说的宋皇后是汉灵帝的正室。这位正官皇后出身名门，她姑姑是汉桓帝的弟媳妇，渤海王刘悝的王妃。渤海王得罪了中常侍王甫，这个小人一气之下出了个狠招，跟汉灵帝说渤海王居心谋反，把人家两口子逼得自杀还不算了事，连带着家族里100多人都受了牵连。王甫生怕渤海王妃的侄女宋皇后找到他来算后账，又诬陷宋皇后用巫术诅咒皇帝。

昏了头的汉灵帝偏听偏信，好歹不分，被王甫牵着鼻子废掉了宋皇后，又把自己的亲媳妇关进了大牢。可怜这宋皇后不明不白地丢了性命，就连皇后的家属也没能逃过一劫。

卢植借用天意，说是因为这一系列滥杀无辜的冤假错案，才造成传染病四处流行。要想了结疫情，应该还人家宋氏家族一个清白，好好料理他们的后事。

卢植的话说得入情入理，在这之后，他又提出来什么样的建议呢？

生逢乱世，烽烟之中如何彰显英雄本色？
再遇乱局，风波之中如何拯救国家危亡？

卢植的提案还有几条，讲到了在军事上要防患于未然，恩威并行地对待诸侯王，特别要警惕边境上的事。另外，他还提倡克己复礼，重振朝纲；严格官员考核，打击跑官买官。最后一点就是要造福人民，让老百姓分享经济发展的胜利果实。

卢植的说法有理有据，针对时弊，即便是用现在的眼光来看，这一套理论也是治国安民的好法子。可是，好话偏偏没人听，卢植这样的贤才偏偏没人用。汉灵帝一向办事不着调，怎么会拿卢植的逆耳忠言当成个正经话呢？

皇帝不靠谱，江山没得救，人民群众的日子没法过，就在184年爆发了中国历史上第一次有组织、有规模的农民起义。河北巨鹿人张角、张宝带着黄巾军搅动了大半个中国，把汉灵帝的宝座晃得摇摇欲坠。皇帝这回慌了神，他把身边的大臣问了一个遍，看谁能带兵打仗，保卫皇权。这些大臣平时一个个地咋呼挺欢，真到了事上全成了缩头乌龟，你看看我，我看看你，最后还是把卢植推了出来。

于是，卢植做了中郎将，讨伐黄巾军。他出兵之前先是仔仔细细地研究了战略战术，发兵之后更重视步步为营，卢植的部队集中兵力连续作战，打乱了张角的阵脚，击退了大批的农民军，把张角逼到了邢台广宗这一带。这时候，卢植换了招数，他围而不攻，把广宗县城围得铁桶一样，在周边开沟挖渠，打造云梯，只等着城里的农民军没了士气，就准备大举进攻，拿下城池。

卢植这里紧着忙活，又有小人赶着捣乱。这时候，宫里的太监左丰到了卢植的大营里做监军，他明里是执行公务，暗里是敲竹杠收贿赂。汉灵帝的统治有多乱，宫里的太监有多奸，这事人人都知道，好多人劝着卢植拿钱给左丰买个平安，可是，卢植的为人就跟钢板一样，宁折不弯，绝不会低三下四地在小人面前说软话。他这个直脾气又会惹来什么样的麻烦呢？

话说这太监左丰没能在卢植那里捞着钱，只憋了一肚子的恶气，他回宫之后就变着法地出损招，在卢植的背后捅刀子。这家伙就跟汉灵帝说了："广宗的反贼根本不成个气候，只是那卢植卢中郎太惜命，不敢跟人家硬碰硬，就躲在远处干瞪眼，等着黄巾军自生自灭。"

汉灵帝听着这话，他心里那个气啊，立马发号施令，派车出去要把卢植带回来。这车不是舒舒服服的马车，而是木头笼子的囚车，车马到了广宗那地界，二话不说就把卢植押了上去，给他判了个罪过，丢进了大牢。

后来，另一路大军由车骑将军皇甫嵩带队消灭了黄巾军，这场乱子才算是归于平静。皇甫嵩凯旋，回到了朝廷，并没有贪天功为己有，而是在皇帝面前一五一十地讲出了事情的真相，说出了卢植的贡献。正因为这样，卢植才算是平了反，他洗白了冤屈再入朝，继续担任尚书的职务。

卢植的政治生涯几起几落，总是在危难之际挑担子，恶人面前吃黄连，难得的是他自始至终地忠君爱国，一以贯之地清廉刚正。这一番气节，这一份修养，在当时的朝廷里根本找不出第二个。他尽心尽力地伺候着汉灵帝归了西，又迎着汉少帝刘辩即位。这之后，卢植又要经历怎样的风雨呢？

汉少帝继承了皇位，却没能把住大权，何太后家里的弟兄何进再次上演外戚专权的戏码，朝中的宦官也不甘寂寞，争着抢着要夺权，这两拨人一起哄，把天下的政局搞得是乱上加乱。

何家人为了占住头把交椅，打算动手杀官宦，何太后她老人家却表示不同意。何进这一计不成又生一计，要请董卓进京带兵逼宫。卢植听说了这件事，他的心里打了个哆嗦，他很知道董卓的人性，那可是一个暴脾气的大恶人，一旦让他进了京，就像是把洪水放进了大平原，往后的事谁都管不了。卢植把这想法跟何进谈了谈，劝他千万别办这样的糊涂事，可是何进夺权心切，根本不听卢植的劝。

后来，何进死在了漩涡中间，宦官掌握了朝廷大权，各地军阀起来作乱，袁术牵头闯进了皇宫。他打着给何进报仇的幌子要端了太监团伙，这伙太监狗急跳墙挟持了何太后、汉少帝，还有当时的陈留王刘协，也就是后来的汉献帝。

在这个危急关头，又是卢植挺身而出。他抄着家伙在道边一站，就把那伙太监吓得抱头鼠窜，把何太后扔到了一边，只带着汉少帝和刘协溜到了小平津，也就是现在的河南巩义市西北边。皇宫里留下的宦官被袁家的部队杀得一干二净，卢植带上人马一路追杀，一直逼得太监的头目张让投河自尽，最后还是卢植护送着皇帝回到皇宫，成了拯救危亡的大英雄。

风烟过眼，卢植为何辞官请退归隐山林？
斯人逝去，后世如何评说历史再论英才？

汉少帝和刘协凄凄惨惨出宫去，平平安安回家来，后来的日子还是没消停，就像卢植预料的一样，外戚和太监刚唱罢，又有董卓登了场。董卓在朝堂之上指着汉少帝的鼻子就是一通骂，说他没骨头，没担当，根本就做不了天下的主，还说要拥立刘协做帝王。

董卓把难听话说了，难看的事也办了，可是这朝堂之上就是没人敢吱声，单单是卢植站出来仗义执言。他从三纲五常讲到仁义道德，明明白白地表示反对董卓的恶劣行为。董卓一看，还真有不怕死的，汉少帝都没说话，你卢植居然要出这个头，他宣布立即散会，会后就要杀了卢植。好在卢植的人缘还不错，

位于涿州卢氏祖祠内的卢植墓

蔡邕等好多的大臣都在董卓面前为他求情，让他免了一死，只是丢了官职。

卢植看过了一场接着一场的是是非非，他心里早就明白了一件事：赶上这样的世道，想当好人就别当官。于是，他借口身体出了毛病，请求回归故乡。回家的路上，卢植也存着心眼，知道董卓一直惦记着自己这条命，故意兜了个圈子躲进了深山。后来，冀州牧袁绍找上了卢家的门，又请他出山做了军师。

人都逃不过生老病死，可是，人跟人的死法却有所不同，恶人的身后是一片骂声，好人的身后却有一世英名。卢植这一生刚直仗义，智勇双全，一朝故去，有很多人跟着送行，念起他的种种好处，谁也免不了哭上一场。

多年之后，曹操征战北方，沿途经过了如今的保定涿州，专程到卢家场村北的卢植墓上去祭奠，还派人整修卢植的墓地，安抚卢家子孙，又对当地的官员发表了一番对于卢植的好评，称卢植是"学为儒宗，士之楷模，国之桢干"。卢植的美名世代相传，他的事迹留在史书之上。

这正是：

卢植为官进帝京，刚正不阿浩然风。
国难当头催戎马，驳斥董卓留美名。

第三十五回 刘备起涿郡 云长紧相随

昨天说到一代鸿儒卢植的诚义故事和坎坷人生。今天，我们要说的人物是卢植的得意门生，不过论知名度，这个徒弟可比老师还有名气，他就是三国时期的蜀国君主刘备。从街头小贩到一国之君，刘备经历了怎样励志的人生？

刘备和张飞是同乡，都是涿郡人，也就是今天的河北省涿州市。两人刚认识的时候，是在同一条街上营生的小商贩。虽说都是个体户，两人的出身门第可大不相同。刘备有一张金光闪闪的名片，那就是西汉中山靖王刘胜的后代，地地道道的皇室后裔。

都说瘦死的骆驼比马大，刘备既然是西汉皇室后裔，怎么会沦落到卖草鞋的境地呢？虽说生活落魄，可刘备不甘平庸，他身处陋巷却胸怀大志，总想做出一番大事业，那么，又是什么机缘让刘备开始崭露头角的呢？

按照正史记载，刘备是中山靖王刘胜的后代。刘备的爷爷刘雄当过河南范县县令，他父亲刘弘也做过小官，日子虽说不是大富大贵，可也算得上小康之家。可惜老爸刘弘死得早，家道中落，刘备打小就没赶上过好日子。

小说里经常有这么个情节，但凡将来大富大贵的人，老天爷总要给点征兆，刘玄德也不例外。他家旁边有一棵大桑树，枝繁叶茂，树冠看起来像是个大华盖。有小道消息说，这棵树下肯定能出贵人。当然，有棵树并不能说明什么，关键是刘备小时候和小伙伴们在树下玩，高兴了就吹牛："你们看，这就是华盖，将来我一定能乘坐华盖御撵啊。"这话后来让刘备的叔叔刘子敬知道了，回来就给了他两耳光，还说："叫你小子吹牛，你想让我们老刘家灭门啊，以后不许说这话。"想当皇帝，这叫有僭越之心，是要诛灭九族的。自打挨了这两耳光，刘备提早结束了少年轻狂，把心眼都憋在肚子里。

再穷不能穷教育。毕竟刘备大小也算个皇族，要是大字不识一个，实在跌份。所以到了刘备15岁的时候，母亲让他出外求学。担任刘备班主任的就是东汉末年的名士，时任九江太守的卢植，跟刘备同一届的学员中，还有一个后来十分有名的军阀——白马将军公孙瓒，他是刘备的老乡，也是河北省人。

卢植的人品和才学，我们前面讲过，那是享誉东汉，闻名古今。他对刘备有很大的影响，尤其是诚信刚直的德行，刘备学到不少。都说穷人家的孩子早当家，苦难的童年生活造就了刘备坚毅的品格与过人的心性，他具备了成大事的性格：内敛、谦逊，最重要的是城府很深。而且，刘备还具备了乱世枭雄共同的特点，爱结交朋友，加上他本人又比较会来事，在当时的朋友圈中已经有了不小的威望。

183年，刘备结识了关羽、张飞。第二年，河北巨鹿爆发了张角领导的黄巾起义，刘备一看机会来了，就带着关羽、张飞，准备加入到镇压黄巾军的队伍里。举兵起事，手里没钱可不行，还得说是刘备运气好，这不正瞌睡呢，就有人送枕头来了。原来刘备爱结交朋友，他做事又八面玲珑，很快引起了两个人的注意，这俩伯乐叫张世平和苏双，是从外地来涿郡做生意的马贩子。在那个年代，能走南闯北做生意的人，经济实力都是说得过去的。在这两人的资助下，刘备终于得到了人生的第一桶金。

乱世英雄起四方，有枪就是草头王。刘备这个没落的皇族后裔，最终举起了征战天下的大旗，走上了问鼎天下的漫漫长路。接下来刘备都有哪些作为呢？

桃园结义，千古佳话到底是真是假？
鞭打督邮，经典桥段究竟出自谁手？

刘备在张世平和苏双的帮助下，很快有了自己的起义军，这支队伍里有两个了不得的人物，那就是日后名震天下的万人敌——关羽和张飞。虽然罗贯中笔下那个桃花盛开的地方很美丽、很煽情，可是关于桃园三结义，这个真没有。

《三国演义》头一篇就讲东汉末年，天下大乱，三位好汉刘备、关羽、张

涿州三义宫内的刘关张塑像

第三十五回 刘备起涿郡 云长紧相随

飞在涿州的桃园结拜兄弟，一起闯江湖。不过经过千年的风云，百代文人的演绎，三国历史早已被几番演绎了。我们就是要还原一个真正的三国，给大家说真实的刘备、张飞、赵云等三国时期河北名人的历史。

刘关张桃园三结义的故事，其实是罗贯中根据民间传说及小说情节需要编造出来的，历史上从来没有这件事。根据《三国志》中的多处记载，刘关张三人之间只是"恩若兄弟"，从来没有结拜这个环节。而且按照传统，结拜兄弟应该按年龄来排。论年龄的话，关羽比刘备年长一岁，如果结拜，应该是关刘张，不是刘关张。

虽说不是结拜兄弟，但三人一路互相扶持，却胜似亲兄弟。不久，因为刘备立了军功，他得到了人生中的第一个官职——安喜尉，相当于安喜县公安局长。当时朝廷有个规矩，凡是因为军功做官的人，都要定期进行考核，不合格就得下岗。负责考核县级官员的任务，一般都交给督邮办理。

别看督邮的官不大，可他们的权力不小。天高皇帝远，他们经常收取贿赂，不掏钱就下岗，不少官员为了保住官位都忍气吞声。在《三国演义》第二回中讲到，定州督邮到安喜考核刘备，刘备不知道规矩，没给他送礼，这下惹恼了督邮，对刘备冷言冷语不说，还不接见他。张飞是个暴脾气，一听说这事立马跑到驿馆，揪着督邮的头发把他拽出来，绑在树上一顿暴揍，打得督邮连连求饶，还是刘备出来做和事佬，才没把人打死。

张飞鞭打督邮，历来被视为《三国演义》的精彩之笔，也是最大快人心的一节。不过这又是罗贯中精心设计的好戏，在真实历史中，是有鞭打督邮这事，可动手的不是张飞，而是老好人刘备。

刘备好不容易才在刀光剑影中捞了个芝麻官，他当然要拼命保住了。可是几次拜见督邮都被轰了出来，年轻气盛的刘备就派人把督邮给绑了起来，痛打了二百杀威棒。后来罗贯中为了塑造刘备高大全的形象，也可能是觉得张飞已经够黑了，也不差背个黑锅了，就把鞭打督邮这事安到了张飞身上，想想张飞还真是挺冤的。

刘备拿鞭子痛痛快快地把督邮打了一顿，等头脑冷静下来，心里觉得冲动是魔鬼啊，现在只能赶紧逃跑了。接下来，刘备经历了一段职位变动最频繁的时期：他先是被委任为下密县丞，就在今天山东昌邑县，不久再次辞官。后来，出任高密县尉，又任县令。不久，高密被黄巾军攻破，刘备又去投靠他的同学——白马将军公孙瓒。公孙瓒对这位落魄的老同学还算比较仗义，马上委任刘备为别部司马，让他和青州刺史田楷一起抗拒冀州牧袁绍。

当时军阀混战，占据邺城的冀州牧袁绍，成为河北最强大的军事集团。为了扩大地盘，袁绍发兵进攻公孙瓒，公孙瓒派刘备应战。刘备早盼着能有机会表现自己，这次他率领大军英勇作战，连败袁绍。多次立功的刘备终于迎来了事业的第一个小高峰——平原相。

刘备在山东平原县很有作为，深受当地百姓爱戴。即使平头老百姓，都可以和他坐在一张席子上，在同一个锅里吃饭。《三国志》讲过一个刘备善待刺客的故事，很能体现他的诚义。

说是当年在平原有个叫刘平的人，他看不起刘备，觉得他不配当平原相，就雇了个刺客去刺杀他。拿人钱财，替人消灾，这是刺客的基本职业道德。这个刺客很快找上了刘备，刘备不知道这人是刺客，还以为是普通百姓，就客客气气地招待了他，还和他谈起了百姓疾苦和各种人生话题。俩人越说越投机，后来刺客都被说的感动了，就放弃了刺杀计划，还将来意告诉了刘备。刘备知道实情后，并没有生气，还是很客气地将刺客送走了。可见刘备有诚义之德确实不假。

从鞭打督邮和善待刺客这两件事能看出，历史上真实的刘备绝不是整天愁眉苦脸的懦弱主公，也不是遇事只会逃避的"刘跑跑"。其实刘备是个有血性、有担当、有诚义、有理想的"四有青年"。那么刘备的理想是什么呢？为了维护自己的道义，刘备又是怎样和曹操周旋的呢？

三国时期没有永远的朋友，只有永远的利益。刘备受到吕布进攻，暂时归顺了曹操，曹操举荐刘备当上了河南省最高长官。可曹操心里很明白，刘备不是自己能掌控的人，因为刘备其实和自己是一类人，同样胸怀大志、心系天下。这样的人，是不可能屈居人下的。表面上曹操对刘备很尊重，其实暗地里一直派人监视他。

刘备是个不太安分的人，曹操派去监视他的人不可能24小时跟着他，于是很快就有人和刘备联系上了。当时，曹操"挟天子以令诸侯"，让汉献帝刘协成了傀儡皇帝。刘协的岳父、车骑将军董承私下里见到了刘备，他们密谋要杀死曹操，把大权归还给汉献帝。刘备也不是傻子，他知道这事一旦败露，就意味着和曹操彻底决裂，但他还是参加了这次计划。因为他心中还有另外一个想法，那就是实现自己的理想。还威福于天子，巩汉鼎于千秋，就是他追求一生的理想。这事不论成功与否，他都要表明他拥护大汉王朝的政治立场。

第二天，曹操宴请刘备，两人煮酒论英雄。曹操突然对刘备说："如今天下英雄,唯使君与操耳。"意思是，只有你我是真正的英雄。说者无心，听者有意，做贼心虚的刘备刚夹了一筷子菜，还没送到嘴边，听到曹操没头没脑地说了这样一句话，立时惊出一身冷汗，筷子都掉到了地上。恰好这时候天上打雷，刘备才把失态的举动给掩盖了。

这事在三国演义中，被演义成一个经典的故事——煮酒论英雄，其实在历史上也确有其事。刘备明白，决不能长期待在这里，只有找机会摆脱曹操，才有可能光复汉室，终于有一天，这个机会来了。

几番周旋，身在曹营如何上演无间风云？
转投袁绍，联合旧部如何展开绝地反攻？

曹操得到密报，袁术经过徐州北上邺城，要把传国玉玺送给袁绍。曹操准备派人截击，刘备乘机要求担此重任，曹操刚答应，刘备马上带着自己的人马出发了。但是还没有到徐州，袁术就死了。刘备杀了徐州刺史车胄，占了徐州。周边各郡县的守军纷纷归附刘备，刘备的势力迅速扩大到数万人马。

其实，早在刘备离开后不久，曹操就后悔了。听说刘备斩杀车胄，重新占据徐州，曹操彻底火了，觉得自己一代枭雄却被人耍了，这是天大的笑话，于是曹操亲自带兵征讨刘备。刘备仓皇迎战，结果全军覆没，不光妻儿再次被俘虏，连他的左膀右臂关羽也被迫归降了曹操。

刘备无可奈何，只好收集散失的部众，北上河北投奔袁绍。以刘备的雄心以及对汉朝的忠诚，不可能甘心侍奉袁绍，所以他还得寻找机会自立。于是他就给袁绍出主意，打算南下荆州，联合荆州牧刘表一起围剿曹操。刘备这一手深得袁绍赏识，一来刘表与刘备都是汉室宗亲，二来荆州势力不小，强强联合，确实能对曹操形成包围之势。于是，袁绍就派刘备带着关羽、张飞、赵云等人南下。到了河南汝南，刘备与黄巾军余部汇合，与曹操军队一战，关羽阵前斩杀曹操派来的大将蔡阳，占据了河南。这一次交手，刘备终于小胜了曹操一回。

刘备和曹操的多次交手，虽说多次失利，可他走到今天这一步非常不容易。袁绍、曹操、孙权、刘表，个个都是含着金钥匙来到世上的。而刘备从一个卖草鞋的小商贩，硬生生地撬开了逐鹿天下的大门，十多年来他不但没有被磨难打趴下，反而在这个乱世中越挫越勇，名声越闯越大。

这正是：

靖王后裔刘玄德，出身涿州命坎坷。
起兵立功任县尉，鞭打督邮仗义歌。

第三十六回　汉后投荆州　入蜀建政权

上一回说到，没落皇叔刘玄德凭着仁厚的胸怀招揽了不少人才，他倒是想带着兄弟们跟曹操死磕到底，可实力对比太过悬殊，打不过曹操，只好投奔了荆州刘表。原本寄人篱下的刘备，又如何咸鱼翻身成为西蜀地区的霸主呢？

在《九州春秋》中，记载了刘备在荆州的一段往事：刘备在荆州受到刘表的热情款待，两个人闲来无事就天南海北神聊海侃，日子过得轻松惬意。这天，二人又摆起龙门阵，期间刘备去了趟厕所，回来竟然抹起眼泪。刘表心中不解，我好吃好喝招待你，你这是闹哪样呢？他上前询问，刘备幽幽地说，他上厕所的时候发现自己的大腿上长出了很多赘肉，心中难受。

只不过是多长了二两肉，怎么就伤心成这个样子？刘备有自己的理由，他说，过去马上征战，现在养尊处优，空有满腔抱负，却没处施展，这么一天天蹉跎下去，眼看就老了，怎么能不着急呢！

这一通赘肉引发的感慨从一个侧面展现了刘备远大的人生理想和英雄气质，也预示了他将来的成功。

刘备明白，要成就大业，与曹操抗衡，必须招揽天下英才。在刘备人格魅力的感召下，不少荆州豪杰、北方名仕追随而来，这其中就有举荐诸葛亮的徐庶。听说了诸葛亮的大名之后，刘备就带着关羽、张飞去隆中求见，这就是著名的"三顾茅庐"。正是诸葛亮的出现，为刘备勾勒出明晰的战略图：扬长避短，占领荆州和四川益州，联合西南少数民族部落，南抚南粤，东联东吴，北抗曹操。

刘备按照诸葛亮的建议招兵买马，稳固根基，曹操也没有闲着，他先后消灭了山东袁尚、山西的高干，北征乌桓，消灭了袁氏的残余势力，统一了北方。紧接着又让汉献帝封他为丞相，大旗一挥，出兵南下攻打荆州。眼瞅着曹操杀过来，刘表急忙备战，可是年龄不饶人，刘表身体很快扛不住了，一个多月后就撒手人寰，他把荆州牧的位子传给小儿子刘琮。刘琮是个不争气的孩子，估摸着自己打不过曹操，不战而降，把荆州拱手送人。

刘琮投降了曹操，却没有告诉驻守樊城的刘备。直到曹操的大军到了南阳，刘琮才派部下宋忠去宣读荆州已经归顺曹操的最高指示，说是汉献帝的圣旨，其实就是曹操的诏书。

这段故事记录在《汉魏春秋》里，书里描写得很生动，说当时刘备气坏了，他指着宋忠大骂，你们也太不讲义气了，刀架到脖子上了才来告诉我！说完拔出宝剑就要杀了宋忠，可转念一想，这个宋忠也不过是个传话筒，杀了他也于事无补，于是又抽回了剑："如今就是砍了你的头，也不足以解我心头之恨。我马上要走了，大丈夫耻于临别时杀人，你还是赶紧走吧！"

刘备带着大部队撤退，路过襄阳时，诸葛亮建议他乘机占领荆州。可刘备念着当年刘表对他的恩情，不忍心攻打刘琮。荆州老百姓听说刘备要离开，拖家带口、扶老携幼追随他南下，到了湖北当阳的时候，已经聚集了十多万人，数千辆车。这么庞大的一支队伍，老弱病残，什么情况都有，前进的速度可想而知，每天只能走十来里。有人建议刘备放弃那些老百姓，加速前进，可刘备断然拒绝。在他看来，地盘丢失了可以再夺，老百姓的心失去了，就再也回不来了。

很快，曹操的5000骑兵在当阳长坂坡追上了刘备，展开一场恶战。几员大将表现神勇，张飞率领20多名骑兵扼守当阳桥，为刘备赢得了宝贵的逃跑时间，赵云护送刘备及其儿子刘禅等人脱险。这就是著名的长坂坡之战，也是刘备进入西蜀之前最悲惨的一场失败。正是因为刘备对百姓恪守信义，非要带着荆州民众逃跑，所以付出沉重的代价。不过，刘备的诚义和宽厚，也为他进一步赢得了人心，最终成为能够与曹魏、孙吴三足鼎立的西蜀皇帝。刘备当阳脱险之后，又遇到怎样的考验呢？

大敌当前，孙刘联盟如何对抗曹军？

大智若愚，玄德皇叔怎样巧借荆州？

也倒是好人好报，刘备当阳脱险后，渡过汉江。没想到，汉江对面竟然有人来接。谁呢？刘表的大儿子、江夏太守刘琦。刘琦早就听说自己的弟弟把荆州拱手送给了曹操，义愤难平，却又无可奈何。他向来佩服刘备的忠厚仁德，知道刘备遭了难，带着上万人马前来接应。就这样，刘备暂时在夏口躲了起来。

再来说曹操，他兵不血刃、轻松拿下荆州，胃口更大了，想要沿江东下，直取刘备，吞并东吴，一统天下。敌人的敌人就是朋友，在这大敌当前的时候，诸葛亮确定了连吴拒曹的方略，凭着一流的口才，促成了孙刘联盟，跟曹操在赤壁进行了一场决战，留下了火烧赤壁的故事。

在这个故事里，周瑜和诸葛亮制定了火攻的战术，烧毁曹操战船，曹操大败，只得引兵北归邺城。其实这都是文学演义，并不是真实的历史。最近有专家深入研究，得出一个相反的结论：赤壁之战火烧曹营的不是周瑜，而是曹操。

《三国志·吴书·周瑜传》中，有曹操给孙权信中的一句话证实。曹操说："赤壁之役，值有疾病，孤烧船自退。横使周瑜虚获此名。"一位专门研究中国血吸虫病历史的专家考证，曹操在血吸虫病流行的秋季操练水军，犯了大忌。而且曹军都是北方人，对血吸虫病的免疫力差，经过一个多月的潜伏期，初冬赤壁之战时全都病倒了。曹操觉得这场仗打不赢，干脆烧掉水军战船，撤回邺城。

不管怎样，赤壁之战后，荆州又回到了老刘家的手中，刘表的大儿子刘琦成了新一任的荆州牧。刘琦是个短命鬼，第二年就到地下跟他的老爹做伴去了，刘备当仁不让地担任了荆州牧，又招揽了庞统、黄忠等一大批文才武将，势力逐步壮大，早已经不是那个寄人篱下的窝囊样。

刘备风光了，东吴的孙权心里老大不痛快。当年若不是我帮你，现如今你小子能有出头之日？可现在要是撕破脸皮，对谁都不利，思来想去，孙权做了一个惊人的决定——把自己如花似玉的妹妹许配给刘备，将刘备跟自己牢牢绑在一条战船上。刘备自然明白这场政治婚姻的意图，但他还是一口答应。

孙权的妹妹是谁呢？正史上没有提到她的名字，罗贯中写《三国演义》的时候，给她起了一个娇艳的名字孙尚香。关于刘备迎娶孙尚香的故事，在《三国演义》和戏剧舞台上充满了杀机。其中著名的京剧《甘露寺》，留下了乔阁老劝孙权不能杀刘备的精彩唱段。不过，这都是演义，为的是听着玄乎、热闹。

在鲁肃的建议下，孙权把荆州借给了刘备，这就是三国历史上有名的"借荆州"事件。曹操得知孙权把荆州给了刘备，又气又恨，提笔写字时毛笔都掉到地上。刘备占据荆州五郡，实现了他和诸葛亮隆中对的第一步战略。漂泊了半辈子的刘备终于在荆州站稳了脚跟，可他还是顾虑重重，北面有曹操的进攻，东面有孙吴进逼，不能不提防，他一直想要找机会寻求新的突破。

机会是给有准备的人的。益州牧刘璋想要灭了张鲁，请刘备来帮忙，给了他很多的兵马和军政大权。庞统给刘备出主意说，咱们干脆乘机夺取益州，除掉刘璋。可刘备一票否决了，他们刚到四川，还没有建立威信，不能仓促行事。刘备率兵北上，依然坚持群众路线，在半路上广施恩惠，跟当地的老百姓们打成一片。

这时候，曹操出兵攻打东吴，孙权连忙给妹夫刘备写信，请求支援。刘备一看大舅哥有难，就跟刘璋请假，表示要先去救孙权，回来再打张鲁，让刘璋借给他兵马和粮饷。刘璋一听翻了脸，我请你过来帮忙，你反而挖我的墙脚，笼络我的百姓，现在还要我提供军队和粮饷，门都没有！

双方撕破了脸皮，刘备也就没什么顾虑了，按照庞统的主意，杀了刘璋委任的大将，紧接着出兵南下攻打刘璋。眼瞅着大事不妙，刘璋又派张任、吴懿进攻刘备，都被刘备打败。吴懿投降了刘备，而且深为刘备仁德大度所感动，主动把自己年轻貌美而守寡的妹妹嫁给刘备，当然，这是后话。

得人心者得天下，最后就连马超也投奔了刘备，刘璋看大势已去，只能乖乖出城投降。就这样，四川也成了刘备的地盘。孙权一看刘备进了四川，心想，这是我要回荆州的好机会啊。于是派了诸葛亮的哥哥诸葛瑾出使到成都，先是拱手道喜，接着就要求刘备归还荆州之地。

刘备早就有准备，一百个不答应。孙权勃然大怒，派大将吕蒙出兵偷袭刘备的地盘，夺取了长沙、零陵、桂阳三郡。一看孙权动真格的，刘备也不示弱了，带着50000人马杀了回来。

看刘备跟孙权较上了劲，曹操心中暗喜，他抓住时机派兵南下，攻下了汉中，打开进入四川的门户。刘备一看汉中失守，连忙跟大舅哥孙权议和，都是一家人，别打了，咱们以湘江为界，东面归你，西面归我。孙权看这买卖不错，就答应下来。跟大舅哥孙权握手言和之后，刘备全力以赴对付曹操。关键时刻，他苦心经营的人才战略发挥了作用，黄忠等骁勇战将杀了曹操的大将夏侯渊，还逼得张郃节节败退。

曹操不甘心，亲自带兵前来助战，却被黄忠夺了粮草，只好退军。就这样，刘备攻占了汉中，称汉中王，跟曹操、孙权形成三足鼎立之势。

一意孤行，刘玄德为何放弃联盟出兵东吴？

大势已去，昭烈帝怎样字字血泪临终托孤？

天有不测风云，刘备占领汉中不久，关羽就给刘备捅了娄子，大意失荆州，自己也赔上了性命。赔了地盘丢了兄弟，刘备心痛不已。尽管赵云等人一再劝说刘备不要放弃联吴抗曹的方针，但刘备对关羽的兄弟之情压倒一切，他冒险出兵攻打东吴，却输了个一败涂地，逃回四川白帝城。

没能给关羽报仇雪恨，也没能实现灭魏统一的大业，刘备一下子就病倒了。他知道自己活不了多久，就把太子刘禅托付给诸葛亮，说："以丞相的才能，一定能治国安邦，终成大业。如果我儿子值得辅佐，你就帮助他。如果他实在不才，你就可以取代他。"这番话让诸葛亮感动不已，他跟刘备发誓，一定会竭尽全力，辅佐刘禅。

223年四月，刘备死在了重庆奉节县城永安宫，终年63岁。从摆地摊卖草鞋的商贩，到穿龙袍坐龙椅的帝王，刘备靠的不仅仅是中山靖王的名号，更是他的仁德之心、诚义精神。罗贯中的《三国演义》让刘备的勇武精神和仁德形象家喻户晓，"桃园三结义"被后人视为忠义诚信的楷模，"三顾茅庐"成为刘备求贤若渴的典范，"白帝城托孤"也成了知人善任的经典。

这正是：

刘备西进建蜀汉，东征东吴战犹酣。

兵败命归白帝城，一代英雄泪巾沾。

第三十七回 张飞熊虎将 诚义现忠魂

上一回说到刘备出兵东吴为二弟关羽报仇，却被一把大火烧得狼狈而逃，一路退到了白帝城。元气大伤的刘备在临终前，把儿子阿斗托付给了诸葛亮。刘备的一生翻了篇，桃园三结义的兄弟，还剩下一位。三国演义里的猛将张飞，在现实中有着怎样真实的人生，又留下怎样的传奇往事？

《三国演义》是一场男人戏，里面的武将一抓一大把，还个顶个的骁勇善战，武艺高强。不过单拎一个"勇"字，还得先说说蜀国的大将"勇张飞"。

张飞出生在涿郡，也就是今天的河北省涿州市。历史上的张飞确实字益德，不过是效益的"益"，可能是罗贯中在写《三国演义》的时候一琢磨，觉得这个"益"太平淡了，显不出张飞的神勇来，于是大笔一挥，把"益"改成了羽翼的"翼"。这么一来，还真是如虎添翼，张飞就这样手握丈八蛇矛，登上了风云变幻的三国大舞台。

正所谓乱世出英雄，在刀光剑影的三国年代，自然少不了英雄的诞生。吕布马超典韦千军破，关羽赵云张飞万人敌，三国里的武将都有一段让人津津乐道的故事。那么，"万人敌"张飞到底是什么来路呢？

关于张飞，《三国志》里是这么说的，张飞原来是涿郡的一个屠夫，打小练就了一身好本领，喜欢打抱不平，平日里他靠着杀猪卖酒维持生计，就在这个时期，张飞认识了自己后来的结拜大哥——刘备。刘备是三国时期三大寡头公司的老板之一，不过那是后话，刚认识张飞那会儿，刘备还只是个倒腾草鞋的二道贩子。都是在一条街上谋生的，一来二去的两人也就慢慢熟悉了。

184年，黄巾起义爆发了。当时20岁的张飞敏锐地察觉到，自己施展才能的机会到了。于是他放下了杀猪的屠刀，换上了一杆高端大气的丈八蛇矛，跟着自己的两位结义兄弟刘备、关羽，追随一位军校起兵镇压黄巾军。从此，张飞一生跟随刘备从四处流荡到南征北战，始终无怨无悔，不辞劳苦，成了忠义精神的代言人。

一个人想要出名，那就得弄出点动静来。真正让张飞名扬天下的，是当阳桥上威震长坂坡那一段。京剧《龙凤呈祥》在《甘露寺》这一折中，乔阁老唱到张飞的时候说："他三弟翼德威风有，丈八蛇矛惯取咽喉，鞭打督邮他气冲牛斗，虎牢关前战温侯，当阳桥头一声吼，喝断那桥梁水倒流。"

长坂坡之战，是刘备最悲惨的一战，但当阳桥上，张飞的一嗓子，却成就了他的英雄豪气。

短兵相接，刘玄德为何溃不成军仓皇逃出？

横枪立马，勇张飞如何独身一人震退敌兵？

关于长坂坡之战，《三国演义》里描写得非常精彩。那是在208年的6月，曹操出兵南下，进攻刘备、刘表。一个多月后，年老多病的刘表死了，把一个烂摊子丢给了小儿子刘琮。当年9月，曹操大兵压境，年纪轻轻的刘琮哪见过这阵势啊，吓得腿都软了，痛痛快快地就把荆州拱手送给了曹操。

当时，张飞跟着刘备驻守在樊城，他们还不知道刘琮已经投降了曹操。直到曹操的大军到了河南南阳，他们才得知刘琮出卖了荆州。刘备腹背受敌，只好率领部众仓皇撤退到了湖北当阳。

刘备派关羽等人乘几百艘船到江陵，控制那里的军械粮草，让张飞负责断后。眼瞅着曹操的5000精兵蜂拥追来，在当阳长坂坡开始围歼刘备，准备一举消灭刘备势力。双方力量悬殊，刘备寡不敌众，老婆儿子都顾不上带了，最后在赵云的护卫下突围逃走了。

曹操连忙派兵去追刘备，一直追到了当阳桥，远远的，就看见桥对面有一个黑脸大汉策马立在桥头，这个人正是张飞。张飞二话没说，先扯开嗓子吼了一声，那直冲云霄的大嗓门把曹兵震得往后退了好几步；张飞一看这招管用，又大吼两声，只见当阳桥下的江水开始倒流了；张飞乘胜追击，接着大吼三声，您猜怎么着，这三声吼竟然把当阳桥的桥梁给震断了。这还不算完，曹军将领夏侯杰被这几嗓子震得肝胆俱裂，活生生给吓死了。

《三国演义》终究是部小说，里面的内容七分真三分假，很多都是罗贯中虚构的。可历史上，张飞在当阳桥成功狙击曹军的事还真有，不过没有《三国演义》里写得那么玄。要是只凭着副肉嗓子就能吓退千军万马的话，那还有其他人什么事啊。

历史上的真实情况是：当时张飞到了当阳桥，他寻思着，我得先把桥梁拆了，没了桥，曹军就算来了也够不着我啊。于是张飞三两下就把桥梁给拆了，他觉得有底气了，才摆了个威猛帅气的造型等待曹军。没过多久，曹魏大将曹纯正率领大军赶来。张飞这时扯开嗓子，大吼一声："燕人张翼德在此，谁来与我决战？"对面曹操军队都知道张飞勇猛无比，又怕桥下有埋伏，竟然没一个人敢应声。所以说当阳桥不是被张飞的吼声给震断的，而是被张飞给锯断的。

虽说现实没有小说里描写的那么神乎其神，可张飞控制着当阳桥，一夫当关万夫莫开，确实为刘备逃命赢得了时间和机会。后人把赵云长坂坡勇闯敌营称为死战之勇，把张飞当阳桥上一声吼，赞颂为不战之威。今天，在湖北当阳，最显赫的城市雕塑就是张飞立马挺枪的形象，甚至成了当阳市的市徽。

在《三国演义》里，张飞被描述成了一个威武无比的猛将，这一类人往往会给人一种四肢发达、头脑简单的印象，不过这么想可就冤枉张飞了，历史上的张飞不光勇猛，还很有心眼，蔫坏蔫坏的，下面就举一个例子：

建安二十三年（218年），汉中大战已经到了白热化的地步，刘备派张飞做巴中太守，而与他对阵的是曹魏名将张郃。这二张一遇上，眼瞅着一场大战就要爆发。张郃来头可不小，他号称曹魏的五子良将，手底下兵多将广，压根不把张飞放在眼里，命令士兵在张飞营前叫阵，捡着难听的骂，可张飞不吃这一套，他每天坐在帐子里读读兵书，修身养性，全当对方不存在。就这样，两军相持了有50多天。曹魏的将士们天天操练，得空还得骂骂街，体力消耗得快，眼瞅着军队的粮食已经吃空了，士兵们只能靠挖草捉青蛙充饥。张郃这时候急了，他天天盼着能马上和张飞打一仗，速战速决。

张飞早琢磨着对方军中肯定没有余粮了，故意率领10000人马，假装从狭窄的小路前去偷袭。张郃以为张飞上了圈套，于是集合所有兵力去追赶。走的时候，曹魏的大本营里没留下一兵一卒，张郃决定豁出去了，要置之死地而后生，一举打垮张飞。

号称名将的张郃这一次遇到了大麻烦，本打算以迅雷不及掩耳之势拿下张飞。可他一进入瓦口隘就发现不对劲了，张飞的军队竟然消失了，这明显是有埋伏。张郃赶忙骑上快马准备撤退，可这时张飞的兵犹如天降，从半山腰横空出现，把张郃的军队围了起来，开始向他们放箭。因为路途崎岖狭窄，曹军互相踩踏，不少士兵竟然死在了自己人的脚下。情急之中，张郃和几十个亲兵冒险爬上了悬崖，才逃了出去。这场战役，体现了张飞的忠勇和智慧，证明他已经成为一名智勇双全的将领了。

京剧脸谱里的黑色象征着威武有力、性情暴烈，这里面的代表人物就是张飞。其实真实的张飞并不是黑脸，他成了今天的形象完全是被黑了。那张飞究竟是个怎样的人呢？除了带兵打仗，他还有哪些绝活呢？

张飞不光有勇有谋，他还是个不折不扣的文艺青年。"文艺青年"这个词儿和张飞连在一起，看起来实在不搭边。想想张飞的形象，五大三粗，脸黑就算了，还满脸大胡子，说起话来一嗓门能把树上的鸟都吓下飞了。这么一个人要是拿着支笔在那里描描画画，总有点不协调。其实，这一切还是后世小说误导了大家。那么，历史上真实的张飞究竟是一个什么样的人物？与小说和戏剧又有什么不同呢？

根据考古发现，历史上的张飞很有可能长得面如美玉，风流倜傥。他擅长书法，尤其是隶书，还喜欢画美人像。这样一个翩翩花美男，竟然被传说演变成了野兽派大黑脸，实在是够逆转的。

张飞喜欢描描画画，所以也特别喜欢和文化人交朋友，对知识分子特别敬重。蜀地当时有位名流叫刘巴，张飞可是他的忠实粉丝。他曾经专门去拜访刘巴，可刘巴很傲气，看不上眼前这个大老粗，所以一整天都没拿正眼瞧张飞。张飞碰了一鼻子灰，只好灰溜溜地离开了。他心里也觉得憋气，可就算这样他也没把刘巴怎么样。依他那时的地位、依他的性格，若是一刀宰了刘巴，那也是小菜一碟。但是张飞没这样做，他硬生生控制住了自己可怕的脾气。所以，史书上说张飞敬君子，不恤小人，说的就是他敬重贤士，但是不体恤下人。那张飞对属下的苛刻又体现在哪些方面呢？

大仇未报，猛张飞因何终日责罚下属？
醉酒误事，暴脾气如何招来杀身之祸？

酒这种东西，既能成事也能坏事。桃园三结义里的酒，煮酒论英雄的酒，关羽温酒斩华雄的酒，都成就了一段千古佳话。杀猪出身的张飞成也是酒、败也是酒，最后身首异处，还是栽在了这个"酒"字上。

219年，关羽大意失荆州，和儿子关平在麦城双双被杀。张飞听说二哥被害，天天痛哭流涕，发誓要给关羽报仇。当年6月，刘备为了给关羽报仇，准备发兵进攻东吴，命令张飞先带万余人，从阆中出发，会师江州。张飞是个爱憎分明的人，不遮不掩，喝酒也是这样，控制不住量，把握不住度。他不光好酒，而且上瘾，不喝个烂醉不罢休。关羽被杀后张飞悲痛欲绝，喝酒更成了家常便饭，喝醉了就不分青红皂白地鞭打部下，惹来很多人的不满。

为了给关羽挂孝，张飞命令手下三天之内置办好白旗白甲，到时三军都要为关羽挂孝。负责这事的两个倒霉蛋叫范疆和张达，他们心里明白，短短三天不可能凑齐这些东西，这根本就是不可能完成的任务。谁也不愿意当这个出头鸟，可谁让这事摊到他们身上了呢。没法子，俩人只能如实向张飞汇报，希望能再宽限几天。张飞一听，火气噌地就上来了，他大骂道："我这急着报仇，恨不得明天就出征，你们还敢给我关键时候掉链子。"骂完张飞还不解气，又命人把范疆和张达痛打了一顿，末了还丢下一句话：明天如果没有完成任务，就砍了你俩的脑袋。

范疆和张达挨了一顿胖揍，当天夜里，俩人就合计上了。三天之后他们无论如何也造不出全军的白旗白甲，到时肯定是人头不保。那还不如冒一回险，把张飞刺杀了，溜之大吉，兴许还能保住小命。

乘着夜色，两个人潜入了张飞的大帐。刚刚走近张飞，他俩发现张飞竟然睁大了双眼，正在瞪他们，吓得俩人立马跪下来直磕头，求将军饶命。可过了半天张飞也没有说话，又等了一会，一阵呼噜声响起来了。原来，张飞睡觉都是睁着眼睛的，这一阵子他每天喝的烂醉，所以范疆和张达两人大喊饶命也没能吵醒他。就这样，两个人杀了张飞，割下他的头颅逃到东吴去了。张飞被害的时候，只有 55 岁。

张飞最后的谥号是桓侯。桓，一般只有那些忠心护国、威震四方的大将，死后才能使用这个谥号。这也说明在历史上，张飞确实是一代开拓疆土、骁勇善战的乱世名将！

这正是：

蜀汉猛将张翼德，忠义刚直传奇多。
当阳桥上一声吼，千古传颂留挽歌。

第三十八回 赵云出真定 虎威四将军

上一回说到生在乱世里的张飞英雄一世，却因为贪恋那杯中之物，糊里糊涂地丢了性命。刘备军团里英才荟萃，除了张飞，还有一位"常胜将军"，那就是常山赵子龙。这位连曹操都敬仰三分的虎将立下了哪般盖世奇功，留下了怎样的英雄传奇？

三国时期群雄争霸，那些骁勇善战的猛将也是一抓一大把，有人用顺口溜给他们排了个座次，叫作"一吕、二赵、三典韦，四关、五马、六张飞"。

今天要出场的这位主角，就是这顺口溜中的第二位赵云。他跟着刘备出生入死打天下，危难关头总少不了他的身影。长坂坡一战，他在曹操百万大军中七进七出，单骑救主，一战成名。他戎马一生，居然没吃过败仗，留下了"常胜将军"的美名。

明代的小说家罗贯中很欣赏赵云，不惜花费笔墨在《三国演义》中对他大加褒扬。赵云的身影不光在书里出现，还是京剧《龙凤呈祥》、《长坂坡》、《群英会》里的男主角。在舞台上，赵云身着白色战袍，背后插上又高又长的白色靠旗，英俊潇洒，威风八面。千百年来，在老百姓的心目中，赵云那是一等一的将才。

在那刀光剑影、鼓角争鸣的三国时代，游走江湖打拼天下靠的是真枪实刀真功夫。乱世之中，这位白袍战将是如何杀出一条血路，赢得生前身后的英名？历史上的赵云究竟有怎样真实的人生？

赵云是哪里人呢？按照古代正史记载人物籍贯的规矩，一般记载某某郡国某某县人。《三国志》明确记载："赵云，字子龙，常山真定人。"就是今正定县人，治所在今石家庄市郊区东古城。

在赵云的故乡历史文化名城正定，有一座子龙广场，城东有一座规模宏大的赵云庙，从石家庄市区通往正定城的跨越滹沱河的大桥，名叫子龙大桥，都是为纪念赵云这位英雄。

赵云天资聪慧，小时候书念得好，还练得一身好功夫。长大以后，更是仪表堂堂，一米八几的大高个，再配上英俊的相貌，站在人群里特别显眼。乡亲们都觉得这孩子能文能武，将来必成大器。

正赶上东汉末年天下大乱，冀州牧袁绍占据邺城，幽州牧公孙瓒占领河北北部地区，赵云在常山郡老百姓的推举之下，带着一只农民武装小分队前来投奔公孙瓒。公孙瓒见赵云剑眉星目，英气逼人，心里先喜欢了几分，再看他武艺高强，人缘也不错，更加欣赏。当听说他来自真定的时候，就多问了一句："我听说你们那儿的人都投奔了袁绍，为什么你要到我这儿来？"赵云回答："如今天下大乱，老百姓生活在水深火热之中，我们决意跟随仁德之士。"

这话说得不卑不亢，公孙瓒心里一个劲点赞，他当即收赵云为部将。也恰恰是在这个时候，赵云认识了他未来人生中的大老板——刘备。这个机缘又是怎么产生的呢？

一见如故，刘备赵云如何结为患难之交？
一马当先，子龙将军怎样化解襄阳之危？

刘备跟公孙瓒的交情，非同一般，两个人是老同学，曾经一起拜在名士卢植的门下学习儒学。虽说师出同门，两个人的命运却完全不同，公孙瓒当上高官的时候，刘备还是个卖草鞋的商贩。好不容易凭借着讨伐黄巾军谋来了一官半职，结果被自己的一顿鞭子抽没了，又被敌人追在屁股后面跑。

走投无路的时候，刘备想起了老同学公孙瓒，北上投靠。在这里，赵云跟刘备相遇了。两个人一见如故，十分投缘，很快成了好朋友。刘备对赵云关怀备至，赵云也把刘备当成了亲兄弟。不久，袁绍出兵来抢地盘，公孙瓒就把刘备派出去打自卫还击战，赵云作为刘备的主骑一同上了战场。战场上，两个人在刀光剑影中摸爬滚打，患难中再次升华了感情。

路遥知马力，日久见人心。赵云在公孙瓒的手底下工作了好几年，逐渐认清楚了公孙瓒的真面目。以前的公孙瓒励精图治、胸怀天下，是个想干大事的人，可现如今，他骄纵跋扈，孤芳自赏，全然不见当年的风采。赵云对公孙瓒失望了，总想找个机会离开他，正赶上自己的兄长去世，赵云就递交了辞职报告，说要回老家去。刘备知道赵云这一走再也不会回来，依依不舍地前来送行，这份情谊让赵云感动不已，临走的时候握着刘备的手说："我这辈子都不会忘记好兄弟。"

士为知己者死，赵云结交了刘备之后，被刘备宽厚仁德的胸怀折服。他在老家真定安分守己地过了几年，听说刘备辗转到了邺城投靠了袁绍，连忙赶到邺城找刘备。

久别重逢，两个人都感慨万千。刘备跟身边的张飞说："当初我第一次见到子龙，就觉得很投缘，现如今再次相遇，缘分啊！"赵云的兴奋也是溢于言表，他说："我奔走四方，一直希望遇到您这样的贤明之人，现如今能跟随在您的左右，这是我的幸运啊。"

赵云马上投入工作，刘备把赵云当成了心腹爱将，一些军务大事都与他商量，两个人经常加班到深夜，累了就同榻而眠，赵云还在袁绍的部队里秘密招募了几百位壮士，扩大了刘备的武装力量。不久之后，刘备率领本部兵马，到汝南与黄巾军余部会合，赵云带着私下招募的将士跟随刘备南下河南汝阳。他们又将如何开创新的事业呢？

赵云跟着刘备东奔西跑，直到荆州。史书记载，赵云此时的职位是"先主主骑"，大概相当于刘备的卫队长，担任着保护刘备人身安全的重要职责。话说刘备南下投靠荆州刘表，二刘氏惺惺相惜。刘表不光好吃好喝招待着，还让刘备带领本部军马驻扎在新野，没事儿就约会一次，畅谈一下天下大事。

这一年冬天，刘表把刘备请到荆州相会。二人聊着聊着，刘表突然叹了口气，感慨地说，自己的岁数也不小了，身子骨也是一天不如一天，现如今该考虑立嗣的问题了。大儿子刘琦忠厚仁义，小儿子刘琮乖巧伶俐，刘表一直拿不定主意，想要让刘备给个建议参考一下。

刘表没拿刘备当外人，刘备也就畅所欲言，实话实说："古人云，立嗣是件大事儿，关乎到家族的传承。按照礼制，自然应该是立长不立幼，立幼恐怕引起动乱。"刘备这番话很实在，刘表听了连连点头。可没想到，隔墙有耳，这番谈话被蔡夫人给听到了。

蔡夫人是谁呢？就是刘琮的亲生母亲，她整日盘算着怎么才能让刘表立亲儿子为嗣，更把刘表的大儿子刘琦视为眼中钉肉中刺。这回偷听到刘备跟刘表的对话，她把刘备恨得咬牙切齿，心里话这是我们的家务事，轮不到你一个外人在这里说三道四。

刘备是刘表眼前的大红人，蔡夫人也奈何不得，可是这刘备的存在终究是个祸患，一日不除，她一日不安。她暗地里把自己的弟弟蔡瑁找来，两个人一番嘀咕，终于敲定了一场阴谋，她让刘表在襄阳宴请所有的官员，刘备作为重要的嘉宾受到邀请。刘备明白，这可能是一场凶多吉少的鸿门宴，他究竟是去，还是不去呢？

这场宴会暗藏杀机，去的话，保不准就成了人家砧板上的鱼肉。可襄阳城距离他们的驻地不远，如果不去，刘表和文武百官难免会猜忌他有二心，他纵然有一万张嘴，也说不清。就在他犹豫不决的时候，赵云站了出来，自告奋勇地说："我愿意带马步军300人同往，保主公安全。"刘备见是赵云，那颗七上八下的心踏实了很多，他拍了拍赵云的肩膀，连声说："太好了！"大家也觉得，子龙将军神勇稳重，忠诚有谋，跟随主公，问题应该不大。于是，刘备和赵云等人当天就赶往襄阳，在馆舍落脚。赵云带着300军士贴身保护，他本人身披铠甲、手持宝剑，跟在刘备身边寸步不离。

赴宴的时候，刘表端坐中央，请刘备坐在主宾席上，文武官员都坐在大堂两侧，刘表二公子两边分坐。赵云带着宝剑像一尊神一样站在刘备和刘表之间，那气场，任谁看见了先矮几分。

蔡夫人早已经安排好了刺客，可一看守在刘备身边的赵云，又觉得没有下手的机会。赵云靠个人魅力征服了荆州刘表及其将士，使得刘备安全返回。襄阳赴宴，赵云只是小试牛刀，他大展身手的机会还在后面。

巧设圈套，赵子龙如何诱敌深入火攻曹军？

疏忽大意，夏侯惇怎样遭遇埋伏落荒而逃？

建安十二年（207年），曹操派大将夏侯惇和于禁引兵十万进攻刘备。赵云作为先锋出战，关羽、张飞各自带着1000士兵在博望坡左右山谷中埋伏，其他人带500士兵在博望坡后边等候，柴草芦苇也早就准备了，只等着赵云把曹军引来，一声令下，发起火攻。

赵云带着一队人马挡住曹兵的去路，夏侯惇纵马来战，跟赵云在马上大战几个回合，赵云假装打不过夏侯惇，骑着马就跑。夏侯惇纵马去追。跑了十多里地，赵云又杀了个回马枪，可没多会儿，赵云又逃走了。这样一来二去的，把夏侯惇的军队引入了包围圈。

这个时候，夏侯惇环顾地形，才发现中计了。他心中大惊，连忙号令军马停止追击，已经晚了，只听背后喊声震起，火光大亮，两边芦苇全都着起了大火。大风刮起来，四面八方全都是火，曹军乱了阵脚，人仰马翻，烧死的、踩死的，不计其数。赵云带着部下杀了回来，夏侯惇侥幸逃脱。火烧博望坡这一战，刘备大获全胜。

在《三国演义》中，罗贯中把策划这场火攻战役的设计师说成了诸葛亮，而实际上当时刘备还没有三顾茅庐，诸葛亮还没有加入刘备的团队。这场战争的真正策划者，是刘备、张飞和赵云。这一仗，赵云担负诱敌深入的重任，奋勇突击，立下了很大功劳。

这正是：

真定少年赵子龙，乱世挺枪济世雄。
诚义追随刘使君，壮士豪侠战曹兵。

第三十九回 血战长坂坡 赵云威名震

上一回说到，赵云火烧博望坡完胜曹军，心高气傲的曹操咽不下这口气，很快制造了反扑机会。长坂坡上曹刘两军再度相逢，一场恶仗即将展开，曹操能否扳回这一局，赵云又能否续写"常胜"战绩？

京剧《甘露寺》中，乔阁老唱道："他四弟子龙常山将，盖世英雄冠九州，长坂坡，救阿斗，杀得曹兵个个愁。这一班虎将哪个有？还有诸葛用计谋。"虽然这个四弟的称呼，是小说和戏剧杜撰出来的，但赵云在长坂坡救阿斗的故事，可是千真万确的史实，也是赵云忠义英雄的经典战例。

建安十三年（208年）八月，曹操率兵攻打荆州，刘琮不战而降。当时刘备屯驻新野，不知刘琮投降。直到曹操大军逼近，才得到消息，赶忙带领妻儿老小和数万百姓向江陵逃亡。当时跟随他的两员大将——赵云负责保护老小，张飞负责断后。这老老小小的一队人马艰难行进，曹操派兵昼夜追赶，限一天一夜，赶上刘备。

刘备带着老百姓们来到当阳时，天色已晚，老弱病残只能驻扎宿营。到了四更天，只听外面喊声大震，刘备大惊，赶紧带着手下的精兵强将出战迎敌。只见曹军大军从四面围攻而来，哪里抵挡得住！幸亏张飞带着手下将士们及时赶到，救下刘备，一路向南逃走。直到天亮时分，喊杀声渐渐远去，才停下马来。清点人数的时候发现，手下的随行人员只剩下100多名骑兵，身上还都挂了彩。

刘备一心想着拯救荆州百姓，好比背个大包袱负重前行，哪里跑得过轻装前行的曹军！损兵折将不说，老婆孩子也不知去向。正暗自伤神，糜夫人的弟弟糜芳带着伤，一瘸一拐地跑了过来。看到小舅子活着回来，刘备心中一喜，刚要询问家人情况，糜芳就冲口而出："赵子龙单枪匹马往北走了,一定是投靠曹操了!"一句话,惊呆了在场的人,刘备又作何反应呢?

糜芳此话一出,大家都沉默了。刘备愣了片刻,随即怒斥道:"你别胡说八道,子龙是我的至交好友,怎么可能做出背叛我的事情呢?"手下人又说:"主公,人心难料啊,现如今我们一败涂地,人家择良木攀高枝也是人之常情,凭着他的本事,要是反投曹操,必定大富大贵!"任凭大家如何说三道四,刘备只是摇头:"我相信子龙,我们是患难之交,他忠诚侠义,不会做出那种事。"

赵云究竟干什么去了?此时此刻,他正在曹军的包围圈中奋力厮杀,寻找刘备的两位夫人和儿子阿斗。他先找到了甘夫人,把她送到了安全的地方,接着又转身杀入了曹军之中,终于在一堵矮墙边上找到了糜夫人和她怀中的阿斗。糜夫人已经身受重伤,走不动了,她把阿斗托付于赵云后,不顾赵云劝阻跳入一口枯井中自尽。赵云把阿斗背在身上,杀出重围。

正在大家七嘴八舌胡乱猜测的时候,赵云怀抱阿斗,保护甘夫人,来到刘备面前。刘备看着浑身是血的赵云和安然无恙的儿子刘阿斗,老泪纵横。这场面成为中国历史上忠诚将领最感人的定格,也是赵云孤胆英雄最精彩的亮相。

直言进谏,败军之将何以得到重用?
运筹帷幄,空营一计如何妙退曹兵?

赵云不光为刘备出生入死上战场,还不失时机帮刘备招募人才。

博望坡一战,刘备以伏兵计击破曹军,赵云在战斗中生擒了曹军的将领夏侯兰。夏侯兰和赵云都是真定人,打小就认识。赵云知道夏侯兰精通法律,是个难得的人才,杀掉太可惜了,便向刘备求情,保住了夏侯兰的性命,还推荐他做军中的执法官。夏侯兰原本以为自己必死无疑,没想到性命保住了,还得到重用,非常感激赵云,可赵云这个时候,却有意疏远夏侯兰,他这么做是为了避结党营私之嫌。

别看赵云只是一介武将,可政治素养很高,在关系国家命运的大是大非面前,总是以大局为重,敢于直言进谏。《三国志·赵云传》裴松之的《注》里记载了这样一件大事,说的是刘备占领成都后,手下人都撺掇刘备,把成都一些豪族的府第、豪宅大院以及城郊的田园、桑树林子分赐给有功的将领们。刘备也觉着兄弟们跟着自己出生入死这么久，该犒劳一下，就答应下来。

正在大家兴高采烈地准备分田地、住豪宅的时候，赵云站起来，兜头泼过了一盆冷水。他说："当年霍去病受汉武帝赏赐的时候说过，匈奴未灭，用不着为家里蓄积财富。现在，曹操远比匈奴凶险，我们不能小富即满小进即安，必须等天下一统，各路将领回归故乡，归耕本土，方可求安。老百姓经历这么多战乱，日子都过不安生，这些田宅都应该归还百姓，让他们安居乐业，我们才能得到老百姓的拥护。"

赵云这一番话，站得高看得远，把那些个要求分房分地的大将们说得心服口服，刘备也是连连称赞。他按着赵云的意思，把田宅都分给了老百姓，果然赢得民心，让刘备集团在西蜀地区迅速站稳脚跟。

"瑶琴三尺胜雄师，诸葛西城退敌时。十五万人回马处，士人指点到今疑。"《三国演义》中诸葛亮凭借三尺瑶琴，空城退敌的故事让老百姓赞不绝口。其实，那都是小说中虚构的故事，欺骗了后人，更冤屈了前人。在真正的历史上，曾经使用空城计迫使曹魏退兵的不是诸葛亮，而是赵子龙。

那是在建安二十四年（219年），曹军与刘备争夺汉中。曹操运送来的米粮安置在北山下，刘备派黄忠带兵去抢夺粮草，双方打得不可开交，到了规定好的日子，黄忠也没有回来。

刘备一直得不到黄忠的消息，非常焦虑，赵云见状带了几十名精锐骑兵前去接应，半路上跟曹军撞了个正着。赵云临危不惧，带领队伍奋勇冲杀，可架不住曹军的人海战术，这一拨人刚倒下，另一拨人就冲上来。赵云一看敌众我寡，硬碰硬只能吃亏，一边打一边撤退，回到了本部的营垒。赵云发现部下张著没有归营，又不顾危险掉头去援救张著。当时的将领张翼在营中驻守，看到赵将军回来了，就指挥士兵们立即关闭营门。可赵云却命令手下打开营门，所有士兵一律进入军帐，不准露出消息，偃旗息鼓。

气势汹汹的曹军追上前来一看，觉得赵云的营寨过于安静，想必有埋伏，不敢久留，急忙撤兵。这个时候，赵云命令士兵擂鼓呐喊，然后率军追击，使用弓弩在后面射杀曹军。曹军以为真的中了包围，一片惊恐，乱了阵脚，士兵

正定赵云庙前赵云激战长坂坡的塑像

们有的被战马踩死了，有的掉到水里面淹死了。赵云的这场空营计，比《三国演义》中诸葛亮的空城计更精彩、更震撼。

第二天，刘备来到赵云营垒观看战场，连声盛赞说："子龙智勇双全，浑身是胆！"他大摆筵席，为赵云庆功，军中上下都称赵云为"虎威将军"。

刘备在西蜀称霸以后，他的事业并没有顺风顺水一路飘红，反而遭遇了不少坎坷。关羽大意失荆州，丢了性命，刘备心痛不已，执意要发兵攻打东吴，为关兄弟报仇。明明知道现在出兵不是时候，可刘备正在气头上，手下将领谁也不敢劝阻，这个时候，一个人站了出来，大胆地说出了自己的意见，是谁呢？

这个人就是赵云。他非常冷静地给刘备摆道理，说："我知道关将军的死让主公您很伤心，可这次出兵伐吴，还是要三思而行！我们的头号敌人是曹魏，不是孙权，应该维护孙刘联盟。只要我们灭了曹操，东吴必然会俯首称臣。现如今曹操死了，曹丕篡夺了皇位，天下共愤，主公应该顺应民心，出兵关中，占据黄河、渭水，讨伐曹魏，关东义士们一定会全力支持我们。如果我们跟东吴打起来，曹魏岂不是要坐收渔翁之利！"

赵云的这番话，非常具有政治远见，如果刘备能够把握大局，坚定联吴灭曹的战略，或许西蜀的命运不会如此悲惨。可刘备一意孤行，结果大败而归。忠诚大义的赵云，没有一句埋怨，亲自率军到奉节县东白帝城接应刘备，与孙权议和，孙吴退兵，解了一时之困。

沙场失利，赵云大军何以兵败不乱？

忠肝义胆，西蜀百姓如何修祠纪念？

讨伐东吴这一仗，让刘备大伤元气，他在白帝城托孤以后，告别了人世。刘备死后，刘禅继位。赵云为中护军、征南将军，封永昌侯，迁镇东将军。

228年，诸葛亮率师北伐，命赵云、邓芝率一支兵马占据箕谷，阻挡曹军，只可惜，因为误用马谡为先锋，导致街亭失守，蜀军大败。赵云一看战事不妙，连忙聚拢部队撤退。

这是赵云一生有记载的唯一一次败仗，事后诸葛亮问邓芝："街亭失守，士兵们撤退的时候混乱不堪，可是箕谷的军队在退兵过程中，有条不紊，粮草也没有损失，这是为什么？"

邓芝说："这都是子龙将军的功劳。他亲自断后，阻止曹军追击，没有造成大的人员伤亡，军资粮饷也都没有扔掉。"

虽然战场失利，但是赵云指挥有序，兵败不乱，退而不散，剩余的那些军资布匹该怎么处理呢？诸葛亮让赵云分给手下的将士，赵云却说："打了败仗，怎能接受赏赐，应该把这些物资全部入库，等到冬天再分给将士们使用吧。"赵云这番话，更让诸葛亮刮目相看。

赵云跟随刘备、辅佐刘禅，前前后后37年，忠心耿耿，鞠躬尽瘁。赵云死后，蜀汉后主刘禅追谥他为顺平侯。

这正是：

忠诚侠义英雄将，长坂坡前热血淌。

深明大义真刚正，一代豪杰威名扬。

第四十回 祖逖大英雄 舍身收失地

上一回说到赵子龙忠诚侠义，常山战将威名远扬。三国的历史翻过了篇，两晋之际，豪强并起，这时代漫卷风云，就在这风口浪尖上，一位来自于河北的大英雄乘风破浪谱写了一段可歌可泣的故事，这其中又有怎样的曲折？

这位大英雄正是东晋名将祖逖。他生在保定涞水，家里祖祖辈辈都是高官，祖逖的爷爷祖武曾经担任过上谷太守，地位就相当于如今的北京地区首席军政长官。

祖逖自小就没了父亲，多亏了身边有几个好哥哥照顾他。因为仁义的家风传承，祖逖的性子里面全是开朗、阳刚、豪侠、仗义的元素。瞧见乡亲们缺吃少穿，他就把自家的粮食、衣料拿出来分给大伙。因为这样的优良作风，他小小年纪就赢得了老百姓的敬重。

祖逖从小不缺吃食用度，更不缺理想抱负，就盼着能在战场上建功立业，可是，对于笔墨文章上的事情却没什么兴趣，一拿起书本就犯困。为了这事，祖家的几个哥哥挺犯愁，费尽了心思教他念书。历朝历代的英雄故事，古往今来的治国大论，这一切在祖逖心里留下了深刻的印记，这位少年英雄又将在乱世之中做出怎样的成就呢？

祖逖长大成人的时候，正赶上西晋王朝日落西山，边境线上常常是烽火连天。285 年，东北边的鲜卑人慕容廆带着大军打到河北，如今北京这一带的驻军出兵还手。战火烧到了家门口，祖逖这一家子只好迁到阳平郡，也就是现在的山东冠县。

看过了战争，经过了离乱，祖逖一下成熟了很多。在他 24 岁那一年，被阳平郡举为孝廉，不久之后，又被司隶举为秀才。要说这都是风光的好事，但是祖逖都没有接下来，这又是为什么呢？原来，祖逖的心里存着更大的想法，他在出任司州主簿的时候，常常跟衙门的同事，自己的哥们，无极老乡刘琨念叨："如今四海沸腾，豪杰并起，咱俩必须得去报效国家！"

祖逖日日夜夜地想着为国家出力，可是，皇宫里那些王室宗亲却忙着给自家的王朝拆台裹乱。皇后贾南风跟婆婆杨太后斗心眼，把婆媳大战升级为家国大乱。贾皇后把楚王司马玮的军队召进了京城，逼着晋惠帝司马衷杀了杨太后的爹和妈，又废了杨太后，诛灭了杨家几千人。

贾皇后这个女人心太毒，她把自家人祸害完了，又去诬陷朝廷里的辅政宰相，再后来，还把脏水泼到了楚王司马玮的头上，过河拆桥要了人家的命。接下来，就是一场接着一场的血雨腥风。贾皇后把眼中的钉子拔了个干干净净，最后就轮到她当权专政，贾皇后亲手挑起了"八王之乱"，司马氏的江山社稷毁在这个女人手上。

八家诸侯争权夺势，谁都想着招兵买马笼络人才。这时候，文武双全的祖逖成了抢手的香饽饽，他前前后后在齐王、长沙王、豫章王的手下任过职，只为了寻找一片真正的用武之地。可是，乱了套的世道就像是决了堤的大坝，国破家亡的结局谁也挡不住，西晋王朝终于成了历史，皇室里那一拨人落花流水逃亡南方，祖逖也带着乡亲们奔着淮泗去避难，那地方就在如今的江苏徐淮地区。

世事纷飞，风烟过眼，祖逖在这一连串的乱子当中明白了一个道理——国乱了，家没了，个人的理想事业也就成了肥皂泡。于是，他的心里生出一个坚定的信念：收复失地，光复祖国。要想让理想照进现实，祖逖究竟会怎么做呢？

保家卫国，一代豪杰如何舍生忘死身先士卒？
智勇双全，一生驰骋如何威震疆场创立辉煌？

祖逖决心做大事，这可不单是心里想想，嘴上说说，他把一切落到了实际行动上。南下的路上，他自己全凭两条腿走，把自家的车马当作了老弱病残专座，随身的吃的、穿的、用的，也是哪里需要哪里搬，谁更紧缺送给谁。

乱世之中贼人多，祖逖这一行人在路上也碰见了不少的蟊贼。每回碰见这一类的麻烦事，祖逖一马当先，披挂出战，把那些个恶人吓得闻风丧胆。祖逖的大名传得越来越远，追随他的百姓也就越来越多，一提起这位了不起的人物，难民们都竖着拇指，把他称为"行主"。

大伙跟着祖逖一路走，不仅得到了衣食上的接济，还获得了精神上的再教育，尤其是年轻的后生都在祖逖这里学到了爱国爱民的精神，树立了建功立业的想法。祖逖的好人好事不仅在当时被人称颂，到了后来，还被记入《十二义》中，跟《二十四孝》、《十二信》的故事并列为中华传统美德的经典范例。

祖逖带着百姓们走到泗口，也就是今天的江苏徐州。他的名声比人到得还要早，一到地方就被镇东大将军、琅琊王司马睿请到了王爷府，任命为徐州刺史。没过多久，祖逖又凭着胆识和智慧成了王爷身边的军事参谋，驻守在江苏镇江那一带。

两年之后，国家又碰见了一场兵祸，祖逖临危受命，接下了奋威将军、豫州刺史的职务，担起了收复失地、报效家国的重任。他出师告捷，镇住了北方的石勒，又被晋封为镇西将军。

转眼又是几年，晋愍帝已经登上皇位，从前的琅琊王司马睿入朝当了左丞相，手里还掌着挺大的兵权。皇帝给了司马睿这样的权力和位置，为的是让他办点正事，可是这位王爷只知道享福，不想着费劲，只乐意在江南吃喝玩乐，根本不想北伐的事情。人家祖逖的觉悟可比他要高得多，他在司马睿面前进了一言，要求请兵出战，为国雪耻。

祖逖的英雄气概让司马睿无言以对，只好按着他的想法给了奋威将军、豫州刺史的名号，象征性地拨了千数来人的粮草费用。祖逖一看手上的粮钱人马，这不是闹着玩吗？没钱，他自筹经费；没人，他招兵买马；没有兵器，干脆自己制造。祖逖把自己的队伍组织好了，带着他们渡江北上，在滚滚长江之间，他发下了这样一番誓愿："如果我不能光复中原，再次渡江南下，就让我像这江水一样流逝吧！"

前路漫漫，江水茫茫，祖逖过了长江，满眼只见着山河沦丧，恶人称霸一方。祖逖看着这样的形势，打算来个先礼后兵。他派出了参军跟那些地头蛇去联络，没想到那些地方土豪根本不讲规矩，居然把祖逖的使者杀掉了事。

祖逖没想到人心已经坏到了这个份上，只好发兵出了军营，跟占据地方的势力来了一场恶战。可是，硬碰硬地斗争不怎么见效，祖逖脑筋一转，生出一条妙计，这又是怎样一段故事呢？

对手人多势众，兵强马壮，还守着硬邦邦的城池，面对这样的局面，祖逖使出了离间计，拿下了一块根据地。接下来，他剑指安徽亳州，先行说服了蓬坞堡里的一把手陈川。陈川跟祖逖相处了一阵子，瞧出来这位将军跟别人不大一样，那正经是一位仁德侠义的人物。在这样的乱世之中，到底还存着真心真意，祖逖感动了陈川，又打动了当地好几位寨主，没费一兵一卒就占下了亳州。

祖逖在北伐的路上名声大震，引来了地方豪杰的热捧，大伙都表示愿意鞍前马后地追随他。没想到，这样的事情让陈川很是眼红，他心里的嫉妒成了魔鬼，杀了祖逖的外援军首领，又跑到豫州下属的郡县烧杀抢掠。

祖逖一看，这哥们翻脸比翻书还快，七尺高的汉子竟然是个小人。对于这样的家伙，只有一个法子，那就是打。陈川一看祖逖的枪头对准了自己，他一溜烟地跑到了开封，投降了后赵，跟后赵的石虎搭伙对付祖逖。

两军阵前，祖逖寡不敌众，吃了场亏。祖逖明白，论兵力，论实力，这鸡蛋一定撞不过石头，于是就改用脑力来比拼，他这一招妙计要如何实施，战场的局面到底能不能扭转呢？

祖逖这一计中的主要道具是装满了沙土的袋子，这些东西都是拿来扮演食用的大米。祖逖的部下带着大堆的沙袋，少量的米袋，一路奔着开封。后赵的军队听见风声，以为是祖逖的粮草大部队，专门派出精兵来劫。他们满心以为劫走了祖逖的粮草，断了他的后路，并给前线送吃送喝，号召将士围攻祖逖。祖逖早就猜到了这一步，提前设下埋伏，截获后赵的粮草，以其人之道还治其人之身，摆了后赵一道，一举拿下开封二台。

从这以后，后赵的日子一天不如一天，祖逖的势力就像是一条阳线欣欣向荣。后赵的皇帝石勒虽然在祖逖手下输人又输阵，可是他却对这位英雄心服口服。石勒为了表示友好，专门派人在山东成皋县为祖逖的母亲修了一座宏大的墓葬，又写了封信请求跟祖逖这边通商。祖逖虽然没有正面回应，不过他觉得通商对国家，对百姓都是有好处，没坏处，也就默许了这件事。祖逖把商业之中赢来的利润全都用在了军队上，他的实力蒸蒸日上，在经济和军事上来了个双赢。

要说这石勒的眼光还算不错，他在这些事上发现了祖逖的大智慧，打定了主意要跟他好好交往。有一回，祖逖手下人贪污公款，一路潜逃，逃到了石勒的面前说是要帮他讨伐祖逖。石勒瞧着这贼眉鼠眼的家伙，嘴角微微一撇，说："你这样的败类根本不配议论祖逖。他是一座高山，你就是棵杂草，像你这种贪赃枉法外加出卖主子的东西，连个畜生都不如。"那家伙还没醒过味儿来，就被石勒招呼部下推出去斩了。

从这件事里看得出来，就连石勒也被祖逖的忠义感动了。可是，祖逖这样的好人却没落下一个好结局，他在战场上的节节胜利却引出了未来的步步惊心。这又是怎样一场波澜呢？

壮志未酬，一生功业如何付诸东流？
死而后已，一世忠义如何留名千古？

祖逖的威望吓倒了敌人，也让朝廷里的小人起了坏心，他们忽悠着晋元帝说祖逖功高盖主，没准就会成了大患。其实，晋元帝也早有这样的想法，他派出戴渊统领六州军事，窃取祖逖北伐的胜利果实。

戴渊前来接手祖逖的兵权，这事让祖逖的心里挺不痛快。他这不是为了争权夺势，而是因为这个所谓的征西将军戴渊只是一介文臣，根本不是带兵打仗的料。可是，这不痛快归不痛快，他的面上一点也没显出来，为什么呢？还不是因为他惦着国家大局，怕权臣对立，伤了和气，损了社稷。祖逖心里的憋屈和多年的劳累终于在身体上坐下了病，可是，他依然强撑着精神图进取，指挥着将士们修筑营房壁垒，巩固军事据点。

321 年，时令已经到了秋天，风渐渐地凉了，树叶渐渐地黄了。一个睡不着的晚上，夜空里划过了一颗彗星，祖逖望着天空叹了口气，说："这恐怕就是我的命数。如今就要平定河北，可是老天不让我活，这是上天不愿保佑我的祖国。"

时光过得飞快，祖逖在 56 岁的时候告别了人间。晋元帝颁诏追赠祖逖为车骑将军,东晋的人民在他身后哭成一片。忠臣已死,正和了奸臣的心意,朝廷中的资深恶人王敦开心极了,正式开始实施他谋权篡位的黑心计划。

祖逖去世之后,他的同胞弟弟祖约代替哥哥领兵作战,可这时候更是不比从前,仁人志士报国无门,奸佞小人掌权作乱。东晋垂死挣扎了许多年,最终还是丢了土地,输了江山。

祖逖英雄一世,忠义千古,他一生的故事讲的正是"乱世识忠良"。也难怪唐代名臣魏徵感怀历史,为祖逖写下了这样的诗句:"祖生烈烈,夙怀奇节。扣楫中流,誓清凶孽。"

这正是:

祖逖东晋大英雄,忧国忧民真忠诚。

北伐中原展宏图,抑郁悲愤望星空。

第四十一回 刘琨出无极 爱国展豪气

上一回说到，祖逖一心收复黄河以北的失地，却被奸臣摆了一道，壮志未酬，抑郁而终。祖逖有一位好朋友，也是他的河北同乡刘琨，他们怀有同样的梦想，献身同样的事业，命运也是出奇的相似。在乱世之中刘琨又经历了怎样轰轰烈烈的人生？

刘琨是中山魏昌人，也就是现在的河北无极人。他跟刘备一样，自称是西汉中山靖王刘胜的后裔，他祖父刘迈、父亲刘蕃，都是高官。

刘琨相貌俊朗，温润儒雅，人长得帅，诗写得好，是京城有名的才子。当时京城里面有个文学社团，叫作"金谷二十四友"。社团成员大都是贵族子弟，刘琨和文学家潘岳、左思等人，都曾经是这个团体的成员，他们聚在一起不光是吟诗作赋，还商讨国家大事。只是这个社团的发起人贾谧名声不好，导致"金谷二十四友"在历史上也不怎么出彩，这也是后人只记得"竹林七贤"，极少提及"金谷二十四友"的原因所在。

小小的文学圈子绑不住刘琨的手脚，他胸怀报国之志，一心要成就大事。在出任司州主簿的时候，他结识了另一位热血青年祖逖。两个人一见如故，情同手足，他们一起纵论天下大事，还留下了"闻鸡起舞"的千古佳话。

当年，刘琨跟祖逖不仅常常同床而卧，同被而眠，还有着共同的远大理想：建功立业，报效祖国。有一天半夜里，一只大公鸡叫了起来。那个时候老百姓们都迷信，说在半夜鸣叫的鸡是荒鸡，听到荒鸡的叫声是不吉祥的。这荒鸡的叫声吵醒了祖逖，他思来想去睡不着，索性一脚把身边的刘琨踢醒，对他说："别人都认为半夜听见鸡叫不吉利，我却觉得，这是老天爷在鼓励我们奋发图强，咱们以后听见鸡叫就起床练剑如何？"刘琨欣然答应。

每天，伴着皎洁的月光和荒野的鸡叫，两个年轻人持剑起舞，寒来暑往，从不间断，练就了一身好武艺，"闻鸡起舞"成为流传千古的励志名言。那么，当时的政治舞台是怎样的一番图景，两位少年英雄能否找到用武之地呢？

当时的最高统治者晋惠帝司马衷能力有限，他即位以后，国家的军政大权都落在了别人手里。司马家的众多皇子都觉得有机可乘，展开了一场皇位的争夺战，这就是历史上有名的"八王之乱"。

司马家的兄弟们轮流坐庄，战火一直没有消停，刘琨也在战火中摸爬滚打，凭借能文能武的真本事，步步高升，获封广武侯，成为晋王朝的列侯贵族。

如泣如诉，一曲胡笳如何击退敌兵解危困？
壮志未酬，一代忠良怎样蒙冤入狱把命丢？

螳螂捕蝉，黄雀在后。就在司马家兄弟们窝里斗夺皇位的时候，北边的匈奴逮机会杀将过来，很快攻占了晋阳（现在的太原）。大敌当前，刘琨自告奋勇，请求出兵北上攻打匈奴。

皇帝封他为并州刺史，当时，晋国北方的八州已经丢掉七个，这个并州刺史，成为一个空职。可刘琨却没有半点过官瘾的心思，满脑子想的就是上阵杀敌、报效祖国。306年深秋，在萧瑟的秋风中，刘琨带领1000余人，离开首都洛阳，第二年春天来到晋阳，成为山西的最高军政长官。

一路走来，举目四望，到处是骨瘦如柴的难民，还有遍地的尸骨，满目的疮痍让刘琨心痛不已。来到晋阳之后，他以仁德为怀，立即安抚百姓、招揽流民、加强防御、发展生产。不到一年光景，这座荒废的城市就恢复了生机。

刘琨不光写一手好文章，练一身好拳脚，还精通音律，是个音乐才子。他原创的《胡笳五弄》，哀婉悲凉、如泣如诉，抒发了思乡和爱国之情。值得一提的是，刘琨还将音乐运用到战争中，留下了"一曲胡笳救孤城"的故事。

话说刘琨担任并州刺史不久，匈奴又发动了进攻，派出数万兵马把晋阳城围了个里三层，外三层。城里的粮食越来越少，打又打不过，跑又跑不了，就算是请求支援,援军也未必能及时赶到。一时没有什么好办法,大家只能干着急。

一天晚上,月朗星稀,刘琨披着银色的月光登上城楼。他倒背着双手来回踱步,看到城外的敌兵,一排又一排地睡在荒凉的原野上,不免有些伤感,忽然间,他想起了"四面楚歌"的故事,一条退兵之计闪现出来:这些匈奴官兵也是有家有室的人,在外面时间久了,必然会想念亲人,要是能调动起这些士兵的思乡之情,也许他们会自动撤退的。

打定了主意,刘琨清了清喉咙,用舒缓而清亮的声调唱起匈奴的民歌。这悠扬而凄清的歌声传到匈奴的士兵耳朵里,他们一个个心生悲凉,发出长长的叹息。到了半夜,刘琨又吹起了胡笳。胡笳是古代北方少数民族的一种乐器,特别适合吹奏那些悲伤、凄凉的乐曲。刘琨吹的曲子凄凉哀婉,动人心弦,很多匈奴士兵听到来自家乡的熟悉的器乐,纷纷流下了眼泪,想家的情绪越来越强烈。

到了天色发亮的时候,城外面的匈奴士兵好不容易睡着了,刘琨又拿出胡笳,把昨晚的乐曲吹奏一遍。那催人泪下的旋律让很多匈奴士兵抱头痛哭。匈奴兵首领一看手下的士兵们个个情绪低落,眼泪汪汪的,知道这一仗打不赢了,无奈之下只能撤兵。就这样,刘琨未发一兵一卒,靠着一曲胡笳解除了晋阳之围。

当时,晋阳四面都是敌人,南面是强大的匈奴政权前赵,北面是正在崛起的鲜卑族建立的代国,东面是幽州刺史王浚,可谓是前有狼,后有虎。怎样才能稳固根基,保护晋阳百姓的生命安全呢?刘琨沉思了很久,决定效仿刘备的"联吴抗操"策略,跟北边的鲜卑拓跋氏结成兄弟,还把自己的儿子刘遵送到拓跋氏作人质,联手对抗前赵的石勒。

313年,晋愍帝继位,封刘琨为大将军,都督并州诸军事,刘琨成了山西的大总管。两年后,刘琨又被封为司空,都督并冀幽诸军事,成为河北、山西、华北的军事总管大都督。刘琨的事业达到顶峰,实现了当初"闻鸡起舞"的初衷。

好景不长,316年,刘琨为之奋斗一生的西晋王朝彻底灭亡了。驻防北部边疆的刘琨怀着光复晋室的一线希望,在血与火中,苦苦坚守。也道是"毛之不存,皮将焉附",一直与西晋对峙的石勒趁机杀了过来,想彻底除掉刘琨,以绝后患。这一仗,刘琨能打赢吗?

这一次，刘琨没有把握好战术，全军出动，进攻石勒，准备乘机东进太行山，结果中了石勒的埋伏，全军覆没，把自己的根据地晋阳城也弄丢了。不得已，刘琨只身投奔幽州刺史段匹䃅，和他结为兄弟，想着借助鲜卑人的力量光复晋室。刘琨联合朝中的老臣，把司马睿推上了龙椅，建立了东晋王朝。新皇帝加封刘琨为侍中、太尉，其余官衔不变，还赐他一把名刀。

刘琨抗击匈奴十余年，石勒一直把刘琨当成自己的头号敌人，挖空了心思想除掉他，却苦于没有机会。石勒手下的谋士献上一计，那就是三十六计中的"借刀杀人"。借着鲜卑族人内斗的机会，石勒用重金贿赂鲜卑军队的大将，抓了刘琨的儿子，逼着他写密信邀请刘琨里应外合，谋杀鲜卑的首领。

很快，这封密信被鲜卑大将送到首领段匹䃅手中。段匹䃅拿过信来一看，顿时火冒三丈。好你个刘琨，你走投无路的时候，是我收留了你，还把你奉为上宾，好吃好喝招呼着，你们父子二人不知道感谢我，反而恩将仇报，岂能留你的性命！

刘琨父子俩就这样被投进大狱。将士们听说了这个消息，都为刘琨打抱不平，代郡太守和刘琨的部下将领想出兵救出刘琨，结果被人泄密，不但没有把刘琨父子救出来，反而进一步加重了刘琨所谓谋逆的罪名。

东晋王朝的权臣王敦，早就嫉恨刘琨的忠义威名，这一次也落井下石，派人给段匹䃅送来一封密信，让他杀掉刘琨。段匹䃅以皇命为由，赐刘琨用白布自缢。以刘琨的人生阅历，怎会不知政治斗争之丑恶！临死前，刘琨叹息道："死生有命，但恨仇耻不雪，九泉之下无颜见父母双亲啊！"说完以后，引颈赴死，时年48岁。他的四位子侄也被杀掉。

夕阳西下，一桩沉冤如何平反昭雪留清名？
去若云浮，一代英才哪般锦绣诗篇传后世？

天下人都知道刘琨死得冤屈，可东晋朝廷还靠着王敦和鲜卑族的势力来对抗石勒，只能看人家脸色办事儿，甚至连祭奠的仪式都没有为刘琨举行。刘琨的老部下卢谌等人心中郁郁难平，一年以后，他们不顾个人安危，辗转上书朝廷，追述刘琨十年对抗匈奴立下的赫赫功勋,替刘琨鸣冤,感动了满朝文武。晋元帝感慨良久,终于抛开顾虑,下了一道诏书,为他平反昭雪,追封为侍中、太尉,谥号曰愍。

人都去世了,还有人为他仗义执言,可见刘琨的人格魅力。刘琨的英俊帅气,在大江南北无人不知,而且他待人宽厚,以仁德闻名,受到无数人的追捧。刘琨的魅力到底有多大?

话说东晋时候有个大司马桓温,这个人很自恋,总以为自己才学盖世,风度翩翩,外面的人也经常奉承他,说他跟司马懿、刘琨一样是了不起的人才!

有一次桓温出兵北伐,在北方带回一个善做针线活的老太婆,这位老太曾经做过刘琨的婢女。她一看到桓温,眼泪啪嗒啪嗒掉了下来,桓温惊讶地问道:"你为什么要哭?"她回答说:"你很像当年的刘琨。"

桓温一听这话更加得意,连忙整理好衣服,又来问她:"我哪里像刘琨啊?"那个婢女回答说:"你的眼睛很像,可惜小了些;脸很像,可惜瘦了些;胡须很像,可惜是红色的;身形很像,可惜有点矮;你的声音猛一听很像,可仔细一听没有刘司空那样浑厚。"

听了这些话,桓温的脸由晴转阴,他悻悻地脱下衣服、摘掉帽子,倒在床上闷头去睡,郁闷了好几天,才想明白,自己根本就没法跟刘琨相比。

刘琨一生才华出众,留下了很多音乐作品和诗词歌赋。他的诗文激昂悲壮,充满对战乱中流民的同情和抗敌的豪情,被囚入狱以后所作的《重赠卢谌》,字字句句都是他对晋王朝的忠诚和壮志未酬的悲壮心情,那句"何意百炼钢,化为绕指柔"更成为千古名句。

杜甫曾经感慨:"刘琨死后无奇士,独听荒鸡泪满衣",南宋的民间英雄文天祥也对刘琨钦佩不已,写下诗句夸赞。

这正是:

刘琨忠义报国情,身陷重围处不惊。

奸佞陷害空怀志,含冤就义惊悲鸿。

第四十二回 束皙文学家 握管著宏文

上一回说到无极英雄刘琨，精忠报国，临危不惧，无奈生不逢时，乱世之中遭到奸臣陷害，蒙冤而死。这一回要出场的是西晋的一位大学问家，他的名字听起来并不多么响亮，他的人生却不乏耀眼的光芒。他是谁呢？

束皙，字广微，阳平元城人，也就是现在河北大名故城人。这个人，后世很少有人知道，但他却是考古史上河北第一人。为什么这么说呢，这得从发生在河南汲郡的一个盗墓案说起。

281年，一个叫不准的人盗掘了战国时期魏王的墓冢。不准是个不识货的小毛贼，原指望从魏王墓里挖出许多金银财宝，墓穴被打开后，却只看到满地杂乱无章的竹片，盗墓贼大失所望，顺手拣了几样能换钱的物件溜之大吉。

当地村民看到被打开的古墓，急忙报告了官府。地方官员到现场一看，这地下埋着的简直是个颇具规模的图书馆，一番清理之后，出土的竹简装了好几大车！这座地下书库惊动了整个朝廷，当朝皇帝司马炎很重视文化，他下令对出土的竹简进行抢救性保护，并派出了专家组进行研究整理，牵头的学者就是当时最有声望的荀勖和傅瓒。经过初步整理，他们惊讶地发现这些竹简竟然是包括《穆天子传》在内的魏国史书！这个重磅新闻在当时的文化圈里引起了不小的震动，为什么呢？

我们都知道，秦始皇统一六国后，把秦国以外的史书全部烧毁了，唯独这魏国史书因为陪葬在魏王墓中躲过了"焚书"的劫难，那绝对算得上是绝世珍品！

到了晋惠帝时期，卫恒和束皙等学者对这些竹简进行进一步整理考证。没过多久，卫恒就死了，整理的重任落在了束皙身上。他争分夺秒埋头工作，在几年的时间里，破译了竹简上的难懂的蝌蚪文，编成了《竹书纪年》，这是我国历史上第一部编年体史书。因为这项开创性的突出贡献，束晳成了考古史上"河北第一人"。

古代讲究"学而优则仕"，束晳却没有走大多数读书人走的这条路。束晳出身官宦世家，爷爷和爸爸都是地方高官，先后被地方官府举荐为孝廉、茂才，但是他却一一拒绝，坚持不做官。这又是为什么呢？

显而易见，束晳没有应召做官，并不是因为才华不及，也不是因为孤傲清高，而是另有原因。什么原因呢？

当时，束晳的哥哥娶了大官僚石鉴的侄女。这个女子德行刁蛮，做丈夫的实在受不了，把她休了。因为休妻事件，惹恼了石鉴，他千方百计报复，百般压制束氏兄弟，给他手下各地的官员传话，谁也不能提拔任用束氏弟兄。兄弟二人成了长期候补官员，总也得不到任用。

一些有良知的官员看不下去了，为束晳愤愤不平，也有人劝束晳："不然你主动些，到石鉴府上拜访一下，向他示好，毕竟这件事起因在你哥哥，和你没什么关系。"

束晳听了摇了摇头，他仿照西汉方士东方朔《答客难》的文体，写了一篇叫《玄居释》的文章，答复了好心提醒的友人。在文章中，他阐述了自己的为人之道，表示决不拿学问争取荣华富贵，决不为富贵而折腰，他还阐述了"道无贵贱"、"守分任性"的观点，叹息往世，感慨时政。这篇文章说理清晰，文采斐然，非常精彩，也正是由于这篇文章，他的命运出现了转机，这其中又有怎样的故事呢？

相见恨晚，君子束晳为何出山应诏为官？
高风亮节，忠义官员为何毅然辞官罢归？

时有一位著名的大学者名叫张华。他一向喜欢以文会友，读到束晳的《玄居释》，他不禁拍案叫绝，这文章说了他想说而没有说出的话，简直就像遇见另一个自己。

张华千方百计找到束晳，请他出山做了自己的幕僚。两人见了面，惺惺相惜，知心的话儿说不完。张华写过一篇《博物志》，涉及民俗、风情、风味很多内容，而束皙对此也颇有兴趣，他恰好也写过一篇《饼赋》，从吃饼说到饼的原料，再说饼的色、香、味。同样的兴趣，同样的爱好，把两个年龄悬殊的人紧紧拉在一起，他们把彼此当成了文学上的知己、生活上的挚友，成为一对忘年交。

后来，张华做了司空，举荐束皙做了贼曹属，也就是负责处置贼寇的官员，束皙从此步入仕途。当时，晋王朝连年战乱、民不聊生，束皙深知百姓之苦，针对三农问题向朝廷提出施政建议。他认为，夺取农业丰收有三个因素：一是要不误天时，二是重视地利，三是人力中用。他还建议让西北的农民迁回故乡，朝廷下诏免除这些移民十年的徭役，既增加穷人之业，又开辟田地。

束皙提的都是些利国利民又接地气的好建议，不过当时政局动荡战乱纷纷，这些提案交上去，最终没了下文，不了了之。在贼曹属这个岗位上干了一段时间，因为束皙在文学方面的造诣，朝廷委任他做了佐著作郎。这一回，束皙如鱼得水，他发挥所长，收集整理了西晋王朝历代帝王的实录和文献，编撰成《晋书》帝纪、十志，为后来学者编著《晋书》正史积累了翔实的史料。

震惊朝野的不准盗墓案发生以后，束皙把全部心思用在对出土竹简的研究和整理上。经过他和同事们的考订，那些晦涩难懂的竹简文字被一一破译，并记录成书，这就是后世流传的《竹书纪年》和《穆天子传》。束皙也凭借这两部专著成为顶级的古文字家。

有一年，一位官员在河南登封的嵩山发现了一枚书简，上面写着两行蝌蚪文字，他找了很多人看过，谁也不认识。书简辗转到束皙的好朋友张华那里，他拿着这枚竹简去求教束皙，束皙告诉他们说："这是汉明帝刘庄显节陵中的策文啊！"大家听后，对束皙渊博的学识钦佩不已。

好景不长，动荡的岁月里很难求得现世的安稳，300年，束皙最好的朋友张华被奸臣杀害，祸国殃民的皇后贾南风祸害司马氏的江山，赵王司马伦自立为相国，把持朝政。为了收买人心，网罗名人，他聘请束皙出任掌管宫廷章表书记的记室，相当于丞相府的秘书。这个多少人梦寐以求的职位，束皙会接受吗？

很多人都没有想到，面对这个显赫的官职，束皙不但没有谢恩，还坚决不接受聘任。他说:"我身体不好,当不了这个官,我请求回到故乡元城。"他辞了官职,回到老家,当了一名教书先生,远离了政坛的风云变幻。而尚书郎成为他在京城洛阳担任的最后一个职务。

回到家乡后不久,束皙接到一个噩耗,他的同事,也是他的另一位好朋友卫恒英年早逝。束皙不顾个人安危,特意从老家赶到京城洛阳为卫恒安葬,卫恒是怎样的一个人?他和束皙又是如何建立了这样深厚的交情?

卫恒是我国西晋时期著名的书法家,他擅长写草书,隶书、篆书也写得极好。除了练字外,他还对书法进行了研究,写了一部叫《四书体势》的书,这也成为研究我国书法的重要文献。

卫恒和束皙的缘分要从不准盗墓案说起。那时,他和束皙同时被召进研究团队,整理出土的竹简,在工作中结下了深厚的情谊。卫恒和束皙一样,都是尚书郎。晋惠帝时,恶毒的皇后贾南风挑起八王之乱,卫恒一家惨遭杀害,当时京城很多人都唯恐躲闪不及,可是束皙全然不顾,特意从老家赶到京城洛阳为卫恒安葬,可见束皙这人重情重义。

远离官场是非之地,束皙有了更多时间用在做学问上。可惜的是,有着深厚文学底蕴的束皙无论在当时的文学界,还是后世的文学史中都没有获得应有的认可,这又是为什么呢?

才情横溢,束皙为何遭人漠视寂寂无声?
悲天悯人,先生怎样祭神祈雨广受颂扬?

除了在古文字方面的造诣,束皙文学底子也很不错,他写的赋虽然只存世五篇,篇幅短小,但真实生动地描述了当时下层贫苦人民的生活状况,辛辣讽刺了那些为非作歹的官吏,表现了忧国忧民的情怀。

束皙的赋作和当时那些言辞华丽、雍容激扬的大赋格格不入,受到了官僚化的文人们集体鄙视,他的学术成就和文学成就,并没有受到应有的重视。在我国文学史中不但没有人提到这位大才子,甚至专门研究赋发展历程的一部大书《赋史》中也只字未提。

认真研究，你会发现束皙的赋作中充满了悯农情怀，他的《劝农》、《贫家》《饼》等短篇的赋，真实描写了贫困农民的困境艰辛。特别是《劝农》赋中，他抨击地方官吏"专一里之权，擅百家之势"，对官府的腐败和官吏的贪恶进行了大胆地揭露和嘲讽。

束皙的悯农情怀除了在文章中体现，还付诸到实际行动中。在老家的时候，有一年赶上了大旱，乡民们知道束皙有学问、懂得天文气象，就请他组织百姓祭神祈雨。束皙答应了乡亲们的请求，亲自祭神求雨，碰巧三天后真下起大雨来。大家认为是束皙的诚心感动了上天，就作了一首歌来歌颂束皙："束先生，通神明，请天三日雨甘霖。我黍以育，我稷以生。何以畴之，报束长生。"意思是说我们丰收了，如何报答束皙先生呢，就祈祷他健康长寿吧。

但是，老百姓的祝福并没有让束皙健康长寿，这位生不逢时的大才子40岁就病逝了。这位贫民文学家的早逝让父老乡亲们悲痛不已，县城所有商铺都关了门，乡亲们还刻了碑纪念他。束皙走了，却留下了耿耿忠骨和百姓的颂扬。

这正是：

元城束皙一才翁，忧国爱民浩然风。

竹书纪年留文采，刚正不阿千古颂。

第四十三回 秉笔写青史　崔浩遭杀身

上一回说到，西晋时期邯郸大才子束皙怀才不遇，英年早逝。在南北朝的历史上，还有一位出自河北的才子。他少年得志，平步青云，是一流的军事谋略家、功勋级的朝廷要臣，可是这位德才兼备的官员人生结局却极其悲惨。他是谁？他的一生经历了怎样的大起大落？

381 年，河北清河的名门望族崔尚书家中落生了一个俊俏的娃娃。那孩子粉雕玉琢、眉目清秀，人见人夸。崔尚书心里乐开了花，他给孩子起了个响亮大气的名字——崔浩，字伯渊，希望这孩子将来能成就一番大事。

长大以后的崔浩是个百里挑一的帅小伙，他没有辜负父亲的希望，勤学苦读，满腹经纶，诸子百家的书籍全都烂熟于心，还熟知天文地理、阴阳之道，说起《易经》也头头是道，跟别人辩论学问，谁也不是他的对手。崔浩把西汉名臣张良当成自己的偶像，希望像他一样辅佐君王，为国效力。

20 岁时，崔浩入朝为官，当上了著作郎，参与撰写内宫文书。魏道武帝拓跋珪看崔浩写得一手龙飞凤舞的漂亮书法，非常欣赏，经常把他带在身边。后来，拓跋珪岁数大了，疑心病加重，疑神疑鬼，喜怒无常，手下的人犯了一点小错就会被他狠狠惩罚。很多大臣和内廷的侍卫吓得不敢靠近，只有崔浩尽忠职守，兢兢业业，有时候忙得整天整夜都回不了家。

拓跋珪死后，拓跋嗣即位，史称明元帝。明元帝喜欢天文地理和五行八卦，听说崔浩能讲解《易经》和洪范五行学说，兴冲冲地把崔浩召进宫，拜为博士祭酒，让他观察星相，占卜吉凶。趁着这个机会，崔浩把董仲舒"天人合一"、"天地报应"的道理讲给皇帝，借着占卜吉凶，阐述治国之道，赢得了明元帝的信任。

这段时间，崔浩官运亨通，节节高升，成了明元帝跟前的大红人。可崔浩没有恃宠而骄，也从不说违心的奉承话，依旧踏踏实实地干工作。在大是大非面前，他从来都不藏着掖着，敢于仗义执言，靠着自己的聪明才智，化解了不少危机。这其中又有哪些让人称道的故事呢？

当时，北魏的都城在平城，也就是现如今的山西大同市。明元帝当上皇帝没几年，平城闹起了旱灾，秋收的时候农田里没几粒谷子，连年的旱灾饿死了很多百姓，明元帝心里也是格外着急。

一些方士蛊惑明元帝说："臣夜观天象，平城连年霜旱必有大难，不如把国都迁至邺城（今河北省临漳县）。"他们还鼓动皇帝的姐姐华阴公主前去游说，明元帝拿不定主意，征求崔浩的意见，说："崔爱卿，把都城迁到你老家附近的邺城可好？"

崔浩一听这话，连忙说道："万万不可。迁都以后，鲜卑人和汉人杂居，水土不服，会引发疾病，士兵丧失斗志。如果其他国家知道我们是因为闹灾荒而迁都，定然会出兵攻打我们。不迁都才能稳定朝纲，就算是山东发生叛乱，我们也能迅速出兵，这才是长治久安的办法。等到明年春天牧草生发，就能发展畜牧业，再有一个好的夏收，就能解决饥荒问题。"

这番话说得明元帝心服口服，他打消了迁都的念头。可眼前大饥荒怎么解决呢？崔浩建议，把平城的灾民迁徙到各地各州，如果来秋庄稼仍然歉收，就再想别的办法。

明元帝听从了崔浩的劝告，把灾民安排到定、相、冀三州，由当地开仓放粮救济灾民。第二年秋天，平城获得大丰收，老百姓的日子富裕了，国家也渡过了难关。明元帝很高兴，给了崔浩很多赏赐，更加信赖他。

一意孤行，明元帝惨遭败北徒留何种遗憾？
从善如流，太武帝一统北方成就哪番霸业？

魏晋南北朝时，群雄逐鹿中原，你打我我打你，战火弥漫，硝烟四起，不得安宁。当时,地处东南的东晋派大将刘裕出兵北伐后秦,打得后秦连连败退。刘裕想要乘胜追击,沿着黄河西上,就派人到北魏请求借道。

这事儿马虎不得,一不小心就中了人家的圈套。明元帝连忙召集群臣商量对策,大多数人的想法是,绝对不能借道,应该出兵阻止刘裕沿河西上,唯有崔浩持不同意见,他说:"目前北面柔然不断侵扰,国内缺粮,我们决不能与东晋为敌。如果向南出兵,则北寇进击;不如借道给刘裕,让他入关,咱们坐山观虎斗,等两虎咬斗之后再动手,可以一举两得。"

明元帝胆子小,没采纳崔浩的建议,派十几万大军驻守黄河以北,阻挡刘裕的大部队。刘裕火冒三丈,我跟你好商好量,你却敬酒不吃吃罚酒,于是出兵攻打北魏。结果,魏军惨败而归,明元帝悔得肠子都青了。

等到刘裕大军兵临潼关时,明元帝又向崔浩请教。崔浩说:"后秦皇帝一死,他的两个儿子必定会发生内讧,导致众叛亲离。东晋大将刘裕兵精将勇,这一仗必胜无疑。"崔浩还预测,刘裕不会久留关中,一定会回去篡夺东晋的皇位,所以,北魏不用出兵,关中地区迟早是北魏的地盘。

有了上一次的惨痛教训,这一次明元帝不敢妄自行事,乖乖按着崔浩的主意,隔岸观火,结果完全证明了崔浩的预见。打从那起,明元帝更加信赖崔浩了。

明元帝去世以后,他的儿子拓跋焘即位,史称北魏太武帝。都说一朝天子一朝臣,可崔浩的地位如同磐石一样坐得稳稳当当,依旧是新皇帝的首席顾问。

新皇帝即位以后,面临一个重大决策:先灭夏国还是先伐柔然?鲜卑将领们一致主张打柔然,原因很简单,可以俘获大量的奴隶和牲畜。可崔浩站得高看得远,他主张先攻打夏国。当时夏国君王死了,儿子们为了抢夺皇位打得不可开交,正是出兵的好机会。

拓跋焘听从崔浩的意见,亲自率领大军攻打夏国。可夏国紧闭城门,不肯出城迎战。崔浩又给出了一个锦囊妙计——让将士们大肆劫掠夏国的粮食,还故意让士卒叛逃报信,说北魏的粮草用尽,后援迟迟未到。

这一招诱敌出洞的策略成功了,夏国的军队出城迎战,就在两军交战之时,突然遭遇了暴风雨,飞沙蔽天,北魏的军队恰好处于逆风区,吃了亏,就连新皇帝拓跋焘都差点被抓走。有个善于占卜的宦官说:"如今风雨从敌人头上袭来,敌人顺风，表明天不助我。我们还是先退兵吧！"

在这紧要关头，崔浩挺身而出，厉声喝道："刮风下雨是自然现象，怎么能说是天不助我？我们千里迢迢而来，没有后继部队。如果撤退，夏国全力追击，就会全军覆没。我们没有退路，必须全力出击。"拓跋焘点点头，按照崔浩的意见，全力反攻，越战越勇，一举灭掉夏国。

要想统一北方，夏国和柔然是两块最大的绊脚石。现如今夏国气数已尽，只剩下了柔然虎视眈眈，拓跋焘决意集中力量攻打柔然，可朝廷上下百般反对。就在拓跋焘一筹莫展的时候，崔浩站了出来，力挺皇帝攻打柔然，跟群臣展开了一场舌战，文武百官被他说得理屈词穷，哑口无言。拓跋焘亲自带兵出征，打得柔然一路溃败，连忙派使者前来议和，还把公主送到北魏和亲，北魏的势力越来越强大。

太武帝拓跋焘吞并了夏国和柔然以后，又消灭了北燕，在统一北方的道路上，只剩下西北角的北凉。他想要攻打北凉，却遭到了身边第二号谋士李顺的坚决反对。这时，崔浩看出了其中暗藏猫腻，他如何对抗李顺，帮着太武帝成就霸业呢？

李顺也是太武帝的得力助手，他行军打仗是个好手，却有一个最大的弱点，就是贪财。北凉人投其所好，花重金收买了李顺。拿人钱财替人消灾，李顺多次阻挡拓跋焘攻打北凉。可这回拓跋焘铁了心要开战，李顺怕事情败露，就编出一套瞎话，说："北凉遍地枯石，没有水草，当地人挖水渠引雪山之水灌溉农田。如果我们大军开到，他们定会断绝渠口，我军人马无水可用。后果很严重啊。"

崔浩熟知天文地理，一听就知道他在撒谎，反驳说：《汉书·地理志》中说：凉州畜产天下最富饶。如果没有水草，牲畜怎么繁殖？再说，汉朝绝不会在没有水草的土地上兴筑城郭，设置郡县。况且，高山冰雪融化以后，就能浸湿地皮，怎么还需要挖通渠道，灌溉农田呢！这话实在是荒谬。"

李顺恼羞成怒："耳听为虚，眼见为实。我亲眼看到，你有什么资格和我辩论？"崔浩一针见血地说："你接受了金钱贿赂，就替人家说话，你以为我没有亲眼看到就能被你蒙蔽吗？"

拓跋焘决意亲率大军出征，看到北凉水草茂盛，才明白崔浩说的都是实情，李顺果然在撒谎。可李顺不知悔改，三年后又接受贿赂，被判处死刑。可以说，没有崔浩，北魏不可能统一北方。太武帝非常信任崔浩，甚至还下令说，以后那些军国大事，都要先征询崔浩的意见，然后再实施。

崔浩成了拓跋焘最信任的人，恩宠有加。有时拓跋焘会突然来到崔浩家串门，崔浩用家常菜肴来招待，拓跋焘也不嫌弃，高高兴兴拿起来就吃。崔浩进宫见驾，甚至可以直接出入拓跋焘的寝宫。

当时，谁也不曾想到，在官场如日中天的崔浩，马上就要遭遇一场劫难，这其中又有怎样的一段故事呢？

盛宠无双，三朝元老缘何招来杀身之祸？
株连九族，一代谋臣为何让人扼腕叹息？

谁都没有想到，就是这样一个深受尊敬皇帝宠信的重臣，一夜之间遭到了灭族之祸。杀他的人，正是太武帝拓跋焘。这又是为什么呢？

太武帝拓跋焘统一北方后，命令崔浩组织学士们续修国史，还叮嘱他们写国史定要实事求是。修史，是一项重要的国家工程，崔浩不负使命，跟手下人一起辛辛苦苦采集资料，真实地还原了北魏王朝及其先祖代国的历史。可没想到，就是这本《国书》给他带来了杀身之祸。

一通参与这项修史的文人们奉承崔浩，赞扬他秉笔直书，建议把《国书》刊刻在石头上，让世人瞻仰。崔浩本来是个低调的人，兢兢业业、鞍前马后干了一辈子，临了快退休了，也想给自己留点东西，一念之差，就顺水推舟，接受了同僚们的逢迎,他请示了太子,太子也点头答应,于是崔浩就着手建造了《国书》的碑林。

因为崔浩秉承着实事求是的原则，把拓跋氏祖先早年干的那些上不得台面的丑事也一五一十记录在《国书》上，而石碑树立在通衢大路旁，引起往来行人议论纷纷。

木秀于林，风必摧之。崔浩如此受宠，招来了一些鲜卑贵族的嫉恨，他们不能容忍汉人跟自己平起平坐，想方设法排挤他，这次可算逮住了机会。他们跑到太武帝跟前嚼舌头，指控崔浩有意抹黑鲜卑的祖先。也说是众口铄金，积毁销骨，太武帝最后下令收捕崔浩，还亲自审讯，可怜这时崔浩还不知道自己所犯何罪？这是一个学者最大的悲哀。太武帝一怒之下杀了崔浩，清河崔氏一族无论远近，连同姻亲范阳卢氏、太原郭氏、河东柳氏都被连坐灭族，史称"国史之狱"。

崔浩才华出众，多谋善断，为北魏统一大业立下了汗马功劳，却因修国史而招来灭族之祸，成为权力之争的牺牲品。一代谋臣落得如此下场，令人扼腕叹息。

这正是：

运筹帷幄伴君侧，统一北方功绩多。

功高盖主遭嫉恨，国书之殇命难搏。

第四十四回 高允真义士 慷慨勇担任

上一回说到崔浩运筹帷幄辅佐帝王，才华盖世一生忠良。因为他那一股子直脾气，临了遭了杀身之祸。在崔浩死难临头的时候，有一位豪侠义士为他据理力争，在皇帝面前慷慨陈词。这位正是我们河北老乡高允。高允这一生里经历了怎样的故事？

燕赵之地多慷慨之士，其中有一位常常被人提起，他就是说真话、办实事的高允。关于他的传奇也有很多，在一些中学课本的文言文中，都收录了《魏书·高允传》的节选，甚至在《上下五千年》等介绍中国传统文化的著作中，都讲到了高允的故事。其中讲得最多的就是高允说真话，为崔浩承担责任的故事。

1500多年前，北魏太武帝拓跋焘在位的时候，让崔浩组织人员编写国史。其实，高允作为国史编写组的成员之一，早就预料到崔浩的举动会招来麻烦。当初，高允就跟崔浩提过这事，劝他谨防骄傲自满。可是，那时候的崔浩怎么听得进这逆耳的良言。那时候，高允就跟人讲过："国史恐怕会给崔浩招来大祸！"如今，崔浩果然祸到临头。

查办崔浩的消息刚刚放出来，太子就上了高允的门。因为高允是太子的老师，俩人的关系一直不错，太子生怕崔浩的事情把高允牵扯进去，想帮着老师在父亲面前说句话。太子嘱咐高允说："我陪着你一起面见皇帝，我怎么讲，你就跟着怎么说，别的千万不能提。"

高允还没弄清怎么回事，就跟着太子到了拓跋焘的面前。太子拜见了自己的父皇，开口就说："高允可是个小心谨慎的老实人，跟崔浩的事情半点关系也没有，敬请父皇明辨，别冤枉了好人。"拓跋焘听了这话，转头就问高允："国史全都是崔浩一人完成的吗？"高允照实说了："崔浩公务繁多，只抓纲要，国史的具体内容是我跟其他几个同事写的。"拓跋焘再问太子："你瞧瞧，要按高允的话说，他的罪过比崔浩还大！"

太子一听，坏了，这事要砸锅。他赶紧回了一句："高允见了您有点紧张，话都不知道怎么说了，头进门的时候他还跟我说事情全是崔浩干的。"拓跋焘又把眼睛转向了高允，要听听他的说法。高允把事摆在了明面上，说："太子这样讲，不过是为了救我一条性命，我明白他的好心，但是，也不能欺骗皇帝，我做的事情由我承担，决不能把黑锅扣到别人头上。"这一番慷慨直言感动了太武帝拓跋焘，他说："高允死到临头还能坚持说真话，这点确实不简单，就为这个，我决定了——赦免他！"

按说，高允的麻烦应该是到此为止了，可是，他偏偏还要往火坑边上靠，这又是怎么回事呢？

刚正不阿，一生耿直如何固守人格？
宁折不弯，一腔热血如何坚守正义？

太武帝拓跋焘发话说："这官司里面没有高允的事了，不过，崔浩的问题还是要一查到底。"几个兵丁把崔浩揪到了皇帝跟前，崔浩的心里有点发虚，到了大殿之上什么也没答上来。拓跋焘可是给气坏了，他跟身边的高允说："立马写一道诏令，把崔浩满门抄斩。"高允犹豫再三，没有接下这活，他在皇帝面前再进一言，说："就算崔浩有罪，也是罪不至死！"拓跋焘正在气头上，高允的话更是火上浇油，皇帝一声吆喝，把高允绑了起来，多亏了太子把好话说了一遍又一遍，终于给高允讨了个平安。

这事过后,太子埋怨高允不知道见机行事。高允却依然坚持自己的主见,说："殿下您一心救我,这番好意我全都明白,可是无论如何,我也不能昧着良心说谎,放着道理不讲。"

后来,太武帝拓跋焘还是没能饶过崔浩,把他满门抄斩。不过,因为这件事,拓跋焘对高允的印象很深刻,等到他完全冷静下来,还反思道："要不是高允直言敢谏，没准自己头脑一热，会冤死不少的无辜人士。"最后，拓跋焘还对高允的人格发表了这样的总结——真义士！

话从头说，义士高允自小显出了不凡的志向，对他发表好评的也不止一个人。高允生在衡水景县，岁数不大就成了孤儿，可是，这孩子人穷志不短，特别有出息。河北名人崔玄伯，也就是崔浩的父亲，见到高允头一面的时候就说这个后生不一样，日后必定是一代人杰。

高允长到16岁上，他做出了一个惊人的决定。他把不多的家产全给了弟弟，自己要出家到寺院里学习。家里的亲戚都觉得高允年纪还小，怕他一个人出门受委屈，谁也不想让他走，可是高允的主意已经定了，他说："男儿志在四方，四海为家。"于是，他就按着自己的想法走了下去。高允出家之后，法号法净。这小僧人每天天不亮就起床，干完寺院的杂活，就是一门心思地读书。

有句话说，上天总是把机会送给有准备的人。高允攒满了一肚子学问，就遇到了一位贵人，这人是皇亲国戚的郡守，平生见过不少的人物，他看高允气质不凡，学识超人，就请他还俗为国效力。因为这一回的奇遇，高允到郡守的身边做起了秘书，在这段日子里研修天文历法，古籍经典，之后，他在郡守的推荐下到邺城做过小官。高允到了不惑之年，学问、见识和人缘等等的综合因素终于让他这块金子发出耀眼的光芒，他一下子被推荐到朝廷做了中书博士，也就是太子的老师。

高允入朝为官，一言一行都显出了高士的本色。魏太武帝拓跋焘跟他谈到治国的关键，高允把农业问题提到了第一位。百姓因为这一言受益，丢掉了田禁的束缚，获得了肥沃的土地。

高允的建议得民心，合圣意，就有不少人把他当作了政治顾问，点子大王。有一年，宠臣辽东公翟黑子奉命出使并州，也就是如今的山西太原，他到了任上就犯了错，贪污受贿，拿了人家1000匹丝帛。老话说了：要想人不知，除非己莫为。不久之后，翟黑子做下的黑事暴露了，他找到高允去请教，高允建议他实话实说，这才是正事。翟黑子回去跟自己的亲信一商量，那一伙人都说这事必须得藏。高允这人真是不知好歹，他就此把高允当作了恶人，认为他哄着自己去寻死，就跟高允一刀两断，再不来往。多年以后，翟黑子为这事悔青了肠子。正因为他没听高允的话，跟皇帝撒了谎，最后落了个名节不保，家破人亡。

高允从来是真心真意地为国效实力，为人出好招，可是，他从没为自己争过一次名，夺过一回利，对于自己的儿孙辈，更是教导他们自耕自种，自给自足。在太子当了皇帝之后，高允这个帝王的老师更是谦虚自律，不拿着功劳去说事。对于这位可亲可敬的一朝师表，从前的太子，后来的皇帝他又是怎么看呢？

新任的皇帝拓跋濬登基不久，就有一些拍马屁的能手前来献媚。其中一个叫郭善明的最是来劲，他建议大兴土木。高允可是看不下去，他给皇帝摆事实、讲道理，说："咱的国家不缺豪宅高阁，最要紧的是让百姓安安生生地过日子，给国库攒上一些家底细水长流。总而言之一句话：做皇帝一定要明辨是非，以民生为上。"

皇帝拓跋濬毕竟是高允一手教出来的学生，老师的话一下就说到了他的心坎上，他就按着老师的教诲行事治国。对于这位老人家，拓跋濬十分地敬重，从来不对他直呼其名，一直把高允称为"令公"。

忠臣遇明主，这样的事情最是可贵。高允几十年如一日地高风亮节，拓跋濬在他的辅佐下治国修身，国家是越发地和谐太平。可是，居然有这么一件事，让皇帝为高允生了一场气，这究竟是为什么呢？

第四十四回　高允真义士　慷慨勇担任

位于景县的高允墓

德高望重，两袖清风如何甘受贫穷？

斯人已逝，一生清名如何名垂千古？

高允德高望重，官拜一品，可是，他家的日子过得可不像当朝重臣。有人告诉拓跋濬："高允的家里穷得很呢，老人家岁数大了，可那身边连个知冷知热的女人都没有。"

拓跋濬一听就怒了，亲自到高允的家里视察一番，只看见草屋三两间，被褥一小卷，厨房里面只有青菜和盐。这一朝天子当场感叹："从古到今这些年，有谁像我的老师一样清贫？"他回到皇宫第一件事就是把高允的长子高忱封为绥远将军、长乐太守，还要给高允赏钱赏东西。对于这皇恩浩荡，高允没有按着规矩表示感谢，而是一再表示坚决不要。

高允气节高、人品高、德行高，活得岁数也挺高，90多岁告别人间，真算是当年的老寿星。高允叶落归根，他的墓地就在衡水景县李高义村的高氏墓群，现在已经成了国家重点文物保护单位。这位燕赵义士安眠在故土，他的诚义精神永远在故乡留存。

这正是：

景州高允真义士，慷慨正义不畏死。

扶危救困讲仁爱，甘愿清贫大君子。

第四十五回 崔氏传家风 安平一名门

上一回说到高允刚正清廉，诚义千秋。今天的故事又要说回安平崔氏这一门，崔家祖祖辈辈人才多，前有崔骃、崔寔这些先辈做榜样，后面又出了崔挺这一代节操之士。崔挺经历了什么样的命运，他的后代又见证了什么样的人生？

崔挺的家族里名人挺多。他的六世祖崔赞做过曹魏的尚书仆射，也就是副宰相。他的五世祖崔洪任过晋代的吏部尚书。崔挺的父亲崔郁当过河南的濮阳太守，他家的堂兄弟、堂叔伯，也有不少在朝为官。老崔家的这些人物在当时的政坛很有影响，单是被《魏书》收录的就有十几位。崔挺继承了诗书传世的家风，虽然他自小就没了父亲，可是特知道要强，特喜欢读书，年纪不大就显出了一副谦谦君子的风度。

老话说：花无百日红，人无百日好。崔家虽然是当地出名的大户，可是也没架住连年的灾荒。一大家子五代同堂，赶上这样的年头实在是没法一起过了，只好商量着分了家。年轻轻地遇上了这样的事，崔挺又会怎么做呢？

在分家的事上，崔挺和弟弟崔振不要房子不要地，把祖辈留下的文玩藏品全都让给了叔伯兄弟，只留下一块父亲的坟地，还有一间破房子。他们这一番举动体现了两个字——感恩。

这小哥俩的日子过得挺清贫，可是手里的书本却从来没有丢，他们除了耕地就是学习，倒也能乐在其中。家里人和乡亲们看这哥俩这么懂事，也都对他们很是心疼，遇上过不去的年头，总要送上一些钱粮财物。对于人家送上门的好意，崔挺从来都不要，即便是人家非要给留下，小崔哥俩也不吃独食，而是要分给更困难的人家。

崔挺的人品好，学问好，在十里八乡远近闻名，他成年之后就被州县推举做了秀才。崔挺一心图上进，在朝廷的射策中拿到了不错的名次，入朝做了中书博士，后来又转任中书侍郎。崔挺那一手好书法被慧眼相中，被任命到长安专门负责书写北魏文明太后父亲的燕宣王碑，还被朝廷上了个爵号为泰昌子。

崔挺才华横溢，又有人缘，在仕途中一路上行，平步青云，官是越做越大，可他的架子是一点没有。对于从前的乡亲父老，崔挺一年四季都写信问候；对于身边的同事，他更是春风一样平易近人。不管在什么样的工作岗位，崔挺都是一心爱民，两袖清风。他任职光州刺史，管的是如今的山东莱州，更把勤政仁义的执政理念发挥到了极致，就连当朝的皇帝也对他发表了好评，说："如果我朝的地方官都跟崔挺一个样，那我就可以高枕无忧了。"

虽说好评如潮，掌声如浪，崔挺却从来没有骄傲自满，更加兢兢业业，勤勤恳恳。他在平凡的岗位上做出了怎样不平凡的贡献？

一生清正，崔挺如何关爱百姓关注民生？
两袖清风，好官如何千古留名雁过留声？

当时，北魏朝廷有规定：罪犯一律发配边地，劳动改造。因为边境那一带条件实在不太好，很多罪犯没去多久就逃回内地。这样的事情连串地出，朝廷也是挺头疼，就打算修订法令，加大惩处。不久之后，新的规定出台了：一人逃跑，全家充役。

在崔挺管辖的光州也发生了这么一件事：有个青年犯了罪，按着法律去了边地，他在服役的时候总惦记孤身一人的老母亲，有一天终于忍不住跑回家来。这事报到衙门，崔挺一看，按着律法得让青年的老妈跟他一起去服劳役，真要这么办的话，实在有点于心不忍。于是，崔挺一封奏折呈上朝廷，讲了讲《周书》上的道理，说一人犯罪一人担，罪责全家恐怕不太人道。皇帝也是明事理的人，看这崔挺的说法入情入理，就采纳了他的建议。

这事之后，崔挺还亲自到了犯罪青年的家中，劝他主动回去服劳役，争取早日获赦免，好为家里的老母尽孝。他还嘱咐这青年说："至于你的老母亲，我一定替你照顾，让她老人家好好地等你回家。"这话把青年感动得热泪盈眶，跪下就给崔挺磕了三个头，起身就回到了边地服役。

那些年，崔挺还有一封上书在当地引起了不小的影响。那时候，光州缺少冶铁手工业，生活上需要的铁制品都得从河北运输。崔挺就这事跟朝廷请求恢复冶铁，造福于民。这事也得到了皇帝的首肯，这一带叮叮当当地兴起了不少打铁的作坊，既方便了生产生活，也繁荣了经济贸易。

俗话说：铁打的衙门，流水的官。流水的官员名单上总有那么几位让人印象很深刻。崔挺因为一件小事情，赢得了大名声，这事被河北史学家魏收写进了《魏书》，这究竟是怎么一段故事呢？

话说当年，崔挺的衙门里来了一位90多岁的老先生，老人这一趟前来就是要把年轻时得到的一块宝玉献给爱民如子的崔大人。百姓的心意感动了崔挺，可是，这份珍贵的礼物他却坚决不收。崔挺说："论品德，我比不上古代贤哲；论成绩，我做得还不够多。"老人是一个劲地要给，崔挺是再三地推辞，最后，崔挺只好派人把美玉送到了京城，交给了国库。

崔挺的工作很出色，口碑很出名，可是，他在光州任上工作了这许多年，却一直没有得到提拔。这其中又藏着什么样的机关呢？

崔挺一心扑在工作上，只想着为百姓办事，不惦记钱财名位，更不会学着别人的样子巴结权臣，用套近乎的法子换取升职加爵。所以，升官发财的事情向来跟崔挺没什么关系。当时，山东的北海王元详正是掌管朝政的大人物，因为崔挺从不跟他往近处走，元详多少有点不满意，就发话让崔挺换个位置做司马，实际上是把他降职任用。这消息一出，好多人都站出来为崔挺鸣不平，说实在是大材小用委屈了他。对于崔挺本人来说，他对这个决定也有看法，本想着推辞不就，可挡不住元详一个劲儿地催他上任。面对这样的情形，崔挺只好淡然一笑，坦然处之。

后来，元详成了当朝的人事领导，围着他巴结的官吏也就更多了，可是，崔挺的做派还是外甥打灯笼——照旧。元详瞧着崔挺那股劲儿，心里总是不得劲儿，接下来，又要发生什么样的故事呢？

元详实在忍不了了，就专门找到崔挺说："我正在对你进行考察，这提拔不知能不能轮到你。你要是想升官，先得跟我提申请，然后我才能帮你做工作。"元详话里的意思，崔挺并不是不明白；崔挺回的这番话，却让元详没想到。崔挺说："官员的升迁考核自有法规做主，王爷您应当恪尽职守，按规矩办事。如果非得要我用炫耀政绩的方法来求升官，这个官我宁可不做。我安平崔氏历代清正，怎么能为这种事情坏了门风？"

崔挺的话让元详服了气，他心里堵的那口气变成了十二分的敬重，从这以后，跟崔挺对话再不直呼其名，而是称他为崔光州。元详的心思没有明说，可是，这一个称呼却代表着崇高的敬意。

这一回合之后，崔挺终于凭着自己的骨气和才气拿到了提拔令。在他离开光州的时候，当地的百姓十里相送，两眼泪流，还给崔大人带了不少的好东西赠别。百姓的礼物，崔挺一件不收，只留下一心为民，两袖清风的美名。

崔挺为官30年，每餐只有一样菜，身上只穿布衣裳，一家人没过过富贵的日子，可是家里的温情一点也不少。崔家夫妻和睦，儿女孝敬，每一天都是其乐融融。在孝文帝那一朝上，主政的太皇太后听说了崔挺的家教和为人，亲自做出一个决定，把崔挺的女儿收进宫里做了嫔妃。

503年，崔挺在59岁上离开人世，这年冬天，朝廷赠他辅国将军、幽州刺史，谥号景。崔大人去世的消息传到了光州，他的老同事和当地的百姓哭成了一片，他们自愿凑了一笔钱，为崔挺造了一座八尺高的铜像，供奉在光州城东的光固寺。一尊铜像，代表铁骨铮铮；年年祭祀，好官青史留名。

父慈子孝，崔氏家风如何传承后世？
兄友弟恭，一门忠孝如何名副其实？

前面说到，崔挺有个弟弟名叫崔振，有哥哥做榜样，做弟弟的人品和才干也很出色。崔振的名气从乡里传到了朝廷，被孝文帝提拔重用，出任过廷尉少卿，是一位刚正严明的执法官，以明察公断名垂千古。

当时，崔振赶上了这么一件事：河内太守陆琇和咸阳王元禧勾结到了一块，打算着要篡位谋反。对于这样的坏人坏事，崔振早有察觉，一直盯着他们抓线索，找证据。过了没多久，元禧的阴谋大白天下，崔振重整思路，专门追踪陆琇的罪行。可是，陆琇哪是一般人呢？他位高权重，人脉又广，稍微有点风吹草动，就有满朝的权贵甚至是皇亲国戚前来求情当说客。对于这些轮番登门的人物，崔振是一概不搭理，坚决按着法律来执行，把陆琇逮捕归案，绳之以法。

为人一生，做一件好事不难，难的是留下一世清名。崔振为官40多年，年年考核都是优秀，难怪《北史》之上有评论说——崔氏兄弟"风操高亮，政治卓著，确属公允"。

崔挺不单有个好弟弟，还有六个德才兼备的好儿子。崔家诗书传世，孝悌为先，崔挺给这六个儿子取名都把孝字摆在了正当间。其中，老大名叫崔孝芬，他遗传了前辈的好基因，学习成绩自小就特别好。后来，他也追随着长辈的脚步走上仕途，抗击腐败，伸张正义，在廷尉少卿的职位上做出了不错的成就。崔孝芬在官场上赢得了名气，在战场上展现了勇气，他带兵杀敌，打败了梁朝军队。这位文武全才凭着自己的本事当上了车骑大将军、吏部尚书，在北朝留下了好口碑。

崔挺的二儿子崔孝伟是个农业技术专家，他继承了老崔家爱民悯农的家风，胸怀大志，报效国家。崔孝伟年轻的时候出任赵郡太守，手下的这块地方刚刚经历了葛荣叛乱，老百姓的日子非常艰难，不得已只能忍着心疼卖儿卖女，背井离乡。崔孝伟到了这一任上，满心想的就是帮着大伙渡过难关。为了解决吃的问题，他出了这么几招：一是趁着桑葚成熟的时候多多采摘，垫垫肚子；二是传授种植技术，鼓励农民开荒种地；三是拿出自己的俸禄兴办学堂，让穷人家的孩子上得起学，读得起书，长出息，长见识。

崔孝伟在历史上留下了人人称颂的故事，也给老崔家留下一个懂事的孩子。他的儿子崔昂从小练就了一手好文笔，伯伯崔孝芬早就看准了崔昂的前途，说他是崔家的千里马，总有一天会远走高飞。大伯的话真没有说错，崔昂成年之后，就靠着一支笔杆子赢得河北贵族高澄的赏识，做上了开府长史。崔昂的本事不单在纸上，他把为非作歹的权贵收拾得规规矩矩，把京城之地整理得干干净净。正是由于这一番作为，在北齐高洋称帝之后，崔昂依然是朝廷重臣，担任着尚书左仆射的职务。

崔氏一门忠孝仁义，历朝历代清风相承。崔家祖祖辈辈的好风气，体现了中华民族的优良传统，一脉相传的高风亮节凝聚了天地之间的浩然正气。

这正是：

安平崔氏出贤臣，兄弟仁孝传子孙。

爱民征战保家国，高风亮节浩气存。

第四十六回 赵郡李安世 正直家风淳

上一回说到，安平崔氏一门忠孝仁义，清风相承，为历朝历代输送了不少优秀人才。我们再来说另一个河北名门——赵郡李氏。这个家族也是诗书传家，人才辈出，北魏名臣李安世就是李家的一位杰出代表。他究竟做出了怎样了不起的成就呢？

北魏王朝的均田制，在中国历史上是一件影响深远的大事，就连中小学课本中都有相关文章。倡导并推行这件大事的人，就是北魏名臣李安世。

李安世是河北赵郡人，老家就在现在的石家庄赵县。古时候讲究出身和门第，李安世出生在当地数一数二的大宅门里，祖父和父亲都是地方高官。在人们印象里，生在显赫门庭里的官宦子弟多少会有些骄纵之气，李安世却跟那些坏的习气一点也不沾边，这个家庭给了李安世怎样的教育呢？

赵郡李氏世世代代传承着严明的礼法、优雅的家风，还非常重视教育。

李安世的祖父李曾，是赵郡著名的学者，魏道武帝时期曾经担任赵郡太守，后来又升为秦州刺史。他为官清廉，勤政爱民，是个口碑很好的官员。

李安世的父亲李祥，是个饱读诗书的儒学名士，也是个人人称赞的好官。他当淮阳太守时，安置了上万流民，让饱受颠沛流离之苦的百姓在短时间内过上了安居乐业的幸福生活。李祥后来改任河间太守，不缺少能力的他把这个地方治理得同样是井井有条，以至于卸任的时候，河间百姓都舍不得他离开，千余人联名上书，请求他留任。这样的政绩和好口碑，当然不是轻轻松松得来的，一心干工作的李祥最后积劳成疾，病逝在任上，朝廷追赠他为定州刺史。李安世还有个叔叔李孝伯，也是一个大学问家、一代名臣，在《魏书》中还有他的个人传记。李安世的母亲也是著名的贤妻良母，言传身教，给了李安世正面的教育。

赵郡李氏门风文雅、贤孝之德，成了当时家庭教育的典范。在这种良好家风的熏陶下，李安世慢慢长大。他11岁那年，北魏文成帝把一些官员子弟叫到跟前，想选拔一批品学兼优的孩子作为中书学生。因为李安世的父亲是儒学名士，文成帝就出了很多题考他，虽然年龄最小，李安世却不怯场，从容应对，对答如流，当场就被选中，成了"少年太学生"。

毕业之后，李安世被拜为谏官，就是对君主和官员的过失直言规劝并使其改正的官吏。这明摆着是个得罪人的差事，文成帝以孝道治理天下，任命下来之前，特意让李安世回去征求母亲的意见。

李安世把事情前前后后一交代，这位贤德的母亲答复说："我听说谏官必为天下诤臣，你的父亲是个正直的人，很想做这项工作为朝廷进言却没这个缘分。你一定要珍惜这个机会，为国效劳，如果因为得罪权贵遭到不公正的待遇，老母亲愿意跟你一起担当。"

就这样，李安世带着母亲的教诲上任。在朝堂上，他仗义执言，主持公道，冒着掉脑袋的风险直言进谏。

有一次，他说事的时候言辞过于激烈，把皇帝说急了，换成别人早就吓得不敢说话了，可李安世却静静地站在原地，等皇帝消了火之后，再次陈述自己的意见。旁边的太监们吓得直哆嗦，李安世却面不改色心不跳，最终说服了皇帝。后来，皇帝也开玩笑说："你啊，真是一只'殿上虎'。"

不卑不亢，翩翩君子如何机智应答捍卫国家尊严？
不退不让，铁腕刺史怎样手起刀落降服地方豪强？

李安世容貌英俊、仪表堂堂，在皇帝身边历练了几年之后，举止、谈吐更加从容优雅，风度非常好。魏孝文帝时，李安世就被选作国家形象代言人，主持外交工作。一次，南朝齐国的使者刘缵来访，一直就透着些居高临下的感觉，看到李安世，倒是由衷地赞叹："李大人是真名仕，没有这样的谦谦君子，哪有这样井然有序的国家？"在接下来的交往中，刘缵及其随从都貌似敬重地称呼李安世为"典客"。

"典客"这个称谓却让李安世听着不怎么舒服，他责问："诸位怎么能用亡秦的官名，称呼我国的官员呢？"

刘缵问："这一官名的改易有几次呢？"

李安世从容镇定地回答："周朝称作掌客，秦朝改称典客，汉朝称作鸿胪，当朝定名为主客。诸位对周文王、汉武帝不大尊敬，对速亡的秦朝倒很殷勤呀。"

刘缵一听，觉得很尴尬，急忙找话题岔开。他顺手指着洛阳附近的方山问道："这座山离燕然山有多远呢？"他说的燕然山，就是今蒙古国中部的杭爱山。东汉大将军窦宪曾经在这里大破匈奴，登上燕然山，刻石纪功。在北魏时期，这里就是北部边界了。

李安世很巧妙地回答说："也就是从南京的石头城到南海的番禺那么远吧。"

刘缵笑了几声，没再说什么，李安世接着陪同刘缵等人逛逛街，放松一下。当时，南朝人一向以正统自居，把北朝看成蛮荒之国。刘缵来到珠宝店中一看，这里的金银珠宝光彩夺目，价钱也不贵，就说："北方的金玉如此便宜，想必是这里的山川富产这些东西吧？"

李安世不卑不亢地说："我朝天子只重品德，不重金玉，把这些金银看得如同瓦砾一样；万物有灵，山神、河神也被感化，所以河中不产黄金，山里不产美玉。"

本来，刘缵看到这里的金玉便宜，想狂购一批，听了李安世的话，讪讪地缩回手，惭愧地离开了。

李安世从容对答，三言两语就打消了齐国使者的气焰，维护了北魏朝廷的尊严。这事儿传到皇帝耳朵里，孝文帝很高兴，升他为主客给事中，就是外交大臣。

李安世，看起来风度翩翩、温文尔雅，干起工作来，却是雷厉风行。他曾经出任相州刺史，管的就是现如今河北省临漳县、河南省安阳市这个区域。他根据当地的实际情况，发展农桑，推进农业发展，还挖掘不少人才，工作踏实务实、思路清晰。

当时相州一带，迷信成风。早在战国时代，就流行过用少女祭河伯的残酷风俗，后来被西门豹禁止。很多年过去了，那种迷信的观念依旧愚弄着这里的老百姓。为了改变这种不良习气，李安世借鉴战国时期燕昭王修筑黄金台、千金买马骨经验，大张旗鼓地为战国时期高尚廉洁的地方官西门豹、史起等人修建庙祠，对百姓进行风化教育，如今在安阳、河北临漳县一带的西门豹祠和史起纪念祠的遗址，都是当年李安世整修扩建过的。

李安世在相州当官这些年，光明磊落、为官清廉，心里想的都是老百姓的利益，这样的一种为政理念，不免和一些地方势力发生冲突。当时，很多豪族大户强占土地，奴役百姓，偷税漏税，还创建了大量的坞堡，建立自己的武装部队，诸如藁城的柏肆坞、新乐的义台坞、邯郸的董卓垒都是这样的产物。这些豪门地主为害一方，让百姓苦不堪言。那么，面对这样的一股恶势力，李安世又该如何应对呢？

李安世从整顿户籍入手，对嚣张跋扈、目无法纪的豪强大户，给予打击。如果发现他们谎报人口，逃避租赋，就没收他们土地，分给老百姓耕种。经过仔细调查，李安世还列出了一个坞堡豪强的黑名单，其中以张庆丰为首的十几个人，仗着自己家有钱、有后台，干了很多草菅人命、夺人妻女、抢人田宅的缺德事儿。李安世把这些恶霸全都抓了来，毫不留情的斩首示众，为老百姓们铲除了祸患。

河北广平还有个豪强头子叫李波，他聚集了一帮宗亲乡党，称霸一方，对抗官府，连他妹妹李雍容都能在飞奔的骏马背上左右开弓，百步穿杨。这股黑社会性质的势力团伙曾让历任刺史头疼不已，李安世的前任曾经亲自率兵讨伐，却惨败而归。新官上任三把火，李安世到相州上任以后，展示了自己的铁腕作风，巧设计谋，诱捕了李波及其子侄30多人，送往邺城，斩首示众，铲除了这一带的不安定因素，让老百姓们过上了踏实日子。

不过，真正让李安世闻名后世、流传千古的，不是他那过人的口才，也不是他治理相州的政绩，而是他率先提出了均田制。"均田制"这简简单单三个字的背后，又隐藏着李安世哪番良苦用心呢？

第四十六回 赵郡李安世 正直家风淳

开创先河，均田制如何惠及当代泽被后世？

留下美名，李安世怎样披肝沥胆为国为民？

李安世做地方官多年，亲力亲为，不断思考当时社会发展的重大问题。他发现孝文帝迁都洛阳后，一方面推进拓跋氏贵族的汉化，另一方面，大量鲜卑贵族迁居中原，土地兼并愈演愈烈，中原很多百姓失去土地，无依无靠，流离失所，贫困饥饿。

李安世看在眼里，痛在心里，上疏皇帝，大胆提出了"均田制"的设想。他认为，经历了长期动乱之后，需要重新分配土地，使平民百姓能自产自足，豪门大户才不能从多余的田地中获取暴利。如此，属于公共的沼泽湖泊、大小山丘，就能平均地分给百姓们了。

当时，孝文帝的祖母太皇太后冯氏主政。她是河北冀州人，非常赏识李安世，也极力主张改革，还以孝文帝的名义颁布诏书，开始了中国历史上均田制的先河。

这是中国历史上一次具有里程碑意义的大事，农民分到土地，生活有了保障；豪强失去土地，势力受到了削弱，国家的安定局面就此展开了。李安世的这一创意，成功解决了当时的农民和豪门贵族之间的社会矛盾，历史也掀开了新的一页。均田制不仅在北朝时期发挥了重要作用，而且被隋、唐帝王继承下来，一直到780年唐中期才被废止，前后长达300年之久。

后来，河北学者杨衒之写了一本著名的《洛阳伽蓝记》，其中记载说：实行均田制之后，中原地区的农业生产迅速发展，国家变得富裕，仓库里面的粮食、钱财都冒了尖。

太皇太后觉得李安世对北魏王朝的发展贡献太大了，总想找个机会奖励奖励他，可是李安世清正廉洁，赏赐他金银珠宝人家也不稀罕。太皇太后左思右想，终于有了主意。

李安世的原配是博陵大户崔氏之女，生了个儿子叫李玚，崔氏很刁蛮，是个悍妇，李安世实在受不了，就把她休了，一直没有再娶。太皇太后本来就对李安世欣赏有加，就把掌上明珠沧水公主嫁给了李安世，为他们举办了隆重的婚礼。婚后，李安世和公主相亲相爱，生了两个儿子。公主也非常贤惠，相夫教子，成了李安世的贤内助。由此，李安世总结出两句话："一门无贤妻，三代无孝子。一代有贤妻，三代出孝子。"

李安世还出任过赵州刺史，也是一心为民，发展生产，打击土豪，让百姓们过上了安定的生活，后来积劳成疾，不得不回家休养。493年，他病逝在家中，终年50岁。

李安世做官先做人，凭借真才实学，真抓实干，交出一份让国家满意、百姓认可的成绩单。这正是：

赵郡英才李安世，家风传承真孝子。
首倡均田泽百代，公正廉洁丹心赤。

第四十七回 测算圆周率 执着求理真

上一回说到李安世经世济国一令均田,悯农爱民劝课农桑。今天出场的这一位也是鼎鼎出名的河北人,就连月球和星空之中也留下了他的大名。他铁骨铮铮不畏权贵,潜心学海不怕艰难,这位了不起的人物究竟姓甚名谁?

要问这位的大名,说上这么一件事,您一准猜得出。他是全世界头一个把圆周率的数值计算到小数点后的第七位,这个成绩领先了欧洲1100年,所以,国际科学界中就有了"祖率"这么一说。这一个字眼两个意思,不但代表了这一学术成果,也是指他堪称这门学问中的鼻祖。他就是河北名人祖冲之。

说起祖冲之和圆周率,这段历史妇孺皆知;不过,祖冲之的成就可不单单是这一件。他的数学论著《缀术》入选唐朝教科书,他的天文学著作《大明历》在当时领先世界,他巧手妙造指南车,苦心制作千里船,还让消失多年的水碓磨重现江湖。祖冲之为人做事诚义为先,为科学、为真理,铮铮铁骨从来不打弯,这其中又有着怎样的故事呢?

祖冲之祖籍范阳郡遒县,也就是如今的保定涞水。早先,这一带发生了战乱,他的爷爷祖昌带着一大家子人从河北迁到江南安顿下来。祖家门里人才多,祖昌担任过南朝刘宋的"大匠卿",在朝中主管土木工程,祖冲之的父亲也在朝中吃皇粮。当年,社会形势还算是安定,民间的农业和手工业都有挺大的进步,经济文化发展得也很不错,这一切因素综合起来,推动了科学的进步,祖冲之就在这样的大背景中成长为一位杰出的科学家。

要按着现在的说法,祖冲之绝对是个文理综合的尖子生,不论是天文地理,还是文史哲学,他从来都不偏科,每一样的成绩都很出色。祖冲之岁数还小,名气已经很大,他凭着满腹才学到学术研究机关华林学省去做研究。不管是领导还是同事,都瞧着这小伙子特别踏实,他说实话,办实事,做学问讲根据,做人更是讲良知。

几年之后,祖冲之又被派到地方上担任官职,在如今的江苏镇江做了南徐州刺史从事。三年勤勤恳恳,兢兢业业,祖冲之又被调到了娄县做县令。县衙里的官最接地气,祖冲之在这个岗位上亲身了解百姓的生活,亲眼见到民间的疾苦。有了这些生活体验,祖冲之暗暗下定了决心——让科学照亮现实,让知识造福百姓。这个了不起的目标究竟要怎样实现呢?

船行千里,祖冲之如何研发多种神器?
月满九州,《大明历》为何引发一场论战?

祖冲之在县衙门里工作挺忙,杂事很多,可是他所钟爱的学术研究却是一天也没有放弃。在学问这码事上,祖冲之重视古人却不迷信,把前人的学术精华融入眼前的生活,获得了不少的心得。

这些理论上的知识在多年之后变成了现实,后来,祖冲之回到京城建康(今南京),他把心思花在了机械研究方面,根据古代文献的记载复原了指示方向的指南车。这车子说来挺有意思,那上面立着一个木头人,里面装着一个小机关,只要这指南车一开动,不管你怎么转弯怎么走,木头人的手指头永远指着南方。

祖冲之的指南车一经问世,北朝一个名叫索驭驎的前来叫板,说这东西没什么了不起,我也一样会做。是骡子是马,拉出来遛遛。索驭驎和祖冲之的作品拿出来一比,谁好谁赖就像那秃子头上的虱子——明摆着。祖冲之的指南车运转自如,特别灵巧;索驭驎的指南车却像个没头的苍蝇四下乱转。这么一来,索驭驎的脸上挂不住了,直接动手把自己那个所谓的指南车毁掉了。

除了地上走的指南车,祖冲之还利用水动力原理设计了一种神奇的千里船,轻舟一叶日行百里,对那个时代来说,实在是了不起的发明。一个接着一个的成功让祖冲之很是兴奋,他又在春秋时代的文献中找到了一个奇妙的设备,名叫"欹器",他把这小东西复原出来送给了齐武帝的第二个儿子萧子良。这"欹器"又是什么样子呢?

据说，这是古人用来警示自满的小道具。当它空空荡荡没有水的时候，就整个歪向了一边；如果它水量适中，就笔直地立起来了；如果水装得太满，它又歪向另一侧，把水洒了出去。这东西说起来简单做起来难，晋朝学者杜预试验了好多次，都没把这事做成。从这也能看得出来，祖冲之确实是机械领域的奇才。

祖冲之的才华绝不是飘飘然的学问，而是落在地面上的本事。他看着老百姓们舂米、磨粉很是费劲，就在前人的基础上研制出一种粮食加工工具——水碓磨，利用水力代替人力，大大提高了生产效率。直到今天，这项实用的农业技术在民间还有应用。

祖冲之动脑动手，发明创造，这些成就实用又好用，但是在封建士大夫的眼里却是不上路子的雕虫小技，压根登不了大雅之堂。祖冲之不在乎别人的看法，只是一心一意做着自己喜欢的事。没想到，淡泊如水的祖冲之也会招来一场不期而遇的祸端，这又是怎么回事呢？

祖冲之做过基层干部，有过基层经验。他知道：庄稼汉靠着土地过日子，一年到头辛辛苦苦，盼的就是个风调雨顺，五谷丰登。所以，他就根据多年来对天文的观测和精确计算，研究出当时世界最科学、最进步的历法——《大明历》。

462年，祖冲之把饱含心血的《大明历》呈给朝廷，请求公布实行，为的就是普及农业知识，顺应天时律令，提高种植效率。历法关系到全国上下，这可不是一件小事情，宋孝武帝指示：要求相关人员对这部《大明历》进行讨论。

在这场辩论之中，真理没有大白于天下，倒是守旧派占了上风。宋孝武帝的亲信大臣戴法兴领着一拨人明里反对《大明历》，暗地里是在反对不跑关系、不会拍马的祖冲之。面对着扑面而来的一场巨浪，祖冲之又会怎么应对呢？

话说当时，戴法兴上书皇帝，搬出古代的圣贤压制祖冲之，说祖冲之拿着一套歪门邪说污蔑上天，侮辱圣人，这是胆大妄为，是大逆不道。戴法兴一出头，有好多人都跟着他一块起哄。祖冲之不信这个邪，偏偏就要跟他们斗，他把事实写进了文章，精确推算冬至的日期和时刻，说明古代立法不够科学，也不够精密，应该用新的学术成果来取而代之，并且要求反对派也拿出过硬的证据。跟祖冲之唱对台戏的戴法兴哪有什么科学依据，他竟然来了这么一句蛮不讲理的话："新法再好，也不能用！"

这一场关于新历法是好是坏的大辩论，反映了当时科学和反科学、进步和保守、真心为民与维护旧制度两种势力的斗争。西方有科学斗士哥白尼、布鲁诺因为坚持科学真理饱受坎坷，甚至付出了生命的代价；在古代的中国，祖冲之也为这事遭了不少的罪。很多见证了这场是非的人们都为祖冲之的风骨所折服，被他的精神感动，可是，这中间的大多数最后还是选择明哲保身，没敢出面掺和这事，只有一个名叫巢尚之的大臣站出来对祖冲之表示支持。

在这一回争辩之中，祖冲之能不能以少胜多，笑到最后呢？

世事蹉跎，新法施行为何历经变幻？

沧海桑田，故人英名如何镌刻星空？

是不是要把改革旧历法的科学事业进行到底？这个命题让满朝的大臣争论了两年，最后，到底是掌握着真理的祖冲之获得了胜利，宋孝武帝决定实行新历法。谁知道，这话刚刚落地没多久，孝武帝他老人家就驾鹤西去了。接着就是一场大规模的宫廷内乱，所有人都忙着裹乱去了，谁还把关系老百姓耕作农时和改行历法的事情放在心上？

直到祖冲之故去十年，他这部《大明历》终于正式实行。这时候，距离祖冲之上表奏请实施新法的时间足足过去了 48 年。这部漩涡中心的《大明历》究竟是怎样一部作品呢？

首先，它把旧历中 19 年 7 闰的算法改为 391 年 144 闰，更符合实际的天象观测，更具有使用的科学性。其次，《大明历》中规定：一个回归年的长度是 365.24281428 天，这个精确到小数点后八位的数字是当时全球最为科学的数值，就凭这个数字，中国的天文学就把别的国家远远甩在了后头。再次，祖冲之创造性地在历法之中引入岁差，计算出了岁差为 45 年 11 月差一度，这在全世界也是头一回。因为这几个包含着高科技的数值，祖冲之编制的《大明历》成为中国天文学史上一部具有创新意义的珍贵历法，它是祖冲之科学成就的经典之作。

祖冲之不但在科技史上名传千古，他在音律、文学、考据方面也有不错的成绩。这位难得的全才，琴棋文章样样好，还留下了一部小说《述异记》。虽说这部作品已经失传，不过还能在鲁迅先生的《古小说钩沉》中看到一部分佚文。

祖冲之一心研究大学问，两耳倾听天下事，他还有一篇颇具影响力的政治论文《安边论》，建议政府开垦荒地，发展水利，推广水磨，发展农业，增强国力，安定民生，巩固国防。一字一句言真意切，一计一策关注民生，其中展现的仁德之心实在让人感动。

想当年，齐明帝也被这篇大作打动了心意，本来打算让祖冲之巡游四方，好好办几件利国利民的好事。可是，连年的战火湮灭了这个想法，这样的乱世到底没能让祖冲之好好施展一番。

祖冲之这一辈子，虽然没能了却君王天下事，但是他的智慧和情怀却赢得了身后的英名。为了纪念这位伟大的古代科学家，1964年11月9日，紫金山天文台将当年发现的国际永久编号为1888的小行星命名为"祖冲之星"。1967年，国际天文学家联合会把月球上的一座环形山命名为"祖冲之环形山"，又将小行星1888命名为"祖冲之星"。

斯人已逝，星星上依然镌刻着他的大名，燕赵之地依然流传着他的传奇。

这正是：

科学精英铁骨铮，挑战权贵傲青松。

追求真理留伟业，名传千古举世惊。

第四十八回 为官廉且威 治学守诚信

上一回说了出生在保定的大科学家祖冲之的故事,今天,我们再来说一位河北籍的地理学家——郦道元。郦道元的一生经受了怎样的起落,他怎样与科学结缘,又取得怎样的成就呢?

做官、做人与做学问,都是相通的。能当好官,一定是个好人,做学问搞研究也一定认真严谨,学风正派。郦道元就是这样一位集"三好"于一身的人。

郦道元出生在涿州郦亭,也就是如今河北省涿州市道元村。他是涿郡名门郦范的儿子,在我国郦姓宗族里面排列第98世。郦道元少年时代,父亲郦范担任青州刺史,他就跟随父母居住山东青州。

年轻的郦道元好的是读万卷书,行万里路,他把大部分时间用在游历四方、潜心学问上。父亲去世以后,按照当时的世袭制,郦道元承袭了他父亲的爵位,入朝做官,担任太傅掾,就是太傅府上的助理。后来因为业绩突出,又步步高升,当上尚书郎,相当于尚书省的一个司长。

郦道元为人耿直,为官清廉,因为深得魏孝文帝元宏的信任和赏识,在仕途上也是一帆风顺,很快被提拔为治书侍御史。这在北魏王朝是个很高的官职,掌管全国的监察御史,负责纠察朝会失时、服章违错等,是朝廷礼制、吏治的高官。

作为一名高级纪检干部,郦道元工作的对象都是有头有脸的官员,官场上错综复杂,牵一发而动全局,这样的工作不好做。郦道元不是长袖善舞的圆滑之人,他铁面无私,刚正不阿,对那些涉嫌贪赃枉法的官员,一经查实,谁的情面都不看,坚决拉下马。这么不管不顾地干工作,难保不得罪人,好在他背后有元宏皇帝这面大旗,倒也没遇到太大的麻烦。可是，几年之后，魏孝文帝死了，宣武帝即位。一朝天子一朝臣，新帝登基，郦道元的仕途还能顺风顺水吗？

郦道元在前朝惩治腐败、整治吏治得罪了一些人，他们就联合起来到新皇帝那里集体抹黑郦道元，告小状的、说坏话，一个接一个，弄得宣武帝很是头疼。就在这个时候，河北冀州一带出现了动乱，盗匪猖獗，危害乡民，宣武帝索性把郦道元远远支开，派他到冀州当东府长史。

就这样，郦道元从朝廷里的一品大臣变成了地方官吏，那些仇视郦道元的人心里乐开了花。虽然仕途上走背字，被贬了官，郦道元却不以为然。他到了冀州以后，全力以赴投入到新的岗位上，沿袭以往的作风，严厉打击恶势力，对贪赃枉法、违法乱纪的坏人从不姑息，绝不手软。一些盘踞多年的土匪、盗贼早就听说了郦道元的厉害，纷纷逃到别的地方，冀州境内的治安环境一片大好，老百姓的日子也出现了难得的太平。

四年之后，郦道元调任颍川太守，治所就在今河南省许昌市。又干了四年，他被调任鲁阳太守，治所在今河南省鲁山县。无论在哪里任职，郦道元都把打黑除恶当作中心工作，他认为这是对百姓最大的爱护，也是对朝廷最大的忠诚。各路盗匪恶霸一听到郦道元的名字，吓得胆战心惊，不敢在他的辖区作恶。

郦道元虽然出生在官宦世家，可是他不怕吃苦，深入山野乡村，走家串户，了解百姓疾苦。他发现穷困地区的百姓没机会受教育，无知导致贫穷落后，落后以后教育更跟不上，形成恶性循环。于是他上表朝廷，请求在当地建立学府，教化乡民。他亲自上门去请老师，还亲自给学生们上课，把老百姓当成自己的亲人，把老百姓的事儿当成自己的事儿来办，郦道元深得百姓爱戴。

郦道元全心全意为百姓着想，让一些品行不端、鱼肉乡里的土豪劣绅没了好日子。他们买通朝廷的贪官，在皇帝跟前进谗言，说郦道元是个酷吏，暴力执法，心狠手辣，朝廷不明真相，就把他召回洛阳停职审查。

郦道元本来就坎坷不平的仕途上又多了一道深沟，他还有出头之日吗？

一张铁面，洛阳府尹怎样惩治贪官污吏？
一条毒计，忠臣良将如何招致奸人暗算？

515年，宣武帝死了，孝明帝即位。新官上任三把火，新帝登基也是一样，他需要做上几件有影响的大事来证明能力，显示皇威。孝明帝第一把火，从哪里烧起呢？

那时候，京城里王公贵胄、皇亲国戚仗着位高权重，胡作非为，洛阳城里民心浮动，怨声载道。新皇帝打算从京城开始，整肃不正之风，树立一种风清气正的社会氛围。

派谁来管理洛阳呢？郦道元不畏强权，违法必究、执法必严，这样的名声皇帝早有耳闻。他一张诏书让郦道元担任了河南尹，沉寂好几年的郦道元就这样重现官场。

郦道元上任之后，秉公执法，维护正义，谁的面子也不看，谁的账也不买，甚至皇亲国戚作奸犯科，他也丝毫不惧。在他的铁腕政策下，洛阳城出现了难得的清明之风。不过，他直来直去的性格和工作方法，得罪了不少朝廷的权贵。

当时，北魏皇族、汝南王元悦有一位亲信叫丘念，这个人仗着自己得宠，谁都不放在眼里，鱼肉百姓，卖官鬻爵，收受贿赂，干了很多缺德事儿。郦道元心性正直，最痛恨这些祸国殃民的贪官污吏，本着为民除害、为国锄奸的想法，撸起袖子要对这位王府里的大红人彻查到底。丘念听到风声，藏进了元悦的府第，偶尔才回他自己的家。郦道元一边秘密调查丘念的犯罪事实，一边派人暗地里盯梢，掌握了确凿的罪证，等到时机成熟了，一纸逮捕令把他捕获入狱。

元悦一看自己最宠爱的奴才被郦道元给抓了去，连忙派人上门求情。可郦道元根本不理这套，任你说下大天来我就是不放人，元悦碰了一鼻子灰，还不死心，又让胡太后出面求情。当时孝明帝年幼，胡太后把持朝政，很多官员都觉得，郦道元可能会给胡太后一个面子，但没想到，他竟然顶住了压力，坚决依法处死了丘念，并以此弹劾元悦。这件事儿，郦道元彻底惹恼了元悦，结下了梁子。

北魏有一员大将，也是皇室宗亲，叫元微，这个人非常歹毒，为了控制朝廷军权，竟然诬陷自己的叔父大将军元渊。孝明帝知道郦道元为人刚正，就让他调查这个案子。郦道元不理会元微的威胁利诱，查明了事实，为元渊申明冤情，也使得元徽陷害大臣的阴谋落了空。

525年，南梁派兵进攻扬州，北魏的徐州刺史元法僧发动叛乱，背叛北魏。就在这内忧外患、生死存亡的紧要关头，文人出身的郦道元挺身而出，率领北魏大军上阵杀敌。他凭着清醒的头脑、坚定的意志和忠勇的气概，奋勇拼杀，追歼叛军，平定了徐州之乱，返回京城后，升任御史中尉，从此郦道元的名号更加响亮。

郦道元在赢得一片叫好声的同时，也招来了北魏皇亲国戚的不安和嫉妒。他们对郦道元是又恨又怕，整天提心吊胆，不知道这位铁面御史那无情的板子哪天会落到自己身上。郦道元的存在成了他们心头的一根刺，他们处心积虑地想要拔掉它，两年之后，机会终于被他们等到了。这是一个怎样的机会呢？

两年以后，南齐的皇族、北魏委任的雍州刺史萧宝夤在长安发动叛乱，气焰嚣张。北魏王朝决定出兵围剿。国难当头，北魏的皇亲国戚却都躲躲闪闪，推脱着，没有一个人愿意上前线。吃过郦道元苦头的元徽、元悦想借机除掉他，暗地里嘀嘀咕咕一通算计，使出一条借刀杀人的毒计。他们竭力怂恿胡太后说："郦道元忠勇无比，上次徐州叛乱，朝廷就是靠他平定了叛军，这个人很有能力，对付叛军还是要请他出马，才能马到成功。"

胡太后听他们说得有道理，就委任郦道元为关右大使，去监视萧宝夤。恶毒的元悦同时派出亲信，故意把朝廷的机密通报给萧宝夤。

郦道元与随从被叛军包围，固守在阴盘驿亭，水源断绝。郦道元指挥打井，可是，这里的地势太高，挖了十几丈深，依然滴水未见。将士们没有水喝，战斗力大大削弱，叛军冲了进来。郦道元临死前，怒目圆睁，痛骂叛贼，被叛贼杀害，终年56岁，至死也不失为一条硬汉！这一场战乱中，郦道元的两个弟弟，两个儿子也都被叛贼杀害。

萧宝夤知道郦道元在百姓中的威望，为了安抚天下，他下令收殓郦道元，葬在长安城东。等到来年春天，北魏军队收复长安，郦道元的尸骨才得以还葬洛阳，被朝廷追封为吏部尚书、冀州刺史。三子郦孝友承袭了他的爵位。

郦道元一生有五子：郦伯友、郦仲友、郦孝友、郦继方、郦绍方。目前全国各地的郦姓族人，都是郦道元的四子郦继方一支延续的后代。

写实地理，一部奇书记录几多世间风貌？

恪守诚信，一介学者彰显哪般风骨凛然？

  时过千年，郦道元的生平遭遇早已淹没于滚滚红尘中，他所效忠的北魏王朝也灰飞烟灭。真正让郦道元留名史册的，并不是他在政治上的沉浮起落，而是他的一部重要著作——《水经注》。

  郦道元少年时期，深受家学影响，博览群书，除了正统的经史子集外，其他方术、医卜、地理、天文类的书籍也都有涉猎。他从小喜欢游历，年纪轻轻，已经走遍了北方的名山大川、乡野村寨，对各地的水文地理、风土人情、历史文化都有了真切的了解。

  他每到一个地方，除了参观名胜古迹外，还用心勘察水流地势，了解沿岸地理、地貌、土壤、气候，人民的生产生活，地域的变迁等。他发现古代的地理书《水经》虽然对大小河流的来龙去脉准确记载，但由于时代更替，有些河流改道，名称也变了，对于这些变化，书上却没有补充和说明。郦道元决心做一件大事，为汉代的《水经》作注，给后人留下准确的地理水文的记录。

  郦道元做人忠诚信义，为官刚正侠义，做学问也表达了一种专注、负责和诚实的态度，他是南北朝乃至中国几千年历史上最具有学术诚信的学者，是诚义精神的学术实践者。在给《水经》作注过程中，他十分注重实地考察和调查研究，足迹踏遍长城以南、秦岭以东的中原大地，同时还博览了大量前人著作，查看了不少精确详细的地图，引用的文献多达437种。

  经过长期艰苦的努力，郦道元终于完成了《水经注》，这部地理学巨著共40卷，30万字。和《水经》相比，《水经注》内容更为详尽，《水经》记录河流137条，而《水经注》则记录河流1252条；《水经》有1.5万字，而《水经注》达到30万字。郦道元不仅开创了我国古代"写实地理学"，在世界地理学发展史上也留下了绚烂的一笔。

  当时，江南会稽郡的诸暨县，有五泄瀑布，景色壮丽，像一幅天然的山水画卷，可向来不为世人所知。正是因为郦道元在《水经注》里面首次记载了它壮观的气势，才让人们知道这处人间妙境，后代的文人墨客也按图索骥，纷纷来这里观光游览，留下墨迹。明代吴中四才子唐寅、文徵明等人赛诗于五泄，更是传为佳话，这都离不开郦道元的推广和宣传。

《水经注》中，不但记录了与河流相关的历史遗迹、人物典故、神话传说，还记录了不少碑刻墨迹和渔歌民谣，文笔绚烂，语言清丽，为自然科学和人文科学提供了丰富的研究资料。古今中外对《水经注》的研究还形成了专门的学问——郦学。

郦道元的《水经注》是第一部完整记录华夏河流山川地貌的书，在历史上被称为"圣经贤传"、"宇宙未有之奇书"。毛泽东也曾经评价说："《水经注》作者是一位了不起的人。"

《水经注》不光在国内备受推崇，还在世界上享有盛名。原德国柏林大学校长、国际地理学会会长李希霍芬称赞《水经注》是"世界地理学的先导"；东南亚学者认为郦道元是"中世纪世界上最伟大的地理学家"。

如今，郦道元淡然悠远的文化人格，还在《水经注》的字里行间传递。

这正是：

涿郡奇才郦道元，为官刚正真清廉。

舍身报国成英烈，学术诚信百代传。

第四十九回 北朝大才子 邢邵倡无神

前面说到了两位了不起的科学家,他们同为河北人,在一代历史上留下了可称可颂的足迹。今天要说的这位是北朝哲学界的领头人,他反对封建迷信,倡导无神理论,这正是独步一时的北朝大才子邢邵。他这一生之中经历了什么样的故事?

邢邵,字子才,小字吉少,他的老家在河间鄚州,也就是现在的河北任丘。如今,任丘的鄚州故城遗址还留着一座古老的神庙,这里是纪念春秋时期神医扁鹊的庙祠,也正是当地人所说的鄚州大庙、扁鹊庙,庙里一棵千年古柏,是古庙历史的证明。这片土地人杰地灵,2000多年前,扁鹊就在这里降生,从那之后过了1000年,邢邵也生在这里。

当年,邢邵的父亲邢虬在北魏朝廷里担任光禄卿的职务,邢家诗书传世,邢邵自小耳濡目染学到了不少的文化。古话说:腹有诗书气自华。邢邵身上的气质也跟别的孩子不大一样。邢邵五岁那年,当朝吏部郎、清河人崔亮一眼就看准了,这小娃娃长大以后指定有出息。崔亮果然是个明眼人,他这一眼还真没看错,邢邵十岁能写文章,日诵万言过目不忘,小小年纪就有了名气。

几年以后,邢邵离开故乡,来到洛阳。这一片花花世界让这小伙子眼界大开,心思也就有点乱了,只顾着跟几个小哥们吃吃喝喝,玩玩乐乐。又是怎样的机缘巧合,让他再次捧起了圣贤书,爱上了笔墨香呢?

有一回,洛阳赶上了连阴雨,这一拨年轻人谁也出不了门。邢邵闲来无事,就捧起了一卷《汉书》。雨水哗啦哗啦地下了五天,邢邵就静静地读了五天,他合上书本一闭眼,书中的篇章段落就在心里一遍遍地过。邢邵突然发现，外面的世界很精彩，可是，总不如书里的文章有意思。

打这以后，他就跟换了一个人一样，守着屋子一心读书写作，读了写，写了读，文笔和才华日日见长，没过几年就成了京城里著名的青年才俊。不论是吟诗作对，还是经典掌故，他出口成章，提笔就来。要说这些也不算稀奇，最难得的是邢邵有个独门绝招，甭管是谁的诗歌作品，他只要念上一遍，隔天还能一字不差地写下来。因为这门本事，人们都把他比作"建安七子"之一的王粲。

这样的才气，这样的文笔，让邢邵成了当时文坛上的红人，他的作品一问世，就能登上流行文学的排行榜，读书人争相传抄，上演了一幕幕的洛阳纸贵。可是，接下来的故事就应了那句老话——人红是非多。邢邵的名气居然给他招来了一场不小的麻烦。这到底是怎么回事呢？

树大招风，一代才子为何遭遇是非？

人红遭恨，一位才俊为何归隐山林？

话说这邢邵的文笔成了气候，过了气的老文人难免有点眼红。当时，朝中有个位高权重的文士名叫袁翻，他瞧着邢邵的粉丝越来越多，人气越来越旺，本来就憋了一股子怨气，再加上这么一件事情，更是点燃了袁翻肚子里那颗炸弹。

那一天，北魏皇室里的元义刚刚升官做上了尚书令，袁翻和邢邵都来祝贺。元义心里美滋滋地，要请邢邵替他写一篇呈给皇帝的谢表。邢邵一个拱手，提笔就成，那文章上一字一句闪着光芒，引得众人一阵阵叫好。现场有个大臣开口就说："邢邵的大作实在精彩，就连袁翻都比不上！"

说者无心，听者有意。这话让袁翻心里的火又旺了几分，一提到邢邵的名字就恨得牙根痒痒，憋着给人家使上点坏。有一次，袁翻闲的没事在大街上溜达，有人跟他搭话说："袁大人最近有什么表章大作吗？"袁翻就着话头说到了邢邵："老邢家那小子好巴结，一听说谁家需要表章，自己先买好了纸张，写好了送到人家府上。谁又好意思说个不要呢？所以，也就省了我费心费力写什么表章了！"邢邵是个聪明人，他也闻到了袁翻那一身的醋味。邢邵不想得罪人，也怕遭到小人的陷害，干脆辞官退隐，回家读书。

可是，金子终究要发光，没过多久，青州刺史元罗就向邢邵发出了邀请函，请他到青州做了司马，管辖的地方大概相当于现在的山东胶州、潍坊一带。邢邵再次踏进官场，打算好好做一番事业。他洞察时政，发现当今的朝廷有个问题，把大笔的钱财花在兴建寺庙上，还占了百姓不少的土地。邢邵就这事上书朝廷，请求减少修建寺庙的费用，把钱花在教育上头。

邢邵一心为国为民，可是不巧赶上了乱世。在那样的年头里，做好人难，做个好官那更是难上加难。邢邵就像一枝莲花，出淤泥而不染，保持着自己的节操。

邢邵看透了太后与佞臣狗苟蝇营、淫乱无耻的行径，就辞官到了嵩山隐居。不久孝明帝不堪忍受母亲专权淫乱的恶行，私下密诏让契胡部首领尔朱荣进兵洛阳，而太后得知风声后与姘头一起毒死亲儿子孝明帝。尔朱荣趁机立元子攸为帝，是为孝庄帝，带兵杀进京城，把灵太后和三岁的小皇帝扔入黄河淹死。他杀了不少的皇族，把洛阳里有头有脸的人物消灭得干干净净，制造了北魏历史上最为残酷的政治屠杀。

这正应了福祸相生那句话，邢邵不得已退避官场，正好躲过了这场血雨腥风。从这以后，邢邵这个名字就成了铁骨铮铮和先见之明的代名词。在平定尔朱荣之后，他再度入仕为官，成了皇帝身边的重臣。当时，朝廷惯例是一位大臣担任一个职位，身兼两职的官员少之又少，而邢邵一身兼着三职，真可以算是位高权重。

邢邵地位高，名气大，但是在他看来，这些全都是过眼的浮云。他有才华，没架子，生活上也不怎么讲究，吃穿车马一律从简，宅子也谈不上有多么奢华。邢邵跟一般的文化人不大一样，家里的书斋不怎么常用，休息、待客加上读书、写作，全都在一间屋子里面解决，吃的、用的全都挂在房梁上，就跟农民一样朴实，这样的做派倒跟宋朝名臣、"拗相公"王安石可做一比。

邢邵是才高八斗的文士，经世济国的贤才，可是他从来也没忘本，不管自己的处境如何，对待亲人总是一片真心实意。邢邵常说的有这么一句话："对亲人不诚信，何以诚待天下！"他不但这么说，而且身体力行地这样做。想当年，邢邵的哥哥死得早，临终把老婆孩子托付给邢邵，邢邵恭恭敬敬地对待嫂子,对侄子更是慈爱有加。一听说侄子有个小病小灾,他比自己生病了还要着急,生怕有个三长两短,辜负了哥哥的嘱托。

自家人、血肉亲,就是两姓外人,邢邵也当作亲人一样。他交下的朋友,都是肝胆相照的铁哥们；他身边的同事,也都把他当作良师益友。因为有这样不同寻常的情分,邢邵有个名叫王昕的朋友甚至为他两肋插刀,在邢邵遇见危险的时候挺身而出,大喝:"邢子才乃是朝廷忠臣,你们要抓他,除非先杀了我。"这事感动了邢邵,也感动了旁人,从这件事里也能看得出来,邢邵的为人真是没得挑。

邢邵本事大,人缘好,就连当朝的皇帝也乐意听他的话,每回赶上任命官员的事情,都要问问邢大人怎么看。面对这一番重托,邢邵又会怎么做呢?

邢邵在这个问题上不唯亲、不唯上,只唯实。细说起来,还有这么一段故事。当年,是河北安平的崔暹把邢邵举荐给东魏权臣高澄,邢邵的工作果然出色,高澄也对他特别满意。这两人相处的日子长了,有时候,邢邵在言谈之中常常说到崔暹的毛病。

高澄听他说得多了,心里有点别扭,就跟崔暹说起来:"你举荐这个邢邵的时候,讲的都是他的长处；邢邵一提起你,说的全是你的短处。要说邢邵确实有才,可是在这件事上,我觉得他的脑子有点毛病。"崔暹微微一笑,回答说:"邢邵说我的问题,我讲邢邵的本事,这些都不是假话,所以说我们都是言不避嫌的实在人。"

后来,高澄想起这事还是觉得不太理解,又问邢邵说:"你能有今天的地位,应该说是托了人家崔暹的福。可是,你一提起崔暹,说的都是他的不是,你到底是怎么想的呢?"邢邵解释说:"我讲的治国理政的国家大计,并不是我跟崔暹的私人感情,这根本不是一码事。"

理虽然是这个理,可是,在后面的日子里,邢邵和崔暹的政见分歧越来越大,邢邵觉得为了这事跟崔暹伤了感情也不合适,就请求出任地方上的官员。高澄也认为这个主意挺不错,把邢邵派去做了西兖州刺史。

邢邵为官一任,造福一方。他在西兖州的工作岗位上清正廉洁,惩恶扬善,百姓都把他当成了"青天老爷",坏人听见他的名号就害怕。那时候,邢邵管

第四十九回　北朝大才子　邢邵倡无神

辖的地方有个县令的老婆仗势欺人，没事就出去讹人钱财，吃拿卡要一样不少。这女人把当地的百姓欺负得实在没辙了，只好去兖州府里找邢邵来评理。邢邵知道了这事，当时就给出了承诺——对坏事一查到底，对坏人绝不姑息。县令的老婆知道事情捅到了邢邵那里，连夜一溜烟地逃了，邢邵可没有就此罢休，愣是追着线索把那女人捉拿归案，按着法律把这事办了。

邢邵的作为引得百姓拍手叫好，面对这一片鲜花和掌声，他却讲了这样一番话："老百姓是官员的衣食父母，糊弄他们就等于坑害父母。为人一世，为官一任，坑爹的事情决不能干！"

抗击迷信，邢子才如何舌辩权臣表明立场？
捍卫真理，无神论如何继往开来传承后世？

北朝的世道有点乱，大殿里的皇帝换得勤。到了北齐时代，文宣帝高洋掌了大权，这个皇帝把佛教看得至高无上，从国库里拿了大笔的经费去开凿石窟、修建佛寺，邯郸峰峰的响堂山石窟、涉县娲皇宫，石家庄井陉的千佛岩石窟都是这一时代留下的佛教建筑。

邢邵瞧着高洋这事办得有点过了，就站出来表明了自己的态度。他在高洋的东山别墅里和推崇佛教的杜弼展开了一场辩论，对于神灭与神不灭的问题发表看法。

杜弼开篇就说："人死之后，骨肉埋进了黄土地，而灵魂不灭，它无所不至，正是所谓的形坠魂游。"邢邵不听这一套，他针尖对麦芒，说："神是人造的意向，没有人，就没有神。神之于人，就像是蜡烛和光的关系——蜡烛灭了，光就没了；人一死了，神就没了。"对于那些子虚乌有的神明之论，邢邵坚决不信，而且更反对拿这话来忽悠皇帝，欺骗百姓。虽然，邢邵最终没有在这场辩论中说服杜弼和高洋，但是，他对无神论观点的阐释不仅展示了朴素的唯物主义思想，也对后世中国佛学的发展产生了深远的影响。邢邵的思想推动了禅宗的中国化，使佛学渐渐走向真实的人间。

邢邵的才气和名气越来越大，高洋觉得他是难得的国家栋梁，把他委任为太常卿、中书监。可是，官高位重也不是百分之百的好事，邢邵只觉得高处不胜寒，实在受不了这一天到晚的尔虞我诈。后来，邢邵的儿子大宝少年早逝，他更觉得日子没了过头，一场大病再没起来，就此告别了人间。

邢邵这一生不容易，最难的不是遭遇小人，历经磨难，而是在小人堆里坚持君子之道，在坎坷过后坚守道德节操。这位诚义之士在《北史》之中留下了这样的美名："罕见其人，足为一代之楷模也。"

这正是：

独秀当年邢子才，道德文章乘风来。

为官清正抒正气，无神高论传千载。

第五十回 苏琼——廉吏 爱民积德馨

上一回说到，反对封建迷信，倡导无神理论的北朝大才子邢邵，他有骨气、有才气、有担当、有作为，成为留名史书的一代楷模。今天要出场的主人公同样在历史上留下光荣的名号，他明察秋毫断案如神，清正廉洁后人传颂，他用一生的克己奉公，为"清官"这个名词做了完美的注解。这位河北清官是谁呢？

1999年高考语文题中有一段文言文翻译题，讲的是一位清官拒绝收礼的故事。这位清官叫苏琼，字珍之，河北武强人。他担任南清河郡守的时候，廉洁奉公，从不收礼，深受民众爱戴。有个当过乐陵太守的老官员赵颖，80岁时告老还乡。五月份瓜果上市，他送来一对瓜，说是自家地里种的，老人家苦苦相求，非要苏琼把瓜留下。无奈之下，苏琼只能留下，等客人走了以后，他马上叫家人把瓜装入竹篮，悬于屋梁之上。

听说苏太守收下礼物了，其他人以为有机可乘，纷纷提着新鲜瓜果来到太守家。苏琼让家人从梁上摘下竹篮，拿给大家看，只见篮里的瓜原封未动，都放烂了，送礼的人你看我，我看你，不知道说什么好，各自把东西拿了回去。

身居高位的苏琼如此清廉，可不是偶尔做秀，他的一生，都在为"清正"两个字一丝不苟地做注解。清官是怎么炼成的？

俗话说，三岁看老，古往今来，那些伟大人物、成功人士，从小就志向远大，与众不同。孔融四岁能让梨，骆宾王七岁能写诗，那么，苏琼小时候又有怎样的天赋异禀呢？

苏琼从小就很聪明，而且胸怀大志，幼年跟随父亲在边境驻守，大一些的时候曾经拜见东荆州刺史曹芝，曹芝开玩笑地问他："你想不想做官？"苏琼回答说："朝廷设置官职是为了管理国家，造福百姓，并不是要人去找官做。"曹芝一看这孩子谈吐不凡，很是欣赏，就把他留在了自己府中做了参军。

参加工作不久，能干的苏琼得到东魏权臣高澄的赏识，让他做了刑狱参军，就是主管刑法的官员。苏琼才思敏捷，很有思路，别人办不了的案子到了他手中，大都顺利审结，而且质量很高，很少上诉或者发回重审。

有一次，并州发生了一起强盗入室抢劫案，高澄派官员去查案，抓了一些嫌疑犯，一番严刑拷打，都屈打成招，可失窃的物品始终找不回来。高澄又派苏琼去查案，苏琼经过缜密分析细致调查，终于抓捕了真凶，人赃俱获。高澄很高兴，对那些受冤枉的嫌犯说："如果不是遇到我这个办案如神的参军，恐怕你们都要成为冤死鬼了。"

后来，苏琼到山东做了南清河太守，他的管辖区有个叫魏双成的村民丢了一头牛，怀疑是同村的魏子宾偷的，就把魏子宾送到了衙门。苏琼调查之后发现魏子宾根本就没有作案时间，就把他放了，可魏双成不干了，苏琼向他保证说："我绝不冤枉一个好人，也绝不会放过一个真正的坏人。"经过一番查访，苏琼抓到真正的偷牛贼，魏双成心服口服，苏神探的大名也在当地传开了。从那以后，南清河郡的百姓都大胆地到野外放牛，还说，只要有苏大人在，绝对丢不了牛。外地的有钱富豪听说了苏琼的大名，纷纷带着钱财来到南清河郡躲避盗贼，有时候盗贼追得紧，只要放出一句话"我的钱财交给苏大人保管了"，那些盗贼就死心散去。

跟南清河郡相邻的平原郡有个贼人刘黑狗，玩弄妖术，勾结海上的盗匪为非作歹。南清河郡有100多个人以前也参与刘黑狗的帮派活动，不过自打苏琼上任以后，都改邪归正，不但帮助衙门缉拿刘黑狗的死党立功赎罪，还心甘情愿充当情报员，为衙门办事。苏琼对民间的善恶是非，了解得一清二楚，他自身立得正，行的端，对属下要求也很严，哪个官吏喝了百姓一壶酒，苏琼也能及时知道，必要严厉查处。

经过苏琼的治理，清河郡民风淳厚，邻里和睦，临近的村民都愿意到清河郡落户。其他地方的官员对他很是佩服，经常到这来学习取经。

鱼水情深，廉洁苏琼如何造福一方百姓？

断案如神，新任知州怎样破获棘手案件？

苏琼担任南清河太守时，正是北齐王朝残酷镇压各地起义的时候，所辖的赵州、清河、南宫一代，不断有人以谋反的罪名来告发他人，以前的官员大都采取宁肯错杀,绝不漏杀的原则，不分青红皂白抓捕被举报的人。苏琼到任以后，对这些所谓谋逆的案子重新审理，发现大都是诬陷，就一一为这些蒙冤的百姓翻案平反。

当时河北安平崔昂做了尚书，出于对老乡的关心，就对苏琼说："你如果想立功成名，就该用心处理别的案子。总是这样费心费力为谋反者昭雪，难保把自己的身家性命丢了！"

苏琼回答说："我平反昭雪的都是冤案，并没有放过一个真正谋反的人！作为朝廷命官,断案必须诚实守信，无私无畏，不留下冤案。"这件事儿很快传开，人们对苏琼的为人敬佩不已，为此京城里流传起了一句话："断决无疑苏珍之。"说的就是苏琼。

苏琼为官一任，造福一方，可从来没放松对自己的要求，他从来不接受任何馈赠、不送礼不收礼，找他办私事的信他连拆都不拆。

当时有个和尚叫道研，担任济州沙门统，就是管理寺院的僧侣头目，手里掌握的布施财产极多，在南清河郡放了不少高利贷，以前经常让官府帮着他去催债。当他来拜见苏琼的时候，苏琼猜到他的意图，一见面就跟他讨论佛法，大讲佛法无边，仁善为本，扶危救困，佛家大德，态度非常恭敬。道研和尚为了讨债跑了好几趟，可每次都没法说出口。弟子问他缘由，道研叹了口气说："我每次见到苏府君，他就直接把我带到佛法境界当中，我作为一位佛门弟子，哪里还有脸和他谈论讨债的事情啊。这位苏大人简直就是人世间的佛啊！"道研和尚回去以后把百姓借贷的那些欠条都烧了。所以，清河郡老百姓每每提起苏太守，又是钦佩又是自豪。

苏琼始终把老百姓的事儿放在第一位，甚至不顾自己的安危。北齐天保年间，南清河郡内发大水，灾情严重，1000多户百姓没吃没喝。苏琼看在眼里疼在心里，他把郡内有余粮的人家召集来，亲自向他们贷粮，分给那些挨饿的人。后来上司却按户征收租税，并追查苏琼向百姓贷粮的事。主簿对苏琼说："虽然您救助了那些饥饿的百姓，但是大人您还得为这个事负责。"苏琼说："我一个人获罪，能救活千家，值了，没什么遗憾的。"

他上报朝廷，主动承担责任。上头的官员被他的一片赤诚感动，免了赋税，也没有派人查问苏琼，受灾的百姓渡过难关。

苏琼在南清河郡六年，深受百姓爱戴，前后四次上表报告政绩，苏琼都名列最上等。后来苏琼的老母亲病逝，他只能离职回老家，百姓们听说他要走了，一个个含着眼泪前来送行，还给他送来很多礼物钱财，苏琼一件都没收，他诚恳地说："为黎民百姓办事，是我的本分。你们的好意，我心领了，东西还是拿回去吧！"

后来，苏琼被任命为徐州行台左丞，兼任徐州知州。上任伊始，徐州城里就发生了一件大案，五级寺100座铜佛像被偷，数十名嫌疑犯被关进大牢，案子到了苏琼的手上，第一件事他就下令把这些人全部放出来。苏琼断案，葫芦里究竟卖的什么药呢？

寺里的老和尚一看苏琼把嫌疑犯放走了，火急火燎地带着弟子们跑到衙门质问："你为什么把盗贼放走？这不是为虎作伥吗？"苏琼淡定地回答："你们先回寺院，好生念经求佛，我很快就会把佛像给你们送回去。"老和尚半信半疑地走了。苏琼派出衙役，深入周边进行打探，不放过一点蛛丝马迹，十天之后，人赃俱获。苏琼开庭审理，罪犯服服帖帖地认了罪，把佛像送还五级寺。从此，徐州人都把苏琼视为神人。

苏琼在徐州，还是把民生问题放在了首位。以前曾有规定，淮河两岸的商贩不得擅自渡河进行贸易。后来淮河发生饥荒，苏琼上奏朝廷，请求让淮南的人到淮北买粮。后来淮北的百姓又遇到了饥荒，他又请求让他们到淮南买粮，于是淮河南北开通了自由贸易，彼此都得到了好处，淮河两岸的水陆物产，一直运到了黄河以北。

以身作则，一方官员如何倡导仁义解决纠纷？

以德报怨，一代贤臣怎样不计前嫌举荐人才？

苏琼在徐州，以保卫百姓安全为己任，除了严厉打击各种杀人越货、入室抢劫、欺行霸市、为非作歹的犯罪之外，非常重视教化，传播传统美德，倡导仁义礼智信，提高民众的道德素质。

《北齐书》中记载：每年春天，苏琼都要邀请著名的学者鸿儒到郡府的学宫讲学，鼓励百姓们免费听讲，开启了最早的公益性讲座活动。他要求衙门的官吏在办公之余，都要去听讲座、读经典。因此，当时有的官吏把衙门称作是"学生屋"。苏琼可以称得上是创建学习型政府的先驱。

都说清官难断家务事，那么清官苏琼又怎么解决百姓的家庭纠纷呢？他用的不是杀威棒，而是道德感化。

有个村民叫乙普明，为了争夺耕地跟亲弟弟翻了脸，两个人你争我夺好几年，问题都没有解决，哥哥一纸诉状告到了衙门。兄弟俩各自找的证人加起来上百个，堵在衙门口闹闹哄哄的像赶大集。

苏琼接收案子以后，耐心地给他们讲道理，请他们到学宫里听鸿儒大师讲仁义廉耻、孝悌道德，还当着证人的面说："天下最难得者就是同胞兄弟，容易得到是田地耕牛，无论你们谁得到了土地，失去的都是兄弟亲情。我很为你们难过啊。"听了苏琼这番话，那兄弟俩都湿了眼窝子，这么简单一个理儿，他们俩当初怎么翻不过味儿来呢？兄弟俩相互道歉认错，握手言和。分开了十几年的兄弟又住到一起，和睦相处。

苏琼因为出色的才干，赢得百姓认可，还得到朝廷提拔，出任司直、廷尉正，专门纠察各地官员的善恶政绩。苏琼任南清河郡太守时，有个叫裴献伯的人做济州刺史，他奉行大棒政策，经常用酷刑来威慑百姓，苏琼则施行仁政，用恩惠教养感化百姓。百姓们都说苏太守善良而裴刺史残暴。裴献伯很不服气地说："受到老百姓称颂的也不一定就公正。"

后来朝廷下令，让各州推荐清廉而有才干的人。裴献伯因为先前说过那种话，心里七上八下，心想我当初对苏琼说过不敬的话，现如今这位苏琼负责考核官吏了，我肯定要栽。可让他没有想到的是，苏琼不但没有记恨他，反而替他申诉长期不得提升的不公正待遇，最终使得他得到提拔。大家谈论这件事的时候，都推崇苏琼为人公正。

苏琼后来升任尚书三公郎中，又任大理卿。北周灭了北齐后，北周武帝宇文邕赏识苏琼的清廉，起用他任博陵太守，在隋文帝代周建立隋朝时，苏琼病逝于家。这位中国古代历史上几乎完美的清官苏琼，至今依旧为后人所敬仰。

这正是：

武强苏琼真清廉，勤政爱民美名传。
断案如神申正义，高风亮节铸风范。

诚义文化（下）

河北人民广播电台五百集本土文化系列节目

王智 ◎ 主编

河北出版传媒集团
河北教育出版社

第五十一回 隋朝第一相 耿直遭杀身

上一回说到，好官苏琼一生廉洁，两袖清风，感动无数百姓，留下千古美名。历史风云变幻，这一回，隋文帝统一南北，建立隋朝，在这个短暂的王朝里，一位河北人用一生的忠义成就了"隋朝第一相"的美名，他是谁？他的一生经历了怎样的跌宕起伏？

在河北衡水景县城南约15公里的王瞳镇、杜桥乡一带，矗立着一大片封土高大的墓群，这就是全国重点文物保护单位高氏墓群，安葬的是北齐皇帝高洋家族的后裔，当地群众称之为"高氏祖坟"或"皇姑陵"。被称为"隋朝第一相"的高颎，就是这个家族的后裔。

高颎的老家是渤海蓨县，就是现在的河北省景县。他父亲高宾投归北周，做了北周大司马独孤信的幕僚，被赐姓为独孤氏。所以，高颎在北周的官府文件中写作独孤颎。在这里，高颎结识了独孤信的女婿——杨坚。

高颎从小聪明能干，17岁开始做官，参与了平定北齐的战争，立过战功，杨坚看中了高颎的才华和胆识，把他请到了自己的阵营当中。

北周皇帝宇文赟即位以后，杨坚的长女被封为皇后，杨坚成了国丈，晋升为柱国大将军、大司马。只可惜这个皇帝不问朝政，沉溺酒色，把大好的江山弄得乌烟瘴气。为了更加逍遥自在，他把皇位让给七岁的儿子，自己当起了太上皇，在后宫终日与嫔妃、宫女们吃喝玩乐，过度的娱乐透支了他的健康，22岁时，年轻的太上皇告别了人世。

七岁的小皇帝即位后，杨坚当上丞相，权倾朝野。杨坚的得意引发了一些老臣的失意，他们联手举起了反对杨坚的大旗。领头的北周老臣尉迟迥招兵买马，举兵反叛，一时天下骚动，山雨欲来。面对这场你死我活的争斗，杨坚没别的办法，只有一个字，打！这是一场有关生死存亡的硬仗，打赢了，就能稳固自己的地位；打败了，就彻底垮台！

杨坚派韦孝宽率军前往，可军队里面许多部将有二心，大部队走到半路就停了下来，谁也不愿意上阵杀敌。情况紧急，只有派一名既忠心耿耿，又有魄力、能压得住阵脚的人去做监军，才能平定叛乱。

杨坚先挑选了最信任的崔仲方，而崔仲方却以父亲在敌方境内为理由拒绝出征。杨坚压着火气，又挑选了几个人，可他们都打着小九九，这个说没有带兵打过仗，不能去，那个说有高堂老母需要照顾，脱不开身。杨坚碰了好几个软钉子，心中闷闷不乐。

这时，高颎自告奋勇，甘负重任，杨坚欣然同意。高颎即刻出发，来不及回家，只能派人替他去向母亲告别。高颎到达军中以后，展开新的作战计划——造桥渡过沁水。他早已经料到叛军会从上游以火烧桥，于是预先做了部署，敌人的阴谋没能得逞。大军顺利渡河之后，他烧掉大桥，用古人破釜沉舟、背水一战的故事激励士兵，跟敌人决一死战，打了一场漂亮仗，彻底平定叛乱。

有了高颎等人的辅佐，杨坚如虎添翼，风头越来越盛，呼声越来越高。开皇元年，隋国公杨坚登上皇位，建立隋王朝。他的左膀右臂一个个也都封官加爵，高颎被任命为尚书左仆射，兼纳言，也就是宰相。

决胜千里，平定南陈如何运筹帷幄？
风云莫测，赤胆忠心何以招来灾祸？

高颎当上宰相以后，认认真真做人，踏踏实实做事，从来都不偷奸耍滑，更没有一丝一毫的懈怠。哪怕是退朝回到家，他还惦记着国家大事，把盛满面粉的盆子放在自己的卧榻旁边，想起了什么，就赶紧写下来，等到天亮了以后，一条一条来处理。可以说，高颎是我国最早使用记事牌的人。

高颎当宰相期间，隋朝面临两大战略任务，一是北服突厥，二是南平陈朝。高颎给隋文帝出了不少主意，他主张收揽江南朝野的人心，瓦解他们斗志，一旦条件成熟，大军渡江，一举攻下南朝。

隋文帝依照高颎的意见，第二年出兵攻打南朝，恰巧赶上陈宣帝驾崩。高颎见状说："我朝是礼仪之邦，按照礼制，绝不打服丧的人。"于是隋朝的军队班师回朝，这样的气度，赢得江南很多将士的尊敬。

眼看着南朝那块肥肉吃不到嘴里，隋文帝有点儿着急，就去向高颎询问他的战略计划。高颎说："等到江南的收获季节，我们集中兵马，宣称出战江南。陈朝一定会屯兵守御，耽误他们收割。而我们呢，逗他们玩儿够了，就撤军。照这样反复几次，他们就会放松警惕，麻痹大意。到那个时候我们再出兵，一定能攻其不备。再加上江南的房子都是竹子和茅草搭的，我们乘风放火。这样一来，他们一定不是我们的对手。"

隋文帝一听这个主意妙极了，就照他的计谋去做，上演了一场古代版"狼来了"的故事。南陈的将士一开始听到隋朝进攻的消息，一个个严阵以待准备防守，可几年下来，隋朝的军队只响雷不下雨，南陈的军队就放松了警惕。这时候，隋文帝突然下令出兵，一举攻入了南陈的都城建康，也就是现在的南京，活捉了陈后主陈叔宝和他的宠姬张丽华，陈朝灭亡。隋朝大体统一了全国。

当时的副统帅杨广贪图美色，早就垂涎张丽华的姿色。他派人给高颎传话，要把张丽华留下来，高颎却说："周武王灭殷杀了妲己。现在平定陈国，张丽华留不得。"忠诚的高颎怕张丽华误国，成为妲己第二，不理会杨广的要求，斩了张丽华。这件事让杨广丢了面子，心里对高颎有了几分憎恨。

在庆功宴上，隋文帝杨坚对高颎好一番表扬，高颎的功劳也被记录在《隋书》中，说他"运筹帷幄之中，决胜千里之外"。可见，他是平陈的第一大功臣。

老话说："狡兔死，走狗烹；苍鹰绝，良弓藏。"高颎做人心地坦诚，为官忠诚仗义，他一心为国，从来不敢有二心，可这位隋朝第一宰相却招来皇亲国戚的嫉妒和憎恨，走起背字，倒霉事一桩接着一桩。

隋文帝的独孤皇后是个女中豪杰，她样样都好，就是嫉妒心太强，把皇帝看得死死的，不许他宠幸后宫妃嫔。叛将尉迟迥有个女儿非常漂亮，因为父亲的谋反罪被牵连，没入后宫，却受到隋文帝的宠爱。独孤皇后知道后，不依不饶，趁着皇帝上朝的机会，把这个女人杀死了。

隋文帝知道以后，大发雷霆，骑马跑出皇宫。侍卫们都吓坏了，乱成一团，高颎和杨素等人随后追赶，拉住了马缰绳。隋文帝气急败坏地说道："我贵为天子，却连自由都没有！"高颎好言劝说："皇上怎能为一个女流之辈而丢下天下呢！"

万万没想到，这句话被有心人传到独孤皇后的耳朵里，给高颎埋下了祸根。高颎原本是独孤氏的家客，独孤氏与他一直来往密切，可自从他说独孤皇后是女流之辈之后，独孤皇后怀恨在心，和他绝了交。

这个时候，高颎又卷入皇家嗣位之争。高颎的儿子娶了太子杨勇的女儿，被晋王杨广视为太子杨勇一党。而皇后一直吹枕边风，想废了杨勇，立杨广为太子。有一次，皇帝试探高颎："有神灵预言说，晋王杨广要统一天下，你看如何？"高颎连忙跪倒在地上说："长幼有序，不可偏废啊！"独孤皇后听说了这件事，更是对高颎恨得咬牙切齿。

高颎不知道自己早已经成了独孤皇后的眼中钉，毫无防备。而独孤皇后这边已经开始紧锣密鼓地筹划除掉高颎的计划。她绞尽脑汁，想出一条借刀杀人的毒计，这是怎样的一个杀人计划？高颎能逃过这一场横祸吗？

高颎的夫人死了，独孤皇后对皇帝说："高仆射年岁已高，死了夫人，皇上该帮他再娶一位。"皇帝将皇后的话转告高颎，高颎婉言谢绝，说自己年纪大了，无心再娶。可没过多久，高颎的爱妾生了个胖小子，皇后跑到杨坚那里说："这个高颎真不识抬举，你要张罗着为他娶妻，他却心存爱妾，还当面骗你。这是欺君啊！这样的人还值得你信任吗？"独孤皇后这一番挑拨，也让隋文帝对高颎心生芥蒂。

不久，隋文帝想出兵辽东征伐高句丽，高颎认为连年征战，不宜再出兵。但隋文帝坚持要打，并派高颎为主帅，高颎只好服从。结果因为疾疫流行，军队十之八九病死，无功而返。独孤皇后借机在皇帝面前中伤高颎，说："高颎根本就不愿意去打仗，所以才阳奉阴违，消极抗命！怎么能打赢这场仗呢？"这时候，北征统帅汉王杨谅也火上浇油，跑到隋文帝面前告状说："儿臣万幸没有被高颎杀掉。"隋文帝一听火冒三丈，对高颎有了更大的成见。

后来，凉州总管王世积被人诬陷谋反，高颎跟王世积是好朋友，也受到牵连被罢了官。眼看着高颎落了难,还有人落井下石,罗织了更大的罪名诬陷高颎,撺掇隋文帝杀掉高颎。不过,隋文帝还是念着高颎的好,免了他的死罪,把他废为庶民。

堂堂宰相沦为庶民,可高颎却泰然处之,他会一直这样寂寂无声吗?

一门忠烈,虎父如何无犬子?
一心为国,忠臣为何遭杀害?

没几年,隋文帝驾崩,杨广即位,史称隋炀帝。为了表示珍惜人才,隋炀帝又重新任用高颎,提拔他为太常卿。高颎依旧刚正不阿,直言进谏,皇帝一旦做错了什么事,他毫不留情地当面指出来,弄得杨广下不来台。

有一次,漠北突厥可汗到隋朝觐见,隋炀帝为了摆谱,搜刮了不少民脂民膏,把场面弄得非常豪华。可高颎却说:"启民可汗熟悉中原虚实以及山川状况,朝廷搞得不成体统,对我朝不利。"这本来是高颎的忧国直言,结果招致隋炀帝的怨恨。

杨广一不高兴,把当年那些陈芝麻烂谷子的旧账都翻了出来。当初灭掉南朝的时候,高颎不顾他的要求杀了张丽华,再加上废太子时,高颎站在杨勇那边,跟他不是一条心,也让他心里有疙瘩,现如今高颎又处处跟他作对。杨广越想越生气,最后,给高颎扣上一个"诽谤皇帝"的罪名,把一代诤臣送上了断头台。

高颎的死,也让那些忠臣良将心痛不已。因为高颎把国家的兴衰看得很重,把自己的名利看得很轻,他忠诚仁厚,善于发现人才,尊重人才。隋朝一代的名臣、名将,比如苏威、杨素等人,都是他推荐的。更让人称赞的是,高颎从不嫉妒人才,他推荐的人与他齐名或超过他时,他会发自内心的高兴。当初他与苏威都是宰相,两个人合作得非常愉快,他自己要退下来,还把大权让给苏威。他虚怀若谷的胸襟,博得了很多人的敬重。

高颎被杀了,隋王朝也走向了衰亡。高颎的儿子高睿,继承了忠诚侠义的家风。高睿在唐朝科考入仕,先是在四川做眉山县令,因为爱民勤政,百姓为他立了功德碑，后来升为赵州刺史。武则天改唐为周，突厥大举南侵，进攻赵州城，高睿带领将士们誓死抵抗，不料有叛徒投敌，打开城门，突厥兵蜂拥而入，高睿被俘。突厥可汗赠给他紫袍玉带，要给他封官晋爵，高睿看了妻子一眼，坚定地说："我家世受皇恩，决不投敌，忠诚爱国，乃是我高氏一门的气节。"高睿夫妻至死不降，最后被突厥杀害。武则天知道以后，感慨不已，追赠高睿为冬官尚书，谥号"节"。

这正是：

隋朝名相一忠臣，平陈统一帅三军。

高睿慷慨一英烈，耿耿风骨照乾坤。

第五十二回 挥笔改文风 李谔一谋臣

上一回说到隋朝明朝高颎有情有义，敢做敢当。在那个远去的时代，还有一个名叫李谔的河北人跟高颎同朝为官。李谔敢于说真话，大胆改文风，最容不得弄虚作假的小人，最看不得假大空的文章，他这一生经历了怎样的故事？

李谔，字士恢，是赵郡李氏家族的成员，按照现在的说法，他算是石家庄赵县人。因为生在这样的名门大户，李谔自小就见识了不少场面，学到了很多知识。在北齐那一朝，他入朝为官当上了中书舍人，职位就相当于皇帝的秘书。

李谔脑子灵，文笔好，嘴皮子也挺利索，遇上什么解不开的尴尬，说不清的麻烦，他总能随机应变圆了场。这样的出身，这样的能耐，再加上李谔跟当朝皇帝一样生在河北，俩人也算是老乡，所以，他很得皇帝的器重，赶上有什么出头露脸的事，总是李谔奉命出面，遇上南朝使者来见，总是由李谔来负责礼宾接待的重要工作。

北齐的世道不算好，李谔却能在这乱世之中洁身自好，他修身、齐家、治国、平天下，大事小情做得都是没得挑，堪称当时当代正人君子的典型代表。等到北齐换成了北周，李谔再次接到了朝廷的邀请函，他再度当上了皇帝身边的高官。新的时代，新的岗位，李谔又将成就怎样的作为呢？

北周的旗号刚刚树立起来，开国的皇帝宇文邕就撒手西去，太子宇文赟登上皇位，皇后是杨坚的长女杨丽华。国丈杨坚被委任为柱国大将军、大司马，封隋国公。大权刚刚落定，皇宫里的空气立马紧张起来，新皇帝宇文赟总觉得自家岳父存着贼心，对杨家人加了十二分的警惕。他曾经跟杨皇后说过这样的话："等着瞧吧，我一定消灭你们全家！"

宇文赟不单这么说，而且还这么做。他下令在皇宫里埋伏大批的杀手，说是只要看见杨坚做出半点儿不规矩的事，立马杀掉了事。不过，杨坚那么大岁数也不是白活的，无论这宇文赟怎么使用激将法，杨坚是从来不动声色，每一回都能化险为夷。

李谔看过了这场憋着劲儿的宫廷内斗，他看出杨坚心怀大志，不是凡人，就帮着杨坚出主意、想办法，提出好多中肯的建议。杨坚跟李谔这么一聊，发现俩人还挺合得来，一说到大是大非的问题，更是英雄所见略同。这两位越是相处，越是投机，李谔对杨坚更是尽心尽力。他洞察政坛局势，提出策略12条，劝说杨坚韬光养晦，收拢人才，千万不能跟皇亲国戚拉帮结伙，更不能轻易出头。杨坚觉得这话很有道理，就出了一个两全之策，请求到外地去当官，远离宫斗的暴风眼。

后来，杨坚南下做了扬州总管，宇文赟就在皇宫之中寻欢作乐，一天到晚只知道酒色二字，根本不理朝政。就这样，他还觉得不痛快，干脆把皇位传给刚满七岁的儿子宇文阐，史称周静帝，宇文赟自称是天元皇帝，一门心思吃喝玩乐，刚到22岁，就把小命玩儿完了。

小皇帝宇文阐把杨坚请回来做了丞相，李谔也成了北周政坛的核心成员，接下来，又将上演什么样的故事呢？

改朝换代，百废待兴如何谋划强国富民？
破旧立新，一代大儒如何书写道德文章？

北周静帝当朝的时代，天下的大权攥在杨坚手里，地方势力蠢蠢欲动，江山社稷晃晃悠悠，一拨接着一拨的叛乱没完没了，杨坚南征北战，各个击破。虽说杨坚在战场上没吃什么亏，不过国库里的家底很快告了急。就在这个节骨眼上，李谔上了一篇《重谷论》的奏章，建议杨坚在平定天下的时候，千万别忘了全面发展，统筹兼顾，务必劝课农桑，发展水利，扶持农业，这才是强国富民的长久之计。杨坚按着这个主意做，终于把一团糟的乱局收拾得利利索索。

公元581年，杨坚终于如愿以偿当上了皇帝，建立了隋朝。李谔凭着一大摞的功劳做上了比部、考功二曹侍郎，被封为南和伯。后来，又被满朝文武一致推举为书侍御史，也就是皇帝的秘书。对于李谔这位得力助手，隋文帝杨坚发表了这样的看法："要不是李谔的苦口婆心，我就不会有今天的事业。"杨坚不仅对李谔大加赞赏，还赏了他好多值钱的东西。

李谔知恩图报，从此以后更是全心全意地辅佐杨坚。为了改革从前的旧制度，树立社会新风尚，李谔上书一封，批判道德沦丧的社会现象，提倡仁义礼智，其中主要提到了这么几件事：

> 从前的民风很是淳厚，长辈去世之后，做小辈的要守孝三年才能称之为孝。现如今，有些大臣家里的长辈刚刚故去，他们就把父辈祖辈的姬妾嫁出去换钱，这事实在是有损教化。
>
> 再有，还有些朝廷重臣平日里互相称兄道弟，一旦有谁先没了，人一走，茶就凉。早上听说了人家的白事，晚上就跑去劝人家的妻妾跟了自己。老百姓都知道：朋友妻，不可欺。他们这些做官的赶上这事倒是挺不客气。如此没有廉耻、不讲情义的人怎么能用在官场之上，怎么能指望他们为国尽忠呢？

李谔的奏章让杨坚生出了不少的感触，觉得这一字一句都说在理上。于是，隋文帝杨坚下令纠察官员德行，对于为官不仁、欺男霸女的家伙，一律严加惩处。同时，他还下了一道指示：五品以上官员的妻妾婢女不许随意买卖改嫁。

有了道德标准，隋朝风气重振，面貌一新。李谔趁热打铁，再进一言。这一回，他又讲出了哪些真知灼见呢？

李谔出身名门望族，家传的风气是淡泊明志，而不是攀比门庭，对于那些骄傲自大、矫情作态的人和事，从来都不赞成。可是，当时的官场上流行的却是人比人，官比官，比谁的架子大，比谁的派头足。这样的情况让李谔看在眼里，急在心里，他想着：当官不为民做主，光顾着琢磨自己的名和利，长此以往，国家怎么会好呢？再有，那个时代要当官，考的不是才华，拼的全是家世，好吹牛的平步青云，谦虚谨慎的靠边站，这可不是个事呀。

于是，李谔上书批判了政坛的丑恶现象，他说道："如今，在一些偏远的地方，选拔官员就是拉帮结伙营私利，真正有本事的人才就因为不会溜须拍马，根本挤不进官场，削尖了脑袋当上官的全是些势利小人。所以，强烈建议有关部门深入调研，提倡举报，发现问题，严肃处理。"

李谔的建议得罪了一拨小人，却大大地严肃了组织纪律，改善了政坛风气，他的作为在史书上留下了浓墨重彩的一笔。作为隋朝元老级大臣，李谔直言敢谏，改革政风；作为文坛泰斗级人物，李谔提倡道德，改良文风。文学界这一场变革究竟从何而起，李谔这一封上书又是如何开篇呢？

对于这个问题，李谔这样讲——改政风，变文风，这两件事其实是一码。如果文化人都把逢迎拍马当成了本事，把互相吹捧写进了文章，必然要影响到官场风气和行政效率。

历朝历代的圣主明君在教化百姓的事上都是沿用仁义礼智的孔孟之道，推行淳厚雅正的礼仪之道，指给国民一条讲究德行的大道。可是，到了东汉末年，风俗教化就不如从前了，曹家那三位——曹操、曹丕、曹植，爱的是浮华的文辞，好的是没用的废话，倒把为人君主的大道理丢到了一边。俗话说，上梁不正下梁歪。他们几位一牵头，下面的人们全都跟着学，文字游戏几乎成了文坛的主流。

说到这，李谔还添了一句，这就叫"弃本逐末"，批的正是文章的形式大于内容。后来，这四个字成了成语，李谔的这篇奏章正是"弃本逐末"的出处。中国人讲究有破有立，李谔打破了文坛的旧风气，他又将开辟怎样一片新天地呢？

接着，李谔指出："隋朝刚刚树起旗号，作为读书人，首先要做的就是去浮华，去雕琢，胸怀经典，怀抱质朴，把志向放在仁义道德上。要是做不到这点，那就不能入朝为官。"

公元584年，隋文帝杨坚把李谔的意见作为国家政策公布出台：要求全国的公私文章把实事求是当成最高标准，谁再写那些连篇的废话，矫情的奏章，就别怪我不客气了！

盖着皇帝大印的改革政策已经宣布实施，可还是有人不当回事。就在这一年的9月，泗州刺史司马幼之给隋文帝杨坚上了一篇奏章，杨坚打眼一看，通篇都是我大隋朝功业煌煌、四海洋洋、帝王威仪、五洲颂扬一类的废话。杨坚越看越来气，拍着桌子把司马幼之送去问罪。司马幼之的马屁拍到了马蹄上，他以身试法给天下人做了个反面的"榜样"。从这以后，再没有人敢顶风作案，写什么吹牛拍马的华丽文章，自觉改用古朴简约的文风，讲述治国理政的大道。

李谔一篇奏章转变了文坛浮夸风，改变了官场拍马风，给新生的隋王朝送来了一阵清风。

一心为民，李谔如何坚持真理维护民权？
一生尽忠，老臣如何坚守信念死而后已？

李谔这一生之中，最为著名的事迹就是在隋朝掀起了三股新风，第一是改良政风，第二是改革文风，通过这两件事，隋朝的官员队伍得到了纯洁，官员作风得到了改善。接下来，他把眼光从庙堂转向民间，把改革从政治推向了经济。虽说李谔从小受的是儒家传统教育，但是，他对圣人的思想却没有生搬硬套，没有受到前人"重农抑商"理论的局限，主张发展商业，繁荣经济。

话说当年，隋文帝身边另一位重臣苏威跟李谔的观点正相反。这位苏大人认为买卖人都不是好东西，尤其是那些把营生开在官道两边的人更是钻进钱眼的可恶之徒。他奏请隋文帝对买卖铺子加强限制，严禁在官道两边开店，无论是掌柜还是店员，一律回家种地才是。如果有人非得要吃这口饭，那就回到老家重打锣鼓另开张，原来的铺子必须拆除，而且，这事还得限期办理。

那时候，正赶上寒冬腊月，官府出面拆了买卖人的铺子，把好多人闹得挨饿受冻，无家可归。受了气的百姓敢怒不敢言——谁敢找苏威去评理呢？说来也巧，李谔正好出了一趟公差，在路上瞧见了这码事。眼前的局面唤起了李谔悲天悯人的爱民之心，在他看来，不管是种田还是经商，都是老百姓养家糊口的正经事。再说了，官道边上的买卖铺子给来往的行人提供了方便，怎么能脑门一热就给人家拆了呢？

李谔下定决心要跟百姓站在一起，要跟真理站在一边。他当即拦下了拆买卖铺子的事，回到京城后又跟隋文帝杨坚把情况说了一说，把道理讲了一讲。隋文帝听了李谔的说法，看了李谔的做法，对这位忠君爱国的老臣更多了几分敬重。

岁月催人老，谁也逃不掉。一代名臣李谔历经风雨，上了岁数，没有精力再跟各方的势力斗智斗勇，不愿继续在京城里担惊受怕。他思来想去，打算把人生中最后这点儿余热发挥到外地。对于这个请求，隋文帝杨坚也点了头。李谔领了皇命，到如今的四川达州出任通州刺史，为那里的百姓做了不少好事，最终鞠躬尽瘁，死在任上。

一代经世济国的英才终归西去，李谔仁义爱民的美名千古流传。《北史》对这位燕赵义士给出了这样的评价——"务存大体，不尚严猛，由是无刚謇之誉，而潜有匡正多矣。"

这正是：

赵郡李谔一奇才，规范官德做表率。
改革文风尚务实，爱民真诚昭百代。

第五十三回 隋朝第一秘 耿直李德林

上一回说到赵郡奇才李谔说真话、改文风，规范官德做表率，真诚为民受爱戴。这一回要出场的是隋文帝的第一秘书李德林，虽然官居要职，他却是隋朝政坛的一位悲剧人物，他的一生历经怎样的沉浮，留下怎样的传奇？

李德林，字公辅，河北安平县人，他出生于官宦世家，祖父和父亲都曾在朝廷担任要职，家境很不错。李德林从小就聪明好学，饱读诗书，他的记忆力特别好，过目不忘，几岁的时候，就能全文背诵左思的《蜀都赋》。要是在现在，可以参加电视节目《最强大脑》了。当时的名士高隆之亲自见识李德林的才能后，惊叹不已，把这件事当作奇闻告诉周围的人，就这样一传十、十传百，小神童李德林的故事一时成为人们日常生活的谈资。很多人都想亲眼见识神童的风采，纷纷到他家拜访，以至于他的家门庭若市，车马络绎不绝，这样壮观的景象持续了一个多月。

还好"伤仲永"的故事没有发生在李德林身上，他并没有洋洋自得，沉醉在人们的赞扬声中，反而更加努力学习，成了一位百科全才。李德林特别擅长写文章，他写的文章文辞优美，内容丰富，条理清晰。有一次，当时的大名人魏收读了他的文章后大力表扬了李德林。魏收这个人文采出众，一向很自负，能到他的赞赏，可见李德林的才华确实不一般。

正当李德林一帆风顺茁壮成长时，他的父亲却在他16岁时突然患重病告别了人世，悲痛欲绝的李德林亲自驾着马车，护送父亲的灵柩回河北老家下葬。按照当地的风俗，整个丧事期间，孝子只能光着脚丫，穿着薄薄的麻衣孝服。当时正值寒冬，亲朋好友都劝李德林穿上棉衣棉鞋，免得冻坏了身子，可他却恪守孝道，每天只穿单薄孝服，光着双脚侍奉在父亲墓前，直到丧事结束。乡亲们都称赞这孩子有孝心，人品好。

李德林的父亲去世以后，全家失去了经济来源，再加上母亲有病在身，生活非常艰难。不过李德林并没有怨天尤人，他一边在家侍奉母亲，一边钻研典籍，充实自己。后来，母亲的病有所好转，为了儿子的前途，贤惠的母亲想让李德林继承父业，走入仕途。百事孝为先，生性淡泊的李德林为了母亲的愿望，决定到官场一搏。

古代讲究以孝治国，像李德林这样的大孝子，又博学多才，早就声名在外，他的求职信一发，录用书雪片般飞来。李德林会如何选择？他接下来的人生之旅又是否一帆风顺？

李德林的仕途是从定州开始的，定州刺史先是把他召入州馆，做了自己的幕僚。这位刺史极为爱才，特别喜欢李德林。两人每天朝夕相处，谈古论今，成了忘年之交。有一天，刺史对李德林说："我听说埋没贤才的人要受到惩罚，如果长期把你留在我的身边，让我一个人独享你的学识，就算朝廷不责怪，我还担心老天惩罚呢！"于是，天保八年（557年），他把李德林作为秀才送到了都城，还亲自写了一封推荐信给当时的尚书令杨遵彦。他在信中说："人们常说自古燕赵多奇才，今本郡秀才李德林，不仅文章好，学识渊博，而且气度风范高人一筹，定是国家栋梁之材。"

杨遵彦见刺史这样推崇李德林，也想见识下李德林的才识，当场让李德林写一篇《让尚书令表》。李德林下笔如飞，一气呵成，杨遵彦看了之后赞叹不已，又把文章拿给吏部郎中陆昂看。陆昂看完后，也是极为赞赏，并说："李德林的文章，浩浩荡荡，如河水东流，气势磅礴。和它相比，其他儒生所写的文章，只能算是涓涓溪流而已。"

当时，尚书令主持考试选官，要求十分严格，李德林在骑射、治国方略等五项考试中，样样名列前茅，于是朝廷授予了李德林殿中将军这个职位。这是怎样一个职位？李德林能在这个岗位尽情发挥自己的才干吗？

金榜题名，博学才子因何意兴阑珊称病辞官？

慈母离世，感人孝子如何重病缠身不治而愈？

殿中将军并不带兵，只是一个闲职。李德林见没有他的用武之地，于是找了个借口，说自己身体不好，辞官回家了。回到家，李德林还是像以前一样，一边侍奉母亲，一边闭门读书，过起了逍遥的生活。

后来，孝昭帝高演下诏搜寻天下英才，李德林被选中送到晋阳，也就是现在的山西太原。在这里，李德林春风得意，即兴写了一篇《春思赋》，文章构思巧妙，文辞优美，当时被誉为文章典范。时为宰相长广王的高湛听闻李德林的才学，知道他是个难得的人才，就把他从晋阳调到都城邺京，做了丞相府的参事，参与的都是朝廷的机密大事。不久，高湛继位为帝，他又将李德林升为员外散骑侍郎，仍然让他掌管朝中机密。天统元年（565年），北齐后主高纬继位，李德林又升为给事中，直中书，掌管诏书文件，一步一步成为朝廷机要大臣。

千里马常有，而伯乐不常有。就在李德林怀才不遇之时，幸运地遇上了伯乐高湛，重新走上仕途，这段路走得顺顺当当，可就在此时，李德林的母亲不幸去世了，前途大好的李德林会做出何种选择？是继续留守任职，还是回家守孝呢？

李德林是有名的孝子，听闻母亲去世，他当即辞了官回家守孝。回到老家的李德林悲痛欲绝，日夜茶饭不思，终于体力不支病倒了。因为发烧，李德林全身长满了疮，他的朋友和医生合力为他配制了一种汤药，李德林却怎么也不肯喝，这时他的身体已经浮肿，非常可怕。可奇怪的是，没过几天，他的疮全都好了。大家都说这是他的孝行感动了上苍，病才会不治而愈。守孝百日之后，朝廷召他回京复职。李德林并没有立即返回都城，而是以大病初愈、身体虚弱为由在家休养。

李德林在家期间，大臣魏收正在讨论修订《齐书》，他常常写信给李德林请教讨论此事。李德林在回信中谈古论今，给魏收提供了许多建议。后来，经过魏收的举荐，李德林入朝做了北齐的中书侍郎，也就是朝廷的秘书，跟魏收参与国史修撰，编成《齐史》27卷。不久，北齐灭亡，李德林的人生又掀开了新的一页。

具有雄才大略的周武帝在灭北齐的过程中，很注意招揽人才。由于李德林早就名声在外，当然也在被招揽之列。周武帝进入北齐都城邺京后，当天就派手下唐道和到李德林家里传谕圣旨，要求李德林立刻觐见。皇帝亲自召见，李德林受宠若惊，马上跟随唐道和到周武帝的行辕中参拜。一番寒暄之后，周武帝免不了要向李德林询问治国方略。李德林对答如流，一些真知灼见让武帝十分佩服。后来武帝又让内史向李德林了解北齐的政治制度、教育制度、人物善恶和风俗等状况，两人在房间里一直谈了三天三夜，李德林才回家。

周武帝对北齐故地进行了一番安排之后，起驾返回长安。李德林也跟随周武帝到了长安，被授予内史上士，主管诏令文书、选拔原北齐官员等工作。李德林虔诚并忠于职守的态度，让周武帝激动地说出了这样一番话："我先前只听说过李德林的大名，后来看到了他给北齐撰写的诏书和文告，真把他当作神仙一般的人物。怎么也想不到他今天居然成为朕的部属，又为朕撰写诏书和文告，真是觉得有点儿不可思议。"他身边的大臣也迎合说："李德林来受驱使，是被陛下圣德所感，他有大才用，无所不能，远胜麒麟凤凰！"君主赞赏，朝臣赞赏，李德林在北周成为中央核心人物。

说起来，李德林的仕途还算平顺，能碰上赏识他的贵人。但幸运并不总是眷顾他，正当他准备大展宏图的时候，对他有知遇之恩的周武帝驾崩了，继承皇位的周宣帝是扶不上墙的烂泥，纵情声色，荒淫无度，22岁时便稀里糊涂地走完了荒唐的一生。这时，杨坚奉命辅佐年轻的周静帝，掌握了军政大权。这个杨坚就是后来的隋文帝，他会对李德林委以重任吗？他们的关系又经历了怎样亲疏远近的变化？

公元580年，杨坚担任辅佐大臣之后，派自己的弟弟杨惠找李德林谈话，说："朝廷命我总管全局，而治国之事，责任重大，若没有您这样的人才来帮助我，是难以取得成功的。我很想与您一起共成大业，希望您不要推辞。"李德林在彷徨之中又看到了希望，他对杨惠说："我虽然才疏学浅，不堪大用，但还有一颗忠诚之心。如果得到顾命大臣的提拔，我一定鞠躬尽瘁，死而后已。"杨坚听了这番话特别高兴，马上把李德林召入府中，同他商议大事。此后，李德林屡献奇谋，成为杨坚的重要谋士之一。

总揽军政大权之后，杨坚不再满足辅佐大臣这样的官职，他起了当皇帝的野心，杀了北周皇室的五位亲王，引起了兵变，致使军心大乱，形势危急。这时，李德林发挥了重要作用，在应付各方叛乱的过程中，李德林每每参与军事决策，一次次为杨坚排忧解难。公元581年，周静帝禅位于杨坚，杨坚登上皇帝宝座，改国号为隋。在"禅让"这出戏中，通知全国的文告、玺文、诏书以及杨坚身着龙袍登基的礼仪文章等，全部出自李德林之手。李德林在杨坚代周立隋的过程中立下了大功，所以，杨坚称帝后，任命李德林为决策机构的内史令。都说伴君如伴虎，屡建奇功的李德林会继续得到皇帝的信任吗？

赤心报国，隋文帝因何勃然大怒疏远功臣？
居功至伟，李德林为何郁郁寡欢客死他乡？

隋文帝杨坚建立隋朝以后，一直想征讨南陈，完成统一大业。李德林也多次向杨坚进献灭陈的计谋。灭陈之战打响后，杨坚曾向李德林承诺，等平定南陈之后，将以七宝奖赏他，因为灭陈的功劳没有一个人能比得上他。然而统一江南之后，就在杨坚准备给李德林立一等功时，另一位大臣高颎出来反对，他陈述了各种不应重赏李德林的理由，杨坚还真的听进去了，下令收回了对李德林的赏赐。

本是居功至伟，最后却落得一无所获，这让李德林很失望，更失望的是隋文帝越来越冷落、疏远他。为什么呢？因为李德林为人太耿直，时常犯颜直谏，得罪皇帝。

隋文帝当上皇帝之后，内史监劝杨坚杀尽旧皇族宇文氏一族，以绝后患，很多人都附和，唯有李德林反对，认为不能如此狠毒，给后世留下笑柄。李德林义正词严的话，把杨坚气得脸色都变了，对李德林说："你真是书生意气，无法与你共商大事。"

宰相苏威建议设立"乡正"，掌管民间诉讼，李德林认为不妥，但见隋文帝支持，只得转变了态度。推行之后果然产生了一些弊端，隋文帝要废除，李德林认为朝令夕改，必然会使政令失去权威，这不是帝王实施法令规章制度的原则。杨坚听了李德林的话怒不可遏，大骂道："你想把我说成王莽吗？"然后拂袖退朝。

这样的事一而再、再而三的发生，原来融洽的君臣关系，被工作上的分歧破坏了。最后，李德林被问了罪，杨坚丝毫不留情面，将他贬为怀州刺史。担任刺史一年多后，李德林在忧愤伤感中死去，享年61岁。

这正是：

隋朝一秘李德林，仗义执言真忠君。
平陈统一留功业，被贬出京令人悯。

第五十四回 史家李百药 秉笔泾渭分

上一回说到李德林一支妙笔定乾坤，一生忠义为家国。这位隋朝第一大秘书历经坎坷，抱憾离去。他的儿子李百药继承了父亲的学识和才气，在大唐王朝开创了一片新的天地。这又是怎样一段故事？

李百药，字重规，他生在定州安平，自小脑瓜就好使，不过身板却不怎么结实，所以，疼爱他的祖母赵氏就给他起了"百药"这个名字，为的就是让他健健康康地成长。

这孩子长到七岁，读书已经能读出文章大意；等到20出头，就当了隋朝的东宫通事舍人，成了太子杨勇的幕僚。李百药年少才高，人品叫得响，本事也过硬，在工作岗位上干了没多久，就接连升官，成为太子身边的大红人。渐渐地，李百药觉着有点儿不对劲，总觉得别人看他的眼神有点儿古怪，总听着有人在背后嚼舌根。他知道，当红的日子不好过，倒不如暂时躲一躲风头，于是，干脆请病假辞了官。

是金子总得发光，人才总不能老是躲躲藏藏。公元599年，李百药再次应召入宫，做起了最拿手的老本行，他编修《五礼》，制定律令，撰《阴阳书》。正在李百药施展文笔亮才华的时候，一场政治斗争的暴风雨把他逼进了死胡同。这到底是怎么回事呢？

话说当年，隋文帝的二儿子杨广存有野心，一直惦记着大哥杨勇的太子宝座，他招揽人才，积蓄实力，曾经还想着把李百药拉拢在自己身边。李百药念着太子杨勇的知遇之恩，怎么能跟杨广凑在一堆呢？他这话自然不能明着说出口，只好又把病假条拿出来做了挡箭牌。李百药葫芦里装的这丸药，杨广不是不明白，他就此把李百药划进了敌人的阵营。

隋文帝一朝故去，杨广的计划得了逞，他大模大样地坐在龙椅之上，就是历史上的隋炀帝。这回，李百药可算是遭了殃，一来二去，他被一撸到底，回归乡里。整整五年过去了，他才复出做了如今山东曲阜鲁郡的步兵校尉。转眼又是四年，李百药调到了会稽郡（今浙江绍兴），不久之后，又去往福建建瓯做了建安郡丞。

就在李百药东奔西跑调动工作的时候，隋炀帝死于江都兵变。一时间，天下乱得不成样子，李百药也脱下官袍，参加了农民起义，追随着杜伏威奔走江南。那时候，势力最大的就要数李渊父子那一拨，李百药洞察风云，做出判断，劝着杜伏威归降唐朝。杜伏威听了他的主意往京城走，走到半截又觉得后悔，想让自己的部下辅公祐杀了李百药。多亏了杜家的养子明事理，一直护着李百药，才让他逃过这一劫。

后来，辅公祐起兵反唐，李百药也被搅进了这潭浑水。可是，辅公祐根本不是李唐王朝的对手，折腾了没两天就被人家一锅端了。李渊为这事发了脾气，打算要治李百药的罪。就在这个节骨眼上，杜伏威计划杀害李百药的事情大白于天下。李渊一琢磨，李百药不是坏人，可是，他到底也不是一心为李唐王朝尽忠，多少要给他个教训，就让他流放远方吧。

李百药一去千里，到了如今的甘肃泾川。直到唐太宗即位，才把他召回京城，封作中书舍人，赐爵安平县男，同时还给他派了一项重任——参与修撰《五礼》和律令。李百药这趟回京赶上了好时候，那年，魏徵奉旨编修史书，李百药凭着家学和才气成了修史小组的成员，当上了《北齐书》的责任编辑。

那些年，正是李百药一生中最舒心的时候，官做得安安稳稳，日子过得舒舒坦坦，工作做得得心应手，领导同事之间也处得相当不错。唐太宗待李百药很是厚道，李百药知恩图报，为国家倾尽心血。

仗义执言，李百药如何亮出真知卓识？
秉笔直书，史学家怎样撰写北齐旧事？

贞观初年，唐王朝举办了一次重大的政治辩论，题目是实行封建制还是实行郡县制。唐太宗为了兼听则明，就把大臣招呼到一块研讨这个重大命题。当时，封建制的反对者占了大多数，魏徵、长孙无忌、马周等重量级人物都在这个阵营，不过，他们只是口头上表了态，并没有呈上书面奏章。只有李百药拿出了一部长篇奏章《封建论》，摆事实讲道理，把问题说了个清清楚楚、明明白白。

他认为：时代不同了，制度也得变，改封建制为郡县制乃大势所趋，理所当然。抱着老理儿不放手，这事绝对行不通。如果还按照从前的旧例，封邦建国，总有人吃着老本吹牛皮，不靠自己的本事图进取。长此以往，国家还能好吗？还不是诸侯王各行其是，分封国成了仇敌，兵荒马乱，民不聊生，这一类的倒霉事一定是在所难免。想想从前的春秋战国，就是典型的反面教材。要是实行了郡县制，内外官员量才而用，任贤使能，严肃考核，规范纲纪，国家发展才能走上正轨。

李百药的《封建论》道理讲得明白，思想论得深刻，这一番良言打动了唐太宗。从这往后，唐太宗更把李百药看作治国的良臣，当成得力的助手。

后来，唐太宗还请李百药做了太子李成乾的辅导老师，李百药在教师的岗位上同样尽心尽力。太子年轻贪玩儿，把学习的事情放到了一边。李百药李老师就着这事写了一篇《赞道赋》，奉劝太子好好学习，天天向上。这篇文章恰巧让唐太宗看见了，皇帝对此大加好评，专门表扬了李百药，还赏了他 500 段彩绢作为奖励。

李百药忠君爱国，就连当朝的长孙皇后也特别赏识他为人的品德和为官的操守，常常在唐太宗面前夸奖李百药。可惜的是，贤良淑德的长孙皇后好人命不长，在 36 岁那年就离开了人间。李百药感念皇后的恩德，写下了这样一首挽歌：

悲回两仪殿，怅望九成台。
玉辇终辞宴，瑶筐遂不开。
野旷阴风积，川长思鸟来。
寒山寂已暮，虞殡有馀哀。

李百药人品好，才华高，谁提起他来都是十二分地敬重。德高望重的李百药从来不拿架子不摆谱，平日里话不多，一到事上更是做得多说得少。赶上费劲的活儿，他头一个抢着干，遇上发财的事，他总是让给亲朋好友或年轻人，堪称当时当代的"河北好人"。

李百药这一生中做过的事情真不少，其中最出名的一件就是牵头撰写了《北齐书》。这一部包含心血的巨著是集体智慧的结晶，也是老李家的家学传承。起初，李百药的父亲李德林就为这部史书打好了底子，后来，李百药接茬上阵，终于完成了这项重任。名垂青史的《北齐书》究竟是怎样一部作品呢？

这事细说起来，要从李渊在位的时候讲起，那会儿，皇帝指派裴矩、魏徵等一批专家学者撰写北齐史，时间用了不少，事还是没有办成。直到贞观年间，唐太宗又把编史的事情提上了日程，专门设置了梁、陈、齐、周、隋五朝史的编写机构，由魏徵领衔做了总编，李百药就是北齐史的责任编辑。李百药不辱使命，潜心研究，用了七年的时间铸就了这一部经典大作。

史书都是写历史，李百药这部《北齐书》又有什么不一般的地方呢？

首先是《北齐书》总结政治得失，堪当一面明镜，善与恶，忠与奸，全都在字里行间写得明明白白，不但饱读诗书的文化人能够看得懂，就连普通的老百姓也能读明白。其中不仅记载了历史，同时也记下了不少当时的口头语，深入浅出的历史故事更能把鼓舞人、教育人的作用发挥到最大。

其次，《北齐书》中不仅记载了帝王将相的大事小情，也把农民起义的情况刻画其中，这可是给封建社会的正史开了新篇。从前，没有哪位学者把这类事情列于正史之中，只有李百药以不同凡响的胆识做出了这一番举动。这正是一位史学家对历史负责的严肃态度，也是一位政治家忠君爱民的高尚节操。

第三，一部《北齐书》，不单是历史的写照，也是北齐时代科技发明的大全集。其中记下了河间人信都芳废寝忘食搞发明的故事，留下了邢台人綦母怀文研究灌钢技术的传奇。这些珍贵的史料让后人知道灌钢技术的发明在我国已经有1500年的历史，比欧洲的炼钢法要早上1000多年。

一幕又一幕的历史在《北齐书》中浮现，一字一句凝结着编著者严于治学的精神，一页一页包含着春秋笔法的大义。

> 一部史书，如何摆清事实讲明道理？
> 一位奇才，如何声传百代名留青史？

《北齐书》在史学界名声叫得响，名气传得远，靠的多半是李百药秉笔直书、实事求是的史家之德。对于做人来说，做一件好事不难，难的是一辈子做好事；对于历史学家而言，歌颂帝王的丰功伟绩不是什么困难，难的是把好事坏事全都客观真实地记述下来。在唐代初年编修的五部史书之中，要论哪一部记载封建帝王的丑事最多，就得数李百药这部《北齐书》了。

比方说，《北齐书·皇后列传》中记下了这样一件事：文宣帝高洋淫乱后宫，跟哥哥高澄的妻子元氏闹出了一段龌龊事。上梁不正下梁歪，这种坏人坏事在北齐皇宫中代代相传。等到武成帝高湛即位之后，又逼着高洋的皇后李祖娥重演了一出糟心的闹剧。

《北齐书》中的《卢中传附子宗道传》还有这样的记载：范阳涿州人卢宗道作为北齐的高官，占着官位不为民做主，一天到晚就知道喝酒作乐，这还不算，他还要祸害好人家的姑娘。当年，他跟中书舍人马士达一起吃喝玩乐，马士达随口说了一句："弹箜篌那女孩子一双手又细又白，真是好看。"卢宗道立马就表示要把这个姑娘送给马士达，马士达没想到这一句话惹出这么多事，就谢绝了卢宗道。没想到这还不算完，卢宗道招呼手下把那姑娘的手剁了下来，非要送给马士达。这回，马士达算是没辙了，只好收下这份血腥恐怖的礼物。

恶魔一样的卢宗道为了一时痛快，不惜致人残疾，要说这还算轻的。另有一回，他在如今北京附近的督亢陂大摆筵席，酒桌上有一个卢宗道的旧门生，喝多了难免讲了两句胡话。这正是祸从口出，就因为这几句话，一个大活人就被卢宗道淹死在水中。

北齐暴政，帝王无道，日落西山也就成了必然，这个道理清清楚楚地体现在《北齐书》的记述之中。《幼主高恒纪》中提到，北齐后主高纬用的都是贪污受贿的坏官，干的都是祸国殃民的坏事。高纬对治国理政完全没兴趣，最乐意干的事就是大兴土木盖房子，劳民伤财造佛像。一国的君主没个正事，国家还能好得了吗？

李百药用事实说话，说出了好多人想说却不敢说的真理。虽然，他的父亲李德林在北齐做过高官，但是，李百药不唯亲者讳、不唯尊者讳，该写的照实写，一点儿也不遮遮掩掩、曲笔粉饰，这正是史家难能可贵的忠诚。

李百药的学问高，文笔好，诗歌文章中也体现了他的才华和德行，他一生留下了文集30卷，传世的诗作有20多首。李百药诗歌的内涵很是深刻，句子却明白易懂，据说，当年乡下砍柴的农民、放牛的娃娃都能随口吟上两首。他的作品不仅得到了草根阶层的喜爱，就连唐太宗也对李百药的文采大加好评。那时候，唐太宗年岁已高，他自己写了一部《帝京篇》，又让老下属李百药就这个题目另作一篇。待李百药的稿子拿给皇帝一看，唐太宗的眼睛就放出了光芒，说："爱卿啊，你年纪也不小了，文采还是这么棒！创意还是这么新！"

贞观末年，李百药觉得自己这匹老马再也走不动了，就辞官回到了故乡。在他84岁那一年，李百药安详地离开了人间。

这正是：

仰无愧天李百药，胸怀大才著史稿。

诚义忠君教太子，一论一赋天地昭。

第五十五回 得失问魏徵 千古一诤臣

上一回说到大唐义士李百药忠心事明君、潜心著史稿的故事，这一回我们要说说他的老领导魏徵。俗话说，伴君如伴虎，魏徵在唐太宗身边待了17年，这位性情直率、爱提意见的河北人在这样一个高风险的岗位上，经历了怎样的风风雨雨，君臣之间又留下了怎样流传后世的故事？

魏徵，字直成，生于隋文帝杨坚取代北周建立隋朝的头一年。关于魏徵到底是哪里人，北宋以来一直争论不休，不过根据历史考证，魏徵是巨鹿郡下曲阳人，也就是现在的石家庄晋州人。

魏徵出身书香门第，他的父亲魏长贤曾担任北齐屯留县令，原本应该是个衣食无忧的官二代，只是魏徵时运不好，一天好日子也没过上，在他出生之前三年的时候，北齐被北周消灭了；在他刚满一周岁的时候，北周又被杨坚的隋朝给取代了。连续的改朝换代，连续的政治洗牌，生生把原来勉强称得上望族的魏氏给弄成了寒门。为了谋生，魏徵很早就出家做了道士，云游四方，拜师求学。

魏徵聪明好学，博览群书，精通各家学派学术，有着经世济民的抱负，只可惜空怀一腔壮志无从施展。隋朝末年，国家动荡不安，农民起义此起彼伏，生逢乱世的魏徵也想着做一个乱世英雄。他先是投奔李密，参加了李密的瓦岗军，后又归顺了唐朝。太子李建成听说了魏徵的名声，举荐他出任太子洗马，进入东宫任职。就在魏徵准备大展宏图的时候，又陷入了李世民和李建成两兄弟太子之争的漩涡中，这又是怎么一回事呢？

作为太子身边的亲信，魏徵当然得积极为太子谋划夺位大事。那时候，窦建德的旧部将刘黑闼在与李世民决战兵败后，逃到突厥。休整了一段时间，借着突厥的兵力，刘黑闼又卷土重来。魏徵看机会来了，给太子李建成出主意说："殿下，如今秦王功高位重，有夺位的野心。我个人认为，为了稳固您储君的地位，您应该主动请缨出兵东征，统帅河南、河北的军马去讨伐刘黑闼。"李建成接受了建议，带着魏徵一块儿出征，在河北一带大败刘黑闼，最终消灭了河北的起义军，平定了河北。

对刘黑闼一战，为太子李建成赢得了荣誉和威信，同时也使兄弟间的皇位之争更加激烈。在李建成和李世民的较量中，魏徵多次建议李建成，及早除掉李世民，但李建成优柔寡断，没有采纳魏徵的建议。

位于晋州市魏徵公园的魏徵像

公元626年，李世民在大舅哥长孙无忌、尉迟敬德等人的支持下，通过玄武门之变，杀了太子李建成和齐王李元吉，逼迫父亲李渊立自己为太子。同年8月李渊被迫禅位，自称"太上皇"，从此退出唐朝政治舞台。李世民登基，为唐太宗。

到目前为止，魏徵的人生履历已经让人眼花缭乱，辛苦了几十年，先后几次易主，押宝自己的前程，每一次都押错了地方，连个稳定的靠山都没有找到。有人觉得魏徵的眼光差，因为他挺谁谁死。随着太子李建成的倒台，所有人都认为魏徵这次完了，可事情又峰回路转，魏徵不但没有被处死，反而从阶下囚成了大唐谏官，这其中又发生了什么事情呢？

坐稳江山的李世民听说一直给太子出主意要杀死自己的是魏徵，十分气愤，他质问魏徵："你为什么要三番五次地离间我们兄弟的关系？"左右的大臣听到李世民这样发问，以为要秋后算账，都替魏徵捏了一把汗。但是魏徵却不卑不亢、不慌不忙地回答说："可惜那时候太子没听我的话。要不然，也不会发生这样的事了。"

魏徵此话一出，在场所有人都觉得他性命难保。然而出人意料的是，李世民当场给魏徵松了绑，不但免他死罪，还让他做了大唐的谏官。为什么呢？唐太宗看中的就是这个人的胆识和忠诚仗义的品格。从此，魏徵加入了李世民的团队，他的满腔才华和抱负也终于有了合适的舞台。

在长达17年的合作中，唐太宗和魏徵达成一种既默契又微妙的关系，他们之间发生了很多小故事，不仅为世人津津乐道，还作为君臣关系的典范载入史册。这究竟是怎样的一对搭档呢？

贤惠仁德，长孙皇后为何支持夫君夺人之妻？
知无不言，诤臣魏徵如何直言相谏劝阻皇帝？

历史上有这样一种说法：喜逢知己之主，思竭其用，知无不言。中国所有的士大夫都渴望赶上一个好上司，能够发挥自己的才干，魏徵也不例外。所以，当魏徵发现自己遇上了一位明君，就"知无不言，言无不尽"，竭尽全力地辅佐这个信任他的皇帝。

贞观二年（628年）长孙皇后体弱多病，听说一位姓郑的官员有一个十六七岁的女儿，才貌出众，是个绝色美人，便请唐太宗纳入宫中，李世民便将这个女子下诏聘为妃。魏徵调查了解到这位女子已经许配陆家，立即入宫进谏。唐太宗听完以后大吃一惊，当即决定收回成命。但其他大臣如房玄龄等人却认为郑氏许配他人的说法是子虚乌有，坚持诏令有效。同时陆家也派人递上表章，声明以前两家虽有往来，却并没有定亲一事。这么一说，弄得唐太宗半信半疑，又召来魏徵询问："你说人家许配陆家，可是陆家不承认这门亲事啊！"

魏徵直截了当地说："我的皇上啊，这点儿奥秘您还不明白？谁家敢和皇上争女人！陆家否认这件事，还不是怕陛下以后借机加害吗？"唐太宗这才恍然大悟，坚决收回了诏令。

魏徵性格耿直，凡是他认为正确的意见，必定当面说，决不背后议论。有一次，唐太宗向长孙无忌诉苦说："魏徵每次给我提意见，只要我不接受，他就不依不饶!"还没等长孙无忌答话,魏徵接过话头说:"陛下做事不对,我才进谏。如果陛下不听我的劝告,我又立即顺从陛下的意见,那岂不违背了我进谏的初衷了吗?"您听听,这等无懈可击的口才,太宗也的确无言以对。不过魏徵的政治才能可不仅仅在嘴皮子上,他有一套非常科学的理政思路,为什么这么说呢?我们来说这样一个事例。

唐朝初年,由于长期战乱,兵源减少,有人建议,征兵对象如果未满18岁,只要身强体壮,满15岁便可入伍,唐太宗同意了,但魏徵却把诏书扣住不发。负责征兵的大臣到太宗那里告状,唐太宗大发雷霆,训斥魏徵为何在急需军士的时候扣发诏书,贻误军情。

魏徵讲了一个原则,就是人无信不立,如果皇帝已经规定了18岁才可以服兵役,现在居然又要去找那些18岁以下长得壮实的人,那就属于国家失信。如果一个统治者不能取信于民的话,那么你以后说出来的任何一句话、发布的任何一个法律条文或任何一个政策,都可能被老百姓质疑,所以宁可不要那么多兵,也要国家的信誉。魏徵的一番话,说得唐太宗哑口无言,他立即下诏,免征不到18岁的男子入伍。

忠言逆耳,魏徵说的话虽然不中听,但唐太宗明白这都是为自己好,时间长了越发信任魏徵。看到太宗对魏徵如此信任,同朝为官的大臣们难免有点儿嫉妒,一封检举信就送到了皇帝面前,这信中到底写了什么呢?

检举信主要是诬告魏徵包庇自己的亲戚。于是太宗派人去查办,发现纯属诬告。太宗便警告魏徵要引以为戒,魏徵当即回答说:"我听说君臣之间,相互坦诚义同一体。如果不讲秉公办事,只讲远避嫌疑,那么国家兴亡,或未可知。"他还说:"我希望做陛下的良臣,而不要做所谓的忠臣。"唐太宗问:"那忠臣和良臣有何区别?"魏徵回答道:"让自己获得美名,让君主成为明君,世代相传,这是良臣;让自己身遭杀戮,使君主沦为暴君,家国并丧,这是忠臣。二者相去甚远。"太宗听了之后,点头称是。魏徵还向太宗提出了"兼听则明,偏信则暗"的为君之德,成为古代治国的经典理论。

在魏徵等大臣的辅佐下,过了两三年,唐朝便呈现出繁荣的局面。日子好过了,朝中很多大臣就有点儿飘飘然,想借此拍一拍皇上的马屁。贞观六年(632

年），一群大臣吹捧太宗功高盖世，应该效仿汉武帝，到泰山封禅，以显示治国功德，这话唐太宗听了当然很受用，可是这边皇上心里正美呢，却有人提着一盆冷水泼了过来，是谁这么没眼色呢？

不用猜，提反对意见的又是魏徵。唐太宗觉得奇怪，便向魏徵问道："你反对封禅，是不是认为我功劳不高、德行不尊？"魏徵回答说："陛下虽德高望重，但自从隋末大乱以来，户口并未恢复，仓库空虚，而此番车驾东巡，千骑万乘的，耗费巨大，沿途百姓承受不了。这样图虚名而自讨苦吃的事情，陛下为什么要做呢？"这么一说，果然管用，李世民从此不提封禅之事。

魏徵身材矮小，相貌平常，而太宗却魁梧伟岸，两人经常因为政见不统一当庭辩论。每每争辩起来，魏徵激昂慷慨，滔滔不绝，如入无人之境，这点让太宗恼火透顶，一次真被逼急了，甚至放出狠话，要杀死魏徵这个乡巴佬。君无戏言，魏徵这次还能逃得过吗？

犯颜直谏，魏徵如何令皇帝心生怒火几度难堪？
一代贤良，长孙皇后将怎样智保忠臣巧妙周旋？

用现在的话说，魏徵这人实在没有眼力见儿。有一次，太宗在北门皇宫区兴建房屋，这项工程不在计划之内，房玄龄经过这里问了问监工，监工就去报告了皇帝。太宗训斥宰相房玄龄说："你只管南衙的事就行了，朕在北门营造，和你有什么关系？"房玄龄只得谢罪。

魏徵却在一旁说："陛下为什么责备丞相，丞相又为什么要谢罪？房丞相是陛下的要臣，陛下要营造房屋，他怎么不可以知道？如果是合理的营造，就应该全力建好；如果不合理，就应该停建。这才是'君使臣，臣事君'的道理。"

魏徵总是当着大臣面跟太宗争论，让太宗下不来台。一天，太宗被他气得面红耳赤，散朝回到宫中，怒气冲冲地说："总有一天我要杀死这个乡巴佬！"长孙皇后听了问："皇上要杀谁？"太宗说："魏徵常常当众顶撞我，当然是杀他了。"长孙皇后听了，急忙穿上朝服出来，向太宗道贺说："魏徵忠直，正因为陛下是明君。"太宗听了，脸色才由阴转晴。

魏徵这个性格，也幸亏遇上了明君，不过，也正是在魏徵不断地给皇帝"添堵"中，两人形成黄金组合，使唐朝在政治上少走了弯路，走向强盛，迎来了贞观之治。鞠躬尽瘁的魏徵在辅佐唐太宗的第17个年头病倒了，唐太宗看在眼里，急在心里。魏徵能否恢复健康，这君臣二人的缘分还能继续吗？

　　贞观十七年正月，魏徵病情恶化，唐太宗除了派医生住在他家，每天通报病情外，还决定安抚一下老臣。怎么安抚？要说这唐太宗对魏徵是真好，他把自己的爱女衡山郡公主嫁给了魏徵的儿子魏叔玉，当时，唐太宗还做了一件传统社会老百姓都不常做的事情。古代讲究男女授受不亲，在没有结婚之前，儿媳妇是不能够到公公面前去的。但是在魏徵身上，唐太宗打破了这个原则，他把公主领到了魏徵的病榻前，叫魏徵睁开眼睛看一眼准儿媳。然而就算有皇帝这么大的精神鼓舞，魏徵还是去世了。

　　魏徵去世后，皇帝特别决定让他陪葬昭陵，在半山腰给魏徵建了一个坟墓。安葬时，太宗登上苑西楼，望着灵车失声痛哭，还下诏命令百官送丧到郊外。他对大臣们说："以铜为鉴，可以正衣冠；以史为鉴，可以知兴衰；以人为鉴，可以知得失。今天魏徵去世了，我失去了一面镜子啊！"唐太宗把魏徵看作一面镜子，这既是对他们君臣关系的生动概括，也是对魏徵的公正评价。

　　这正是：

　　一代奇才生乱世，三易其主遇明君
　　千秋金鉴垂青史，贞观之治有诤臣。

第五十六回 贞观大文豪 颖达孔家门

上一回我们讲了大唐诤臣魏徵的诚义故事，魏徵是唐太宗时期人气很高的大臣，直到今天还拥有众多粉丝。其实在魏徵的同事里，还有一位了不起的人物，不过这人为人低调，知名度和魏徵相比差了很多，他就是唐代伟大的训诂学家——孔颖达。这位大学问家有着怎样的智慧人生？

在河北省衡水市桃城区前马庄村西300米处，有一座1米多高的墓，墓碑上刻着立碑的时间：民国九年，还有墓主人的名字：唐祭酒赠太常卿孔颖达先生。1983年7月23日，这座墓被定为河北省重点文物保护单位，当地人管它叫孔颖达的"衣冠冢"，其实在这座墓里，既没有孔颖达的尸骨，也没有孔颖达的衣冠。当年孔颖达病死后，唐太宗李世民非常悲痛，下诏把这位孔大师的遗体、衣冠陪葬在昭陵，就是位于西安的唐太宗墓地，让他死后也能和自己做伴。所以如今衡水市的这座孔颖达墓，只是当地人为表达敬重而修建的纪念墓冢。

上至一朝天子，下至黎民百姓，孔颖达赢得了众口一词的好口碑，他到底凭借什么扬名立世，他的一生经历了怎样的传奇呢？

公元574年，孔颖达出生在冀州衡水，就是今天的衡水市。衡水文化气息很浓，打从秦汉时期就是中国儒学教育的重要基地，从这里走出过不少文化名人。一方水土养一方人，孔颖达的家族就是世代书香的仕宦之家。他出生后，闻着书墨的香味一天天长大，慢慢被熏陶成了一个地地道道的文学青年。孔颖达的曾祖、祖父、父亲都是高官，所以他的家族是地位比较显赫的富贵之家。不过孔颖达既不爱仗势欺人、也不好炫富，他为人谦逊，从小就踏实做事、低调做人。

孔颖达有个聪明的脑瓜，悟性很高，很小的时候就能读懂《左传》《尚书》《礼记》《诗经》这些经典，这也为他后来成为当时最伟大的经学家奠定了基础。上学之后，孔颖达成了不折不扣的学霸，除了他最喜欢的儒学经典，他还阅读诸子百家，学习历算，更擅长写文章。一肚子的学问让孔颖达整个人看起来很有气质，举手投足透着温文尔雅。

少年时代，孔颖达曾经跟着当时有名的大儒刘焯学习。刘焯是个大学问家，他脑子里就像装了本百科全书，懂的东西多，而且样样精通。当时学术圈里的人把刘焯捧得很高，说他就是董仲舒再世，没人比得了。对于学子们来说，他们的终极目标就是成为刘焯的弟子。刘焯府上，每天都有很多人上门拜师，有的甚至不远千里从外地赶来。

孔颖达是向刘焯求学的学子之一。不过这位刘大师很孤傲，还有点儿贪财，对学子们看人下菜碟，谁要是一身华服看上去像富家子弟，他就对人家和和气气的，反之，就不大爱理人。孔颖达这孩子生活简朴，穿的都是最普通的衣服，所以刘焯对他一开始也不怎么正眼看，后来上课的时候，孔颖达常常向刘老师提一些经学的难题，还条分缕析地说出自己的看法。刘焯发现这孩子真是做学问的料，从此对他格外看重。孔颖达在名师门下刻苦求学，虚心求教，学问又百尺竿头更进一步。毕业之后，刘焯想把孔颖达留下做助手，但是，孔颖达不想一辈子待在学馆里，他谢绝了老师的好意，自己到各地开办讲座，传播儒学经典，当时他才只有20多岁。

舌战群儒，洛阳盛会如何一站到底？
转投明主，十八学士因何备受重视？

公元650年，隋炀帝杨广即位，改元大业。提起隋炀帝的人品，很多人都摇头，但又不得不承认他在治理国家上很有思路，他开创了中国历史上一系列先河，包括中国的科举制度。隋炀帝喜欢文学，重视儒学，在全国召集儒生才子，孔颖达就在这次全国海选中脱颖而出，被授任当上了河内郡经学博士。

不久，隋炀帝下令在洛阳举办了一场儒学讨论大会，孔颖达也参加了这个盛会。那天，全国各地的名人学士云集洛阳，以文会友，研经讨古。孔颖达少年老成，才思敏捷，对评审们提出的难题对答如流。主考官们就像发现了宝贝一样，争着想把孔颖达拉到自己门下。这一次儒学大会后，孔颖达彻底出名了，不久他就进入了高等学府，做了太学助教，这时他32岁，是应召儒学家中最年轻的大师。

名气一大，孔颖达的麻烦就来了，说起来都是那场儒学大会惹的祸。当时孔颖达舌战群儒，很多对手都是小有名气的当代名儒，他们虽然读了不少圣贤书，可境界却不怎么高，做起事情来也不怎么磊落。儒学大会上，居然被一个无名小辈比了下去，这件事情让他们心生恼恨，种种羡慕嫉妒恨叠加成为一股邪火，居然暗中派刺客加害孔颖达。幸亏当时的礼部尚书杨玄感把孔颖达藏在自己家里，才使这位大才子幸免于难。孔颖达虽然一心想着报效国家，传播文化，可是生不逢时，荒淫腐败的隋炀帝把天下弄得挺乱，一身本事找不到用武之地，为了避难，孔颖达逃到了河南荥阳的虎牢关一带。

不久，李渊控制了长安，自立为皇帝，创建大唐。李渊的儿子李世民也崇尚儒学，他特设了文学馆，招揽天下文士，为他治国平天下储备人才。这年十月，孔颖达和另外17位大学问家被同时授为文学馆学士，号称"十八学士"。

李世民让大画家阎立本为十八学士画了写真，然后把这些画像都挂在凌烟阁。凌烟阁是李世民专门为了表彰功臣而建的，画像能挂在这里，可见这位当权者对知识的尊崇。这十八学士轮流值班，团结在李世民周围。每次上完朝，李世民就把当班的学士招来，和他们讨论古籍学问，研究文化和治国方略。李世民对这十八学士的确非常优待，不但付给他们高薪，还赐给他们美食。十八学士里的杜如晦、房玄龄，后来都成了李世民的心腹谋臣。

公元626年，玄武门之变，李世民杀了自己的两位兄弟李建成、李元吉，让父亲李渊立自己为太子。他的十八学士也加官晋爵，孔颖达被封为国子博士，成了全国最高学府的高级教官。

公元627年，李世民登上了皇帝宝座，新皇帝上任的第一件事，就是论功行赏，把辅佐过自己的人都加官晋爵。孔颖达被封为掌管皇帝诏令的秘书长，是皇帝身边的机要秘书。当时唐太宗励精图治，孔颖达就经常引用《论语》，给唐太宗提出一些建议。

有一次，唐太宗问孔颖达："《论语》中说：'以能问于不能，以多问于寡，有若无，实若虚'，这是什么意思？"孔颖达回答说："这是圣人教育人要谦虚！能力大的人应该向那些能力小的人请教，知识多的人向知识少的人请教。如果一个皇帝，一味炫耀自己的聪明睿智，恃才傲物，上下之间就会言路不通。"唐太宗对孔颖达这番解释连连称赞，他对孔颖达寄予厚望，还把对太子李承乾的教育委托给他。

孔颖达兢兢业业，恪尽职守，可惜这个太子李承乾不是读书的料，他好的是吃喝玩乐、美女香车，之乎者也的道理是一点儿听不进去。太子实在不走正道，李世民不得已下诏废了他，其他东宫太子的属官都因为为虎作伥被罢官，只有孔颖达、于志宁等人因为平时对李承乾尽心尽职，太宗对他们特别宽待，没有因为这件事责怪他们。

作为当年秦王亲信的几个文臣之一，孔颖达在后来的政治生活中，不像房玄龄、杜如晦那样功业卓著，他在太宗朝的主要贡献不在于政治，而在于对中华文化的复兴和中华传统道德礼仪的传承。他支持魏徵组织编修五朝正史，总结前朝帝王臣子们的成败得失，以史为鉴，以诫后人。他还受命与魏徵、颜师古等一起编修《隋书》，因为编著史书的贡献，被称为大唐"良史"。

孔颖达一辈子都在书堆里打转，他最大的成就是主持编纂了《五经正义》，为经学的统一和汉学的总结做出很大贡献，他真诚的人性，也在这学问之中表现得淋漓尽致。《五经正义》是一部怎样的著作？编纂过程中孔颖达遇到过哪些难题，他又是怎么化解的呢？

孔颖达在学术界最大成就是奉诏编纂《五经正义》，在隋炀帝实行科考之前，四书五经流派很多，不过这并不影响儒家经典的传播，也不影响国家选拔人才。可是，自从国家通过科考选拔官员，这五经版本的意义可就大不一样了，就算国家科考要求的课本一样，可如果没有规范，科考就很难公平。

正是因为这个原因，唐太宗才下令孔颖达主持编纂五经注疏定本。孔颖达主持的《五经正义》的编修，从接到命令到成书，前后不过一年，文稿总数达10万字，共计170卷，效率之高令人咋舌。那么孔颖达为什么能够如此神速地完成这项大业呢？

一是因为孔颖达本身学识渊博，对于历代的校注学术积累了如指掌，成竹在胸；二是因为这项事业和孔颖达的为人，得到了一大批学士的积极配合。正是在这些人的帮助下，孔颖达在一年的时间里就创造出了一个文学奇迹。

孔颖达编修的《五经正义》涉及很多儒学大师的成果，该怎么评价他们的学问，是对孔颖达学术水准和品德的考验。尤其是对他曾经的老师、河北大儒刘焯的评价，更要公正公平。那么，孔颖达该如何把握门派、师生、学术品德和职业操守的关系呢？

孔颖达利用前人的研究成果，态度很严谨，即使是前辈权威和自己的老师，也决不盲从。刘焯、刘炫这"河北二刘"，一直是孔颖达心中的偶像，但他也客观地指出二人穿凿附会、自立新说的毛病。比如刘焯注释的《尚书》常常故弄玄虚，根本没什么作用，反而让人更糊涂。还有刘炫的《尚书》，注释很浅显，可文辞又太华丽，只有光鲜的外表，内容却禁不起推敲。

在孔颖达的精心组织和大批鸿儒学者的配合下，《五经正义》编纂成书，贞观十二年，这部著作呈奏给皇帝，唐太宗非常高兴，对孔颖达等人进行了嘉奖。

美玉微瑕，编纂团队如何应对挑剔质疑？

名扬千载，《五经正义》如何成为千古之最？

《五经正义》里有上百篇文章，包罗各家，内容很杂，其中难免会存在一些错误。平日里早有人看孔颖达不顺眼了，觉得他深受太宗喜爱，心里不免各种羡慕嫉妒恨。这个人叫马嘉运，也是个文官，他摘取了《五经正义》中的疏漏，大做文章，诋毁孔颖达的成就，但已经耳顺之年的孔颖达坦然面对这种学术挑剔，他接受了唐太宗的圣旨，组织人马重新审订这部著作。

受到这个打击，原来的编纂团队里很多人都觉得很失落，提不起干劲儿，这次修复工程进展得很慢。公元648年，《五经正义》还没有定稿，75岁的孔颖达已经重病缠身，最终带着遗憾离开了人间。一直到他死后的第五年，审定工作总算结束了，前后经历了12年。后来唐高宗李治下令，把《五经正义》

颁布于天下，以后的经学考试都以这部著作为教材。

孔颖达病逝以后，唐太宗让他陪葬在昭陵，还在他的墓碑上写了八个大字："九泉虽人，千载名扬"。作为一代鸿儒，能得到这样的礼遇，这在历史上是很少见的。

后世学者们认为，如果评选中国古籍版本之最，那《五经正义》肯定位居榜首。它的发行之广、影响之深，远远超出了唐代统治者"统一经说以利科考"的初衷，对整个中国传统儒学的传承做出了特殊贡献。这就是河北鸿儒孔颖达的不世之功。

这正是：

忠义一生是鸿儒，校注五经留名著。
文化复兴志不移，道德楷模传千古。

第五十七回 大唐一名相 高氏出良臣

上一回说到了唐朝学者孔颖达的智慧人生，今天再来说另一位大唐名士。他身世显赫，身居高位，却谦虚谨慎，一生踏踏实实做事，清清白白为官，这位谦谦君子究竟是谁，他又在盛世的历史上书写了怎样的精彩？

说起唐朝的宰相，很多人第一个想到的就是魏徵，他是历史上有名的诤臣，辅佐唐太宗李世民开创了贞观之治的盛世图景。魏徵病逝以后，唐太宗非常伤感，赋诗一首，寄托哀思。

魏徵病逝四年后，就是唐朝贞观二十一年，正月的一天，大唐京师长安崇仁里宰相府传来阵阵悲戚的哭声，相府的主人因病去世。唐太宗听到这个消息，伤心不已，他吩咐手下人速备车马，要亲自去吊唁。

宰相房玄龄一听皇上要亲往，大惊失色，连忙前去阻拦。原来，李世民在马背上打天下，常年征战，落下了病根，一直在服用丹药。按照传统说法，服药期间严禁沾染丧葬之气，否则会加重病情，所以房玄龄拼命阻拦。李世民却坚持前往，他哽咽着说："我当然知道服药之时不能临丧，可我跟他之间不只是君臣，他是我皇后的亲舅舅，长孙皇后11年前就仙逝了，如今我要替她尽孝啊。"

房玄龄拦不住，李世民率领数百骑出皇宫兴安门。就在此时，死者的亲外甥、李世民的大舅子长孙无忌来到皇上的马队前，泣不成声地拦住皇上的车辇说："陛下千万不能去！为天下苍生、黎民百姓，一定要珍重身体。我舅舅逝世前特别告诉我，他去世时，让我一定阻拦陛下吊丧，否则舅舅的在天之灵永无安息。万请陛下体谅舅舅的一片赤诚之心。"

李世民仍然很坚持，喝令让道，长孙无忌不仅不让道，反而伏在马前："陛下如果执意要去，就请放马从臣身上踏过！"李世民无可奈何，只得含着眼泪返回宫中，他随即颁诏，赠死者为司徒、并州都督，加谥号为文献，命其葬于自己的昭陵之侧。同时还吩咐，百年之后，立于太庙，要死者陪同，以享后世子孙四时之祭。

相府办丧事那天，唐太宗登上城楼，目送送葬的队伍远去，再次伤怀落泪。这位让唐太宗如此厚爱、如此割舍不下的逝者到底是谁呢？

他就是唐初宰相、河北名仕高俭。高俭是隋唐时期一位诚义之士，他的诚义之德，可以概况为侠义、孝悌、忠诚六个字。

高俭，字士廉，渤海蓨县（今河北景县）人。他出身名门，是北齐王朝的皇室贵族，祖父高岳、父亲高励都曾经在北齐担任宰相。高士廉从小就受到良好的教育，小小年纪就攒了一肚子的学问，长大以后做了官，他也处处严格要求自己，就像他的名字一样，品德高尚，为官廉洁。

高士廉还有个妹妹，嫁给了隋朝右骁卫将军长孙晟。只可惜这个妹夫去世早，只剩下妹妹一个人拉扯着一双儿女。看妹妹生活太辛苦，高士廉就把他们母子接到自己家中，吃穿用度照顾得非常细致。外甥女长大以后，嫁给了李世民，高士廉作为女方的娘家人出席了婚礼。十几年后，李世民成为一代帝王，外甥女成了皇后，他也成了更为显赫的皇亲国戚。

高士廉和李世民交情如此之深，当然不仅仅因为这层姻亲关系，他们还有着过头的交情。这里面又有怎样的一段往事呢？

肝胆相照，燕赵豪士怎样两肋插刀辅佐明主？
身体力行，益州长史如何大刀阔斧推进改革？

当年，隋炀帝带领大军远征高句丽时，后方的杨玄感起兵作乱，兵部尚书斛斯征牵涉其中。隋炀帝杨广平定叛乱以后，着手清洗杨玄感的余党，斛斯征得到消息，匆匆忙忙叛逃到高句丽。杨广正在气头上，下令将凡与斛斯征有牵连的人全部杀掉或者流放，高士廉跟斛斯政是好朋友，因此受到牵连，被贬到岭南。

当时的岭南地处偏远，蛮荒落后，瘴气又重，是个遭罪的地方。这不幸的遭遇，高士廉丝毫没有放在心上，临行前，他嘱咐妻子，好好在家侍奉父母。想到妹妹无处安身，他还特意把自己的大宅子卖掉，另外买了一座小宅子安顿妹妹，并且把全部积蓄都留给了妻子和妹妹。一切安顿妥当以后，他只身赶赴岭南。

过去通讯不方便，高士廉在岭南的几年，不知道中原乱成一锅粥，残暴的隋炀帝被宇文化勒死，同时送走了短命的隋王朝，李渊、李世民父子在乱世之中夺得江山，建立唐朝，天下初定。李渊想到自己的亲家高士廉还在岭南受苦呢，就派人去寻找他的下落，几经周折，高士廉最终平安回到了大唐京师长安。

高士廉返回长安不久，就卷入了一场惊心动魄的权力斗争，这就是著名的玄武门之变。武德九年六月四日清晨，李世民率领大舅哥长孙无忌、爱将尉迟敬德等人埋伏在玄武门，等到李建成、李元吉一起来上朝时，射杀了二人。随即，尉迟敬德率兵入宫，名义上是为李渊护驾，实际上逼着李渊退位，李世民坐上了龙椅。这场政变，策划者之一就是皇后的舅舅高士廉，因为立了大功，他被李世民提拔为侍中，随从左右。

不久之后，高士廉出任益州大都督府长史，统管四川事务，开始了他作为地方官的政治生涯。高士廉上任后，走访各地，体察民情，之后开始大刀阔斧的改革。新官上任三把火，这第一把火又是打哪儿烧起来的呢？

战国时期，李冰父子曾经带着四川百姓修建了一项利国利民的水利工程——都江堰，集防旱、排涝、灌溉于一身，也让益州（今成都）一带成为屈指可数的富庶之地。但高士廉来以后却发现，那些在河渠边上的土地因为灌溉便利，收成也好，每顷都价值千金，而这些上好的良田都被少数豪强大族以种种名义霸占。普通百姓只能在离河渠较远的贫瘠土地上劳作，一年下来收不到多少粮食，基本的温饱也满足不了。

高士廉下定决心改变这种状况，他一手打击地方土豪恶霸，一手帮着百姓开凿水利支渠，让更多的农田得到灌溉，改善了百姓的生活。大伙对高士廉又敬又爱，以至于后来高士廉的儿子在四川做官时，这里的百姓还经常赞颂他父亲的功绩，把高士廉父子与战国李冰父子相提并论。

正像戏文里说的：当官不为民做主，不如回家卖红薯。高士廉烧出了平均贫富的第一把火，赢得了百姓的叫好。那么，他新官上任之后的第二把火又从何而起呢？

四川地处偏远，交通不便，经济文化都很落后。高士廉一手抓经济建设，一手抓文化建设，每当有空闲时间，他就召集文化青年，交流经验、探讨学问，从中发现人才。对于青年人的每一点进步，高士廉都慰勉有加，鼓励他们开学校，办教育。几年之后，四川的学校教育蓬勃发展，文化知识广泛传播。

过去四川地区有一种落后的风俗，父母得了重病，子女们都认为是鬼魂附体，如果亲自照顾，会引鬼上身，所以都躲得远远的不敢靠近。有的在床头挂上一个食盆，给父母喂饭的时候站得老远，用木棍或树枝挑着食物递给他们。这里的老年人在忍受病痛的同时还要承受亲情的凉薄，晚景非常凄凉。

这种情景让高士廉很痛心，他下决心破除陋习，改变民风。他大力宣扬孝道，普及医学知识，亲自深入民间，给生病的老人煎药喂食，用自己的行为给百姓做出榜样。四川一带百姓感动的同时，也受到触动，对疾病有了正确的理解，父母病重时儿女都能侍奉床前，精心照料，不再担心什么鬼魂附体了。

高士廉上任之后的第三把火，就是礼贤下士。四川有位异士名朱桃椎，为逃避做官而隐居山林，在一条山溪旁搭了间简易的茅屋居住，夏天赤身裸体，冬天穿用树皮缝制的衣服，有人送给他东西，他一概不要。有时候他编了草鞋摆在路上，有人就拿米来换，把米放在原处，朱桃椎也要等到天黑以后才来取，为的是不跟人相见。像他这样的隐士在魏晋南北朝时有不少，到唐代已经不多了，不仅不能像过去那样收到尊崇，反而让人觉得举止怪异。但高士廉对他极为礼让谦逊，亲自前往拜访，不想朱桃椎根本就不搭理人，盯着高士廉看了一会儿，扭头就走，高士廉也不介意，之后仍一如既往地传达着关心问候。这事传开了以后，人们都知道高长史重视人才、礼贤下士，四川也就成了人才高地。

自明自律，礼部尚书为何反对太宗册封？
自重自持，当朝元老如何恪守君臣之礼？

高士廉勤政爱民，把四川治理得井井有条，唐太宗非常满意，贞观五年，一纸调令把他召回京师，提了吏部尚书，掌管官员的选拔任命。在这样一个要害部门任职，高士廉更是丝毫不敢怠慢，不牟私利，唯才是举。

在他任职期间，发生了这么一件事。有一次，唐太宗李世民准备册封长孙无忌为司空，没想到高士廉却站出来反对。他说："我和我外甥长孙无忌能成为陛下的姻亲，这是我们的福分。现在我们都已经身居高位了，如果陛下再册封长孙无忌为司空，恐怕天下人会说您任人唯亲，不利于陛下您的名声啊！"

长孙无忌也极力推让，但唐太宗认为长孙无忌既有才又有功，坚持了对他的任用。通过这件事，唐太宗对高士廉的为人更加敬重，不久又提拔他为尚书右仆射，同中书门下三品，官居宰相。

高士廉的祖父、父亲都任过宰相，到他这里，已经是三代为相，他儿子高履行任户部尚书，外甥任太尉，外甥女为皇后，可以说是权倾一方，家族势力无人能敌，然而他本人却一如既往地保持着低调，勤勉廉洁。他有六个儿子，分别取名为履行、至行、纯行、真行、审行、慎行，希望子孙后代能戒骄戒躁、修身养德、廉洁自律，有好的品行。

高士廉一生都恪守君臣之道。有一次，唐太宗率军远征高句丽，留下太子李承乾监国，高士廉担任太子太傅，在后方料理政事。每当有议案给太子，高士廉在太子榻前恭恭敬敬地呈上。高士廉是当朝元老，又是太子的亲舅姥爷，这样一位比自己大两辈的长者如此恭敬有加，承乾太子心里很过意不去，他特意给高士廉另排一个座位，议事时直接面对宣讲即可，不必屈尊奉对，可是被高士廉坚决拒绝。

贞观十六年，66岁的高士廉请求退休，颐享晚年。唐太宗同意了他的请求，但仍然保留宰相称号。第二年又下令将高士廉的画像列入凌烟阁永久保存，这是那些最有才干的国家功勋才能享受的荣誉。

退休以后，高士廉潜心研究传统史册，修身养性，于贞观二十一年与世长辞，享年72岁。唐太宗称他"涉猎古今，心术明达，临难不改节，当官无朋党"。

这正是：

皇亲国戚一君子，仗义救友贬交趾。
大唐宰相永不骄，忠君爱民称高士。

第五十八回 毁誉各参半 张说也忠贞

上一回说到高士廉一生勤勤恳恳，辅佐唐太宗治理天下，留下为国为民的传世佳话。说起大唐名相，来自河北的还有一位，名叫张说，他没有雄厚的家世背景，不会投机取巧的政治钻营，凭着自己的真学实干，书写了个人奋斗的成功范例。张说的人生经历了哪般坎坷，又遭遇了几番起落？

公元690年，武则天改唐为周，登基称帝，成为中国历史上第一位女皇帝。她登基之后头一件大事，就是下诏搜罗四方贤士，还在洛阳城南门举办了人才招聘会招贤纳才，并亲自担任主考官面试考生。在10000多考生里面，有一个人脱颖而出，一举夺魁。这位全国状元是谁？

他就是来自河北涿州的张说，那一年，他24岁。在策论这个考核环节，他见解独到深刻，文辞优美清晰，让一代女皇武则天深深折服，凭着这一科的高分，他被拜为太子校书，武则天还命人将他的策文抄送尚书省，作为范文公开发表，让朝臣及外族使节研读，以显示大周拥有怎样不凡的人才！

一考成名的张说就此步入职场，开始了他的政治生涯。年轻的张说踌躇满志，把这里当成梦开始的地方，一心要把青春和才华献给国家。不过，这位平民才子没有想到，官场和考场是大不相同，如果非要从中找出一点相同，那就是都要从头学起，都要经历坎坷经受磨难。这位职场新人经历了怎样的历练和成长呢？

公元696年，契丹人侵犯边境，武则天让大将王孝杰统兵18万前往征讨，在峡石谷跟敌军相遇，王孝杰率前锋奋勇冲杀，可后军总管苏宏晖却临阵脱逃，王孝杰孤立无援，最终寡不敌众，坠入深谷而死。

当时张说担任节度管记，也就是掌管文书的书记员。这位战地记者目睹了战场的惨烈，为将士们的英勇悲壮深深感动，他向武则天上奏说："王孝杰忠勇无畏，竭诚为国，深入敌境，以少御众，只为后援不到，所以致败。"张说实话实说，这一番仗义执言让武则天为之动容，追赠王孝杰为兵部尚书，封耿国公，拜其子为朝散大夫。

公元700年，武则天离京避暑，到了秋天还不肯回来，朝中政务堆了一大堆。永远把工作放在首位的张说急得要命，上书劝谏武则天早点儿结束休假，回来上班，可武则天根本不理这一茬。这一回，张说真正体会到了什么叫位卑言轻。

不久，武则天让男宠张易之、张昌宗兄弟组织编撰大型类书《三教珠英》，可那兄弟俩没什么真才实学，只会夸夸其谈，根本就无法开工。领导无能，编纂工作无法进行，张说心里着急，这是为千秋立言的大事，不能拖！于是，他主动请缨，承担编纂任务，每天起早贪黑，把前期准备工作全都做好了，然后交给张昌宗，给大伙分派写作任务，1300卷的《三教珠英》终于出版。好在武则天是个明白人，这活儿是谁干的，功劳是谁的，看得很清楚，很快她就给张说提了官，张说一路升到凤阁舍人。凤阁舍人这个官不可小觑，"凤阁"在武则天时期是中书省的别称，凤阁舍人就是中书舍人，地位仅次于中书令，负责打理皇帝身边的事。

张说扶摇直上，进入权力中心，正当他要一展抱负之时，却遭遇飞来横祸，让他重重地摔了一跤，这场祸端因何而起呢？

一副傲骨，男子汉如何仗义执言发配岭南？
一片丹心，大将军怎样无怨无悔戍卫边关？

当时有一位叫魏元忠的御史大夫，为人耿直，看不惯张易之、张昌宗小人得势，就上奏一封，弹劾他们，不料没扳倒小人，反遭到张氏兄弟陷害。这兄弟俩还整天跑到武则天那里嚼舌根，说魏元忠在朝中制造舆论，说女皇陛下老了，不如跟着太子靠得住。

武则天一听就火了，把魏元忠打进监牢，准备亲自审讯，并且要张氏兄弟当面揭发。太子李显、相王李旦被召来对质，都否认与魏元忠有过交往。张昌宗心里没底，就想找人作伪证，找谁呢？当然还是找原先的老部下比较靠谱。他找到了张说，许诺了一堆好处，说如果你帮了我的忙，我保证将来你会平步青云。

可到了大殿之上，张说非但没有帮张昌宗作伪证，反而秉公直言，说魏元忠对朝廷一片忠心，根本就不可能诽谤朝廷，更没有一分一毫的私心。武则天明知张说说的都是实话，却依然偏袒张昌宗兄弟，要斩了张说。幸亏有忠良大臣为他申辩，这才免了他的死罪，把他流放到钦州（今广西钦州北），那一年，张说37岁。

正值壮年，一腔才华无处施展，报国无门的张说愁肠百结，忧郁苦闷。就在此时，千里之外的长安发生政变，中宗李显登上皇位，他有感于张说当年的忠义和勇气，召他还京。张说欣喜之余，写下了"谁能定礼乐，为国著功成"的豪迈诗句。回京之后，他迁至工部侍郎，三年后拜为兵部侍郎，加弘文馆学士。

太平日子没过多久，朝中又起了风波。中宗当了皇帝以后，他的老婆韦后想效法武则天当女皇，毒死了中宗，紧接着李隆基发动政变，韦氏一族土崩瓦解，睿宗李旦登基。中宗那一派不甘心皇权旁落，发动政变，几百名余党被抓，朝廷里人心惶惶。睿宗派了张说去断案，他明察秋毫，用了一个晚上就查出了主谋。这么强的办案能力，让睿宗很是欣赏。

睿宗上位以后，立李隆基为太子。可太平公主一心想要除掉侄子，两股势力明争暗斗，弄得朝野上下混乱不堪，官员疲于应对。不久之后，宫中又传出兵变的谣言，睿宗惴惴不安，召开御前会议。大臣们都明白，这摆明了是有人故意挑拨皇帝父子关系，动摇太子的地位，可谁都不敢吭声，只有太子的侍读张说站了出来，慷慨陈词："这是奸人设的计，企图摇动太子地位。为了大唐社稷安定，应该让太子监国，君臣名分既定，自然灾难不生。"睿宗采纳了张说的意见，第二年，太子李隆基加冕受禅，就是缔造了开元盛世的唐玄宗。

宫廷斗争并未结束，虽说睿宗退位当起了太上皇，可朝廷大权还在他的手中。太平公主依然不死心，她拉拢宰相大臣，结党营私，跟唐玄宗唱对台戏。张说也成了被争取的对象，可张说是个硬骨头，不肯投靠太平公主，惹怒了这位刁蛮的大小姐，她奏请睿宗皇帝罢了张说的官，打发到洛阳去。

张说看穿了太平公主的阴谋，他派人献佩刀给玄宗，暗示他先发制人。玄宗心领神会，采纳了张说的意见，一举平定了太平公主及其党羽，改号开元。张说作为开元功臣，再次入京拜相，封燕国公，赐实封二百户。满腹的才华有了用武之地，张说撸起袖子大干起来。

当时，唐朝皇室深受鲜卑文化影响，盛行西域的胡舞，唐玄宗在接见藩国使节的时候，也让歌妓在朝堂上翩翩起舞，这番景象让读了一肚子圣贤书的张说很是看不惯，他大胆谏言："堂堂大唐帝国的皇帝岂能在朝堂之上让歌妓乱舞，这样有失国体，应当废除。"张说这番话，也是朝中很多正直大臣想说却不敢说的，赢得了大家的赞许，也维护了国体尊严。

一群人在一起共事，有合得来的，也有合不来的，有朋友，也有对手，张说生活里的冤家、工作上的对手就是皇帝的另一位宠臣姚崇。他俩之间的恩恩怨怨，让唐玄宗很是头痛。有一次，张说私自会见岐王李范，被姚崇告到了皇帝那里。朝廷重臣与皇亲国戚结交，是皇帝最大的忌讳，也是官员不得触碰的红线。张说这个严重的违纪行为惹恼了唐玄宗，盛怒之下，贬了张说的官，把他远远支开。再次跌了大跟头的张说，还能再站起来吗？

张说在外一待就是六年，朝中有人看时间差不多了，就上奏皇帝说："张说对国家有大功，不能老是让他待在偏远的地方啊。"六年过去了，唐玄宗的气也消了，他痛快地答应下来，让张说任右羽林将军，代理幽州都督。张说一身戎装入朝觐见，向唐玄宗表示忠心，誓死维护边疆安宁。

开元八年秋天，散居在山西大同的铁勒部族人心不稳，蠢蠢欲动，一旦起兵，边疆将会重燃战火。为了平息事端，张说只带领了20从骑，持节去各部安抚。这相当于赤手空拳入虎穴，手下的副将担心他性命难保，苦心劝阻，可张说却执意前往，晚上还住在铁勒部族的帐中，以表示自己的诚心。他还召见各部酋长，宣讲朝廷恩德，劝他们安居乐业。一看大唐使者如此诚心，铁勒各个部族也都安定下来。张说的胆识和魄力让玄宗和各路大将们大为叹服。

第二年四月，西北的党项族叛乱，来势汹汹。张说率步骑万人出合河关，出其不意袭击敌军，一直追击百里，打败了敌人。有人建议将党项人全都杀掉，可张说心怀仁慈,说:"王者的军队应该讨伐叛逆,安抚归化,岂能滥杀降附之人。"他奏请皇帝,在陕西神木一带设置麟州,安置党项族,书写了民族历史上美好的一页。

开元十年,张说以宰相兼领朔方节度大使,负责西北边防。他亲自巡行边城,操练士兵。这年九月,一个叫康愿子的首领,自称突厥可汗,举兵叛乱,张说发兵追击,抓住康愿子,俘虏3000人。为避免投降的少数民族在边疆作乱,张说奏请把河曲六州的少数民族50000多人迁到河南省的豫州、唐州等地安置,从此再也没有北边少数民族叛乱。

深谋远虑,一代名相精兵简政怎样一举两得?
德才兼备,一代文宗满腹经纶如何世人称颂?

张说不仅能够上马杀敌,立功疆场,而且高瞻远瞩,显示了超强的政治谋略。他看到边镇兵多达60万,很多人无所事事,经过深思熟虑,建议裁军20万,让他们回家务农。

当时,玄宗正在努力加强边防,对这个建议的可行性表示质疑。张说解释说:"边兵虽多,却受边将欺负,从事各种劳役,怨气很大,战斗力不强,自古兵贵精不在多,我愿以全家100多口人的性命做担保。"玄宗才将信将疑地表示同意。事实证明,这一举措非常明智,既减轻了国家和百姓的负担,又增加了农业劳动力,一举两得。

在国防建设上,张说还给唐玄宗出了个好点子,那就是实行募兵制,招募壮士充当宿卫兵,给予优厚的薪水待遇。消息一出,不到10天就招募到精兵13万,大大提高了唐代军队的作战能力。张说的几项措施有创意、见效快,的确是一位有能力的官员。

作为一代名相、朝廷要臣,不仅需要忠诚刚毅,更需要过硬的素质和过人的修为,张说就是这样一位德才兼备的人才。开元初年,大食国(位于今伊朗一带)的使节来朝,立着行礼,不行跪拜。唐朝官员自恃大国,很是不满,要对人家动武。张说出来给唐玄宗解释说:"陛下,各国礼俗不同,不可强求。

大食风俗特异,不能治罪。"这种在外交礼节中平等互敬的意识,非常可贵。

张说身为一代文宗,文采为人称颂。他历事几代君主,朝廷的典章、诏书多为他的手笔。玄宗喜好诗文,经常向他请教。除了满腹经纶,张说还精通乐律,是位音乐发烧友,当时朝廷里很多优美的乐章,都是他谱写的。他罢相以后,玄宗还点名让他为太庙制作乐章 16 首。

遗憾的是,张说岁数大了以后,居功自傲,变得骄纵蛮横,招来同僚们的不满。开元十四年,张说遭到其他官员的弹劾,再次被罢了相。虽然政治上失了意,张说和唐玄宗的关系却没走远,唐玄宗心里惦记着这位老臣,经常把他召来一起下棋游玩儿,向他咨询国家大事。开元十八年,张说得了重病,郁郁而卒,享年 64 岁。玄宗亲自为张说撰神道碑文。

值得一提的是,张说的子孙不争气,两个儿子都因为跟随安禄山为将,参与叛乱,死于阵中。

这正是:

武周应考显精英,朝廷危难出神兵。

镇边平叛出良策,晚节不保归家中。

第五十九回 名相张嘉贞 刚正表忠魂

上一回说到大唐名相张说的跌宕人生，和张说同一时代，河北还有一位杰出人才入朝为相，他如何平步青云走上高位，又留下了哪些故事呢？

《大唐新语》里，记载了这么一个故事，说的是，宰相宋璟要退休了，唐玄宗想找一位贤德的人才继任丞相，可一时间却忘了那个人的名字，大半夜的思来想去，觉都睡不着了，于是让手下人把值班的中书侍郎韦抗召进寝殿，说："我想任命一个宰相，他举止文雅，很有风采，这个人姓张，两个字的名字，现在是北方的封疆大吏。我一时忘了他的名字，你帮我想想，他是谁呢？"

韦抗把那些大臣的名字在脑子里面过了一遍，回奏说："是不是张齐丘啊？他现在是北方节度使。"唐玄宗觉得可能就是他，便让韦抗草拟诏书，拜他为相。

把韦抗打发走了以后，皇上刚想解衣睡觉，可又觉得这个人好像不是他印象中的那个。李隆基睡不着，就开始阅读奏章，顺手拿起一份，署名是"并州长史张嘉贞"，这才恍然大悟，知道弄错了人，立即又把韦抗召回来，让他修改诏书，召张嘉贞入朝拜相。

玄宗皇帝的这一出饶有趣味的乌龙被写进了史书，让这位宰相有了戏剧化的亮相，给后人留下深刻印象。那么真实生活中张嘉贞的人生从哪里开场呢？他的祖籍是河北范阳，也就是现在的涿州，祖辈到山西做官，就在山西临猗县安了家，张嘉贞其实是一位河北籍的山西人。虽然长在山西，不过，张嘉贞的仕途仍然从原籍起步，这是一段怎样的经历呢？

张嘉贞精通五经、才华横溢，被当地人举贤，当上了河北平乡县尉。虽说只是个芝麻绿豆大的小官，可张嘉贞工作起来很认真，处处替老百姓着想，因为这样的立场，和顶头上司县令大人产生了冲突，被开除公职，只好回家种地，闲余时间吟诗喝酒，抚琴下棋，日子过得虽然清贫，却也悠然自得。

武则天时代，御史张循宪巡察河东，住在馆驿，晚上审阅案卷，碰上了疑难问题，怎么也解决不了。张循宪有些为难，悄悄地问本地的小吏："你能给我找一位能干的助手吗？"这位小吏就推荐了昔日同事张嘉贞。张嘉贞来了以后，帮张循宪起草公文，出谋划策，解决了不少疑难问题。张循宪的业务水平突飞猛进，连武则天都觉得奇怪，就把他叫过来询问。张循宪是个实在人，也不隐瞒张嘉贞的功劳，如实汇报一番，还说愿意把自己的官职让给张嘉贞。

武则天把张嘉贞召到长安，引入内殿，当场面试考查，一看张嘉贞相貌堂堂，举止大方，谈起国家大事头头是道，很是欣赏，不久之后拜他为监察御史。张嘉贞的办事能力很强，当了监察御史没多久，升迁为兵部员外郎。当时兵部堆积了很多公务案卷，张嘉贞上任后，分门别类，仔细审查，10来天就归置得利利索索。武则天听说后，觉得这是个人才，就提拔为中书舍人，就这样，张嘉贞步步高升，成了朝中顶级的要臣。

后来，张嘉贞做了定州刺史，路过赵州时，当地官员请他撰写了著名的《赵州石桥铭》，就是他，记载了赵州桥"乃赵州李春所为也"。

一朝天子一朝臣，在朝中为官，最怕的就是龙椅上换了主人，每每这时，就要紧跟一场动静不小的人事调整，赶上了这样的年景，张嘉贞的官印还能牢牢攥在手里吗？

位高权重，耿直将军因何招来诽谤诬陷？
为官清廉，廉洁宰相为何拒绝置办田产？

唐玄宗即位后，张嘉贞来京述职，优异的政绩、不俗的谈吐得到唐玄宗的赏识。

当时，大唐正在走上坡路，日渐强盛，北方的突厥部族逐渐分化，降附唐朝。张嘉贞上奏朝廷请求设置军镇来管辖他们，唐玄宗采纳了这一建议，在并州设置天兵军，派张嘉贞担任并州节度使。张嘉贞成了掌握兵权的地方大员。

上任没多久，有人向唐玄宗告发张嘉贞贪赃枉法，奢侈腐化，皇帝派工作组进行了走访调查。经组织审查，张嘉贞的工作干得非常好，举报者纯属污蔑，皇帝一怒之下，要处死那个诬告者。没承想，有人上前阻拦，这个人不是别人，就是被举报人张嘉贞。张嘉贞以德报怨的理由是："国家的重兵都在边防上，时刻都要高度重视，谨慎从事。举报我的人，是出于爱国之心，偶尔有失误就被杀了，那以后还有谁敢举报边境的真情呢？如果因此堵塞了言路，将来会酿成灾祸，假如将来真有人谋反，那就危险了。为了江山社稷，我请求陛下饶过他的性命。"

唐玄宗免了举报者的死罪，从此更加信任张嘉贞，准备拜他为相。张嘉贞明白了皇帝的心思，也很想趁着自己年富力强干一番事业。他跟皇帝诚恳地表态："大唐开国之初，名臣马周被太宗皇帝重用，做了很多贡献，可惜只活了50岁就早早去世了。假如太宗皇帝晚提拔马周几年，这个人才就算错过了。现在，陛下认为我有点儿本事，想重用我，那就请陛下早一点儿拜我为相，不要等我衰老了。人生在世，谁又能活100岁呢。"这一番肺腑之言，让唐玄宗很是感动，对他说道："你先回并州吧，这个位置我给你留着。"

两年以后，宰相宋璟递交了辞职报告，唐玄宗就想找人接替宋璟的位置，偏偏忘了张嘉贞的名字，于是就出现了唐玄宗夜不能寐、把韦抗召来询问的那一幕。官至宰相的张嘉贞在大唐的政坛又会有怎样的作为呢？

张嘉贞当宰相以前，坚持走群众路线，为此得罪了不少贪官，当上宰相以后，张嘉贞依然秉公执法，不徇私情。他重视人才，用人不疑，疑而不用，对于有治国之才或有一技之长的人才，总是极力引荐，并给予关心和照顾，让他们能够各尽其才。其中最有名气的就是张嘉贞推举的"四俊"：中书舍人有苗延嗣、吕太一，吏部有考功员外郎员嘉静，御史台有监察御史崔训。这四个人都德才兼备，闷头干事不挑事，对国计民生提出了很多好的建议。

张嘉贞还是廉洁自律的典型，虽然身居高位，却从不借职务之便谋取私财，他不像别的官员那样，置地买房搞经营，他大部分心思都用在工作上。有亲朋好友劝他好歹买些田产，为子孙后代留点儿财富，张嘉贞却淡然一笑："我有幸当上宰相，有生之年，应该冻不着、饿不着。近代的一些士大夫，在职期间，贪污受贿，侵占民田，大建府邸，等死了以后，都成了不肖子孙吃喝嫖赌的资本，害了子孙，也毁了自己的名节。我可不做这种傻事啊！"

张嘉贞把东汉名臣杨震当成自己的偶像，东汉名臣杨震位居三公，可这一辈子都没有置办产业，过着清贫的生活，还经常教育子孙要清明廉洁、勤俭持家。杨震还有一句名言：子孙做官清廉、做人清白，就是我留给他们最宝贵的遗产。

张嘉贞洁身自好，境界很高，但是，管得了自己管不了别人，当时攀附之风盛行，想巴结张嘉贞的人很多，他们抓住一切机会，变着花样讨好这位高官，张嘉贞也是防不胜防，一个不留神，就被牵连了进去。这又是怎样的一出风波？

开元十年，唐玄宗到东都洛阳视察，张嘉贞随同前往。洛阳主簿王钧是个官迷，他一心当御史，总是没机会。这回有了和宰相亲密接触的机会，就在洛阳修建了一处豪宅，非要把张嘉贞请来，让他在这里住下。

张嘉贞以为这就是宰相的馆舍，就踏踏实实地住下来。没想到事情被一些别有用心的人添油加醋捅到了皇帝那儿，唐玄宗勃然大怒，下令在朝堂上把王钧当众打死。张嘉贞也被牵连，真是有口难辩，跳进黄河也洗不清了。从那以后，唐玄宗对张嘉贞不再像以前那么信任。

一片丹心，朝廷重臣为何连连贬官？
一门忠烈，清廉家风如何代代相传？

张嘉贞在官场多年，看多了大臣们私底下的钩心斗角，更切身感受到官场的险恶。他想要避开这些官场争斗，可最终还是被牵扯进去，招来了意外灾祸。

这事还得从张嘉贞的弟弟说起。当初，唐玄宗提拔张嘉贞的弟弟张嘉祐当上了金吾将军，就是皇帝的卫队最高长官。这兄弟二人都成为朝中重臣，也招来了别人的嫉妒。开元十一年，唐玄宗巡幸太原，结果有人偷偷跑到皇帝面前打小报告，揭发说张嘉贞的弟弟曾经收受贿赂。

张嘉贞自己很清白，可又担心皇帝因为弟弟的事再次误会自己，就脱去了朝服，在家里素服待罪。可这样做，就等于承认了自己有责任，结果张嘉贞被唐玄宗责问一通，贬为幽州刺史。

第二年，皇帝的怒气消了，把张嘉贞调回了京城，担任户部尚书。没想到太平日子没过多久，唐玄宗的宠臣王守一犯了大罪被赐死。张嘉贞跟王守一交情很深，受到牵连，又被贬了官。就这样来来回回几番折腾，张嘉贞年岁大了，身子骨也熬不住了。

开元十七年，张嘉贞得了重病，经过皇帝的批准，到东都洛阳进行治疗，没想到刚到洛阳，他的眼睛就失明了，病情也越来越重。唐玄宗派来御医给他治病，也没有起色。当年秋天，张嘉贞与世长辞，终年64岁，死后追赠益州大都督，谥号"恭肃"。

张嘉贞走了，可他的独生子张宝符还是个平头百姓，可见张嘉贞绝没有为儿子的仕途走后门。京兆尹韩朝宗站出来为张嘉贞父子鸣不平，上奏皇帝说："陛下对宰相都是以礼相待，所有宰相死后，他们子孙都在朝廷任职，唯有张嘉贞，晚年才得一子，如今，张宰相人都死了，他的儿子还是庶民。"

唐玄宗听了眼圈都红了，说："这么多年了，他从来没有说过这孩子的事啊！是朕对不起张宰相啊。来人，吏部即刻给张宝符安排官职，我给这孩子赐名叫张延赏吧。希望他延续张嘉贞的家风，做一个清官。"

张延赏从小发奋读书，孝敬母亲，精通吏治，被授了官职之后，和他父亲一样敬业勤奋，受到朝野好评。到了唐代宗的时候出任河南尹，相当于现在河南的省长，爱民勤政，取得了很好的政绩，深受百姓爱戴。唐德宗的时候官至宰相，也是一位清廉的高官。

张嘉贞的孙子张弘靖，诚信厚道，小时候人们就夸奖他有辅将之才。唐宪宗的时候，也做了宰相，成为国家的栋梁之材。他们都传承了张嘉贞的风范，勤廉正派。后人都评价说，张嘉贞清廉自律的家风和为官之德，确实给子孙后代留下了一笔宝贵的遗产。

这正是：

清正廉洁张嘉贞，一代名相千古春。

赵州桥头留碑刻，清廉家风代代存。

第六十回 仗义救忠良 李峤名相尊

上一回说到大唐名相张嘉贞的诚义人生，今天要出场的是大唐另一位宰相李峤。在人才辈出的盛世王朝中，李峤如何凭着真才实干荣登相位？在经历了几多宦海沉浮之后，他又为何客死他乡？

大唐王朝经历了290年的风风雨雨，出了369位宰相，其中河北籍的宰相占了1/4，而赵郡李氏更是多产，这个家族先后有六人官居宰相，成为大唐的宰相世家。今天要出场的这位宰相，就是从赞皇县许亭村走出来的李峤。

李峤，字巨山，赵州赞皇人，是名门之后赵郡李氏西支。李峤幼年丧父，和母亲相依为命，小时候的李峤乖巧懂事，成年以后对母亲非常孝顺。李峤不但是个大孝子，还是远近闻名的才子，他15岁就通晓五经，写出一手好文章，在赵郡与栾城才子苏味道齐名，并称为"赵郡苏李"，名气大得很。

李峤从小勤学苦读，20岁那年考中进士，成了国家高级公务员，先是出任安定县尉，后来又参加制举得中甲科，升任长安县尉，就是当时京城长安的军事长官。唐高宗末年，累迁至监察御史。年轻的李峤踌躇满志，铆足了劲儿想要干出一番大事业。这位职场新人能得偿所愿吗？

当时，岭南的邕州，也就是现在广西南宁市及其周边地区，还有浙江的严州，先后出现了少数民族叛乱，朝廷派出大军前去征讨，李峤作为监军随行。

李峤受到儒家传统思想的影响，讲究仁德爱民，不想粗暴的用武力镇压少数民族叛乱，所以在出兵围剿之前，先宣讲朝廷的政策，号召那些叛乱的胁从者回归故里，安心耕种，朝廷会赦免他们的罪。

经过这样一番宣传教育，不少参加叛乱的农民放下武器回了家，不过，还有不少民众不明真相，继续跟随叛军。李峤不顾个人安危，冒着被杀的危险，亲自到叛军的营垒宣布皇帝的特赦令，还晓之以理、好言相劝。他的话总能说到那些叛军的心坎里，使得那些稀里糊涂跟着叛乱的农民纷纷放下了武器投降。李峤没有耗费一兵一卒，平定了叛乱而凯旋，唐高宗对他赞誉有加，升任他为给事中。就这样，李峤进入了朝廷的机要部门，成为皇帝身边的秘书。

仗义执言，不畏权贵怎样替人申冤？
直言进谏，身居高位如何敢为人先？

转眼间，武则天当了皇帝，把大唐改成周朝，她宠信张易之、张宗昌兄弟俩，还重用侄子武三思、武承嗣等人。这些人任用来俊臣等酷吏大搞恐怖政治，动不动就用酷刑打压那些忠臣良将。

在武则天一朝，狄仁杰的知名度很高，曾经有个外国人专门写了一部小说《狄仁杰断案》，风靡中外。近些年，也有很多关于狄仁杰的电影、电视剧上映，狄仁杰的名声越来越大。但很少有人知道，在真实的历史上，狄仁杰差一点儿被武则天的侄子们给害死，还是李峤仗义执言，为狄仁杰辩护，才救了这位武周王朝第一名臣。

当时，狄仁杰、李嗣真等几位正直的大臣遭到来俊臣的诬陷而下了大狱，罪名是谋逆，依法应当处斩。武则天派了李峤等人对此案进行复审，李峤深入大狱，听取狄仁杰等人的申诉，调查证人的证言，明白他们是被人陷害。其实，当时很多官员也都知道这是一桩冤案，但是他们害怕得罪武三思等人，谁也不敢说真话，只有李峤站了出来："明知道他们被冤枉，却不为他们申冤，这是不义。"

他在朝堂之上仗义执言，为狄仁杰等人洗清了冤屈，却让武三思和他的党羽怀恨在心，一直寻机打击报复。他们不断到武则天的跟前说李峤的坏话，一来二去的，武则天信以为真，把李峤赶出了京城，贬到现在的江苏镇江一带，担任润州司马。这个官说白了就是个摆设，根本就没什么实权，在这个位子上，李峤空有满腔抱负却无处施展。

因为李峤文采好，擅长写各种公文，当时人们都称他为"大手笔"。出于爱才的心理，武则天没过多久又把李峤召回京城，担任凤阁舍人，负责起草诏命制文，就是武则天的皇宫秘书。

虽然政治上受过挫折，李峤还是没改说真话的耿直脾气，尤其是在事关社稷民生的大事上，毫不含糊，大胆直谏。

当时，武则天准备设置一个右御史台，选择得力官员巡视地方政务。李峤担心增加衙门以后，会增加很多多余的官员和不必要的开支，主动上书，请求精选贤能的官员充任巡按使，巡视各地。武则天采纳了李峤的建议，下诏分天下为20道，委派优秀官员进行巡察。这些举措对于整治吏治发挥了很好的作用。李峤因此得到了武则天的赏识和信任，升任鸾台侍郎、同凤阁鸾台平章事，这实际上是李峤第一次拜相。

武则天晚年对张易之、张昌宗兄弟的宠爱日盛，不光赐给他们金银珠宝，还给他们封了很多官衔，这对原本贫穷落魄的安国兄弟，摇身一变成了腰缠万贯的富翁。张氏兄弟一路攀升，行为也越来越跋扈，朝廷里的文武百官看不下去了，议论纷纷，武则天听说了很是恼火。

武则天的贴心秘书上官婉儿帮她出了个主意，要想堵住众人的悠悠之口，就得让张氏兄弟做出点儿成就，不能枉担虚名。正巧武则天想要编修一部典籍《三教珠英》，于是就把这项任务派给了张氏兄弟。

可武则天也明白，光靠着那兄弟俩的脑袋瓜，无论如何也编不出这部鸿篇巨制，还得给他们增加帮手，于是就把李峤、张说、刘知几、宋之问等大才子全都编成一组，让他们来辅佐张氏兄弟，才得大功告成。武则天很清楚，没有李峤、张说的文采，张氏兄弟是编不出书的，所以，越发倚重李峤。

李峤除了编写《三教珠英》，还兼修国史，他兢兢业业、勤勤恳恳，不敢有丝毫懈怠。可没想到，他在相位上还没坐够三年，就被免职了。难道，他又做错了什么事情冒犯了女皇吗？

这次免职，不是因为他冒犯了武则天，而是另有隐情。公元700年，正值武则天用人之际，李峤的舅舅天官侍郎张锡拜相。因为当时官员任命有回避制度，所以李峤主动要求退出宰相班子，给舅舅让路，到东都洛阳工作了一段时间。

三年后，舅舅张锡离开相位，李峤又被武则天召回，再次进入宰相班子。

外甥和舅舅二人在短短几年内相继高居相位，这在当时的人们看来是十分荣耀的事情。但是李峤不因位高而自傲，也不因文采显赫目中无人，一直秉承着不骄不躁、勤政爱民的优良作风。

武则天笃信佛教，在一群阿谀逢迎之徒的怂恿下，打算在白司马坂修造一座大型佛像，这可是要耗费国库巨大的钱财。可老百姓经历了连年战乱和天灾，饥民遍野，民不聊生，李峤看在眼里、忧在心中，坚决上书武则天说："修建佛像虽然有利于教化，可这么一个浩大的工程，还是会加重老百姓的负担啊。如今老百姓的日子不好过，很多人都是卖房卖地来服役的。如今这座佛像需要17万贯钱，佛教讲究仁义为怀，仁爱大德。如果把这些钱分给穷人，一家按1000钱计，可以解决17万户老百姓的饥寒之苦，这是多大的功德啊。"

只可惜，武则天不为所动，依然坚持修建佛像。不过，在当时那种政治环境下，李峤还敢于为老百姓说话，实在是难能可贵。

疾恶如仇，一代名相如何整治奢靡之风？

命运多舛，忠臣良将怎样招致人生祸端？

都说伴君如伴虎，在封建社会，宫廷斗争是残酷的，封建士大夫的命运也随着政局动荡而改变。公元705年，羽林军发动兵谏，杀了张宗昌、张易之兄弟，拥护太子李显即位，成为唐中宗。而李峤因为曾经帮着那兄弟俩编写《三教珠英》，受到弹劾，被贬通州（今四川达县）刺史。

几个月后，朝中重臣为李峤说话，替他鸣不平，他又被召回京城，先后担任吏部侍郎、吏部尚书，赐爵赞皇县公。这期间，李峤做了一件糊涂事，给他的政治生涯留下一个大污点。什么事呢？

原来，李峤为了恢复自己的相位，就利用自己掌管着人事大权，在选拔官吏的时候，设置了员外官数千人，给自己赢得了更多官员的支持。第二年，李峤真的当上了中书令，这才发现朝廷的官僚队伍十分庞大臃肿，国库的钱财大量虚耗。这时候，李峤后悔不已，流着眼泪向皇帝写了检讨，请求引咎辞职。

中宗皇帝深为感动，没有批准他的辞职报告，让他继续担任中书令。

再后来，李峤为修文馆大学士，晋爵赵国公。不久被罢中书令，改以特进守兵部尚书、同中书门下三品，再次为宰相。

几年不在朝中，李峤再回到京城，看到的是统治集团腐化堕落，奢侈之风盛行。官员们不断从民间网罗美艳歌姬，在朝廷宴会上歌舞助兴，讨皇帝的欢心。那些皇室贵胄、高官将帅们也相互攀比，到处是靡靡之音，处处有奢靡之风。

李峤看不惯这种伤风败俗的行为，上书朝廷，义正词严地恳请唐中宗裁减太常乐户，纠正官场的奢靡之风。在李峤一身正气的威慑下，各级官员的宴饮歌舞之风得以根绝，连中宗皇帝在宫廷内的舞乐宴饮也收敛了很多。

都说一朝天子一朝臣，等到唐睿宗即位以后，李峤被罢了宰相，贬到今河南沁阳做了怀州刺史。接下来，李峤就开始走起了背字，等到唐玄宗即位后，李峤又险些招来杀身之祸。这又是为什么呢？

唐玄宗当了皇帝之后，从宫中搜出李峤当年在中宗驾崩时写的一道密表，请求皇帝下诏把玄宗诸兄弟赶出京城安置。

密表到了玄宗之手，还有李峤的好果子吃？这本来是李峤作为忠臣维护皇室安定的仗义执言，却让李隆基火冒三丈，把李峤视为中宗一党。有些官员落井下石，建议唐玄宗诛杀李峤。

李隆基刚刚登上皇位，还是比较谨慎，针对这件事征求他的老师张说的意见。张说跟李峤也是老同事，就为李峤辩解说："这封信，只是证明他忧虑朝廷命运，从当时的情况分析，各为其主，这种忠诚之举，不可追罪。"

听了这话，李隆基才免了李峤的死罪，把他贬为庐州（今安徽合肥）别驾。这位历事了高宗、武则天、中宗、睿宗、玄宗五朝，三度高居相位的高官李峤，就这样跌落到了人生的最低点，不久便郁郁而终，终年70岁。

这正是：

忠义名相赵州郎，仗义执言救忠良。

宦海沉浮几起落，皇权更替贬他乡。

第六十一回 开元拜相卿 宋璟有风骨

上一回我们讲了出身河北的大唐名相李峤，他一生得到唐朝三代帝王的赏识，可惜最终被卷入派系之争，客死他乡。今天我们要说的这位，比起李峤来要幸运很多，他就是河北南和的宋璟。宋璟有着怎样的人生经历呢？他又在波澜壮阔的大唐画卷中，写下了怎样的一笔？

在唐朝历史上，最鼎盛的时期是开元盛世，而成就开元盛世的两位大功臣，就是被称为开元名相的姚崇和宋璟。一代贤相宋璟，是河北南和县阎里乡宋台人，他一生经历了武周、中宗、睿宗、殇帝、玄宗五位皇帝，工龄足足有52年，是个久经官场的精英人士。在退休的时候，宋璟交上了一份了不起的业绩报告：他与同事姚崇同心协力，把一个内忧外患的唐王朝，变成了在政治、经济、文化、军事方面都处于世界领先地位的大唐帝国。

我们讲燕赵风骨、诚信忠义。何为诚信？何为忠义？宋璟用他一生的刚直、无私，诠释了一代名臣贤相的铮铮风骨和浩荡品格，成为盛唐诚义之士的典范。

宋璟能出名，这和顶头上司武则天对他的赏识有很大关系。可真正让宋璟从一个默默无闻的新人，变成红得发紫的职场明星，却是因为他和武则天的男宠展开了多次较量，并最终打压了不正之风。那么，宋璟是凭借什么手段获得最终胜利的呢？

武则天当女皇时，收了两个男宠，就是臭名昭著的二张兄弟——张易之和张昌宗。这两人仗着女皇宠爱就专横跋扈，朝廷不少大臣们都怕他们。一次张易之诬陷御史大夫魏元忠，还让涿州籍的大臣张说来作证，逼张说到朝堂上和魏元忠对质。

张说觉得这事太棘手，不照做的话自己以后就没好果子吃了，可真要诬陷魏元忠，又良心不安。没法子，张说就求宋璟给自己支个招，宋璟说："名节和义气是做人的根本，决不能陷害好人来求自身平安。如果你有什么不测，我一定站出来救你，如果救不了，我就和你一起死。"张说听了很受感动，在朝堂上对质的时候实事求是，证明魏元忠无罪，最后保住了魏元忠的性命。

有一次武则天举办了场晚会，邀请满朝大臣一起看节目。当时张易之官位是三品，而宋璟才是六品，自然在下座。张易之对宋璟向来是又恨又怕，想和他套近乎，就站起身来给他让座，还恭恭敬敬地说："您可是朝堂上的第一人啊，怎么能坐下座呢，赶紧请上座吧。"宋璟很不屑地说："我没什么才干，张卿怎么能称我为第一人啊？"

张易之是朝廷里的大红人，当时达官显贵为了讨好他，都叫他"五郎"，热热乎乎地，显得很亲切，宋璟喊他"张卿"，这是普通同事间的一种称呼，平时听惯了奉承话的张易之觉得挺刺耳。他还没说话，旁边早有等着拍马屁的人了，这个人是天官侍郎郑善果，他责怪宋璟说："你怎能称五郎为卿呢？"宋璟本来就想寒碜一下张易之，一看，还真有看热闹不嫌事大的，那就连你一勺烩吧。宋璟毫不客气地说："因为我俩是同事，所以我叫他张卿，如果我和他是亲戚，按年纪，我就得叫他'张五'！你郑善果一不是他亲戚，二不是他家奴，你叫他'郎'做什么？一个读书人连辈分都弄不清，书都白读了啊。"众目睽睽下的这一记耳光，让张易之恨上了宋璟，隔三岔五到武则天那里告小状。

诤言直谏，一身硬骨如何力挫奸佞？
据理力争，满腔正气为何招来苦果？

这时的武则天已经是年近古稀的老太婆了，还经常闹病，可张昌宗和张易之只有20多岁。这两个人仗着武则天的恩宠横行霸道惯了，眼看着皇帝跟秋天的树叶一样快要落地，急得天天上火，他们心里很明白，这棵大树要是倒了，朝臣们还不立马要了他们的小命？最好的办法就是趁着皇上还活着而且自己还得宠，赶紧把天下弄到自己手里。一天，张昌宗听说有个相面先生叫李弘泰，相面相得挺准，就把他叫到自己的宅子里，看自己是龙还是虫，这种行为在当时是可以判谋反罪的。

世上没有不透风的墙，这事情三传两传让宋璟知道了，他赶紧奏请武则天依法查处。可是武则天说："这件事不就是一个迷信活动吗？再说五郎易之已经向我奏明，对这位六郎可以不加治罪。"对于武则天明显护短的行为，宋璟坚持说："张昌宗知道事情已经败露，不得已才来说明情况，况且谋反不是一般小事，不治罪天理难容。"

武则天知道宋璟不肯罢休，就嘱咐张昌宗和张易之弟兄俩带着礼品，到宋璟家去赔礼道歉。宋璟直接让他们吃了一记闭门羹，还让门卫对他们说："公事就应该正大光明地到朝堂上去说，私事的话不必说了。"二张的家奴还不肯走，在门口缠磨着非要求见，宋璟让人拿着棍棒一顿乱打，把家奴吓得狼狈逃窜，礼品扔得到处都是，引得满街老百姓都来看热闹，羞得张昌宗和张易之耷拉着脑袋跑了回去。后来，中宗李显复位，杀了张易之兄弟，朝野都为宋璟的浩然正气而赞叹。

宋璟的性格很耿直，只要觉得自己占了理，任谁他也不怕。中宗时，武三思和韦皇后偷情，弄得朝堂人尽皆知，不过人们怕惹祸上身，都揣着明白装糊涂。后来终于有个胆大的，控告武三思与韦皇后私通。武三思恼羞成怒，皇帝被戴了绿帽子，也觉得丢面子，就命人把告状的人杀掉，不想这事被宣扬出去。可宋璟据理力争，认为需要仔细调查，不能这么杀人，还对皇帝说："要杀告状的人，就请先杀掉我吧。"皇帝没有办法，只能把告状的人流放到岭南。因为挑战了武三思的权威，宋璟受到排挤，被贬到地方担任刺史。即使如此，他依然如故，坚持做说真话的人。

公元710年，唐睿宗即位之后，把宋璟从地方召回了中央，对他委以重任。前后经历了几朝天子，宋璟的脾气一点儿也没改，他看不惯太平公主任用亲信、大搞裙带关系，于是果断地罢去好几千个没什么才能的官员，因此得罪了太平公主。当时宋璟已经意识到太平公主玩弄权术，有当第二个女皇的野心，就和另一位宰相姚崇奏请皇帝，命令太平公主离开京城去东都洛阳定居。结果这项建议不但没能被采纳，反而招来了奸臣的挤兑，随后宋璟被贬为楚州刺史。

太平公主还不解气，没过多久，宋璟又被贬为广州都督，可没想到这一贬，倒是贬出了一段佳话。唐代的时候，广州可不是什么好地方，那时候没有夜生活，没有美食街，没有客家菜，虽说是口岸，但和内地比起来就荒凉多了。宋璟来到广州后很快就发现了一个问题：广州人不太会盖房子。

当时的广州人由于接触中原文化不多，生活还比较原始，盖房子主要用茅草和竹子，一间房子实际上就是一个大草棚。这种房子容易失火，更可怕的是这样的草房子容易使火势蔓延，动不动就火烧连营，可把广州人苦坏了。宋璟身为一方官员，不能不管。艺不压身，宋璟是个多面手，不但会当官，还会做土建。他找来当地老百姓，教他们如何烧制瓦片，如何改造房子才能避火，就这样，中原先进的建筑工艺传到了南粤。

宋璟确实是个人才，被发配到了偏远的广州还能开创出新的事业。是金子总会发光的，李隆基当上皇帝后，很快把宋璟再次召回了京城。

李隆基刚走上皇帝的岗位，心气挺高，启动了一系列的工程。一心要开创新局面的玄宗有时未免心急，有一次他让宋璟陪驾到洛阳去巡查工作，路上要经过一段山路，弯弯曲曲，高低不平，特别是经过崤山的山谷时，路窄得转不过弯来，车马一下子拥挤到一块儿去了。玄宗气得发了脾气，立刻下令，罢免了河南尹李朝隐和知顿使王怡的官。

到了永宁县，宋璟就向玄宗建议说："陛下的年纪还很轻，今后的日子还很长。刚到各地巡查，就因为两人不修道路而免了他们的官，我担心这样做，以后要产生不良后果。"玄宗沉下心来仔细想了想，觉得是这么回事，于是又急忙下令，要赦免二人的罪过。宋璟又赶紧向玄宗说："你本来想整治他们，可是我说了一句话，你就把他们放了。这就会使他们感到你很严酷，对你产生怨气；同时又觉得我很宽厚，对我感恩不尽。怨在上，恩在下，这样恐怕不妥当吧！"

玄宗听了，生气地埋怨说："我下令治他们的罪，你说这不合适，我下令要免他们的罪，你又说不妥当，你要我怎么办才好呀！"宋璟笑了笑说："你不如暂时让他们戴罪工作，说是看他们以后表现，愿不愿改。等回到朝中以后，再下一道命令，赦免罪过。这样不管进退，就都主动多了。"玄宗照宋璟的意

第六十一回　开元拜相卿　宋璟有风骨

见办了，果然，李朝隐和王怡对玄宗的英明决定万分感激，还表示今后要尽心尽力报效皇帝。

不畏权贵，一身傲骨如何应对歪风邪气？
功成身退，一代名相因何成为千古楷模？

唐代有个规定，每年各个地方要派人定期向皇帝、宰相汇报工作。有的使者心眼多，进京的时候带着不少金银珠宝，借着汇报工作的机会四处送礼，很多使者都因为这个升了官。宋璟特别痛恨这种现象，他面奏玄宗，勒令所有礼品一概退回，断了买官的路，也杀一杀这收礼受贿的风气。

宋璟一身正气，坦荡无私，对皇帝也敢于犯颜直谏，完全不给皇帝留面子，所以就连唐玄宗对他也很敬惮。公元719年，唐玄宗的妻舅王仁琛到京城求官，玄宗帮他开了后门，给了个五品官。宋璟坚决反对，他向玄宗说："王仁琛已得到许多恩宠，不能再破格提官。如果他真有才能，就自己去吏部参加考试。"玄宗拗不过他，只好取消了任命。

宋璟和姚崇并称贤相，姚崇辈分大，资历深，宋璟经验多，效率高，这二人搭伙领衔，朝政一派清明，李隆基对他们两个非常尊重。得到皇帝的恩宠可能不是很难，但要赢得皇帝的尊重是很不容易的，唐代自太宗开始，能得到这份殊荣的，也就是房玄龄、长孙无忌、杜如晦、狄仁杰几个，可见姚宋的才能。玄宗每次和这两个人议事，都会起身亲自迎接，二人离开时，也会送到门口，后来权奸李林甫接替相位，虽然玄宗对他也恩宠有加，甚至超过了姚宋，但却再也没有这份礼仪了。

公元732年，辛苦了大半生的宋璟终于退休了，他回到洛阳，享受难得的安逸生活。宋璟当宰相的时候，广州的老百姓为了纪念他，就要给他立块碑，歌颂他的政绩。可是宋璟坚决拒绝了，还对玄宗说："为了纠正这种阿谀之风，就请从我开始，杜绝这种立碑颂德的行为吧。"宋璟病逝后也留下遗嘱，坚决不要刻立墓碑。

但是，在他病逝23年后，唐代大书法家颜真卿亲笔书写碑文歌颂他的功德。

这块碑现在还立在邢台市沙河县，不仅是研究宋璟的珍贵历史文物，同时也是研究颜真卿书法的稀有资料。

这正是：

大唐盛世一忠良，高风亮节为名相。
耿耿风骨昭日月，帝王誉为张子房。

第六十二回 耿直宋庆礼 勤勉姜师度

上一回说到一代名相宋璟仗义忠君,爱国爱民,这一回出场的这两位同样是可歌可泣的诚义河北人。他们领头兴修水利,建造城池,用潺潺清水滋养深厚的黄土地,用一砖一瓦筑起坚实的保护墙。他们究竟姓甚名谁,他们的所作所为又是为了谁?

头一个要说的这位名叫宋庆礼,这个名字或许您不太熟悉,所以,我们先来说一道高考题,讲讲宋庆礼的生平履历。2011年辽宁省的高考语文试卷引用《旧唐书·宋庆礼传》作为文言文阅读试题,其中说到宋庆礼生在洺州永年,也就是如今的邯郸永年广府镇。他学问不错人缘好,通过举荐明经成了唐王朝的公务员。

起初,宋庆礼担任着卫县尉的职务,在平凡的岗位上兢兢业业、勤勤恳恳地工作。等到武则天当了皇帝,北边的边境上闯进了一群突厥兵,武则天派狄仁杰作为河北道总管进驻魏州,管着今天的大名府,又委派侍御史桓彦范带着军队到了河北,控制太行山的居庸关、北岳恒山的岳岭等战略要塞,防止突厥人到这里捣乱。

桓彦范早听说当地的宋庆礼是个人才,一到任上就给他发了一封邀请函,调他到手下来当官。宋庆礼到了桓彦范跟前,桓大人跟他共事,越发觉得这是个饱读诗书的文化人、满腹方略的栋梁材,所以就对宋庆礼多了几分的信任和敬重。

俗话说,不怕贼偷,就怕贼惦记。突厥人早就惦记上了中原大地,终于忍不住出手来偷袭。面对着如狼似虎的敌人,宋庆礼心不惊、胆不颤,身先士卒打退了突厥兵。因为这一件了不起的功劳,再加上桓彦范的大力推举,宋庆礼回到京城就升了官,当上了大理评事,相当于现在高院院长。日子还没过几天，新上任的宋庆礼就赶上一回大麻烦，这又是怎么回事呢？

这事发生在千里之外的海南岛，当时，那里生产落后，条件不好，各部落的首领没事就要刀兵相向，缺钱就要杀人越货，当地的老百姓根本没法过生活。这个好看不好管的海岛让朝廷伤透了脑筋，总想着派个有本事的官员好好治理一番。可是，过惯了好日子的大官有几个愿意去海南岛上吃苦受罪担风险呢？于是，那片地方越来越乱，终于乱到了不可收拾的地步。

不过，世上没有干不成的事，只有干不成事的人。就在这个风口浪尖上，宋庆礼乘风破浪到了海南岛，带着岭南采访使的头衔和随从将士5000人，前去处置那里的暴乱。新官上任的宋庆礼不怕苦，不怕累，不怕潮湿闷热的天气，不怕海南岛上的瘴气，他走遍了黎族同胞地区，走到了海南岛最南头的振州，也就是后来的崖州古城。他深入民间，了解情况，跟部落首领谈形势，讲道理，没用一兵一卒就平定了当地的动乱。这位不同一般的宋大人让部落里的首领服了气，他们听过宋庆礼的一席话，相当于补上了一节时事政治课，多少年来，他们终于开眼看世界，了解到海岛之外的天和地。

宋庆礼在海南岛工作了整整20年，在他回到中原之后，崖州古城文庙的先贤名宦祠中，他的名字依然铭刻在碑上。直到今天，当地人还把宋庆礼和李德裕、冼夫人、黄道婆等几十位名人供奉在一起，世世代代奉上香火，祖祖辈辈传递思念。

重回河北，宋庆礼如何开动脑筋安定边地？
良臣故去，唐玄宗如何明辨是非表彰忠义？

时光轮转，李隆基接手了唐王朝的大权，宋庆礼终于回到故乡，改任河北支度营田使，负责河北道的城垣修筑、军需供应、水利建设、开垦土地等民生事业。

那时候，河北道范围大得很，北边直到辽东，南边过了黄河。河北道有个地方名叫营州，位置就在现在的辽宁朝阳，在当时，那可是一块难啃的硬骨头。

为什么这么说呢？因为那里聚集着东北的奚族和契丹族部落，三天两头地起乱子。唐代著名边塞诗人高适，也是咱们河北老乡，他有一首《营州歌》，写的正是那里的情况："营州少年厌原野，狐裘蒙茸猎城下。虏酒千钟不醉人，胡儿十岁能骑马。"

要说营州乱也不是一天两天了，就在宋庆礼转战海南岛的时候，就有个名叫赵文翙的人领了皇命，担任营州都督。这人脾气大，性子倔，从来不知道团结少数民族，把人家看作奴隶一样。有一年，契丹人遇上大灾荒，赵文翙不但不救济灾民，还强行征税，当地人的生活雪上加霜。他这么为人做事，难免跟契丹人撞出矛盾，契丹人一发狠，干脆一刀杀了赵文翙，一举攻陷了营州。

从这往后，一提到营州，谁都觉得怵得慌，再没人敢管这一带的事，朝廷只好把营州都督的治所移到幽州东边200里的渔阳城，也就是现在的天津蓟县。

等到李隆基登了帝位，当年反叛武周的奚族和契丹部落全都归附大唐。李隆基春风得意，决心把从前那些丢人事全都翻过篇去，要派得力将领复建营州旧城。在这件事上，同朝为官的河北人宋璟与宋庆礼展开了争论。宋璟投的是反对票，理由是皇帝刚刚登基，世道刚刚太平，钱是能省则省，不该劳民伤财；宋庆礼的观点截然不同，他坚持修复营州故城，理由是那里地处北部要冲，在安定辽东、巩固民族地区稳定的问题上具有非常重要的作用。

宋庆礼这一番话有理有据，让人心服口服，唐玄宗李隆基边听边点头，当下就任命他为河北道支度营田使。宋庆礼重振精神再上任，在营州城里用上了跟少数民族互惠互利、共同发展的法子。结果自然是皆大欢喜，当地各族民众出钱出力，没让朝廷花多少钱，营州新城就建了起来。

这事传到京城，唐玄宗的心里可是乐开了花。宋庆礼果然是个难得的高人，必须要给他一片用武之地。于是，宋庆礼官拜御史中丞，兼任检校，代理营州都督的工作。他为官一任，造福一方，效仿汉武帝时期李广戍边屯田的经验，在营州鼓励屯田开垦，还推出了一系列的优惠政策。宋庆礼一手抓农业，一手抓商业，还在当地招募商旅，开设店铺，发展经济，繁荣贸易。没过几年，就把营州建成了安定和谐的好地方。

宋庆礼修身、齐家、治国，堪称官场上的模范，道德上的典范。就是这样一位忠君爱民的好官，为国家耗尽了生命中最后一分光芒，累死在营州任上。噩耗传到唐玄宗耳边，他心里那份悲痛就别提了，玄宗想着：宋庆礼在世的时候没享过什么荣华富贵，过世以后怎么也得好好给他一个交代。

唐玄宗把亲近的大臣召到身边，让他们给宋庆礼商量一个合适的谥号。当时，太常博士张星发表了这么一番议论，他说："宋庆礼脾气太直，多少有点儿自以为是，一个'专横'的'专'字倒是很适合他。"他这话有点儿让人闹不明白，不过，瞧瞧幕后的曲折就能听懂张星话里的意思。张星之所以会讲出这样的话，其实是因为宋庆礼在世的时候没有给他送过礼，所以就憋着一股气，想让人家过世之后也没有光彩。

幸好这朝廷之中还有坚持正义的明白人，礼部员外郎张九龄说："宋庆礼人品好，本事大，功劳高，实在是难得的栋梁之材。他一行边陲30年，在家本可安享天伦之乐，而他甘心来往奔波。那种常年白毛风的边地，种庄稼都难以生长，可他却能做到实于军廪，繁荣经济。即使只拿出其中一样，都是别人难以做到的。人家辛辛苦苦一辈子，不能让他含着委屈下黄泉。"

这两方争执不下，好久也没争出个结果，最后，还是宋庆礼的侄子亲自到了皇宫，拿着宋庆礼在营州写下的工作文案和一大摞家书，白纸黑字让唐玄宗看了个明明白白，那字里行间忠心可表，天地可鉴。皇帝看得红了眼圈，下诏按照张九龄的意见把"敬"字用作了宋庆礼的谥号，纪念他爱国敬业的事迹。

宋庆礼鞠躬尽瘁，英年早逝，又一位来自河北的忠义之士挺起脊梁，担起了宋庆礼未竟的事业。这又是怎样一段故事，故事的主角又是何许人呢？

这位正是来自邯郸大名的姜师度，他在沧州、蒲州、陕州、同州等地方历任刺史，还做过中央政府的大理卿、司农卿和将作大匠，曾经跟随宋庆礼一起修筑营州城。姜师度走南闯北许多年，终于回到故乡，担任河北支度营田使，在宋庆礼曾经战斗过的工作岗位上继往开来。

《旧唐书》提到姜师度，说他又智慧又勤奋，是水利建设的一把好手；后人讲到姜师度，也把他称为"一心钻地的义士"，也就是修理地球的高手。一连串的美名从何而来？这就要讲到姜师度的一番作为。

他在天津蓟县蓟门之北引来清水，开凿了唐代时期河北第一条水上长城，还在水渠边上种植了一片防护林。这一举多得，既能造福民众，又能凭着一条河水隔开外敌，防止北方部落的骑兵入侵。他考证曹操"傍海穿漕"，修建平虏渠的旧事，疏通平虏渠，整合大运河，让河北的水路运输得以发展。他在贝州经城县，也就是现在的邢台巨鹿县东边一带动工开凿张甲河，解决了洪水泛滥的大问题。他在沧州引水开渠，排除水患，驯服了野马一样的河水，改变了洪涝灾区的旧模样。

潺潺清水，如何见证历史映照未来？
一世清名，如何代代相传留取人间？

开元元年，姜师度改任陕州刺史，管着如今河南三门峡市的陕县。到了这一任上，姜师度又对黄河水动起了脑筋，他想：如果重新规划河道，让河水服务百姓，就省下不少运输上的人力物力。说干就干，姜师度把这个想法付诸实践，果然收到了不错的成果。

姜师度的业绩传到朝廷，皇上看出来了，他绝对是水利方面的专家级人才，于是，就把姜师度调到了陕西华县，让他在那里发挥专长，从事自己的老本行。姜师度不负众望，在华县改造河渠，修建堤坝。有了他这一番努力，从前常常冒头的水患再也没来捣乱。

姜师度一个心眼地干工作，从来不许百姓们为他刻碑颂德，更不懂得跑官升官的诀窍。有人在皇帝面前推举这位贤臣，也有人嫉妒他的才能，说："姜师度不适合进京当官，因为老百姓们都知道，他那个人就对水利土木感兴趣。"

这位老黄牛一样的河北人在中国大地上留下了几十条河渠，静静流淌的河水见证千百年的历史，造福多少代的人民，这是他写在华夏大地的诗篇，也是他忠义仁德的写照。

这正是：

舍家为国宋庆礼，海南营州留胜迹。
一代忠臣姜师度，秀美河渠写传奇。

第六十三回 首要篆书家 仗义救诗仙

上一回说到宋庆礼耿直清正，姜师度勤勉爱民，这两位同为河北人士，同是仁德好官，同在史书之中留下了千古美名。今天出场的这位也不含糊，正因为他一腔热血显诚义，两肋插刀为正义，历史上第一部李白诗集《草堂集》才得以传承后代。这故事中的主角到底是何许人呢？

李阳冰，字少温。史书上说他出身于唐朝大户赵郡李氏，也就是石家庄赵县人。生在这样的书香门第，李阳冰的文化修养肯定错不了，他读书好，写字好，尤其那一手篆书更是人人叫好。

据说，李阳冰学篆书，起初学的是秦相李斯那一通《峄山石碑》。后来，他又研究了孔子在《吴季札墓志》上的题字，有了不少心得。李阳冰师古而不泥古，把前辈们传下来的书法精神跟自己的体会加以贯通，终于自成一家，在唐朝数得上一流。时间过了千年百代，李阳冰的作品在历史中沉淀成了宝贝，今天存世的唐代著名篆书碑文全部都是他的手笔。比如浙江缙云的《城隍庙记》、福州乌石山的《般若台题记》、广西桂林的《舜庙碑》、安徽芜湖的《谦卦碑》，都是这位河北篆书大家留下的大作。

后人说李阳冰的笔法"风骨雅健，卓有古意"，字如其人，李阳冰的为人也是仁义厚道，透着一种传统的谦谦君子之风。他本事大，性格好，自然结下了一群铁磁的好朋友。在李阳冰的朋友圈中，又有哪位响当当的大人物呢？

李阳冰有不少书画界的好哥们儿，其中最出名的一位就是楷书大家颜真卿。这俩人志同道合，珠联璧合出了好多名作，颜真卿书写的碑文大都会要邀请李阳冰题写篆额，一来二去，这两位就得了一个共同的光荣称号——"二绝"。

李阳冰的名气传遍天下，不少书法爱好者特地上门求指教，李阳冰也不吝啬，把自己的书法心得一股脑传授给大家。古话说：教学相长。李阳冰在出任书法教师的同时构建了自己的理论体系，成了当时屈指可数的书法理论专家。他的《翰林禁经》论述了书法体势和笔法中的禁忌；《字学推原》《翰林密论用笔法二十四条》推动了书法艺术的发展。名师出高徒，很多优秀的书法人才在李阳冰这里得了真传，开创了书法艺术的新天地，比如唐朝首屈一指的草书名家张旭，也曾经当过李阳冰的学生。

李阳冰对于自己的书法艺术很是自信，他说过这么一句话："要说篆书的集大成者，从李斯往后，也就是我了，汉代的曹喜、蔡邕根本排不上号。"因为李阳冰这不输阵的气势，也因为他在篆书上的极高造诣，后人都把他的作品当作篆书领域的经典教材，还送他一个"笔虎"的雅号。

这位书坛大腕李阳冰如何跟文坛巨星李白结下了不解之缘呢？

颠沛流离，一代诗仙为何遭遇难关？
慷慨仗义，一介豪侠如何出手支援？

要把李阳冰和李白的故事从头说起，还得提到唐朝挺出名的一件事，就是安禄山、史思明闹出的那场"安史之乱"。

当时，李阳冰在安徽当涂做县官，叛乱的消息一路传来，他正忙着储备粮草，加固城防，随时准备抗击叛军。这时候，"安能摧眉折腰事权贵，使我不得开心颜"的诗仙李白带着老婆孩子来到当涂避风头。诗仙降临，到了李阳冰的府上，俩人这一会面，真是相见恨晚。

一笔写不出两个李字，这"二李"凑在一起论了论，发现李白的年纪虽然比李阳冰大了几岁，但李阳冰长在辈分上，他居然是李白的同族叔叔。在这国难当头的时刻，李白认下了李阳冰这个从叔，两个人惺惺相惜，互相仰慕，从此以后，他们之间的情分就再也没有割断。

李白和李阳冰在国难之中知音相遇，长安那边的李隆基可没有这么幸运，眼看着安禄山攻破了潼关，可怜这一朝天子带着爱妃杨玉环狼狈出逃。太子李亨登上皇位做了唐肃宗，从前的玄宗也就成了太上皇。

新皇帝椅子还没有坐热，他的弟弟永王李璘就起了异心。这一年的冬天还没过完，李璘就以平乱为名起兵江陵，开启了历史上那一场"永王东巡"。此时此刻，李白早听说玄宗到了四川，归隐山林。李璘打听到李白的音讯，给他下了好几回聘书，想请他加入自己的阵营，掌管舆论宣传的事务。李璘三催四请，终于说动了李白。李白满腹激情化作诗篇，前前后后写了10多首意气风发的《永王东巡歌》。

谁承想，诗仙李白站错了队。没过多久，大唐的忠良们镇压了安史之乱的叛军，唐肃宗君临天下，要维护统一。而永王李璘被作为乱党遭到镇压，他兵败如山倒，连带着李白也受了株连。李璘兵败被杀以后，李白被流放到夜郎，从一个"长风破浪会有时，直挂云帆济沧海"的慷慨志士沦为朝不保夕的阶下囚。唐王朝从"安史之乱"的节点上走起了下坡路，李白的人生也在刹那之间降到冰点。

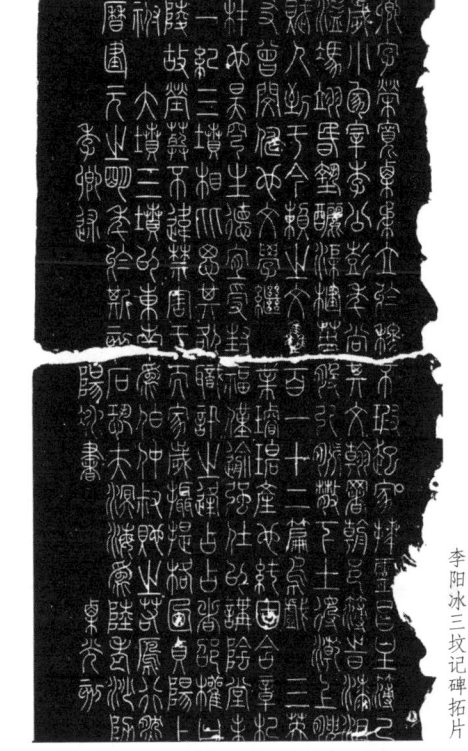

李阳冰三坟记碑拓片

第六十三回　首要篆书家　仗义救诗仙

几年的时间熬了过去，59岁的李白终于赶上了朝廷大赦，他吟诵着"朝辞白帝彩云间，千里江陵一日还"的诗句，在长江上过荆州，到九江，又流落在江淮一带。乱世之中的日子不好过，惨淡的现实逼得他没路可走。这样的时刻，李白又想起了李阳冰那一双温暖的手，再次敲响了从叔的家门。这又是怎样一段故事呢？

诗仙李白面子薄，他进了李阳冰的家门，却没有说出自己的来意，只把心里话写进了一首诗，交给了李阳冰。两个人寒暄了一番，用过了便饭，李阳冰

343

把李白送上了一条小船，就在挥手要说再见的时候，李阳冰才低头读起了李白送给他的诗，那其中包含着十二分的敬仰，诉说着不可言说的悲情，结尾几句委婉讲出了李白来访的真正原因。原来，他的日子已经完全周转不下去了，只能投奔李阳冰，找一个可以遮风挡雨的屋檐。

李阳冰一字一句地读完了这首《献从叔当涂宰阳冰》，读出了李白的委屈，读懂了李白的难处。他拍拍胸脯伸出手，把李白请回了自己的家中，自己有口吃的，决不让李白饿肚子，自己有件衣裳，决不让李白受冻。两人虽不是至亲，李阳冰待李白却比待自己还要好。

李白在当涂落了脚，终于过上了安生日子。李阳冰得空的时候，常常陪着李白游走于青山绿水之间，带着他参加文人墨客的聚会。两人的交情越来越深，李白越发为李阳冰的人品和才华所折服，这一番深情凝聚在笔尖，成就了这样的赞文：天垂元精，岳降粹灵。应期命世，大贤乃生。吐奇献策，敷闻王庭……

李白看过了人间的是是非非，经历了人生的起起落落，在夜深人静的时候，常常思考一些想不通的问题，他感慨李阳冰这样有德行、有谋略、有胆识、有抱负的贤才生逢乱世，没有用武之地，也感慨自己满腹才华竟然走到了穷途末路。每每到了这样的时刻，李白的心里又会生出几分庆幸——在乱了套的人世间，幸好还有李阳冰这样的人物出淤泥而不染，保持着一颗赤子心。

公元762年的冬天，李白一病不起，临终的时候，他把自己的诗歌文稿交给了李阳冰，拜托他把这些文字保存下来，另请从叔为诗文写上一篇序言，记录下两人之间的深情和叔叔对他的恩情。李白强撑着身体把话说完，一代诗仙就此驾鹤归天。

面对李白的一番重托，李阳冰又会做何抉择呢？

结集成册，李氏阳冰如何呕心沥血不负重托？

名传千古，燕赵豪士如何身体力行信守承诺？

李阳冰这辈子看得最重的就是"诚义"二字，在李白的后事上更是如此。他含着眼泪把李白安葬在当涂县的风水宝地龙山，又特地请来德高望重的名家写手宣歙池观察使范传正为李白撰写墓志铭。

李阳冰的好事做了一箩筐，在人前人后却从来不提一个字。正因为这样，后人对诗仙李白的身后事附会出好多各式各样的传说。有人说李白坐着小船去赏月，一时出神要摘月亮，不小心掉在水里丢了性命。就这个说法，后来的人们还把李白奉为"水仙王"。成于五代时期的《旧唐书》另有记载，说李白在遇到赦免之后开怀畅饮，醉死在宣城，还编了一段故事，说宣歙池观察使范传正根据李白"志在青山"的遗愿把他的坟墓迁到了当涂的青山之上。后世的说法千奇百怪，只有当涂的李白墓见证了真实的历史，证明李白既没有淹死在水中，更不是醉死在宣城，而是死在从叔李阳冰在任的当涂县。见证了李阳冰信守诚义的一腔热血，见证了他好心助人的满腔豪情。

李白入土为安，李阳冰默默地担起了另一份事业，他把李白留下的诗文整理成册，辑成10卷《草堂集》，又亲笔撰写了序言。这一部凝结着李白和李阳冰两个人心血的诗集终于完工，可是，在那个年代，李白的罪名还没有洗清，他的诗集自然也不能光明正大地印刷出版。后来，李阳冰离开当涂，入京为官，不管他身在何方，心里总惦着那本《草堂集》。一直等到李阳冰年老退休之后，他才把李白的《草堂集》刊印发行。世人见到的这本诗集含着万丈光芒，一篇序言也是文采飞扬，序言中细说李白的生平家世，记述了他的人生历程，阐发了他的文学思想，高度赞扬了他在文坛上的不凡成就，称李白"千载独步，唯公一人"。李阳冰身体力行，把对李白的承诺做到了极致，唯独只有一件事没有按着李白的意思来，那就是在字里行间未提及自己所做的好事。

李阳冰有意淡化了自己的善行，历史却没有忘记他的功绩，他的为人之道与书法艺术也在后世留下了美名。后人称赞他为人豪侠仗义，书法豪放刚正，清代书法评论家孙承泽说："篆书自秦、汉以后，推李阳冰为第一手。"康有为也把李阳冰奉为"以瘦劲取胜的书家圣手"。

这正是：

赵郡李氏有书神，唐代篆书第一人。

真诚豪侠救李白，《草堂集序》留诗魂。

第六十四回 大唐拥烈士 李绛入名簿

上一回说到，赵郡义士李阳冰真诚豪侠救李白，恪守承诺留美名。接下来要出场的这位，也是赵郡李氏的后代，他对人对事讲究一个诚字，为国为民讲究一个忠字，一辈子说真话，做实事，成为魏徵之后又一代诤臣，这位大唐忠良是谁，又有着怎样的风雨人生呢？

在唐朝历史上，先后有300多位官员拜为宰相，宰相在一般人看来是文臣，和带兵打仗没什么关系，而来自河北的宰相李绛，却"不恤自身安危，慷慨殉国"，赢得了"中华二十四忠烈"的英名。

这位以身殉国的李绛，出自河北名门、宰相世家——赵郡李氏。他是赞皇人，在充满书香的家庭里长大，青年时代顺利考中进士，靠着过硬的笔杆子得到朝廷委任，当上了陕西渭南县尉，工作干得有声有色，因为业绩特别突出被提拔为监察御史，相当于国家监察专员。

李绛胸怀坦荡，是个眼里不揉沙子的直脾气，当了京官以后，在工作上和皇帝有了更多交集。面对最高领导，他照常直抒胸臆，或者提出质疑或者表达反对。李绛一心为公，对事不对人，但是在皇权至上的社会里，这样率性的举止又会给他的仕途带来怎样的影响呢？

宪宗即位那年，镇海军节度使李锜因为叛乱被杀，皇帝下令抄家，没收全部财产，值钱的家当装了满满几车准备运回京城。罚没叛将的私产收归国有，这本是皇上的决定，却遭到了李绛的强烈反对，他说："叛臣僭越放纵，勒索百姓，六州百姓对他恨之入骨。现如今陛下诛灭了叛臣，却把那些钱财珠宝运回朝廷，百姓又会怎么想呢？如果陛下能将没收的钱财留给当地政府，顶替贫苦民户当年的租税，百姓才会称颂陛下的功德！"唐宪宗觉得这话很有道理，就听从了他的建议。

封建官场上讲究人情往来，不少地方官员搜刮民脂民膏，向上级进献珍宝古玩，形成一股送礼之风。李绛看在眼里，急在心上，多次上奏唐宪宗。唐宪宗也是个明事理的皇帝，于是颁布诏令，杜绝这种腐败风气。结果，有个地方官还是不遗余力的拍马屁，向皇上进献银壶等器具数百件。李绛很生气，向皇帝谏言，请求他把这批银器交给度支库，惩治这个官员的行为，向天下昭示皇帝言而有信。皇帝不想驳李绛的面子，把这些器物交给度支库，不过，还是放了那个官员一马，没有治他的罪。

这样令皇上下不来台的事情不止一次两次。终于有一次，皇帝恼了，非但没听李绛的建议，还把他训斥了一番。这事换成别人也就算了，跟皇上较什么真啊！可李绛却较上了劲，他跑到内署，把上书的文稿一把火烧了。

这下唐宪宗真火了，觉得李绛太猖狂，目无君主，要治他的罪，可李绛依然不卑不亢："陛下信任我，授以要职，如果我为保自身而不进言，就是辜负陛下；如果臣不避祸患，竭诚奏论，惹恼了陛下，因而获罪，就是陛下辜负臣。"

李绛的一番话，让唐宪宗冷静下来，非但没有怪罪李绛，还提拔他做了中书舍人，赐紫服金鱼袋，并亲自给他一块上朝时手持的象牙笏板，鼓励他说："他日做了宰相，你也应当如此啊。"

不计得失，一代诤臣哪般言语为国分忧？
不畏强权，华州刺史何种举动为民除害？

唐宪宗六年，李绛被拜为宰相，他延续以往勤勉务实的工作作风，坚持直言劝谏的工作方法，成为继魏徵之后大唐王朝的又一代诤臣。

有一年，教坊忽然宣称朝廷有密旨，征选良家子女及贵族官吏家中的艺妓充当乐妓，京城一片哗然。李绛决定把群众的反映跟皇帝说说，同事们都劝他说，这事自有谏官来论说，您说深说浅都不合适，就别往自己身上揽了。李绛没听，坚持向皇帝递上谏书。

唐宪宗看了以后，对李绛解释说，原本是想挑四位乐工，付给优厚的酬金，去四位诸侯王家中侍奉，结果底下执行的人会错了意，闹出这么一个大乱子。最终唐宪宗一纸令下，将征选来的人全都遣回家中。

这个事过了没多久，有地方官员奏报江淮一带闹饥荒。唐宪宗派御史访查，反馈回来的信息却是此地并无灾情。唐宪宗一头雾水，不知道该信谁，问李绛怎么看。李绛说："那些封疆大吏是陛下的子臣、百姓的官员，他们的上奏岂能不实？而某些御史为了取悦陛下，有可能编造瞎话。我觉得，基层来的信息真实的成分比较大，希望陛下明察。"

李绛这个人说话虽然不中听，但是每次都有理有据，总能在关键时刻点醒皇帝。

唐宪宗平定了藩镇叛乱之后，朝野一片赞誉之声，唐宪宗正自得意，李绛却出来扫了皇帝的兴，他私底下对唐宪宗说："陛下若与汉文帝相比，您觉得怎么样呢？"唐宪宗说："朕岂敢与汉文帝相提并论呢？"李绛说："汉文帝时，他的忠臣贾谊说过，把火积放在薪柴下，不能看着火没燃烧，就以为是安全的，这样居安思危的心态我们也得学习。现在，朝廷法令在50多个州都不能实行，西部战火不断，加上连年水旱灾害，仓廪空虚，这件件事情都需要陛下您劳心费力，怎么能高枕而卧呢！"

这一番话，让唐宪宗惊出一身冷汗，对手下的人说："李绛敢进骨鲠之言，真宰相也。"后来派人给李绛送去了美酒，以示嘉奖。

江山易改，本性难移，李绛这个直脾气，可不只对皇帝一个人。人心似海，李绛又会沉陷在怎样的风波里呢？

李绛的性子太过耿直，得罪了不少人，因为皇帝重视，又招来同僚的嫉妒和打压，想扳倒李绛的大有人在，不断有人在皇帝耳边进谗言，打小报告。

虽然不求人人理解，但是这样的工作环境，李绛自然不怎么顺心，工作开展起来也别别扭扭，障碍重重。后来，李绛的脚受了伤，就借这个机会跟皇帝提交了辞职报告，要辞去相位。唐宪宗批准了辞呈，可仍旧让他做礼部尚书。虽然辞了宰相的官，李绛仍然操着国家的心，私底下常常帮皇帝出谋划策。

元和七年，吐蕃出兵侵扰边境州城，掠抢百姓的牲畜和财物，百姓日子没法过，国防也受到威胁。李绛上奏皇帝说，这都是因为边防空虚，守将坐吃空饷，导致军队没有战斗力，才让百姓们遭遇灾祸。唐宪宗向他询问对策，李绛给出了中肯的建议，那就是整顿边备，惩治腐败。他担心北边的强敌进犯，就边备防务提出了五条对策，解了唐宪宗的心头之忧。

李绛为官多年，坚持把国家的兴亡、百姓的疾苦作为工作的出发点，他坚持做实事，说真话，看人下菜碟的事坚决不干，这样的风格，难免会得罪权贵。接下来，他又会遇到怎样的麻烦呢？

吐突承璀是唐宪宗宠爱的宦官，在唐宪宗还是太子的时候就追随他，是东宫旧臣，很受宠爱，被封为神策护军中尉。他为了讨皇帝欢心，耗资10万在安国佛寺为宪宗建立"圣政碑"，要为唐宪宗大唱赞歌。唐宪宗很高兴，就让李绛写一篇歌功颂德的文章。可是李绛坚决不从，还直言劝阻，说得皇帝的脸色越来越难看，终于忍无可忍，指着他一通训斥。

天子之怒，那是要杀头的，旁边的人吓得都不敢吭声，可李绛跪在地上，不看皇帝的脸色，不温不火地发表自己的看法："这地方是寺院，不能刻立这种不伦不类的碑。历代明君圣主，都不为自己歌功颂德，连当年的武皇都只是留下无字碑，所以皇上绝对不能干这种让后世笑话的事情。"

这一番话，让唐宪宗发热的脑子瞬间清醒下来，仔细一琢磨，的确有道理，连忙下令把石碑放倒。可那位宦官不乐意了，说："陛下，这个石碑太结实，人力根本推不倒。"唐宪宗冷着脸说道："人拉不倒，那就用100头牛给我拉倒。"结果真的用了100头牛把这通碑拉到了。事后，唐宪宗还派使者慰劳了李绛。

后来，皇帝派吐突承璀带兵讨伐成德节度使王承宗。自古以来，从没有宦官统兵的先例，李绛坚决反对，可皇帝根本不听劝。最后，吐突承璀打了败仗，无功而返，皇帝心疼他没有功劳有苦劳，竟然还给他升官加爵。李绛又上奏说："吐突承璀打了败仗，非但没有受惩罚，反而还升了官，以后再有这样的败军之将，请求封赏，陛下该如何处置？"

最终，宪宗采纳李绛的建议，罢免了贴身宦官的兵权，朝廷内外，无不相贺。后来，李绛出任华州刺史。华州这片地是吐突承璀的根据地，这些年来收受贿赂购买的土地都在这里，他的一些管家奴才们仗着朝廷里面有人，仗势欺人，鱼肉百姓。李绛上任以后，第一件事就是缉拿这些作恶的奴才，为民除害，狠狠打击了那些宦官的嚣张气焰。

水乳交融，君臣二人共图何种兴国良策？
风云突起，一代忠良遭遇哪般飞来横祸？

在朝期间，皇帝每有国事，都要咨询李绛，李绛必定知无不言，言无不尽。君臣二人经常在一起畅谈国家大事，交流治国理念。

宪宗帝崇敬太宗、玄宗开创了盛世之景，说："朕也想效仿二祖的道德风烈，该怎么做呢？"李绛回答说："陛下要亲近那些刚正不阿的大臣，远离那些邪佞小人，选贤能、行法令、言必行、行必果，这样就能有和祖宗一样的德行。"皇帝很高兴，说："这话说得真好啊，朕要书写给众人看。"宪宗于是下诏，搜集历代君臣成败的50个例子，做成连屏，放置在座位旁，每次看的时候，都提醒左右："我们都要以史为鉴，严格要求自己。"

还有一次，皇帝召见李绛，说："现在的谏官多结为朋党，论奏不实，陷于诽谤，朕想罢黜公愤最大的御史，你看如何？"李绛眉头一皱，说："想必这不是陛下本意，是奸佞之人以此误导皇上。自古以来，纳谏昌，拒谏亡。您以为臣子们谏言是那么容易的吗？皇帝有雷霆之威，谏官们要瞻前顾后，开始可能准备陈奏10件事，一会儿不得不舍掉五六件，等到要上奏时，又因为惧怕而削去一半，所以，能够给陛下提交的奏章已经很少了。什么原因呢？大伙都怕招来不测啊。即使陛下给予奖励，大伙都未必敢说，现在您却要谴责进谏者，让正直之士闭嘴，不利于社稷啊。"皇帝听了以后，连声说道："要不是爱卿这番话，我险些做错了事啊！"

天有不测风云，人有旦夕祸福，谁都没想到，这样一位忠心耿耿、为国为民的好官，却遭遇了不测。

唐文宗即位以后，恰逢南蛮进犯西蜀，李绛奉命赶赴西蜀去救援。他招募了上千名士兵，可是刚走到半路，敌人就撤兵了。按照当时朝廷的规定，战争结束后，这些招募之兵就得全部退伍回家。那天早上，李绛把大伙召集到一块，宣布了遣散令，给他们发了些遣散费，让他们各自回家。

这时候，监军使杨叔元背地里搞起了小动作。他是个贪图钱财的小人，一直怨恨李绛不给他送礼行贿，总想找机会报复，便借着这件事煽风点火制造谣言，说遣散费给少了，都是李绛搞的鬼。经过一番挑拨离间，士兵们全都愤怒了，他们不分青红皂白，夺了兵器冲进了李绛的府衙。李绛和他的手下来不及防备，被乱兵杀害，时年67岁。

文宗得知李绛被杀，悲痛不已，追赠李绛为司徒，谥号贞。唐宣宗即位以后，诏令史官在凌烟阁置元和将相图，李绛位列其中，由此可见他的功劳和地位。

这正是：

大唐名相一诤臣，宦海沉浮不灰心。

忠言直谏不折节，慷慨殉国留遗恨。

第六十五回 诗豪刘禹锡　耿耿显傲骨

上一回说到李绛宦海沉浮许多年，披荆斩棘若等闲，他铁骨铮铮堪称一条好汉，他直言敢谏堪当政坛模范。今天要讲的这一位同样是宁舍命不折腰的燕赵豪士，他历经坎坷不改壮志，历经磨难不减锐气，他究竟是何许人呢？

这一回的主角正是刘禹锡。一提到这个名字，我们立马会想到他的文章诗句。刘禹锡所在的那个时代出了不少写诗的高手，他凭着出色的文采在高手如林的文坛上占到了第一流的位置。论诗才，他跟李白、杜甫、白居易等等这些大腕齐名，还得了一个"诗豪"的称号；论散文，他和柳宗元并驾齐驱，二人合称为"刘柳"；论书法，他的草书气势磅礴，比李白还要高出一截。

这么说来，刘禹锡算得上文化界的全能选手，这位了不起的大才子在当年是文坛上的红人，现如今依然是抢手的香饽饽。全国好些地方的人都把他拉作自己的老乡，可要是追根溯源，刘禹锡的故乡到底在哪呢？

关于这个问题，说法可是不少。

《旧唐书·刘禹锡传》和白居易的《醉吟先生传》都把刘禹锡称为"彭城人"，说他的老家在江苏徐州。可是，唐代最牛的文史专家韩愈却把他称作"中山刘梦得"，柳宗元也站在韩愈这边，说刘禹锡是"中山人"。

这个问题该作何解？还得问问刘禹锡本人。他的自传中有这样的说法：从前的中山王刘胜一脉相传，子子孙孙也沿袭了他的封号，称为中山人，自己正是中山靖王后裔中的一员。这么说来，刘禹锡的祖上正是中山王刘胜这一支，他跟三国时代的刘备、两晋之际的刘琨原本都是一家人。

那么，中山王又是什么来历呢？话说汉景帝在位的时候，刘胜受封为中山国，死后谥号"靖王"，封地中山郡，也就是以今天河北定州为中心的这一带。中山靖王刘胜的家族在这里繁衍生息，一共有120个子支，无极刘氏、涿郡刘氏都自称靖王之后。

刘禹锡有着不凡的身世背景，更有着远大的志向。他自小就显出了才气、骨气和豪气，20出头跟柳宗元同榜中了进士，"刘柳"二人就成了一辈子的好朋友。刘禹锡刚刚走上仕途，在淮南节度使杜佑的府上任掌书记，也就是杜佑身边的秘书。

要知道，杜佑可不是一般的人物，他是唐王朝的一代名相，长安城里的一级富豪。他才高八斗，文采出众，那部鼎鼎大名的《通典》就是杜佑留下的文化遗产。强将手下无弱兵，杜佑手下的文字工作者也是个顶个的强。刘禹锡在杜佑的府里锻炼了文笔，增长了见识，杜佑也对这个才华横溢的年轻人赏识有加。

没过多久，刘禹锡调任京兆府渭南县主簿。第二年，他又入朝跟柳宗元一起担任监察御史，从前的好朋友成了好同事。这个岗位上的老员工韩愈跟这两位很是投缘，三个人谈诗歌说文章，成了无话不说的好朋友。

官场上水深洼险，绝不全是荣华富贵和一路风光，再加上当时唐王朝经历了安史之乱，已经不再是如日中天的繁华盛世，正在慢慢地走着下坡路。黄河以北的藩镇割据，西南还有吐蕃入侵，蚕食着唐朝的版图，骚乱此起彼伏，政坛上宦官专权，百姓的日子真是水深火热。乱世之中的刘禹锡又将遭遇什么样的风风雨雨？

触景生情，一首好诗缘何得罪当权高官？
虎落平川，一代诗豪为何饱受恶人刁难？

想当年，龙椅上的天子是唐德宗李适，要说这位皇帝，可有点儿对不起他庙号中那个"德"字，他把官场当成菜市场，把买官卖官当成家常便饭。这样的做派让好多忠良臣子看不下去了，刘禹锡和韩愈上书就这事论了一论，结果自然是惹得皇帝不高兴，刘禹锡就此被贬到了广东，这事算是他人生之中栽的第一个大跟头。

多年之后，德宗驾崩，顺宗即位，新上任的皇帝身体不好，一天到晚闹毛病，朝廷大事就交给宰相王叔文一手打理。多亏了王宰相人好本事大，他领着刘禹锡、柳宗元等一批精英撑起了大局，他们罢黜贪官、废除宫市、选贤任能、推行改革，决心中兴大唐王朝，这就是史书上所说的"永贞革新"。春风得意马蹄疾，刘禹锡逢着了用武之地，他的好心情展露在诗歌之中，他那句"唯有牡丹真国色，花开时节动京城"正是借花抒怀的妙手偶得。

可惜牡丹虽好，花开不长，宦官集团觉得革新派的动作碍了事，他们一哄而起结成同盟，张牙舞爪地向革新派扑了过来，还逼着病床上的顺宗把皇位让给太子李纯。眼看着顺宗老老实实地遂了他们的意，这伙阉党干脆把病病歪歪的顺宗杀了了事。这一下，全天下的事情都由着他们做主了，改革的领导者王叔文被赐死，刘禹锡和柳宗元等人遭遇了罢官，轰轰烈烈的革新历时146天就被打压下去了。

刘禹锡一路流落到湘水之滨，被贬到湖南常德做州司马，这个职位听上去还算是体面，实际上不过是个没权没势的虚名。铁骨铮铮的刘禹锡并没有就此沉寂，在这段日子里，他一支妙笔写下了一系列的寓言诗针砭时弊，正是这一批作品使他成为唐代最有成就的寓言诗人之一。

时隔九年，刘禹锡终于盼到了一阵新风，朝廷诏令他回到京城，打算对他委以重任。刘禹锡再度回朝，气节不改，眼里依然揉不得半粒沙子，很看不惯那些装腔作势的虚伪小人。朝廷里的所谓新贵也觉得刘禹锡不太顺眼，总想着给他找点儿碴，于是，就整了一出玄都观事件。这又是怎么回事呢？

当年，京城里有一座玄都观，观里遍地桃树，一到春天桃花盛开，那景象真是好看。朋友约了刘禹锡去看桃花，刘禹锡在桃树下想起自己整整10年的好年华都浪费在贬谪的生活中，他的万分感慨化作了一句诗："玄都观里桃千树，尽是刘郎去后栽"。

谁承想，这10多个字的一句话又给刘禹锡招来了麻烦，有人就着这话去跟皇帝告黑状，说刘禹锡借着桃花撒怨气，讽刺朝廷新近提拔的大臣，这就等于笑话皇帝！唐宪宗被人一忽悠，也就动了气，一道诏令又把刘禹锡撵到贵州遵义任播州刺史。

刘禹锡对着这指示犯了难，他的老母亲岁数大了，身体也不好，拖家带口地去那山高水远的地方，实在不是个事。有好心人帮着刘禹锡到皇帝面前去说情，好说歹说总算把贵州换成了广东连州。刘禹锡再也没别的辙，一家子收拾收拾上路去当差，这一去就又是五年。

后来的事情真是应了那句古话——福无双至，祸不单行。刘禹锡在连州任上送走了老母亲，回家料理白事的路上又听说了好哥们儿柳宗元去世的消息。日子难过也得过，刘禹锡守孝期满，从洛阳辗转到四川，再从四川调任到安徽，谁能想到磕磕绊绊的生活居然成就了一篇千古传诵的名作，这又是怎样一段故事呢？

刘禹锡被贬到和州当刺史，按照当时的惯例，他应该分到一套三室的公家宿舍。不巧的是，他的上司长了一双势利眼，瞧着刘禹锡不得势，就给人家穿小鞋，该给的待遇降了格，就让他在县城外面的两间破屋子里安身。这地方正对着一条江水，刘禹锡就在屋里看着水上船来船往，望着天上云卷云舒，生活说不上多好，倒还算是淡然。刘禹锡偶然之间得了灵感，往自家门上贴了一副对联：面对大江观白帆，身在和州思争辩。

他的上司听说了这事，一口恶气顶了上来，心说好你个刘禹锡，不在家好好闭门思过，没事观什么白帆，还想着跟我争辩。行，你这风景也别看了，把家搬到城北德胜河边去吧，为了给你提个醒，房屋面积再砍一块，缩小到一间半。

刘禹锡接到通知，心里也明白是谁出的幺蛾子，他把家搬了过去，又往门上贴了一副对子：杨柳青青江水平，人在历阳心在京。历阳就是和州，他这话里面含着刺，也是故意让上司看呢。

果然，上司又在城里找了一间巴掌大的小房子，通知刘禹锡赶紧搬进去。在这间简陋得不能再简陋的小破屋里，刘禹锡奋笔疾书，留下了那篇传世的大作《陋室铭》——

山不在高，有仙则名。水不在深，有龙则灵。斯是陋室，惟吾德馨。苔痕上阶绿，草色入帘青。谈笑有鸿儒，往来无白丁。可以调素琴，阅金经。无丝竹之乱耳，无案牍之劳形。南阳诸葛庐，西蜀子云亭。孔子云：何陋之有？

这篇文稿由柳公权书写刻碑，立在刘禹锡的门前，以示"纪念"。这件事情轰动了朝野，这篇文章风靡一时，就连刘禹锡的上司也终于良心发现，感叹这字里行间淡泊宁静的情致，大气磊落的气节。

钩心斗角，贤良好官为何陷入官场乱战？
名扬海外，绝妙好诗如何流传东洋彼岸？

时过经年，又是一个春天，刘禹锡再次回到京城，在宰相裴度的引荐下做了主客郎中，他以为这会是一个新的开始，谁知道朝廷依然是从前那个宦官专权的旧模样。刘禹锡心里是没处排解的闷气，他出门散心，走走停停，一抬头又到了玄都观的桃树下。此时此地，已经物是人非，观里的道士没了踪影，桃树之下满眼荒凉，刘禹锡提笔蘸墨，又留下一首诗作："百亩中庭半是苔，桃花净尽菜花开。种花道士归何处？前度刘郎今又来。"这首诗随风飘了出去，又被一群居心不良的政敌拿到皇帝面前去说事，说刘禹锡死性不改，又用写诗的手段攻击朝廷。

这一波未平，一波又起，朝廷之中党政激烈，引荐刘禹锡的裴度受了委屈，万般无奈只好辞职离开了京城。刘禹锡仗义执言，为裴度鸣冤，最终也是不了了之，他看透了官场这些乌七八糟的事，上书要求离京外任，去苏州做了刺史。到了苏州任上，刘禹锡可是挺忙，他忙着组织民众治理水患抗击水灾，想方设法赈济灾民，没日没夜地忙活终于让他的身体落下了毛病，只好辞去了官职。

一直到了开成元年（836 年），刘禹锡再度出山，成了太子宾客，在洛阳城里工作生活，跟裴度和白居易聚在一起，这三人常常办个"文酒之会"，写诗联句一抒豪情。

随着生活阅历的增加，刘禹锡这一时期的作品又上了一个台阶，他仿着民歌音调用七绝形式写成了前无古人的《竹枝词》，直把白居易听得红了眼眶。

他的诗歌作品不但是文人雅士的心头好，在草根阶层中也受到了热捧。晚唐诗人温庭筠的诗中描绘了这样的场景：民间有好多年轻的姑娘小伙都爱唱刘禹锡的诗歌。在公元 10 世纪左右，日本藤原任公（966-1041）编纂的《倭汉朗咏集》也引用了刘禹锡的诗作四首，可见刘禹锡的诗名已经漂洋过海，流传东洋。

晚年的刘禹锡看过了人间的是是非非，把心中想说的话写进了《子刘子自传》。回首往事，他有感慨，也有遗憾，但这一辈子的往事让他问心无愧，心中的理想始终没有改变。就在这一年的秋天，刘禹锡告别人世，葬在河南荥阳，享年 71 岁。

这正是：

一代诗豪刘禹锡，耿耿士节留传奇。
传世名篇《陋室铭》，宦海沉浮头不低。

第六十六回 赞皇李栖筠 大唐忠臣谱

上一回说到刘禹锡一支铁笔写文章，一身傲骨响当当。唐王朝经历过辉煌的盛世，也经历了惨淡的败局，在这个风起云涌的时代，赞皇李氏文治武功，力挺朝廷中兴。今天要出场的是李氏祖孙中的头一位，他德高望重，名留千秋，他正是大唐名相李德裕的爷爷，李吉甫的父亲，老李家顶门立户的人物——李栖筠。他这一生之中见证了什么样的历史？

李栖筠（719-776），字贞一，他出生在声名显赫的赵郡名门，传承了深厚的家学文化。《新唐书》中提到这个名字，说李栖筠平日里话不太多，想问题却很有远见，办事也特别牢靠。论外貌，他玉树临风不输潘安；比德行，他谦良恭俭绝对是个君子。再加上他为人做事从不拖泥带水，想好了就办，一贯地雷厉风行。

大才子必须得有点儿小脾气，李栖筠的性子又是什么样子呢？他一生只结交志同道合的朋友，话不投机的干脆不来往。虽说李栖筠的性格有点儿个别，可是这一类的小问题怎么也遮不住他这块金子的光芒。有人预言说：李栖筠必定可以成为皇帝身边的大人物。这话究竟有没有成真呢？

话从头说。李栖筠在20出头的年纪隐居到了河南汲县的共城山，一门心思读书耕作，得了空子就去游历名山大川，在旅行的路上思考自己的人生，思考国家大事。他读万卷书，行万里路，学了一肚子知识，修下了良好的品德。他29岁那一年，在同门族兄李华的鼓励之下走出大山，一下子考中了进士，领了一个冠氏县主簿的职位，到如今的山东冠县去当官。小伙子在这一任上干得很是不错，他的领导魏郡太守李岘瞧着李栖筠有出息，留着心给他说了一门亲事。李栖筠成了家，立了业，顺风顺水地步步高升。

天宝年间，李栖筠接到一封调任通知书，年过40的他被安排到安西节度使的府上做判官，也就是这一方的监察专员。这件事里含着什么样的曲折？还得说到唐玄宗李隆基一心要加强西部地区的控制，派陕王李嗣遥领安西大都护，充河西道四镇诸蕃部落大使，之后又在四镇设置节度使统领。统管四镇的节度使驻守在安西府城龟兹，由安西都护兼领，这位手握大权的高官又称为安西节度使。当时，威震西北的安西节度使正是大唐名将封常清。这位封大人慧眼相中了李栖筠，知道他有勇有谋，堪当大任，所以就有了前面说的那一番职位调动。

话说这李栖筠到了封常清大将军的身边，工作上尽心尽力，脑子里总绷着一根弦。可惜的是，李栖筠没有赶上好时候，唐玄宗、杨玉环、杨国忠演的那出好戏引来了一场臭名昭著的"安史之乱"，本应该鲲鹏展翅九万里的李栖筠不巧被卷进了战争。

封常清大将军带着人马一路东征，他临危受命在潼关，却还要受着监军太监的气，最后兵败如山倒，冤死在疆场上。李栖筠留守安西旧城垣，他手下的将士想着中原的妻儿父老，念着封将军大仇未报，个个摩拳擦掌要求杀回中原，把国仇家恨一块儿报了。可是，在这样的时刻，强出头不一定有好结果，李栖筠最明白这个道理，他含着眼泪劝大伙："我的老婆孩子都在河南，正是叛贼安禄山祸乱之地，不知道他们受了多少苦，遭了多少罪，也不知道他们如今是死是活。但是，我们既然当了兵，就知责任重，保家卫国是使命，这点时刻都不能忘！如果我们因为一时气急，擅离职守，丢了边城，遭殃的就是成千上万的老百姓，这样一来，上对不起国，下对不起家，更对不起死去的封将军啊！"

将士们听了这一番劝，抹着眼泪压下了怒火，他们度日如年挨过了好几个月，终于等到了一个振奋人心的消息。这又是怎么回事？

时局动荡，一国之君为何仓皇出逃亡命山野？
宦海沉浮，一介忠良为何遭人排挤流落南方？

"安史之乱"中唐玄宗被撵出了长安城，玄宗的儿子李亨在宁夏灵武宣布即位，史称唐肃宗。这事一路传到了龟兹城，李栖筠立刻整理队伍，打起精神，带上精兵7000赶到肃宗身边。这可把刚刚称帝的肃宗感动坏了，一个劲儿管李栖筠叫大叔，还把他封做了殿中侍御史，负责掌管皇帝身边的仪仗卫戍和军队的纠察工作，正经是十足的实权派。

隔年之后，唐朝大军收复长安、洛阳，还逮捕了一大批在安史叛军中助纣为虐做了伪官的家伙。这一大堆的罪犯、一大堆的案卷交到了礼部尚书李岘的手中。李岘接下了这摊活儿，开口向肃宗要一位能人做协理，他说的这个能人又是谁呢？正是他从前的老下属李栖筠。案子开宗就要审，有人提出来必须把伪官按叛逆罪全部处死，而李栖筠却发表意见，反对一刀切的做法，说应当具体问题具体分析，按照他们的犯罪情节分个三六九等，一一定罪。唐肃宗听着李栖筠的说法很是在理，表扬他脑子清楚心眼好，正体现了三个关键词——仁德，大度，英明。

从这以后，李栖筠更是深得君心，升做了吏部员外郎，管理人事考核的重要事务。这个职位虽然风光，可是活儿却不好干，稍有不慎就得得罪人。没过多久，李栖筠就被人记恨上了，最后落到西藏边境上去巡察，他的仕途就此拐了弯。

安史之乱的事情渐渐淡了下去，安安稳稳的太平日子里轮不上忠臣良将有什么作为。李岘在宰相位置上坐了两个来月，就因为直言进谏丢了职位。李栖筠因为跟李岘有着一段旧交情，也跟着受了牵连，被贬为小小的七品芝麻官，到河南洛阳做了县令。

此时的李栖筠经过了兵荒马乱，经历了宦海沉浮，金银财宝没有攒下多少，积累下来的是满肚子的人生阅历，再有什么样的起起落落，他的心中也是一样的淡定。入朝为官，就要仗义执言，尽一个臣子的本分；治理县城，也是兢兢业业，一点儿不少出成绩。

不久之后，又有人记起了李栖筠这块闪光的金子，天下兵马副元帅李光弼要出马平定史思明的余孽，请李栖筠出任河阳军行军司马兼粮料使，也就是部队中的粮草大总管。粮草之事是战争胜败的保障，因为有李栖筠一手打理，战场上的将士们免去了后顾之忧，平定了乱党。李光弼对李栖筠这个得力助手很是满意，专门为他到皇帝面前去表功，为他讨了一个绛州（治今山西新绛）刺史的职位，官职算是升了一级。

等到唐代宗登上皇位，李栖筠终于迎来了又一个春天，他回到京城担任给事中，干的工作正是他最擅长的指摘得失，进献忠言。李栖筠在这个岗位上又有着怎样一番作为呢？

广德元年（763年），李栖筠瞧见了一份好奏章，其中借鉴隋朝河北名臣李谔的主张，旗帜鲜明地反对吹牛浮夸的奉承文章，要求在科举考试中加入经世济用的儒学经义和时务策论，再增加一门五经秀才科。这个主意虽然好，可是提建议的这一位官职不算高，他人微言轻恐怕起不到什么作用。李栖筠想了个辙，他把几位志同道合的同事叫到一块儿，大家一起联名上奏，摆事实讲道理，支持这项改革。可是，事情往往不尽如人意，坏事不一定能禁止，好事不一定能成行。这项科举改革影响了好多当权文人的实际利益，关系到科考制度的延续性，也关系到全国通行教材的制定，它有一千条好处，也可以被人提出一万个理由来反对。总而言之，这事最终落了个不了了之，但是，李栖筠的胆识和气魄却可见一斑。

不久之后，李栖筠再次调任，职务改作工部侍郎，成了主管全国工程项目的副部长。在这一任上，李栖筠办成了一件名垂青史的大好事。当时，陕西的关中地区有一条郑渠和一条白渠，百姓们就靠着两道水渠种庄稼过生活。当地一些有权有势的人物想从水里捞点儿油水，就拦腰截断了两道水渠，建起了很多的石碾子石磨，用水动力为自己盈利，才不管下游的百姓靠什么吃喝。李栖筠听说了这件事，他奏请朝廷拆毁违章建筑，恢复水渠的灌溉功能，保障老百姓过上舒心的好日子，也为政府增加了不少税收。

李栖筠的作为让百姓们拍手叫好，这也为他的政坛形象加了分，朝野上下都把他看作是下一任宰相的最佳人选。至于这件事，现任的宰相元载又会怎么看呢？

论才能，元载比不上李栖筠；比相貌，这位元宰相也不是个儿，不过，要数花花肠子论手腕，元载绝对是个人物。在他的政治生涯中，把琢磨皇帝当成了第一大课题，他坚信这样一句话：当官要想当得稳，领导的脉搏一定要把准。元载勾结宦官，手眼通天，把皇帝的心思摸得透透的，哄得皇帝满以为他是个忠君爱国的栋梁之材。

元载环顾政坛，自己独步天下，只有李栖筠是个必须警惕的假想敌。于是，他发挥嚼舌头整人的专业特长，三天两头地跑到皇帝跟前说人家坏话，终于把李栖筠挤兑出了京城，贬职做了常州刺史。李栖筠挨了这么一个绊子，未来的生活又该怎么面对呢？

调兵遣将，李氏忠良如何运筹帷幄安定一方？
斗智斗勇，君臣联手如何清理门户整治官场？

李栖筠南下到了常州，正赶上这里遭遇旱灾，百姓的生产生活全都没了指望，只能靠着讨饭过日子。新来的李大人看着这样的场景，眼睛里满含泪水，他下定决心，一定要让百姓的生活好起来。李栖筠组织群众抗旱救灾，扛过了饥荒，又发兵镇压动乱，维护一方安定。与此同时，他把当地的教育事业发展起来，兴建学校，招收学生，实行儒家教化，把当地的文化风气提高了一个等级。

李栖筠在常州稳扎稳打，踏实苦干，赢得了百姓的口碑，也给朝廷交上了一份出色的成绩表。他凭着工作能力和人格魅力进阶银青光禄大夫，封赞皇县子爵，后来又调任浙西都团练观察使。

在新的工作岗位上，又有一场乱局等着他来收拾。当时，平卢行军司马许杲在镇压动乱的事上立了功，觉得自己挺了不起，人一骄傲就容易收不住，他擅自领兵3000占住了上元，也就是如今的江苏南京，还想着进攻江南，捣个大乱。李栖筠运筹帷幄，把许杲收进了包围圈，又派人到他的阵营中搞策反，把许杲的部队磨光了锐气。许杲觉得不对劲，就领着人马北渡长江，刚刚过了河，这拨人就成了一盘散沙，一场乱子被李栖筠四两拨千斤，轻巧地化为乌有。

李栖筠在南方大展拳脚，宰相元载却在京城中张扬跋扈，甚至威胁到了皇权。这时候，唐代宗终于分清了忠奸，知道了好歹。代宗左想右想，想到的人全都靠不住，只有李栖筠才能顶起大梁，于是，一封密诏请他进京，入朝之后立马封为御史大夫。李栖筠一心为国，辅佐代宗铲除奸臣，打压掉徐浩、薛邕、杜济等这些元载的心腹。

唐代宗在这一场大是大非的决斗中看出了人心，对李栖筠多了十二分的信任，好几次都想把他任命为宰相，可是，元载的势力毕竟没有连根拔掉，代宗想办的事情也就一直没有办成。在元载的问题上，代宗总是缺了一股硬气，少了一分决断，连带着李栖筠也受了不少的窝囊气。公元776年，李栖筠壮志未酬身先死，终年不过58岁。

时过经年，代宗终于出手，诛杀元载以及同党，可是，当初的良相李栖筠早已魂归黄土，至死也没能亲眼看到这个结局。

这正是：

赵郡大才李栖筠，爱国戍边真忠君。

几起几落展气节，弹劾奸佞浩气存。

第六十七回 山乡出吉甫 当朝倾心诉

上一回说到，唐朝中期一代名臣李栖筠，虽有王佐之才、治国之功，却未能登上宰相之位，赵郡李氏一门人才辈出，李栖筠的儿子李吉甫和父亲一样，也是大唐政坛上一颗明星，他用一生的忠义托起了王朝的中兴，这是怎样的一段传奇？

李吉甫出生在河北名门赵郡李氏，他的父亲李栖筠是唐朝中期的名臣，从李栖筠开始，这个家族祖孙三代全是历史名人，才华功业各有千秋。

李吉甫出生的时候，父亲已经39岁，李吉甫从小承袭家风，博览群书，更把父亲当成自己的偶像。尤其是父亲在国难当头的危急时刻固守安西都护府的忠义精神，深深刻在他的脑海中。

因为父亲对朝廷有功，按照当时的政策，在唐德宗时期，李吉甫以门荫入仕，当上了太常博士，不过，李吉甫并没有躺在祖辈的功劳簿上混日子，他靠着渊博的学识、出众的才华、练达的人情，得到朝廷上下的认可，尤其是当时的宰相，对他非常器重。

不过，来自领导的赏识并没有给李吉甫的仕途带来什么好处，贞元八年，李吉甫34岁那一年，著名的诤臣陆贽走马上任做了宰相，陆贽觉得李吉甫是前任的人，不愿意重用他，把他贬到浙江当了明州员外长史。

官场之上，风云莫测。三年以后，陆贽被罢了相，贬到了忠州。宰相这个位子上又换了新主人裴延龄，裴延龄和陆贽素来交恶，陆贽倒了势，裴延龄就生出了落井下石的心思，暗地里设计了不大磊落的手段，他委任李吉甫出任忠州刺史，做了前宰相陆贽的顶头上司，希望借着李吉甫的手整一整陆贽。

虽说官大一级压死人，可李吉甫到任后，非但没有对陆贽打击报复，反而跟他推心置腹地说："只为朝廷弹劾贪官，绝不为私愤陷害大臣，这是我们家世代做人的操守、为官的准则，虽说你对我之前有过节，不过，既然有缘在一处工作，咱们还是要团结一心，共谋发展。"

陆贽听了这话，心里着实感动，明白自己以前误会了李吉甫，打这以后，两个人抛却往日恩怨，成了好朋友。然而这个结果，却不怎么合当朝宰相裴延龄的心思，有新知有故友，有宿怨有新结，这几位的关系，以后要怎么处下去呢？

李吉甫以德报怨、宽厚待人的器量赢得了大家的交口称赞，可是却逆了裴宰相的心思，李吉甫为此付出了沉重的代价，不但长时间得不到提拔，还被调到饶州当刺史。饶州不但地处偏远，还是个让官员们谈之色变的地方，这里到底有什么蹊跷呢？

李吉甫来到饶州才听说"衙门里闹鬼"的传闻。这种说法从何而起呢？原来李吉甫之前的四任饶州刺史在任时间都很短，相继病死在衙门里，于是，闹鬼一说一传十、十传百，越传越邪乎，越传越离谱。饶州城的老百姓们，简直把衙门看成阴曹地府，别说平日里没事，就是有个官司诉讼也不来。饶州城的官吏们整日心惊胆战，无心工作，那些奸佞小人、盗贼土匪趁机兴风作浪，作奸犯科，于是逃离饶州成了很多百姓的最高追求，他们纷纷卖掉房子，搬到城外去住，还有人去外地投奔亲朋好友，久而久之，饶州城真快成了"鬼见愁"的空城一座。

李吉甫到任以后，仔细了解其中缘由，不但没有害怕，反而哈哈大笑："不做亏心事，不怕鬼叫门。人间民生为本，做官忠君孝悌为德。只要心底无私，怕什么鬼，人间哪来的鬼！不要怕，随我进城。"

他让人把衙门清扫干净，整修房宇屋舍，率先搬了进去，带头破除迷信传言，还下大力气整治盗抢之风，扫清了盗贼，稳定了社会治安。如此过了一段时间，当地的官员和老百姓看新来的刺史住在衙门里安然无恙，而且一心为百姓办事，慢慢都塌下心来，外迁的居民也相继搬回来，饶州城里终于风平浪静。

运筹帷幄，中书舍人如何平定叛乱决胜千里？

急流勇退，一代名相因何辞去高官远下扬州？

唐宪宗即位以后，李吉甫终于迎来了自己事业的春天，因为在地方上业绩突出，他被皇帝召回了京城，升为中书舍人，就是皇帝的秘书。成了皇帝身边的近臣，在这个位子上，李吉甫的才华得以充分展现。

不过当时，天下并不太平，新皇帝刚即位，新旧势力明争暗斗，藩镇诸侯蠢蠢欲动，他们拥兵自重，随时有可能割肉李家江山。很快，剑南西川节度使刘辟举起叛旗，打还是不打，成了一个问题，朝廷的大臣们人心惶惶，你一言我一语说得唐宪宗没了主意。就在这时，李吉甫和宰相杜黄裳旗帜鲜明地亮出观点，这是一场必须要打、必须要胜的硬仗，而且要先下手为强，即刻出兵征讨，他们还拿出一整套对敌作战方案。在两位大臣的极力劝说下，唐宪宗不再犹豫，整编军队进入四川平叛。

这一战非常激烈，战事一度胶着，朝堂之上又出现各种声音，可李吉甫顶住了压力，运筹帷幄，让朝廷征调江淮一带的精锐之师沿着江西进行增援，对刘辟形成夹攻之势。经过半年的激战，终于平定了叛军，震慑了各地藩镇诸侯。这一仗旗开得胜，李吉甫功不可没，被拜为宰相。

打铁要趁热，借着平定叛乱的政治优势，李吉甫奏请唐宪宗下诏：各州刺史不得擅自谒见本道的节度使，各道节度使也不得任意干涉管内州县的政务。这一招很厉害，加强了中央王朝对各个州县刺史的控制，削弱了藩镇的权势。李吉甫这个提议是恰逢其时，高屋建瓴，可以推想一下，如果当初唐玄宗身边有这样的谋士，提出这样的高论，中国历史上也许就不会出现安史之乱的悲剧。

虽说皇帝立下了新规矩，可有人不服这口气，他就是镇海节度使李锜。当时，李锜控制着江浙的富庶地区，手握重兵，种种迹象表明，他已经有了反叛之心。李吉甫劝唐宪宗尽快把李锜调回京城控制起来，唐宪宗连派了三个使者去送调令，李锜都借口说自己病了，抗命不从，很快起兵造反。李吉甫建议皇帝下诏，令周边各道节度使统一归朝廷调遣，出兵围剿李锜。唐宪宗采纳李吉甫的意见，只用了一个多月就平定了叛乱。这次，李吉甫又立下大功，晋爵为赵国公，成为仅次于皇室诸侯王的公爵。

借着朝廷平叛的余威，李吉甫在一年多的时间内，强势调换了三十六镇节度使，这一次是安史之乱以后最有力的削弱藩镇的大举措，帮着唐宪宗坐稳了江山。

李吉甫拜相后，整天忙着发展经济、安定边疆，恨不得一个人劈成两半来工作。他万万没想到，自己一心一意干工作，还是没能躲避朋党之争。

唐代后期，王朝已经开始走下坡路。腐朽的气息从朝廷内部弥散开来，官员们结党营私，相互倾轧，踏踏实实干工作的成了特立独行的少数派，在黑色的逆流中难以自保。李吉甫做了三年宰相之后，尚书右仆射裴均企图取而代之，他纠集党羽，跟宦官勾结，罗织罪名，千方百计要把李吉甫拉下相位。他们知道，要在李吉甫的工作中找出漏洞几乎不可能，于是翻阅李吉甫的档案和写过的文章，终于找到了下手的机会。

要说这帮人也真下功夫，他们居然找到李吉甫当年参加制科考试的策论，断章取义，说李吉甫当年通过历史讥讽朝廷，辱没皇帝，希望以此激怒唐宪宗，罢免李吉甫。不过，朝廷里毕竟有一些有血性、主持正义的忠臣，他们纷纷在皇帝面前为李吉甫辩白，让李吉甫躲过一劫。

一计不成，又生一计，李吉甫的另一个政敌——御史中丞窦群等人抓捕了一个曾为李吉甫治病、深夜住在李府中的郎中，诬陷李吉甫结交江湖术士。唐宪宗大惊，因为按照唐朝的法律，朝廷要臣、内宫的后妃，绝对不许结交外臣和江湖术士。唐宪宗亲自审理此案，终于查明，原来那位郎中是一位纯粹的医生，此案纯属诬告。皇帝这次也动了气，把无事生非的窦群等人全都贬了官。

朝廷上这样的一番乱象，让一心中兴王朝的李吉甫心灰意冷，他知道宰相之位已经成了一块有毒的肥肉，人人都想咬上一口，侵害的却是王朝的健康。此时此刻，离开或许是对国家和对自己最好的爱护！经过一番思量，李吉甫向皇帝递交了一份辞职报告，这份无奈的心思，这样沉重的告别，皇帝又能了解其中的深意吗？

李吉甫决意要走，唐宪宗留不住，只好答应下来。他提出一个附加条件，不当宰相可以，不过还是要为朝廷做事，唐宪宗任命李吉甫出任淮南节度使，管的就是现在江苏扬州这片地。李吉甫走的时候，唐宪宗依依不舍，还亲自在通化门为他饯行，这在唐朝后期历史上，是难得的一次皇帝为官员送行的场面。

李吉甫在扬州的任上工作了三年，在江淮大旱时，带领民众修筑了富人、固本两座湖塘，还修建了平津堰等大型水利工程，灌溉农田近万顷。他还奏请朝廷减免百姓赋税，并开仓赈济贫民，深受百姓的拥戴。

李吉甫原本以为自己不会再回到京城，可没想到，几年以后，宰相裴垍因病罢相，唐宪宗又把他召回京城，再次拜相，同时交给他一项重要的工作——主持编修唐朝的国史。

中国历来有盛世修史的传统，只有真正国富民强，社会安定的时候，才有可能编史修志、昭彰文治。李吉甫不仅是个政治家，还是个学识渊博的学者、地理学家，他撰写了《六代略》、《百司举要》、《元和十道图》、《元和郡县图志》等好几部著作，可惜前几种著作都因为唐王朝后来灭亡而丢失了，只有《元和郡县图志》流传至今。它记载了唐宪宗元和年间全国的疆域政区、山川物产、户口变迁等情况，保存着大量有关唐代社会、政治、经济的宝贵资料，成为我国现存最早、最完整的全国性地理总志。后世评价："唐宰相之善读书者，吉甫为第一人矣。"

率先垂范，忠良老臣如何雷厉风行除旧布新？
鞠躬尽瘁，一代名相怎样积劳成疾以身殉职？

唐朝后期官场腐败，衙门林立。俗话说，龙多了不治水，官多了不理政，这样的局面导致了人浮于事，钩心斗角，官员更加无为，国家负累更重。此情此景，李吉甫看得明明白白，他裁汰冗官，合并省州县，减少官员的俸禄，并且以身作则，先削减了自己的俸禄，在这一场声势浩大的机构改革中，共裁减内外冗官800多人、冗吏1700多人。同时，废除京城皇家奉养的高僧的庄田，大大减轻了百姓的赋税，提高了行政效率。

元和九年，淮西节度使吴少阳死了，他的儿子吴元济想着效仿河北的藩镇，不受皇命，自己委任官吏。李吉甫非常气愤，告诉唐宪宗决不能容忍父死子继的惯例，主张朝廷立即委任节度使，并出兵威慑。宪宗表示赞同，让李吉甫全权负责征伐淮西的计划，没想到，计划还没完成，李吉甫积劳成疾，在宰相岗位上发病身亡，终年 57 岁。唐宪宗痛失得力助手，悲痛不已，下诏追赠李吉甫为司空，谥号为忠懿。

李吉甫一生忧国忧民，力图拯救唐朝后期的危局，努力实现他父亲希望看到的复兴统一大业。后世的史学家称这一时期为"元和中兴"，李吉甫也就被称为元和中兴的首辅之臣。

这正是：

赵郡李氏一名相，元和中兴图自强。

郡县图志传千载，削藩富国真忠良。

第六十八回 名相李德裕 狷介无媚骨

上一回说到，从河北赞皇走出的大唐名相李吉甫用一身的才华、一世的忠诚托起了元和中兴的大业，最终积劳成疾，以身殉职。李吉甫虽然走了，却为国家留下了一份宝贵的财富，那就是他的儿子李德裕。李德裕如何承袭父业，续写宰相世家的耀眼传奇？又历经怎样坎坷、客死他乡？

李德裕出生在显赫的河北名门赵郡李氏家族，祖父、父亲都是朝廷要臣，浸染在诗书传家的家风中，从小博览经典，饱读史书，成年之后，按照当时的惯例，门荫入仕担任了秘书省的校书郎。

尽管李德裕才华过人，可因为父亲在朝中担任宰相，出于避嫌的考虑，他一直没有被重用。唐宪宗末年，父亲去世以后，李德裕终于得到了展露才华的机会，被提拔为监察御史，就是朝廷里的监察专员。

李德裕以文采见长，唐穆宗即位后，拜他为翰林学士，兼中书舍人，朝政的号令和大典册都经他手起草，被人们称为"大手笔"。不仅如此，穆宗还经常召见李德裕，商讨国家大事，正在前途一片大好之时，李德裕却被卷入了一场激烈的朋党之争。这事归根结底，还要从他的父亲李吉甫说起。

原来，李吉甫担任宰相期间，曾奏请皇帝把议论时弊、文过饰非的牛僧孺、李宗闵等人贬逐出京，还曾奏请宪宗把反对用兵于藩镇的宰相李逢吉罢相削职。李吉甫这样做，完全是一片公心，为国家利益考虑，可是那几个人心里却产生很大的怨愤，把李吉甫当成共同的敌人，相互勾结起来，寻机对李吉甫进行打击报复。李吉甫死后，他们又把怨恨转嫁到了他的儿子李德裕身上，想方设法为难他的工作，告小状、穿小鞋，众口铄金积毁销骨，最终李德裕连降三级,从翰林学士被贬为御史中丞,之后又被贬浙西观察使。

以牛僧孺为首的牛党与以李德裕为首的李党从此势不两立,双方在政治上明争暗斗40多年,史称"牛李党争"。在这漫长的40多年岁月里,李德裕又经历了怎样的风雨呢?

从繁华的京城到偏远的浙西,不仅仅是地域上的差别,两地经济发展、政治环境也有很大的差距,上任浙西,摆在李德裕面前的是几经兵乱、动荡贫瘠的一个烂摊子。李德裕明白,抱怨无济于事,要紧的是撸起袖子干起来,可是,这样千疮百孔的局面,又该从哪里下手呢?

李德裕到任后,力行节俭,克己奉公,多方筹措经费慰问军士、补贴百姓,并上奏朝廷抵制不合理摊派,这样的一揽子措施,让军心稳定下来,百姓的生活安定下来,生产得到恢复,地方财政也慢慢充盈起来。

由于长期贫穷落后,浙西的民风也蒙昧不化,老百姓把精神寄托在巫师鬼怪上,父母兄弟感染了疾病,全家人都抛弃病人。李德裕从破除迷信思想着手,他下令拆毁1000余所淫祠神庙,惩处了很多用迷信坑害老百姓的神婆巫师,找到当地有见识的乡民,给他们普及文化知识,几年之后,浙西的民风变得淳朴起来,百姓安居乐业。

李德裕在浙西干出了成绩,也得到了朝廷大员的赏识,其中一位就是宰相裴度。当初,这位裴宰相非常支持李吉甫的削藩政策,两人志同道合,是一个战壕里的兄弟,看到好友的儿子遭遇不公平对待,裴宰相为他打抱不平。等到唐文宗即位以后,裴度就在皇帝的面前极力推荐李德裕,为他说好话。那么,裴度的竭力争取,能给李德裕的仕途带来转机吗?

壮志难酬,李德裕被贬西川为何故?
郁愤难平,节度使抱憾一生因哪般?

功夫不负有心人,等到大和三年,唐文宗一纸令下,将李德裕召回京城,担任兵部侍郎,升到副部级。李德裕工作干得非常出色,很快就成了下一任宰相的最佳人选。可这个时候,跟李德裕向来交恶的吏部侍郎李宗闵靠着朝廷的宦官做后盾，坐上了宰相的位子。

李宗闵当上宰相以后，第一件事就是对付李德裕，他奏请皇帝把李德裕贬到了河南，又举荐同党牛僧孺入相，接着又把举荐李德裕的裴度排挤出宰相班子，凡是跟李德裕有关的人都被贬了官。

当时，朝廷是牛党的天下，他们气焰嚣张、飞扬跋扈，宰相班子里的人们就是整天琢磨整人。他们有心看李德裕的笑话，把他贬到了四川，担任剑南西川节度使，丢给他的，又是一个兵荒马乱的烂摊子。你李德裕不是能干吗？那你就去四川试一试吧！

由于前任节度使治理无方，四川一带经常受到南诏和吐蕃的侵扰，民不聊生。李德裕走马上任之后，亲自对边防进行实地考察，绘制边防形势图，然后整顿军队，淘汰老弱残兵，征调壮丁补充到军队里，在边界修建军事要塞，派重兵把守，大大提高了军队的作战能力，改变了以前被动挨打的局面。

除了整顿军队，李德裕还加强民政管理，禁止百姓把女儿卖给别人做妾，又下令拆毁各村镇私建的数千所寺庙，把耕地还给了老百姓，使农业生产得到发展。经过一年多的治理，百姓丰衣足食，安居乐业。

西川地区军事实力越来越强，吐蕃和南诏再也不敢来找麻烦。李德裕派人去南诏，把先前被南诏掳走的4000多工匠和僧人全都接了回来。这时候，吐蕃派驻到维州（今四川汶川西北）的守将悉怛谋主动向李德裕请降，沦陷42年之久的维州城终于回归唐朝。维州是西川通往吐蕃的交通要道，具有重大的战略意义。李德裕立即派兵据守维州，上奏朝廷出兵讨伐吐蕃，解决边境的隐患。但是，宰相牛僧孺对李德裕心怀仇恨，竟然置国家利益于不顾，强行命令他遣返降将。

把这些投降的将士们送回去，就等于把他们往死路上推啊。李德裕心中不忍，又不能违抗命令，只能含着眼泪去做，结果这些人全部被吐蕃杀害。这件事，让李德裕后悔了一辈子，也伤心了一辈子。

后来，在西川任监军的宦官王践言入朝向文宗讲述了这件事情的真相，文宗后悔不已，一怒之下罢了牛僧孺的相位，紧接着就召李德裕回朝担任兵部尚书。大和七年，李德裕当上了宰相，被封为赞皇县伯。他的仕途从此能否一帆风顺呢?

李德裕拜相后,本想干一番大事,重振朝纲,无奈文宗昏庸,宠信太监和奸佞小人,一年之后,李德裕在政敌的排挤之下,又被罢了相,贬为镇海军节度使。后又辗转历任袁州长史、滁州刺史、浙西观察使等地方官职,这一贬就是六年。

时光辗转,物换星移,六年后,唐武宗即位,已经53岁的李德裕终于迎来了仕途上的艳阳天,被召回朝复任宰相,得到了大展鸿鹄之志的机会。

李德裕复相后不久,回鹘扰边。回鹘原称回纥,唐玄宗时期兴起于漠北,发展成为一个强大的游牧民族政权,安史之乱中曾出兵帮助唐朝平定叛乱。后来,回鹘被另外一个北方部落打败,其中一支南下到了天德军附近,有意归附唐朝。可这里的天德军为了求战功,竟想出兵消灭这支回鹘部众,朝中一部分大臣居然也有同样的主张。

对此,李德裕力排众议,坚决反对对恩人动武,主张对他们进行安抚。武宗听从了李德裕的主张,给回鹘送去30000斛粮食,还命令天德军不得轻举妄动。这支回鹘部落的宰相没斯一看唐朝皇帝如此宽厚,就带领部下投诚,武宗册封他为左金吾大将军、怀化郡王,一度紧张的塞北局势缓和下来。

一波未平一波又起,不久,另一支回鹘部落在乌介可汗的率领下,大肆侵扰大唐塞北边境,抢夺百姓的财物,塞北的局势又变得剑拔弩张。这一次,李德裕又该如何应对呢?

李德裕对回鹘部落可不是一味迁就,一旦真正危害到大唐的边境安全,他绝不手软。面对回鹘部落的侵扰,李德裕立即做出了反击,任命河东节度使刘沔为招抚回鹘使,调集九路军队反击,把回鹘军队打得落花流水,有力地维护了北疆的安全,壮大了唐朝声威。

坐上了宰相的位子,李德裕深知自己肩膀上的担子有多重,他须臾不敢懈怠,脑子里想的全都是工作,心里惦记的全都是国家。他秉承了父亲的主张,坚决打击藩镇割据势力,维护国家统一。

会昌三年四月,山西长治的昭义军节度使刘从谏死了,他的侄子刘稹秘不发丧,自立为留后,擅自接管昭义镇。武宗立即召集群臣商议对策,很多大臣

位于海南天涯海角的李德裕塑像

都觉得,刚刚跟回鹘打完仗,还没缓过劲儿来,干脆就默许刘稹自立为王算了。但李德裕认为,昭义镇离首都太近,刘稹拥兵自立,会对朝廷构成严重威胁,如果各地藩镇都这样做,局势将难以收拾。

武宗认为还是李德裕想得周全,就把征讨刘稹的事全权交给他来处理。李德裕召集军队,围歼刘稹,用了一年的时间,平定了刘稹之乱。因为这项工作完成得出色,李德裕被封为卫国公。

扼腕长叹,爱国之臣为何远谪海南?
愁眉不展,一代名相如何遗恨九泉?

李德裕一心为强国富民。在他的信念中,为相者忠君爱国是本分,造福百姓、维护安定,就是最大的德。

唐代后期,佛教、道教的势力极度膨胀,控制着大量的土地和劳动力,严重影响国家税收。李德裕上奏武宗颁诏灭佛,在全国共拆毁寺院 40000 余所,勒令还俗僧尼达26万余人，释放寺院奴婢15万人，没收寺院土地10万余顷。经过这一番整治，到了会昌末年，国库充裕起来，国家的财政收入达到安史之乱后的最高值。

为了富民强国，李德裕坚决主张精兵简政，他比父亲更坚定、更大胆，裁汰州县冗官达2000多人，节省了国家的财政开支，提高了效率。

同时，他还力图改革当时科举考试中存在的弊端。唐朝的进士科考之后，都要举行一场曲江大会，就是和主考官的见面会。后来逐渐成为进士与主考官互认"门生"、"座主"的一种场合。李德裕对此深恶痛绝，下令取缔，在一定程度上杜绝了朝廷官员利用科举结党营私的恶习，使当时的政治风气得以好转。

就在李德裕雷厉风行进行改革时，年仅33岁的唐武宗走到了人生的尽头。唐武宗死后，李德裕的政治生涯也一落万丈。唐宣宗即位以后，李德裕在牛僧孺一党的挤兑之下败下阵来，被贬为荆南节度使，此后，又一贬再贬，到了当时的蛮荒之地——崖州，也就是现在的海南琼山。

三年之后，大唐王朝的一代名相、为国为民奋斗一生的李德裕死在崖州的贬所，终年63岁。在他死后仅仅30年，曾经辉煌至极的大唐王朝的大厦就轰然倒塌了。

世世代代海南人，都铭记着这位大唐王朝的功臣。在海口五公祠和三亚的天涯海角公园，都竖立着李德裕的塑像，在三亚的崖州古城文庙里，也有李德裕的画像和事迹介绍。

这正是：

精忠报国一忠良，宦海沉浮无故乡。

恪尽职守心无愧，海南岛上听海浪。

第六十九回　北宋一名将　曹彬真英雄

前面说到赵郡李氏祖孙三代在唐代政坛上演的历史大戏，唐王朝的巨幕缓缓落下，五代时期风烟过眼，赵宋时代即将开启新的篇章。在这一卷史书之中，头一个出场的是燕赵义士曹彬。他舍生忘死保家卫国，留下了一段人人知晓的传说；他文韬武略堪记史册，子孙之中还诞生了一梦红楼的曹雪芹。他究竟是怎样一位不得了的人物？

曹彬，字国华，老家就在真定灵寿的岗头村。曹彬的父亲是驻守真定的成德军节度都知兵马使，将门之中长起来的他也是威风凛凛的一员虎将。

据说，这孩子自小就不一般。当年，真定这一带流行让小孩子"抓周"的习俗，谁家的孩子满了周岁，都要摆上一大圈各式各样的小玩意儿让他由着性子抓抓看，说是能从这小孩的举动之中瞧出他的大志向。当时，小小的曹彬左手抓了一件兵器，右手握住了一件礼器，然后又拿起来一枚官印，其他的东西他连看都不看。家里的大人看见这番场景，个个又惊又喜，说咱老曹家可是出了个好小子。

等到曹彬长大成人，果然成了一位好汉，他仁义、朴实，有出息，谁见了都会夸两句。曹彬继承了父亲的官职，做上了成德军的牙将，顶头上司节度使武行德对这个小伙子也很待见，常常对人讲："曹彬可不是一般二般的人物，他往后绝对能成大器！"

人的品行怎么样，不光要看平时表现，一定是得赶到事上，才能瞧出人的本质，尤其是在荣华富贵面前，最能试出人性的弱点。曹彬走上仕途没多久，迎面就来了一件天大的好事，此时此刻，他又会怎么做呢？

那时候，郭威受了后汉隐帝的窝囊气，被人杀了好几位家眷，他一怒之下夺了皇位，自己成了皇帝，他身边的女人也成了皇妃。曹彬的小姨张氏就是郭威的张贵妃。一夜之间，曹彬成了皇亲国戚，可是，他并没有飘飘然忘了规矩，反而更以高标准来要求自己，给当朝的天子，也就是他的姨夫争了口气。

曹彬不争名不夺利，可是，旁人不像他这么淡泊，一瞧着人家的小姨成了贵妃，都抢着送上门来巴结他。蒲州的主帅王仁镐打听到了曹彬的背景，非要给他搞特殊待遇，曹彬却不领情，反而是越发地谦良恭俭。到了官府宴席的大场合，他更是端端正正一幅严肃紧张的模样，从不摇头晃脑、左顾右盼。曹彬的行为做派让王仁镐很是感慨，他跟身边的部下说："老夫我从前还觉得自己的弦绷得够紧了，看看曹彬曹监军，我才明白自己跟人家差得远呢。"

说话间周世宗柴荣即位称了皇帝，曹彬在新时代做出了新贡献，他征伐北汉，建立功勋，又在皇帝的授命下出使吴越，致力于打造良好的外交环境。吴越之地的皇帝大臣送着曹彬启程回家，临行之际送上了好多礼物，曹彬却是一件都不要，吴越两国的特派员划着小船直追曹彬，非要让他把礼物带回家，曹彬来来回回推了四次，说什么也不收下。事后,曹彬一琢磨："这么干恐怕不大好，一味地拒绝人家的好意，显得我把名誉看得很重，不如另想一个辙，两好合一好。"于是，他把礼物接受下来，仔仔细细登记造册，全部上交官府仓库。后来，皇帝一定要曹彬把礼物拿回家，曹彬没有别的办法，只好恭敬不如从命。东西收了，接下来又要怎么办呢？他一样一样全分给亲朋好友，自己一件也没有留。

因为曹彬不爱名，不爱财，不讲吃，不讲穿，还闹过一出不大不小的笑话，这又是怎么回事？

一战成名，一介猛将如何挥师边疆？
一生刚正，一位重臣如何保家卫国？

话说当年，曹彬在晋州兵马都监的任上跟同事们闲坐着聊天，正赶上别的地方派来了送信的使者，那使者初来乍到，不知道谁是谁，便跟人打听哪位是曹监军，有人把曹彬指给了他。使者看了一眼，摇了摇头，说："别逗了，哪有皇亲国戚穿着粗布黑袍子的呢？"将士们跟他讲了好几遍，并没有跟他开玩

位于灵寿县岗头的曹彬故里碑

笑,可这使者半信半疑,看了又看,才相信此人就是曹彬。

曹彬在吃穿的事上都很随便,不过在原则问题上一点儿也不马虎,这其中也有一段故事——赵匡胤在"陈桥兵变"之前管着北周的禁军,早有了当皇帝的雄心壮志。那时候,赵匡胤就觉得曹彬是个人物,可曹彬对他的态度却一直是若即若离,没有公务不登门,日常的交际场上也不怎么露面。赵匡胤称帝之后,曹彬才归顺到他的旗下。

后来,赵匡胤特地找了个机会跟曹彬说起这事:"过去,你为什么总是故意疏远我呢?"直到这时候,曹彬才说出了自己的心思:"当年,我是后周皇室近亲,又在宫里担任要职,提着一百个小心还怕办错了事,哪敢随便跟谁交朋友呢?"

一席话说得赵匡胤顿时明白过来，从这以后更对曹彬多了几分器重。

不久之后，赵匡胤出兵征伐北汉，曹彬领到的任务是和潘美分兵进攻山西，他带着骑兵队一路打到了临汾，俘获了北汉将士2000多人，击退了敌人一拨又一拨的援军。曹彬这一仗打出了威风，打出了气势，他被提拔为左神威将军，成了北宋的军事重臣。

在中国的传统文化中，文有道，武亦有道，武的精神是什么？是和平的未来，是生命的继续。故事的主角曹彬正是这种精神的践行者。那年冬天，曹彬领兵进军西蜀，三峡一带被他的部队全部拿下，好多将士杀红了眼，都想着来个干脆的——屠城。曹彬三令五申，要求全体将士收敛怒气，放下屠刀。正因为他的宅心仁厚，部队所到之处不费一兵一戈，当地的守城士兵纷纷迎降，人民群众也是一心投诚。宋太祖赵匡胤听说了这事，高兴坏了，下令重奖曹彬。

战场上有曹彬这样的正面典型，也有不少反面例子，当时，另有两个带兵的大将爱好喝酒吃肉，烧杀抢夺，闹得当地百姓没有一天安宁，终于整了一出叛军祸乱。最后多亏了曹彬和刘光毅出马，这才平定了大乱。

说到曹彬的光荣事迹，另有一桩故事流传了几百年，这其中又有怎样的情节呢？

曹彬的部队在成都一带的战场上无往不胜，占了大片的地方，他手下有些将士一边打仗，一边还不忘劫色，偷偷摸摸地抢了好多女人。曹彬知道了这件事，下令把遭到骚扰的妇女们集中起来加以保护，声称要把这些女人献给朝廷，谁也不许打什么歪主意。当时，有人以小人之心琢磨这事，以为曹彬假传圣旨，真心好色。

结果，战争结束之后，曹彬把妇女们全都好好地送回家去，临行还讲了这么一番话："我们是仁义之师，不是祸害百姓的凶手，这些女子是我们的姐妹亲人，决不能侮辱她们的人格！"这话把乡亲们说得流下了眼泪，也让曹彬在川蜀之地留下了英名。

曹彬有勇有谋，有情有义，这么一位"四有"将军在史书之中留下了美名，更有一段由他担纲领衔的传奇列入了中华"十二信"当中。这故事又要从哪说起呢？

开宝八年（975年），曹彬奉命挥师南唐，一路打到了金陵城下。曹彬在城墙底下立了规矩："只准迎降，不准杀人。"在军事行动中，曹彬为了给城里的敌军留活路，有意延缓了步调，希望南唐后主李煜想想清楚，放下武器，让百姓的生命财产多留下一些。

曹彬耐得下性子，他手下的将士们却没有这么好的脾气，好多人憋着要大展拳脚，痛痛快快杀上一场。曹彬看出了这个苗头，就在城门将要攻破的时候，他突然说身体闹了毛病，工作什么的全都撂下了。他的部下都跑来探望，盼着主帅早日康复。曹彬当着大家的面说："我的病靠吃药可治不好，只有各位诚心起誓，胜利之日绝不乱杀一人，我才能够好起来。"各位将士听了这话，也只好焚香发誓，绝不滥杀无辜。

隔了两天，金陵城破，李煜领着他的臣子前来请罪，曹彬以礼相待，请李后主回去整理好行装，一行人回朝面见宋太祖。进宫之前，曹彬在觐见帖子上写了这样一行字——"奉皇帝命令去江南办事回来"。寥寥数字，足可以看出曹彬的谦谦君子之风。

面对着功劳和荣誉，曹彬淡定地不能再淡定，他的副手潘美早就得意起来，拱着手向他道贺："太祖从前可是说了，等你把李煜的事情了结掉，回来就封你做使相。"曹彬却回答说："这回胜利全靠着天子的威仪和朝廷的方略，我哪有什么功劳？怎么能去找皇帝要官做呢？再说了，北汉割据还没解决，要做的事情还多着呢！"

曹彬和潘美到了太祖面前，宋太祖赵匡胤发话说："本来想授予曹彬使相职位，但是北汉的乱子还没消停，这事只好等等再说。"潘美听了这话，偷眼瞅着曹彬微微一笑。宋太祖看见这个细节，追问潘美笑的是什么事。潘美自然不敢隐瞒，实事求是回禀皇帝。太祖一听也笑了，大手一挥赏了曹彬20万钱。不久之后，曹彬就凭着劳苦功高被正式授予枢密使、检校太尉、忠武军节度使的职位。

烽烟漫卷，沙场之上谁人能定乾坤？

英名传世，沧桑过后谁人堪记青史？

转眼几年过去了，宋太宗赵匡胤找曹彬商量讨伐北汉的战略战术，俩人想过去，看今朝，定好了出征的计划。曹彬作为检校太师跟随太宗出兵太原，招降了北汉的大将杨业，逼着北汉举了白旗。这又是一回大获全胜，曹彬回朝就被加任侍中。

轻而易举的胜利让宋太祖的脑门有点儿热，回了宫就拍板要北伐辽国。这一战的开头还算顺利，宋军兵分三路，节节胜利，可是好景不长，因为三路人马不好协调，曹彬的东路军跑得有点儿快，宋太宗派人通知他们原地休息，等着跟另外两路部队会合。曹彬的常胜部队等了几天就没了耐心，将士们听说西路军得了不少胜利果实，自己却只能傻等着待命，就起着哄要求进攻涿州。主帅曹彬实在没辙，只好听了大伙的话，最后吃了个大亏回了家，连累得整个北伐行动以失败告终。

到了秋后算账的时候，曹彬因为"违诏失律"受了惩罚降了职，多年之后才被重新启用。到了真宗即位的时候，曹彬才官复检校太师、同平章事，相当于宰相的职位，后来又做了枢密使，也就是全国军队的主管。

一年之后，69岁的曹彬告别人间。斯人已逝，他的故事却代代相传。后人说曹彬人品好，闲事少，建功立业本事大，却从不在背后议论人，有时间、有精力都用在家国大事上，一辈子只忙着忧国忧民。

曹家世代出人才，曹彬的第17代传人正是文坛巨匠曹雪芹。如今，在石家庄灵寿县城南的岗头村里，还有一块2米多高的汉白玉石碑，这是清康熙十七年（1678年）曹氏后人为祖先曹彬树立的纪念。1986年4月26日，著名红学家周汝昌先生到这里考察曹雪芹身世和曹氏祖先故里，曾经到石碑前瞻仰凭吊，即兴赋诗：

岗头故里有碑存，一代元勋武惠尊。

灵寿宜修新县志，须知芹圃是文孙。

第七十回　国危有战神　曹玮威猛行

上一回说到，北宋名将曹彬胸怀大志报国济民，宽怀大度仁德为人。在北宋历史上，名将辈出，而真正百战百胜的战神只有一个。他是谁呢？就是曹彬的儿子曹玮。曹玮经历了哪般传奇人生，如何成就"战神"的称号呢？

曹彬共有七个儿子，其中老三曹玮最让他得意，这个孩子从小熟读兵书，跟随他南征北战，成为一位文武双全的少年英雄。后来担任牙内都虞侯，就是保卫将帅的亲军牙将。

宋太宗赵光义在位期间，北面的契丹、西北的西夏经常进犯，西南的吐蕃也时不时搞个偷袭，北宋三面边事不断，让宋太宗很是头疼，就问曹彬："如果西夏出兵来犯，你说谁可为将出战？"曹彬毫不犹豫地回答："我儿曹玮可为将。"

那一年，曹玮只有19岁。虽说举贤不避亲，但以曹彬一生的谨慎性格，此时能说出曹玮的名字，必然有十足的把握，也足见曹玮的过人之处。赵光义马上召见了曹玮。只可惜，那个时候朝廷里人才不少，没有空出合适的岗位，年纪尚小的曹玮没有机会展露自己的才华。

宋真宗即位以后，曹彬年事已高，再加上常年征战，严重透支了健康，不得不卧床修养，宋真宗很关心这位开国老臣，亲自前往他的家中探望。趁着这个机会，曹彬跟年轻的宋真宗说了很多知心话，还诚恳地向他推荐了两个人才，这两个人又是谁呢？

曹彬推荐的这两位，就是自己大儿子曹璨和三儿子曹玮。曹彬说他们有大将之风，将来可以保卫边疆，为国出力。宋真宗又问，这两个人谁更出色，曹彬说道："曹璨更像我，而曹玮更出色。"这些话，宋真宗一一记在心中。

曹彬去世那年，西夏出兵进犯北宋的边境，西域战事吃紧，宋真宗想起了曹彬病床上的那番话，让他的三儿子曹玮担任镇戎军指挥官，戴孝出征。接到任命，曹玮身着白色战袍，骑着银色战马，英姿勃勃到了边关，这位意气风发的年轻人帅是没得说，可是，带兵打仗到底行不行呢？

知己知彼，边关守将何种智谋安定边关？
百战不殆，大将曹玮哪般战绩名传万里？

曹玮到了边境，没有盲目出击，首先摸透了西夏军队的动向，率军埋伏在山谷，成功地伏击西夏李继迁的军队，俘虏了西夏的大将，取得首胜。

曹玮领兵打仗、守护边疆靠的不是蛮力，而是智慧。他很重视情报工作，打探到西夏李继迁为人残暴，经常对部下大棒施压，非打即骂。曹玮就运用心理战术，写信给当地的西夏部落，说我们这边皇帝仁厚、物产富饶，只要你们肯投奔，好处是少不了的。

这话当然不是说说而已，西夏各个部落眼见北宋朝廷不折不扣地兑现了承诺，有人得了好，便相继动了心，投奔北宋。西夏的人心散了，队伍更不好带了，李继迁出击几次都被曹玮打得灰头土脸，承认技不如人，只好乖乖地回家了，再不敢在边境寻衅滋事。

李继迁暂时是老实了，曹玮也不敢掉以轻心，他让将士们修筑堡垒、开挖战壕、巩固边防，同时训练骑兵，提高防御能力。曹玮特别重视当地的民兵建设，发挥边境民兵的主人翁精神，他奏请朝廷批准，从民兵中招募"弓箭手"，按武功分给他们土地，这些人因为有了土地，一旦敌人侵犯，事关家庭的利益，作战最为勇猛。

曹玮对部队建设更为重视，有个故事，很能说明曹玮治军的能力。有一次，曹玮去拜访朋友，他一个人只身进了门，听着门外一点儿动静也没有，朋友心里就纳闷，曹玮身为大将，来我家怎么没带护卫？等到朋友送曹玮出门时才发现，门外居然有3000铁甲军，这么一大队人马却鸦雀无声，战马一声嘶鸣也没有，朋友不得不感叹曹玮治军的能力。

后来，西夏首领李继迁死了，曹玮上奏朝廷，想趁着这个机会消灭西夏，实现北方统一。可新上任的西夏首领李德明很是狡猾，他明白自己不是曹玮的对手，就在宋真宗的面前又是哄又是示弱，宋真宗被李德明彻底蒙蔽，就没让曹玮出兵，这个决定，不但为后来的西夏李元昊叛乱埋下了隐患，还让西北边境将士们心理上产生了矛盾。

西北有不少部落酋长都要归顺宋朝，可是很多宋军将领都觉得，现如今，皇帝和李德明成了朋友，如果接纳西夏部落，是不是挖人家墙脚啊？万一皇帝怪罪下来，咱们的脑袋就得搬家啊。这时候，曹玮站了出来，他果断出兵，接纳归降，送到北宋境内安置。李德明心中不爽，却也无可奈何，老爹都对付不了的人物，他也无能为力！曹玮在世的时候，李德明在西边始终没敢搞什么大的动作。

后来，曹玮和另一位名将秦翰合力出兵，在一些战略要地剿灭割据武装，于是陇山的若干部族都来向大宋献地。因为曹玮战功赫赫，宋真宗任命他为西北地区最高军政长官。在这个岗位上，曹玮又会有怎样出色的作为呢？

所有名将，都有其名动天下的一战，这也是他们生命中最辉煌的顶点。比如韩信的十面埋伏、霍去病的封狼居胥，而曹玮军事生涯的顶点，无疑就是三都谷一战。

吐蕃是个很强悍的民族，最强盛的时期，还敢与唐朝讨价还价，最终以和亲了事。到了公元9世纪，吐蕃帝国灭亡了，吐蕃贵族军事集团控制着西南高原，等到北宋建立后，吐蕃和北宋、西夏帝国三天两头开战，没几天又握手言和。

当时，河湟地区吐蕃族首领李立遵挟持一位西藏活佛，号令附近各族部，他自封为"论逋"，相当于宰相。没多久，他就要北宋朝廷立他做"赞普"，就是吐蕃地区的领袖，作为回报，他帮着北宋攻打西夏。

曹玮守卫边疆多年，早就看透了李立遵的野心，连忙上奏真宗皇帝，坚决不能答应他。宋真宗拒绝了李立遵的无理要求，李立遵立刻撕破了脸皮，招兵买马，派了30000多精兵强将，朝着北宋边疆杀了过来。面对这突如其来一场恶仗，曹玮又该如何应对呢？

曹玮的确称得上军事天才，战争还没有打响，他就预测到了吐蕃可能进攻，提前进行了防御备战，同时向朝廷提出增兵。可宋真宗非但没有答应，反而做出了一个惊人的决定——撤了守将曹玮的职！这又是怎么回事呢？

原来，宋真宗看到曹玮不断要求增兵，心里有些害怕了。曹玮战功赫赫，万一他拥兵自重，那还了得！他想找个人换掉曹玮，还好宋真宗身边的人是名相李迪，他一听要换将，大吃一惊，对宋真宗说："万万不可。曹玮乃是名将，要求增兵说明他对局势有着清醒的认识，我们在关右还有机动的部队可以使用，应该立即调拨给他。"

这位李迪真是位君子，他以自己的身家性命作担保，说这一战曹玮一定能打赢，经过一番据理力争，终于给曹玮要来了6000人马。李立遵带领他的部队向宋朝开战了，他要求某日在秦州决战，曹玮不为所动，以逸待劳，带领6000名骑兵在三都谷设下埋伏。李立遵带着部队杀了过来，曹玮当时正在吃饭，听到手下的报告，不慌不忙地继续吃饭。直到敌军离宋军只有几里地了，曹玮才扔下筷子，带着6000子弟野战迎敌。来到阵前，他不着急打仗，仔细观察对方的情况，发现一名吐蕃将领骑着马跑来跑去，指挥列阵。

擒贼先擒王，曹玮打定了主意，先干掉敌军首领，当即把手下最善射箭的部将李超叫来，指着吐蕃将领问："你能一箭射杀这个将领吗？要什么条件？"李超回答："只要15个骑兵就能做到。"曹玮果断下令："给你100名骑兵，迅速出击，在阵前一箭干掉他，如果失败，你提头来见。"

李超领命，带领骑兵飞一般地杀向敌人阵地。在接近敌阵时，100个骑兵突然向左右分开，李超中间杀出，一箭命中，敌将当即毙命，吐蕃军阵顿时大乱。这时候，曹玮抓住战机，带领骑兵从周围攻击吐蕃军队，吐蕃的军队一下子就被宋军冲垮了，死伤惨重，10000多人被宋军杀死。宋军追奔20里，缴获辎重牛马无数。

这一战，宋军以少胜多，获得了辉煌的胜利，宋真宗得到捷报，非常高兴，赏赐曹玮金带和锦袍。这一场三都谷之战，是北宋和吐蕃至关重要的一战，以宋朝的胜利载入了华夏的战争史册。从这以后，吐蕃再也不敢骚扰宋朝，边关取得安宁局面，曹玮功不可没！

此后，曹玮选募200名精兵，打败另一支吐蕃的军队，使西南的很多城池先后归顺宋朝。

运筹帷幄，大丈夫展现何等男儿本色？
决胜千里，大将军彰显哪般豪情壮举？

曹玮有勇有谋，守西北边防40年，战无不胜，宋史记载了这样一个故事，可以印证曹玮过人的胆识和智慧。有一天，曹玮跟一位客人下棋，有个部将慌慌张张地前来禀报说："将军，今天发现有士兵叛逃到西夏国了。"听到这样的消息，作为主帅的曹玮没有露出丝毫的惊讶和惊慌，依旧不慌不忙地下棋，说道："慌什么，那是我派过去的！"

要说西夏那边的情报工作做得还真行，不知从哪儿听到了曹玮的话，就把叛逃过去的士兵杀了，还把尸首扔到曹玮营区边上。曹玮派人把这些士兵一一安葬。从那以后，再也没有人叛逃。

还有一次，宋军跟吐蕃的军队作战，初战告胜，很多将领要穷追敌寇大开杀戒，曹玮却坚决命令撤退，让士兵们赶着缴获的一大批牛羊往回走。牛羊走得很慢，落在了大部队后面。有人看了觉得不得了，万一敌军突然杀个回马枪，自己不是死得很惨？于是跑去向曹玮建议扔下牛羊，迅速撤退。可曹玮不听，也不作任何解释，只是不断派人去侦察吐蕃军队的动静。

吐蕃军队的大将军狼狈逃窜了几十里，听探子报告说，曹玮舍不得扔下牛羊，致使部队乱哄哄地不成队形。大将军暗喜，心想这个曹玮也不是什么了不得的人物，连几十头牛羊都舍不得放弃，鼠目寸光，成不了大气候。如此一想，便掉头回来，准备杀个回马枪袭击曹玮的部队。

曹玮得到探报，让队伍走得更慢，到达一个有利地形时，便整顿人马，列阵迎敌。当吐蕃军队赶到时，发现宋军早已经列好了队等着他们，不由大吃一惊。惊魂未定之间，曹玮又派人来传话："你们远道赶来，人困马乏。我们是仁义之师，绝不想趁着你们一路劳累时占便宜，希望你们先休息，过一会儿再决战。"

吐蕃将士们百十里地跑下来，人困马乏，就顺水推舟地接受了曹玮的建议。休息的过程中，这心里边是七上八下早就输了几分，这个时候，曹玮要求双方列阵开战，结果，只用了一个回合，就把吐蕃军队打得大败。

事后曹玮这么向部下解释："如果我扔下牛羊，吐蕃军队就不会因为杀个回马枪而耗尽体力，这一去一来的，毕竟有百里之遥啊！我如下令与远道杀来的吐蕃军队立刻交战，他们会挟着奔袭而来的一股锐气拼死一战，双方胜负难定。只有让他们在长途行军疲劳后稍微休息，才会灭掉他们的锐气，这时候再开战，我们才能一举将其消灭。"

曹玮不但善于用兵打仗，还是个忧国忧民的政治家，对他来说，战争的终极目的不是杀戮，而是为了让各族人民更和睦地生活，这是作为政治家的人文情怀。曹玮对于每一场战役，都思考用最小的牺牲赢得最好的结果，因此，他不但赢得了西北各族百姓的爱戴，甚至连对手们也非常尊敬他，吐蕃人只要提到曹玮，都把他视为神明，双手合十，放在额头上祈祷。北方的契丹使者在经过曹玮驻地的时候，一律都要慢行，不准策马飞奔，以示对这位仁德名将的尊敬。

这正是：

戍守边陲盖世功，临危方始见英雄。
十万胡尘一战灭，旌节前驱马首红。

第七十一回 母仪曹皇后 执言救词星

上一回说到战神曹玮百战百胜的光辉岁月，讲述北宋历史上风起云涌的沧桑过往。今天出场的这一位巾帼不让须眉，用女性的坚韧与智慧撑起了半边天，她是猛将曹彬的亲孙女，勇士曹玮的亲侄女，是宋仁宗时代的后宫之主，她就是名留青史的曹皇后。她一生之中演绎了怎样的故事？

曹皇后还没当皇后的时候，就不是一般的普通女子，这姑娘出身名门，自小就带着一种不凡的气质。论长相，那真称得上是国色天香；比才华，好多男人都不是她的个儿；再加上家传的仁义忠孝，简直就是个天生天成的准国母。她17岁进皇宫，第二年就当上了皇后。这位母仪天下的完美女人经历了仁宗、英宗、神宗这三朝，史书上记下了很多关于她的故事，却没有留下她的芳名。

天将降大任于斯人，必须先得给她点儿难处。对于貌美如花的曹皇后，老天爷也并没有特殊眷顾。曹皇后刚刚入宫的那些日子，着实遭了不少的麻烦，这其中又有怎样的曲曲折折呢？

好多皇帝都有一个通病，就是把自己看作真龙天子，说一不二，根本听不进别人的意见，宋仁宗也是如此。就为这个，这一朝上很少有人敢直言进谏，大多时候都由着仁宗的意思处理大事小情。只有这么一件事，让宋仁宗的心里有点儿不太痛快，这就是后宫之中的头等大事——册立皇后。起初，仁宗心里的皇后人选本是一位姓张的贵妃，可老太后的意见却有所不同，老太太看中了这位曹姑娘，一心要立她为后。皇帝的主意再大，也拗不过自己的妈，只好让曹氏入主后宫，可是，在仁宗的心里，还是把张贵妃当成最贴心的那个人。

因为这事，曹皇后在仁宗面前的地位多少有点儿尴尬，不过，老太后到底没看错，曹皇后绝对是个堪当大任的女人。她在其位，谋其政，把劝谏皇帝当成自己的本分，好多朝廷重臣不敢说的话，她照说不误，有什么不合情理的事情，她一定要指摘出来。

庆历八年，赶上一个闰正月，宋仁宗想着过了一个元宵节，再来一个十五，闹上两回花灯，好好乐上两场。好多大臣都顺着皇帝的意思，说这是国泰民安的好兆头，热闹热闹是必须的！曹皇后不理他们那一套，到宋仁宗面前讲了一番道理，说边疆不稳，将士受苦，百姓不安，为人君者应当想着怎么省钱，而不是大手大脚地花钱。这话说得入情入理，就连倔脾气的宋仁宗也听进了心里，放弃了原来的打算。

出身将门的曹皇后不光擅长讲道理，危难关头更显出家传的胆识和勇气。也是这一年的闰正月二十二，乱党头目王则在京城等待处决，皇宫内院里冒出一股亲兵闹事。他们跟王则是一伙，半夜三更地冲进大殿作乱，目的就是要了仁宗的性命。

一时间，皇宫之中乱作一团，歇在曹皇后寝殿的仁宗也给吵醒了，想要披上衣服看看情况。这时候，曹皇后抢先一步关上宫门，拦着皇帝劝他不要出门，自己三步并作两步出去指挥战斗。曹皇后的心思真是快而不乱，她一边派人去招呼皇家军队，一边命令身边人紧守宫门，还让大伙备上水桶，以防乱党放火伤人。

当时，黑灯瞎火谁也看不清谁，曹皇后还留了一手，她让自己人剪掉一缕头发作为暗记，既可以在事后论功行赏，又能防止敌人的卧底悄悄混进来。宫女、宦官们一听说有赏，个个都奋勇争先，七手八脚地帮着卫队揪住了反贼。

这一场事发突然的乱子被曹皇后收拾得利利索索，往后的日子并不是风平浪静，另有一团乱麻等着她呢。这又是怎么回事？

帝王更替，弱女子如何摆布宫廷乱局？
垂帘听政，曹太后如何执掌江山社稷？

宋仁宗贵为天子，后宫也有不少佳丽，可惜他却没有儿孙福，几个儿子死得比他还早。仁宗年过半百，膝下没个男丁，只好把宗室濮安王赵允让家里四岁的儿子立为太子，赐名赵曙，意思就是希望这孩子能成为大宋王朝的曙光。

立太子的事情刚刚过去半年，宋仁宗就撒手人间。当时正赶上夜半时分，曹皇后一琢磨，皇帝走得突然，太子年纪太小，又不是先帝亲生骨肉，这事处理不好恐怕又生大乱，一切都要平稳进行，必须来个缓冲处理。她下令收齐宫门钥匙，派人看住太医，要求所有人闭紧嘴巴，秘不发丧，该做什么照常做，伺候皇帝吃喝的小厨房也没有停。宫里面安排妥了，曹皇后悄悄地请来太子赵曙准备即位。

转眼到了早朝时分，宰相韩琦领着文武群臣走进皇宫，刚要进入大殿的时候，守门的宦官讲了一句——"皇后在此！"韩琦不知道出了什么事，后退一步恭恭敬敬等着听信。这时候，曹皇后的哭声从大殿之中传了出来："天啊，昨晚上皇帝升仙了！"

一群大臣愣了半天，终于哭出了声。又听见曹皇后的声音出来了："接下来该怎么办呢？皇帝没有皇子，皇位由谁继承？"宰相韩琦回了一句："皇后何出此言？太子不是早就定了吗？"曹皇后又说："太子是宗室之子，难保日后没有人争他的位置。"韩琦又答："太子的事是先皇定下来的，我等臣子定当极力辅佐，忠君报国！"

听了韩琦这句话，曹皇后的心总算是放下来了，她这才发话："太子已然在此。"文武大臣抬眼一看，太子赵曙果然端端正正地坐在大殿之中。韩琦抹了把眼泪，一半是为先帝，一半是为自己，他想着，刚才要是说错了半句，这会儿脑袋没准已经搬家了。没等韩琦细琢磨，曹皇后又请他传旨，昭告天下先帝驾崩，太子赵曙正式即位，为宋英宗。

英宗成了皇帝，曹皇后也就成了皇太后，这事过去也就三四天的工夫，英宗赵曙突然生了怪病，满口胡言乱语，什么正经事也指不上他了。国不可一日无君，大臣们只好提请曹太后垂帘听政，代理国事。

古时候，外戚乱政是皇室经常遇上的麻烦，而大权在握的曹太后偏偏是个例外。她主事的时候日理万机，大小事情都要跟大臣们仔细商量，遇见好事全力支持，碰见麻烦耐心解决，有什么理不清的问题，总要想想史书上的经验和教训。曹太后熟读经典，历史上的故事知道的不少，她时时刻刻提醒自己，千万不要让外戚专权、遗臭万年的丑事重演，所以，她特意下了一条禁令，不许娘家人随便出入内宫。曹家人也明白她这一番良苦用心，老老实实守着本分，为旁人做出了好榜样。

第二年初夏时节，英宗赵曙的病好得差不多了，曹太后立刻交还大权。这事让英宗很是感动，要提拔口碑好、本事大的太后胞弟曹佾做宰相。没承想，这事被曹太后拦了下来，说什么也不同意给娘家弟弟加官晋爵。英宗磨破了嘴皮子，说自己这么做绝不是为了私情，而是考虑到社稷大业。这话说了好几回，曹太后才算是点了头，最后，曹佾出任同中书门下平章事，相当于当朝的副宰相。

英宗命数也不长，30多岁就归了西。英宗走了，神宗登基，在这个时代，曹氏又将见证什么样的历史呢？

大宋王朝到了神宗的时代，从前的曹太后又升了一级，成了太皇太后。曹老太太疼孙子，神宗退朝晚了，她总要等着瞧上一眼，神宗渴了饿了，她总要亲自端上吃喝。神宗也特别孝敬自己的奶奶，总想着让老人家高兴高兴，他明白，老人的吃穿用度什么也不缺，缺的就是跟亲人见见面，说说话。自己的老舅爷曹佾岁数也不小了，一对老姐弟都在宫里，却很少能见上面，要是让他们聚一聚那该多好。

神宗这么想，也打算这么做，可是，奶奶曹氏又是一百个不答应。后来赶上一个机会，曹佾的身体闹了毛病，康复之后特地来给神宗谢恩。神宗就着这事去求太皇太后，让两位老人见上一面。这回，曹氏终于答应了，姐弟俩一见面，眼泪就先流了下来，神宗一看这情况，就找了个理由出去了，好让两个老人多聊聊贴心话。神宗前脚刚出门，太皇太后就跟自己的亲弟弟说："你我身为名门之后，更要守着宫里的规矩，咱们之间不能走得太近，这里也不是你的久留之地。你要好自为之，多多保重！"话一说完，便把曹佾请出宫去。

虽说这曹老太太上了岁数，但是在朝廷大事上半点儿也不含糊。她老当益壮，敢作敢为，瞧见什么问题不对路，立马就要说出口来。老太太一双慧眼明辨是非，一生操劳为国为民，这里面又有着许多可歌可颂的故事。

后人提到王安石，说起的大都是他的好处，不过，他当年的变法也有不少弊端。这事有好多人看出来了,却没几个敢说出来,太皇太后曹氏却把这事跟神宗说了个明明白白:"王安石新法的初衷确实不错,可这法令实施起来却有劳民伤民之嫌,也在朝廷中惹出了不少麻烦。考虑到他确实是个人才,不如让他暂时外放,避免矛盾升级。"

曹氏说得挺在理,可是,热衷变法的神宗一时半会儿还没有想明白。当时,神宗的弟弟岐王赵颢在旁边给老奶奶帮了句腔,惹得皇帝一脸不高兴,难听话立马讲了出来:"难道我是个祸国殃民的皇帝?要不然,这龙椅换你来坐?"神宗这话实在伤人,把赵颢骂得掉了泪,曹氏也跟着哭了出来,说:"王安石变法误了国家,也害了他自己,他没日没夜想着工作,不换衣裳不洗澡,这还是正常人过的日子吗?暂时让他停一停手头的事情,才能想明白政治的得失。"太皇太后曹氏这一番话究竟能不能奏效呢?

一世仁德,灵寿曹氏见证几多风烟?
一生慈爱,燕赵女杰留下几多美谈?

太皇太后曹氏跟宋神宗的谈话结束之后没多久,来自于朝廷内外的综合因素使王安石离开了宰相的职位。一波未平,一波又起,大臣们分成两拨发生恶斗。被人挤兑到湖州的苏轼因为两句牢骚遭到弹劾,神宗架不住忽悠,命令御史台把苏轼押送到京城。苏轼过了两遍堂,委屈地直想自杀。这时候,又有人憋着劲儿把事情往大里闹,司马光、范镇、曾巩、苏辙等好几十人都被牵连进来,这就是北宋历史上最为恐怖的文字狱——"乌台诗案"。

"乌台"就是北宋监察机关御史台的别称,相当于如今的国家监察局。苏轼落到他们手里,好些人都以为他的小命一准保不住了。可是大家别忘了,京城里还有一位太皇太后。当时,老人家病得起不了床,神宗在她身边整宿整宿地伺候着。老太太迷迷糊糊听见有人议论"乌台诗案",她一下子清醒过来,讲了这么一番话:"早年间,仁宗得了苏轼、苏辙这一对大才子,那会儿,我也跟着高兴,想着是为子孙攒下来两个能做宰相的栋梁之材。现在,苏轼成了阶下囚,想来是有人在诗文之中断章取义,找着闲茬想害他。太祖皇帝可是说了——不许滥杀文士，这是我朝爱惜人才的德行。皇帝你也要好好考虑才是。"这话又给神宗提了醒，及时刹车，避免了一桩冤假错案。这就是著名的"老太后一语救苏轼"的故事。

灵寿曹氏的仁德慈爱照耀了仁宗、英宗、神宗三朝，在64岁那一年，她安详地离开了人间。宋神宗为她钦定了谥号"慈圣光献太皇太后"，的确名副其实。

这正是：

忠义女杰曹皇后，仁德辅政有操守。
临危不惧平叛乱，挽救苏轼美誉留。

第七十二回 大名一柳开 忠贞爱国情

上一回说到,来自河北灵寿的曹皇后巾帼不让须眉,用坚韧与智慧撑起了王朝的脊梁。和曹皇后一样,今天出场的这位也是河北的名门之后,他继承了先祖柳公权的盖世才情,开创了属于自己的文学天地。他承袭了燕赵侠义古风,成就了一段传奇人生。他是谁,他的一生又有哪些精彩的看点?

北宋初年,河北大名有位监察御史,叫柳承翰。这天天色已晚,一家人吃完晚饭刚要休息,忽然听见屋子里"当啷"一声,一条黑影闪了出来。

这动静把一家老小吓了一跳,正不知如何是好,只听一个13岁的少年大喝一声:"毛贼,哪里逃?"抽出宝剑追了过去。小偷闻声夺路而逃,三两步到了墙边,刚要往上爬,少年追到跟前,手起刀落,小偷的两个脚趾被砍了下来。只听一声惨叫,少年手中的宝剑已经封住小偷的喉咙,这个时候,家人才缓过神来,跑过来把小偷捆了个结结实实。

少年勇擒小偷的事迹在当地传扬开来,这个世代书香的家庭又多了一份英武之气。这位勇敢的少年就是柳御史的小儿子柳开。数年以后,他因为一部著名的《河东文集》扬名北宋文坛,同时还成为古文运动的先锋。从少年英雄到文坛先锋,柳开的这段人生之路,又见证了怎样的传奇呢?

柳开,字绍先,号东郊野夫,河北大名人,他出身官宦世家,也是名门之后,是唐代著名书法家柳公权的五世孙。

柳开打小就聪明好学,不但擅长舞文弄墨,还喜欢舞枪弄棒,是个风流倜傥、豪侠仗义的翩翩公子。有一次,柳开在大名府一家酒肆喝酒,邻桌坐了个书生打扮的年轻人,风尘仆仆,面色憔悴,神情愁苦。柳开见状顿生恻隐之心，忍不住上前询问。书生说，他家住在京师开封，父亲得病去世了，因家境贫寒，无钱安葬，听说大名府知府王祜跟他家沾点儿远亲，所以不远千里来找亲戚借些钱安葬老人。柳开一听这话，当即就把自己身上的所有钱财都给了这个书生，连张借条也没让打，轻描淡写地说："你可以回京葬父了。"

柳开就像武侠剧里的大侠，把路见不平、行侠仗义当成一种生活方式，对待那些需要帮助的人，只要是他能做到的，都不计得失出手相助；对待那些为非作歹的，只要让他碰见，也绝对不会放过。

这一年，柳开进京赶考，住在一家客栈，夜里忽然听到隔壁有女人在哭，哭声十分凄凉。第二天早上一打听，才知道这个悲伤的女人是临淮县令的女儿。她为什么哭得那么伤心呢？原来，这位县令很贪财，曾经委托身边一个仆人专门替他收受贿赂。结果他卸任时，这个仆人趁机要挟，逼着县令把女儿嫁给他当小妾，如若不从，就去衙门揭发他。那位胆小又贪财的县令居然就答应了。被自己的亲爹出卖，那姑娘痛苦万分，死的心都有了。柳开问明白了事情的真相，怒从心头起，找到那位恶仆一刀杀死，救了那位可怜的女子。

不过，柳开明白，世上不平之事太多，这样单枪匹马行走江湖，解救的不过是一两个可怜之人，要想实现更大范围的公平正义，还是要入仕当官，为百姓谋更多的福利。那么，柳开又将如何开始他的仕途呢？

标新立异，文学青年两度改名为哪般？
恃才傲物，年轻举子考场失利因何故？

一个在文坛名不见经传的新人，想要闯出名气，不但需要真本事，还要懂得包装和宣传。

柳开很喜欢韩愈、柳宗元的文章，并立志传承这种文风。他觉得父亲给自己起的名字不能吸引人的眼球，就拿名字开刀，改名柳肩愈，字绍元。什么意思呢？就是跟韩愈齐名，继承柳宗元。

不知道是不是因为这个标新立异的名字，从大名府的学者官员到千里之外的青年学子，柳开收获了很多粉丝，在大名府渐渐有了名气。邯郸威县一位年长的文学名士范杲，喜欢柳开的文章，欣赏他的为人，经常在一起切磋学问，俩人成了形影不离的忘年交，名字也合二为一，大家都管他俩叫"柳范"。还有的人千里迢迢来到河北大名府，就为了一睹柳公子的风采，他的不少文章也被人当成范文摘抄和传阅。

不久，人们发现，声名鹊起的柳肩愈逐渐淡出了文坛，取而代之的是一个叫柳开的人，其实，柳肩愈和柳开本就是同一个人，可他为什么又要把名字改回来呢？有人说随着名气增大，这位才子看不起韩愈和柳宗元了，这完全是个人臆断。柳开之所以再次改名，是因为这样一件事。

宋初的举子们参加科举考试，临考前都要把自己平时最得意的作品交给考官，算作平时成绩。柳开素来自负，认为自己的文章篇篇都是佳作，就整理了1000多轴文章，满满当当装了一车。

到了面试那天，他穿上考生特制的圆领大袖外套，大摇大摆地推着独轮车送往考官衙门，想用这方法显示他的才华。在考场上，他看到一名叫张景的考生，低眉顺眼，只在袖子里藏了一篇文章，很低调地递给了主考官。柳开心中暗想，这个人跟我简直没法比，还好意思拿一篇文章来献丑。

柳开满以为自己这一大车文章肯定会令考官刮目相看，即使得不到状元，至少也能得个优，谁知考完揭榜，柳开仅仅得了个很一般的名次，张景却名列甲科优等。

张景的确很有文采，加上他为人谦虚，所送文章又经过千锤百炼，考官自然喜欢。柳开虽然名气也不小，但他那一车文章，考官们哪看得过来？后来人们把这段故事当成趣事传扬，说："柳开千轴，不如张景一书。"

这个事也让处处追求轰动效应的柳公子改了脾气，他自我反省，发誓要低调做人，踏实做学问，打这之后，又把张狂的名字柳肩愈改成了柳开。

等到赵匡胤改朝换代的第六年，柳开凭着一肚子的真学问中了进士，从此步入仕途。他先是在河南宋州做司户参军，也就是管理军籍的官员，因为工作干得好，官职是芝麻开花节节高，到了宋太宗即位，被擢右赞善大夫。那么，官场之上的柳开又会有怎样的作为呢？

当时，宋太宗率军北征太原的北汉割据政权，柳开跟随太宗出征，负责渡运粮草，这次北征有个很大的收获，那就是北汉大将杨业归降，北汉灭亡。宋太宗心里高兴，柳开也跟着升了官，被拜为监察御史。

这期间有一段插曲，因为柳开脾气急，说话直，在练兵督军过程中与朝廷派去的监军吵了起来，监军添油加醋地向皇帝去告状，皇帝一生气，把他贬到河南上蔡当了一名七品县官。

后来，宋太宗踌躇满志要出兵收复燕云十六州，开始大举北征，柳开押运粮草到了涿州，正赶上辽国上万名骑兵与北宋将领米信交战，双方打得胜负难分。可是没几天，辽国的将领却派人向米信求降。

柳开听说了这事，就对米信说："兵法上说过，'无约而请和，谋也。'辽国必有阴谋，你只要趁机猛烈进攻，必能取胜。"可是，米信根本就不相信柳开，迟疑不决。过了两天，辽兵突然发起了进攻，来势凶猛，打得宋军措手不及。后来探子报告说，原来前几天辽国大将求降，是因为他们的弓箭用完了，派人到幽州去搬运。现如今武器齐全，所以开始宣战了。米信不听柳开的建议，坐失了良机。

北宋的将领在战场上总吃败仗，导致雍熙北伐惨败而归，柳开愤愤不平，亲自去找皇上，要求到边境领兵打仗，跟辽军拼杀。他对皇帝说："臣一直未能报答陛下的知遇之恩，现如今我年过40，正值壮年。契丹未灭，愿陛下赐给我步骑数千，任以河北用兵之地，必能出生入死，为陛下收复幽、蓟，就算是战死沙场，我也死而无憾！"

柳开这一番豪言壮志和爱国激情让宋太宗很是感动，他一纸令下，让柳开到广西全州做了知州，想让他在边境线上历练一把。这个任命开了一个先例，是什么呢？自五代时期以来，各地的节度使、各州刺史都是武将，柳开是文臣出身，现如今让他掌管边境军务，他能堪此重任吗？

广西全州地处高山峻岭，是少数民族聚居区。西溪洞有50000多粟氏部落，他们经常聚集数百人，劫掠别的村寨的妇女、粮草和牲畜，为害一方。柳开到任以后，决定采取怀柔政策，感化他们，使之归顺朝廷。

柳开先给他们制作衣带巾帽，选择能说会道的当地人，给他们宣讲朝廷的政策，这些部落的酋长们觉得柳开人还不错，就带领着部落归顺了官府。柳开也没有食言，把土地分给百姓，让他们安居乐业，各民族村寨抛弃了过去的恩怨，和睦相处。

这样和谐的场景，让柳开格外开怀，他挥毫泼墨写了一篇洋洋洒洒的文章，叫《时鉴》，歌颂民族团结，还刻在石碑上作为各族人民共勉的戒石。他还派人护送酋长入朝面见皇帝，宋太宗大为欢喜，给酋长授予全州上佐的官职，还赐给柳开30万钱。柳开很仗义，这些奖金自己一点儿都没留，全都分给了百姓和衙役们。

可是，这样一位为国为民、心系百姓的仁义官员，竟然遭到了别人的诬陷。这其中又有怎样不为人知的缘由呢？

有情有义，忠臣良将因何惨遭诬陷？
忧国忧民，边关大员为何申请调职？

原来，柳开管理军队非常严格，有一名士兵心怀不满，跟柳开争执起来，柳开命人杖打他的后背，在他脸上刺字流放。结果这个士兵跑去司法机关，诬告柳开凶恶残忍，说柳开喜欢吃人肝，擒获西溪洞的人以后，还曾经挖出人的肝脏生吃，这样的暴行让人发指。

司法机关听信了士兵的话，心想，这还了得？连忙把柳开抓了起来，之后找到当地酋长进行一番调查询问，才知道挖人心肝乃子虚乌有，那名士兵纯属污蔑。可是，因为柳开对那位士兵处置不当，还是被降职，贬到了安徽滁州。

后来，宋太宗惦着柳开的好，恢复了他的官职，让他到北宋和西夏的边境，也就是现在的甘肃干了三年的知州。在这里，柳开任劳任怨，踏踏实实地干工作，帮老百姓解决了很多难题。

宋真宗赵恒即位以后，很欣赏柳开的文采和为人，就把他调到京城任职，后来又派他到山西代县去担任知州。柳开到长城沿线考察，发现边境的守将们懒惰颓废，将士之间矛盾重重，同僚之间相互倾轧，仁义之风荡然无存。长此以往，国将不国啊。柳开忧心忡忡，给皇帝上书一封，希望进行一场军事改革。可是他的提议却得罪了河北边境腐败的将领，他们故意跟柳开对着干，严重影响到北边的安危。

手中的指挥棒起不到作用,柳开考虑的不是自身得失,他忧心忡忡地对儿子说:"如今将士不和,一旦辽兵来犯,必然危及国家大业。"

经过一番深思熟虑,他不得不请求皇帝尽快将他调离,换其他的将帅驻防,抗击辽兵。结果真的让柳开言中了,宋真宗景德元年,辽国的萧太后与辽圣宗亲率大军南下,深入宋境。腐败的河北宋军不堪一击,纷纷溃逃。宋真宗害怕辽军,最终签订了耻辱的"澶渊之盟"。

两年后,柳开被诏令改任沧州知州,为北宋王朝心力交瘁的柳开在上任的路上因为头部脓疮意外身亡,年仅 54 岁。

这正是:

大名柳开侠义情,爱国仁厚多善行。

忠贞刚正怀宏志,河东文集展文风。

第七十三回 吕端不糊涂 大宋有相名

上一回说到柳开一世仁德多善行，一生仗义显豪情。在燕赵之地，可歌可泣的慷慨之士演绎了一幕又一幕历史大剧，今天这一出故事的主角正是大宋政坛的风云人物吕端，他堪当大任，可做栋梁，真正是"诚义"二字的代言人。他的故事又要从哪说起？

开篇先讲这么一件事。那是在 1962 年的金秋 9 月，毛泽东在中共八届十中全会的讲话中送给叶剑英两句话："叶剑英同志搞了一篇文章，很尖锐，大关节是不糊涂的。我送你两句话——'诸葛一生唯谨慎，吕端大事不糊涂'。"这话里的诸葛指的是三国时期的诸葛亮，吕端就是咱们要说的这位宋朝宰相。

吕端，字易直，他的老家在幽州安次，也就是如今河北的廊坊安次区。那时候，老吕家出了不少清正廉明的高官，留下了很不错的名声。吕端生在这样的家庭，肯定是个好苗子，他脑子聪明又好学，20 出头就走上仕途，在赵匡胤发动陈桥兵变之后，他又在北宋王朝历任成都知府、蔡州知州、枢密直学士，平步青云，一直做到了宰相。

吕端的出息这么大，绝不是靠着官二代的背景，他为人厚道，办事稳妥，再加上玉树临风的长相，通身优雅高贵的气质，一看就是典型的优质白领。不过，评价一个人不能光靠眼睛瞧，还得从具体的事上来判断。

宋太宗赵光义害死亲哥哥称了帝，一向是个心黑手狠的主儿，他把赵匡胤的儿子和自己的弟弟全都杀了了事，只给从前的皇位继承人赵廷美留了一个王爷的虚名。那一年，太宗领着军队征伐北汉，让兼着开封府尹的秦王赵廷美留守京城。当时，吕端在赵廷美手下当官，职务是开封府的判官，他给上司进了一言，建议他跟着太宗一起出征，以免惹出不必要的麻烦。这其中又藏着什么样的隐情呢？

话说当年，开封府尹可不是平常的官，因为周世宗和宋太宗即位以前都在这个岗位上工作过，所以，这个位置就有点儿不同寻常。太宗即位的事情本来就不合常理，他自己也是心虚得厉害，生怕秦王赵廷美在开封府里长硬了翅膀，再把自己给扳倒了，就时时处处地防着人家。这一回，太宗也藏着小心机，他在出征之前安排赵廷美留守开封，一方面显得自己能容人，一方面也是借机试探赵廷美有没有包藏野心，如果赵廷美高高兴兴点头答应，那么就能认定他的心里惦记着皇位。吕端看透了太宗的心机，建议赵廷美见招拆招，主动请求跟着太宗鞍前马后，一起出征。只有这样，才能躲过一场在劫难逃的杀身之祸。

吕端在家国大事上一点儿也不糊涂，在自己的问题上却是淡泊得不能再淡泊，对他来说，个人的事再大也不是事，如果要举个例子来说明，我们来看看后面的故事就知道了。

清正致远，燕赵名士如何谦虚谨慎忠心事主？
淡泊明志，大宋名相如何鞠躬尽瘁一心为民？

秦王府上是非多，有这么一回，王府里一个当差的以权谋私，利用公家的渠道偷偷买了一批木材。纸里包不住火，没过多久，朝廷就为这事追查起来，事情如果闹大了，连带着秦王赵廷美也是吃不了兜着走。这一下，王府上下人心惶惶，只有吕端微微一笑，把黑锅揽到自己的身上，说是一人做事一人当，有什么尽管冲着我来。他为这事吃了挺大的亏，被贬到了商州去做司户参军，太宗盛怒之下，还命令他带着枷锁两脚颠，步行到千里之外去上任。遭了这么大的罪，好多旁人都为吕端捏着一把汗，他自己却是谈笑风生跟没事人一样，根本看不出有什么委屈。

吕端的为人处事人人叫好，日子长了，朝廷对他的认可度越来越高，寇准、赵普等好几位重量级的大臣都向皇帝推荐这个人才。淳化四年，吕端终于被任命为参知政事，两年之后，皇帝瞧出了他的本事，又想着把他封为宰相。宋太宗就这事跟当朝宰相吕蒙正碰了碰，吕蒙正说："吕端这个人好像有点儿糊涂，不太适合宰相的职位。"对于这个观点，太宗又是怎么看呢？他说："吕端小事糊涂，大事上可不糊涂啊。"太宗打定了主意，最终把吕端请到了宰相的位置上，吕端在其位，谋其政，识大体，顾大局，把工作干得特别出色。这么一位出类拔萃的栋梁材，让宋太宗常常感慨"相见恨晚"。

  吕端在宰相的职位上干了六年，业务上一点儿没得挑，为国家的发展做出了卓越贡献。后来，宋太宗把开封府尹的官职派给了自己的二儿子许王赵元僖，让吕端到他那里去做判官，帮衬着赵元僖处理大事小情。可惜这个许王命不长，27岁就一命归西。有人传闲话，说吕端在这件事上犯了错，太宗就派人进行调查。当时，吕端正在屋里坐着办理公务，见着皇帝的使臣进了门，就招呼手下把自己的官帽拿走。两位使臣觉得有点儿不合适，说："您也不至于这么做吧。"吕端回答说："皇帝派了你们来，我就是有罪之身，怎么能以官员的身份对待你们二位呢？"吕端不解释，不辩白，任由皇帝把自己贬作了卫尉少卿。

  旁人冷眼看着，都觉得太宗在对待吕端的事上办得不厚道，可是吕端本人却不这么想。几个月后，好多官员为工资待遇的问题找上级要说法，都说挣得钱根本不够花，吕端却上了这么一本——"从前我在秦王府上工作不力，后来又在许王家里犯了事，皇帝不但没有狠狠地罚我，还让我位列少卿，我感念皇恩浩荡，心里很是知足。"

  知足常乐的吕端大人有大量，正是这样的度量和胸襟让他在仕途上越走越稳，远走越远，在不久的将来，他又将经历什么样的故事呢？

  没过多少日子，吕端再次应召入朝为相，这一回，他的官职比老前辈寇准还要高，吕端觉得心里过不去，就请求皇帝把寇大人放在自己前面。过了一年，吕端又做了宰相，他又求了皇帝，请担任参知政事的寇准跟自己同起同坐，一人一天地到政事堂押班执掌大印。这样的细节透出来吕端的心思，在他心里，国家大局比个人名利可要高得多，同事之间团结协力可比一个人出头重要得多。

  吕端官做得越大，为人越是谦虚，有时候大伙为了工作吵个小架，他总是出面协调，把成绩留给大家，问题自己担着。长此以往，吕端的业绩好像就不那么突出了，好在皇帝明白吕端的用心，下令把中书之事全权交给吕端批阅之后才能上奏。

第七十三回　吕端不糊涂　大宋有相名

人红了，免不了遭人使绊子。有人变着花样黑吕端，吕端从来不当回事；有人在功劳前面抢风头，他也不往心里去。小事上头，难得糊涂；遇见大事，再难也不糊涂，这就是吕端为人的信条。后来，北宋王朝又赶上一件大事，这又是怎样一段故事呢？

北宋时代，西夏的问题一直让人头疼。那年九月，宋朝部队抓住了西夏反兵头目李继迁的老母亲，惹得李继迁三番两次大举出兵。太宗打仗打得实在心烦，他懒得去想怎么对付李继迁，打算把李家的老妈杀了解气。在吕端这样的明白人看来，事情可没有这么办的，他进言说："杀了老太太倒是容易，可这样做只能让李继迁把朝廷当成死对头，不如把老人好好供养起来，即便是不能招降李继迁，也能牵制他的进攻。"

太宗按照吕端的主意试了一试，这一招果然奏效，从这以后，李继迁的攻势越来越弱，等到他儿子李明德掌了兵权之后，甚至主动要求跟北宋和平共处了几十年的时间。

千里之外的问题暂告消停，在京城里，在皇宫中，在政坛风暴的最中心，阴谋和斗争永远不会结束。太宗赵光义向来不是省油的灯，为了权力，他从不拿人命当回事，就连他的长子楚王元佐都对老爸的暴行看不过眼，装疯卖傻推掉了做太子的机会，太子宝座就此落到了寿王元侃手中。

太宗临终的时刻，楚王元佐后悔了，当权宦官王继恩怂恿着元佐争皇位，也想趁着机会捞一把恩宠。对于这一切，吕端心里明镜一样，他前去探望卧病在床的宋太宗，在病床边上没瞅见太子元侃，特意派人请太子入宫候在太宗身边。太宗驾崩之后，吕端更是抢先一步软禁了王继恩，又备上太宗生前留下的诏书，以防有人作乱。

果不其然，太宗过世的消息一公布，楚王元佐的亲妈李皇后立马发言，说长子元佐即位才合乎常规。吕端早知道会有这一出，他回答说："先帝册立太子，为的就是免去后顾之忧。如今先帝故去了，怎么能违背他的意思另立新君呢？"这话把李皇后噎得没了辙，新君登基的大典终于顺利举行。宋真宗赵元侃登上大位接受朝拜，满朝文武磕头请安。这时，吕端的心思比头发还细，他请求皇帝露出真容，确定龙椅上坐的正是元侃，这才带领群臣三叩九拜，高呼万岁。

宝刀不老，两朝重臣如何忠心耿耿辅佐新君？

清名不朽，一代英才如何叶落归根流芳百世？

因为有前面这段故事，宋真宗对吕端特别敬重，每次见到这位忠心耿耿的元老重臣，都要恭恭敬敬地作揖，从不直呼其名，在他面前还要自称小子。吕端一向不拿功劳说事，他好几回跟皇帝掏心窝子地要求按着君臣礼仪来行事，一心一意地辅佐新君。

为了保证国家长治久安，吕端主持推行了一系列可持续发展措施。首先，他在真宗即位两个月后，等待政局稳定下来才对阴谋作乱的王继恩一伙进行惩处；又恢复了楚王元佐的爵位，并为他加封左金吾卫上将军，允许他在家养病不必上朝；还追赠皇叔赵廷美为西京留守、中书令、秦王爵位；追封皇从兄魏王赵德昭为太傅，岐王德芳为太保。这些做法只有一个目的，就是要显示皇恩浩荡，孝悌仁爱。皇室宗亲安排好了，吕端又建议广开言路，征召人才，赢得了士大夫和读书人的拥护。为了减轻百姓负担，他又提议撤销了一些不必要的官员编制，要求降低公务经费，取消了很多进贡的项目，还免掉了人民群众的盐井役。因为吕端这一番努力，宋王朝呈现出一片欣欣向荣的景象。

官场上的吕端堪称政坛楷模，生活中的他也是一位真君子。吕端知恩图报，对救父恩人赵玉一家比亲人还要亲；他热心助人，把自家的吃穿用度送给生活困难的穷人。吕端自己没攒下什么钱，作为一朝宰相，为了儿子的婚事还欠了一笔外债。古往今来，吕端这样的宰相也是凤毛麟角，少而又少。

公元1000年，66岁的吕端一病不起，告别人间，真宗追赠他为司空，谥号正惠。一个"正"字，是他为官清正，为人刚正的写照；一个"惠"字，是他仁德爱民，忠君爱国的象征。

这正是：

大宋中坚一丈夫，吕端大事不糊涂。

两袖清风仁德厚，诚义报国留史书。

第七十四回 千古一圣相 李沆贯域中

前面说到大宋名相吕端为官40年，大事不糊涂，接下来出场的也是一位来自河北的宰相，他品行好，修养高，无论是做人还是为政，都算得上时代的楷模、后世的范本，在他活着的时候，就被称为"圣相"。这位圣人一般的高官姓甚名谁，为大宋的历史书写了怎样的精彩？

北宋真宗时期，宰相李沆是百姓心中的"圣人"，他品行高洁，为官清廉，集真善美于一身，视假恶丑为天敌。此外，他还写得一手文如其人的好文章，清丽高雅，真实自然，和韩愈、柳宗元一样，是古文运动的身体力行者。

论境界、论修养、论才能、论见地，李沆的确有过人之处，在中国2000多年的封建历史上，能干的宰相很多，但是，能被称为"圣相"的却没几个，而在当朝当代就获得如此尊称的除了李沆，便再无第二人。

李沆的风采在《宋史》中也有记载，原话是"沆少好学，器度宏远"，意思是他从小勤奋好学，志向远大。

公元947年，李沆出生在洺州肥乡——就是现在的邯郸市肥乡县，太宗太平兴国五年（980年），而立之年的李沆举进士甲科，做了将作监丞，负责朝廷的工程建设。雍熙三年，39岁的李沆升职做了知制诰，就是宋太宗的秘书，后来入了翰林院成为翰林学士。

腹有诗书气自华，李沆原本就相貌端庄，身材匀称，经过几十年诗书浸染和十几年的职场历练，言谈举止之间更是透着从容文雅，这种遮不住的高贵气质就连皇上也很是眼气。有一次，李沆陪同皇帝赴宴，宴会结束以后，李沆先行离去，太宗盯着李沆的背影半天不错眼珠，最后幽幽地冒出一句："李沆风度端凝，真贵人也。"

宋真宗做太子的时候，李沆迁礼部侍郎兼太子宾客，召到东宫待以师傅礼,给太子当了老师。真宗即位以后,让李沆担任户部侍郎、参知政事,拜同中书门下平章事,也就是宰相。李沆在给真宗做助理的同时,能者多劳,还主持监修国史,主持全国的军政事务。

作为一人之下、万人之上的宰相,上承皇帝,下联百官。对皇帝既要遵从,也要牵制;对百官,既要管理,也要尊重,面对这林林总总的关系,千丝万缕的工作,李沆又有怎样的制胜法宝呢?

公开、公正、公平,是李沆的为官之道,李沆是一个公开反对打小报告的宰相。

李沆从来不向皇帝上密奏,有一次,宋真宗终于忍不住问这个老师兼助手:"大臣们人人都有密奏,唯独李爱卿你一件没有,这是为什么呢?"李沆坦然一笑回答说:"我当宰相,是为社稷理政、为苍生谋福,干的都是公事,是公事自然都能在朝廷上公开奏对,不需要遮遮掩掩,用密奏干什么?"

后代历史学家评说,河北的李沆是中国透明政府最早的倡导者和实践者,是透明行政的先驱。

作为皇帝的近臣,一言一行都可能影响国家决策,为了给皇上正面的引导,李沆对自己提出的最根本要求就是心底无私,忠字当前。

宋真宗曾经问李沆:"治国安邦何以为先?"李沆说:"不用那些浮薄无德、逢迎谄媚的小人,这事最为先。"宋真宗又感叹唐代的牛李党争、阉党与外戚的党派之争,问李沆说:"这些派系的争斗,导致了皇室的衰微,奸佞和忠臣难以辨认,我们该如何解决这个问题呢?"

李沆回答说:"奸佞的话,看似对皇帝忠诚,好像很可信,但都是迷惑朝廷,为自己谋利益,误国害民。"李沆随时提醒皇帝,兼听则明,偏信则暗,要不断提高识别奸佞之言的能力,能够看得出什么是逆耳忠言,什么是阿谀的奸佞之言。

说起来容易做起来难,李沆话说得是正气凛然,他自己是否肯用行动来实践对国家、对朝廷的一片忠心呢?

内安朝纲,李沆如何直言劝谏力戒不正之风?

外壤叛敌,圣相怎样运筹帷幄平息边境战局?

李沆做人光明磊落，对于一些不好的习气，即便事关皇帝本人，他也会当面指出，想方设法进行制止。有这么一件事，很能说明他耿直的性情。

当时有个官员叫石保吉，整天跟皇上闹着要官，他看中的是使相的位子，就是驻守军事重镇的兼职宰相。

石保吉为什么这么张狂呢？他娶的是太祖的次女延庆公主，是太祖皇帝的二姑爷，是当朝皇帝的堂姐夫，他爹是赵匡胤的结拜兄弟、开国功臣石守信。石保吉身材魁梧，家财巨富，但生性粗野，非常霸道，口碑很不怎么样。虽然能力平平，但由于出身显赫，他在官场是一马平川。太宗时期，他担任知太名府兼兵马都部署，到了真宗即位，加检校太尉、驻守河北任保平军节度使。当上一方军政大员，石保吉并不满足，一心想弄个统领全国军务的使相当当。

当姐夫的既然提出来了，宋真宗也得当个事。他就此征求李沆的意见，原本就是想走个过场，让李沆举个手通过，可没想到遭到李沆的强烈反对。李沆直截了当地说："皇帝要赏赐大臣，必须得有个体面的理由，而这位驸马爷，虽然是皇帝的姐夫，但是并无攻战之劳，而且人品上也有非议。如果让他入围使相，恐怕有损皇帝的威信，对国家不利。"

李沆说得在理，宋真宗也就不好再坚持，过了几天，他再次提起这个话题，希望李沆能够识趣，给彼此个台阶下。可李沆却一点儿也不肯迁就，仍然坚持原来的意见。最后，给皇帝姐夫提职的事情只好不了了之。

作为一国之相，李沆不仅善于处理朝堂之上的是是非非，打造风清气正的政治环境，而且对事关国家安危的大事也敢于大胆研判，表现出战略家的眼光。在北宋政坛，李沆还有怎样出彩的表现？

公元982年，西北的党项族首领李继迁带领党项各部叛宋，归附契丹，被辽圣宗授为定难军节度使、夏银绥有静五州观察使，对抗大宋王朝，引起了朝野的不安。宋真宗很是慌张，问李沆怎么办。李沆说："这个李继迁如果不死，西北的灵州之地就难以归附我朝。而且他们都是流寇，以抢掠为目的。目前不必急于出兵，不如派遣密使偷偷地传旨给州将，让部分军民空垒而归，这样一来，关西的百姓迁到了内地，李继迁即使抢掠也一无所获。"

虽然李沆条分缕析地讲明了看法，但是宋真宗还是没主意，因为他同时问了其他大臣的意见，大家说法不一，听起来各有各的道理。就在宋真宗迟疑不决的时候，李继迁出兵，灵州失陷，百姓财产被抢劫一空。结果真被李沆说中了，吃了这一堑，宋真宗长了心，开始相信李沆的判断力。

不久，北面契丹的萧太后出兵大举南侵，一直进攻到中原，李沆力劝宋真宗亲自北征，鼓舞士气。宋真宗这次乖乖听了老人言，他命李沆留守京城，自己上了前线，李沆没有让皇帝失望，他兢兢业业、恪尽职守，京师肃然有序。真宗从战场上归来，返回京城，李沆大老远去迎接，为皇帝接风洗尘，互诉衷肠。

一颗忠心，老臣怎样鞠躬尽瘁谋家国兴衰？
两袖清风，廉吏如何克己奉公思百姓安危？

西北边境之乱的时候，李沆和参政事王旦搭伙干活儿，经常熬夜加班，王旦感叹说："我辈什么时候能过上太平日子，享受一些闲情逸趣啊？"听了这话，李沆严肃地规劝这位工作伙伴："放弃这种幻想吧，即使是日后四方战事平息了，朝廷也有很多政事要处理。一刻也不能懈怠，这才是忠臣所为！"

澶渊之盟的时候，契丹要求和亲，王旦询问李沆的意见。李沆说："这虽然是件好事，但是边患安息了，国家稳定了，我担心皇帝会逐渐产生懒惰骄奢之心。"王旦对李沆的言论不以为然。

李沆隔三岔五就把各地水旱盗贼等关乎民生的奏报如实禀报给宋真宗，王旦对此很不理解，劝他能不能少报忧多报喜，别老给皇帝添堵。李沆说："皇帝年少，我们做宰相的，就应该让他知道治国安邦的艰难。不然，他血气方刚，一不留意，就会陷入声色犬马，就会大兴土木、大动甲兵，用赈济百姓的钱去做那些虚张声势的事情。等我们老了，没能力管这些事了，才是参政者最大的忧虑啊。"

良药苦口利于病，李沆深知，做宰相辅佐皇帝和当年做太傅教育太子的方法不同，他希望通过潜移默化的方式让皇帝明白治国安邦之艰难，履行强国富民之责任。后来王旦继任做了宰相，虽然他为人也很正直，却缺少李沆那样直言不讳的直谏，没能很好地制约宋真宗贪图浮华、追逐虚名的行为。

真宗觉得契丹讲和了，西夏归顺了，天下太平了，可以放松一下了，就摈弃了勤俭务实的好传统，他大兴土木，造宫殿，封泰山，干了一系列劳民伤财的事情。宰相王旦眼看着这股奢靡之风愈演愈烈，再劝皇上已经听不进去了，心里盘算辞职算了，图个眼不见心不烦，然而皇上对他有情有义，他又如何张得开口？直到这个时候，王旦才明白了老伙计李沆的远见卓识，他由衷地说："李文靖真圣人也。"就这么着，李沆"圣相"的名号就传开了。

李沆的料事如神，不光是王旦叹服，他的另一位同僚寇准也是深有体会，可惜的是，他们无一不是吃了大亏以后才明白过来。

山西人寇准也做过参知政事，他爱惜人才，举贤任能。当时一个叫丁谓的人极力逢迎寇准，寇准觉得丁谓口才不错，也有思路，多次向李沆推荐丁谓。李沆看出丁谓为人奸诈，坚持不予任用。寇准急了："像丁谓这种人才，压制他合适吗？"李沆淡然一笑说："将来你后悔了，就会想起我的话。"

正如李沆所料，日后丁谓得了势，不顾国家与百姓的利益，给皇帝出了不少坏主意，寇准看不惯丁谓谄主媚君的行为，丁谓怀恨在心，编造罪名排挤寇准，害得寇准被罢了相，贬了官。后来宋真宗死了，年仅13岁的宋仁宗即位，丁谓还不依不饶，利用职位之便修改"诏书"，把真宗死因归罪于寇准，并以此为借口，把朝中与寇准关系不错的大臣全部清除。寇准此时想起李沆的话，感叹不已。

李沆把工作看得比天大，对家里的事却从来不上心。他对家人立下规矩，不能因为任何私事求他，他家堂前的小花园坏了，李沆每天来来往往，跟没看见一样，妻子提醒他，他反而批评妻子："你是宰相的妻子，怎么能让这些小事来分我的心呢！"

李沆反对奢靡之风不是挂在嘴上，而是体现在行动上。他的宅第位于封丘门里边，相府的门前只能容下一辆马车掉头，外人都觉得不方便，他却总说够了够了。他的弟弟李维劝他修建宅第，他也不以为然："一味追求豪宅奢华，就会留下不好的家风，买一座新宅子，要一年才能装修完，人生这么短，怎么能把时间和精力浪费在这些没有意义的事上呢？"

李沆担任宰相，接待宾客，话很少，大家背地里都说他是"无口葫芦"。

李沆对这个绰号坦然接受："我不需要说得太多，仔细聆听就够了。如果大家聚在一起就讨论功过是非，难免有不当言论，难免互相影响，万一因此做错事情，受损害的是国家和百姓。"

景德元年七月的一天，李沆等待上朝的时候，突然急病发作，第二天，皇帝亲自前往相府探视，在皇帝回宫的路上，李沆与世长辞，终年58岁。得到消息，皇上赶紧回驾，对着李沆的遗体痛哭不止，并停朝五天，追赠李沆为太尉、中书令，谥号"文靖"。后来宋仁宗即位，下诏让李沆在宋真宗的太庙里陪祀。

正所谓"名医者，善医无病之病"，李沆的一生看起来好像平淡无奇，既没有载入史册的政治革新，也没有出生入死的辉煌军功，但是却用他那完美圣相风范，换来国家的安定团结。

这正是：

治国辅政一圣相，李沆忧国谋略长。

沉默是金凝智慧，忠义清廉是榜样。

第七十五回　忠魂照崖山　南宋一世雄

上一回说到北宋宰相李沆以德治国，用完美的圣相风范换来家国安宁。历史匆匆而行，经历了辉煌的文化盛世之后，大宋王朝由盛转衰。这一回登上历史舞台的是河北义士张世杰，他和文天祥、陆秀夫齐名被称为宋末三杰，他以怎样的壮怀激烈迎来宋王朝悲情的结局？

张世杰，河北范阳也就是现在的涿州人。年轻时，他在本家的叔叔张柔部下当兵，驻防河南杞县，后来张柔投降蒙古，张世杰便逃回南宋，投奔到当时著名将领吕文德的麾下，吕文德先是任命他为军中小校，后来因为多次立下战功，吕文德提拔他在湖北黄州做了军事长官。之后张世杰步步高升，成了南宋末年最重要的统帅之一。

历史上关于张世杰生平的记载并不多，但提到他总离不开一个人和一场战役。这个人就是张弘范，是张世杰本家叔叔张柔的儿子。虽然两人血脉相连，却各为其主，张弘范是元朝镇国上将军，张世杰则是南宋大将兼太傅。后来因为一场战争，同根兄弟变成兵刃相见的仇敌。

这场战役就是历史上著名的广东崖山之战。说起崖山之战，还得从当时的国情说起。南宋末年朝廷腐败，军事混乱，国家不堪一击。元朝大军从北往南风卷残云，很快攻到了南宋首都临安城下，也就是现在的杭州。作为南宋主要统帅，张世杰曾率领军队拼命地保卫临安，收复了浙西的一系列城池，但由于张世杰是陆军元帅，对于水上作战并不擅长，再加上无论船只、兵器、战术等，南宋军队都不是元军的对手。在江苏镇江的焦山江中大战中，张世杰失利，宋军损失惨重。

后来元军迫近临安，张世杰和文天祥商量主张集中兵力和元军决一死战。但当时的宰相陈宜中贪生怕死，认为这样做太冒险，说什么也不同意。结果1276年初，元朝大将伯颜带领元军攻克了南宋的首都临安，俘获宋恭宗、朝廷文武百官和太学生，这些所谓的大宋精英全被押送到了元大都。

无奈之下，不愿投降的张世杰和陆秀夫带着宋恭宗赵㬎的两个兄弟赵昰、赵昺二位小王爷仓皇出走，逃到了福州。在那里，他们拥立刚满七岁的赵昰即位做了皇帝，为宋端宗。流亡朝廷建立的消息，给了正在艰苦抗元的爱国将士极大的鼓舞。只要国家还在，他们的抗争就有了意义，然而这个风雨飘摇的政权又能支撑多久呢？

山河破碎，大宋忠义如何临危受命？
身世浮沉，广东崖山能否绝地反击？

虽然在福州成立了临时朝廷，但元军势如破竹，很快就挥师到了福州。张世杰多次指挥宋军抵御元朝军队的猛攻。但宋军屡战屡败，节节败退，由福州撤到泉州，再到秀山、井澳。宰相陈宜中眼见没有复国的希望，独自乘船逃到了海外。剩下张世杰和陆秀夫等苦苦坚守，他们保护小皇帝赵昰逃上海船，往广东转移。不幸的是，逃亡途中，海上刮起了一场飓风，差点儿把船打翻，年幼的小皇帝赵昰受了惊，得病死去。

国将不国，群臣准备散伙，但陆秀夫站出来说："古人有以一旅成就中兴大业的，如今百官具备，士卒数万，难道不能立国吗？"于是，大家又拥立赵昰的弟弟赵昺为帝，改元祥兴。陆秀夫任左相，张世杰任枢密使。艰苦的流亡路上，张世杰每天还亲自书写《大学章句》，为年仅八岁的帝昺讲课。

这个临时朝廷不断沿海南迁，直到珠江口海中的崖山，崖山在新会县南80里的大海中，石山耸立。张世杰认为这是一块宝地，进可乘潮而战，退可据险而守，完全可以建设成一个根据地。于是，一上崖山，他就命兵士建造行宫30间，军屋3000间，做长期据守的打算。当时行朝共有官、民兵20多万，大多住在船上。张世杰指望着顺从的小皇帝赵昺能够重振大宋，复兴中国。

理想是丰满的，现实却是瘦骨嶙峋。在崖山苦守的南宋临时朝廷指望着休养生息，光复河山。但元朝大军却不打算给他们机会，元朝大将张弘范向元世祖忽必烈进言，如果不乘胜追击，全歼南方的小朝廷，恐怕夜长梦多。于是元世祖委任张弘范为元帅，李恒为副帅，带领精兵20000人，分水陆两路南下向崖山进军。元军有备而来，兵强马壮，宋军虽有官兵20万，但经过长途奔袭，疲惫不堪，崖山一仗，又会有怎样的结果呢？

当时有幕僚对张世杰说："如果北面来的元军用舟船堵塞了海口，咱们不能进退，不如先行占据！幸而胜，国之福也；不胜，还可以往西走。"而此时的张世杰决定孤注一掷，打算与元军一决胜负。他说："多年航海，何时能安身立命啊？如今关乎国家兴亡，必须与决一胜负。"

抱着置之死地而后生的决绝之心，张世杰烧掉南宋王朝所有的粮草，组织了近千艘大船，用铁索穿连，一字排开，停泊在海中，四周建起楼栅，就像一座坚固的城垣，帝昺的御船就在方阵的最中间，崖山的君臣将士准备和元军决一死战。

张弘范率领的元军用小船满装了茅草，浇足了油，点着了火，乘着风势向宋军发起火攻，企图烧毁所有船只。而张世杰早就料到有这么一着，所有战船涂上了一层厚厚的湿泥，还绑着水桶，火势虽旺，却始终无法烧及船身。

强攻不成，张弘范决定另辟蹊径，改打攻心战。他把自己的部将韩某叫到跟前，对他说："小韩，你是世杰兄的亲外甥，也是我的外甥。你出一次海，告诉你舅舅张世杰，咱们都是张氏祖先张挥的后裔，而且世杰兄当年跟随我父亲多年，情如父子，我们就是亲兄弟。如今南宋已经灭亡，不如及早投靠大元，大元皇帝一定会封官晋爵，给我们享不尽的荣华富贵。"于是，韩外甥乘坐小船，到了张世杰孤军固守的海上。而张世杰会接受劝降吗？

张世杰在元朝军队中的亲外甥三次奉命前往劝降，可是张世杰坚决不从，他对自己的外甥说："我们都是父母养的孩子。我知道投降能够活命而且还能得到荣华富贵，但为了我们大宋朝廷而死，是臣子最伟大、最光荣的事业！他张弘范永远都不可能懂得这个道理。"他还给张弘范写了回信，信中历数了古代忠臣永垂不朽的故事。张弘范被张世杰的"愚忠"气昏了头，心想外甥不好使，不如让文天祥去劝降。张弘范为什么想到文天祥呢？

当年他率兵南下的时候，先派兵攻打潮州，当时潮州守将是文天祥。文天祥兵少势孤，最终被俘。元朝官兵把文天祥送到张弘范大营，张弘范假意殷勤，给文天祥松了绑，把他留在身边，这一次又把他带到了崖山。张弘范知道张世杰平日很敬重文天祥，就让文天祥写信劝张世杰招降，文天祥却冷笑说："大帅啊，你真是不懂得做人的道理。我自己不能救父母，难道还会劝别人背叛父母吗？"

张弘范叫人拿来笔墨，硬逼他写信。文天祥接过笔，毫不犹豫地写下这首著名的诗句："辛苦遭逢起一经，干戈寥落四周星。山河破碎风飘絮，身世浮沉雨打萍。惶恐滩头说惶恐，零丁洋里叹零丁。人生自古谁无死，留取丹心照汗青！"写完，把笔墨一甩，昂首冷笑。

一计不成再生一计，张弘范为了劝降堂兄弟，又用了新的办法，他派人向崖山士民喊话："大宋的弟兄们听着，如今大宋皇帝都已经被俘，宣布归降。文丞相也被捉了，你们不如尽早投降，寻一条生路！"海上的将士，不少人听到这些，痛哭流涕，但不为所动，无人背叛。

眼看劝降毫无希望，张弘范决定强攻。当时，元朝张弘范的军队水陆共20000人，再加上副元帅李恒的部队，总数估计不超过30000，战舰400多艘。而南宋军队，官兵总数20万左右，战舰至少有1000艘。两军实力对比，看似南宋更有优势，元朝军队又有怎样的底气强攻呢？

打算强攻的张弘范并没有马上采取行动，而是使用了计谋，他先是出兵占据海口，把宋军粮草供给的交通给切断了，张世杰率领的宋军被困在银州湖，只能靠吃干粮、喝海水度日，海水又咸又苦，宋军又饿又渴，伤病无数，困顿不堪。

张世杰为了突围，率领将士昼夜大战，却始终无功而返。几天后，元军副统帅李恒也从广州到崖山跟张弘范会师。张弘范增加了实力，重新组织力量，决定全面发动对宋军的总攻。

饥渴交迫，疲惫之师怎样抗击精锐元军？
以死相搏，忠义将帅如何坚守最后一刻？

不能不说，张弘范在军事指挥上很有天赋。他把元军分为四路，围攻宋军。

潮落的时候，元军从北面冲击；潮涨的时候，元军又顺着潮水从南面进攻。宋军两面受敌，正拼命招架，忽然听到张弘范的坐船奏起音乐来。宋军听了，以为元将正在举行宴会，便稍显松懈。哪想到这个乐声恰恰是元军总攻的讯号，乐声一起，张弘范的坐船发起进攻，箭如雨一般射向宋船。元兵在乱箭掩护下，夺了宋军七条战船。各路元军一起猛攻，从中午到傍晚，崖山的海上，海潮汹涌，杀声震天。

张世杰率领的宋军坚持了几个时辰，直到有一艘战船的桅杆倒下，随后一个接一个的桅杆跟着倒下。张世杰知道大势已去，急忙将精兵抽调至中军，准备撤退，同时派人驾驶小船，准备把小皇帝赵昺接过来，组织突围。

赵昺的坐船，由陆秀夫守着。一片混乱之中，陆秀夫对张世杰派来接赵昺的小船，闹不清是真是假，怕小皇帝落在元军手中，就拒绝了使者的要求。回过头对赵昺说："国家到了这步田地，陛下也只好以身殉国了。"说着，就背着赵昺一起跳进了大海，瞬间淹没在滚滚波涛里。其他的后宫大臣见皇帝跳海，个个万念俱灰，许多人也跟着跳入海中。

张世杰没有接到赵昺，只好指挥战船，趁着夜色朦胧，突围撤退到海陵山。他点了一下战船，1000条战船只剩下十几条。这时候，海岸又刮起了飓风，有人劝张世杰登岸避风。张世杰坚持不肯上岸，一阵巨浪袭来，把他的船打沉了。这位誓死抵抗的宋将落水牺牲，一代忠良张世杰就这样消失在茫茫大海中。大宋至此彻底国破将亡，走到了尽头。

南宋灭亡之后，张世杰的从弟张弘范带着他的汉族将士们，登上了崖山，在庆祝剿灭南宋的最后胜利的同时，他没有忘记给自己的从兄张世杰三叩首，并让张世杰的外甥给自己的亲舅舅焚香敬悼。张弘范感慨地说："人各有志，世杰兄虽败犹荣，乃真英雄！"南宋的百姓们为了纪念伟大的爱国将领张世杰，在广东的珠海斗门黄杨山修建了抗元名将张世杰之墓，墓碑镌刻正楷："宋太傅枢密副使越国张公讳世杰之墓"。

这正是：

碧血涤波情未尽，激浪穿空起怒涛。

代有才人伤往事，不变崖石伴海潮。

第七十六回 真定白仁甫 元曲一大家

上一回说到河北忠烈张世杰拼死抗元、战死崖山，为南宋王朝写下最后一页沧桑，壮怀激烈的往事随风而去，乱世里的离散承合却留在一个少年的心头，金元时期，"河朔重镇"河北真定走出一位元曲大家，他阅尽沧桑、笔走悲情，写出一出出传唱百代的经典大戏，这位才子姓甚名谁，又有着怎样的戏梦人生？

在真定府灵寿县一座名叫凤凰墩的山上，这里安葬着一对父子的遗骨。这对父子是谁呢？就是700多年前生活在河北真定的白华、白朴。其中，白朴在中国曲艺史上留下了浓墨重彩的一笔，把中国的元杂剧艺术推向顶峰，是真定的骄傲，也是河北的骄傲。

白朴，字仁甫，号兰谷先生。他的祖籍是山西省河曲县，出生在金朝的南京汴京，却长在了河北的真定，在这里安家落户，可以说，他是真定培养的元曲家，也是特殊时代诞生中的一代文豪。

白朴的父辈叔伯都是金朝的文人，伯父做过岐山县令，父亲白华官至枢密院判、轻骑都尉、封南阳郡伯爵，叔父为一代诗僧，这兄弟三人在文学上都颇有建树。

白朴出生在这样的书香世家，还有父母的百般疼爱，本来应该能在蜜罐里过上一生，安安稳稳地做学问，顺顺当当地考功名，可是这人间的事情，往往是看得见开头，却猜不着结尾。白朴五岁那年，金朝出了大事，白朴的人生也跟着翻了个儿。这究竟是怎样的一场变故呢？

那一年，蒙古军队挥师南下，包围了金朝的南京，就是开封。金朝的皇帝哀宗仓皇出逃，白华作为朝中大臣，只能把妻子孩子留在城里，跟着领导北上逃命。蒙古军队占领了南京城，在城里烧杀掠抢，发动"壬辰之难"，在这场著名的杀戮之中，白朴失去了慈爱的母亲，幸好父亲的朋友元好问重情重义，收留了年幼的白朴和姐姐，带着这对小姐弟渡河北上，到山东聊城、济南等地避难。

这一路颠沛流离，受多少苦就不用说了。好在元好问把两个孤苦无依的孩子当作亲生儿女一样对待。白朴六岁那年，感染了严重的瘟疫，大夫都说没救了，只能听天由命，只有元好问一直没放弃，白天黑夜把孩子抱在怀中，到了第六天，元好问的大爱和身体的温暖，使得白朴出了一身大汗，奇迹般苏醒过来，病慢慢好了。

元好问是金代著名的诗人，也是最早一批写散曲的文人，他看小白朴聪明好学，也是全力培养，一个尽心教，一个虚心学，白朴进步很快，打下了扎实的文学功底。

后来，元好问带着这对姐弟离开山东，想回自己的老家太原，半路经过真定。当时真定府的掌权者叫史天泽，是河北永清县贵族，被蒙古大汗封为真定、大名、济南等九路万户侯。他主张仁德，反对滥杀无辜。在他的治理下，真定府和大名府社会太平、百姓安康，成为乱世之中的一片绿洲。史天泽听说大诗人元好问经过此地，特意设宴款待。

无巧不成书，从史天泽那里，元好问得到消息，白朴的父亲白华还活着，此时就在真定府。他赶紧带着姐弟俩与白华相见，白华搂着自己的一双儿女，涕泪长流，他赋诗一首，感谢元好问的恩情。

从那以后，白朴就跟随他的父亲在真定府安家落户了，历经坎坷、大难不死的白朴在真定又有着怎样的经历呢？

苦尽甘来，白家父子安享哪般岁月静好？
风华正茂，有为青年拒绝何种富贵功名？

真定统帅史天泽爱惜人才，重视文化，喜欢结交文化界的朋友，原来金朝的文人贤士听说了史天泽的大名，纷纷前来投奔，真定的风雅之士越来越多，文化气息越来越浓厚，不但传承金朝的"故都遗风"，更成为东西南北各剧种的聚集之地，为元杂剧的兴起创造了条件。

史天泽非常喜欢元杂剧，闲来无事也会提起笔来搞创作，亲自填词作曲，他非常赏识白朴的父亲白华的才华。在史天泽的一再挽留之下，白朴的恩人兼恩师元好问也落户在真定获鹿县，闲暇之余几个人经常一起喝茶聊天，探讨交流元杂剧创作。

白朴在文字上挺有天分，受这样氛围的熏染，成长更快，不管是诗赋还是文章，做得都是有模有样。他长到十五六岁时，就能跟父亲、元好问、史天泽对诗，还能创作一些散曲。

成年以后，白朴游历元大都，结识了比他年长六岁的河北剧作家关汉卿，从此和杂剧创作结下了不解之缘，他广交杂剧界的朋友，其中有杂剧演员天然秀，还有一些歌妓、乐工，博采众家之长融汇于自己的创作，游走在民间的戏剧表演场所，了解到很多民生疾苦，积累了很多戏曲创作的素材。

男大当婚，到了该成亲的年纪，白朴的父亲给他张罗了一门婚事，娶的是真定当地一位姓戴的女子。婚后，小夫妻琴瑟和鸣，举案齐眉，日子过得幸福美满。原以为人生已经苦尽甘来，没想到，在36岁那年，白朴的命运再一次发生了改变。这一次，又是因为怎样的缘由呢？

那一年四月，元世祖忽必烈命令各个地方官员向朝廷举荐人才，当时已经成为中书左丞相的史天泽亲自向忽必烈推荐了白朴，希望他能入朝为官。史天泽原本是一番好意，可让人意想不到的是，白朴却严词谢绝，说这辈子都不会当官。

原来，当年蒙古大军攻破南京城之后杀人放火的场面深深刺激了他，母亲死在自己眼前的那一幕更让他一生不能释怀。血肉模糊的战场，国破家亡的惨境在他心里种下仇恨的种子，让他对蒙古大军心存怨恨，发誓忠臣不事二主，他原本是金朝的人，国家已经灭亡了，他绝不做二臣。

白朴也明白，当年在落难之际，是史天泽收留了他们父子，让他们在真定安家落户，在蒙古人的统治下能够有尊严地活着，这是天大的恩情。他拒绝了恩人的举荐，心中也有些愧疚，可为了表示自己终身不仕的决心，这年秋天，他还是告别了父亲和妻儿，孤身一人南下，巡游四方，带着一支笔开始了新的人生。

白朴满肚子的学问，虽然没有用在官场上，却在戏院里闪烁着熠熠光芒。他看惯了人世间的悲欢离合，见多了红尘里的爱恨情仇，把这些故事全都写进了剧本，被人们争相传唱。

白朴一生写成了16种剧本，一直流传现存到现在的有三种。其中，一出悲情的《梧桐雨》，把唐明皇跟杨贵妃之间的爱情故事演绎得荡气回肠；一部让人捧腹的《墙头马上》，让李千金和裴少俊这对年轻人自由恋爱的故事家喻户晓；还有一部《东墙记》，讲述了落魄书生跟豪门小姐之间的爱情纠葛，虽然历经磨难，最终以大团圆结局。

白朴将所有的热诚都投入到元杂剧的创作中，他的名气越来越大，后来跟关汉卿、王实甫、马致远并称"元曲四大家"。

常年游历在外，白朴很是挂念住在真定的父亲和妻儿，41岁那年，他回到真定去探望家人，史天泽的儿子闻讯也赶来看望老朋友。两个人把酒言欢，史天泽的儿子旧事重提，又劝他去朝中做官，可白朴还是摇摇头谢绝了。在家中逗留了一段时日，他再度南下。白朴的父亲去世以后，他回到真定为父亲办理后事，大约51岁时，又离开真定到了江南。

后来，白朴的小儿子白镛当了朝廷正三品的官员，到江南做官，担负起了赡养父亲的责任。白朴定居在金陵的桐树湾，也就是现在南京秦淮河西岸武定桥与镇淮桥之间。81岁那年，白朴兴致勃勃地出游旅行，不料死在了异地他乡。

令白朴没有想到的是，他生前拒绝当元朝的官员，死后还是被元朝封了官。因为他儿子在朝廷当官，所以白朴死后，被追赠嘉议大夫，掌礼仪院太卿。

白华父子既然落籍真定，他们的家在何处？真定是否还有他们的后代呢？

苦苦寻访，白氏后人如今定居何处？
层层查证，白氏父子为何归葬灵寿？

多年研究白氏家谱的河南省社科联胡世厚主席，潜心研究元曲名家的身世，发现安徽六安市苏埠镇白家庵白朴后裔收藏的《白氏家谱》，上面明确记载，

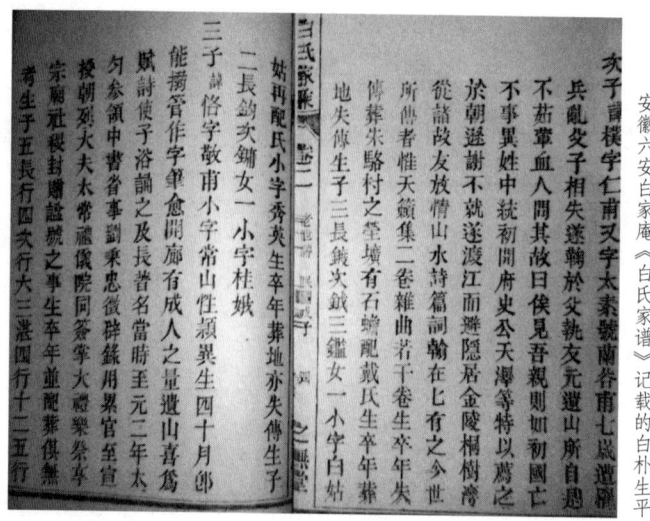

安徽六安白家庵《白氏家谱》记载的白朴生平

白华投奔史天泽以后，临时住在真定城里，后来在滹沱河北岸建造了自己的宅第。不过，具体位置却没有明确记载。

《白氏家谱》记载，安徽白家庵的白氏，都是白朴和白镛的后裔。除了白镛为官江南，落籍金陵，白朴的其他子女可能都还居住在滹阳。白氏后裔，应该在真定留下遗踪。

在正定城东诸福屯村，有白氏家族，是个大姓。有人自称是白华、白朴家族后人，也有人称是明代移民后裔。因此，诸福屯白氏家族，究竟是不是白华、白朴的后裔，还需要进一步考证。

那么，白氏后人如今究竟在哪里？考证历史，由于元末明初经历了多次残酷的战争，人口流失，而且白氏家族有很多人在朝廷当官，其家族流亡南下，也是可能的。

安徽六安《白氏家谱》记载，白朴的父亲白华死后，葬在了真定府灵寿县凤凰墩朱骆村东南5里的地方。白朴病逝后，按照他的遗愿，遗骨从南京迁回了这片养育他的热土，跟父亲葬在了一起，墓穴旁边还有一块蟾蜍模样的大石头。

《白氏家谱》记载的白华、白朴生平都非常翔实，因此，关于白华父子安葬的灵寿县凤凰墩朱骆村，绝非杜撰，应是元代一个非常真实的地名。

灵寿有七个朱骆村，都以姓氏命名。其中白朱骆村，绝大多数村民都姓白。这里为山前丘陵区，在村东北的确有一座高大的墩台，俗称"大墩"，或许跟凤凰墩有关。至于白家庵《白氏家谱》记载的形似蟾蜍的石蟾，一位放羊人告诉我们，听祖辈说过，这里有"凤凰山戏金蟾"的传说。

白华父子定居真定滹沱河北岸的滹阳，为什么要埋葬在几十里外的灵寿县朱骆村？这其中虽然有讲风水的缘由，是否还有其他人文因素呢？

按照白华的生平推断，白华生于1196年，属龙。他把墓地选在凤凰墩，应该有"龙凤呈祥"的用意。白华一辈子久经战乱之苦，也希望自己家族墓地远离名城大邑，选择安宁僻静之所，这或许就是白华选择凤凰墩作为白家墓地的缘由。

这正是：

一代文魁白仁甫，历尽磨难写巨著。

浪迹江南四十载，魂归朱乐入故土。

第七十七回 李杲大孝子 仁德医天下

上一回说到曲坛才子白朴有文采更有德行,他坚守气节,固守孝道,用生命谱写了一段动人的旋律。中国人讲究忠孝节义,世代相传的一个"孝"字,是道德的传承,是诚义的根基。燕赵之地诞生的大孝之子,是这片土地的骄傲,是诚义精神的代表。今天出场的这位仁德孝子究竟是何许人呢?

在中国传统文化中,孝道包含着博大的内涵。"孝"字上面半个"老"字,下面一个子孙的"子",子承老也,就是孝的基本内容。在中国人看来,孝不仅是孝顺自己的父母,更有"老吾老以及人之老"的大孝之德。这一回故事的主角就是这样一位了不起的大孝之子,他有仁德,有医德,把天下人的父母当成自己的父母,他就是位列金元四大家名医之一的李杲,又名李东垣。

从前,李杲这个名字常常出现在医书之中,他在专业领域的造诣有口皆碑,都知道李大夫妙手回春,悬壶济世。要问起李杲为什么会走上行医之路,这里面还有一段传奇的故事。

李杲,字明之,他生于金代,老家在真定,也就是如今的石家庄正定,因为这里在汉高祖之前叫作东垣,所以,这位真定名医有个字号——东垣老人。中国历代名医灿若繁星,但真正称得上大医之德者并不多,而李杲就是一位。何为大医?不为钱多钱少,不论贵贱贫富,救死扶伤、爱洒天下,这就是大医,大德之医。

李杲仁心仁术,是中医史上补土派的创始人和著名代表。不过,最初在他的未来规划中压根儿没出现过"行医"这两个字。李杲自小生在有钱人家,家里不光有的是钱,还有的是出名的文化人,家风淳厚,家学深厚。李杲耳濡目染，传承家学，规规矩矩地读圣贤书，走君子路，言谈举止风雅持重，赢得了好多人的尊重，也招来了同龄人的嫉妒。

有一回，几个调皮捣蛋的小子想着花招捉弄李杲，他们花钱找来青楼女子，让这些女人动手动脚地戏弄李杲，要看看这个正人君子到底能不能坐怀不乱。这场恶作剧惹得李杲生了大气，他把那几个轻薄女子甩在一边，还把自己那身衣裳都给烧了。

可惜，这么一位莲花似的人物偏偏没赶上好时候，他所生活的金朝末期政治腐败，官员无能，整个社会就是一个臭气熏天的烂泥潭。一次，地方上的官员接待京官，非要拉着李杲这个才华横溢的年轻人去陪酒。那时候，官场上的风气特别差，好多当官的就跟流氓差不多，他们一个劲儿说着不干不净的酒桌段子，还起哄要妓女给李杲灌酒。李杲实在忍不了了，他把酒水吐了一地，又把杯中酒泼在妓女的头上。面对这么一群没脸没皮的家伙，李杲送了他们一句管仲的名言——"仁义廉耻，国之四维，四维不张，国之败象。"说罢，李杲甩甩袖子，离席而去，把一伙酒色之徒羞得无话可说。

李杲不好酒，不近色，更讨厌跟所谓的达官贵人溜须逢迎，平日里，他最大的爱好就是读书，只觉得圣贤经典里蕴含着无穷的乐趣。独乐乐不如众乐乐，李杲把家人原打算建设园林的地方建成了书院，把家里的藏书全都摆了进去，搞了一个对外开放的私人图书馆。对那些买不起书又想读书的人，李家图书馆的大门永远开放，对于那些穷苦的读书人，李杲更是借书又出钱，帮着他们渡过难关。

瞧得出来，李杲的心里存着善良的种子，这颗难得的善心是怎样磨砺成大孝的仁德之心，这其中又有着怎样的故事呢？

晴天霹雳，真定富贵之家遭遇何种变故？
弃文从医，李杲人生之路发生何种变革？

李杲20岁那年，家里出了一件大事。他的母亲忽然之间染上重病，孝子李杲急得吃不下，睡不着，到处打听，请来了各地的名医。一个医生一个方子，各说各的理，各开各的药，病也瞧了，药也吃了，李家老母亲的身体就是不见好，反而一天更比一天重，没过多少日子，人就没了。李杲的心里难受得没法说，在母亲的坟头上痛哭一场，怨自己没有照顾好老人，怨自己没能治好母亲的病。

哭过之后，李杲更想自己的母亲，也想到天下人的父母，他不愿意这样的悲剧再重演，就此决定弃笔从医，还发下一桩宏愿："一定要找良医，拜良师，学医术，行医德，让全天下的母亲健康长寿！"李杲擦干眼泪，收拾行装，直奔易水找到了名医张元素，捐了好多钱财拜在张大夫的门下。

张元素听李杲讲起了改行学医的来龙去脉，他的心里也很是感动，把自己的本事全都传给了李杲。李杲虚心学习，潜心研究，收了不少古代的医书，学了通身的行医本事。他学成出师，打道回府，正式走上了行医之路。

李杲一腔热血要救死扶伤，可是家乡人却没有给他这个机会。这又是为什么呢？原来，李杲的诗书文才在真定府上的名气太大，在乡亲们的印象当中，李杲就是个满腹经纶的书生，他忽然转型做了医生，这事说出来大伙都不信。所以，谁也不来找他看病，李杲在家等了好久，也没等到一个机会用上自己的医术。

李杲觉得老这么下去也不是事，他思来想去，只好出了一个下下策来曲线救国。他放下清高的身段，花钱买了一个功名，他要这个职位不是为了名利，只是为了给天下的母亲治病保平安。

李杲花出去的银子奏了效，没过多久就接到指令去山东济源当了税务官。他这一去正赶上那里正流行要命的大头瘟，用现代医学的眼光看来，应该是一种类似于脑膜炎的传染病。当地的医生们翻遍了医书，也没找到对症的方剂，老百姓们病急乱投医，吃了好多莫名其妙的药物，结果是一点儿效果也没有，眼瞧着一个接一个的病人相继去世了。

眼前的事情让李杲想起了自家老母临终的场景，他东奔西走地查病例，没日没夜地想办法，终于把这种疾病研究透了，开出了一个靠谱的药方。李杲亲手熬好了药送给病人服用，这一下，终于立竿见影，药到病除。

李杲的行医生涯初战告捷，接下来的路他又该怎么走呢？

李杲凭着精湛的医术一夜成名，远远近近的老百姓都知道他看病有绝招。

要按一般医生的路数，接下来就该是坐等病人上门看病，一手开方子，一手收银子。不过，李杲之所以青史留名，靠的不仅是妙手回春的医术，更是他仁义为怀的医德。他把自己研究的独门秘方写在木板上，把这救命的方子放在街口闹市人人都能看见的地方。

百姓们照方抓药，解了病痛，不知情的患者都说这是神仙传下来的方子，了解情况的人们竖着大拇指，直夸李杲是比神仙还灵的神医。后来，大家为了纪念神医李杲，也为了后人防病祛灾，干脆把方子刻在石碑上，让它千古流传。乡亲们的用心没有白费，到如今，李杲研制的"普济消毒饮"依然是中医常用的方剂之一，在腮腺炎、脑膜炎一类的问题上发挥着良好的疗效。

这么说来，"普济消毒饮"也许是中国最古老的公益性医疗广告，李杲也算是金代医药品牌的创始人和公益广告的创意先锋。在那个民不聊生的动荡年代，李杲行医术、救苍生的公益之路究竟能走多远呢？

话说那蒙古大汗成吉思汗一路南下进攻金朝，河北一带遭了兵祸，李杲只好带着全家老小到了金朝的京都汴梁城，也就是现在的河南开封。一家人落脚之后，李杲又开始行医治病。

李杲听说城里有个姓王的买卖人生了怪病，肚子、眼睛全都鼓了起来，小便不通，吃不下饭，看了好多医生，吃了不少的药，把家底花得差不多了，病还是不见好，实在没辙了，干脆躺在家里等死。李杲主动上门为病人问诊，只用了一副药就把问题解决了。这事听起来的确挺神，李杲的医书《脾胃论》中就讲到了这个病例。

又是一年的二月份，金朝官员肖君瑞伤寒发热去看病，医生瞧着这个毛病挺寻常，就开了一剂白虎汤。病人用药之后，发热的症状倒是消失了，可是脸色却黑得吓人，而且脉象沉细，小便不止，整个人脱水脱得没了样子，差点儿就要断了气。李杲明辨病症，说："这药用得不对时节，这会儿天寒地冻，服了白虎汤这样的大寒之物，难免伤了元气，用一些升阳行经的温药应该会有所缓解。"有别的医生跟他叫板，说："一物降一物，既然用了寒性的白虎汤，那么应该开大热的药物才对。"

两个医生，两种说法，病人的家属不知该听谁的，这可是拿命押宝啊！最后，还是李杲的医德医风打动了患者家属，他的高超医术终于救回了病人的性命。

传道授业，李东垣如何为人师表播撒仁爱？
普惠众生，《脾胃论》如何漂洋过海千古流传？

李杲在汴梁待了没多久，蒙古军队又围了这座城。这一家人几经辗转，终于等到了太平日子，回到了故乡真定。这时候，李杲又有了一件心事——自己的岁数一天比一天大，这一手看病救人的本事总得有人继承，救治天下苍生、尽孝天下父母的事业总得有人传承，这样的人选又上哪儿去找呢？有朋友给他推荐了一个小伙子，此人名叫罗天益，本是藁城廉台人，说是性格不错品行好，而且是一心想着要学医。

朋友一说，李杲觉得正合适，这个名叫罗天益的年轻人就来到了李杲面前。中医看病讲究望、闻、问、切，李杲看人也是这个路子，他瞧这小伙子挺面善，还得多问他两句才行。于是，李杲开口问了："你拜师学医是为了什么呢？"罗天益回答说："我要学您的医德，学您的医道，治病救人，不求回报。"李杲听了很是满意，心里已经认下了这个徒弟，他想起自己行医的初衷，接着又问了一句："做个医生并不难，可是，你能不能做一位孝敬天下父母的大医呢？"罗天益点点头，认真地回答说："我能！"

就从这一天起，罗天益入了李杲的师门。因为罗天益家里的条件不怎么好，李杲不仅传给他医德，教给他医道，还供着他日常的吃穿花销。罗天益也没有辜负师傅的苦心，一心一意地好好学习，天天向上。

日子就这样过了三年，李杲为了表彰弟子勤奋刻苦，鼓励他继续学业，给罗天益发了24两金子作为奖学金，让他把钱交给家人过日子，好安安心心地研究医术。罗天益眼里含着热泪，扑通一下跪在师傅面前，说什么也不要这笔钱。李杲扶着弟子，讲出了自己的心思："我把医术医道全都传给你，咱们师徒之间从没有提过钱的事，我只希望你能记住自己的承诺，做扶危救难的大医，做天下父母的孝子。"

李杲临终之前，又送给罗天益一份遗产，这东西不是金银，不是田地，是他一生写下的医学论著和一幅"老吾老以及人之老、幼吾幼以及人之幼"的楹联。他对自己的徒弟说:"这些东西交给你,为的不是你我二人,而是天下苍生。除了这些书本,我再送你一句话,你的日子还长,一定要精益求精修炼医术,修养医德,对待每一位患者都要像对待自己的父母一样。"

李杲去世之后,罗天益把他的医术医德发扬光大,不仅留下了《卫生宝鉴》等医书,还传承了李杲的医德和仁孝大爱。李杲的医学理论流传后世,尤其是《脾胃论》一书最为出名,甚至漂洋过海传到日本。直到今天,日本还有李杲开创的补土派医学一脉。

明代万历年间,北京的三皇庙改作先医庙,供奉着伏羲、神农和黄帝,还列着历朝历代28位名医的塑像,李杲就在其中占了一席之地。后人评说他以孝为德,以德传世,为医家之大者,诚义之楷模。

这正是:

真定神医李东垣,孝德大医铸经典。
惠及天下父母亲,医之根本千古传。

第七十八回 赞皇赵良弼 赴日身挺拔

上一回说到，河北真定的大才子李杲弃文从医，悬壶济世拯救黎民苍生，用实际行动唱响了一曲《爱的奉献》。这一回出场的是著名的外交家赵良弼，这位元世祖身边的宠臣，为何不顾艰辛，主动请缨出使日本呢？他在元朝的外交史上书写了怎样的辉煌篇章呢？

河北赞皇县白草坪水库边的山坡上，有一个不大的小村名叫船房村，村里有个大家族——赵氏家族，自称是元代名臣赵良弼的后代，如今他们还保留着完整的赵氏家谱，在古代赞皇县的文庙乡贤祠里有个赵公祠，里面供奉的就是赵氏祖先、元朝名臣赵良弼。

赞皇县是个好地方，这里山清水秀、人杰地灵，唐朝时期曾经走出很多宰相，到了元代，更出了一个名头响亮的大人物赵良弼。

其实赵良弼原本不姓赵，姓术要甲，是女真人。女真发音与汉语"赵家"相近，后来就谐音叫作"赵家"，再后来就干脆姓赵了。他的后人在赞皇世代繁衍生息，到了明朝时期，赞皇赵氏全都汉化成为汉族了。后来有一支迁到了西安，成为西安著名的赵氏家族。前些年，西安市的赵氏后裔还到船房村认祖归宗。当然，这是后话。

原本是女真人，为什么要在赞皇安家落户呢？这事还得从赵良弼的祖父那时候说起。当时，金朝占领中原，实行猛可谋安制度，就是女真军屯制度，北方的女真族大量迁居到河北等中原地区，赵良弼的祖父带着一家老小搬了家，在赞皇县船房村扎了根。

赵良弼家世世代代都是金国的武将，担负着保家卫国的千斤担子。后来蒙古跟金国交战，赵良弼的父亲、大哥、二哥还有大侄子，都在战争中为国捐躯，是金朝的爱国英烈。

蒙古大军气势汹汹地杀过来，控制着开封的金朝大将崔立吓破了胆子，不但自己没出息地投了降，还把着开封的城门，不让官员和百姓擅自出入，放任蒙古军队在城里杀掠。一时间，开封城内尸骨遍地，惨不忍睹。

当时赵良弼在开封伺候母亲，当父亲和哥哥、侄子牺牲的噩耗传来，他伤心不已，对战争充满了厌恶和憎恨。然而，到处兵荒马乱，哪里容得他为死去的亲人祭奠？他怀揣着赵家的家牒和列祖列宗的画像，蓬头垢面，夹在乞丐人群中逃出了开封城，准备带着母亲回赞皇老家避难。

好不容易逃离了开封城，逃到了黄河边上，赵良弼还没来得及喘口气，就发现了一个更大的难题。原来，那里已经挤满了上千名北逃的难民，可是河里只有七艘小船，难民们你挤我，我挤你，场面混乱不堪。

这时候，有蒙古兵破口大骂，举刀乱砍，眼瞅着寒光闪闪的刀刃就要砍到母亲的头上，赵良弼奋不顾身地冲上前，用自己的胳膊去挡，一刀下去，他的胳臂几乎被砍断，露出森森的白骨，鲜血哗哗地流。其他蒙古士兵看到他这么孝顺，深受感动，主动挽着赵良弼的母亲上了船，让他们渡过黄河，安全地回到家乡。

失去了父亲，赵良弼成了家里的顶梁柱，对母亲非常孝敬，从不敢有半点儿马虎，是当地有名的大孝子。照顾母亲之余，他跟着乡里著名的学者研习经史子集，努力给自己充电。因为天资聪颖，他很快就熟读儒家经典，尤其是司马光的《资治通鉴》，对历代典章制度、地理关塞、国家兴衰了如指掌。深受儒学影响，他把儒家的仁德为怀牢牢记在心头。

在这风雨飘摇的乱世之中，才华满腹的赵良弼什么时候才能出头呢？

前途大好，良弼固请出使东瀛因何故？
恼羞成怒，世祖执意出兵伐日为哪般？

是金子总会发光的。赵良弼品学兼优，被举为进士，授了个赵州教授官职，就是赵州的督学。后来，忽必烈在各地网罗人才，听说了赵良弼的大名，就把他召到跟前，一场面试下来，忽必烈觉得这个人胸中有丘壑，腹中有才华，是个治国安邦的栋梁之材，就授予他邢州安抚司。从那以后，赵良弼成了元朝的公务员，领上了元朝政府的薪水。赵良弼办事有能力，工作又卖力，晋升很快，不久就来到忽必烈身边，成为他的得力助手。

赵良弼的父兄全都死在了对蒙古作战的战场上，按说他跟蒙古人应该势不两立，可赵良弼却抛下了私人恩怨，心中想的是为官一任，造福百姓，让他们免遭战乱之苦。

忽必烈南征南宋的过程中，提拔赵良弼为参议元帅事、江淮安抚使。赵良弼亲自到前线督战，他给将士们下了死命令，严禁士卒焚烧民房，不许杀害降民，保护了南宋的降兵降将和老百姓的生命安全。当时，蒙古军队打到哪儿，就抢到哪儿，老百姓整天胆战心惊地过日子，可赵良弼指挥的军队对老百姓从来秋毫无犯，可谓难得的文明之师。

后来，在忽必烈争夺汗位的斗争中，赵良弼提出很多合理化建议，为忽必烈成功取得汗位立下了很大的功劳。忽必烈当上皇帝以后，惦念着赵良弼的功劳，就委任他为四川宣抚司、经略使，后来又把他召进京成做了秘书监，也就是内阁的秘书长。

忽必烈上台以后，很快征服了朝鲜半岛，紧接着就把目光投向日本列岛。在唐朝时期，日本曾经接受唐朝皇帝授封，给唐朝皇帝进贡。不过，唐朝以后长达四个世纪，日本跟中国几乎没什么往来，现如今天下换了主人，是要出兵剿灭日本，还是怀柔诏封？

忽必烈拿不定主意，就询问身边的大臣。赵良弼建议，把日本封为元朝的藩王，作为诸侯国来对待。忽必烈一琢磨，现如今很多汉人还不服自己，如果能与日本重建朝贡关系，不但能树起元朝的国威，还能在汉人心目中树立自己的高大形象，一举两得，何乐不为呢？

不过，说起来容易做起来难，隔着茫茫大海，忽必烈又该派谁出使日本呢？1266年秋天，忽必烈派使者前往日本，向日本人通报元朝建立的消息，并让日本向新皇帝进贡。可是派去的使者一听说日本列岛风急浪高，气候恶劣，航行有危险，害怕葬身海底，吓得跑了回来。忽必烈非常生气，再次派遣使团前往日本，这一次，他们成功来到了日本，向日本人通告了忽必烈登基的消息，还向他们表明，日本应该向忽必烈称臣纳贡。

当时的日本皇室非常软弱，真正的权力掌握在镰仓幕府手中。镰仓幕府仗着自己拥有骁勇善战的武士，日本列岛易守难攻，根本不把忽必烈放在眼里，断然拒绝了元朝使者的要求。心高气傲的忽必烈无法容忍日本如此藐视他的权威，决定出兵。爱好和平的赵良弼不希望再起战火，他站出来，主动申请出使日本，宣读诏书，这就是史上有名的"良弼固请"。

忽必烈经不住赵良弼的再三请求，就答应下来。既然你执意要去，那就给你一个机会吧！他任命赵良弼为少中大夫、秘书监充国信使，携带国书赴日宣旨，并派精兵3000护送。赵良弼却胸有成竹地说："臣领旨赴日，是诏宣大元朝的国书，不需要这么多兵将，再说老臣的命没那么值钱，依我看，有20多个人就够了。"于是，元世祖就按照他的意见，派给他24个随从，加上高丽跟着去的陪臣、译员、水手等也就百来号人。几天之后，他们就从高丽出发了。

一路颠簸，一路飘摇，赵良弼一行人吃了许多苦，受了许多累，终于在1266年的十月到达了九州岛东岸的今津町。可他们万万没有想到，迎接他们的不是笑脸美酒，而是刀枪棍棒。这又是怎么回事呢？

赵良弼他们上岸的时候是晚上，日本人把他们引到一间馆舍里先行住下。住是住下了，可这一整夜，馆舍的外面都有日本人大呼小叫，还夹杂着金属碰撞的声音，像是有人在舞刀弄枪。手下人不知道什么情况都慌了神，谁也不敢睡，唯独赵良弼泰然处之，神情自若。

天亮之后一出门，元朝使者才发现已经被全副武装的日本人团团围住了。赵良弼大义凛然地要求面见日本天皇，幕府的护卫根本就不给他们这个机会，还朝他索要国书。可赵良弼知不见兔子不能撒鹰，始终不肯屈服，镰仓幕府看他是个硬骨头，久啃不下，就把他和那些随从安置在另外一个岛上，软禁起来。

在日本居住一年多，赵良弼始终惦记着肩负的使命，一直要求面见日本天皇，说服日本天皇接受元世祖的诏书。可是镰仓幕府粗暴地拒绝了他们的要求，还强行还把他们遣送回国。

就这样回去的话，根本没法交差，忽必烈一定会勃然大怒，出兵攻打日本，赵良弼的眼前已经浮现出那惨烈的战争场面。他不想让战争造成生灵涂炭，就从日本带回去两个渔民，回到京城以后，采取怀柔政策，热情款待他们，展示元朝的威严和仁德，希望他们回去以后能说服日本天皇，和平归顺，可日本镰仓幕府却依然没有任何表示。

了解到这一切的忽必烈忍无可忍，下令出兵。赵良弼还在抓住最后的机会好言相劝，说："臣在日本住了一年，对那里非常了解。我们兴师动众出海打仗，浪高风大，胜负并不可知，而且那里根本不值得去攻打，讨伐日本，就等于是用宝贵的民力和财力去填无底洞啊！"

经过赵良弼这番苦口婆心的劝说，忽必烈暂时压住了火气，没有派兵出征，可一年以后，他还是派出了15000人的军队浩浩荡荡出兵日本，然而应验了赵良弼的预言，军队不幸遭遇了海上风暴，狂风巨浪和礁石把几百艘船击成了碎片，元军13000人丧生海上。出征未捷身先死，这次远征以失败而告终，忽必烈想起了赵良弼的逆耳忠言，很是后悔。

对外力主和平，对内倡导仁政，在自己的家乡赞皇，赵良弼又做了哪些好事呢？

慷慨陈辞，忠良老臣如何恢复赞皇县制？
荣归故里，仁义儒生为何捐资创建学堂？

赵良弼对故乡赞皇怀有很深的感情。忽必烈上台之后，为了精兵简政，合并州县，曾把赞皇县并入高邑县，家乡的父老乡亲从感情上接受不了，赵良弼的心中也不是滋味。

第二年，他就上书忽必烈，引经据典，阐述了赞皇县的悠久历史和辉煌人文，昭彰赞皇县的经济和军事地位，请求恢复赞皇县制。忽必烈听了他这番慷慨陈辞，欣然批准。

赵良弼一辈子为官清廉，勤政爱民，还非常重视发展教育，每到一个地方任职，他都秉承再穷不能穷教育的施政方针，到当地的学校查看，如果发现学校设施陈旧，师生生活艰苦，就把自己的俸禄拿出来，捐资助学。他先后为河南的怀州、孟州等地捐置学田，供养学校的师生。

跟随元世祖南征北战，再加上出使日本一年的坎坷遭遇，赵良弼的身体每况愈下，他多次递交辞呈，忽必烈都舍不得让他离开，最后看这位老臣实在是顶不住了，才批准了他的辞职报告。

至元十六年，63 岁的赵良弼告老还乡，回到赞皇，他看到学校的校舍陈旧不堪，学子们的衣衫补丁摞补丁，心酸不已，就把自己的俸禄拿出来，还用老家的家产在赞皇购置了学田 50 顷，出资创建了赞皇县的学宫，这就是后来赞皇县的县学。

赵良弼死后，被追封为韩国公，谥文正。他的叔叔、哥哥的墓冢都在城东石臼山下，俗称"太保坟"。他死后，跟父亲一起葬在县城西的王家坪。家乡的父老乡亲感念赵良弼兴办教育的功劳，专门在赞皇县文庙的乡贤祠里，给他修建了一座"赵公祠"，让后人世代祭祀，永志不忘。

这正是：

少年坎坷赵良弼，出使日本为战息。

仁德爱民一志士，赞皇山上留故里。

第七十九回 真定沙克什 廉洁真潇洒

昨天我们讲了元代女真族名臣赵良弼的故事。燕赵之地是一个多民族聚居的地区，我们今天要说的这位名臣，是落籍真定的西域后裔——瞻思，用今天的话说，就是一个中国籍的阿拉伯人。那么，瞻思为什么会来到河北真定呢？这个有着外国血统的元代官员，又在历史上写下了怎样的一笔呢？

在石家庄栾城县寺下村的村南，有一座元代大臣的墓碑，墓前立着块碑文，碑文的正反面分别用汉文和蒙古文刻着墓主人的生平。最引人注意的并不是墓主人，而是立碑的人，他的名字很特别——真定人瞻思。这个瞻思就是我们今天要说的主人公，一位从大食国移民到真定的元代官员。

大食国就是今天的阿拉伯地区，一个阿拉伯人，怎么会千里迢迢地来到真定，最后还在这儿定居呢？

瞻思的原名叫沙克什，他的祖父叫鲁坤，原籍大食国。年轻时，鲁坤跟着成吉思汗蒙古西征的大军东迁，来到了真定，当上了华北大区的总税务官。在真定住久了，鲁坤对这儿也挺有感情，就干脆入了真定籍，彻底移民了。

瞻思的父亲很喜欢汉文化，尤其痴迷于儒学，他拜了几位儒生为老师，天天埋头钻研学问，对于当官一点儿都不感兴趣。瞻思出生后，遗传基因的强大力量就体现出来了，小家伙打小就喜欢钻书堆，淡淡的墨香味比什么都吸引他。到了九岁，瞻思就能每天背诵上千字的儒家经传。16岁的时候，瞻思遇上了一位好老师——获鹿名儒王思廉，从此瞻思跟着老师学习儒家经典，博览群书，很快就在真定一带小有名气。

当时的真定，就是现在的历史文化名城正定，是当时华北地区的政治、经济、文化中心。在成吉思汗时期，这里是元朝名将史天泽的驻地，史天泽是元朝汉族地位最高的官员之一，官至中书左丞相。他虽然没受过什么正规教育，但是崇文尚武，非常重视文化和教育，爱惜人才。这也使得真定成为元朝建立之前的河北地区重要的文化中心和经济繁荣的国际化大都会。

元世祖忽必烈时代，著名的意大利旅行家马可波罗曾经游历这里，还在他的《马可波罗游记》中记载了真定的风土民情和城市面貌。马可波罗记载，这里有不少信奉基督教的信徒和西域人。真定瞻思的家族，就属于这类落籍真定大都会的外国人后裔。

元世祖忽必烈时期，结束了大规模的战争，这时的朝廷急缺人才。为了选拔贤能的人，忽必烈准备恢复中断了的科举考试。可是，朝廷上下对于科考的方式和科举的内容存在很多争议，所以，直到元仁宗皇庆二年才确定了科举程序，忽必烈下诏施行科举，重新开启了多民族科举选士的制度。

恢复科举的告示一贴出来，就在民间引起了轰动，多少儒生学子们空有一肚子学问却报国无门，科举一恢复，他们攒的那一身劲儿也就有地方使了，当时全国各地不少儒生都去应试了。消息传到真定后，不少人就劝瞻思也去应试，都觉得以他的能耐，一定能中进士。

没想到，瞻思看了科考的科目之后，一点儿也不感兴趣，就淡然一笑没有去应试。不过酒香不怕巷子深，瞻思在学术圈名气不小，没过多久，就有几名官员和翰林学士联名推荐瞻思，也不用考试，瞻思就直接被保送到了上都。皇帝特意在龙虎台召见他，和他讨论治国之道，对他非常赏识，准备留他在京城做官。

进了京，来到皇帝身边，周围的人都不是等闲之辈，才能不一般，心思也比一般人缜密，在这样的环境里，瞻思又能否顺顺当当地坐稳京官的位子呢？

审时度势，小文官如何保持气节应对奸佞？
以硬碰硬，犟脾气如何不畏龙颜坚持己见？

当时，有个叫倒刺沙的波斯人利用商贾和西域人的势力，受到了元泰定帝的宠信，官运亨通，一直做到了中书左丞相。倒剌沙趁机结党营私，拉帮结伙，元朝的很多西域人都去投靠了他。可唯独瞻思不吃这一套，他冷眼面对这位波斯来的宰相，决不逢迎讨好。倒剌沙知道瞻思学问高，人缘好，就多次派人要招募他做自己的幕僚。但是瞻思一向看不惯倒剌沙横征暴敛的行径，可要真和他硬碰硬，自己也不是个儿，干脆就声称要回家奉养父母，回到了真定。

元朝第六位皇帝泰定帝是个短命的皇帝，在位才五年就病死了。当时朝堂上最有权势的人，就是那位波斯宰相倒剌沙。倒剌沙为了继续独揽朝政，迟迟不立新君。皇室的人着急了，三天两头催促他，催急了，倒剌沙就把九岁的泰定帝皇太子阿速吉八抱上了皇帝的宝座，史称天顺帝。

立了个傀儡皇帝，倒剌沙觉得大权在握了，就意气风发地准备扩大自己的兵马。当时在大都也就是今天的北京，知枢密院事燕帖木儿拥立元武宗的儿子图帖睦尔即位，史称元文宗。倒剌沙派兵进攻大都的文宗朝廷，想纳入自己的势力。可没想到看似处于弱势的元文宗，却上演了一场华丽的逆袭，经历了一场场大战，元文宗出兵大败了倒剌沙的军队，曾经不可一世的倒剌沙和他的集团都被剿灭了。

过了两年，元文宗稳定了统治，也开始广招贤臣了。文宗皇帝偶然听到有人说真定有个叫瞻思的人，既有能力，又有德行，于是他又把瞻思召了回来，封了应奉翰林文字。当时，瞻思已经52岁了，有一天，文宗问瞻思："爱卿啊，很多人都说你很有学问，那么，你有什么著述吗？"

瞻思说："倒是写过不少，可都是教学生用的，皇上用的我需要另外写。"要说瞻思是真有文采，下朝回家后一头钻进书房，提笔写了一夜，第二天上朝，他就呈上了自己写的《帝王心法》，讲的是帝王治国的理论。这元文宗一看，说得头头是道，对于提高帝王的修养很有好处，忍不住对瞻思竖起了大拇指，还交给了他一个重要的任务，那就是组织编修《经世大典》。

这部《经世大典》全名叫《皇朝经世大典》，是元代官修的政书，专门为朝廷治国理政的一部经典。瞻思觉得，皇帝既然让他编著这部书，那就要按照他的思路来办，总结帝王治国的成败得失，以诚后人。元文宗让瞻思编写《经世大典》原本不是为了总结得失，而是歌功颂德，看到瞻思有的评价不太中听，就命令他重新改过。结果因为意见不合,瞻思的倔脾气上来了,又要撂挑子辞职回家了。

元文宗这个领导还是很有气度的,他爱惜瞻思的学识品德,就让瞻思的同事们都帮着挽留他。可瞻思这次是铁了心了,他说:"我的老母亲年岁大了,我必须回家尽孝,这是做儿子的本分。"元文宗一听,百善孝为先,这样的才子真是难得,就赐给他不少钱财,让他停薪留职,还特意告诉瞻思,"你先回家伺候母亲吧,过一段时间我再召你回来,位置还给你留着。"四年后,元宗想把瞻思召回来封为国子博士,可是不巧,正赶上瞻思母亲病逝,所以瞻思没去赴任。

与这个让人眼热的博士头衔擦肩而过,瞻思还会有机会施展那一身才华吗?

1336年,59岁的瞻思被封为陕西行台监察御史。瞻思的一个亲戚当时就在陕西行省执政,这个人贪得无厌,为非作歹,引起了民愤。瞻思经过调查,发现了这个贪官的一系列罪证,坚决要严惩他。

这个贪官知道瞻思是个什么样的人,虽说两人是亲戚,可瞻思办起案来大义灭亲,想到这里,这个人吓得连夜逃跑了。头头跑了,瞻思就杖罚了贪官的党羽,并下令追缴贪官的赃款,为民除害。这次到地方检查,他发现了很多社会积弊。他针对当时官场腐败的情况,给皇帝上奏提出10条意见,他还建议广开言路,遏制元朝那些开国元勋们的家族势力。

元文宗觉得瞻思这么大年纪了,还能如此清明严正地铲除吏治腐败和贪官污吏,就委任他为浙西肃政廉访司事。浙西这一带,有很多好吃懒做的市井混混,为了逃避朝廷的徭役,他们就买通了官府,自称是道士、僧尼,结果弄得老实本分的农民们负担加重,官府的赋税减少。瞻思调查发现,仅嘉兴一带,那些假和尚、假道士就有2700多个。瞻思按照元朝的度牒制度进行了审核,所有利用假身份逃避赋税徭役的,都把他们打回原籍,缴纳税赋。

瞻思这个案子办得漂亮,朝廷大力褒奖了他的做法,还以法令的形式号令全国照办。不仅如此,瞻思还陆续地把都转运盐使、海道运粮都万户、行宣政院三个贪官一一弹劾下了大狱,亮出了元朝打老虎的一张正义王牌,一下子使得浙西郡县再也不敢有官员贪污腐败。

瞻思在浙西的打老虎行动很有成效,浙西一带官场的不正之风得到了遏制,而瞻思也因为铁面无私的作风,在朝廷和民间都有了很高的人气。成为官场"人气王"的瞻思并没有沾沾自喜,更没有故步自封,接下来他又做了些什么呢?

不久,有人举报云南出了个大贪官,满朝官员谁都不愿去摸老虎屁股,没办法,皇帝只好派出手里的王牌——瞻思。瞻思一出马果然不同凡响,他到了云南很快就查出来犯事的是一个省级大贪官。这人贪污索贿,侵吞公款,还霸占民女,光凭这一项罪名就够他人头落地了。瞻思决心为民除害,为国锄奸。可是,这个贪官早听说了瞻思的作风,还没等瞻思抓他,就吓得连夜跑到了国外,再也没敢露过面。

还有一年,襄樊一带数千户流民,为了逃荒跑到四川荣县,为了生存下去,他们私开盐井,并常常拦劫从这里经过的囚徒。其实这些难民是值得同情的,毕竟他们也是为了能活下去。可事情渐渐地有点儿变质了,难民中有些暴徒,竟然为劫财杀了官府的巡卒。官府出兵一下子逮捕了好几百人,监狱都盛不下了。

瞻思作为监察御史奉命到四川查访,他下令严惩杀害狱卒的首恶暴徒,将他斩首示众,不过却释放了其他饥民。他上奏朝廷说:"这个地方,土地富饶,所以流民们都愿意来这里,如果把他们遣返原籍,可能会酿成边患,不如就地安置,给这些难民合法的生计,让他们依法开掘井盐,开荒耕种,活得有尊严。"

这一招,得到皇帝赞赏,于是就在这里设置专门的机构,招抚饥民,发展农耕。

爱憎分明,铁面判官如何秉公办案?
潜心治学,水利专著因何成为典范?

有一次,瞻思到湖北的咸宁去判案,当地有一个女囚犯叫宋娥,这个宋娥不是什么安分女子,她和邻居男子搞婚外恋,给老公戴了一顶绿帽子。有一天,这个邻居男子对她说:"我一定要杀了你丈夫,然后娶你。"结果第二天,她丈夫真被杀了，官府侦查、搜捕了好多天，都没有查出凶手是谁。

宋娥心里犯起了嘀咕，该不会真是邻居把丈夫杀了吧？于是宋娥就把这事偷偷告诉了姑妈，还让姑妈替她保密。姑妈表面上满口答应，回过头就跑到官府举报了这件事。官府的衙役们立马逮捕了宋娥的邻居，经过审问，他对于杀人夺妻的罪行供认不讳。

官府依法判处宋娥的邻居故意杀人罪，判了死刑，可这个宋娥又该怎么处置呢？有人认为宋娥不属于合谋杀夫，何况她还主动提供线索，所以应该放了她。可赡思认为：宋娥的邻居杀人，事前已经告诉了宋娥，况且她丈夫被杀那么久之后，宋娥仍然知情不报，要不是她姑母举报，这案子不可能这么快就破了。赡思为了这桩案子和法官们一直争到了刑部，最后刑部裁定，对以淫乱而导致丈夫被杀的宋娥，以同谋判罪。在这件事上，赡思的主张不一定符合法理，但反映出他深受儒家思想影响的道德观和维护社会正义的价值观。

赡思一生淡泊名利，除了当好官办好案，他一门心思稿创作研究，留下了不少经学、佛学、天文、地理方面的著作，最值得一提的是，他的《重订河防通议》一书，运用李冶天元术的计算方法，计算河道的土方，是一部建立在科学运算基础上的水利专著。1351年，74岁的赡思在真定病故，这个拥有外国血统的真定人，一生为人、为官、为学都诚恳严谨，在中国历史长卷中留下了精彩的一页。

这正是：

真定赡思沙克什，一代鸿儒真君子。

公正无私好气节，公正断案不徇私。

第八十回 清官苏天爵 山重厉执法

上一回说到瞻思公正无私，堪称一代仁义君子。在河北大地，有气节的清官还有不少，有本事的人物也有很多，这一回的主角一心为民，两袖清风，是百姓心中的再世包公。他到底是何许人呢？

《白玉钿》是秦腔的经典剧目，故事的大背景是元顺帝一心认准外来的和尚会念经，他一天到晚没正事，任用西域僧人跑到江南挑美女，送回皇宫陪他吃喝玩乐。这一年，有个名叫李清彦的书生进京赶考，路上跟镇江府的小姐尚飞琼一见钟情，白玉钿就是这两位的定情信物。李清彦有个叫董寅的朋友心术不正，拿了人家的信物冒名顶替李清彦去跟尚小姐成了亲，可怜那姑娘进了洞房才发现上当受骗，一时想不开就跳江自杀。幸好有人见义勇为，救起了姑娘，姑娘不好意思回家去，就隐姓埋名住在客栈。这时候，皇帝派来的和尚出场了，他的美女名单上也有尚飞琼的名字。和尚一听尚小姐出事了，就来了一出糊涂僧乱判糊涂案，要把李清彦捉来问罪。眼看就要上演一回冤假错案，巡按苏天爵就像是一场及时雨，出面把乱麻理了个清清楚楚。最后，李清彦无罪释放，金榜题名；董寅罪有应得，挨了板子；和尚依法获罪，一命呼呜。苏天爵为民除害，才子佳人终成眷属。

这故事里的故事少不了有些后人演绎的成分，不过，真人版苏天爵也的的确确是一位断案高手，他是"中国的福尔摩斯"，堪称元代的青天包公。要问这英雄的出处，又在哪一方热土呢？

苏天爵，字伯修，史书上说他是真定人，就在如今的河北正定新城铺。当年，老苏家是这里的名门望族，苏天爵的远祖正是唐朝的宰相苏味道，论起来跟苏东坡还是一家。苏天爵的父亲名叫苏志道，官职做到了岭北行中书省左右司郎中，就是岭北行省的副官，管着很大一片地方，包括现在的内蒙古自治区北部、蒙古国全境、西伯利亚南部、越过贝加尔湖一直到达北冰洋。苏志道当官的时候就特别能干，他把手下的辖区治理得井井有条，还在天灾当头的时候妥善解决了粮食危机，是上上下下一致称赞的好官。

苏天爵家里有个好父亲，故乡还有一条好水，这就是正定北边的滋水，河边还有苏家一座藏书院，名叫"滋溪书堂"，所以，后人也把苏天爵称作是滋溪先生。滋水和滋溪书堂滋养了苏天爵的童年，他书念得好，文章写得妙，23岁就在国子学生公试中拿到了第一名，被授予大都路蓟州判官的职位。苏天爵顺顺当当走上仕途，未来的路上将会遇到什么样的风风雨雨？

清官出马，一路南下如何彻查冤假错案？
包拯再世，一生清正如何赢得千古美名？

苏天爵在官场上一路高升，岁数不大就出任翰林国史院典籍官，专职负责编修元朝国史。没过多久又升格做了修撰，清代的纪晓岚、梁清标、张廷玉都在这个职位上做过官。苏天爵有感于蒙古汗国和元朝出了不少忠义的好官，专门写了不少著作记录他们的高风亮节，最出名的就是那部《国朝名臣事略》，其中记载了元朝47名大臣的碑铭、行状和家传。他的《国朝文类》，收录了元朝各族人物的文章、碑刻、奏章，也是后世研究元朝历史的重要文献。

苏天爵这块金子闪闪发光，时间不长又被调任江南行台监察御史，进了监察机构的门槛。监察御史可不简单，这个岗位是元朝的司法官，负责监察官员的政绩，还有审查冤案的大权，对于普通的案子有先斩后奏的权力。

隔了一年，苏天爵就奉命南下巡视，专查湖北一带的冤案，这就有了《白玉钿》中那一段故事的原型。苏天爵一路出了元大都，一路向南，前路漫漫，挺不好走，早听说那边天气炎热，瘴气丛生。苏天爵翻山越岭，累得够呛，高烧好几天都退不下去。苏天爵身边的随从都劝他保重身体，不如打道回府，养好病再说，可是苏天爵心里想的全是人命关天的案子，愣是咬牙坚持下来。

随从看他不听劝,只好请了郎中来瞧病,苏天爵一边看病,一边跟郎中打听着民间的疾苦,更是一心想着抓紧赶路。

好不容易到了湖北,苏天爵直奔当地的监狱,他前脚刚到了大牢门口,就听见里面一阵高呼:"御史大人救命!草民冤枉啊!请御史老爷给我们做主!"苏天爵看这情况非同一般,隔着牢门问囚犯:"从前,每年都有廉访司的官员各地巡查,你们的冤情为什么要到现在才说?"囚犯们抹着眼泪诉委屈:"我们这山高水远,从前压根儿没见过钦差的面。如今,头一次盼到了御史老爷。"

苏天爵一声叹息,埋头翻起了像小山一样的案卷。他没日没夜地琢磨案子,一天不落地提审犯人,东奔西走地微服私访,为的就是让每一个案件的真相大白于天下。这一大堆的案子里面又有多少的麻烦事呢?

有一天,苏天爵穿着便装出了门,一路走进沅陵县城,在小酒馆里歇脚喝茶。他手里端着一只茶碗,耳朵听着旁人说话,就听见老乡们气冲冲地说起县官贪赃枉法,乱判案子。苏天爵一边听,一边想,心里大概也有数了,就起身来到了沅陵县衙。

沅陵县官一看见御史苏天爵,赶紧把案宗呈到了他的面前,苏天爵不动声色,提到了刚刚听到的雷天霸事件。就见那县官脸色一变,开口讲起了这件事。原来,当地有个姓文的人家没有孩子,就把这男主人的外甥雷天霸收做了义子。这孩子一进门,文夫人的肚子就有了动静,连着生了两个儿子。这文家靠着种茶卖茶过日子,并没有多少家底,一下子添了这么多人口,经济上就有点儿不好过了,夫妻俩只好把雷天霸还给了他的亲生父母。

几年之后,文家的生意上了路子,夫妻俩也就发了财。买卖做得风生水起,一家子也都忙了起来,文家的两个儿子顶上用场,哥俩一道出门卖茶。没想到小兄弟一出去就把命折在了路上,这又是怎样一场风波?

文老汉为这事报了官,官府派人查访,却没有找到凶手。文家夫妻俩思来想去,认定是外甥雷天霸恨他们的绝情,暗地里下了黑手。要说,文家的想法也不是没有道理,衙役们按照他们的指点把雷天霸捉拿归案,还找到了犯罪凶器和沾着鲜血的衣服。

苏天爵问了:"既然这样,为什么我听说那雷天霸至今逍遥法外呢?"这一问把县官吓出了一身,他哪知道苏天爵早就了解了案情。接下来该怎么办?县官眼珠一转,编了个说法,他说:"这个案子有物证,没人证,就这样把雷天霸判了死刑,老文家岂不是死了儿子,又丢了外甥?所以,我就出了一个两全之策,把案子定成了疑案一桩,先留着雷天霸的命,如果三年内没人上诉,就算是结了。这样的话,雷天霸还能给文老汉两口子养老送终。"

苏天爵一声冷笑:"看来你是揣着明白装糊涂。杀人偿命,理所应当。雷天霸的案子证据确凿,犯人供认不讳,即便是事主心软不追究,当官的也得维护法律尊严。再有,这人证是真的没有吗?还不是被你威胁得不敢出面!"县官的膝盖都吓软了,他扑通一声跪倒在地,只说自己一时糊涂判错了案子,日后一定翻案重审。

苏天爵知道,这里面的事情一定没这么简单,他亲自出马,彻查案件,果然发现了其中的蹊跷。那县官收了黑钱,偏袒罪犯,还编出了一套假话糊弄人。苏天爵重审案子再定罪,还把那贪赃枉法的县令一捋到底,削职为民,永远不允许再当官。消息一出,贪官垂头丧气,百姓拍手叫好,都说苏大人真是一位好官!

足智多谋,名侦探如何抽丝剥茧查明真相?
宝刀未老,苏天爵如何苦战沙场力挽狂澜?

那时候,常德还有一件案子。当地有几个农民子弟出门打工,一个姓卢的小伙子不小心掉在河里丧了命,他那个出家为僧的亲弟弟就动着心眼想跟嫂子私通。这见不得人的丑事走漏了风声,那花和尚就造谣说嫂子是跟哥哥打工的同伴小莫眉来眼去,合伙害死了哥哥。

可怜那姓莫的年轻人不明不白地进了官府,糊里糊涂地屈打成招,在认罪书上写了自己谋杀同伴卢某,还把人家的脑袋藏在荒草堆中,尸体和凶器丢在了水沟里。官府的衙役按这个说法去找物证,只见着一个没了模样的骷髅头,其他的压根儿找不见。这时候,村里有一个姓谭的来作证,说是亲眼瞧见一具尸体漂在水里。

这事能骗过别人,却骗不了苏天爵,他可是解剖学的行家,一眼就看出那个骷髅绝不是年轻人的头颅。苏天爵把姓谭的人证叫到跟前,发现之前的说法纯属瞎编,姓谭的眼睛失明好多年了,怎么能看见什么尸体漂在水中?苏天爵压着脾气,忍着心痛,直想为受屈的百姓掉眼泪,他重新提审大牢中的莫某和卢家的媳妇,为他们洗清罪名,无罪释放。

这事被百姓们当成了传奇,口口相传,都说苏天爵是青天大老爷。苏天爵一趟南巡解开了不少无头的案子,解决了不少冤假错案,从这以后,这一带的吏治也是旧貌换了新颜。后来,苏天爵回到京城改任吏部尚书,又升作参议中书省事,成了朝廷阁员,尽心尽力地辅佐朝政,一天到晚地忙着工作,没多少日子就累白了头发。

当时,朝廷里缺人才,地方上缺好官,苏天爵年过半百,又被任命为陕西查访使,之后又任京畿奉使宣抚。他在工作岗位上办实事,办好事,赢来了百姓的信赖,也惹下了一些小人,尤其是贪污腐败的当朝宰相瞧着苏天爵最不顺眼,他借着官员考核的机会说苏天爵没本事,不称职,让他收拾东西回了老家。

苏天爵回到故乡真定,借用陶渊明《归去来》的意境在苏家祖先隐居的高台上建了一座舒啸台。据说,这舒啸台就位于真定东垣古城遗址之中,只可惜如今已经见不到它的原貌。

当时,坐镇天下的是元顺帝,他知道苏天爵的委屈,就找了个时机重新启用这位良臣,可是苏天爵对官场很是失望,找个借口没有赴任。苏天爵在家里过了几年安生日子,江苏、安徽那一带起了大乱,朝廷再次传旨请他出山。这一次,苏天爵没有推辞,他打马上阵,带兵出征,平定了南方的农民起义。部队的捷报传到了元大都,苏天爵却积劳成疾死在军中,终年不过59岁。

苏天爵这一生中用血汗谱写了可歌可泣的传说,用智慧铸就了光芒万丈的勋章,他的名字是河北的骄傲,是历史的丰碑。

这正是:

元代包公苏天爵,为民请命赴虎穴。

明察秋毫惩腐败,舒啸台前显气节。

第八十一回 明朝一诤臣 王翱写奇葩

上一回说到元代包公苏天爵，明察秋毫惩腐败，为民请命入虎穴。这一回要出场的也是一位大清官——明朝吏部尚书王翱。这位手握大权的朝廷大要员如何以身作则留下一世清名？

王翱，字九皋，出生在永平府滦州（今唐山滦县）一个普通农民的家里。四岁那年，为了躲避元朝残余势力的侵扰，王翱跟随家人迁到沧州盐山县，在这里长期定居。因此，在《明史》中他被称为"盐山人"。

王翱从小聪明过人，勤奋好学，家里虽然很穷，但父母省吃俭用供他读书，他父亲王得林常常鼓励王翱说："庄稼人辛苦，为的是到秋后有饭吃，秀才要勤读书才能有官做，长大考个一官半职，为国出力，也不受这苦日子煎熬。"王翱很争气，明朝永乐年间考中进士，入朝为官，历经成祖、仁宗、宣宗、英宗、景帝五朝，被称为五朝元老，最后官至吏部尚书。

担任吏部尚书那一年，王翱已经69岁，这个年龄放在现在也应该退休在家，安享晚年，但戎马一生的王翱依然为国事操劳。这个时候的明朝经过土木堡惨败之后，元气大伤，朝廷内部动荡不安。六部之首的吏部几年来都由太傅何文渊和尚书王直执掌，二人滥用职权，胡乱作为，导致官场上贪污受贿成风。为整顿吏治，几个朝廷重臣多次向皇帝举荐王翱出任吏部尚书，皇帝接受了他们的建议。宣宗宣德元年，王翱被封为太子太保，当了吏部尚书。面对前任遗留的烂摊子，年近古稀的王翱又将从哪里着手呢？

王翱事事以国事为重，处处为朝廷着想，自从担任吏部尚书，每天从早忙到晚，十天半个月也难得回家一次。退朝之后就直奔值班朝房，他的办公室夜夜烛火通明。在吏部考核官员，王翱事事都要亲自经办，对于自己提拔举荐的官员，每次都说是朝廷之命，圣上旨意，跟自己没关系。有的官员说，你王大人举荐贤才人人皆知，让被举荐的官员知恩感激也是理所当然。王翱却严肃地说："身为朝廷官员，应该大公无私，不能用手中的权力换取人情，更不能因个人恩怨滥用职权。"朝廷内外的官员深知王翱的脾性，明白再像过去那样，用金银打点个一官半职或者谋个升迁根本不可能，于是都打消了这些念头，踏踏实实干工作，用业绩说话。

常言道，木秀于林，风必摧之。王翱这样的清官廉吏难免会招致一些贪官污吏的嫉恨，靠施展权术邪谋当上总兵官的石亨就是其中一个，他想方设法要把王翱赶出吏部，找了个莫须有的罪名安到王翱身上，要皇上罢免王翱。因为石亨手握兵权，刚刚登基的皇帝难免有些顾忌，正当皇帝犹豫不决的时候，大臣李贤对皇上进行了劝谏，他从王翱的为人到吏部的现状一一陈述，费尽口舌，摆明利害，最终让皇帝没有听信石亨的谗言。

李贤的这个举动，自然让石亨怀恨在心，从此以后，他又把李贤当成头号敌人，不仅在工作上处处为难，还经常到皇帝跟前告黑状。年轻的皇帝本来耳根子就软，一来二去，信以为真，渐渐疏远了李贤。王翱知道此事以后，多次对皇上进行规劝，从朝廷大局方方面面提醒皇上不要听信谗言，这才保住李贤。王翱、李贤二人为正义、为社稷相互提携的佳话传开，渐渐地，在朝廷之上，正直公道成了主流，忠良贤臣占据了优势。

王翱担任吏部尚书期间，不吃请，不受贿，他常常对自己的同事说："蝼蚁之穴可以溃千里之堤，人心之贪欲真如蛇吞象，我们务必防微杜渐。"他不但这么说，也的确要求自己这么做的。

在担任提督辽东军务的时候，王翱和某监军太监的关系很好，后来王翱改任总督两广军务，两人分别的时候，这位大太监要送给他四颗西洋明珠，王翱坚持不要。太监知道王翱廉洁，一再强调这并不是受贿所得，是郑和下西洋时买回来的，是先皇所赐，他一共得到八颗，他想拿出其中的一半送给好友，留作纪念。王翱不好再推辞，只好收下，把它缝在破袄里藏了起来。当王翱回朝担任吏部尚书时，那位太监已经去世，他便四处寻访那位太监的亲人，终于找到他的两个侄子，从破袄中拆出明珠还给了他们。

王翱不仅严于律己，对自己的家人要求也很严格。一年科举考试，他最宠爱的孙子也想一试科场，入朝为官，可王翱却坚决不允许。这又是为什么呢？

寸步不让，吏部尚书为何义正词严火烧试卷？
近水楼台，乘龙快婿能否春风得意调任京城？

有一天，王翱正在书房看书，孙子推门而入，告诉爷爷说自己打算参加这一年的科举考试，并且信心满满，说一定能金榜题名。王翱十分惊异于他的自信，问明原因，原来有人给了孙子一份考卷。王翱拿着试卷皱起眉头，他知道，科举考试是选拔人才的主要途径，如果自己的孙子确有才能，他当然愿意让他一试身手，然而自己的孙子什么样，自己最了解，他压根儿不是那块料。于是他严肃地对孙子说："如果你真有学问，我决不埋没你，可你现在学识太浅，这安邦治国、天下万事不是一张试卷里的答题所能囊括的，如果你投机取巧考上了，势必挤占一个贫寒士人的名额，你现在吃得好穿得暖，何必强所不能呢？还是别考了。"说着将试卷用火烧了。

王翱有一个女儿嫁给了在京城郊外做官的贾杰，按照世俗眼光看，贾杰做了人事部长的乘龙快婿，理应飞黄腾达，前程无量。然而，他并没有沾到岳父的光，一直在京城附近做芝麻小官。对此，贾姑爷一直耿耿于怀，心里打着小九九，想把自己的"职位"挪到繁华的京城。

王翱的夫人十分疼爱这个女儿，视她为掌上明珠，每每思女心切，她就要派人去接女儿回来团聚，以叙天伦之乐。然而，每次派人去接，贾杰总是推三阻四，拦住妻子不让上轿。按理说妻子回家省亲以尽孝道，乃人之常情，况且京郊离都城并不远，这当女婿的为什么要从中作梗，故意刁难呢？

原来这是贾杰使的小计谋，他知道岳母挂念女儿，妻子也想念母亲。所以故意不让妻子回家探望，使母女俩相隔两地，空留思念之苦。如此一来，就为自己"调迁京职"制造了充分的理由。岳父王翱再清正，难道可以置骨肉亲情于不顾吗?

打着这样的如意算盘,贾杰摆出一脸委屈,埋怨妻子说:"你父亲身为吏部尚书,执掌官员调动升迁的大权,如果调我到京城任职,你就可以朝夕侍母,何劳往返奔波,车马劳顿?况且,调我进京对于父亲来说易如反掌。"妻子听后托人捎话给母亲,倾诉自己的苦衷,王夫人爱女心切,决定帮孩子们这个忙。

于是,王夫人准备了一桌美味佳肴,趁王翱开怀畅饮之际,提出请求,让他把女婿女儿调回身边,一家团聚。王翱一听,明白了这顿饭的用意,顿时大怒,他抄起桌上的筷子就向夫人头上扔去,王夫人苦心经营的家宴不欢而散。

贾杰煞费苦心,原本指望走岳母路线曲线跑官,没想到遇上了这么一位铁面无私的老泰山,从此以后,再也不敢提调职的事。在处理家事上,王翱清廉秉公,不滥用职权,在选用官吏上,他也不徇私情,唯才是举。

有一年春天,王翱按照皇上的旨意,坐船从运河下江南考察地方官员。船桅杆上挂着锦旗,上面写着"吏部"二字。这天,船行至山东济宁闸口,这里是水旱码头,等候过闸的船只排成长队。客商私船见了京官的船只都主动让开,大船很快行驶到闸前。这时,只见护闸官员晃着彩旗大声喊道:"要按先后顺序过闸!"王翱的随从张宝山大声说道:"我们是吏部的官船!"户闸官员说:"这是规矩,皇朝贵官也不能破例。"张宝山一听,就向王翱做了回禀。王翱说:"我们是朝廷命官,应该遵守地方法规。"于是调转船头折了回去,按照顺序依次过闸。其他随从跟随王翱走遍天下,到哪里不是夹道欢迎,今天碰了这么个钉子,心里着实别扭,不禁在王翱面前抱怨起来,王翱听了只是捻着胡子笑而不语。

从江南回到都城后不久,王翱下令叫山东济宁护闸官赵章进京面见,随从们一听都幸灾乐祸,说:"叫你不识抬举,这下有苦果吃了吧。"来到京城的赵章心里也直打鼓,暗自后悔得罪了吏部尚书,看来不光乌纱难保,恐怕还得挨顿大板,吓得后背都渗出了冷汗。让赵章没想到的是,他不但没有受到处罚,反而被提拔到吏部做了掌管考绩的官员。王翱说:"你身为护闸小官,却不畏权贵，照章办事，在当今之世实在难得，治理吏治、管理人事就需要这样的人才。"之后，赵章在吏部主管考绩，他勤恳敬业，做出不少成绩。

在王翱的领导下，吏部上下出现了崭新的局面，风清气正，蔚然成风，这和王翱的以身作则、率先垂范有很大关系，他虽然身居高位，但日常生活非常俭朴，吃穿都不讲究。在他73岁那年，由于安邦定国，立下大功，皇帝为了表彰他，封他为"吏部天官"，可对于封赏，王翱非但高兴不起来，还十分烦恼，这又是为什么呢？

论功行赏，天官王翱为何心事重重愁容满面？
心系百姓，机智大臣如何为民请命免除赋税？

原来，皇上不光给王翱封官，还赐给他一匹枣红骏马，让他跑马圈地，这是一份丰厚的奖赏，被封者可以扬鞭打马，跑到哪儿，那里的地就都归他占有。常言道："穷人三件宝，丑妻薄地破棉袄。"土地，那可是老百姓的命根子，王翱本是庄稼汉出身，深知土地对老百姓的重要，不愿意从百姓口里夺食，不过如果他拒绝领受皇帝这份情，就属于抗旨不遵，忤逆犯上，这让王翱左右为难。他一夜没合眼，第二天，终于想出了一个好主意，他准备了百丈长绳，骑着御赐高头大马，来到盐山羊三木村。盐山临海，遍地是盐碱，羊三木一带更是不毛之地，到处白茫茫一片。多少年来，这里流传着一首歌谣："野洼数百里，一望尽荒凉。千里盐碱地，饿死兔和狼。"

王翱在羊三木下了马，让人在盐碱地上围了一圈铁橛，用长绳拴上马缰，照着马屁股啪啪两鞭子，那骏马围着铁橛飞跑起来，就这么着走了个形式，算是接受了皇上的封赏。

后来，王翱跟随皇上到盐山巡视。皇上见盐山遍地盐碱，寸草不生，到了王翱家，只见旧屋破房，房顶连根梁都没上，很是吃惊，指着房顶说："爱卿，这房屋怎么没有梁？"王翱听了，灵机一动，赶紧叩头："谢主隆恩，盐山苦海沿边，不生五谷，谢万岁免征钱粮。"皇帝见王翱机智，这地方又确实贫困，就答应从今后免征盐山赋税，当地百姓从此之后更加爱戴王翱。

正因为王翱为官清正廉明，顾大义，晚年备受皇帝敬重，皇帝每用人，必先征求王翱的意见。皇帝还经常把王翱招到便殿，称他为"先生"，而不直呼其名。

王翱一生，无论身居高位，还是出镇边关，总是以国事为重，不仅做事严谨，而且为官厚道，爱民勤政，一丝不苟。清朝乾隆《四库全书》本《畿辅通志》中称王翱一生"惟公、惟廉、惟勤、惟慎"，可以说是对封建士大夫最高的评价。

这正是：

一代忠良树节操，惩治腐败靠王翱。
统领指挥六部首，廉洁奉公浩气高。

第八十二回 沙河出清官 朱裳无愧亭

上一回讲述了来自河北的"贫民阁老"王翱内理朝纲外御强敌,高调做事低调做人,用"惟公、惟廉、惟勤、惟慎"书写了一段无悔人生。今天要上场的也是一位来自河北的平民御史,他和王翱一样,出身寒门却成就斐然,官居高位却质朴无华,他是谁,有着怎样的精彩人生?

2007年3月,邢台市南陈村村民朱志彬盖房子挖地基的时候,从土里刨出来几块石碑断件,还有一个残缺的石香炉,粗通文墨的他连忙把几样东西拣出来,打了盆清水冲洗干净细细打量。这不看不知道,一看吓一跳,捧着石块的朱志彬激动得热泪长流,嘴里还不住嚷嚷:"我发现老祖宗的宝贝了!"

让朱志彬兴奋异常的几块残碑究竟是怎样的宝贝,它是哪位祖先留下的,上面又记载着怎样不为人知的秘密呢?

朱志斌口中的这位老祖宗,就是明朝时期的御史朱裳。显然,朱志彬手里的几块碑刻立于嘉靖十三年和十九年,就是1534年和1540年,已经经历了500多年风雨沧桑。那么,石碑的主人、明代御史朱裳究竟有怎样不平凡的人生呢?

朱裳出生于明成化十八年,也就是1482年,史书上说,朱裳字公垂,沙河人,由于行政区划的变化,他的故乡张宽村属于现在的邢台市桥西区。

朱裳小时候,家里不富裕,父母节衣缩食供他念书。朱裳知道父母不容易,更加珍惜念书的机会,本来天资聪颖,加上勤学苦读,朱裳很快成了出类拔萃的尖子生。1506年,督学御史顾潜发现了这棵好苗子,资助这位寒门学子到京城深造。朱裳喜出望外,即刻打点行囊赶赴京城。这一路上,他精打细算,想出很多省钱的攻略,比如从来不花钱住店、经常借宿在寺院里，还自己动手烧水做饭。

朱裳一路风尘仆仆来到京城，被推荐到翰林院，拜在鸿儒崔铣门下。面对这来之不易的学习机会，朱裳刻苦研读，只争朝夕，同学们请客吃饭、喝酒应酬，他从不参加，几年下来成了翰林院年轻人里的佼佼者。老师崔铣很喜欢这位得意门生，举荐他参加礼部的考试，朱裳以优异的成绩考中进士，被选拔为御史，进了国家最高纪检监察机关——都察院，治贪反腐成了他的专业。

新官上任，干劲儿十足，朱裳立志消灭危害朝廷、鱼肉百姓的蛀虫，不久，他就锁定了一个目标。他在河南巡察盐务的时候，发现有人倒卖私盐，从中牟利。如此胆大妄为的人是谁呢？

这个人叫钱宁，是宦官钱能的养子，生性奸猾，最擅长投机钻营，他靠走后门拉关系，抱上了大太监刘瑾的大腿，还当上了明武宗的干儿子，被皇帝赐姓朱，担任锦衣卫的左都督，掌管那些奉皇帝诏令拘禁的犯人。

得了势的钱宁更加为所欲为，天天哄着皇帝干一些不着调的事。他在皇宫里面建造豹房、寺院，遍寻民间美女，供皇帝寻欢作乐，他还蛊惑皇帝微服出宫，到皇宫外面去找乐子。就这么着，钱宁成了皇帝眼前的大红人。因为有皇帝撑腰，钱宁无恶不作，横征暴敛，一举跃上全国富豪榜，家里有黄玉带2500条，黄金10万两，白银3000箱。

学霸朱裳挑战恶霸钱宁，这场对决，同僚们都不看好，很多人劝朱裳罢手，多一事不如少一事，钱宁背景太深，得罪不起。可朱裳铁了心，冒着被革职的危险，借着钱宁贩卖私盐的事一查到底，铲除了这股恶势力，为国家除了一害。

朱裳为人耿直，别人不敢说的话，他仗义执言；别人不敢做的事，他一马当先。这样的直脾气，在权贵林立的官场之上，又会遭遇怎样的明枪暗箭呢？

国将不国，朱御史冒死上书彰显何种精神？
因言获罪，耿直人被贬陇西展现哪般作为？

明武宗时期，宦官专权，有个中宫宦官黎鉴假借给皇宫进贡之名，从山东聚敛财物。这事被朝中一位正直的监察御史王相发现了，就在朝廷上弹劾黎鉴。

可没想到,他非但没有扳倒黎监,反而遭到黎监构陷,被下了大狱。也是王相命不该绝,正巧赶上朱裳外巡回朝,听说了这事,感觉其中有蹊跷,便开始着手调查,最终查明王相是被冤枉的。他面陈武宗,冒死为王相辩护,使王相逃过一劫。

其实在当时的朝廷里,很多大臣都和朱裳一样,有着一份报国之心,愿意把工作做好,可他们生不逢时,摊上一个不靠谱的皇帝,有劲儿没处使!为什么这么说呢?当朝皇上明武宗是个出了名的昏君,最大的爱好就是喝酒、玩儿女人、逗野兽,有一次因为观看老虎搏斗被咬伤,一个多月不能上朝。还有一次,兴之所至,他在皇宫里开了个商店,强迫大臣们来购物消费。在皇宫里折腾还不算,他还把魔掌伸向了皇宫外面,抢夺百姓的田宅,扩建皇家庄园。这样一番胡闹,终于引发了刘六、刘七起义,差点儿把明朝江山给丢了。

在镇压刘六、刘七起义军的时候,有个叫江彬的人崭露头角,他身材魁梧、相貌俊朗,能骑善射,在作战中曾经身中三箭,眉头都不皱一下,拔出箭来继续向前冲。明武宗一眼相中了这个小伙子,愣是把他收作男宠,带回宫中,同吃同喝同睡同玩儿。

有了新欢江彬,旧爱钱宁就有点儿受冷落,他整天和江彬争风吃醋,江彬不胜其烦,把皇帝带到皇宫外面,在宣府镇给皇帝建了一座住宅,把京城的珍宝古玩、美女野兽都弄到了宣府。更离谱的是,江彬还经常陪着皇帝在半夜三更私闯民宅强抢民女。皇上乐不思蜀,把宣府当成自己的家,在那儿一住就是好几个月,皇宫里根本见不着他的影子。

国不可一日无君,皇帝只顾着昏天黑地的玩儿闹,哪里有空治国理政,朝廷里的大臣们急了,恳请皇帝回来工作,玩儿疯了的明武宗哪里听得进去。有一次,他又打算去南方旅游,文武百官集体上书拦阻,这可把皇帝腻歪透了,他下令把参与此事的40多位官员关进大狱,107位官员在午门前罚跪五天,还有146人受到廷杖。

朱裳从外地巡按回到京城,听说了这件事,心里又急又气,他决意上书。大家纷纷劝阻他放弃这个想法,皇帝正为上书的事生气,你还要往枪口上撞,这不找死吗?

尽管大伙一再劝说，可朱裳还是冒着被砍头的危险，执意给皇帝写了封信，苦口婆心规劝明武宗近君子、远小人，并直言不讳地要求皇帝下"罪己诏"。这罪己诏就是由于皇帝的失误，引发了天灾人祸，为了安抚民心，要颁发诏书，承认自己的错误，向黎民百姓谢罪。

面对这样一位不怕死的诤臣，明武宗吃了一惊，居然静下心来反思了自己的行为。然而，恶习难改，不久之后，他又回到了不务正业的老路上，终于又引发了一场动乱。正德十四年六月，朱元璋第17子朱权的后代宁王朱宸濠在南昌发动了武装叛乱，试图夺取皇权。

明武宗诏令各路军队围剿叛军，他自己打着御驾亲征的旗号借机南巡。朱宸濠被抓以后，明武宗秘而不宣，继续南下，还上演一场亲自捉俘虏的闹剧。

首先，男宠江彬让成千上万的将士站在广场上列队，把已经做了四个多月俘虏的朱宸濠的刑具去掉，给他顶盔戴甲。接着，在将士的呼号声中请出明武宗，由皇上表演亲手捉拿朱宸濠。玩儿够了，明武宗才心满意足地回到京城。

这一趟南巡，花了整整16个月的时间，明武宗把大明朝天子的威仪丢得一干二净。满朝文武忧心忡忡，朱裳更是郁愤难平，他再次上书，请求皇帝明辨善恶忠奸，严格查办祸国殃民的奸佞小人，以谢天下。

明武宗还沉浸在成功平叛的得意之中，朱裳却兜头泼了一盆冷水，这个一再上书恶心自己的朱御史终于让明武宗忍无可忍，他免了朱裳的职，把他远远地打发到甘肃陇西。陇西是什么地方呢？常年刮大风，连年遭大旱，瘟疫大行，西夷屡犯，朱裳与其说是被调职了，不如说是给发配了。一心为大明江山着想，却得了这样一个回报，这样的委屈，换作是谁也受不了。那么朱裳面对这样的境遇，又是怎样的一番心情呢？

朱裳到任陇西，工作热情不减当年，他设方略，立规章，化腐朽为神奇，把贫穷的荒蛮之地变成了安居乐业的幸福之乡。在官员们的业绩考核中，朱裳当之无愧得了个优，因为"治行卓异"，皇帝不得不提拔朱裳为温处兵备道，管理的就是现在的浙江温州、丽水一带。

朱裳人还没有到，可他的大名早已经在浙江传开了，老百姓们都非常敬佩他。当时，有一群人为非作歹40多年，历任官员都管不了，听说朱裳朱大人到任，他们竟然自行解散了。不管到哪儿，朱裳的工作都干得踏实认真，任何人都挑不出毛病，几年以后，他又被提拔做了浙江左布政使。

这时，朱裳把年迈的父亲接到自己的住处赡养。他16岁那年，母亲去世，爷俩相依为命辛苦度日，这位平民父亲非常重视孩子的品德教育，一再教导他要以先贤圣人为榜样，朱裳做了高官，父亲依然过着俭朴的生活。父亲的谆谆教诲，朱裳始终记在心头，他作为封疆大吏，手握重权，却始终洁身自好。当官以后，朱裳一直让妻子亲自烧火做饭，饭菜十分简单，几十天都见不到一顿荤腥，同事们开玩笑，送了他"长斋"的雅号。没想到他听到后，索性把自己的号改作"安斋"，就是安于吃斋的意思。

关于朱裳，还有这么一则趣事。妻子生孩子的时候，朱裳穿着一身旧衣服去厨房做饭。接生婆来了，误以为他是府上的仆人，对他吆五喝六，很不客气，朱裳却不言不语全部照办。等孩子出生以后，接生婆报喜时，才知道被自己呼来唤去的竟然是朱大人，她又惊又怕又感动，哭着说："早就听说朱大人是清官，今天才算是见着了！"

清廉如水，六字书彰显何等情怀？
万民敬仰，无愧亭留下哪般纪念？

由于朱裳严于律己，以身作则，浙江的吏治大为改观，贪污受贿、吃拿卡要的少了，百姓的负担轻了。可一些官员平时朝百姓伸手伸惯了，突然之间断了财路，不免对朱裳心生怨恨。

为了发泄对朱裳的不满情绪，有人偷偷在他的书案上写了六个字——"清如水，难到底。"朱裳看见以后，就在旁边写了六个字："清如水，饿杀侬。"意思就是，我一定要清白如水，清理到底，就是要饿死那些贪官污吏和鄙俗小人。这六个字，让他的浩然正气跃然纸上。

朱裳在岗位上大刀阔斧革除奸弊，干出了成绩，被朝廷提拔为都察院右副都御使，相当于现在的最高检察院副检察长。可刚上任没多久，朱裳的父亲去世了，他回到家乡为父亲守丧。

这样的人才不能被埋没，世宗皇帝南巡的时候，特意在行宫接见了朱裳，委任他为右都御使，全权督察河道水利治理。当时黄河水灾泛滥，严重危及老百姓的生命财产安全，朱裳上任以后，亲自参与施工，始终坚持在工作第一线。由于过度劳累，朱裳的身体健康每况愈下。

嘉靖十八年，章太后去世，当时正值三伏天，天热得像个大火炉，朱裳作为当朝大臣，坚持陪灵五天五夜，最终自己也倒下了，病逝在船上，享年58岁。他去世以后，灵柩送回原籍，按明制三品大员规格葬于陈村东边。他的墓穴占地50多亩，墓前立有2米高的盘龙浮雕碑，是当朝礼部侍郎崔铣也就是朱裳的授业恩师亲笔撰写的。墓前成对排放的翁仲、神兽石雕，一对文官双手握着笏板，一副刚正不阿的表情，武官手持利剑庄严肃立，好似要将世间邪恶铲平杀绝。

朱裳为官多年，家中仍是茅草屋、席子门。他自己生活简朴，可对待乡亲们却很仁义，常常救济那些生活困难的乡亲，大家伙有了事也都愿意找他解决。朱裳死后，乡亲们为了表达对他的尊敬，在家乡为他建了一座"无愧亭"，立下石碑歌颂他的功德业绩。可惜后来墓葬被毁，碑刻被埋于地下。直到2007年村民施工，才让深埋地下的碑刻重见天日。

这正是：

沙河朱裳一清官，惩治腐败真清廉。

慷慨直谏不畏死，无愧亭前风节展。

第八十三回 勤廉一忠臣 石珤成经典

上一回说到，一座无愧亭见证了大明御史朱裳的一世清名，朱裳之后，大明朝的清官簿上又增加了一位燕赵名士，他就是从河北藁城走出的清贫阁老石珤。他读书不为富贵荣华，做官只图国盛民强，他这一辈子，有着怎样的别样人生，留下了怎样的精神财富？

今天要出场的这位名士，就是石阁老——石珤，他是石家庄藁城徐村人。石珤的父亲石玉也是当地的名人，官至山东按察使，出生在官宦之家，书香门第。石珤从小受到良好的教育，他勤学苦读，博览群书，受父亲影响，把历朝历代那些为民请命的清廉官吏当成自己的偶像，青年时期，石珤一支妙笔著文章，在文坛声名鹊起，是有名的才子。

22岁那年，石珤跟哥哥石玠一起考中了进士，石家"一门二进士"惊动了全城，乡亲们纷纷前来道贺，父亲石玉成了家庭教育的成功典范。

取了功名，石珤领上了朝廷的薪水，他先是到翰林院工作，三年以后当上了检讨官，参与编写《大明会典》。这可不是一件容易的差事，《大明会典》历经了明朝几代皇帝，数位大臣几经修订，一直都没有完工。接到这项工作，石珤是满腔热情，他熟读历代史书，历代帝王治国的经验和教训都了然于心，他希望这部《大明会典》能够发挥好资政存史教化的功能，也想把自己的思想贯彻其中。可是，皇家的典章，不允许文臣们注释，石珤的才华也无从施展，这样郁闷地工作了一段时间，石珤生病了。

石珤以身体不好为由，跟皇帝请了病假回到藁城老家。经历了多年的寒窗苦读、埋头苦干，石珤终于有了放松的机会。他游山玩水，吟诗作赋，过了一段无牵无挂、无欲无求的好日子，然而表面的潇潇洒洒并不能掩盖他内心的忧虑不安，这位青年才俊忧心的到底是什么呢？

实际上，石珤的病是心病，是忧国忧民的病。石珤把这家乡的山水当成忘忧的药，写了不少诗词歌赋，留下了名噪一时的《登封龙山赋》《熊耳峰》等作品。因为他很喜欢元氏封龙山熊耳峰的风景，还给自己起了个别号"雄峰"，人称熊峰先生。

身为国家公务人员，总泡病假也不是个事，明孝宗十四年，石珤又回到了京城，做了帮皇帝整理书籍的经筵展书官。四年以后，明孝宗病逝，明武宗即位。明武宗十分欣赏石珤的才华，提拔他当了国使馆修撰，参与编修《孝宗实录》。因为活儿干得漂亮，石珤又接连被提拔。

明武宗虽然识才，自己却没有治国之才，他对国家大事不感冒，对吃喝玩乐挺上心，整天花天酒地，寻欢作乐，面对这样一个不务正业的皇帝，石珤又该如何应对呢？

昏庸无道，明武宗生出哪般妄念？

仗义执言，石阁老惹上何种祸端？

明武宗在京城里待了两年就待不住了，非闹着要出差，其实就是找个机会外出游玩儿。去哪儿呢？北部的边境要地——宣化府，治所就在现在的河北宣化。这里是明朝九边之一，北京城的门户，想当年，就是因为太监王振怂恿明英宗朱祁镇率军亲征瓦剌，在宣府境内的土木堡被瓦剌军俘获，明军几乎全军覆没。这段屈辱的历史，成为明朝历代君臣心中的一根刺，谁都忘不掉。

当时，瓦剌军贼心不死，仍然不断袭扰北方边境，连年战争，让百姓承担着苛重的徭役。皇帝如果出巡，这一路吃穿住用，花销自然少不了，老百姓的负担肯定会更重。这趟出游，百害无一利，这个道理谁都懂，可是这话谁也不明说，明摆着惹皇帝不高兴的事，谁会出头呢？

一片静默中，石珤站了出来，他道理说尽，嘴皮子磨破，劝明武宗放弃宣化府之行，武宗架不住石珤天天磨，终于放弃了这个计划。

可是没过多久，贪玩儿的明武宗又打着祭拜太祖朱元璋的旗号，要抛下政务，去南京游玩儿一番，这次朝中不少大臣明确提出反对，结果谏阻不成，招来皇上一顿训斥，很多官员还因此被贬了官，朝廷上下人人自危，谁也不敢再提此事。

可是，还是有敢说话的，石珤的倔脾气又上来了，他不顾同事们的劝阻，直言上书，陈述了皇帝封禅、出巡的弊端，列举了历代帝王出巡给国家和百姓造成的灾难。别看明武宗是个混不吝，可他对自己一手提拔的石珤很信任，别人说的话他全都当成耳旁风，石珤的话他倒是听了进去，点头说："石爱卿说得倒是有些道理，那就等等再说吧！"

后来明武宗又提拔石珤担任翰林院学士，掌翰林院。正德十五年的吏部会试，明武宗还让石珤担任主考官，主持武举会试。当时不少人托关系、走门子，想让石珤行个方便，可是石珤却是软硬不吃，他本着公平公正公开的原则，把最优秀的人才选拔了出来，跟他一起工作的官员们都很佩服他的能力和定力。因为这次的工作表现突出，第二年石珤又被提拔为礼部尚书。

石珤当上礼部尚书的第二年，明武宗就驾崩了。明武宗生前没有儿子，大臣杨廷和引《皇明祖训》"兄终弟及"为据，经皇太后准许，将明武宗从弟兴献王的长子朱厚熜推上了皇位，史称世宗，改年号嘉靖，也称嘉靖皇帝。

由于拥立新帝有功，杨廷和成了朝廷里的一把手，他帮着新皇帝进行了一场大刀阔斧的改革，开始收拾明武宗留下的烂摊子：宫中的美女放回民间，开在皇宫里的商店停止营业，以往不可一世的宦官也都罚没财产，依法惩处。这一系列的举措大快人心，国力也蒸蒸日上。

一朝天子一朝臣，新皇帝上了台，杨廷和成为炙手可热的官员，那么，前皇上的爱臣石珤又将面临怎样的境遇呢？

谁在台上也需要会干活儿、肯干活儿的人才，龙椅上的新主人、17岁的嘉靖帝虽然年轻，也明白这个道理。稳定朝纲，整顿吏治，需要品行过硬能力突出的人领头干，谁最合适担任吏部尚书呢？皇帝在朝堂上跟大臣们商量，大多数人都提名石珤，说他为人正派，敢做敢当，是不二人选。

可这个时候，有人提出了反对意见，这个人就是辅佐新皇帝登基的有功之臣杨廷和。原来，两个人在工作上有些小摩擦，杨廷和想要甩开胳膊大搞改革，可石珤担心过犹不及，经常提出不同意见，杨廷和心里头就有了点儿顾忌。嘉靖皇帝一看自己倚仗的大臣杨廷和提出了反对，只好改变了主意，还让石珤担任翰林学士，继续监修《武宗实录》。

嘉靖皇帝即位当年，石珤代替皇帝到山东去祭祀孔子和东岳泰山。办完事，石珤没有回京城，而是从山东泰安直接回到了真定藁城的家中，主动要求退到了二线。

要说石珤还不至于到干不动的年纪，为什么就记着退休了？原因还是在朝廷干得不顺心，他跟杨廷和处得不愉快，干工作处处受限制，心里头不痛快，还不如回安家度晚年。

告老还乡的报告是打上去了，可皇帝还没批，朝廷的不少大臣都觉得石珤辞职太可惜，纷纷跑到皇帝跟前替他说话，说这是个人才，不能轻易放走。嘉靖皇帝觉得大家说得在理，就把他召回京城，先让他主持嘉靖二年的会试，紧接着就让他担任礼部尚书兼文渊阁大学士入参机务。现在藁城徐村的人们一般都称石珤为"石阁老"，就是从这里来的。

石珤无论在什么位置上，都不改他那直脾气。有皇亲国戚强夺百姓农田上万亩，老百姓不敢上告，石珤查明真相，立即上奏，希望皇帝以安民治国大业为重，还田于民。这件事有真相有报告，皇帝只好下诏废除官庄，将强抢的民田还给百姓。

经过那么一段时间的磕磕绊绊，石珤又找到了自己的位置，风生水起地干起了工作。然而，在朝中做官正如海上行船，不会总是一帆风顺，说不定在哪儿遇上风暴、碰上暗礁，嘉靖年间，这样一场飞来横祸就降临到石珤身上。

嘉靖皇帝不是先皇亲生，所以准备在祭拜先皇帝的大殿——奉先殿旁边另外盖一座大殿祭祀自己的亲生父亲，可这事不合礼法，杨廷和、石珤等众位大臣上表反对。可嘉靖皇帝根本听不进去，第二年又想在太庙东侧为生父建世庙，还想追尊自己的亲生父母为皇帝、皇太后。这一次，大臣杨廷和又出面反对，皇帝一怒之下，罢了杨廷和的宰相，让他告老还乡了。第三年，嘉靖皇帝又旧事重提，200多位大臣跪在左顺门前力争，皇帝翻脸了，把100多人下狱，几十名朝臣受到廷杖，其中17人当场被打死了。这就是明朝历史上所谓的"大礼之争"。

嘉靖皇帝原本以为，经历了这么一出，大臣们都不敢对他的话提出意见了，可没想到，石珤却站出来表示反对，还公然为杨廷和鸣冤叫屈。

嘉靖以为自己不计前嫌，重用石珤，他会一直站在自己这一边，可是他却跟着别人起哄，和自己对着干，皇帝心里这个恼啊，从此以后他把石珤当成空气，视而不见，依着自己的主意坚持建成世庙，并且准备奉其生母亲自前往拜谒。

世庙修建成之后，石珤又上书言事，反对章圣皇太后谒见世庙，石珤觉得自己是秉公直言，就事说事，问心无愧，然而，往往是说者无心听者有意，这一次，石珤是彻底惹恼了嘉靖皇帝。可是直到这个时候，石珤还没有意识到，一场大祸已经来临。

祸不单行，忠心一片因何成乱党？
惨淡还乡，牛车一驾如何写清名？

这时候，朝廷里一个奸佞小人王邦奇靠着攀权附贵居然混进了内阁，成了重要权臣。石珤耻于跟这样的人为伍，再加上因为进谏的事情，皇帝也不怎么搭理他，他再次萌生告老还乡的想法。

王邦奇原本跟石珤和当时的辅政大臣费宏不是一路人，听说石珤要辞职，就在皇帝的跟前打小报告，织罗罪名诬陷石珤，说他跟费宏是"奸党"，请求皇帝把他们一并铲除。

皇帝正想赶走给他添麻烦的人，招揽一批听话的人组建内阁，就以"奸党"为由，罢免了石珤和费宏。皇帝责备石珤请求退休是闹情绪，无视君臣之礼，因此大臣退休之后享受的待遇在石珤这里一切全免，甚至还不许他乘坐官府的驿站车马返乡。

所幸石珤也实在没有什么家当，全部的家财只有一些书籍和几件衣物，用了一辆牛车就拉走了。他走的时候，京城里不少百姓都自发走上街，给这位清贫的大官送行。

石珤对皇帝忠心耿耿，敢于直言进谏，对家人也是仁厚孝悌。他的哥哥石玠病故以后，他像对待亲儿子一样把侄儿养大。他的姐姐嫁给一家姓周的平民，姐夫姐姐病故以后，外甥年幼，不能自立，他把外甥接过来，抚育成年。他罢官回家以后，他的侄儿、外甥们都把他当成亲生父亲一样孝敬。

石珤回到老家藁城以后，在家中深居简出，读书写诗，整理自己的书稿笔记。嘉靖七年冬天，一代清官石珤病逝于家中。纵观石珤一生，他以刚正清廉而入阁，因刚正直谏而罢官，身后，还是以刚正廉洁而留名。

藁城市徐村西南角果园内，还保留着石珤及其家族墓，地面现存石碑六通，还有翁仲八尊、石马四尊、石羊五尊、石虎五尊等。墓地南门原有石牌坊，牌坊两侧立两通汉白玉石碑，建有碑亭，碑中有石珤生平和皇帝的敕谕，墓丘前立有两通石碑和石供桌，并建有砖木结构的祭堂。1993年，河北省人民政府将石氏家族墓公布为省级重点文物保护单位。

这正是：

一代文豪石阁老，仗义执言品行高。

两袖清风一牛车，回归故里显节操。

第八十四回 南和朱家营 牌坊标品行

上一回说到石珤踏实做人，勤恳做事，一生清正留下了千古清名。这一回的主角同是生在明朝，也是河北人，他治理水患本事大，刚正不阿能力强，他姓甚名谁，家在何方？

如今，在邢台南和县邵屯乡朱家营村保留着很大一片墓地，里面有明朝皇帝敕赐的汉白玉墓碑三座，墓碑前面还有好几件高规格、上档次的汉白玉供品。苍松翠柏映着一个了不起的名字，这里正是万历皇帝为朱正色和他父母所立的墓碑。如此规格的墓地显示了朱正色及其家族地位的显赫。

长眠在这里的朱正色经历了怎样的过往，他的一生创造了怎样的成就？究竟是怎样一个人物能让明代天子这样下着心思料理他的后事？

朱正色（1539-1606），字应明，号和阳，他是顺德南和人，老家就是如今的邢台南和县。他在世的时候为明朝立下了汗马功劳，去世之后在史书中留下了千秋功绩。此人堪称文武双全，论文笔，可以看一看他的读史笔记《涉世雄谭》，这书名就带着一股英雄的豪气；论武功，更是朱家祖传的老本行，朱正色生在世代当兵的军屯之家，祖祖辈辈干着保家卫国的大事，却挣着为数不多的小钱。正所谓穷人的孩子早当家，生在这个家里的朱正色从小就特别懂事，最知道孝敬父母，勤奋读书，再加上这孩子脑瓜好使，学业很是不错。

朱正色八岁那年开了蒙，17岁上就凭着出色的考试成绩吃上了皇粮，拿到了官府设立的奖学金，给父母双亲减了负。朱正色20岁走上科举之路，往后的路子就没那么好走了，他10年参加了四次乡试，每一次都没有什么好结果。他过了而立之年，好不容易过了乡试，总算拿到了进京赶考的通行证。这一回，人到中年的朱正色考取进士，留京观户部政，也就是在户部做实习生，学着人家办公务，终于开启了入仕为官的历程。

新官上任，小县令如何书写大历史？
首战告捷，朱正色如何对付大贪官？

朱正色出任的头一个职位是河南偃师知县，他一到任上就烧起了一把改革的烈火，开始进行他"以国事为重、以民瘼为先"的思想实践。当时，明朝上下一团糟，地方上的七品芝麻官成了县里的土皇帝，收黑钱，办黑事，吃的是公家的粮饷，想的全是自家的买卖。要说这也不是什么稀罕事，可朱正色是个例外，他立志做好官，干好事，让老百姓好好过日子。

朱正色揣着这样的想法东奔西走跑基层，千方百计想办法，为的就是整治贪污，打击腐败，为百姓减负，为朝廷分忧。他一出手就把乌烟瘴气的偃师县治理得井井有条，为官清正的好名声一下子传到百里之外，上级领导给出好评，称他是"治称一时之最，才堪九省之冲"。

朱正色初战告捷，他的名字引发了当朝首辅张居正的关注，张大人点名要朱正色去湖北江陵收拾那里的烂摊子。江陵的问题难在哪儿？就是难在张居正这。原来，江陵县是张居正的故乡，好多人打着他的幌子招摇撞骗，以他的名义买官卖官。这事让张居正很是头疼，于是就把朱正色派到了这个地方。一来，是想借他新官上任的激情治理地方乱象；二来，是要考验考验朱正色的工作能力。

朱正色明白张居正的用心，他下定决心，不能辜负领导的厚望。可是他刚到江陵，迎门就来了这么一位，这人先跟他套了一通近乎，又劝他没事多去见见张居正张大人。朱正色冷冷一笑，严正告知这个所谓的好心人："先生的好意我在此谢过，不过，你不了解我朱某的为人。我这一趟前来不是为了升官发财跑人情，为的只是给百姓做主，为朝廷效忠，这事要是办不成，我宁可死在江陵！况且，我新官上任，什么也没干，有什么理由去张大人的府上见他呢？"

朱正色送走了这一位，三天之后，他在衙门口上挂了一幅人人能懂的宣传

位于南和县朱家营的朱正色墓

第八十四回 南和朱家营 牌坊标品行

口号——"我今不要百姓的,难说人来问我要。问我要者,他不知道我;他不知道,天必知道。"

口号挂出去了,事情又该怎么做呢?迎面而来的头一个难题就跟张居正有关,犯事的不是别人,正是张居正的亲弟弟张居易。一个妈生的亲哥俩,做人的差距可是特别大,张居正在京城推行廉政,他弟弟张居易却在老家江陵搜刮民脂民膏,暴敛不义之财。朱正色才不管你有什么背景,只要是贪了钱,犯了罪,我就要跟你叫这个板。他亲力亲为查案子,现场捉拿了张居易。

一下子,老百姓都信了,大明朝也有包青天!从这往后,江陵一带再没人敢顶风作案,为非作歹,从前乱糟糟的县城显出一派政通人和的新气象。这一波刚平,又有一件事冒头出来,这一回,朱正色又该怎么应对呢?

话说当年,张居正的老父亲过世了,江陵一带有好多人借着白事往张家送东西送钱,一时之间,县城里的头等大事就是给张老太爷送葬。张居正的家人也挺来劲,要大摆排场在江陵县文庙举行追悼仪式。对于这事,没一个人敢说

465

个不字。

有人说，这也算不上什么了不起的大事，给故人一个面子，顺便给张居正卖个人情，张老太爷过世了，这事无非也就这么一回。可是，朱正色偏偏不信这个邪，他就要站出来表示一票否决，他说："文庙是祭奠大成至圣文宣帝孔子的地盘，是读书人心中最神圣的地方，怎么能用来给一介平民办丧事呢？所以，这事绝对不行！"

按照官场的规矩，朱正色绝对算得上另类。在别人看来是个别，可这正是他的赤诚本色；在别人看来是傲气，可这正是他的刚直骨气。朱正色作为名利场上的非主流，他往后的日子能不能好过呢？

对于朱正色的所作所为，张居正并没有什么看不过眼的地方，倒是朱正色那几位顶头上司把他看作眼中钉，总想着给这个不入流的县官挪挪窝，好让自己眼皮底下清静清静。他们等了个机会上疏，请求朝廷把朱正色调到南京出任车驾清吏司的员外郎，让他拿着高薪，做着闲职，目的就是让他什么事也干不成。

消息传到了张居正那，他急得一个劲儿跺脚，直埋怨好官没派上好用场。张居正修书一封，派出自己的亲儿子把信件送到了朱正色的手中，信里说："江陵县200年才赶上你这么一个好官，你这一走，保不准江陵又成了旧模样，我们老张家的名声更是好不了了。"这封信到了南京城，朱正色可算是出了名。

万历十年，张居正去世了。人刚走，茶就凉，原来对张居正一路追捧的那伙人张口就批判他强权治国，风头盖过了当朝皇帝，还有人说他结党营私，任人唯亲，一心想的全都是自己。万历皇帝被人忽悠得没了主意，下诏撤销张居正的封号，还要抄了他的家，连带着与张居正同朝为官的好多人都被罢了官。

风水转了向，世道变了天，很多人上门来找朱正色，夸他浑身都是正义感，敢于在张居正当朝为官的时候惩治他弟弟张居易，还跟万历皇帝说："这样的人才务必要给予重用。"

此时此刻，朱正色义正词严地发表宣言，亲笔上书万历皇帝，说张居易贪赃枉法是咎由自取，这事跟他的哥哥张居正半点儿关系也没有，又仗义执言说张居正治国理政功劳卓越，陈请皇帝要明辨是非。

朱正色坚持真理的浩然正气和张居正任人唯贤的宽宏大度，正显出这一对君子之间清淡如水的情义。

智勇双全，朱正色如何平定叛乱安定边疆？
功劳盖世，燕赵人如何留名青史铸就丰碑？

朱正色入仕为官20年，在每一任上都做出了不得了的成绩。明朝中期，西北边境上就有点儿乱套了，常常遭人骚扰，受人欺负。朱正色作为精英中的战斗机，被派往西北边陲保家卫国。万历十二年（1584年）八月，他接到任命，成了陕西按察司肃州兵备佥。

朱正色手上有权，麾下有兵，看上去是万事俱备了，实际上差的可不是一点儿半点儿。因为明朝长期实行世兵制，军卒和军屯的士兵世代传承，整天忙着种地交税，就跟农民一个样。卫所军官的后代也是祖祖辈辈沿袭官爵，他们养尊处优，吃得好，喝得足，不读书，不练兵，甚至连马都不会骑，没事的时候耀武扬威，遇上事就成了缩头乌龟。

面对这样的烂摊子，朱正色有条不紊地开展改革。他一方面给出了鼓舞士气的精神疗法，借用"春风不度玉门关"的句子写就了《春度玉门集》，以"春度玉门"大长边防官兵的威风；另一方面，他领头带着大家练兵习武，排演阵法，把通身的本事传授给手下的将士。

经过朱正色这么一收拾，当地的部队立马长了十二分的精神头。朝廷听说他的工作卓有成效，又给他派了一个更大的官职，把朱正色调到甘州宪副的岗位上。朱正色换了地方干事业，更是一心一意全力治军，先是把军备壮大起来，又在西北边境的"水泉之变"中运筹帷幄，用四两拨千斤的巧劲儿解了金佛之围，又设伏兵出其不意，猛烈进攻，最终拿到了胜利的战果。朱正色一战成名，高升为右副都御使，掌管着宁夏这一带。

当年的宁夏可不安宁，这里的守将起了叛乱，占着西北47个县可劲儿祸祸，烧杀抢掠无所不为。乱军所到之处，守兵闻风丧胆，不是举着白旗投降，就是夹着尾巴逃跑了。要说这也不能全怪守兵胆子小，这里的乱军张牙舞爪来势汹汹，就连朝廷派去的巡抚也死在他们手下。皇城里的天子没了辙，只好悬赏天下，只求一个能安定边境的猛将,谁要能把这事办成,立马赏赐侯伯世袭封号。

对于朱正色来说,遇见这样的难事,那真是舍我其谁,他一马单骑杀到阵前,带着战士们用水攻,还安插亲兵梅万良到敌人的阵营中使了一招反间计。趁着敌营一阵大乱,朱正色一声号令,领头冲进了对方的城池,杀了好几十个作乱的叛军。两拨人打得昏天黑地,一座城血雨腥风,叛军死的死,伤的伤,朱正色的部队大获全胜。后来人提到这场战役,都说朱正色有"张子房之帷幄多筹,范仲淹之甲兵夙富"。

堪比张良、范仲淹的朱正色凯旋,朝廷正要论功行赏,太监头子魏忠贤却耍着心眼出花招,把引水攻敌的大功划到他的同族魏学曾头上。这事换作是谁也气不过,可是朱正色满心想着国家大局,并没有把个人名利放在心上,在他看来,只要边境安定,国家富强,功劳奖励不过就是浮云。朱正色的高风亮节被明眼人记在心里,朝廷有不少忠义之臣为他鸣不平,更为他的淡泊叫好喝彩,有人说:"水攻之计,登城之勇,唯有朱正色独处先,而居功则处后。"

朝廷的奖励名单出台之后,朱正色升作都察院右副都御史,世袭锦衣百户。不久之后,万历皇帝也了解到事实的真相,打心眼里觉得对不起功劳盖世的朱正色。皇帝严肃批评兵部瞒报事实的做法,更对朱正色多了几分赏识,于是,特地颁下一道圣旨,在邢台南和为朱正色和家人建起了三座高大庄严的石牌坊,亲自题上"平定边疆坊"、"金吾世胄坊"、"天恩覃敷坊"的字号。万历皇帝放下笔,觉得这样的荣誉还是不够,于是,又有了开头提到的那一块丰碑。

这正是:

南和清官朱正色,不畏权贵惩腐恶,
公正廉明真君子,平叛治乱为报国。

第八十五回 英雄朱正色 美誉传佳话

上一回说到朱正色一身正气，浑身是胆，他不图名，不求利，一心一意想的就是百姓和国家。他怀揣这样的志向奔赴宁夏，把西北边疆打造成一片鱼米之乡，这是怎样一段故事？

有句老话叫"天下黄河富宁夏"，说的是黄河边上最富饶的地方就是宁夏。不过，几百年前的宁夏可是穷得很，那里天高地远没人烟，土地荒芜不长草，老百姓们揭不开锅，吃不上饭，一年到头地受苦受难。

当时，朱正色刚到这里任职，他看着眼前的情景忍不住掉了眼泪，他心疼这里的百姓，也可惜这大片的土地。新官上任的朱大人急得吃不进喝不进，到了晚上也睡不着，他把手下人招呼到一块儿，商量着要出一个解决措施。大伙你一言我一语，好不容易想出一个办法，这就是引流黄河，灌溉庄稼，把荒地变成良田，让百姓吃上饱饭。

这事听起来不错，做起来难，让黄河改道哪有那么简单？当地的百姓受着饥荒挨着饿，日子都快过不下去了，哪有人力物力和财力建设水利？可是，朱正色的主意已经定了，为了实现目标，他究竟会想出什么样的办法呢？

朱正色出了一招，叫作以工代赈，也就是让百姓出人出力来换赈灾的粮食。他派人把告示贴遍了大街小巷，说是要在东山开洞，政府会拿小米做工钱，按劳付酬，当场结算。百姓们一听说有这事，争先恐后地到了东山，七手八脚撸袖子干活儿，没用多少日子就把东山打通了。

山是开了，可那黄河水还是过不来，这又是怎么回事呢？朱正色一研究，发现山前的地势高低起伏，像是一道一道的小水坝，拦住了不远处的河水。他对着这片地方皱起了眉头，正发愁，忽然听见远处闹哄哄地，一伙人推推搡搡地嚷嚷着要找朱大人打官司。

等这群人到了跟前，朱正色仔细一听才明白，原来是两户地主为了浇灌花园争水井，话赶话就吵了起来，说急了就动起了手，还伤了好几个人。朱正色听完想了想，当场就下了判决——伤员各自回家休养，两个主家都有错，各罚水瓮200个，限期三天运到河边，不得延误。

好多人看得傻了眼，只见过判案子罚钱、罚工的，谁见过要罚水瓮的呢？更奇怪的事情还在后面，从这往后，但凡有案子到了朱正色这里，他总要把水瓮当成处罚的措施。就这么过了些日子，黄河边上的水瓮堆成了小山，朱正色这才揭开判案罚瓮的谜底，他让大家一起动手打掉水瓮的底儿，把两头通气的水瓮一个接着一个连起来，做了一条又粗又圆的管道。这时候，大伙全都明白了，原来，朱大人的苦心是为了引出黄河的水。

接下来，朱正色又把库存的赈灾粮食拿出来，还用那以工代赈的老法子动员百姓参与到兴修水利的工程当中。前后花了一年的功夫，总算是把项目建成了。

举行放水仪式的那一天，朱正色站在高台之上，大声宣布依法用水的公告，要求沿线各地的官府协调资源，用好这来之不易的黄河水，如果有谁破坏工程，一定严惩不贷。他话音落地，赢来了掌声一片，百姓们都瞪大了眼睛等着开闸放水的那一刻。开闸放水，这可不是个谁都能干的轻松事，必须由身体好、水性好的人跳到河里用手扳开闸门，危险指数相当高。当时，谁也不敢上前揽下这件事，朱正色就指名让自己的儿子朱时万出马。就听他一声令下，朱时万跳进黄河，拼着力气开了闸。刹那之间，滚滚的河水喷涌而出，哗啦啦地流进了荒地。

在场的人们欢声雷动，巴掌都拍疼了。这时候，就听见一个声音响起来："时万！你到哪里去了？"原来，就在刚刚那一瞬间，朱时万被打着漩的河水卷走了。好多老乡下水去找，找了大半天也没见着小伙子的踪影。之前的欢呼声变成一片寂静，一会儿又成了低沉的哭声，每个人都流着眼泪，朱正色更是难过地出不了声。

多少年以后，当地人依然记得造福百姓的朱正色，也记得他那个勇敢的儿子，百姓们为英年早逝的朱时万建造了祠堂，永远铭记这父子二人的功劳。朱正色在水利问题上付出了心血，甚至献出了儿子的生命，苍天有知，厚土为报，因为朱氏父子的无私奉献，宁夏一带的土地肥沃了，百姓的日子也好过了，打这以后，就有了"黄河百害，唯富一套"的说法。

忠肝义胆，西北边地如何打压恶霸造福一方？
铁血丹心，两军阵前如何巧施妙计大获全胜？

朱正色在宁夏做到了右副督御使的位置，算是当地数一数二的大官，他在这个工作岗位上遇了不少事，他和天斗，和地斗，也少不了和人斗。有一回，有个名叫张熊的大地主横行霸道，号称当地头一霸。百姓们一提到这户人家，个个恨得牙根痒痒，可又都是敢怒不敢言。原来，张熊一家子仗着财大气粗，早就花钱买通了官府，干起坏事来天不怕地不怕。

朱正色上任没多久，就接到一个关于张家的案子：张熊的儿子利用债务问题强占良家妇女。乡亲们实在忍不了了，只好把这事报了官。告状的刚出了衙门口，张家人就把酒肉钱财抬进了官府的后门，说是要请朱大人给个面子，别管这件闲事。

张熊的话刚刚说完，朱正色就拍了桌子，他招呼着衙役们说："早听说张熊不是东西，没想到他自己送上门了。来人，把他的话记下来作为口供，再赏他四十大板，至于他拿来的那些东西，统统分给受苦的百姓。再有，张熊那儿子也给我关进大狱！"消息一出，十里八乡的百姓们都拍手称快，整个宁夏都为这位清官齐声叫好。

从此以后，朱正色就成了百姓心中的神话，全国各地都流传着关于他的传说。其中一个故事说的是朱正色在宁夏都御史的任上外出巡视，被外族军队困进了一个小城，那城墙年久失修，城里缺兵少粮，这情况简直是火烧眉毛。只听着城外的敌军杀声震天，还不干不净地骂着阵，城里面的官员大眼瞪小眼，谁也没个主意。此时，朱正色冷静地观察着敌人的一举一动，琢磨着退敌的万全之策。忽然之间，敌军的阵营中亮出一面大旗，旗子上写着斗大的一个"哈"字。朱正色仔细一瞅，旗子下面坐的正是敌人的头目哈尔术。

这时候，朱正色心中一动，主意有了！他到底生出了怎样一条妙计？

城外的敌人想着攻破城门，城里的朱正色忙着做了两张大弓，他身披战袍，手拿箭弓登上了城楼，冲着敌军一声大喝："我大明朝军队百万，名将上千，你们几个毛贼哪里是对手？我本无心与你们争战，谁知你们欺人太甚，那么我只好奉陪到底！"他举起手中的箭弓一把拉了个满月，一箭射出，一个敌兵应声落马。然后他抬手把弓箭扔下城楼，说："你们谁能拉得开它，我就把城池献出来；要是你们连这点儿本事都没有，不如快快退兵，免得送死！"

城门底下的敌人一窝蜂围了过来，你摸一把，我抬一下，谁也拿不动这件大家伙，更别提拉开它了。敌军头目哈尔术也暗暗吸了一口凉气，认定这城门上的人物非同一般，自己绝对不是对手，与其等着吃亏送命，还不如三十六计走为上策。

城楼下的敌军灰溜溜地撤了兵，城门上的朱正色双手叉腰，哈哈大笑。其实，他早知道那哈尔术欺软怕硬，从来只捡着软柿子捏，不敢惹有本事的人。朱正色对症开方，果然见了良效。

可是，朱正色真有这么大的力气，拉得开那么沉的一张弓吗？这正是朱正色的计谋，他一共准备了两张弓，一个轻巧的竹弓，一个沉甸甸的铁弓，朱正色在城门上使了一出障眼法，拉的是竹弓，扔的是铁弓，成功骗过了哈尔术那只纸老虎。

好一员赤胆忠心的沙场猛将，好一个智勇双全的国家栋梁。朱正色的本事不光在战马之上，一支妙笔也流露了他的满腹才华。他的诚义之心不单体现在舍生忘死，忠君爱国，同样表现在孝敬长辈，造福乡民。

朱正色当官当了几十年，官位越做越大，钱却没攒下多少，老家的亲戚更没从他这捞着什么好处。朱正色在外忙事业，他两个孩子却因为受了灾荒生了病，小小年纪就夭折了，老父亲惦记儿子，心疼孙子，生生把眼睛给哭瞎了。每回接到故乡来的家书，朱正色总要难过好一阵子，他含着眼泪朝老家的方向叩首再叩首，只恨自古忠孝不能两全。

多年以来，朱正色付出了青春年华，对大明王朝尽过了忠心，年纪大了，只盼着能为老父亲尽一尽孝心。他上书朝廷说明了自己的想法，辞官回到老家。朱正色离开了官场，并没有停止报国的事业，他在故乡又有怎样的作为呢？

告老还乡，朱正色如何教书育人传道授业？
清名不朽，后世人如何代代传承义士佳话？

朱正色还乡之后，心里清静下来，但是并没有把无为当作信条。他建造了一座名叫"十方院"的书院，在墙壁上写道："人骂勿言，人打勿还，人唾勿嫌，人趋勿前，退一步行安乐法，道三个好喜欢缘。"朱正色信的是老子的教义，只做事，不求名，淡泊安宁就是他的人生之道。

史书上说，从南和县城往南走上3里地，就是这座"十方院"。朱正色在这里教书育人，讲授儒家四书五经、老子的《道德经》、《孙子兵法》等经典以及医药、农学各类知识，"评品历史，指点江山，藻镜官方，评裁人物，数帝王之得失，辨臣工之忠奸"。朱正色花着心思搞教育，果然教出来不少好学生。当年，南和县里出了很多人才，县城里六个进士就有三位出自于朱正色的门下。这些年轻人记着老师的教诲，尽心尽力地为国分忧，为民造福，个个都是出色的栋梁。有了朱正色的带头示范作用，南和县一带的文化教育事业发展得很是不错，这里的文脉源远流长，世代相传。

朱正色一边忙着办书院，一边琢磨起家乡的建设，他重新操持起水利工程，跟当地官府一块努力，引来了百泉之水滋润南和，把这片黄土地变成了北国江南。

万历三十四年，朱正色忙碌的脚步终于停了下来，68岁的他在自己亲手创建的"十方院"寿终正寝，告别人间。万历皇帝接到了信，为这位忠心报国的老臣心疼不已，他下旨拨了一笔巨款，号令在朱正色的故里南和县按着一品大员的规格为他建造墓地，还要求把圣旨刻在朱正色的墓碑之上。

如今，朱家的后裔仍然世世代代居住在邢台南和朱家营，朱正色的故事也一直在这里流传。当地政府拨款修建朱氏家祠,把朱正色的事迹绘成壁画,留在祠堂大殿的墙壁上。老村落里成立了朱正色文化研究会,有专人负责收集整理《朱氏家谱》和相关的文献资料。几百年来,朱正色的精神从没有在这片土地上消失,他创造的文化遗产流芳百世。

这正是:

治水灌溉富宁夏,公正廉洁惩恶霸。

英雄暮年归故里,教书育人留芳华。

第八十六回 容城杨继盛 丹心照汗青

上一回我们说了大明朝能臣朱正色的故事。在明朝历史上，还有一位非常特殊的河北人，他地位不高，为官的业绩也不突出，可奇就奇在，他死后所获得的声誉超过了不少显赫一时的名臣，他的故事甚至被搬上戏曲舞台世代流传。

过去在很多老宅子的匾额上，经常见到"耕读传家"这四个字。从字面上来看，耕就是耕田种地，读自然就是读圣贤书的意思了，"耕读传家"既学做人，又学谋生，这个理念在老百姓中影响深远。明正德十一年，杨继盛就出生在河北容城县一个世代耕读之家。

虽说生在"耕读之家"，可是在杨继盛的童年，起先跟"读书"却没什么缘分。七岁的时候，母亲去世了，没妈的孩子像没依没靠的小草，小小年纪，就成了职业放牛郎。

杨继盛的父亲有个小老婆，为人尖酸刻薄，对杨继盛很不好，小小年纪就让他去放牛。路上，杨继盛经过私塾，看到很多孩子在读书，心里很羡慕，回家后跟哥哥说自己也想读书，哥哥知道继母不会同意，故意说："你还太小，怎么能读书呢？"杨继盛理直气壮地反驳："我都能放牛了，怎么就不能读书？"哥哥没话说了，就告诉了父亲。这当爹的是个标准的妻管严，做不了主，跟老婆软磨硬泡好些日子，总算把小儿子送去了学堂。

上学的机会来之不易，杨继盛非常珍惜，拿出比别人多一倍的认真，才四五天时间，就学会了对对子。有一天，先生要出题考考学生们，当时不是义务教育，一个班上的学生大大小小能差出一代人。盯着班上年龄最大的一个，先生出了一个上联："老学生。"同学们正冥思苦想该怎么对的时候，杨继盛已经张嘴说了出来："小进士。"

杨继盛如此才思敏捷，对出来的下联还这么有气魄，先生非常吃惊，他叫来了杨继盛的父亲说："好好培养吧，继盛这孩子将来一定会中进士！"当爹的觉得先生言过其实，没准是想哄他多交几年学费，孩子不过顺嘴对了个对子，哪就能看出将来呢？不过，凡事信则灵，不如借先生的吉言，让孩子试一试。

明代义士杨继盛画像

很快，当爹的也开始察觉到孩子脑瓜聪明不一般。有一次，家里来了客人，杨继盛的父亲让杨继盛去买酒，还当着客人的面给他出了个上联："无酒是穷主。"意思是招待客人没有酒太寒酸了。杨继盛想都不想，立刻对出下联："有儿为名臣。"客人听了大加赞赏，一个小孩子家能对出这样的下联，说明他胸中装着这样的大志向，必成大器！杨继盛的后妈是个看人下菜碟的主，既然大家都说这孩子日后了不得，那可得对他好一点儿。打这以后，后妈再也不敢给他脸色看了。

因为家里条件不好，杨继盛这书读得时断时续。不过，过去私塾就是简单启蒙，教的内容很少，要想参加科举考试，必须请一对一的家教，让孩子跟更有学问的老师学。因为家里穷，一直到13岁，杨继盛的父亲才出钱让儿子去上了个科举考试的辅导班，直到18岁，杨继盛才通过童子试，成为秀才，进入县学。

杨继盛娶了媳妇成了家，蜜月还没度完，就赶上了省里的乡试，怕在家里学习受影响，杨继盛一咬牙，搬到了一个破庙里。庙里更苦，每天要劈柴、打水、做饭，冬天手冻得裂了大口子握不了笔，晚上没灯，他就在冰凉的月亮地里看书，夜里睡觉没有被子，腿肚子冻得直抽筋，他就在屋子里走来走去，靠运动来增加热量。

就在这样艰苦的环境里，杨继盛日复一日勤学苦读，终于在25岁那年考中举人，进入最高学府国子监学习，在这里得到了最有学问的老师徐阶的指点，学问大增，在他32岁的时候，终于实现了小时候的志向，考中了进士。

十年寒窗，金榜题名，杨继盛终于踏入了传说中的官场，不知道此时的杨继盛，是否还能记起小时候对出的那个对子"有儿为名臣"。从进士到名臣，他又经历了怎样一条道路呢？

临危受命，一介书生挑战权贵因何故？
无辜遭贬，芝麻小官散尽家财为哪般？

中了进士后，杨继盛被任命为南京吏部主事，凭着他的聪明、勤勉，很快崭露头角，在官场有了点儿小名声。当时正赶上蒙古族鞑靼部的俺答汗大举进犯，打到了北京城下，情况很危急，南京准备派兵北上救援。明朝为了防备军权过分集中，定下这么个制度，但凡武将带兵打仗，一定要派个文官当总督，牵制武将。这次南京派兵支援北京城，就需要派个文官一起出征，一听要上战场，平常里能言善辩的官员们谁也不吭声了。但总得有人去啊，有人就提出来，说杨继盛很能干，让他去吧。

就这么着，职场新人杨继盛被推向了战场，不过这也正合了杨继盛的心思，一心想做大事报效国家的他痛痛快快地答应下来。可是还没出兵呢，北京那边俺答汗就撤兵了，虽然没立功，杨继盛积极的态度已经证明了他的能力和忠心，不久，朝廷任命他为兵部员外郎。

杨继盛到兵部上任后，发现上上下下都只是应付差事。有同僚开导他："领导让干啥咱就干啥，少说话，少揽事，万一得罪人，下场会很惨。"

这时候，有一个叫仇鸾的大将军建议在北部边境开马市开展自由贸易，以此换取与鞑靼部议和。杨继盛很不赞同，他认为，国家刚刚惨遭鞑靼祸害，就忙着议和，向敌人示弱，不仅有辱国格，也不利于凝聚士气人心。所以他上书嘉靖皇帝，详陈了开马市议和的危害。

嘉靖皇帝看了杨继盛的奏疏，觉得有一定道理，他就让包括仇鸾在内的几个核心大臣商议这件事。仇鸾是首辅大学士严嵩的心腹，严嵩作为首辅大学士，是百官之首，在朝廷说一不二。其他几个人不愿得罪严嵩，都把支持票投给了仇鸾。这样，杨继盛就被以乱议朝政之名下狱，随后被贬到西北的狄道县，也就是今天甘肃省临洮县，当了个典史。典史是知县的属官，没有品级，是九品十八级之外的小吏，这次杨继盛算是被一贬到底了。

狄道地处偏远，少数民族比较多，经济文化落后，百姓生活艰苦。杨继盛到狄道后，并没有因为贬官就意志消沉，而是积极协助知县，为当地百姓做了很多实事。狄道县附近有煤山，煤炭资源很丰富，但这些资源都被少数民族部族控制着，县城百姓用的木柴都要从200里外运来。杨继盛就召集了部族，希望他们允许老百姓来这里开采煤矿。杨继盛的人品好，这在当地早就出名了，各个部族也都给他面子，痛痛快快地答应了。为此，杨继盛特意写了篇文章，叫《记开煤山稿》，后来当地人为了纪念杨继盛，特意在黑甸峡西岸的石壁上刻下了这篇文章，直到今天，这个摩崖石刻仍然保存完好。

就在杨继盛在狄道劳碌奔波的时候，朝廷里也发生了一些变故。俺答汗不顾与明朝的和议，多次入侵，用活生生的实践证明了开马市议和政策的失败。嘉靖皇帝这时候想起了杨继盛，觉得对不住他，就把他召回来，升任山东诸城知县。

这之后的一年间，杨继盛连升四级，重新回到了员外郎的官职。这样的升迁速度太反常了，杨继盛自己都觉得奇怪，这其中有什么蹊跷吗？原来都是首辅大学士严嵩的一手策划。

前面提到，杨继盛因为得罪了严嵩的觉羽仇鸾才被贬官，严嵩怎么又突然提拔杨继盛了，他这到底打的什么算盘呢？

原来，仇鸾得到了嘉靖皇帝赏识，身价水涨船高，翅膀硬了，对严嵩的态度也就发生了变化，从毕恭毕敬变得不冷不热。严嵩当然很恼火，他觉得杨继盛是因为仇鸾被贬官，现在自己大力提拔他，杨继盛一定会对自己感恩戴德。

杨继盛对严嵩的祸国殃民早就非常愤慨，知道是严嵩在提拔自己，更是出离愤怒，一度动了辞职回乡的念头，想远离官场是非。但只要一想到严嵩瞒上欺下，在朝廷上一手遮天，陷害忠良，杨继盛就忍不住热血沸腾，想要和他一斗到底。

杨继盛觉得为了自保辞职回家，放任恶人祸乱朝臣，是懦夫所为，他下定决心，要和严嵩斗争到底，可是，严嵩在朝堂称霸多年，树大根深很难撼动，杨继盛该怎么对严嵩发起挑战呢？

杨继盛到北京一个月后，就递上了一份奏疏。在奏疏里，杨继盛列举了严嵩的十大罪状，他想让嘉靖皇帝知道严嵩是什么人，做了什么事，所以他直抒胸臆，毫不避讳。他哪里知道，嘉靖皇帝可不是一个愿意接受大臣意见的人，不仅刚愎自用，还刻薄寡恩。就是这次实名举报，让杨继盛摊上了大事。

我们先说说嘉靖皇帝这个人。嘉靖皇帝本来只是一个藩王，前皇帝明武宗正德皇帝很年轻就死了，没有儿子，作为堂兄弟的嘉靖皇帝幸运地顺次继承了皇位。嘉靖皇帝登基时才15岁，但性格刚硬，很有手腕，他利用大臣之间的争权夺利、钩心斗角，牢牢掌控住大权。中年以后，嘉靖皇帝信奉道教，让方士炼丹，一心求长生不老，很多年不上朝，把政事都交给严嵩去处理。

虽说不太管事了，但嘉靖皇帝是一个强势的君主，对唱反调的大臣从不手软。读了杨继盛的奏疏，嘉靖皇帝勃然大怒。如果杨继盛说的是真的，那嘉靖皇帝不就是个不分忠奸的睁眼瞎吗？尤其让嘉靖皇帝受不了的是，杨继盛提出，让皇帝亲自去问问大臣，问问两个藩王，这等于就是明说，他是一个被大臣蒙蔽的昏君，这嘉靖皇帝能不生气吗？

严嵩看了杨继盛的奏疏，一开始吓坏了，后来把杨继盛的奏疏从头到尾看了两遍，他就不着急了。严嵩能够得宠，是因为他很会揣测上司的心理，知道皇帝喜欢什么，不喜欢什么。杨继盛犯了大忌，他不应该在奏疏里把藩王牵扯进来，因为嘉靖皇帝对藩王非常猜忌，严嵩决定就从这里做文章。

严嵩指使审案亲信给杨继盛安了一个假传亲王令旨的罪名，按律当斩。刑部尚书不敢得罪严嵩，就这样定了案。不过，嘉靖皇帝并不想杀杨继盛，所以杨继盛在监狱里一关就是三年。这三年的牢狱生涯，杨继盛是怎样挨过的，他还有机会平反昭雪，重见天日吗？

锒铛入狱，铁骨文人如何从容赴死？

沉冤得雪，一代忠臣因何名垂千古？

这三年，杨继盛受尽折磨。因为受刑，伤处都化脓腐烂了。半夜醒来，杨继盛摸到身边有碎瓷碗，就坐起来用碎瓷片割身上的烂肉。狱卒巡视牢房，走到杨继盛牢屋外，举起手中的灯笼往里看。就见杨继盛一下一下地挖掉烂肉，一根筋还连着，杨继盛就用手揪断，狱卒看得浑身发抖，灯笼差点儿掉到地上。杨继盛受杖刑前，有朋友要送给他一副蛇胆，因为蛇胆有消肿止痛的作用。杨继盛拒绝了，他说："我杨继盛自己有胆，要蛇胆干什么？"可见杨继盛虽然是文人，却有一身铮铮铁骨。

杨继盛被关押期间，不断有人为他说话求情。严嵩的党羽劝严嵩："留着他，恐怕会养虎为患啊！"严嵩觉得有道理，就谋划怎么把杨继盛杀掉。正赶上有两个大臣被判砍头，严嵩揣测，嘉靖皇帝一定会杀了这两个人，就在呈报的文件上加了杨继盛的名字。嘉靖皇帝没有细看，就批准了。

临刑前，杨继盛作了一首诗："浩气还太虚，丹心照千古。生平未报恩，留作忠魂补。"意思是说：我杨继盛就要告别人间了，我的忠心千百年后也会有人看到。很遗憾还没有好好报答皇恩，就让我用死来报答吧。

在嘉靖皇帝之后，继位的隆庆皇帝给杨继盛平了反，为了对他的忠心进行褒奖，也为了让后人记得这样一位忠直的大臣，下旨在河北保定建立了一座"旌忠祠"。杨继盛生前写下大量诗文、家书，最有名的是他为济南演武厅所撰写的一副对联："铁肩担道义，辣手著文章。"他是这么说的，也是这样做的。

这正是：

少小壮志惊世言，为国不惧叱群奸。

大义凛然甘赴死，铮铮铁骨好儿男。

第八十七回 刚正解民困 真定梁梦龙

上一回说到，杨继盛铁肩担道义，冒死扳权相，在大明朝的历史上唱响一曲正气之歌，在他之后，燕赵大地又走出一位爱憎分明的诤臣梁梦龙，他把家国大义放在心头，把个人得失抛在脑后，书写了一段又一段人生的华彩乐章，这究竟是怎样的一位诚义之士？

在正定南关的燕赵文化街东侧，有一座梁氏祖祠，里面供奉着真定梁氏的先祖，在梁氏先祖里，最有名的就是明朝的梁梦龙。

真定的《梁氏家谱》中记载，梁氏祖先原本是山西蔚州，也就是现在的河北蔚县人，洪武初年搬到了真定，在北圣板村安家落户。第五代的时候，其中一支，就是梁梦龙的祖父梁泽，迁到诸福屯，梁梦龙就出生在这里。

梁梦龙从小聪明过人，口才出众，十几岁的时候，就已经成为真定府里一名风雅俊逸的少年名士。这一年，一位河南来的举人进京赶考经过真定府，在一家客栈与英俊少年梁梦龙不期而遇。两个相差十几岁的读书人一见如故，这头回见面竟有说不完的话，临别的时候，那位举人还依依不舍，他拉着梁梦龙的手说："将来你一定会成为国家的宝臣。"

什么叫"宝臣"呢？只有在朝廷中起到定海神针作用的大臣才配这个称呼，这位河南考生的预言非常大胆，后来的事实证明也相当准确。能有如此眼力的人当然也不是一般人，这位名叫高拱的人后来顺利考取功名，位极人臣，当了首辅大学士，也就是宰相，是张居正的前任。

当年，看出梁梦龙非池中之物的不止高拱一个人，还有一位就是真定府的推官王尧日。当初梁梦龙参加科举考试第一关童子试的时候，王尧日就察觉到这孩子器宇轩昂，才思敏捷，读了他的文章后，更觉得他不同凡响，逢人就说：

"梁梦龙将来必成大器,位列公卿。"

果然,梁梦龙在27岁那年轻松考中了进士,因为成绩特别优异,被选拔到翰林院做了庶吉士。庶吉士是什么呢?其实就是特别培养的后备干部,一般从新科进士中选,才华得特别出众,能力要非常突出,是尖子生里的尖子生。他们一般不负责具体事务,但要到六部观摩政事,熟悉政务流程,三年以后,再授予他们官职。庶吉士实习结束之后,梁梦龙被任命为从七品的兵科给事中。

给事中是朝廷的监察机构,别看官职不高,却掌管稽查六部(兵部、太仆寺)官员,主要工作是检查这些官员的工作得失,直接向皇帝汇报他们的工作表现。因为这样一种特殊的工作性质,那些朝廷大员对给事中都心存几分忌惮。

梁梦龙担任的是兵科给事中,初入职场的他,在这样一个重要岗位上,面对形形色色的官员,又能否自如应对呢?

一身是胆,职场新兵如何挑战资深高官?
一心为公,治贪能手因何遭遇奸佞小人?

正定梁梦龙家族祠堂

梁梦龙刚一当上给事中，就一鸣惊人，他在皇帝面前上奏一本，弹劾一位大人物——吏部尚书李默。

梁梦龙一个新人，上来就弹劾吏部尚书，这个举动把朝中官员吓了一跳。吏部尚书是什么职位？掌管官员的任命、考核，在六部尚书中地位最为显赫。吏部尚书李默是什么人？资历深，人脉广，连嘉靖皇帝都对他高看一眼，梁梦龙这小子，胆子可真不小，到底是年纪轻不知深浅！

嘉靖皇帝看到奏本，心里也是一惊，不过，他没有追究李默的过失，而是把奏本放在一边，绝口不提，虽然这个事就这么稀里糊涂过去了，嘉靖却记住了这个初生牛犊不怕虎的年轻给事中梁梦龙。

正逢此时，西北边境蒙古军队经常来犯，明王朝驻防军队的后勤保障不给力，贪腐、渎职、管理混乱，出现了很多问题，导致边防疲软。为了整顿边军粮储，朝廷准备派一位胆大心细、有魄力、敢硬碰的人前去核查，这时，有人想到了梁梦龙，这个人连吏部尚书都不怕得罪，地方大员就更不在话下了，就派他去吧。

梁梦龙果然不负众望，到任后一番明察暗访，很快就把陕西边军粮储问题查清楚了，随即展开一场雷厉风行、声势浩大的打虎行动，揪出不少贪官污吏，拟了一份黑名单上报给朝廷严办。梁梦龙在西北立了大功，回到京城之后，改任吏科给事中，专门监督吏部，很快，他又弹劾六部中两个渎职的尚书，在政坛上刮起了一阵强劲的"梁旋风"。

凭着刚正不阿的性情、敢作敢为的作风，梁梦龙受到了皇帝的赏识，得到了破格提拔，成为正四品的顺天府丞，相当于现在的北京市副市长。

自打进入官场以来，梁梦龙一直顺风顺水，看起来前途一片光明。但是，任何事情都有两面性，梁梦龙个性率直、做事直截了当，得罪了不少同僚，一些官员觉得这人太生，横冲直撞不讲规矩，想方设法要给他点儿颜色。明枪易躲，暗箭难防，梁梦龙遭遇的正是一支背后冷箭，他又能躲过这一场灾祸吗？

根据明朝的制度，京城的官员每六年要考核一次，叫京察。京察由吏部和都察院负责，考核结果分出等级，称职的升，不称职的降，表现一般的不升不降，贪污腐败的送到司法部门。当然，有些品行不良的人可能成为漏网之鱼，所以在考核结束以后，御史和给事中还可以纠偏，对那些人进行弹劾，这叫拾遗。

梁梦龙一门心思干工作，竟然也遭遇了"拾遗"，有御史在京察后站出来弹劾他，说他有不良行为。其实梁梦龙早就知道会有这一天，干的是得罪人得活儿，这样的结果，就得承担。他没有后悔，只是遗憾这一天来得有点儿早。

在明朝历史上，被拾遗的官员几乎都被降职处理。嘉靖皇帝明白梁梦龙的为人，并不认可御史的拾遗，可又不能坏了朝廷的规矩，所以就把他调离京城，派到河南担任按察副使，实际上属于平调，这样的待遇也算是比较幸运了。

梁梦龙此番离京，一去就是十几年，他先后在河南、陕西、山西、山东多个省份任职。虽说换了不少岗位，梁梦龙拼命干工作的劲头从来不变，他在其位、谋其政，干一行、钻一行、专一行，在地方上干得有声有色，也让百姓得到了实实在在的好处。

有一次黄河决口，梁梦龙奉命总领河务，他不摆官架子，身先士卒，跟士兵们一起干活儿，晚上还跟大家一起睡在河堤上。当时正值大暑，水灾泛滥，瘟疫流行，梁梦龙看在眼里，急在心上，他把自己的工资全都拿出来给老百姓买药，还一视同仁，给那些服役的囚犯们服药，保住了几万人的性命，梁梦龙用自己的努力赢得了百姓口碑，当地人一提到梁梦龙，都会竖起大拇指，说那可是一个干事的好官。

梁梦龙不管在哪儿当官，都把老百姓放在最重要的位置。他担任山东巡抚时，发现一个问题，当地官员为求政绩，征收赋税时不考虑民情，盲目照搬南方做法，朝令夕改，老百姓无所适从，干活儿也提不起劲儿来。梁梦龙来了以后，深入田间地头，跟老百姓唠家常，听取他们的意见，恢复了原来的赋税制度。大家心里敞亮了，耕田种地经商有了劲头，日子越过越红火，地方经济也跟着发展起来。后来，梁梦龙被调到河南当巡抚，山东老百姓都舍不得让他走，自发组织起来为他送行。

梁梦龙走马上任来到河南，遇到了更大的挑战。当时，河南到处都是农民起义军，之前的官员奉行的是大棒政策，把抓捕、斩杀起义军当成功劳。可梁梦龙不这么认为，他觉得，老百姓吃不饱穿不暖，无路可走了才会去造反，把他们逼到这一步再去追杀他们，这不是有为的官员，让老百姓过上稳定、富足的生活，才是为政之本。

一上任，梁梦龙就发布安民告示，声明对那些愿意回家的起义军绝不追究，还取消了各种苛捐杂税。如此一来，老百姓的日子有了盼头，不少起义军放下武器回了家，当地的治安越来越好，甚至到了夜不闭户、路不拾遗的地步。

梁梦龙不光管理上有一套，还很有远见。当年他担任山东巡抚的时候，黄河宿迁决口，800艘运送漕粮的船只被冲毁，南北漕运中断。大运河关系着明朝的经济命脉，漕运中断事关重大，该如何破解困局呢？

朝中大臣都没了辙，这时候梁梦龙站出来提了一个建议，那就是开辟海上航道，以海运作为漕运的后备运输线路。有人提出反对，说海运风险太大，梁梦龙不慌不忙地解释说，运粮船可以在离海岸不远处行驶，遇到坏天气可以到海岛或靠近海岸避风浪。皇帝采纳了梁梦龙的意见，派他亲自指挥调度，分别从淮安、胶州等处转运粮米，入海到达天津，这一路上果然非常顺利。

到万历皇帝明神宗的时候，梁梦龙开始向中央核心层靠近。一方面，梁梦龙能力出众，干出不少成绩，立了不少功，在朝廷中有一定威望；另一方面，因为他是首辅大学士宰相张居正的门生，受到张居正的信任和提携。在这里，我们先解释一下什么是"门生"。

古代官场讲究出身和渊源。一个就是看你是不是进士出身，如果是通过其他渠道当的官，多少会有些底气不足；进士之间如果是一年考中的，互称同年，关系会比较亲近；主考官和被录取的进士之间也形成一种特殊关系，这些进士被称作主考官的门生，一辈子都有师生之谊。当然，门生、同年关系，往往成为一种关系网，成为官场相互利用的纽带。

不久之后，梁梦龙进入了国家权力核心，先后担任户部侍郎和兵部侍郎。这个时期，边境线上又不太平了，蒙古土蛮部不断侵扰辽东和蓟州一带，这可急坏了万历皇帝。为什么？蓟州相当于北京城的保护屏，一旦蓟州边防出了问题，京城的安危也会受到威胁。皇帝坐立不安，想派一位能干的大臣担任蓟辽总督，稳定边关。派谁去呢？皇帝第一个想到的，就是梁梦龙。

意气风发，一介文臣如何戍守边关？

黯然神伤，朝廷大员因何辞官回乡？

当时，担任蓟州镇总兵的是抗倭名将戚继光，担任辽东镇总兵的是一代名将李成梁。这两人都能征善战，屡立战功，梁梦龙一介文官，要领导两位赫赫有名的战将，靠什么服人呢？

当初明太祖朱元璋立下了规矩，那就是以文驭武，武将要听命于掌兵的文臣。不过，那些文臣没有带兵打仗的经验，经常瞎指挥、乱弹琴，经常弄巧成拙，贻误战事。

虽说官大一级压死人，可梁梦龙上任之后，非常低调，他虚心向戚继光、李成梁请教边防事务，还到边关视察，给战士们修缮营房，改善伙食，为他们解除后顾之忧。一上来这几个举措让他赢得了两位大将和边关战士的尊重和信任。

梁梦龙的主要工作是统一规划、调度辽东、蓟州两镇边防事务。梁梦龙到任后，对两个防区进行了实地考察，有针对性地调整军事部署。在他的规划下，两座军事重镇的边防设施都得到了完善。他把蓟州和辽东看作一个整体，统筹规划，尤其是遇到大敌入侵时，他积极部署，协调两镇军事行动。

有一次，土蛮部大举入侵辽东，梁梦龙亲自率领3000军队出山海关，支援李成梁，还另派两名将领配合李成梁截击敌人，并命令戚继光带领军队屯兵山海关附近，必要时可出兵辽东。由于战术合理，此役大获全胜。

梁梦龙任蓟辽总督四年，多次击退土蛮入侵，确保了边防的稳固和京城的安全。因为这样的业绩，回京以后，他被调任兵部尚书，也就是国防部长。这个时候，宰相张居正病重，向万历皇帝推荐梁梦龙，说他是可堪大用的人才，希望皇帝能提拔重用他。可张居正去世以后，朝廷里面的官员们开始搞派性，挤兑梁梦龙，早先那些嫉恨他的官员更是合起伙来给他穿小鞋。

梁梦龙在朝廷里面受限制、被排挤，工作根本就做不了，无奈之下，他只好辞官回到老家真定，在家乡颐养天年，19年后，梁梦龙驾鹤归西，享年76岁。

这正是：

刚直敢言梁梦龙，初出茅庐显威风。
恤民尽职赢声誉，不负众望建边功。

第八十八回 扶正抑奸邪 高邑赵南星

上一回说到梁梦龙直言敢谏，忠心无二。这一回出场的人物同样是嫉恶如仇，眼里揉不得一粒沙，他立志跟坏人坏事斗争到底，把好人好事坚持到底，他到底是怎样一个人物，他的一生又经历了怎样的故事？

民国年间，军阀混战，各路军阀你方唱罢我登台，演绎出一幕幕闹剧。在这些军阀之中，直系军阀吴佩孚和其他军阀有点儿不同，他在清朝做过秀才，肚子里也算有几分墨水，所以喜好附庸风雅。每到一个地方，总要走走转转，看一看当地的名胜古迹，打听当地的名人事迹。

吴佩孚走到河北高邑，听当地的老乡说起本地曾经出过一位响当当的大人物，他一下子起了兴致，非要到这位名人的家里瞧一瞧。这一去，吴佩孚的心里暗暗佩服，高邑县这位人物实在不同寻常。他临走的时候特意留下一笔银子，为的就是重印这位名人的大作，重修这位名人的祠堂。

想当年，能让吴佩孚敬重的人物，在全国也没几个，小小的高邑县里到底有怎样一段传奇的历史，有怎样一位出色的名人呢？

他就是高邑县东关村的赵南星。据说，在明朝末年，天上有一颗流星从南到北划过去，落在高邑东关的赵家大院里。流星刚刚落地，赵家就响起了哇哇的哭声，这刚落生的孩子正是故事的主角赵南星。这块神奇的陨石又光又亮，原先，这石头珍藏在赵家祠堂，后来被日本人抢走，又转手到南京政府，如今保存在南京的紫金山天文台。

赵南星的诞生就是一段传奇，他未来的人生更是了不起。赵南星自小聪明伶俐，九岁就成了乡亲们心目中的神童。他在 21 岁那年参加了乡试，主考官申时行就是后来的首辅大学士。当年，井陉知县钟顺溪帮着申时行操持乡试，考试成绩张榜公布之前，钟顺溪梦见一只个头很大的仙鹤从考场展翅高飞，又停在墙上，用翅膀挡住了张贴榜文的半边墙。钟顺溪梦醒之后也没多想，就按主考官申时行的指示在落榜试卷中进行复查，这一查还真查出一篇绝妙文章。钟顺溪眼前一亮，把试卷呈到申时行的面前，申时行看过之后也是不住地点头，说这样的人才决不能落榜！让两位考官大加好评的正是赵南星的文章。

后来，钟顺溪跟申时行说起了自己的梦，申时行一琢磨，就觉得这梦跟赵南星有点儿关系，因为赵南星的大号正是鹤亭。于是，申时行特意为赵南星改了字号，把原来的字"拱极"改作"梦白"，意思是以梦告白，号"鹤亭"改为"侪鹤"，那意思说他是同辈人中的大鹤。

两位考官的直觉一点儿没有错，两年之后，赵南星果然显示出鹤立鸡群的才华，他进了国子监，国子监祭酒丁美士对他也是青眼有加。一赶上大小考试，赵南星都名列第一，他的文章也成了京城之中的抢手货，谁读过了都忍不住夸声好。

万历二年，25 岁的赵南星中了进士，就此正式踏上仕途，文坛上的骄子抬脚进了官场，这之后又会生出怎样的故事呢？

走马上任，新科进士如何开启仕途？
仗义执言，铁嘴钢牙如何抨击贪官？

赵南星头一个工作岗位是河南汝宁府上的七品推官，协助知府管着如今河南驻马店这一片地方。他在这个职位上恭敬待人，公正办事，口碑很是不错。他讲人情，讲人性，就是对待大牢里的犯人都存着一颗仁义之心。那一年，马上就要过大年，赵南星把监狱里未经审讯的犯罪嫌疑人放回家去过春节，让他们跟家人团圆。当时，官府上好多人都担心犯人放走就回不来了，可是，过完年后再一看，犯人一个不少，都回来报到。

赵南星对自己高标准严要求，决心要在仕途上开一个好头，欺压百姓的事情,他绝对不干;贪赃枉法的事情,他绝对不沾;溜须拍马的事情,更是跟他绝缘。这么做当然没错,可是,在当时的官场上却有点儿不入流。那时候,地方官府里常常有点儿余钱,这钱大多数就被地方官直接当成了私家小金库。有人劝赵南星,说公家的余钱,不拿白不拿,可赵南星却说:"拿钱倒是容易,我只怕过不了良心这道关。"

首辅张居正的老父亲没了,张居正张大人回家奔丧经过汝宁。要搁别人遇上这事,肯定鞍前马后跟着张居正一道去了,怎么能错过这么好的机会巴结领导?可是,赵南星偏偏不这么做,该有的礼节不能少,其他的一点儿不多做。

几年下来,赵南星凭着本事赢得了民心,也在官场上有了名气。他32岁上升格为户部主事,一进京就赶上张居正身体不好生了病,大大小小的官员成群结伙借着探病去张府献媚,只有赵南星跟几个投脾气的官员没去凑热闹。

时间一长,赵南星不锈钢一样的性格就在朝野之中出了名,他一双眼睛瞧不得坏事,一张铁嘴容不得恶人,但凡有谁行为不端,一准让他捅到皇帝面前。他从前的主考官申时行已经成了内阁大学士,赵南星不顾从前的交情,参与弹劾申时行的问题。赵南星的直脾气在名利场上并不吃香,他的顶头上司礼部尚书就瞧他很不顺眼,没事就给他小鞋穿,逼得他请病假回了老家。

隔了一年,赵南星再次入朝为官,还在吏部工作。等他到了不惑之年,又升任吏部文选司员外郎,专门负责官员的提拔。虽说赵南星的岁数长了,他的眼里依然容不得沙子,在这个职位干了一些日子,他发现官员提拔任用的制度有点儿问题。赵南星上书万历皇帝,指出现行人事制度的四项弊端:一是顶级的高官只知道争权夺利,不想着忠君爱民;二是朝廷里的忠臣受人排挤,小人横行霸道;三是州县之中选官任用不问才行,好多人在其位不谋其政,纯粹是滥竽充数;四是地方乡官不守规矩,一门心思地祸害百姓。

赵南星向来不怕得罪人,他这封奏疏中毫不忌讳地对一些人点名批评,一下子就给自己树了不少敌人。很多官员坐不住了,立马上书说赵南星捏造事实,诽谤同僚,也有正直的大臣佩服赵南星的胆识,上书帮着他说话。皇帝一看形势,觉得两方面都不好摆平,可是又不好不了了之,最后,只能把事推到赵南星这,让他告病还乡避一避风头。赵南星在政坛上的星光就此沉寂,未来的日子里,他能不能重新焕发光辉呢?

当年,吏部尚书陆光简打算在退休之前整顿吏治,想找一位作风硬派的官员担当重任,他思来想去,再没有谁比赵南星更合适,于是,陆光简上书皇帝,召回了赵南星,让他在吏部考功司郎中的职位上施展拳脚。赵南星终于等到了用武之地,他怀着决心和信心,立志绝不辜负组织的信任。

赵南星到了任上,他跟同事孙鑨一道,决定先从自家的亲戚开刀,他们先是查了赵南星的儿女亲家王三余,孙鑨的外甥吕胤昌,这么一来,朝廷官员全都看出了问题的严重性,这回查贪污反腐败绝对不是闹着玩儿。接下来,他们大刀阔斧查处问题官员,大胆任用栋梁之材,政坛风气为之一振。

政坛改革见了效,当朝首辅王锡爵的心里却多少有点儿不满意,他觉得赵南星坏了从前的规矩,还伤了他的面子,他攒了一拨人忽悠着万历皇帝下旨否决了赵南星的做法。

依赵南星的脾气,他认准的事情绝对不能改,甭管朝中的反对派如何使绊子,他一定要把改革坚持到底。他这一坚持可不得了,把当朝的天子也给得罪了。万历皇帝心里想:我都下了圣旨,你还不执行,难道是要造反不成?皇帝又下一道旨意,把赵南星连降三级,调离京城,还罚了孙鑨三个月的俸禄。这会儿,有人站出来帮着赵南星他们说话,没想到,反而帮了倒忙,万历皇帝火冒三丈,干脆把赵南星和孙鑨一捋到底,贬作平民,连带着为他们说话那些人也都受了罚。

经过这么一回,当朝的忠良之士全都给挤对走了,可是,赵南星在士大夫中的声望却逆势上扬,越来越高,他和邹元标、顾宪成一起被称作"三君",成了刚正之臣的代言人。

赵南星回到故乡高邑,过着养花种菜的清闲日子,从不干涉地方政事。当地的官员都知道他是德高望重的人物,碰见大事小情免不了前来请教,可是赵南星一向是笑而不答。不过,这也得分什么事,遇上有关民生的重大问题,赵南星一准挺身而出,为民请命,谏言建议,上报朝廷。

此时的赵南星已经上了年纪,往后的日子好像一眼就能看到头,可是之后的故事还有怎样的变数呢?

老将出马，赵南星如何整治官场再建新风？

英名传世，后代人如何感怀义士追念忠臣？

第八十八回 扶正抑奸邪 高邑赵南星

大明王朝换了君主，天启皇帝登基即位，不少前朝老臣应召出山，赵南星还是把自己关在家里，一心捧着圣贤书。朝廷三催四请要他还朝，可赵南星就是不答应，后来，还是从前的老朋友叶向高、邹元标的来信让他改了主意，在73岁的高龄上再度入朝为官，不久之后就成了正二品的左都御史。

赵南星老骥伏枥，依然志在千里。他扶植正气，打击邪气，清理了结党营私、败坏朝政的代表人物亓诗教、赵兴帮、官应震、吴亮嗣。这几个家伙横行霸道好多年，这一回总算得了教训。

这年十月，赵南星升职做了吏部尚书，表面上看着很是风光，实际上，这份工作可不好干。那时候，官场像是菜市场，买官卖官上了台面，跑官要官成了正事，官员选拔任用的责任人一出家门，常常有人拦在半路，开口就要求官职，一旦驳了谁的面子，没准还要听上几句难听话。这个位置上的官员，公正做事就要落一身是非，不公正又对不起自己的职责。赵南星走马上任，再不理从前那一套人情买卖，他刚正不阿，任人唯贤，即便是当朝重臣前来要官，他也不买人家的账。时间一长，赵府的后门也就清净了，再没人来自讨没趣。

朝廷上的好官越来越多，风气越来越正，这时候，大宦官魏忠贤的日子也越来越不好过，他阴谋陷害赵南星，说他做官只为自己的事，名义上是革除时弊，其实就是让自己人执掌大权。魏忠贤这么一闹，赵南星只好递了辞呈，他提拔的正直之士也都跟着遭了殃。魏忠贤的心腹乘机上位，官场上刚刚树起的清正之风又被打破了。

魏忠贤还不肯善罢甘休，他和手下罗织赵南星的十大罪状，把老赵家祖孙三代抓进大牢，还诬陷赵南星贪污白银15000两，限期让他必须交出赃款。赵南星当官当了一辈子，家里却从没有过这么多现钱，他的亲戚朋友帮着凑足银子交上去，赵南星还是被发配到了代州。

终于等到崇祯这一朝，魏忠贤一伙倒了台，赵南星也得到赦免。可惜的是，皇帝的赦免令还没到手，赵南星就病死在代州。崇祯皇帝念着赵南星一生忠诚

位于高邑县城的赵南星祠旧照

刚毅,为他追赠太子太保,谥号忠毅。

斯人已逝,英名不朽。如今,在赵南星的故乡高邑,有一条路被命名为"南星路",在高邑县城还保留着赵南星的祠堂,又称赵忠毅公祠堂,在河北省博物馆,还能见到赵南星的书信手稿。

这正是:

一身正气两袖风,扶正祛邪用权柄。
整纲肃纪英雄志,轻死重气留美名。

第八十九回 高阳孙承宗 花甲安辽东

上一回说到，高邑名臣赵南星把重整朝纲当成责任，把匡扶正义当成使命，跟邪恶势力斗智斗勇，为社稷江山殚精竭虑。在当时的大明朝，和赵南星同朝为官的还有一位河北人孙承宗，他在花甲之年请缨关外，为大明朝筑起了一道坚固的防线。是怎样的时局造就了这位大器晚成的英雄，这又是怎样的一部可歌可泣的英雄传奇？

明朝末年，东北女真人崛起，首领努尔哈赤建立了后金政权，起兵攻打明朝，仅仅用了七八年时间，就占领了东北大部分地区。

眼看着后金军队一步步挺进山海关，满朝文武束手无策，小皇帝明熹宗即位以后，甚至有人建议，反正也打不过，干脆放弃辽东，退守山海关得了。眼看着明朝江山朝不保夕，难道朝廷里一个能用的人也没有吗？

其实能人不是没有，关键时候能豁得出、顶得上的却没几个。在明王朝生死危亡的时候，七嘴八舌提建议的人不少，最后主动站出来上战场的却是一位年过花甲的老人。这位精神可嘉的老英雄究竟是怎样的一个人呢？

他就是被称为明末辽东三杰之一的孙承宗。孙承宗是河北保定高阳人。他出生在一个小康家庭，17岁时中了秀才。孙秀才满腹才华，却总是跟主考官缺少那么点儿缘分，他在考场上冲刺了15年，一直到32岁才中了举人，42岁才中了进士。

学业上大器晚成的孙承宗在官场上也是磕磕绊绊，直到57岁那年，才迎来了事业的春天，当上了太子朱常洛的老师，攒了半辈子的才华终于有了用武之地。

不久，万历皇帝驾崩，太子朱常洛转正成为泰昌皇帝，接班掌管了大明朝。大家觉得这孙承宗总算是熬出头，平步青云的机会来了，可新皇帝却是个短命鬼，在龙椅上坐了不到一个月就病死了。

孙承宗的大好仕途又成了水中月、镜中花，很多人都为他惋惜，他的运气怎么就这么差呢？不过，很多事人们往往只看到开头，却猜不到结尾，朱常洛死后，16岁的皇长子朱由校被推上龙椅，史称天启皇帝，也就是明熹宗。新皇帝即位以后，孙承宗的命运又峰回路转，被任命正五品的左庶子兼翰林侍讲，继续给天启皇帝当老师。

16岁的半大小子正是青春叛逆的时候，天启皇帝每次上课都故意刁难老师，因为学生是当朝皇上，其他老师都睁只眼闭只眼，放任这孩子的顽劣，只有孙承宗这个老师，对小皇帝一点儿不迁就，读错了字就要再读，直到读对为止。他说着一口地道的保定话，给小皇帝讲经史，讲朝政，听着听着小皇帝竟然入了门，越听越爱听，还逢人就说："听孙先生讲课很有意思，我一点儿都不犯困。"

能够当上皇帝的老师是一种荣耀，再受到皇帝的称赞，那就更不得了了，孙承宗一下子成为皇宫里最耀眼的明星教授，身价飙升，短短半年时间，从正五品升到正三品。孙承宗的事业老树开新花，他也是信心满满，铆足了劲儿想要为皇帝效劳，为国家出力。

就在这个时候，辽东地区受到金兵侵扰，大片城池失守，情势十分危急。小皇帝忧心忡忡，想挑选一位有韬略、可信赖的大臣担任兵部尚书。大臣们选来选去，最后大家的意见指向一个人，谁呢？孙承宗。

热血满腔，花甲之臣为何主动请缨出使关外？
豪气冲天，忠义之士如何不拘小节成就大业？

孙承宗受命于危难之时，接过了兵部尚书这枚沉重的大印。他虽然没有带兵打过仗，但是熟读经史子集、兵法策略，上任以后的头一件事就是整饬军队，招募精兵强将，部署边境防务。孙尚书废寝忘食地投入工作，那股子精神头让年轻人看了都佩服。

第八十九回 高阳孙承宗 花甲安辽东

辽东的局势越来越糟糕，眼瞅着后金军队不断侵扰，辽东经略也就是前线总指挥王在晋上了一道奏折，说是无力抵抗，要放弃整个东北，退守山海关。这个奏折一上来，朝廷里就炸开了锅，有坚决反对的，认为这是毁坏祖宗基业；有赞成的，认为这是明智之举。天启皇帝思来想去拿不定主意。

孙承宗一看这情况就着急了。战场形势瞬息万变，这样拖拖拉拉，不是贻误战局吗？他站起来不急不缓地说："大家别争了，东北究竟是什么形势，我们谁都不知道，还是让我到山海关外去看看再说吧。"

天启皇帝非常高兴，加封孙承宗为太子太保。虽说太子太保只是一个名誉头衔，却是九品十八级里的第二级，从一品，这个身份已经非常显赫了。

孙承宗即刻启程前往山海关，辽东经略王在晋知道孙承宗是皇帝的老师，又是钦差大臣，哪敢怠慢，立刻前来拜见。孙承宗向王在晋询问退兵策略，结果这位总指挥的回答幼稚可笑，漏洞百出。孙承宗非常不满意，下令把大小将领们都召集过来开个会，商议对策。

会上不少人心里打着小九九：眼前这位是个能通天的大人物，要是自己表现好的话，他回去在皇帝面前美言两句，还愁升不了官？

大伙争着抢着发言，你一言我一语说得热火朝天。孙承宗听着听着，就感觉不对劲了，怎么全是虚头巴脑、不痛不痒的废话啊！头回见面，好脾气的孙承宗不好意思当场发作，就闭上眼睛，有一搭没一搭听这些人闲扯，不一会儿竟然打起了瞌睡。

突然间，一个洪亮的声音传到孙承宗耳朵里："为什么困守山海关等着敌人进攻？为什么不利用敌人撤退的机会出兵占据宁远？"孙承宗浑身一个激灵，一下就从座位上站了起来。谁这么大的口气？他定睛一瞧，说话的人是个身穿五品官服、威猛帅气的年轻人，乍一看还有些眼熟，再一想，孙承宗眼睛一下亮起来：原来是他！

孙承宗跟这个年轻人曾经有过一面之缘。这事还要从几个月前说起。那会儿，孙承宗刚刚到兵部任职，一个上任时间不长的兵部主事突然失踪了，谁都不知道他去了何处。几天后，这人回来了，一问才知道，他是单枪匹马到山海关外考察了。区区一个六品的小主事，就是考察也轮不到你啊！再说，不请假就擅自离岗，本身就违反官纪。可让人想不到的是，这个小主事回来后还直接上书皇帝，要求去东北，并且口出狂言："给我兵马钱粮，我一个人就能守住山海关。"

在所有官员大眼瞪小眼不知道辽东的战事如何处理的时候，冒出来这样一个愣头青，产生的冲击波可想而知！不过，朝廷中还是有些目光长远的大臣，他们觉得这个小主事敢说敢做是个人才，就举荐他到东北任职。孙承宗当时也觉得这个年轻人不一般，还多看了他两眼，记住了他的名字——袁崇焕。

现如今，这个器宇轩昂的年轻人就站在自己的面前，滔滔不绝地陈述用兵之道，他说："要守山海关，必须先守住宁远。守住宁远就扼住了后金西进的要道，就能守住关外。守住宁远，我们就可以谋划收复整个辽东。"

袁崇焕这番话，孙承宗听得是入心入耳，忍不住暗暗叫好。这么多年了，大明王朝的文官武将们谁能有这样的豪气和韬略？那么，孙承宗会采纳袁承焕的建议吗？风雨飘飘的东北，又能回到大明的怀抱吗？

孙承宗对袁崇焕的豪情很是欣赏，不过他并没有贸然表态，毕竟刚到山海关，对东北的情况还不太熟悉，还是先到关外考察一番再做决定。他带着王在晋、袁崇焕等人查看地形和城堡布局，觉得袁承焕的提议非常合理。

回到京城，孙承宗提交了一份调查报告，向皇帝表明了自己的看法。他说，退守山海关是下下策，劳民伤财不说，失去了关外屏障，山海关也难保，建议派重兵守卫宁远，在山海关外建起防御体系。先稳住阵脚，然后再找机会反攻，收复被后金占领的失地。这还不算，孙承宗还主动请缨，要担任辽东主帅，上前线杀敌。

天启皇帝见自己的老师这么大年纪，不顾安危，主动请战，感动得双泪长流。为了表示对老师的信任，也为了增加老师的威权，天启皇帝下旨，让他以内阁大学士、兵部尚书的身份，督师辽东，有权调动、指挥河北、天津以及山东登州、莱州的军队。不仅如此，皇帝还赐给他一把尚方宝剑，总兵以下官员可以先斩后奏。出征的时候，皇帝亲自把他送出皇宫大殿，让内阁大臣们代表自己，把他送出京城。这个送别的阵势在明朝历史上还真不多见。

第八十九回　高阳孙承宗　花甲安辽东

古来征战几人回，一介书生孙承宗，此番北上辽东又会面临怎样的生死考验？

冲锋陷阵，骁勇战将彰显何等风姿？
祸乱朝纲，宦官奸佞留下怎样骂名？

前面我们说过，孙承宗虽然是文官，但熟读兵书，对军事很有见解。他觉得，当务之急就是整顿军队，提振士气。孙承宗雷厉风行，立刻实施。紧接着又选拔重用了袁崇焕、满桂、赵率教等忠心耿耿又很有才华的文武将领。

经过四年的苦心经营，孙承宗招募训练了十几万辽军，收复了400多里失地，修筑40多座城堡，安置了几十万难民，还迫使努尔哈赤后退了700里，打造了一条令后金军队望而生畏的关宁防线。

他镇守在辽东的这几年，后金一直都没敢前来进犯，明朝军队逐步从被动转为主动，形势一片大好。就在孙承宗雄心勃勃想要在辽东大展身手、出兵收复失地的时候，朝廷里面却有人给他使下绊子，不断阻挠他的行动。更可怕的是，宦官魏忠贤的权势越来越大，他也把黑手伸向了孙承宗。

魏忠贤是怎么得势的？还得从天启皇帝说起。这位皇帝有个癖好，就是喜欢做木匠活。到什么程度呢？做起木匠活来，常常忘了吃饭和睡觉，还不许别人打扰。魏忠贤摸清了皇帝的爱好，经常压下大臣的奏折，单等到皇帝干活起劲儿时拿过去。天启皇帝很不耐烦，总是随口说："这些事我都知道了，你替朕好好处理吧！"

这样一来，奏折怎么批，就全是他魏忠贤的事了。这样，朝中大权都揽到魏忠贤的手中。魏忠贤是党同伐异，朝廷中反对他的正直大臣大都遭到迫害，也有很多官员借机巴结讨好，争当魏忠贤的义子、干孙，魏忠贤在朝廷上形成了一股庞大的势力，被称为阉党。魏忠贤见孙承宗威望高，手握兵权，就想拉拢他。天启皇帝要派人去关外犒劳孙承宗，魏忠贤就安排自己的亲信前去。

孙承宗虽然身处边关，仍然关注朝中的一举一动。他见魏忠贤无法无天，胡作非为，心中郁愤难平。听说是魏忠贤的亲信来了，冷脸相对，根本不搭理。魏忠贤知道后，非常恼火。

后来听说魏忠贤竟然把朝廷里面的忠义之臣杨涟、左光斗等人给抓起来了，孙承宗再也按捺不住，他以向皇帝当面汇报军情为由，请求回京城，准备面奏皇帝，弹劾魏忠贤，保住杨涟、左光斗等人。

这正是：

大器晚成孙承宗，花甲之年掌兵戎。
胸藏韬略巧布局，壮志难酬亦英雄。

第九十回 老骥再伏枥 以身殉社稷

上一回说到，宦官魏忠贤把持朝政，祸害忠臣，驻守边关的老将孙承宗准备进京面圣，揭露魏忠贤的种种恶行。这一次正与邪的较量，将会产生怎样的交锋，又有怎样的胜负分晓？

魏忠贤知道孙承宗是为了对付自己而来，哪能让他顺顺当当见到皇帝呢？他连夜跑到天启皇帝的寝宫，跪在床前痛哭流涕，还危言耸听吓唬皇上："孙承宗带兵入京，居心叵测，大明江山危在旦夕，您可得当回事啊！"

天启皇帝对自己的老师很信任，可瞅着魏忠贤一把鼻涕一把泪，应该也不会撒谎，他一时不知道该信谁，只好说："那就下旨，让他回去吧！"魏忠贤就等这句话，他立刻收起眼泪，命人草拟圣旨，让兵部连发三个信使快马传书孙承宗，停止入京。

孙承宗会不会一意孤行呢？当然不会，他在朝为官多年，什么大风大浪没经过？他明白规矩，拎得清轻重，皇帝都下旨了，再去京城就是抗旨不遵，一个抗旨不遵的大臣，又凭什么让皇上相信他说的话呢？孙承宗叹了口气，掉头回了山海关。

从那之后，孙承宗成了魏忠贤的眼中钉、肉中刺，他让自己的亲信们轮番在皇帝跟前污蔑孙承宗，说他的坏话。天启皇帝开始还护着孙承宗，可是，毕竟离得远，总听一面之词，时间长了，心里也犯起了嘀咕。恰巧这个时候，孙承宗的一个部将与后金交锋时打了个败仗，400多人战死。魏忠贤立刻逮住机会，让手下的人弹劾孙承宗，说他用人不当，严重失职。孙承宗一看朝廷里面有那么多人给自己使绊子，知道这份差事干不下去了，就递上辞呈，告老还乡，回到了老家保定高阳。

努尔哈赤听说孙承宗走了，大喜过望，立即率着八旗大军来攻，孙承宗的继任者庸碌无能，又重演了放弃关外一幕，好在被孙承宗一手提拔起来的袁承焕抗命不撤、死守宁远，并挫败了努尔哈赤的进攻，东北局势这才稳定下来。一年以后，天启皇帝死了，他的弟弟朱由检继位，就是崇祯皇帝。新皇帝上了台，魏忠贤的好日子也到了头，祸乱多年的阉党被铲除，普天之下一片欢呼。

不过，内忧才去，外患又来。皇太极带着金兵杀了过来，他绕开了山海关，从承德一带南下，突破了长城，占领了遵化，直逼京城。崇祯皇帝六神无主慌了神，众位大臣也乱了阵脚。这个时候，最需要的就是稳定局面的主心骨，为国家出谋划策，谁能担此重任呢？

大臣们想到了一个人——孙承宗。崇祯皇帝一纸令下，让67岁的孙承宗官复原职，还担任兵部尚书。

孙承宗一到，崇祯皇帝就迫不及待地问："人家打到城下了，我们该怎么办？"孙承宗沉着冷静地分析了局势，他说："皇太极远道奔袭，士兵旅途疲惫，我们只要不急不躁，妥善布防，就会转危为安。目前，袁崇焕所率领的辽东军队以及京城附近守军已经布防京城外围，京城暂时没有什么危险。"听了这话，崇祯皇帝松了口气，暂时安下神来。

崇祯皇帝本来是想把孙承宗派到通州，感觉到孙承宗踏实可靠，临时改了主意，让他总督京城内外兵马。孙承宗一路风尘仆仆赶到京城，没顾上喝口水，就带着手下投入工作。

可谁也没想到，仅仅过了一天，崇祯皇帝思路又变了，他按照以前的想法，让孙承宗继续去守通州。都说君无戏言，崇祯皇帝朝令夕改，唱的是哪一出呢？

借刀杀人，后金首领怎样设下反间计？
走马上任，七旬老将如何镇守山海关？

这个崇祯皇帝是一个性格多疑、反复无常的人，在位17年，前前后后换了40多位宰相。现如今，皇太极大兵压境，明王朝也调兵遣将，大战一触即发。

在这个紧要关头，皇帝三番两次改变主意，未免太儿戏了吧？

原来事出有因，是袁崇焕那边出事了，连累到孙承宗。袁崇焕是位了不起的大将，他曾经在宁远大败努尔哈赤，后来又多次打退皇太极的进攻，遏制住了后金的攻势。崇祯皇帝一即位，就任命袁承焕为督师，还赐给他一把尚方宝剑。

崇祯皇帝对袁承焕满怀希望，可一年多时间过去了，袁崇焕并没有像他期盼的那样转守为攻，反而不断传来一些负面消息，比方说袁崇焕曾私下里派人去后金议和，再比如袁崇焕未经请示就处死了长期跟后金作战的总兵官毛文龙等，这些传闻让崇祯皇帝很是不安。而这一次，皇太极绕过山海关直扑北京，更加重了崇祯皇帝对袁承焕的疑心。

就着崇祯皇帝的心思，皇太极玩儿了一出反间计。后金抓了个明朝小太监，皇太极把他放了回去，还带给袁崇焕一封信。信上故意把关键的地方涂抹掉，语义含混不清，可仔细一咂摸，处处透着袁崇焕和皇太极有着秘密约定的意思。看完这封信，崇祯皇帝更加确信袁崇焕跟皇太极有勾结，他一纸令下，把袁崇焕召进京城，下了大狱。既然这袁崇焕有问题，当初一手提拔袁承焕的孙承宗也逃脱不了干系，就这样，崇祯把正在京城巡查的孙承宗调到了通州。

袁崇焕在东北多年，战功赫赫，深得将士们拥护和爱戴。辽东将士一听主将被抓，立刻炸了锅，大将祖大寿首先撂挑子不干了，拉起队伍就走。崇祯皇帝吓坏了，祖大寿这么一折腾，京城的外围防御眼看要散架，万一祖大寿投降叛敌，更没法收拾了，该怎么办呢？

危急时刻，他又想起了孙承宗，这祖大寿也曾经是孙承宗部下，不如让孙承宗去出面摆平这件事。孙承宗听到祖大寿哗变的消息，也吃了一惊。这些人都是追随他多年的老部下，大家一个战壕沟里摸爬滚打，感情很深。

皇上把这么一个烫手山芋扔过来，孙承宗不能不接。他明白这事棘手得很，一来崇祯皇帝对辽东将士有疑心，二来祖大寿等将士对朝廷有戒心，他得想办法两边做工作。所以，在祖大寿这边，他又极力安抚，让祖大寿主动上书朝廷悔过；在崇祯皇帝这边，他极力给祖大寿说好话。崇祯皇帝收到悔过书，有了台阶下,就下旨赦免他们的哗变之罪。就这样,一场所谓的"兵变"就被孙承宗给压了下来。

通过这件事,崇祯皇帝心里也渐渐明白过来,觉得孙承宗值得信任。于是,他把另一个重任交给了孙承宗,就是镇守山海关。山海关是东北通向内地的门户,如果山海关丢了,明朝就门户大开,失去了最后一道防御。现在军队都去增援北京,山海关一带兵力空虚,崇祯皇帝担心后金军队乘虚而入,急需一个可靠的人坐镇山海关。思来想去,他还是觉得孙承宗最合适。

领了命令,孙承宗二话没说,快马加鞭赶往山海关,他召集驻守将领,重新进行军事部署。不过,这一次的防守重点不在关外,而在关内。他担心皇太极在进攻北京的同时,派军队来取山海关。

果然皇太极见北京久攻不下,就调整策略,派兵往东直取山海关,这一路上,搂草打兔子攻下遵化、迁安、滦州,在离山海关30里处扎营。可孙承宗这里早就做好了战略部署,皇太极几番攻打,也没讨到什么便宜。

皇太极一看,镇守山海关是当年他父亲都斗不过的孙承宗,在气势上先输掉了几分,再加上几次过招都败下阵来,皇太极更加灰心丧气,琢磨着北京是打不下来了,山海关也没戏,再待下去就该被明军包饺子了,还是撤吧。可是,这样灰溜溜地回去又不甘心,于是他下令留下一支军队,守住已经占领的几座城池,指望着以后里应外合,拿下山海关。皇太极的算盘打得不错,可是孙承宗又能让他称心如意吗?

孙承宗上书朝廷,要求立刻出兵,东西夹攻,收复失地,把后金留下的楔子拔掉。崇祯皇帝求之不得,孙承宗亲自赶到抚宁,指挥军队进攻,很快收复了迁安、滦州,随后又攻克永平、遵化,把皇太极残留军队从长城口隘赶走。

这一战,孙承宗立下了大功,帮明王朝度过了又一个难关。崇祯皇帝重赏孙承宗,加为太傅,赐蟒服,世荫锦衣卫指挥佥事。可孙承宗坚决不接受太傅之位,说自己年纪大了,身体不好,无力再效忠朝廷,请求辞官回乡。崇祯皇帝死活不同意他退休,孙承宗只能接着干。之后几年,他击退了承德一带蒙古兵的袭击,多次到山海关巡查,保护了大明江山的安全。

70来岁高龄的老将孙承宗来来回回在边防线上奔波，别说将士们看着心疼，就连崇祯皇帝也感到过意不去，于是多次加封他为太傅、少保，可每一次，孙承宗都坚决推辞。在他看来，荣誉权位都是浮云，国家安危才是心头大事。可即便如此，朝廷里面还有一些人还是嫉贤妒能，把这位淡泊名利的老人牵扯进官场的钩心斗角，是是非非。

以死明志，功勋老臣怎样慷慨就义？
以身殉国，一门忠烈如何悲壮离世？

孙承宗没想到，他辛辛苦苦帮崇祯皇帝守江山，等待他的却是一个让人心寒的下场。原来，后金军队贼心不死，围困了大凌河，也就是现在的辽宁凌海市。孙承宗派了两路人马，都没有解救成功，大凌河守将祖大寿弹尽粮绝，最后归顺了皇太极。

消息传到了京城，说什么的都有，一些不怀好意的人还上书要求追究孙承宗的责任。崇祯皇帝本来就有气，心想，那个祖大寿当初就有前科，是你孙承宗用人不当，才导致今天的结果。再加上不断有人拱火，崇祯皇帝翻了脸，罢了孙承宗的官，把他赶回了老家。

转眼七年过去，风云变幻，明王朝江河日下，到了生死边缘。一方面，皇太极势力不断扩张，虎视眈眈；另一方面，农民起义此起彼伏，天灾不断，崇祯皇帝是焦头烂额疲于应对。崇祯十一年，清兵（后金已经改国号为清）又绕过山海关，从北部长城口闯进来，在河北抢掠攻城，后来包围了高阳县城。孙承宗带着全家人和高阳百姓一起登上城墙抗击清兵进攻。可惜，高阳只是个小县城，军队有限，城墙又低，哪抵挡得住清兵的进攻呢？很快，高阳被攻破，孙承宗也被俘虏。

当时的清军统帅是多尔衮，听说抓住了孙承宗，非常高兴。他知道孙承宗德高望重，也很钦佩孙承宗的为人，亲自去劝降。可是任多尔衮磨破嘴唇，孙承宗压根儿不理，还破口大骂："你别做梦了，还是赶快杀了我吧！"多尔衮摇摇头说："我从来没有杀阁老的剑。"

自己来不行，多尔衮换了个法子，让孙承宗以前的老部下、已经投降清军的孔有德去做工作，孙承宗一见来人，更加生气，说："早知道你是一个投敌卖国的软骨头，当初真该杀了你！"

多尔衮不想杀孙承宗，可孙承宗却一心求死。多尔衮无奈，给了孙承宗一条绳子，让孙承宗自行解决。孙承宗跪在地上，向京城方向磕了几个头，然后把绳子挂到房梁上，悬梁自尽。看守的清兵不忍心看这样一位白发老人自尽，连忙把他救下来，接连三次，孙承宗求死不成，身上一点儿力气也没有了。傍晚时分，清兵轮班换岗，孙承宗坐在椅子上，让两个新来的清兵帮忙，用白绫把自己勒死，就这样慷慨就义。在保卫高阳的战斗中，孙承宗全家40余口全部以身殉国。

这正是：

宦海风雨几沉浮，为国何计荣与辱。
生逢乱世家何在，以死明志垂千古。

第九十一回 乱世一圣贤 义士孙奇逢

上一回说到,明朝末年,河北老将孙承宗花甲之年带兵出征,危难时刻勇担重任,可惜英雄逢乱世,忠臣遭黑手,孙承宗壮志难酬,壮烈殉国。和这位老英雄同一时代,在河北还出了一位高人,他才情盖世却甘守寂寞,不问功名只为真理,于乱世中开创出一片文化净土,他是谁呢?

明朝末年,天灾人祸,民不聊生,先是百姓揭竿而起,把皇上赶下台。接着,清兵入关,征服中原,强推剃发令,留头不留发,留发不留头。在这乱哄哄的世道里,人心更是乱糟糟,翻开这段历史,我们看到的是官场的尔虞我诈、钩心斗角,是为了活命的颠沛流离、卑躬屈膝,是乱世中命如草芥的杀戮。

中国有句话,叫"宁为太平犬,不做乱世人"。在这样的世道里,活命都难,更别提什么人格尊严、气节操守了,可是河北就有这么位高人,不管外头乱成什么样,都心如止水,守着自己的底线,按照自己的心思过活,他不拿一身本事当事,不为功名利禄动心,只是一门心思钻研学问,教书育人,他就是明末清初"三大儒"之一的河北人孙奇逢。

万历十二年,孙奇逢出生在河北容城县北城村一个书香门第,官宦之家。孙奇逢的祖父孙臣为嘉靖年间的举人,官至河东盐运司运判,父亲孙丕振,以生员授儒官。孙奇逢兄弟四人,两个哥哥都曾是县学的生员,弟弟入了国子监,也就是国家的最高学府,后来出任山东武城知县。

孙奇逢继承了这个家族擅于读书的基因,七岁开蒙,14岁就考中秀才。有一次,他跟着父亲去拜访名士杨补庭。杨补庭见孙奇逢年龄不大,却老成持重,跟个小大人似的,就有意出了个难题来考他。杨补庭问:"假如我们被敌人困在城里，内无粮草，外无救兵，该怎么办？"孙奇逢张嘴就说："那就为国捐躯！"这样的回答，让杨补庭大为震惊，他不住地点头，对孙奇逢父亲竖起大拇指："这孩子将来一定是个宁折不弯的人物！"

凭着拔尖的成绩，孙奇逢15岁时得到政府发的膳食津贴，相当于现在的奖学金；17岁参加北京顺天府乡试，轻轻松松地考了个第一，名声传遍了京城内外。很多读书人听说顺天府乡试出了一个17岁的解元，都慕名来找他，在孙奇逢周围逐渐聚集起一个小圈子，他们一起钻研学问，互相勉励，学业都大有长进。

这样的少年天才，让很多人看好，认为他将来的仕途不可估量，可接下来，孙奇逢在考场上却不大顺利，两次参加会试都名落孙山。

原本孙奇逢想要重整旗鼓再次冲刺，可没想到，生活中出了个意外。孙奇逢22岁那年，父亲得了急症去世了。因为事来得太突然，孙奇逢异常悲伤，兄弟四人一起在父亲墓前盖起茅屋，守丧三年。可没想到，三年孝期刚满，母亲又去世了，他又为母亲守了三年孝。

父母相继离世，对孙奇逢打击很大，守丧的六年里，孙奇逢对自己的人生进行了深入思考、重新布局，他的未来，又将何去何从呢？

命运多舛，大才子为何传道授业开办学堂？
心系乾坤，孙奇逢如何苦心孤诣营救忠良？

孙奇逢少年时胸怀大志，一心要走科考入仕的路，可父母的相继去世，让他开始怀疑自己，他为忙于追逐功名利禄，没有尽到人子之责愧疚不已。几十年后，孙奇逢和他的弟子们说起这段往事，说就是在那个时候，他放下了功名之心。

实际上，在那样的时代，对读书人来说，除去参加科举，似乎也没有别的路可走。父母亲接连去世，孙家已经穷困潦倒，连锅都揭不开了，守孝期间，有时候连口粥都吃不上。

守孝期满，为了谋生存，孙奇逢应朋友的邀请去了北京，到一个高官家做家庭教师。不久，赶上会试，孙奇逢又报名参加，遗憾的是他这次依然名落孙山。虽然科举不顺，可孙奇逢在京城做家教却做出了名声，请他的人越来越多，包括不少达官显贵。孙奇逢索性开了一家学馆，专门收徒讲学，许多官宦子弟都投师他的门下。

当时正是万历皇帝后期，朝廷里朋党相争，钩心斗角，孙奇逢居住在天子脚下，常年在官员家里进出，目睹了官场的混乱、王朝的腐败，失望透顶，他觉得即便自己考中了进士，在这样的朝廷里也不会有什么作为，就更加断了入仕为官的念想，发誓以后不再参加科举考试。如此一来，他在京城待下去也没什么意义了。所以，做了六年北漂之后，孙奇逢又回到家乡，依然干自己的老本行，开馆授学。

有一次，他的好友鹿善继跟随督师孙承宗前往山海关，邀请他一块前往。孙奇逢在山海关前后待了三个月，陪同孙承宗一起考察山川地形，提了很多建议。孙承宗很欣赏这个年轻人，有心举荐他到自己身边任职，但孙奇逢坚持不当官，拒绝了孙承宗的好意，又回到家乡。

当时，宦官魏忠贤专权，形成阉党势力，在朝廷里残害忠良，杨涟、左光斗、魏大中等东林党人相继被捕下狱，孙奇逢虽然身在乡野，却心系国家，他十分同情东林党人的遭遇。听说魏忠贤还想把左光斗、魏大中的家人也投入大狱，孙奇逢和朋友们挺身相救，帮两家子弟脱离虎口，为他们找到安全的栖身之地。

办完了这件事，孙奇逢开始积极策划营救左光斗等人。可是魏忠贤权倾一方，谁又能与他抗衡呢？就在此时，孙奇逢想到了一个人。谁呢？河北老乡督师蓟辽的大学士孙承宗。孙承宗德高望重，手握重兵，何况他还是皇帝的老师，如果他能够出面，左光斗等人或许还有一线生机。想到这里，孙奇逢立刻写了一封密信给孙承宗，细说利害，请求他营救左光斗等人。

孙承宗跟孙奇逢打过交道，欣赏他的才华，敬重他的为人，但这次老乡托付的事情却着实不好办，答应他，就意味着要和如日中天的魏忠贤去死磕，这可是生死攸关的大事，该如何作答呢？

其实，孙承宗早就对魏忠贤祸国殃民的做法不满，只是身在边防前线，也是鞭长莫及，现在接到孙奇逢的信，可谓是英雄所见略同，孙承宗决定放下手头事务，入京面见天启皇帝，揭露魏忠贤真面目，解救东林党人。

孙承宗是三朝元老、皇帝的老师，如今又手握重兵，在朝堂之上举足轻重。这次在东林党人的问题上，他率先发声表明立场，毅然出手相救，制造了不小的动静。结果孙承宗人还没有到京城，这消息就先传了出来，那么，他的计划又能否顺利实施呢？

魏忠贤提前得到了孙承宗要进京的消息，半夜跑到天启皇帝面前痛哭流涕，说孙承宗入京，图谋不轨，意在大明江山。天启皇帝虽然对魏忠贤的话将信将疑，但还是接受了魏忠贤的建议，派人快马急传圣旨，阻止孙承宗进京。这样一来，孙承宗解救左光斗的计划就失败了。

可孙奇逢并没有放弃，当时，左光斗等人被关押在特务机构东厂，每天都遭受严刑拷打。魏忠贤和他的亲信诬陷左光斗等人贪赃白银数千到数万两，让他们限期交还。这些东林党人都为官廉洁，家无积蓄，根本拿不出钱来。为了让左光斗等人免受酷刑，孙奇逢和他的朋友们到处奔走，筹集资金，当他们拿着辛辛苦苦筹到的数千两白银赶到东厂时，还是晚了一步，左光斗等人都已经被迫害致死。

当时正是魏忠贤气焰熏天的时候，谁站错了队，谁就有可能被列入黑名单，遭到打击迫害。所以，朝廷中的官员要么拜倒在魏忠贤膝下，要么为了自保，躲得远远的。就在这样一个万马齐喑的时代，孙奇逢这个默默无闻的学馆先生却勇敢站出来，公然与黑恶势力叫板，虽然营救行动没有成功，但是获得了不少正义之士的敬慕，名声远扬，孙奇逢和他的两个朋友被尊称为"范阳三烈士"。

孙奇逢此举，让故交蓟辽督师孙承宗更加佩服，他向朝廷举荐，让孙奇逢到辽东与自己共事。与此同时，南京兵部尚书范景文也派人来请孙奇逢，让他到南京兵部来做自己的参谋。可孙奇逢却一一拒绝了。

到崇祯皇帝时期，还不断有人推举孙奇逢当官，可孙奇逢给出的仍旧是两个字的答复——不去。朋友问他原因，他直言不讳地说，自己当了官也不会有什么作为，不如干好自己的老本行，踏踏实实地教书育人。

孙奇逢一心要当个教书匠，安贫乐道度过此生，可没想到，55岁那年，战火烧到了他的家乡，孙奇逢的命运又将发生怎样的改变呢？

几经战乱，一处山村为何成为世外桃源？
半世飘零，一代鸿儒何以创造传世美谈？

孙奇逢55岁那年，也就是崇祯皇帝在位的第11年，李自成的起义军杀到容城。为了躲避兵乱，孙奇逢带着学生和家人，来到容城西南170里外的五峰山，临时搭建茅屋，居住在山中一处叫"双峰村"的地方。当时，容城的很多百姓都跟随孙奇逢来到这里，这半山腰里的小村庄一下子聚集了几百家数千人。孙奇逢把大家组织起来，组建护村武装，防备敌人侵犯，双峰村秩序井然，就像一个小小的世外桃源。

孙奇逢在双峰村依旧干着老本行，教书育人。听说孙先生在这里办学，慕名而来的弟子越来越多，学堂的规模也越来越大。

就在这时，定兴县百楼村邀请孙奇逢前去讲学，孙奇逢就带着弟子们到了百楼村，在这里一待又是六年。虽然住在百楼村，双峰村还是他们的根据地，一有兵乱，孙奇逢就带弟子们回到这里。孙奇逢的名气越来越大，双峰村也出了名。

后来，李自成带领农民军攻占了北京，建立了大顺政权。他听说了孙奇逢的大名，专门派定兴县令来召孙奇逢入京为官，孙奇逢像过去一样，坚决推辞。很快，李自成起义军被入关的清军打败，顺治皇帝住进了紫禁城。为了笼络人心，更好地统治中原地区，顺治帝开始广纳贤才，征召有声望的汉族文人到朝中做官。作为当时最具人气的大学者，孙奇逢当然在顺治皇帝的人才榜上。顺治元年和顺治二年，孙奇逢连续两次被召入京，可是，他都以身体不适为由推掉了新皇帝的邀约。

由于战乱不断，孙奇逢为了学生和家人的安全，又几次搬迁，从定兴百楼辗转漂泊到河南辉县的苏门山。当地一个官员仰慕孙奇逢，把自己在夏峰村的田产房舍赠给了孙奇逢，就这样，孙奇逢和他的家人、学生有了最后的落脚点。

到夏峰的时候，孙奇逢已经73岁了，仍然有很多人来向他求学，多的时候甚至一年就有几十人，这其中就包括大思想家顾炎武。辉县夏峰村渐渐成了全国的学术交流中心。讲学之余，孙奇逢带着学生们开荒种地，过着自给自足的生活。

从明朝到李自成大顺政权再到清朝，孙奇逢经历了三个政权，前后共11次被征召做官，孙奇逢全部拒绝，天下人称他为"征君"。孙奇逢一直活到了92岁，在半个多世纪的时间里，不管世界怎么改变，孙奇逢只是专注于两件事，做学问，办教育。在这两个领域，他都取得了了不起的成就。作为教育家，孙奇逢桃李满天下，弟子无数，其中最有名的学生要算汤斌。汤斌在清朝顺治时中进士，曾陪顺治皇帝读过书，给康熙讲过课，还教过康熙的太子，官至工部尚书。作为学者，孙奇逢创作了《理学宗传》《四书近旨》等哲学和历史学著作，有些还被收录进《四库全书》。他跟李颙、黄宗羲齐名，合称明末清初三大儒。现在，河北省博物馆里还保存着他的著作手稿。

这正是：

少年英才中解元，不慕荣华回乡间。

风云变幻窗外事，著书育人一圣贤。

第九十二回 明末大义士 定兴鹿太公

上一回说到，孙奇逢传道授业桃李飘香，豪侠仗义美名飘扬。在燕赵之地，留名青史的诚义之士有很多，可是祖孙三代豪杰，一门忠烈，古往今来却数不出几例。在明朝，就有这样传奇的河北一家人，他们用一脉相传的侠肝义胆书写了怎样的壮怀激烈？

定兴县拒马河畔有一个小村庄，不知道是谁根据杜甫的诗句"清江一曲抱村流"，给这个小村庄起了诗意盎然的名字——江村。别看这个村子不大，在明朝却出了三位响当当的豪杰义士，这三位好汉都来自鹿氏家族，是祖孙三代，这一家子在历史上留下了怎样的故事呢？

鹿氏家族祖上是蒙古族的宝格氏，明朝永乐年间从小兴州迁徙到定兴的江村，在这里安家落户，慢慢成为当地望族。明朝后期，政治黑暗，官场腐败，当官的别说为民做主，不贪不占就很不容易了，可是就在这一片乱局中，定兴县却出了一位百姓称颂的大清官，他的名字叫鹿久徵，就来自江村鹿氏家族。鹿久徵何以做到出淤泥而不染呢？

鹿久徵是明朝万历年间的进士，曾经做过河南息县的知县，当时，苛捐杂税繁重，老百姓土里刨食，一年到头剩不下几斗粮，日子苦得没法过。

在首辅大臣张居正的建议之下，明神宗下诏实行一条法令，让各个州县重新丈量土地，分成上、中、下三等，按照土地的好坏、人丁的多少来核定课税的数量。这项政策原本是为了给老百姓减负，可是到了地方，好好的一本经被一些歪嘴和尚念走了样，官员们弄虚作假，谎报民情，以次充好，把寸草不生的荒滩野坡说成上等好地，为的是多收税，从百姓身上多割二两肉。

鹿久徵知道百姓活得不易，对这种做法非常痛恨，他在核查土地的时候，把辖区里的耕地大都定成下等田造册上报，为的是减轻老百姓的赋税。这样做，百姓们自然是拍手叫好，可是他的直接领导却不干了，几次把他上报的材料打回来，发回重审。

没想到这位鹿知县不但没有修改报告，还找上门去给领导做工作，他说："百姓是我们的衣食父母，这次核定土地，就是为了给他们减轻负担，怎么能让他们受苦受累还受委屈呢？"尽管领导的脸色不好看，可鹿知县一直坚持，一个字不改，全县老百姓都成了政策的受益者。

过了没多久，鹿久徵调到山西襄垣县工作，这里连年闹饥荒，很多百姓都在外逃荒，可之前的县官却把逃荒者的赋税全都加在留下来的百姓身上，老百姓的日子雪上加霜。鹿久徵上任以后，重新进行人口普查，按着现存的人口征收赋税，还从自己的口袋里拿钱资助特困户。新县令来了没几年，当地百姓大都解决了温饱，安居乐业，一派祥和。由于鹿久徵业绩突出，被提拔为御史。可以说不管在哪儿工作，在什么岗位上，他都把民生放在首位，把百姓放在心头，赢得了众口一词的好口碑。

后来，皇帝在军政界发起一场反腐风暴，兵部30多名军官被撤了职。恰好这时候，鹿久徵还朝回京，发现这些人里不少是为了凑数被冤枉的，就去跟皇帝理论。皇帝正在气头上，鹿久徵的话说得又太直，结果皇上更加恼怒，鹿久徵非但没有救了别人，自己也被贬了官，下放到荥阳府泽县当县令。路途遥远又堵心，结果，鹿久徵就病死在上任的路上。

鹿久徵人走了，好名声留在了百姓心里，在山西，很多百姓听到这个消息，伤心不已，纷纷走出家门给他烧纸送殡。

身教胜于言教，鹿久徵为人之道为官之德，给子孙后代树了一个好榜样，在正直、诚义的家风熏染下，鹿久徵的儿子也长成莲花一般的贤德之士，这又是怎样一个人物呢？

躬耕田园，一介布衣做出哪番英雄壮举？

胸怀天下，一门忠烈留下何等丰功伟绩？

鹿久徵的儿子叫鹿正，字诚宇，听这名字，就明白这里寄托着父亲怎样的期望。

鹿正是鹿家的长子，他人如其名，正直善良，对父母孝顺，对朋友仁义，仗义疏财，乐善好施，经常拿出钱来帮助需要帮助的人。鹿正一辈子没当官，自己耕田种地，怡然自在，活了80多岁，被当地人尊称为"鹿太公"。

这其中还有一个小插曲，鹿太公的儿子鹿善继当上了兵部的大官，定兴县令亲自上门拜访，却看到鹿太公正拿着粪叉子在地里忙活，这位县令感慨地说道："原来真有这样耕夫情结的老太爷啊！"

虽说鹿太公一辈子身在乡野，却有着济世的胸怀。万历年间，朝廷里出了个大太监魏忠贤，他一手遮天，残害忠良，对东林党人进行了凶残地迫害。当时朝廷里的官员们都害怕魏忠贤的势力，谁也不敢站出来主持公道。可鹿太公却冒着被株连九族的危险，散尽家财，和容城县的大儒孙奇逢一起营救东林党人。只可惜，他们的营救计划没有成功，东林党的忠良之臣还是惨遭杀害。他们死后，鹿太公还挺身而出，出资安葬了他们，还拿出钱来救济忠良之后。鹿太公的义士之名因此传遍了朝野内外。

生在这样一个家庭中，鹿太公的儿子鹿善继小小年纪心里就种下了正义的种子。明朝万历三十八年，定兴县发生了一件大事，让鹿善继声名鹊起，成为继他父亲之后最仗义的河北人。

话说当年有位叫薛一鹗的孝廉，他刚正不阿，最看不惯贪官污吏欺压百姓，因为举报贪腐，被判了一个"诬谤之罪"，牵连到不少人。这事本来跟鹿家一点儿关系都没有，可鹿善继打抱不平，写了状子告到了新上任的县令那里，要为薛一鹗翻案。

新县令接下状子仔细一查，其中果然有冤屈，他原想为薛一鹗平反，可受到上面的压制，不敢出头。疾恶如仇的鹿善继不肯就此罢休，为了乡亲的清白，他又写了一封信给当代名儒孙奇逢，聚集了孝廉诸生36人告到了顺天府。在那里，他慷慨激昂，侃侃而谈，顺天府的官员们都被他这一身正气给镇住了。可当时官场腐败，官官相护，顺天府也没人敢接手这案子，事情就又搁置下来。

鹿善继一看顺天府这条路还走不通，又带着大伙来到直隶观察使刘洪谟的府上。这位刘大人是个难得的清官，早就听说了这件事，更佩服鹿善继的为人，接过他的诉状，严查此事，最终为薛一鹗洗清了冤屈。后来，这位刘大人升了官，当上了太仆寺上卿，相当于副部级干部，还不时提起河北侠士鹿善继，经刘大人这么一宣传，鹿善继的大名更加广为人知。

万历四十一年，鹿善继考中了进士，到兵部见习，之后担任户部山东司主事，管理盐务。他上任以后，一门心思研究历代盐法，还写了一本《粤闽盐法议》，把国家征收盐务课税的法规条文弄得清清楚楚、明明白白，他干起工作一丝不苟，不徇私情。在他的严打之下，投机倒把的人少了，既保证了国家税赋，又保证了老百姓的生计。

为官一任，造福一方，无论在哪儿当官，鹿善继都坚持着为国为民的信仰，干出自己的一份担当。可天有不测风云，鹿善继45岁那年，遭遇了飞来横祸，一场"金花银"事件，让他跌入了事业的谷底。

这事还要从明清之际的萨尔浒战役说起。明朝为了安定辽东，对后金发动了一场大规模的战争。努尔哈赤的军队来势凶猛，明朝的将士们也拼死冲杀，这一战，人吃马喂，耗资巨大，国库的银子哗哗地往外流。这时候前线传来一个坏消息：军饷供应不上。这可是要命的大事，大臣们多次请求尽快给将士们发粮饷，可朝廷腐败，国库亏空，皇亲国戚们光顾着自己享受，居然不上报。

就在这个时候，广东送来了一批金花银给朝廷。什么是金花银呢？就是足色、有金花的上好银两，也叫京库银，原本是以备各边之缓急用的银子，说白了，就是皇家小金库的私房钱。

当时，鹿善继在户部当差，任户部河南司主事，还负责管理广东司事务。虽说调拨军饷的事情不归他管，可国难当头，他心里着急，就照着旧制，给他的上司户部尚书李汝华提了建议，直接把这些金花银拨给急需军饷的辽东将士，还说道："如果惹恼了皇上，我愿一人担当。"

私自动用皇家小金库的钱，风险太大了，一旦惹怒了皇帝，就可能招来杀身之祸。那么，李汝华能同意鹿善继的提议吗？

祸从天降，爱国之臣遭遇何等不平？

峰回路转，忠义之士迎来哪般光明？

李汝华也是一位爱国之士，他认真思考一番，国难当头，动用金花银充当军饷，是救急的事，不妨先斩后奏，于是同意了鹿善继的提议。他们的这一举动，却触动了明朝皇室的私利，惹恼了那些皇亲国戚和后妃太监。

三传两传，这事到了万历皇帝耳朵里，他勃然大怒，扣了李汝华两个月的工资，停发鹿善继一年的工资，让他们好好反省。鹿善继不忍心自己的上司承担过错，他大义凛然地跟皇帝辩论，把所有的责任都揽到自己身上，为辽东死难的将士们鸣冤，他说："当年我为乡亲鸣冤，死都不怕，如今为我户部声誉，更不怕死。"

万历皇帝仔细一想，鹿善继说得也有道理，可这个家伙竟然跟自己公然叫板，要是这次由了他，这一朝天子的威仪何在？最终，皇帝还是坚持处罚，李汝华两个月的工资没要回来不说，鹿善继还官降一级，从京城打发到外地去了。

任何王朝，都指望忠臣良将挽救灭亡的命运，所以第二年，鹿善继又被官复原职。一年之后，辽东形势吃紧，努尔哈赤大举进攻边境，危难之时，朝臣们想起了两位河北义士：孙承宗和鹿善继。当时大明的江山换了主人，在位的皇帝是明熹宗，他打着重用人才的旗号，让鹿善继担任兵部职方司主事，又启用自己的老师、河北高阳人孙承宗担任东阁大学士，总理军机。

孙承宗和鹿善继既是同乡又是密友，更是志同道合的知音，英雄相惜，他们一起谋划辽东防务，运筹收复失地的良策。

不久，孙承宗罢免了兵部尚书总督蓟辽军务王在晋的官，亲自督师山海关，到辽东部署防御，让鹿善继跟随在身边。在辽东前线，将士们经常看到孙承宗和鹿善继穿着粗布衣裳，骑着马奔走忙碌的身影。

这正是：

定兴江村义士门，祖孙三代家风醇。

仗义疏财救忠良，一身正气不畏君。

第九十三回 堂堂大君子 烈烈鹿善继

上一回说到，河北忠义之后鹿善继临危受命，驻守边关，在辽东战场第一线，他经历了怎样的血雨腥风？在家国危亡之时，他做出怎样的生死抉择？

鹿善继在辽东前线这四年，跟着孙承宗多次出关巡视，不顾个人安危四方游说，与周边部落建立了友好同盟，共同对付女真。两位爱国将领强强联手，勇气和谋略兼备，率领将士们打得努尔哈赤退兵400里，收复了几十座城堡，为大明王朝筑起了一道坚固的边防线。鹿善继成了蓟辽总督孙承宗的左膀右臂，孙承宗多次上奏朝廷为他表功，鹿善继因此被提拔为员外郎。

将士们在边疆浴血奋战，冒死拼杀，朝廷里却是乌云压顶，乱象纷纷。大太监魏忠贤把持朝政，结党营私，他还想方设法拉拢孙承宗和鹿善继。有一次，魏忠贤派了他的手下趁着到山海关运送粮草的机会，跟孙承宗、鹿善继套近乎，还打着河北老乡的旗号，送给他们10万两白银。原以为有这10万两银子，这二位得乖乖地跟着自己走，可魏忠贤的如意算盘打错了，这两位义士坚决不收贿赂，全都转送给了辽东的将士们。

与此同时，魏忠贤对要求反对宦官专政、振兴吏治的东林党人下了手，他诬陷左光斗、杨涟等人贪赃结党，把他们罢官下狱，把赵南星等忠良一起治罪，东林党人士的亲戚朋友和弟子们纷纷逃往他乡避难。左光斗的弟弟、魏大忠的儿子走投无路，逃到了定兴县，鹿善继的父亲鹿太公二话没说，收留了他们，还仗义疏财，跟容城大儒孙奇逢一起多方营救东林党人。只可惜，花光了银子，也没救出人。无奈之下，鹿太公和孙奇逢只好写信给德高望重的孙承宗大学士，请他出面营救。

鹿善继原本就是个眼里不揉沙子的直脾气，从孙承宗那里听到东林党人被迫害的事情，更加义愤填膺。他跟上司孙承宗一路快马加鞭，回到蓟县，想借着给皇帝祝寿的机会回京面圣，为国锄奸，营救忠良。

鹿善继明白，想要扳倒魏忠贤不是件容易的事，这一次回京也是凶多吉少，可他早已将生死置之度外，决心跟随孙承宗，与祸乱朝纲的奸佞斗争到底。

魏忠贤得到孙承宗要回京的消息，恶人先告状，跑到皇帝那儿一把鼻涕一把泪地演了一出戏，诬陷孙承宗有谋逆之心，唆使皇帝连下三道圣旨，阻止孙承宗进京。眼看着奸佞当道，忠良蒙冤，鹿善继心急如焚却无力回天，唯一能做的就是拿出自己所有的积蓄，资助营救东林党的君子们。

朝廷里没人斗得过魏忠贤，他更加无法无天，对东林党的打击越发残酷，三天一搜捕，五天一追讨。他知道孙奇逢等人在想方设法凑银子营救杨涟、左光斗，就指使党羽把二人打死在狱中。

祸害完了朝廷忠良还不算，魏忠贤又唆使同党在皇帝面前诋毁孙承宗。一来二去，皇帝信以为真，罢了孙承宗的官，打发他回了高阳老家。老上司被奸臣陷害，鹿善继也愤然辞官，回到了老家定兴。

回乡不久，鹿善继又遇上了一桩不平事。

一手遮天，奸佞小人如何祸乱朝纲？
桃李不言，忠义大臣为何开办学堂？

回到老家之后，鹿善继才听说了东林党人被害的消息，悲愤不已。朝廷里的魏忠贤一手遮天，变本加厉，还要把已经退职还乡的东林党人周顺昌抓入大牢。苏州城乡数万人聚在一起，为他喊冤，两名东厂的缇骑被当众打死，魏忠贤连忙出兵镇压。鹿善继深知周大人是个清正廉洁的君子，那些罪名都是诬陷。所以，他不顾个人安危，多方奔走呼告，为周顺昌鸣冤，还到处募集资金营救他。

魏忠贤岂肯罢休，把周顺昌押至京城，严刑拷打。周顺昌的牙齿都被打掉了，他把满口鲜血喷向阉党，痛骂魏忠贤，最后受酷刑而死。魏忠贤还派人监督和恐吓鹿善继及其家人，想逼着他屈服就范。可鹿善继和鹿太公早就把生死置之度外，铁了心要保护那些遇难大臣的亲人朋友。乡亲们为鹿家父子的安危捏了把汗，纷纷劝他们远离是非，鹿善继却大义凛然地说道："心存正义，何惧之有？"

等到崇祯皇帝即位以后，终于收拾了那群危害朝廷的阉党，杀了党首魏忠贤，为东林党人翻了案。孙承宗、鹿善继父子因为营救东林党君子的义举得到了朝臣的一致认可，不少人上书请求皇帝重新任用他们。可这时候，无才又无德的兵部尚书王在晋得了势，他嫉贤妒能，在皇帝跟前诋毁孙承宗和鹿善继。崇祯皇帝心里拿不定主意，只好和稀泥，他召鹿善继回朝，褒奖了一番，给了个太常少卿、光禄寺丞的官职。

太常少卿，是太常寺的副官，正四品，掌管礼乐、天坛、地坛的祭祀、社稷的事，是个闲差。鹿善继分管的是光禄寺丞，主要管宫廷用酒、御膳、宫廷园林灌溉这类杂事。

鹿善继这么一个文武双全、侠肝义胆的大丈夫，压根儿不稀罕这个四品官的待遇。一看才无所用，报国无门，鹿善继干脆又辞官回乡了。

三百六十行，行行出状元，鹿善继回到家乡以后，拿起了笔墨纸砚，办起了学堂，当上了教书先生。大明朝的太平日子没过多久，女真人又杀了过来，崇祯皇帝慌了阵脚，连忙请老将孙承宗出山，督师辽东，抗击女真。

这个消息让鹿善继热血沸腾，他本想再次出山，跟老上司一起血战沙场，为国效力，可请战书还没获批，孙承宗再次遭到诬陷，又被罢了官。这对鹿善继简直是当头一棒，他一下子清醒了，大厦将倾，仅凭匹夫之勇不能挽救王朝的命运，他彻底断了为朝廷打工的念想，一门心思教书育人。

在定兴乡下教书的12年，鹿善继的才华学识出了名，很多青年慕名前来，向他求学。《明代人物志·鹿太常传》中说，鹿善继名声远播，学生太多了，他家的屋子根本盛不下，不得不在院子里上课。河北中南部的学子们，凡是品德好、学问大的，不用问，都是鹿善继的门生。

崇祯四年，鹿善继生了一场病，不能给学生们上课了，他不想耽误学生们的前程，发给他们回家的路费，让他们另择名师。可没想到，病好以后，那些学生又都自发回到了他这里，求学的学子们排成队，恨不能踏破他家里的门槛。

就连他的老乡、一代鸿儒孙奇逢，也把自己的儿子、侄子们送到了这里。他的学生里，除了来自燕赵之地的，还有不远千里从江西赶来的，加起来有好几百人，可谓桃李满天下。

鹿善继不仅教书教得好，做学问也没得挑。他潜心研究中国传统文化，留下了《四书说约》、《认理提纲》等十几部儒学著作。另外，他还把自己的从政生涯记录下来，写下了《前督师纪略》、《后督师纪略》、《金花银始末》等回忆录，后世弟子们整理的还有《鹿善继文稿》四卷，《鹿忠节公集》二十一卷，堪称一代大师。

教书育人，著书立说，鹿善继只想平平淡淡度过余生，可是他不跑官，这官却找上门了。当时吏部铨司空缺，大臣们纷纷举荐鹿善继。吏部铨司是个督查吏治的职位，是官场上所谓的"肥缺"，这一回，就连老上司孙承宗也劝他进京就职，也许还可以为朝廷吏治出一把力。

面对老上司的劝说，鹿善继不为所动，他说："我鹿家乃是范阳义士之家，家父从小教导我做人忠义守信，男子汉大丈夫，一言九鼎，我既然决定不再当官，又怎么能回头呢？"

鹿善继虽然拒绝入朝为官，可还是没有过上期望的平静生活。努尔哈赤死后，皇太极当上了皇帝，改国号清，对明王朝发动大规模的进攻。明朝腐败，朝中无良臣，军中无良将，在清军的进攻之下节节败退，无力还击。清兵很快攻占宝坻、南下保定，进攻定兴。在这国难当头、江山危亡之时，直隶中南部的明朝官员都望风而逃，达官显贵都躲在深山里不敢露面。

这时候，蛰伏多年的鹿善继挺身而出，率领人马誓死保卫定兴，鹿善继的父亲鹿太公坚决站在儿子身后。这充满悲壮色彩的一战，会如何展开呢？

拼死一战，爱国将士留下何种英雄风采？
为国捐躯，忠勇义士书写哪般壮烈篇章？

大敌当前，定兴县令一病不起，城里的士绅们把鹿善继当成主心骨，恭恭敬敬请他进城，谋划守城大计。在这里，鹿善继遇到了一位故人，就是他当年四处申告、仗义解救的蒙冤官吏薛一鹗。

薛一鹗平冤昭雪后，考中了进士，做了官，当过兰州知州，此时也罢官回乡。王朝危亡时刻，站出来的却是这些昔日的"罪臣"。薛一鹗和鹿善继并肩作战，共同谋划抗清大计，他们筹措粮草，加固城防，招募义勇，准备滚木礌石，决定跟清兵决一死战。

清兵来势汹汹，把定兴县城围了个水泄不通。一开始，清军的首领走的是招降的路线，以封官加爵为诱饵，还让明朝投降的官员现身说法，希望鹿善继、薛一鹗等人能出城投降，可这些爱国将士们宁可战死，决不投降。

清军首领一看软的不行就来硬的，用刀枪火炮，发动野蛮的攻城之战。鹿善继带着全城的勇士拼死抵抗，多次打退了清兵进攻。只可惜，敌众我寡，孤立无援，定兴军民跟清军相持六天六夜之后，城池被攻破，薛一鹗壮烈殉国，鹿善继身受重伤，被敌人俘获。清兵把大刀架在他的脖子上，鹿善继誓死不降，清兵恼羞成怒，狠狠地砍了鹿善继三刀，又射了他一箭。就这样，鹿善继慷慨殉国，终年62岁。

当家丁跑回老家，把鹿善继壮烈殉国的事情禀告了鹿太公，太公仰天长叹："我儿历来以身许国，如今果然为国捐躯，我还有什么遗憾呢？"老人家提笔写下了几个大字："尔父求仁得仁，死亦何恨！我儿英雄。"

鹿善继为国捐躯的英雄事迹，很快传遍朝野，崇祯皇帝知道后，下诏追赠大理寺卿，谥号"忠节"，并敕令在京城和定兴县建祠奉祭。

后来，清朝保和殿大学士张廷玉奉旨编修《明史》，每每看到关于鹿善继的记载，都深为感动，还用"气节凛然"、"英风义烈"这样的词汇盛赞他。

这正是：

国家栋梁归故里，扶危救难无所惧。
民族危亡挺身出，抗清殉国万民祭。

第九十四回 清初一名相 柏乡魏裔介

上一回说到河北义士鹿善继扶危救难无所惧，为国捐躯留英名。历史滚滚前行，浪花淘尽英雄，随着清军入关，清王朝登上历史舞台，一位叫魏裔介的河北人开始崭露头角，从一介平民到达官显宦，又从政坛明星到乡野村夫，乌头宰相魏裔介的一生经历了怎样的跌宕起伏？

魏裔介，字石生，邢台柏乡人，生于明万历四十四年（1616年）。他从小才智过人，15岁中秀才，26岁中举人，经历了改朝换代，顺治三年，31岁的魏裔介进士及第，从平头百姓成为朝廷命官，后来在清王朝步步高升，一直做到了一品大员保和殿大学士，人称乌头宰相。

其实明清两朝并没有宰相这一职位，当年朱元璋为了加强皇权，废除宰相，清朝沿袭了这一制度，所以魏裔介的官职并不是宰相，只是因为他分管朝政，职权相当于宰相，人们都这么叫他。"乌头宰相"有两层含义，一来是魏裔介出任尚书时才42岁，别的机要大臣早已是白发苍苍，而他须发皆黑，故称"乌头"；另外，乌头有平民百姓的意思，魏裔介是平民出身，所以也自称乌头宰相。

魏裔介平民出身，平民情结很深，他了解民间的疾苦，百姓的不易，入朝为官以后，也是时时处处为他们说话，从来不想自己的利益得失。想当年，他只是翰林院中的一个小职员时，就因为仗义执言惹恼了摄政王多尔衮，差点儿丢了乌纱帽。一个小小的翰林怎么和大权在握的摄政王有了交锋呢？

清王朝入主中原后，当时的顺治皇帝才九岁，龙椅上的小皇帝只是个摆设，朝里的大事小情都由他的叔叔多尔衮和母亲孝庄太后说了算。

有一次，多尔衮和孝庄带着年幼的顺治去朝廷的各部

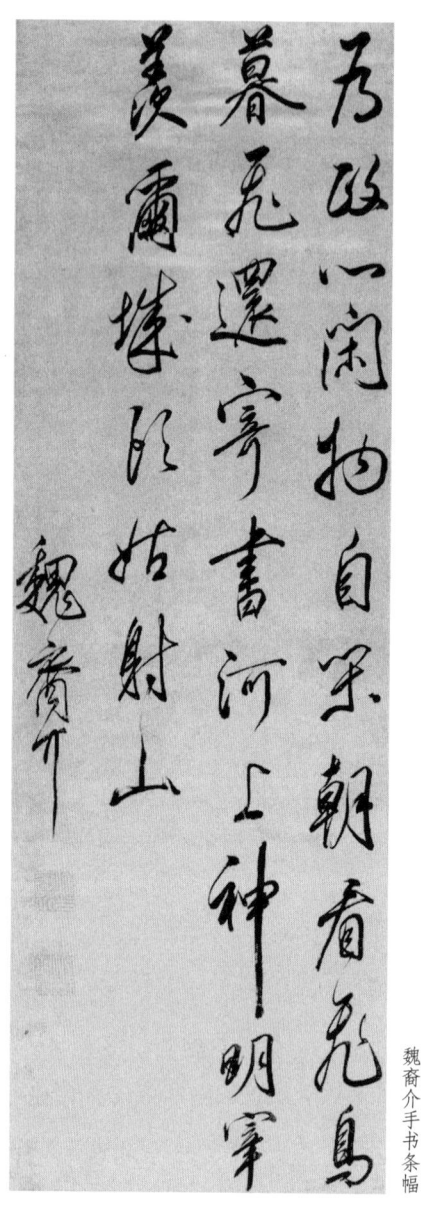

魏裔介手书条幅

院视察,来到翰林院与新科进士见面时,多尔衮就直接点名要面见魏裔介。魏裔介当时虽然职位不高,但才名在外,两位掌权者也早有耳闻。魏裔介从众大臣背后应声而出,多尔衮对他说:"近日你托大学士送来的关于强化我朝礼制的奏折,诸位大臣看后很受启示,正如你所言,国家礼仪教化关系到一个国家的兴衰存亡,你对朝廷还有什么谏言,还请大胆直陈。"

魏裔介也不客气,直言不讳地指出了剃发令的危害。原来,清军入关以后,多尔衮就颁布告示,所有官吏军民必须剃头来表示对清朝的忠心。可是,在汉民族文化里,"身体发肤,受之父母",剃头还不如要他们的命。老百姓怨声载道,纷纷反抗,多尔衮于是下令"留发不留头,留头不留发",谁要是敢不剃头,割下头颅挂在旗杆上。这项强硬的政策更加激起了民愤,反抗斗争此起彼伏。

魏裔介对多尔衮说:"前不久,我朝所颁的剃发令许多汉民不愿接受,为此无心劳作,各地还流传一句顺口溜:满族人不讲理,削平四方留中原。草民的意思是希望皇上尊重汉民习俗……"

魏裔介话还没说完,多尔衮的脸上已是阴云密布,他粗暴地打断了魏裔介:

"你一个小小的庶吉士，好大的胆子！要知道为了让剃发令能够顺利实施，朝廷下了多大的决心，付出多大的代价！"

在场所有大臣都为魏裔介捏了一把汗，但魏裔介从容不迫，继续说："刑罚过严则不仁，不仁则丧失民心，上则违逆天和，为了国家安宁，应该放宽刑罚，广施仁政，不能动辄就滥杀无辜。"

魏裔介不卑不亢的态度，入情入理的话语，让多尔衮冷静下来，最终收回"留发不留头，留头不留发"的命令，废除了清军入关初期一些野蛮的政策，民心渐渐得以稳定。

与多尔衮的那场论战，让魏裔介成为朝廷里的名人。在翰林院工作了一段时间，魏裔介被推举为工科给事中，主要负责抄发章疏。升任给事中，职位并不高，按说不是个大事，但文武群臣深知魏裔介年轻有为、前途无量，都主动向他示好。一时间到魏裔介家的达官贵人络绎不绝，争相邀请魏裔介喝酒品茶，或结交兄弟，或互攀干亲。面对官场上盘根错节、复杂莫测的人际关系，魏裔介又将如何应对呢？

洁身自好，年轻官员因何远离朋党？
恪尽职守，耿直大臣怎样弹劾权贵？

面对身边穿梭往来的各色人等，魏裔介一律保持距离，平等相待。每次与朝中同道攀谈，他常常诚恳告诫："大丈夫入朝为仕应尽忠朝廷，心系国民安危，大不必结党成派。大清正处于艰难时期，大家何不把精力放在强国救民上？"

魏裔介不阿谀奉承，不攀附权贵，因此，顺治皇帝十分信任他，让他从给事中，迁太常寺少卿，擢左副都御史。左副都御史主要负责监察、纠劾事务，同时兼管审理重大案件和考核官吏。魏裔介一当上御史，就着手查办一个大案，弹劾了一位大员，引起了朝野内外的震荡。这是个怎样的案件，这位大员又是谁呢？

魏裔介弹劾的是大学士陈之遴，案由是营私植党，贪污索贿。陈之遴出身浙东名门，父亲是明朝顺天巡抚，清兵入侵时因为失职，被革职逮捕。陈之遴怕株连自己，竟狠心地把亲生父亲毒死在狱中。明朝灭亡后，陈之遴投奔南明福王政权，后来清军逼近南京，福王政权即将灭亡，陈之遴又逃回家乡。清军破城后，他立即投城，并把被他毒死的父亲说成是城破后被明朝斩首，以表示他与明朝有仇。为了表示效忠，他还向清政府建议挖掘明太祖朱元璋的陵墓，以泄尽明朝之气数。

顺治年间他入朝为官，靠着阿谀奉承，得到了摄政王多尔衮的赏识和重用，他称多尔衮为恩主。因为见风使舵，也颇得顺治帝好感，顺治清除多尔衮的党羽亲信时，陈之遴竟免于追究，还被擢升礼部尚书，又加太子太保。

魏裔介对这样一个势利小人实在痛恨至极，他听说陈之遴与朝中两位汉官结成南党，并向当时的太监吴良辅索贿，就弹劾他"结党之私，掩饰罪恶，才疏学浅不能报，良心已昧"，揭露他一系列逢迎拍马的恶行。魏裔介大胆发声之后，一位举足轻重的御史也给予了呼应，公开支持对陈之遴的弹劾。最终使顺治皇帝下诏革了陈之遴的官职，将他流放辽阳。

魏裔介为人忠诚敦厚，做事踏实认真。因为政绩突出，接连晋升，顺治十六年，43岁的魏裔介当上了太子太保、总宪大夫，职位相当于宰相。官位越来越高，魏裔介的心却放得很低，在底层百姓心里，他是最值得依赖的大清官。这样的好口碑，他又是怎样获得的呢？

一天，魏裔介经过北京南郊，看到很多百姓抱头痛哭，他上前问明原因，原来南郊打磨厂一带的土地、房屋被跑马圈地所占，并限期迁移，成千上万的人家无处安居。魏裔介一边安慰百姓，一边将情况紧急奏明皇帝。奏议说："京郊是国家的根本，黎民是保国的力量。倘若圈占了他们的土地和房屋，他们无法生存，势必会生出反抗之心，影响京城和国家稳定。"正是由于魏裔介等诤臣的进谏，清朝初期大规模土地兼并才有所收敛，燕赵地区的大部分百姓得以安居。

魏裔介升任太子太保后不久，顺治皇帝驾崩，也有人说顺治皇帝没有去世，只是不想当皇帝，削发为僧了。年仅六岁的皇太子玄烨继承皇位，是为康熙。孝庄太后汲取顺治初年多尔衮摄政朝廷混乱的教训，让索尼、鳌拜等异姓功臣辅政，历史上称"四大顾命大臣"。康熙三年，魏裔介升任保和殿大学士。当时鳌拜把持朝政，权倾朝野，很多人都攀附鳌拜，但魏裔介始终坚持为官做人的气节，决不攀附。康熙八年，康熙勤政，智擒鳌拜，清除了鳌拜党羽。

性情耿直的魏裔介深得康熙皇帝的信任，多次担任科场主考，他所主持的康熙九年春季会试被誉为"文体一变"、"得人最盛"。但是时隔不久，这次会试却成了他被弹劾的导火线。

无端受冤，耿直大臣如何慷慨陈词据理力争？
如日中天，乌头宰相为何急流勇退辞官回乡？

御史李之芳弹劾魏裔介主考的考场事先有人通风报信，徇私舞弊，魏裔介从中收受贿赂，还说魏裔介以前伙同班布尔善一起培植党羽。

康熙皇帝一听魏裔介和班布尔善是一党，想必也是鳌拜的党羽，心存芥蒂。魏裔介说："当时鳌拜专权，我尚且不依附于他，又怎么能依附班布尔善？臣自为官以来，弹劾腐败，惩治了不少官吏。前番我弹劾刘正宗，他的党徒对我记恨在心，而李之芳正是刘正宗的同乡，今天他诬陷我，完全是为了报复。身正不怕影子斜，我倒希望把这件事查个水落石出。"

康熙皇帝虽然弄清了真相，但是由于各方面压力，仍然给了魏裔介一个处分，免了他尚书之职，不过后来又把他补为保和殿大学士兼礼部尚书，官职反倒更高了。

这件事虽然过去了，魏裔介的心却被伤透了，他厌倦了朝臣之间没完没了的钩心斗角，看透了"狡兔死，走狗烹"的官场规律。就在官运如日中天之时，他以年老体弱为由，要求辞官回乡，朝廷允许他解官回籍。这年他只有56岁。

辞职后，魏裔介回到邢台柏乡老家教书育人，并且以著书自娱，他的《兼济堂文集》就是在这一阶段完成的。他还亲耕亲种，享受田园之乐，乡里人都不知道他当过宰相那样的大官。

越是久居乡野，魏裔介越是心系民生，他经常直接给皇帝写折子，为民请命。康熙十七年，柏乡、隆平、宁晋遭受特大水灾。闲居在家的魏裔介，联合地方官员把灾情详报户部，请求朝廷免除一切差捐，朝廷下旨免除了 3/10 的三县农税。

"忠诚敦厚,人之根基也"、"慎言谨行,是修己第一事",魏裔介一辈子坚持这样做人的原则,康熙二十五年,他自己写了一副对联:"乌头宰相归林下有十六年常思乾乾翼翼,白发书生庆青春七十一载宁忘战战兢兢。"这一年四月,魏裔介因患牙疾病逝于家中,终年71岁。

魏裔介去世以后,他的家人想为他申请谥号,康熙却以"为人强悍,居乡多事"为由,不给魏裔介赐封谥号。直到乾隆二年,乾隆皇帝念及他为大清立下的功绩,追封谥号"文毅"并钦赐碑文,在墓地前建造石牌坊。

后世评价魏裔介条陈时事"敢言第一",清初"诸大典"多依其"奏议所定",甚至有人说"清初相业,无出其右者"。

这正是:

乌头宰相魏裔介,忠诚敦厚有气节。
除恶扬善显正气,急流勇退归乡野。

第九十五回 包公现清初 蔚州魏象枢

上一回说到清初第一名相魏裔介的故事,今天出场的也是清初一位有作为的官员魏象枢,两人虽然都姓魏,却没什么关系,魏裔介籍贯柏乡,而魏象枢生在蔚县。魏象枢在顺治、康熙两朝誉满朝野,被人们称作"铁面包公"。这样一个响亮的名号是怎样得来的,其中又留下了怎样的故事?

自从黑脸包公成为中国百姓心中铲除贪官、主持正义的化身以后,人们就用"包公"、"黑脸"等词汇形容那些为民除害的御史和清官。清朝初年,蔚州就出了这样一位包青天式的清官魏象枢。

这位魏大人官至左都御史、刑部尚书,作为一代清官,他敢讲真话,惩治过上百名贪官污吏,堪比北宋的包拯;作为能臣,他心系百姓,劝课农桑;作为廉吏,他甘愿清贫,一分钱不贪;作为学者,他注重真才实学,被史家誉为"清初直臣之冠"。

无论做人、做官、做学问,魏象枢都坚持一个"真"字,恪守一个"义"字,干出一等一的业绩,取得实打实的声名,这样一个德才兼备、全面发展的人才,有着怎样的成长经历呢?

魏象枢,字环溪,号庸斋,蔚州(今河北省蔚县)人,在清康熙三十二年以前隶属山西省大同府。

明万历四十五年,魏象枢出生在蔚州城一个官宦家庭。他的高祖是明朝的将军,祖父是个乐善好施的商人,父亲曾经在江西省新城县担任主簿,后来升迁到河南怀庆府任职,可当时官场腐败,他实在看不惯那些当官的横行乡里、鱼肉百姓,不屑与他们为伍,就撂挑子回家,不吃朝廷这碗饭了。魏父当官这么多年,回家的时候只带着两个竹箱子,里面装的不是什么金银珠宝,只是几件夏天的衣裳和竹篦等用品。

父亲如此清正廉洁,也成了魏象枢学习的榜样。生活在这样一个知书达理的家庭,魏象枢从小就喜欢读书学习,他六岁攻读四书五经,12岁就能写文章,堪称神童,19岁成为秀才,25岁考中举人。

原本魏象枢想要为大明王朝出把力,可惜明王朝已经日落西山,再也无法力挽狂澜。李自成攻进了北京,明朝灭亡,后来清军入关,江山易主。龙椅上的皇帝不停更换,天下乱糟糟的,老百姓的日子过得很是艰苦,魏象枢一直想步入仕途,真正为老百姓谋些福利。

左盼右盼,终于等到了柳暗花明的一天。顺治三年恢复了科考,29岁的魏象枢轻轻松松考中了进士,经过殿试被选入了翰林院,从此开始了他的官场生涯。有了前朝灭亡的教训,魏象枢对国家大事有着更加犀利的看法,他帮着皇帝分析各种政治、军事、经济制度的利弊,敢于大胆进言,反映民间疾苦。别人不敢说的话,他直言不讳;别人不敢做的事,他敢作敢为。

其中就有这么一件事,顺治八年,魏象枢奉旨调查宣化、大同等地官员的政绩。有天他经过大同故城时,看到这里黄沙漫漫,枯骨遍野,几乎没了人烟。一个身穿破烂衣裳的贫苦老翁牵着孩子的手,去剥榆树皮来充饥。

魏象枢连忙走上前去询问,老翁叹了口气对他说:"前两年这一代闹蝗虫,再加上兵乱,这附近的几十个村子人都死光了,地都荒了,一粒米都没有,我们只能靠着吃榆树皮活命了!"

眼瞅着老百姓的日子过得如此悲惨,魏象枢心痛不已,拿出自己的俸禄给了老人家,让他带着孙子去吃一顿饱饭。老人家拉着孙子给他跪下,魏象枢连忙去搀扶,瞬间落下眼泪。作为朝廷大臣,百姓的官员,他决心为民请命,让老百姓过上好日子。

百废待兴,热血男儿如何指点江山?

执法如山,铁面包公怎样整饬朝纲?

清王朝建立初年,战争的伤痕还没有抚平,一切都要重头来。魏象枢竭尽全力给皇帝献计献策，提出了很多重要的建议，比如在任用官吏方面，他主张以才能和品行为标准，定期考核各级官吏的政绩，严惩贪官污吏，要选贤任能；在经济方面，他主张整治江河，发展农业，繁荣商业；在整饬社会风气方面，他主张兴教化，正人心，励天下，戒邪恶。他的很多建议都被皇帝采纳，因为工作出色，深得皇帝信任，成为朝中重臣。

魏象枢执法如山，爱民如子，对自己的要求更加严格。他在京城做官那么多年，从来不请客吃饭，更不参加别人的饭局。他还公开承诺：决不允许亲戚朋友和下属打着他的名义向地方吃拿卡要，如果有人自称是他的亲戚朋友、乡亲、部下，在外面招摇撞骗，或者以他的名义收受贿赂的，无论真假，立刻送到衙门，绳之以法。

这可不是空口白话，魏象枢说得出，做得到，而且一坚持就是一辈子。可是好人难做，好官难当，魏象枢反贪工作干得好，影响到一些人的利益，招来了别人的嫉恨和恶意中伤。

顺治十一年，官场上出了个大案子，叫陈名夏案。这个陈名夏是明朝末年的进士，做到翰林修撰，兼户兵二科都给事中。明朝灭亡后，他投靠了李自成，在刘宗敏酷刑折磨明朝官吏时，他出卖了自己的同事，等到李自成败了以后，他又归降清朝，后来还升迁为秘书院大学士。飞黄腾达以后，他结党营私，以欺君之罪被绞死。

顺治皇帝十分痛恨陈名夏，有人就逮住这个机会，趁机诬陷魏象枢与陈名夏有交情。皇帝一怒之下，给了魏象枢降职处分。这样不公平的待遇，让魏象枢心灰意冷，再加上官场的明争暗斗让他感到厌恶，所以没过多久，他以母亲病重为由，辞官回家了。

是金子不管在哪儿都会发光，魏象枢回到家乡以后，一边奉养母亲，一边研究理学，还在蔚县开办了一个专门讲学的地方，叫愿学堂，收徒讲学。当地的年轻学子早就听说了他的大名，纷纷慕名前来。这对蔚县的文风、士风影响非常大，就连当时的大思想家孙奇逢都说：由于魏象枢的讲学，愿学堂"从此海内仰而望之，千载后想而像之"，还把愿学堂与程颐讲学的濂溪书院、朱熹讲学的白鹿洞书院相提并论，可见魏象枢在学界有极高的声誉。

真金不怕炉火红，酒香不怕巷子深，尽管一向淡泊低调，魏象枢的才华、人品还是传到了皇帝的耳中。康熙十一年，魏象枢被召回朝廷，再度入朝为官。

回到朝廷以后，魏象枢依旧不改清正廉明的作风，继续跟朝廷里那些贪官污吏作斗争。他把诚信爱民、当官为民当成自己的座右铭，还写了一副傲联："欺人如欺天，毋自欺也；负民即负国，何忍负之"。

康熙皇帝看得出这位魏大人是一门心思为国家效力，便提拔他为都察院左都御史，专门负责监察风纪，打击贪污腐败。魏象枢上任以后，铁面无私、不畏权贵，成为包公式的监察官。

他给皇帝上了《申明宪纲等事》一疏，强调国家之根本在百姓，恳切地呼吁官吏们要廉洁奉公，不要欺压百姓。他任人唯贤，举荐了汤斌、陆陇其、于成龙等一大批清官。另外，他弹劾贪官绝不留情，镇江知府刘鼎、山西巡抚王克善等一大批贪污渎职的官员在他的弹劾之下纷纷落马。由于他打击腐败有功，受到康熙皇帝的嘉奖，被提拔为刑部尚书。

康熙二十一年七月，魏象枢接到直隶百姓的举报，有地方官与黑恶势力勾结，侵害百姓。皇上钦赐尚方宝剑，命他带领助手巡察直隶畿辅重地。他历经保定、河间、永平、宣镇、正定、顺德、广平和大名八个府，一路上微服私访，倾听民意，这一圈转下来，扳倒了不少贪官污吏，也惩处了不少的地方恶霸，老百姓们拍手叫好。

在惩治雄州知州的时候，朝廷有太监前来说情，就连魏象枢的侄子也受人之托前来给叔叔传话，要他别得罪人太多。魏象枢义正词严地说："我要是对贪官污吏手软心慈，就是对百姓的罪过，就是欺瞒圣上。"他写下了《捉虱行》，把贪官比作"虱子"，把污吏比作"虮子"，表明要严惩不贷，一个不留。

魏象枢惩治腐败，既打苍蝇，也打老虎，就连康熙皇帝身边的索额图、明珠这两位大人物，也因结党营私、排挤忠良，被他揭发到皇帝面前。当时有人劝他不要以卵击石，得罪权贵，可魏象枢坚定地说："作为朝廷御史，就是以弹劾官员恶行为己任。如果我发现了他们的罪证而不敢弹劾，愧对皇帝和天下百姓，更愧对良心，面前就是刀山火海，我也决不退却。"

康熙二十八年七月发生了地震，年逾花甲的魏象枢置个人安危于不顾，面见皇帝，借着地震天威给朝廷的警示，老泪纵横地揭露索额图、明珠的罪行。第二天上朝，康熙把魏象枢揭露重臣的罪状宣廷集议，文武百官都为之一震，索额图和明珠及其党羽也受到震慑。

魏象枢两度为官20多年，所上的奏疏100多章，全都言之有据，行之有效，在当时被奉为典范。到了乾隆时，皇帝还下令群臣"言官奏事当如魏象枢奏疏。"

合家食粥，一代廉吏固守清贫因何故？
叹为观止，一朝皇帝御赐匾额为哪般？

魏象枢为官多年，生活作风简朴，在朝廷里是出了名的。他那身朝服，穿了20年没换新的，被称为"一身朝衣二十年"的御史。

魏象枢不但自己过得艰苦朴素，对家人也是如此。他给自己家算过一笔基本生活费的账目，一家老小一年的生活费大约需要360两银子，这笔钱打哪儿来呢？他一年的俸禄80两，自家房租和地租收入120两，另外，大舅哥李恒岳每年还资助他们100两，合计300两，每天平均不足一两。没办法，家人只能跟着他穿粗布衣裳，一日三餐连个肉末都见不到。可即便省着细着，钱也不够花，有时候家里没饭吃了，他就饿着工作，把饭食省给妻儿老小。

清初第一名相魏裔介知道他家日子过得实在艰辛，派人赠送了五斗米，魏象枢作诗致谢，还说自己"举家食粥"为安乐，即便生活艰苦，也不改清贫。这样的美德，成就了他一生的廉明，也极大地带动了当时官员们的节俭之风。康熙皇帝给魏象枢高度评价，特赐"寒松堂"匾额，赞扬他的高风亮节。

康熙二十三年，魏象枢因病辞官，告老还乡。有人不相信他是个清官，诬告他的行李箱里有来路不明的钱财，上头派人打开检查，大家都惊呆了。里面哪有什么金银财宝，除了生活用品和书籍之外，装的全是铁钉子。原来蔚县冬季天寒地冻，房上的瓦要用铁钉固定，他准备这些铁钉，是为了给亲戚和好友修房子用的。

康熙二十六年七月，魏象枢去世，终年70岁。当时很多朝廷官员都对后事大操大办，可魏象枢死前却留下遗嘱，说一定要薄葬，连棺材都免了。

大舅哥李恒岳觉得如果连棺材都不用，实在对不起魏象枢的身份，就把原本给自己准备的杉木棺材送来，安葬魏象枢，魏象枢的儿子魏学诚当即跪拜谢恩。

魏象枢清正廉洁的故事传为美谈，至今在蔚县家喻户晓，魏象枢身后守廉这一事件，也被永远镌刻在北京中华世纪坛的青铜甬道上。

这正是：

清代包公魏象枢，清廉爱民名千古。
惩治贪官展气节，秉持清贫留风骨。

第九十六回 直隶于成龙 清明显忠诚

上一回我们讲了一代清官魏象枢的诚义故事，魏象枢为官公正廉洁，有着"清初包公"的美誉。而我们今天要说的这位直隶巡抚于成龙，则被老百姓们称为"于青天"，同样是老百姓心目中的青天大老爷，于成龙又有着怎样不一样的人生呢？

在清朝历史上有两个叫于成龙的，他们都是朝廷大员，都是有名的清官，更巧的是他们都做过直隶巡抚。第一位于成龙是山西人，字北溟，他曾被康熙誉为"天下第一廉吏"；还有一位于成龙是河北人，名叫于振甲，字成龙。因为河北的于成龙比山西于成龙小21岁，所以，人们习惯叫他小于成龙，我们今天要给大家讲的就是小于成龙的故事。

清朝的这两位于成龙不光同名，还是同事，老于恰巧是小于的顶头上司。当了几十年的官，老于没有攒下什么家财，只得到一个"大清第一廉吏"的好名声。有了这么一个领导做榜样，小于又将如何做工作呢？

康熙二十一年三月的一个早晨，北京通州的南关外，大清接送官员的车辆刚刚走出城门，就看见城门外黑压压地围着很多人，沿着官道两旁，长长的队伍排到了长亭外，这些人是来干什么的呢？原来这是通州的百姓们来为他们爱戴的知州大人送行的。一看见马车出城了，乡亲们纷纷拥上来，有的人还一把拽住了车轮，大声喊着："大人，留下吧！"一时间挽留的声音此起彼伏，场面非常感人。这位让通州百姓舍不得的青天老爷是谁呢？就是河北清官小于成龙。

于成龙是汉军镶黄旗人，清朝入关，他的家族就落籍到了直隶古北口潮河南关，也就是今天丰宁满族自治县八间房村。于成龙小时候家里很穷，13岁就给姓韩的旗人做牧童。他生在穷人家，深深明白老百姓的苦。后来，于成龙的养父于得水在汉军镶黄旗中立了功，受封为三等爵，于成龙因此获得了监生资格，步入了仕途。康熙七年，于成龙出任直隶乐亭知县，第二年升官为滦州知州，后来又当了通州知州。于成龙在通州一干就是十几年，这十几年里他获得过很多次"先进工作者"的表彰，成了官场中的模范人物，没多久，就连康熙皇帝都知道于成龙是个人才了。那么，在通州的这些年里，于成龙干出了怎样的业绩呢？

天灾无情，有情知州怎样解救一方百姓？
南下江宁，清官成龙如何开创一派繁荣？

于成龙获得的这些荣誉可没掺半点儿水分，靠的是十几年如一日实打实地干工作。当年于成龙到通州上任，不巧当地发生了一场大地震，震后不少百姓家的房屋倒了，知州衙门也塌了。新官于成龙没有整修衙门，而是住在临时搭的草棚里，白天组织救灾赈灾，夜里点着蜡烛处理公文。

一场地震之后，老百姓最缺的就是吃穿，于成龙把自己的工资全拿出来救灾，然后派人到以前就任的乐亭募捐。于成龙在乐亭积攒了很高的人气，百姓们一听说是原来的于知县发起的救灾，纷纷掏腰包支持他的善举。于成龙还上奏直隶巡抚于北溟，就是老于成龙，申请拨款救灾。老于成龙是个深明大义的清官，他了解情况后马上批准了小于的申请。

老百姓的命保住了，于成龙又马不停蹄地投入了灾后重建，通州的经济渐渐恢复之后，于成龙又重修了州学文庙，还创立了免费的学堂，让孩子们都能受教育。他的忠信大义，感动了通州各界人士，受到普遍的赞誉，尤其他的顶头上司老于成龙，对他非常赏识。因为老于本身也是深受百姓爱戴的清官，所以当地就传诵起这样的歌谣："前于后于，百姓安居。"就是说两个于成龙，都是百姓的救星。

康熙二十一年，老于成龙升官了，当上了两江总督。离任的时候，老于特意给康熙皇帝上了份奏折，汇报了小于成龙的业绩，他还举荐小于成龙做江宁知府，就相当于现在的南京市长。小于成龙的名声康熙早听说过，就下旨让他到江宁府赴任。于成龙临走前，不想惊动通州城里的百姓，起了个大早，天还没亮就出发了。但他没想到，通州士绅百姓们早就在城门等他了，通州百姓还筹款在城里为他创建了一座祠堂，天天为他祈福。于成龙病逝后，通州人民把他的牌位请进了名宦祠，雍正年间又进入贤良祠，供百姓们世代纪念。

康熙二十三年，被康熙皇帝称为大清第一廉吏的山西于成龙病逝在两江总督的任上。皇帝很悲痛，当年十月亲自下江南巡视江宁府，检阅军队。康熙皇帝看到百姓安居乐业、市场繁荣，又去军营里看了看，将士们生龙活虎，练兵勤奋。他听到当地人都夸赞小于成龙，非常感动，于就让随行的大学士明珠给于成龙写了封表扬信，嘱咐小于一定要传承前辈老于的正直廉洁之风，继续为国为民服务。

康熙皇帝回到京师后，还惦记着于成龙的好，封他为安徽按察使，还亲自接见于成龙的父亲，赐给他父亲一条水貂裘皮领，嘉奖他教子有方。接着，康熙皇帝召来了八旗统帅和文武官员，召开了一次学习动员大会，让他们学习于得水的教子方法和于成龙廉洁爱民的品德。虽然得到了皇帝的赞赏，可于成龙并没有自满，接下来他又做了哪些得人心的好事呢？

康熙二十五年，皇帝提拔于成龙为直隶巡抚，康熙还特意召见了这位新任的小于巡抚。他们谈了一下午，从为官之德到满汉关系，从百姓疾苦到惩治贪官，越谈越投机。晚上吃饭的时候，康熙还不放于成龙走，让他在太和殿一起用膳，然后又赐给他银两、绸缎以示鼓励。

得到皇帝的肯定，于成龙工作更加大胆投入。上任直隶后，他做的第一件事是统一编制保甲，不论满族还是汉族，都要施行统一的户籍管理制度。同时于成龙还主张把燕山六卫归属到州县，统一管理，并且在通州、卢沟桥、黄村、沙河设置机构，统一围剿盗匪，其实这就是中国现在街道派出所的雏形。

于成龙的这些举措，不仅仅是一种制度改革，更是对腐败体系的触碰。通过保甲改革，于成龙得到很多真实信息，一些贪官污吏、朝廷蛀虫暴露出来了。在武清县、易县横行霸道、无恶不作的旗人沈颠、太监张进与强盗勾结，长期为害百姓。这事被于成龙揭露出来后，朝野震惊，康熙皇帝下诏对这些十恶不赦的恶徒处斩抄家，以平民愤。直隶的社会风气大为好转，旗人和汉族人民也能够和睦相处了。

这一场雷厉风行的改革，让康熙对于成龙更加赞不绝口，他说："很多官员不犯错，是因为他们畏惧国法，看重官位，而于成龙是发自内心的效忠朝廷，爱护百姓，大家应该好好向他学习。"于成龙得到皇帝的赏识，三天两头受表扬，在朝廷上是如日中天。

于成龙没有因为受到皇帝褒奖就自大自满，他一如既往，眼睛朝下，为百姓谋福利。比如，他提出应该削减府州县的开支，减轻百姓赋税，取消各地进献的土特产。在征派劳役方面，于成龙坚持每年修建河道的工程，都要征派民夫，要求旗人与汉民一样，都要按照地亩平均数服役。对于他的这些请求，康熙皇帝也都给予大力支持。

孟子说："天将降大任于斯人也，必先苦其心志，劳其筋骨。"这句话在于成龙身上得到应验，当年刚去通州上班就赶上大地震，如今刚刚到直隶，又赶上大旱，闹起饥荒，这对于成龙来说是个不小的考验。他上奏皇帝，请求免征钱粮，赈济饥民。康熙很快下诏，免除二十四州县税粮，真定、保定、顺德、大名、顺天、河间等府五十六州县，按照受灾程度，免征部分税赋。这些举措减轻了民众的负担，上下合力，最终使百姓熬过了难关。

当时，有些汉军旗人，世代都是军籍，全家常年都承担着苛重的劳役和徭役，他们请求能解除军籍，加入当地民籍。于成龙同情他们的境遇，就上奏朝廷，很快，张姓、黄姓、于姓、周姓汉军旗人，都改为汉人，加入了当地民籍。

丰宁县土城子有一个卫所军官，私自用大口斗收粮，旗民敢怒不敢言。于成龙弄清情况以后，责令卫所军官必须改成小口斗，公平收粮。在镶黄旗的王庄，庄户们每年都要向朝廷进献原木、狐狸皮、野味，庄户人家冒着严寒进山采集，负担很重，甚至经常有人伤亡。于成龙听了庄户们的哭诉，心疼地掉了泪，他马上拍板，按照当地所产的市价缴纳银两。旗民们念念不忘于成龙的恩德，在丰宁一代，流传着很多关于于成龙"查地审案"、"公平粮价"的故事。

水患严峻，浩大工程为何会迅速竣工？

战事紧迫，救命粮草如何能按时送达？

于成龙在当直隶巡抚和河道总督期间，还做了一件功在当代利在千秋的大事，那就是治理永定河。这永定河原来叫无定河，也叫浑河，经常发生水患，危害民生。于成龙通过科学规划，兴修了永清、固安直到张协70里长的河堤，史称永定大堤。这么宏大的工程竟然只用了短短三个月就竣工，于成龙又创造了一个奇迹，康熙皇帝下诏褒奖于成龙，并把无定河改名为永定河。直到今天，京津冀一代的老百姓还在享受着永定河的恩泽。

康熙三十五年，康熙帝决定亲征噶尔丹，平定新疆叛乱。兵马未动，粮草先行，士兵上前线，必须保证充足的粮草和畅通的粮道，这也是打赢战争的关键。及时把粮草运送到前线，是个重要而艰巨的任务，在考虑运粮人选的时候，康熙第一个就想到了于成龙。他命令于成龙和同侍郎李䥽等负责督运军粮，于成龙亲自赶着马车，一路克服艰难险阻，把军粮按时运到了前线。他的干练和敬业精神让康熙皇帝记忆深刻，以至到了晚年，康熙仍然夸赞说："当年北征的时候，于成龙统一押运粮饷，不辞劳苦，如今汉军的旗人中再也没有这么忠诚贤良的人了。"

康熙三十九年三月，于成龙因为积劳成疾病逝，康熙帝赐给他谥号"襄勤"，这个谥号总结了于成龙屡次出征、勤勤恳恳的一生，可见在康熙皇帝的眼里，于成龙是个不可多得的"全才"。

于成龙的人品和官品，对于后世官员产生了深远影响。《通州志》的名宦传记载：乾隆三十二年的通州知州曹元瑞，以于成龙为榜样，锄奸扬善，一生清廉。乾隆四十三年的通州知州高天凤，上任之后做的第一件事就是重修于成龙的祠堂，还撰写碑文，带领全体官吏敬拜于成龙祠。他还走基层，收集于成龙的笔记奏章，做成小册子，这么做一是要让通州官吏百姓，世世代代知道于成龙；二是让日后所有继任的知州们，永远效仿于成龙，懂得如何守土安民。

这正是：

爱民清官于成龙，高风亮节豪气颂。

康熙大帝多褒奖，清廉官德永传承。

第九十七回 义士梁绿野 为民御状呈

昨天我们说的是清朝直隶巡抚于成龙的诚义人生，今天，我们要讲一位井陉秀才梁绿野的传奇经历，一位乡下的教书先生，只身赴京城，舍命告御状，这样执着，到底是为了谁？这场官司，经过了怎样的艰难险阻，引发了怎样的波澜起伏？

前几年，有一出川剧《巴山秀才》在北京上演，讲的是一位清朝的巴山秀才为民请命、慷慨赴死的感人故事，这出戏在当时引起了不小的轰动。戏里的故事发生在四川，不过清朝乾隆时期，在河北井陉县，真有这样一位秀才，他豪侠仗义为民请命，最终惊动了皇帝，致使涉案的官员被绳之以法，给朝廷带来一次不小的震动。他就是井陉金柱村的秀才梁绿野。

在封建专制社会里，民是不能告官的，民告官，再有理也是犯上作乱。梁绿野，一个乡下小秀才，为什么甘愿冒着掉脑袋的风险，揽上这样一场大麻烦呢？

金柱村位于井陉县东南部的山区，是个山清水秀的小村子，村里读书人不多，梁绿野梁秀才是这个村里学问最高的人。梁绿野设了个私塾，教村里孩子们识字读书，同时还耕种着几亩薄地，日子虽说不富裕，但也衣食无忧。

乾隆三十五年，井陉县来了一位新知县周尚亲，专横跋扈，横征暴敛，新知县到任以后，乡亲们的平静生活就被打破了。乾隆四十三年，周尚亲从各乡派购粮食3000石，就是让农民交公粮。按官价每石应该给百姓九钱三分，可周尚亲只付六钱，私吞了三钱三分。

周尚亲克扣购粮款、中饱私囊的行为激起了民愤，各村士绅和百姓纷纷到县衙门找周尚亲要说法，要求他按官价补齐粮款。热腾腾的银子刚到手就退回去，这对视财如

第九十七回 义士梁绿野 为民御状呈

命的周尚亲来说真是要了他的命。百姓们几次上门要钱，都被衙役们赶了出来。众乡亲是又气又急，可又没地方说理，这时他们想到了村里有文化又仗义的梁绿野，就找到梁绿野，恳请他当代表，替大家讨要钱款。

梁绿野虽说是一介文人，但为人豪爽仗义。对于周尚亲这几年搜刮民财的恶劣行为，梁绿野早有耳闻，一直憋着口气，面对乡亲们的请求，他一口应允。这一年刚过完年，梁绿野就联合邻村的乡绅李望春、梁进文、李馥等人，带着写好的状纸到正定府，控告贪官周尚亲克扣粮款。一段艰难的维权历程就这样开始了。

当时的正定知府叫方立经。这位方知府接过状纸，一看是状告知县的，吃了一惊。心想：这伙刁民胆不小，居然状告政府官员，转过脸来就把这事捅给了被告周尚亲。当官的互相勾结，官官相护，这官司接下来要怎么打呢？

一纸诉状，知县鱼肉百姓触犯哪般众怒？
一桩冤案，乡民状告贪官遭遇何种不平？

正定知府告诉周尚亲，村民们来知府衙门告他了。周尚亲何等精明狡猾，听知府这口气就知道他没打算查这个案子，赶紧备了一份厚礼给知府送过去，摆出一副非常委屈的样子说："别听这帮刁民胡说，他们这是恶意投诉，大人您得遏制住这些刁民，才能维护大清朝稳定。"正定方知府本来就和周尚亲是一路人，于是给梁绿野等人安上了个"刁民"的头衔，上报道台官府。

梁绿野等人一看方知府的态度，就知道没有碰上青天大老爷，这状没告赢，反而被扣上刁民的罪名，心中更加愤怒。既然知府这不管用，他们决定越级投诉，又来到保定的清河道和直隶总督署的衙门告状。

当时清河道台沈鸣皋，对百姓本来就态度强硬，何况又收了周尚亲送上的大礼，心里自然是向着周尚亲的。他跑到了直隶按察使文禄的府上，建议文禄坚决不要受理梁绿野等人的状子，还给文禄出主意："咱们就按正定知府方立经给梁绿野等人定的罪名，呈报给直隶总督周元理，先刑拘了这伙刁民，给他们点儿颜色看看。"

这个直隶总督周元理年轻时为官品行还不错，年纪大了，耳根子软，辨别是非的能力也下降了。周元理和周尚亲恰好是浙江老乡，听说有人状告周尚亲，已经72岁的周元理不愿让老乡丢了官，他就通过正定知府方立经找周尚亲谈话。结果周尚亲反而污蔑梁绿野造谣中伤，无理取闹，敲诈官府。

周元理听了周尚亲的谎言，信以为真，就按照清河道台的主意，拟了一份奏章，称梁绿野等人的行为属于刁民投诉，应该打入大狱，给予严惩。周元理的奏章送到乾隆皇帝手里，皇帝哪管得了那么多事，他没问也没查，随手批了个"严办"。

周元理一看乾隆皇帝批了字，心里乐开了花，他立即通知正定知府和清河道台，派差役到井陉抓捕梁绿野等人。官府抓人的举动激起了民愤，差役们遭到乡民们的群殴，狼狈地逃离了村子。尽管遭遇了重重打击，梁绿野和当地的百姓还是不死心，他们打听到钦差大臣来正定了，就会集了100多人，找到正定隆兴寺。

这位钦差大臣是谁呢？就是奉旨重修隆兴寺的工部侍郎刘浩。刘浩是个管理工程的官员，主持修建过清西陵等重大工程。当时，重修隆兴寺是奉皇帝敕令的重点工程，工期紧，任务重。手里的活儿还忙不过来，这么一桩难缠的案子又找上门来，刘浩会受理吗？

刘浩听说有井陉县老百姓找他告状，赶紧找来真定知府方立经询问怎么回事。方立经把事情的来龙去脉一说，刘浩心里有了数，见了梁绿野等人，刘浩摆出爱莫能助的态度，来回就一句话："我只是个负责搞工程的，这种事不归我管。"

一听这答复，梁绿野等人的心凉了。正定府、清河道、直隶总督和钦差大臣，该走的衙门都走了，该找的官也都找了，却落得这么个结果。众乡亲无奈之中，只能破釜沉舟走最后一条道，那就是：进京城，告御状。

说起来容易，做起来难。因为大家实在太穷了，一同去京城，路费根本凑不够，于是全权委托梁绿野进京告状，剩下的人先回去等消息。就这样，梁绿野奔了京城，李望春、梁进文、李馥等人回了井陉，可他们没想到，回井陉的这批人还没进村，就被官府抓了个正着，直接打入了监牢。

第九十七回 义士梁绿野 为民御状呈

再说梁绿野。进京告御状，乡亲们真敢想，梁绿野也真敢干！可是一个乡下来的小秀才，没钱没势，没依没靠，进了京城，两眼一抹黑，怎么才能见着紫禁城里的皇帝呢？

梁绿野进京后，刚开始就像无头的苍蝇，也没个目标。后来有人指点他，让他去找一位老同乡——太监单公公。单公公给梁绿野指了条明道，说你只能"叩阙见帝"才有一线希望，也就是到皇宫里投诉。梁绿野马上头顶御状，冒死叩宫门喊冤。紫禁城的提督衙门一看这么斯文的秀才居然到皇宫喊冤，就把他抓起来关进了大牢里。在大堂审讯时，梁绿野一点儿都不害怕，他慷慨陈词，历数周知县的累累罪行。

乾隆得到提督衙门奏报，这次倒是很认真地亲阅了梁绿野的诉状，一边是朝廷命官，一边是乡野村夫，到底谁是谁非呢？为了弄清实情，皇帝派刑部侍郎喀宁阿和钱汝诚到正定查处，还先入为主地发了个指令，说只要查出梁绿野诬告，就和其他各犯就地正法。梁绿野等义士现在是命悬一线，危在旦夕。

前面说过，梁绿野一个人进京告状，其他人刚返回井陉就被抓进了大牢。其中，有个叫梁二观的乡民从井陉县大牢里成功越狱，也进京来告状，被提督衙门抓获了。经过审讯，他的供词和梁绿野的状诉完全相同，这才让乾隆觉得案情复杂了。他觉得直隶总督周元理可能是袒护贪官克扣粮款，事关吏治大事，乾隆皇帝先后八次下诏，两次派遣内阁大臣前往井陉，并命令内阁及军机大臣共同审理这起案子。

最终查明案情的，是乾隆派来的刑部尚书，也是乾隆皇帝的姑爷福隆安。乾隆四十四年三月初九，福隆安接到皇帝老丈人的圣旨，到正定审讯核实案情，将乾隆的旨意转告给总督周元理。周元理是个老顽固，他坚信老乡周尚亲没有骗自己。福隆安为了弄清真相，挨个提审了人犯、证人，又分别提审了井陉知县周尚亲的管家骆荣以及仓库管理人员等，审讯结果，所有供词与梁绿野的状词内容完全相符。证据确凿，周尚亲还想做最后的挣扎，结果他的管家骆荣不光供认了周尚亲贪污粮款的详情，还供出周尚亲行贿的事实。至此，真相终于大白于天下了，那么，为民请命的梁绿野的命运又将如何呢？

贪官伏法，井陉百姓为何心情沉痛？

尘埃落定，豪侠义士终将何去何从？

福隆安回京向乾隆皇帝详细汇报了案情，乾隆大发雷霆，最后下旨，将克扣粮款、激起民变的井陉知县周尚亲处以绞刑，当众绞死，以平民愤。至于祖护贪官的直隶总督周元理，乾隆念他年迈，而且一直政绩不错，从宽处理，罢免了他直隶总督的职位，让他去隆兴寺庙工效力赎罪，也就是免职但保留工资，到正定隆兴寺当了监工。

当初说自己只管工程、不管案子的工部侍郎刘浩由于不作为被革职了，由一品降为三品衔，罚他在正定隆兴寺继续管理庙工，效力赎罪，只降官职和工资，岗位没有变。而祖护贪官、隐瞒实情的按察使文禄和清河道道台沈鸣皋、正定府知府方立经被革职为民，发配新疆及军台效力赎罪。

贪官被处决，祖护他的官吏分别受到惩处，按说井陉百姓应该庆祝这次告状的成功。但是，井陉金良川的百姓们却没有一个人能高兴起来。

原来，为民伸张正义的反贪义士梁绿野、梁进文、李望春、李馥等人的告状行为，触犯了封建专制的《大清律》，乾隆皇帝下诏，将他们全部处斩。

乾隆皇帝为什么要这样对待为民请命的义士呢？乾隆在定案后颁布了一道谕旨，大致意思就是，一个月之内，聚众抗官的案子竟然有三起，惊动了整个朝野。他认为是自己这个皇帝太过于体恤百姓了，把他们都惯坏了，才变得这么骄纵蛮横。乾隆皇帝还对官员们说：我大清朝体恤老百姓，指的是那些良善的百姓，像梁绿野这些刁民竟然敢聚众抗官，一定要严惩。以后各督抚如果遇到这类案件，一定要严查官员有没有违法贪污，区别处分，既要严惩投诉的"奸徒"，也不能放过贪官。同时，不能因为事情的起因是官员，就对聚众告状的刁民从宽处理。

皇帝的话是圣旨，谁也不能更改。所以，直隶省对各地聚众闹事的乡民都给予了惩治。井陉县的百姓们把为民请命的梁绿野等人奉为义士，其中梁绿野的四叔父梁进文被斩首时已经83岁，而一代义士、反贪英雄梁绿野年仅47岁。

后人为了纪念梁绿野等人的义举，在民国二十年修的《井陉县志料》中，专门设置《人物·义侠》篇，记载他们的事迹。据说，在梁绿野遇难后，金柱村梁氏家族就立下了一个规矩：大年初一不吃饺子，喝稀米汤，以此来祭祀梁绿野的在天之灵。虽然几百年过去了，但梁绿野冒死为民请命的侠胆义举，至今受到井陉人民的景仰和称颂。

这正是：

一代义士梁绿野，慷慨仗义有气节。
为民请命告贪官，悲壮就义真豪杰。

第九十八回 深泽王肇谦 剿匪保太平

上一回说到乾隆一朝为民请命的义士梁绿野的悲壮故事，这一回出场的是好官王肇谦。面对强盗土匪，他铁腕如山不手软；面对殖民势力，他寸步不让不低头。这位硬汉来自何方，又留下怎样的故事呢？

河北省深泽县王氏是当地的名门，祖居深泽县的乘马村，康熙年间出了一位进士王植，紧接着，王植的二弟、三弟和儿子也从科举中脱颖而出，成了朝廷命官。从那以后，老王家的子孙后代名宦辈出，深泽王氏盛极一时。原来乘马村有一座宏伟的王氏祖祠，供奉着王氏的先贤祖宗，还镌刻着不少地方官员题写的楹联，赞誉王氏的家风和为官之德。在深泽县西关、小封村和晋州的小樵村，都有清代王氏家族的墓地。

后来，老王家出了一位叫王肇谦的人，他去世以后，闽浙总督王懿德、福建巡抚庆端纷纷上奏皇帝，为他请求优恤褒奖，咸丰皇帝追赠他正部级二品光禄寺卿。这些事都被王肇谦的儿子写在了《优诏褒忠录》里，如今收藏在国家图书馆，成为珍贵的历史资料。

这位王肇谦不仅能让闽浙总督和福建巡抚如此敬重，还能让当朝皇帝另眼相看，他究竟是怎样不一般的人物？

嘉庆十二年，深泽王氏名门落生了一个娃娃，就是王肇谦。他从小闻着墨香长大，熟读四书五经，传承家学和儒雅门风，长成一位翩翩公子。27岁那年，王肇谦考中了举人，领上了朝廷的俸禄，被派到福建当了海澄知县。

到了福建，王肇谦才知道这个海澄知县不好当。原来，这个地方地处偏远又靠海，民风强悍，尤其是马口乡这一带的老百姓，更是争强好斗。早在清朝初期，朝廷实行海禁，防止郑成功南明势力对海疆的侵扰，当时这一带就形成了一些家族武装、村庄武装势力。因此，村与村之间或者大家族之间一旦发生纠纷，就开展械斗、打群架，斗得你死我活。

这烫手的山芋扔到了王肇谦的手中，该怎么办才好呢？王肇谦放下县太爷的架子，走村串户，和老百姓唠嗑，讲中华民族以和为贵的传统美德，讲民族大义和仁爱大德。这一趟又一趟下来，他磨破了嘴皮子，磨烂了鞋底子，凭着一股韧劲和诚心，打动了老百姓的心，化解了村族之间多年的仇怨。

王肇谦调解民间纠纷很有一套。当时，县里有个生意人，做买卖发了财，他挣钱有一套，却不懂得经营自己的家庭关系，结果，兄弟、家人为了钱红了眼，吵吵闹闹不可开交，最后甚至闹到衙门打起了官司。

王肇谦把这事情的来龙去脉弄清楚以后，非常痛心，他把这家打官司的男男女女几十口人全都召集来，叫他们跪在家族祠堂祖宗面前，说了这样一番话："今天，我不是来断官司的，而是来和你们一起敬你们祖宗。先人们世世代代教导后代要懂得仁义礼智信，那些能成为大商人、大富豪的，首先要仁爱、诚信。家和万事兴，一个连亲人都不愿出资相助的人，做生意还能长远吗？发小财靠运气，成大业要靠仁德、孝悌。孔融四岁能让梨，范蠡倾万贯家产支持越王复国，东汉光武帝刘秀当年是河南巨富的大盐商，为光复汉室，倾其家产，最后做了皇帝。这就是钱与德、财与亲情的关系。在列祖列宗面前，你们都好好想想，钱你们可以挣得更多，亲情灭了，在乡亲们和生意伙伴面前，那还算是人吗？"

王肇谦这番话情真意切，字字句句说到了这一家子的心坎里，他们又羞又悔，红着眼圈对王肇谦说："今天听王大人一讲，我们才真的明白了仁义廉耻，明白了做人的道理，骨肉亲情多少钱也买不来啊！从今以后，我们家族定期到家祠祭拜祖宗，加深亲情，互谅互让，再也不闹纠纷了。"从此，家庭积怨化解了，一家人变得亲亲热热，走上了家和万事兴的正路。

敢作敢为，海城县令如何雷厉风行剿灭盗匪？
忧国忧民，忠义之士怎样不屈不挠维护主权？

没有规矩，不成方圆。作为一个基层官员，要想治理好自己管辖的一亩三分地，不仅需要仁治，更需要法治。王肇谦对那些作奸犯科、欺压百姓的恶徒，绝不手软。

当时海澄有一个大强盗，叫许蟳，长期为非作歹，危害一方。不惩治这个祸害，当地百姓就没法正常生活。王肇谦之前的几任县官都没能制伏这地方黑恶势力。等到王肇谦上任以后，悬赏重金，让百姓举报黑恶势力罪行，最后终于把这个强盗捉拿归案，绳之以法。这件事轰动一时，流窜在这一带的其他强盗都吓跑了，没人敢在这一带作恶，老百姓过上了太平日子。

这次打击黑势力的行动让上司闽浙总督看到了王肇谦的铁腕作风和办事能力，于是派他到其他的地方去办案。

当时，闽县有个村子多年来匪盗聚集，官府的人畏惧这伙黑势力，睁一只眼闭一只眼，百姓也是敢怒不敢言。王肇谦带着随从和衙役前来，打定主意要灭掉这帮危害百姓的盗匪，还老百姓一片蓝天净土。他不怕那些匪徒们报复，将个人的生死置之度外，一个人骑着马，沿着小道进村张贴檄文，晚上就住在一家破庙里，侦查盗匪的行踪。

第二天，他召集全村父老乡亲，把盗匪们为非作歹、残杀无辜的罪行一一讲出来，然后对大家说："我是受朝廷委派来查案的，你们村有不少盗匪藏匿武器用来对抗朝廷，这都是诛灭九族的死罪。窝藏盗贼和他们的武器，也是犯罪。现在官府已经出动军队镇压盗匪，谁敢反抗，就地正法。如果有人把盗匪藏匿的地点和武器交出来，立功嘉奖，朝廷重赏。"

村民们交头接耳，议论纷纷，以前些当官的欺软怕硬，都不管这事，这位大人的话，能当真吗？

王肇谦明白老百姓的心里在想什么，趁热打铁，继续给他们做思想工作，说："朝廷的原则历来是首恶必须严惩，胁从者可以不问，更可以举报立功。"接着，王肇谦宣读主要贼寇的名字，要求村子的保甲必须三日内把保甲册报到官府，可以保全村平安。

这一番动员工作做得很到位，老百姓明白了这位大人是真心想为民除害。于是，保甲长立即组织村民，把藏匿的大盗押送归案，还上缴了一批武器。从此以后，闽县得以安宁，王肇谦被老百姓们亲切地称为"除恶英雄"。

清朝道光皇帝以来，政治腐败，国力衰微，西方殖民势力逐渐入侵沿海各地，一些西方传教士打着传教的旗号，干涉大清内政，甚至有意在中国百姓之间挑事，制造所谓的信仰之争。王肇谦看透了帝国主义势力在中国的野心，坚决遏制西方势力对中国事务的干涉。

当时，海澄县有个人叫李顺发，借了一个乡亲杨茄柱的钱，旧债还没还清又要借新债，结果被杨茄柱扣留在家里，要他还债。李顺发的哥哥知道了，以"掳走兄弟，抢劫财产"为名，把杨茄柱告到洋人的教堂。教堂的教士就给官府发来官牒，要求衙门必须严惩杨茄柱。

眼看着外国人掺和自己的家务事，老百姓议论纷纷。可上级衙门的官员怕洋人，唯唯诺诺，责令王肇谦捉拿杨茄柱。王肇谦早已经把案情调查清楚了，对上司说："我大清自有律法，不许洋人干预。杨茄柱与李顺发是民间借贷纠纷，欠债还钱是咱们中国人的传统，杨茄柱有没有罪，咱们中国人自己说了算，凭什么要听洋人的呢？"

这件事传到了福建总督刘韵珂那里，刘总督很是欣赏王肇谦的为人，称赞他："说得好！是中国人的骨气！"

王肇谦面对洋人不低头、不弯腰，一身铮铮铁骨，捍卫了大清朝的主权和尊严，赢得了百姓的夸赞。可王肇谦一个人的力量挡不住历史的滚滚车轮，更改变不了大清朝的命运。很快，鸦片战争爆发，西方列强入侵中国。面对这惨痛的现实，王肇谦又作何反应呢？

当时厦门居住了不少洋人，其中有一些刁蛮不讲理的，租借了当地百姓的房屋，欺负中国人，双方发生了争执。官府都觉得这事不好处置，谁也不敢接受，就让王肇谦去解决。王肇谦奉命到了厦门，对这个案件进行公开审理，召集中国市民和洋人一起当众对质，明辨是非，最后依照大清的法律做出判决，让双方相互道歉。这样的结果，让洋人服气，更让中国人叫好。

大敌当前，地方官员如何守护百姓安全？

一马当先，朝廷命官因何殒命作战前线？

咸丰二年，45岁的王肇谦被调任上杭县令。当时，福建农民起义领袖林俊领导的红枪会等起义军攻陷了漳州、永春、大田诸郡县。在国难当头、民族动乱的危难时刻，王肇谦在沿海建碉堡，储备军械，制造武器，训练兵丁。第二年，赶上洪涝成灾，王肇谦利用赈灾的机会，招募灾民扩充军队，亲自率领地方的团勇越境围剿起义军，被擢升为永春直隶州知州。他又招募乡兵20000，在城南山打败了林俊起义军主力，还剿灭了当地的土匪邱师、辜八，守护了福建的安宁。

不久，他升任漳州知府。在漳浦县的古竹社，有一股顽匪，头子叫蔡全，长期盘踞在寨堡，为非作歹，衙门多次出兵围剿都没能获胜。王肇谦不信这个邪，他相信中国人处处都有正义之士，于是多方努力，终于感化了匪徒中的一些人作为内应。最后，他们里应外合，放火烧了匪徒的寨堡，生擒了罪大恶极的土匪头子蔡全，彻底平息了多年的匪患。

这么大的事传到了咸丰皇帝耳朵里，皇帝欣喜万分，颁诏嘉奖。没过多久，兴泉永道又出现匪患，派谁去剿匪呢？皇帝想就派王肇谦前去，可他还没有上路，太平军又杀进了福建，王肇谦率领当地乡勇誓死抗击，和当时的按察使一起取得了十三战大捷的战绩。可是，连夜来不眠不休的奋战，王肇谦的身子扛不住了，因为劳累过度，最终猝死在岗位上，年仅50岁。

王肇谦病逝后，归葬深泽城西小封村西北王氏祖茔。当时墓冢高大，墓道前有石像生和祭祀的供案，还有镌刻着王肇谦及其夫人温氏之墓的神道碑，可惜后来被破坏，石像生和供案掩埋地下，下落不明。

这正是：

深泽清官王肇谦，剿匪英雄保平安。

傲视洋人有气节，鞠躬尽瘁义如天。

第九十九回 英雄郭继昌 平叛斥横行

上一回说到王肇谦傲视洋人有气节，剿匪除恶有胆略，成就了爱国之举、清官之名。清朝中后期，国势日渐衰微，外敌乘虚而入，危难之时，一位来自河北的爱国将领挺身而出，他为国平叛乱，南海禁鸦片，这是怎样的一片丹心，一番壮举？

石家庄国家高新技术开发区南部，有个村子叫东仰陵，原来属于正定县，村北有一座唐代古寺叫龙岗寺，在寺院的一角，有一通碑刻，为清朝道光皇帝所刻，碑文大意是：道光二十一年五月，皇帝派一位官员，代表皇帝祭奠病故的郭继昌。

郭继昌原任广东陆路提督，是紫光阁功臣，曾经荣获一等军功，还受封"干勇巴图鲁"称号。

干勇巴图鲁的意思是"威猛的勇士"。"巴图鲁"是满语译音，在清代，能受封"巴图鲁"是极大的荣耀，从清初到咸丰的200多年间，包括正定人郭继昌在内，仅有33个人获此殊荣。郭继昌的勇猛之名到底从何而来呢？

郭继昌，生在正定东仰陵村。他行伍出身，清嘉庆年间做了固关的小军官。固关，就是著名的井陉关，位于河北井陉县与山西平定县交界处，明代一直属于真定府的守御千户所，后来在旧关的西面创建了一座新的关城，旧关也就称为固关。

郭继昌在固关当兵的时候，湖北、四川、陕西三省爆发了白莲教起义，这场历史上著名的起义历时九年多，起义军一度攻破了204个州县。为了镇压起义，嘉庆皇帝从16个省征调了十几万的军队，耗用军费两亿两白银，相当于清政府四年的财政收入。

白莲教起义九年间，大清朝共有20多名一品、二品大员、400多名将领殒命战场，清政府损兵折将，元气大伤。

就是在这个时期，郭继昌走上了清朝的军事舞台，他奉命由直隶调到湖北去围剿白莲教，接着又转战四川、陕西等地，在平定白莲教起义过程中，指挥得当，作战勇敢，表现出色，被提升为龙固营都司，之后，又做了陕西宜君营参将。

参将这个官职始于明朝，在清朝得到沿袭，官品为秩三品或四品，是统领兵卒的军官，比副将低一级，服从于总兵，隶属于兵部。

在镇压白莲教的过程中，郭继昌的一个正定老乡武光琳也脱颖而出，他在四川、湖北表现突出，升昌平营把总，调大名协左营千总。嘉庆十九年，奉调赴新疆喀什噶尔（今疏勒）驻防。因为平叛有功，赏戴花翎，补临洮营都司。道光元年（1821年），郭继昌继武光琳之后，也被调到新疆，到喀什噶尔换防，升为定边协副将，与他的老乡一同镇守西北边陲。

当时的西北边疆又是怎样一种情势呢？

助纣为虐，张格尔怎样勾结外力分裂祖国？
背水一战，郭继昌如何巧设军阵全歼叛兵？

当时，一个叫张格尔的人在英国侵略势力的支持下，煽动南疆叛乱，虽然叛军被清军歼灭，但是张格尔率残部逃到乌兹别克的浩罕汗国，隐藏在境外，由英国殖民主义者提供装备，组织训练军队，伺机进行分裂中国的武力叛乱。

第二年，张格尔与他的英国教官率叛军300人卷土重来，进军新疆阿图什，清政府新任的喀什噶尔参赞大臣庆祥，出兵1000人进击，再次打跑了张格尔。

再次落败的张格尔，竟以出卖祖国为条件，向浩罕汗国借兵，他许诺浩罕汗国国君，等把喀什、英吉沙尔、叶尔羌、和阗攻下来，这里的人民、玉帛全部归浩罕汗国。

张格尔勾结外部势力10000多人攻打喀什城，经过70多天激战，守城的清军将士寡不敌众，城池被攻陷，大批将士殉国，守将庆祥兵败自杀。张格尔控制了几座城池，自称张格尔苏丹，开始对南疆进行残暴统治。他们残害生灵，淫虐妇女，搜索财物，把当地民众祸害得没了活路，不少人自发组织起来，和清军一道，奋起反抗张格尔。

在接下来的一战中，清军参将王鸿仪率兵600人，进攻张格尔，但是寡不敌众，在数倍叛军的围攻之下，全部被歼，王鸿仪战死。在这种情况下，道光皇帝不得不投入重兵，他命伊犁将军长龄为扬威将军，署陕甘总督杨遇春和山东巡抚为参赞大臣，调集吉林、黑龙江、陕西、甘肃、四川五省30000兵力围剿叛军，正定名将郭继昌和武光琳奉命出兵镇压张格尔叛乱。

两位河北人在战争中表现出出众的军事才华。武光琳在阿尔坪战斗中，率步骑南北截击，击溃张格尔一部，斩杀五人，俘73人，夺获大量物资。郭继昌率清军万余到达阿克苏，在当地维吾尔族人民的协助下，击退企图强渡浑巴什河的叛军，并乘胜攻到了南岸。

在和阗，战事也朝有利的方向发展，当地民众组织2000多人的武装奋起打败了叛军，占领了和阗，但因大雪封路，清军未能及时驰援，和阗又被叛军夺占。郭继昌率领他的部队前去增援，在阿克苏附近，被叛军张格尔的首领库尔班素皮分兵包围。敌我力量悬殊，郭继昌审时度势，决定集中优势兵力逐个击破，他趁着叛军涉水渡过浑巴什河的时候，迅速围歼，在河滩上奋勇厮杀，歼敌千余人。这场胜利非常及时，同时解除了另一路清军的困境。

接着，郭继昌趁热打铁，借调了锡伯族将领额尔古伦统领的锡伯营镶红旗骑兵300人，趁着夜色突袭叛军驻地，击杀淹毙叛军4000多人，斩杀了首领库尔班素皮。

接连几场胜利，让张格尔势力受到重创，甘陕总督杨遇春向朝廷上报战功。战报送到京城，道光皇帝龙颜大悦，连声赞誉，当即表示重赏猛将！颁诏授予郭继昌总兵衔，赐号干勇巴图鲁，还许诺等他凯旋京城，把他的戎装图像绘到紫光阁巴图鲁英雄谱的墙上，并亲自题字。

受皇帝嘉奖之后的第二年二月，清军大队人马开始西进。武光琳和郭继昌率领大军在大河拐击败叛军3000人后，又击败叛军20000人，郭继昌作为先锋，带领将士们剿捕张格尔的妻妾和外甥子侄多名，随后在沙布都尔再歼叛军10000多人，进击浑河北岸，经过节节胜利，距喀什噶尔城仅有10里。叛军

10多万人再没什么退路了,他们阻河列阵,绵延20里,要与清军决一死战。

郭继昌不愧是清代名将,他借鉴韩信背水之战的策略,先让一部分骑兵大张旗鼓地在下游渡河,把叛军的注意力引向下游,然后率领精锐骑兵趁夜从上游急渡,从背后奇袭敌阵。这个战术非常成功,叛军当时阵脚大乱,四散溃逃。郭继昌率军乘胜进攻,在各路将士们的配合之下,一举收复喀什噶尔、和阗等四城。

虽然打了胜仗,但是叛军首领张格尔却不知去向,道光皇帝得到战报,很不高兴,下诏免了长龄、杨遇春等人的官职,勒令限期擒获张格尔。

这件事可是难办了,张格尔到底躲到哪里,茫茫四野,要到哪里去找一个人呢?不过,无论如何,寻找张格尔,已经成为数十万清军的头等大事。关键时刻,干勇巴图鲁郭继昌又出马了,这位神勇的大将这次又会有怎样神勇的表现呢?

郭继昌派出各路探马,展开地毯式搜索,不久得到可靠情报,张格尔率500余人潜入阿图什的西北,抢掠之后,准备撤退。事不宜迟,郭继昌率领精骑兵火速赶到,埋伏在张格尔必经之地,在喀拉铁克山,张格尔残部被逮了个正着,被清军全歼。但是,狡猾的张格尔再次逃脱了,不过,这次他没有跑多远,由于他作恶多端,危害一方,在逃往布鲁特途中,被当地民众俘获送给了清军。至此,出卖祖国的张格尔叛军被全部歼灭,清军凯旋。

因为这次了不起的战功,武光琳升督标右营参将,郭继昌被皇帝授寿春镇总兵,驻守安徽寿阳的寿春镇。道光皇帝兑现了承诺,把郭继昌的戎装像绘到紫光阁,并亲手题词表彰他的功绩。后来,郭继昌调到陕西延榆绥镇总兵,镇守西北门户,武光琳代理陕西靖远协副将。

道光十年,张格尔的哥哥再次掀起分裂祖国的叛乱。道光皇帝钦点郭继昌再到新疆平叛。郭继昌不负众望,很快平定叛军余孽,被授代理固原提督,驻守宁夏六盘山。正定名将武光琳也参与平叛,被授予代甘肃肃州镇总兵。不久,武光琳调任贵州威宁镇总兵,道光十四年病逝在贵州任上。郭继昌得到消息,非常沉痛,写下祭文送别这位并肩作战多年的战友。

戎马半生,换来边疆安定,郭继昌接下来又会有怎样的作为呢?

第九十九回 英雄郭继昌 平叛斥横行

勇追穷寇，西北平叛展现哪般名将风采？

抵制鸦片，南海禁烟彰显何种爱国魂魄？

道光年间，英国商人把鸦片带到中国，每年换走的是上百万两的雪花银和无数中国人的身心健康，从王公大臣到平民百姓再到军队将士，吸食者日众，清廷财政枯竭，国库空虚，民众意志消沉，军队失去作战能力。道光十七年，在林则徐、郭继昌等一批爱国志士的呼吁之下，清政府开始禁止鸦片贸易。

中国禁止鸦片，英国人等于被掐断财路，他们哪里肯善罢甘休？他们派出军舰在广州的沿海猖狂游弋，不断制造事端，给清政府施压。

无奈之下，道光皇帝决定派出最得力干将到南海对付英国人，他在人才库里挑来选去，在西北战场战无不胜的郭继昌又进入他的视线。于是郭继昌调任广东陆路提督，和水师提督关天培成为两广总督邓廷桢的左膀右臂。

道光十九年正月，林则徐为禁烟钦差大臣，抵达广州。郭继昌配合林则徐对贩卖鸦片的不法商人展开严打行动，他整军练武，编练义勇，增强防卫能力，来往于广州和惠州之间，策划指挥两地的海防事务，抗击英国舰船进攻。

当时，道光皇帝对广东的形势非常担心，他希望年迈的郭继昌能回京述职，向皇帝说说前线的真实情况。但是，郭继昌并没有奉旨回京，这又是为什么呢？

郭继昌在当年的十二月给皇帝上呈了一份奏折，名字很长，叫《广东陆路提督郭继昌觐见请予展期折》。在这份奏折中，他解释说，我郭继昌今年十二月十七日到粤任事，选将练兵，调度策应，办理均属周到。如今到了觐见皇帝的时候，但是前线紧张，只好等我把防备外夷的事务办完之后，再行奏请陛下，以重职守而慎边防。

郭继昌恪尽职守、任劳任怨的作风，从这奏折上可见一斑。可是，他没有完成向道光皇帝当面述职的约定，因为他干工作太投入了，最终积劳成疾，道光二十一年病逝在广州海防线上。

道光皇帝得知消息，非常悲痛，亲自颁诏，在郭继昌故里——正定县东仰陵建祠，并派员祭悼。郭继昌墓葬规模宏大，神道碑使用汉白玉镌刻，神道前面还有巍峨的石牌坊，皇帝的圣旨碑矗立在墓前。这曾经是东仰陵村一座非常显赫的墓丘，也是这个村子郭氏家族引以为豪的祖坟。

很可惜，郭继昌墓的牌坊后来被毁，道光皇帝的圣旨碑也断为三块，郭继昌的神道碑更是不知去向。不过，郭继昌平叛乱、禁鸦片的英雄事迹和受命于危难之时的诚义精神，一直为家乡人民传颂。

这正是：

真定名将平叛乱，维护统一战边关。

虎门禁烟抗外夷，病逝前线英灵还。

第一百回 爱国有人骏 东沙披霞红

上一回说到真定名将郭继昌维护统一战边关,虎门禁烟抗外夷。鸦片战争之后,清王朝已经风雨飘摇,在丧权辱国的时代,河北丰润走出一位忠义大臣,他反击列强,捍卫主权,以一己之力托起国家尊严,他就是清末两江总督张人骏。乱世之中,张人骏经历了怎样的风雨人生?

张人骏,字千里,取"人中骏马,驰骋千里"之意,号安圃、健庵、湛存。道光二十六年,张人骏出生在河北丰润县欢喜庄乡大齐坨村。张家是丰润名门,从清朝末年到民国初期,先后出了很多名人:张人骏的祖父张印坦是清朝的进士,做过江苏丹阳县知县;父亲张钧,江苏华亭县知县;哥哥张寿曾,内阁中书舍人;堂叔张佩纶,都察院右副督御使,是晚清清流派的领袖,大清重臣李鸿章的女婿;张人骏的族兄弟张志潭,北洋交通总长;侄女张爱玲是著名作家。当然,论及官职品级,丰润张家地位最高的还是张人骏。

张人骏天资聪颖,19岁考中举人,23岁考中进士,位列二甲第34名,相当于现在的高考全国第37名。张人骏不仅智商高,情商也不低,在同治、光绪、宣统三朝为官,深得每位皇帝的喜爱。他曾先后担任翰林院编修庶吉士、山西巡抚、两广总督、两江总督兼南洋大臣、南洋劝业会会长等职务,是晚清重臣。

查看张人骏的官场路线图,我们会发现,他是不折不扣"正途出身",一步一个脚印,靠才华和敬业,走上高位。值得一提的是两江总督这个职位,在清朝,两江地区是财赋重地,林则徐、左宗棠、曾国藩等大名鼎鼎的人物都曾在这里任职,张人骏被委任两江总督,可见清政府对他的器重。

在张人骏心中，忠君报国是他毕生的事业，自从入朝为官那天起，他就励精图治，想干出一番大事业。所以，在他的人生履历上，写满了辉煌的政绩：1903年，作为河南巡抚主持修建了著名的卢汉铁路黄河大桥；1907年担任两广总督后，主持修建了广州自来水工程和大沙头至九龙、深圳的铁路；1909年，为便于中外人士游览庐山，修筑了全长25里的九江至莲花洞公路，成为江西省第一条公路。

1909年，两广总督张人骏调任两江总督，到南京走马上任。张人骏是朝廷大员，也是一位有着开放思维的实业家。在南京，他从旅游产业着手，在靠近南洋劝业会会场的明城墙上开了一座新门。手下人为了讨好张人骏，将它命名为"丰润门"，因为张总督的祖籍正是河北丰润。有了丰润门，进玄武湖再也不必从太平门绕行，大大方便了游客。张人骏还在玄武湖修复了湖神庙、湖公亭、大仙楼等景点，对外开放。

那一年，张人骏还在南京西华门附近建造了江宁电灯厂，原本是为了供应两个衙门晚间照明，后来电灯厂的发电量大大超过了需求。张人骏觉得不能浪费资源，就让手下在《南洋官报》上刊登广告："凡是社会各界需要的人，都可以缴费使用。"从此，电灯厂的客户从官府扩展到民间，南京人早早用上了电灯，告别了油灯洋蜡的历史。

张人骏与袁世凯还是儿女亲家，他的儿子娶了袁世凯的长女为妻，张人骏在朝中的根底可见一斑。他在担任两广总督期间，曾乘坐兵舰巡视南海诸岛，因而南沙西部有一处岛礁被命名为"人骏礁"。

张人骏做的大事实在太多，特别是他多次大义凛然地和外国列强抗争，维护了国家主权和领土完整，被称作绝不低头的"外交大臣"。在外交事务上，张人骏留下了哪些佳话呢？

足智多谋，巡抚大人如何巧用文件条约？
艰难交涉，清朝政府能否收回土地大权？

1903年，美国传教士李立生、施道格为避暑，向河南信阳知府送了点儿小礼，

第一百回 爱国有人骏 东沙披霞红

张人骏书法

购买了鸡公山部分山地兴建洋房。他们像一些房地产商人一样，将土地项目进行包装，把所购买的土地分成了33块待价出售，还在报纸上做了广告，大肆宣传。在汉口备受炎热煎熬的各国教士、商人闻风而至，不到两年，33块土地已经卖了27块，各国洋房鳞次栉比，居住在这里的外国人士达到67位。

鸡公山俨然成了洋人在中华腹地变相的"公共租界"。1905，洋人强居鸡公山惹起民怨。湖广总督张之洞以"失领土罪"奏报朝廷，朝廷震怒，于是下令要求豫鄂督抚交涉收回所卖土地。

当时张人骏正担任河南巡抚，交涉的重担落在了他的肩上。张人骏明白，如果直接指责洋人非法倒卖土地，清政府很难惩治洋人。他认真研究了中英、中美条约以及《总理衙门通行章程》中的文件，巧妙地引用了其中的条文，指责洋人以宗教名人购买土地，却分块出售从中牟利，这不仅违反了大清法律，还背离了西方的宗教道德。

张人骏派人前去交涉，一方面严禁鸡公山土地买卖，另一方面，磋商退价还山的办法，让在建的洋房即刻停工。当时汉口的美国领事拒绝退还土地，依然我行我素施工建设。张人骏只好又派手下去汉口和美国领事据理力争。经过两年的艰难交涉，最终在1907年冬天达成协议，大清政府将鸡公山地基房屋收回，另外与相关住户签订租屋避暑章程10条。最终，交涉案顺利办结，避暑章程签订，山中管理日臻完善。鸡公山得到有序发展，张人骏可以说功莫大焉。

鸡公山租地交涉案，是晚清外交中"最圆满、最周到"的案例，给清朝政府撑足了脸面。不过，一波刚平，一波又起，接下来，一桩更加棘手的涉外案件，摆在了张人骏面前。

1895年日本通过《马关条约》强占了台湾，随后野心勃勃地把目光瞄向了我国的东沙群岛。因为这里是重要的航运中心和鱼类天堂，在广东、福建沿海一直有"要发财，趁东沙"的说法。

1901年夏天，一个叫西泽吉次的日本商人在南海遭遇风暴，侥幸逃生，被海水冲到了我国东沙群岛的东沙岛。他发现这里遍地是丰富的鸟粪资源，于是取样到台湾化验。化验报告出来后，西泽吉次欣喜若狂，因为鸟粪是富含磷质的砂矿资源，是绝好的天然肥料。如果销到欧洲，将获得无法预计的财富。

东沙岛让西泽吉次垂涎三尺，他不但偷取大量鸟粪到中国台湾贩卖，还捣毁岛上中国渔民的船只、房屋、栈桥，拆毁中国古人创建的海神庙和祠堂，在岛上建了码头、铁路和工厂，插上日本国旗，并擅自将东沙岛更名为"西泽岛"，东沙群岛所在的珊瑚环礁也改为"西泽礁"。

日本人强行霸占东沙岛，不仅激起沿海渔民的愤怒，也惹恼了清政府，清政府派张人骏前去解决。

张人骏对日本人的侵略行径非常痛恨。1908年初，他两次派出"飞鹰号"兵舰前往东沙群岛调查，了解到日本强占东沙岛的来龙去脉，然后与日本驻广东领事赖川浅之进行交涉。

交涉中，赖川无理搅三分："你说岛上有神庙和坟墓，谁看见了？说这岛是你们的领土，怎么证明呢？"其实这正是摆在张人骏面前最棘手的一个问题。虽然众所周知东沙岛属于广东管辖，但他手头的确拿不出现成的证据，最不利的是，当时清朝外交部门曾经提供了一个东沙岛的经纬度，按照这个经纬度来算，那里没有任何岛屿，赖川发现之后，更是拿这一漏洞大做文章。

张人骏明白，这场交涉靠唇枪舌剑是行不通的，他必须靠证据说话。张人骏当即做了两个决定，一是联系清朝外交部，派海军官员到东沙岛调查取证；另外，自己搜集相关资料，从中寻找蛛丝马迹。功夫不负有心人，张人骏搜集了三个强有力的证据。

再次与赖川见面，张人骏没有空手而来，他提供了三个证据：第一个证据是一张照片：你们说从未强占东沙岛，但我国的吴敬荣拍摄的照片显示，东沙岛已经被你们日本人强占；第二个证据是中国的庙宇地基，这说明岛上曾经有中国渔民建的庙宇，是西泽吉次将这些庙宇尽数拆毁，想毁灭证据，另外根据渔民口头证据，说庙宇后面有三株椰子树，都是他们亲自栽种；第三个证据是中国人王之春著的《国朝柔远记》、英国海军海图官局编《中国江海险要图志》以及中国和英国出版的一些地图，这些旧的文献明确记载东沙群岛属广东省管辖，自古以来是中国领土，并非"无主荒地"。

在无可辩驳的证据面前，赖川也只能点头承认，东沙岛确实是中国领土。几经交涉，最后双方终于达成共识，清政府补偿西泽吉次30万日元，日本人彻底退出东沙岛。张人骏趁热打铁，派出水师提督李准和副将吴敬荣、刘义宽等，率兵170人乘军舰勘明东西沙岛屿，并在永兴岛升旗鸣炮，公告中外，重申南海诸岛为中国领土，奏响了一首祖国领土神圣不可侵犯的赞歌。

在处理东沙岛事件上，我们可以看出张人骏非凡的外交才能，处理问题有理有据有节，就连英港总督对他都赞誉有加，专程来拜见张人骏。

人有傲骨，英港总督因何敬重有加？
家无余财，两江总督如何潦倒度日？

1907年秋，一艘英国商船在广西梧州被劫匪劫持，船上的一名英国医生被劫犯杀死。事后，英国公使多次向清朝外务部抗议，外务部下令严捕凶犯，优恤英医，同时迫于英国的压力，清政府居然将粤东、两江缉捕权交给了英国人。

对于犯人的缉捕权是一国的主权,岂能外人插手?张人骏得知这个消息非常气愤,毅然上书外交部,要求收回这一权利。外交部先不允准,但张人骏"奋争多次",最后清政府才与英国交涉,收回缉捕权。

清朝国力衰微,政府腐败无能,在当时的情况下,张人骏敢与外国列强据理抗争,这种傲骨和气节,就连外国人也非常敬重。英港总督曾专程到张人骏府上拜见,这在当时来说是不可思议的事情。

1914年,张人骏定居天津,在家中写诗,练习书法,与那些和他同样地位的清朝大臣比起来,生活潦倒、经济拮据的张人骏,家里连厨子也养不起。他一生不纳妾,也不许家中子弟纳妾;他也从不办大寿,家中禁止赌博,甚至连唱京戏都不允许。

1927年正月初七,"家无余财"的张人骏在天津逝世,终年81岁。这正是:

家国危亡一英豪,不畏列强卫岛礁。

鸡公山上展气节,清廉仗义风节高。

后记

"诚义"是燕赵文化的风骨。无论是荆轲"壮士一去兮不复还"的慷慨悲歌，廉颇蔺相如摒私欲、存大义的传奇历史，还是刘备、关羽、张飞桃园结义，常山赵子龙忠心事主等民间故事，都因一个"诚"字传承了千年百代，因一个"义"字感动了四海华人。《燕赵传奇》之《诚义文化》系列，讲述了发生在燕赵大地上的100个诚义故事。

担当《燕赵传奇·诚义文化》主讲及撰稿工作的是三位地方学者。其中，河北省社会科学院博士张瑞静撰写了第一至第十七回，著名社科专家梁勇撰写了第十八至第八十五回、第九十二至第一百回，石家庄学院历史学者韦占斌撰写了第八十六至第九十一回。他们在创作中呈现出严谨的治学态度和高度的敬业精神，几易其稿，最终将燕赵历史上最能体现诚义侠风的人物栩栩如生地呈现在听众耳畔。

《诚义文化》节目播出过程中，听友们竞相回答问题，有的自发搜集"诚义故事"，通过各种途径联系到工作室，表达用文字留住这些故事的热诚意愿。

感谢专家的付出，听众的认可。